资 治 药 言

（上）

主　编　王开堂　武赞智

副主编　张国梁　张浩海

兰州大学出版社

图书在版编目(CIP)数据

资治药言:全2册/王开堂,武赞智主编.—兰州:
兰州大学出版社,2011.12
ISBN 978-7-311-03781-9

Ⅰ.①资… Ⅱ.①王… ②武… Ⅲ.①政治思想史—
中国—古代 Ⅳ.①D092.2

中国版本图书馆 CIP 数据核字(2011)第 261177 号

责任编辑　钟　静
封面设计　管军伟

书　　名　资治药言(上、下)
主　　编　王开堂　武赞智
副 主 编　张国梁　张浩海
出版发行　兰州大学出版社　（地址:兰州市天水南路 222 号　730000）
电　　话　0931-8912613(总编办公室)　0931-8617156(营销中心)
　　　　　0931-8914298(读者服务部)
网　　址　http://www.onbook.com.cn
电子信箱　press@lzu.edu.cn
印　　刷　兰州新华印刷厂
开　　本　710mm×1020mm　1/16
总 印 张　73
总 字 数　834 千
版　　次　2011 年 12 月第 1 版
印　　次　2011 年 12 月第 1 次印刷
书　　号　ISBN 978-7-311-03781-9
定　　价　110.00 元(上、下)

(图书若有破损、缺页、掉页可随时与本社联系)

序

王开堂

　　司马光编《资治通鉴》，目的在于总结经验教训，供后人借鉴。书名取"鉴于往事，资于治道"之意，就是把历史的得失作为鉴诫来安邦定国。书中记录的一些明君贤臣的事迹，也体现出清廉、正直、刚强、宽厚、忠诚、信义、执著等修身做人的品质。一千多年来，仍然闪烁着智慧的光芒，这是古人留下的宝贵财富。今天的人很忙，几乎没有时间翻阅系统性太强的大书，所以有微博体文字的诞生，也就是说，手机短信所限制的一百四十个字以内的文字体式，已进入当代人的视野。看来，短小而隽永、有意趣、有思想、有学术、有情怀的短语，适合今天人们的生活。而汉代学者刘向也说："书犹药也，善读之可以医愚。"意思是讲，书如同治病的医药，通过读书，人能够使自己愚昧的思想得到治疗。于是，有了《资治药言》的编写。

1

大学时期，我学的是历史。后来在教育界工作，更长的时间在做行政工作。但是，学生时代留下的读书习性，却没有多少改变。多年来，白天处理政务，晚上灯下读书，已成为我的一种生活习惯，也可以说是我对人生的一种态度，是我追寻的一个生活境界。曾国藩的人生，有一半办公、一半读书的成例，常人自然不能比。然而，读书致用是一境界，读书的更好境界则在于养心，在于悟道，在于达到对人性的了悟与同情，达到对宇宙的洞察与皈依，达成个人人生的丰富、人格的崇高。这些认知，形成了我人生观中要紧的一部分。

社会发展到今天，物质文明的极大丰富让人民享受着前所未有的幸福生活，这是令我们由衷高兴的。居庙堂之高则忧其民，处江湖之远则忧其君，范仲淹进退俱忧、先忧后乐的思想，一直是中国为政者心里的一个楷则。万家忧乐，心系苍生，我们一刻也未能忘怀。为了更好地为人民服务，我们就需要更好的精神营养。我们的良知，也需要呵护和鼓励。这是我和赞智等同志属意前人智慧，编写《资治药言》的主要命意。于是十数年日积月累，终于积少成多，聚沙成塔，结成了这部书。

大部头的书，今天我们要读，说得上应有尽有。但适合为政者在繁忙工作中选读的格言励志性的读物，却不多见，这不能不说是一种缺憾。有了手上的这册书，这一缺憾或可稍补一二。《资治药言》不能说就是经典，但其精粹来自经典，和前人的滔滔文略相比，《资治药言》中的现代语译不是很精彩。不过，好的文字，前人的话就是；现代语译，不过只是帮助理解的一个参考。

"以铜为鉴可以正衣冠，以古为鉴可以知兴衰，以人为鉴可明得失，以史为鉴可以知兴替"。《资治药言》以国家、民生、政治、政德、人生、学识、修养为题，勒为七篇，涉及为政的诸多面。那都是前人行政爱民、选贤任能、文德武略、创业守成、纳谏改过、为人处世、和谐社会、居安思危、精忠报国、开放招商诸方面的文明思想和兴衰治乱的语句，称得上言简意赅、道理深远；是实实在在的精华，其中蕴含的道理对我们来说，一点儿也没有过时。由于是结合着工作实践选录的，如果有一言半辞在我们的工作、生活中发挥了作用，在我们检束身心的过程中有了帮助，在我们执政为民的行为中添加了分量，那这书就功德无量了。不过，我们的初衷是尽可能地把不足减少到最低程度，然而因编写中所受的种种制约，究竟造成了多大的不妥，也还没有把握。如语言文字的校对、语句出处的核实等，和专业学者相比，也有明显的差距。这些都是需要说明的。

我们的民族精神和传统美德，源远流长，一脉相承。我们的文明史，是炎黄子孙一代一代地拼搏、一代一代地奋斗、一代一代地传承，用血汗和生命谱写出来的。世界上没有哪个民族的文明如我们这般博大崇高。我们收录的就是祖先的文明成果，亲切中满含祝福，睿智里充盈磅礴。前人创造出多少灿烂的文化，"五四"以来置之死地而后生，今天我们终于跻身于世界民族的前列，兴盛衰亡的中华历史，留给后人的经验与教训是深刻的，是引人深思的。我们案头摆放的，是涅槃后的凤凰，是大浪淘沙、历久弥新的中华文明的精华。我们在工作之余，轻松阅读，细细品尝，哪怕受到一点点的感染，对于我们推动科学发展、构建和谐社会、坚持对外开放和改革创新，推进各方面工作都应该有一些好处。倘若进一步，能引发出探索阅读，促使我们思想境界升华，则更有益处。愿《资治药言》能够让更多的治学为师、治世理政、修身齐家者读到，从中汲取到营养。

是为序。

二〇一〇年十二月

总目录

上　册

国家篇……………………………………………1

民众篇…………………………………………161

政治篇…………………………………………233

下　册

政德篇……………………………………………1

人生篇…………………………………………187

学识篇…………………………………………337

修养篇…………………………………………459

目 录（上册）

国家篇…………………………………………………1

　农工商贸……………………………… 3

　军事外交……………………………… 33

　建章立宪……………………………… 73

　治乱安危……………………………… 125

民众篇…………………………………………………161

　重民本民……………………………… 163

　爱民恤民……………………………… 188

　富民足民……………………………… 215

政治篇…………………………………………………233

　礼治教化……………………………… 235

法令法规……………………………………286

政事政务……………………………………322

举贤任能……………………………………381

奖惩考评……………………………………469

谋略决策……………………………………536

国家篇

农工商贸
军事外交
建章立宪
治乱安危

國家篇

試由支藏
襄章立武
軍事外交
求工商貿

农工商贸

□国尚农则守旧日愚，国尚工则日新日智。〔社会发展了，一个国家只重视农业就会因循守旧，越来越愚昧落后；国家重视工业就与日竞新，越来越智慧聪明。〕

——清·康有为《请厉工艺奖创新折》

□理财，常以养民为先。〔管理财政，常把养活老百姓作为首先考虑的问题。〕

——宋·司马光《资治通鉴》

□财赋者，邦国之本而生人之喉命，天下治乱重轻系焉。〔资财赋税，是国家的根本、人民生存的要害、天下治乱的关键。〕

——宋·宋祁《新唐书·杨炎传》

□生财有道，理财有义，用财有法。〔生财有办法，理财有道义，用财有制度。〕

——元·欧阳玄《宋史·徐猛传》

□财者，为国之命而万事之本。〔经济是国家的命脉，一切事业的基础。〕

——宋·苏辙《上皇帝书》

□因天下之力以生天下之财，收天下之财以供天下之费。自古治世，未尝以财不足为公患也，患在治财无其道尔。〔利用天下的力量来生产天下的财富，收聚天下的财富来供给天下的用费。自古以来治理国家，从没有因财富不足而成为公患的。公患的问题在于治理财富没有适当的办法。〕

——元·欧阳玄《宋史·王安石传》

口食足货足，然后国实民富，而教化成。〔粮食和钱财丰足，然后国家殷实，人民富裕，进而政教风化也就形成了。〕

——汉·班固《汉书·食货志》

口凡金银货币，皆出自生灵膏血，不可使无功之人，滥沾赐与。〔凡是国家的金银货币，都是来自百姓的血汗，不可以随意赏赐给没有功劳的人，也不能没有章法地胡乱赏赐。〕

——唐·吴兢《旧唐书·郑军传》

口实业、交通二政，为富国之本。〔发展工商业和交通运输业，这两件政务是使国家富强的根本。〕

——清·梁启超《政府大政方针宣言书》

口利民之事，以农为本，以工为用，中国养民急务，莫过于此。〔有利于百姓的政事，以发展农业为根本，靠工业发挥其作用，中国养育人民的当务之急，莫过于这两条。〕

——清·张之洞《筹定学堂规模次第兴办折》

口国不兴不事之功，家不藏不用之器。〔国家不兴办没有用的工程，家里不收藏没有用的器物。〕

——唐·魏徵《群书治要·新语》

口利于己而不能利于人者，非美利也；利于民而不能利于国者，亦非美利也。〔只对自己有利而不能对别人有利，这样的利不是

4

好利；只对民众有利而不能对国家有利，这样的利也不是好利。〕

——清·郑观应《盛世危言·银行》

□制造船炮，为中国自强之本。〔中国自立自强的根本，在于制造轮船大炮。〕

——清·曾国藩《家书·谕纪泽》

□百工之事，迁地为良。〔各类工匠的制品，换个地方就成为好东西。〕

——清·陈虬《治平通议·变法》

□不能保商，何以立国？〔不能保护商业活动，依靠什么来立国？〕

——清·陈炽《续富国策·包立商部说》

□家有千贯，不如日进分文。〔家里存有很多资财，不如每天都有微薄的收入。〕

——明·臧懋循《元曲选》

□菽粟之贵，重于珠玉。〔粮食的珍贵，胜过珍珠宝玉。〕

——五代·姚察《陈书·世祖本纪》

□国家资用，务从俭约。〔国家的费用，一定要节省。〕

——五代·姚察《陈书·世祖本纪》

□工为体，商为用。〔发展工业是根本，发展商业靠工业。〕

——清·张之洞《农工商学》

□船炮机器之用，非铁不成，非煤不济。英国所以雄强西土者，惟借此二端耳。〔制造船炮机器之用材，没有铁不成，没有煤炭不起

5

作用。英国所以能够在西欧称雄逞强，靠的就是铁和煤这两种东西。〕

——清·李鸿章《议复陈启照条陈折》

□剑戟不利，不可以割断；毛羽不丰，不可以高飞。〔兵器不锋利，不能割断东西；羽毛不丰满，不可以振翅高飞。〕

——清·曾国藩《曾文正公全集》

□师夷智以造炮利船，尤可期永远之利。〔学习西方各国的科学技术来制造大炮和战船，尤其可以期望能长远利于自己的国家。〕

——清·曾国藩《曾文正公全集》

□机器制造一事，为今御侮之资，自强之本。〔制造机器这一实业，是现在抵御外侮的资本，自立自强的根本。〕

——清·李鸿章《李鸿章折》

□机器之用，物化之学，工之智也。〔机器的应用，近代自然科学的发展，是从事工艺的劳动者的智慧结晶。〕

——清·张之洞《劝学篇》

□衣食之道，必始于耕织。〔获取吃穿的途径，一定要从耕田织布开始。〕

——汉·刘安《淮南子·主术训》

□商之本在农，商之用在工。〔商业的根本在农业，发展商业则靠工业。〕

——清·康有为《条陈商务部》

□其强兵富国之术，尚学兴艺之方，与其所以通民情而立国本者，实多可以取法。〔西方发展经济强化国防的办法，崇尚科学振兴工艺

6

技术的手段，以及西方了解民情而建立国家根本大业的做法，确实在很多方面值得我们效法。〕

——清·郭嵩焘《请将滇抚岑毓英交部议处疏》

□发金、银、煤、铁之利，足可夺五洲；造台舰、枪、炮之精，可以横四海。〔开发金、银、煤、铁矿产资源，足可以夺取五洲；发展台舰、枪、炮等制造业，足可以纵横四海。〕

——清·康有为《公车上书》

□中国欲振兴商务，必先讲求工艺。〔中国要振兴商业事务，一定得先发展工业技艺。〕

——清·郑观应《盛世危言·商务》

□论商务之源，以制造为急；而制造之法，以机器为先。〔要说商业的根源，当务之急在于发展制造业；而发展制造业的手段，首先在于发展机器制造业。〕

——清·郑观应《盛世危言·商务》

□一夫耕，百人食之；一妇桑，百人衣之。以一奉百，孰能供之？〔一个农夫耕种的粮食，一百个人来吃；一个农妇养蚕织布，一百个人来穿。用一人生产的物品供养一百人，怎么能够供养他们呢？〕

——汉·王符《潜夫论·浮侈》

□泰西富强之基，根于工艺。〔欧美各国富强的基础，根本在于工业技艺。〕

——清·郑观应《盛世危言·技艺》

□善为国者，天下下我高，天下轻我重，天下多我寡。〔善于主持国家的，总是在各国物价降低时，我则使它提高；各国轻视此种商

品时，我则重视；各国市场供过于求时，我则（通过囤积）使之供不
应求。〕

——春秋·管仲《管子·轻重》

□非工不足以开商之源，则工又为其基，而商为其用。〔非工业
不足以开商业之源，那么，工业是它们的基础，商业是它们的体现。〕

——清·薛福成《筹洋刍议·商政》

□富国以农，距敌恃卒。〔富国依靠农业，拒敌依靠士兵。〕

——秦·韩非《韩非子·五蠹》

□工者劝商之本也，无工是无商也。〔工业是鼓励商业发展的基
础，没有工业也就没有商业。〕

——清·樊锥《劝湘工》

□民非谷不食，谷非地不生。〔百姓没有粮食就没有吃的，粮食
没有土地就不能生长。〕

——春秋·管仲《管子·八观》

□粟也者，民之所归也；粟也者，财之所归也。〔粮食是人民的
依靠；粮食是财富的来源。〕

——春秋·管仲《管子·治国》

□食者，民之本也；民者，国之基也。〔粮食是人民的根本；人
民是国家的基础。〕

——春秋·老子《道德经》

□农不出则乏其食，工不出则乏其事，商不出则三宝绝，虞不出
则财匮少。〔农民不劳动就缺乏粮食；工匠不做工就缺乏工具；商人不

8

经商就缺乏各种奇珍异宝；如果掌管山泽的人不开发利用资源，那么财富就会减少。〕

——汉·司马迁《史记·货殖列传》

□寒暑不时则疾，风雨不节则饥。〔寒暑交替不及时就会有疾病发生，风雨不调无节制就会有饥荒爆发。〕

——战国·公孙尼子《礼记·乐记》

□圣人知治国之要，故令民归心于农。〔圣贤的君主知道治理国家的关键，所以总是使百姓安心于农业生产。〕

——战国·商鞅《商君书·农战》

□国待农战而安，主待农战而尊。〔国家依靠农耕和战争求得安定，君主依靠农耕和战争而受到尊奉。〕

——战国·商鞅《商君书·农战》

□所以务农纤者，以为本教也。〔之所以发展农桑，因为它是国家的根本政教。〕

——秦·吕不韦《吕氏春秋·上农》

□地者，万物之本原。〔土地，是万物赖以生存的根源。〕

——春秋·管仲《管子·乘马》

□农，天下之本，务莫大焉。〔农业,是国家的根本，没有比这个更重要的事情了。〕

——汉·司马迁《史记·文帝纪十三年》

□籴甚贵伤民，甚贱伤农。民伤则离散，农伤则国贫。〔粮价太贵，会伤害吃粮的百姓；太贱，会伤害种粮的农民。百姓受到伤害就

会离散，农民受到伤害国家就贫穷。〕

——汉·班固《汉书·食货志》

□国之贫富强弱明昧，大抵视商政之盛衰，视制造之优劣。〔国家的贫富、强弱、开明、昏暗，大都要看商业政事的盛衰，看机械工业技术的优劣。〕

——清·严复《原富》

□五谷丰登，社稷安宁。〔农业丰收，国家就安宁。〕

——周·吕尚《六韬·龙韬·立将》

□粟者，王者大用，政之本务也。〔粮食是君王最需要的资财，是国家最根本的政务。〕

——汉·晁错《论贵粟疏》

□水广者鱼大，山高者木修。〔水域广大才有大鱼，山势高峻才有高树。〕

——汉·刘安《淮南子·说山训》

□民寡则用易足；土广则物易生。〔人口少，所用之物就容易得到满足；土地多，各种物质就容易产生。〕

——汉·荀悦《申鉴·时事》

□国以民为根，民以谷为命。〔国家以人民为根本，百姓以粮食为生命。〕

——唐·魏徵《群书治要·政论》

□士思其训，农思其务，工思其用，贾思其常，是以上用足而下不匮。〔读书人考虑圣贤的教诲，农夫考虑耕作的事情，百工考虑产

品的功用，商人考虑生财之道，各安其职，各乐其业，则国库充盈人民富足。〕

——晋·傅玄《傅子·捡商贾》

□商贾者，以通货为本。〔商人，以流通货物为根本。〕

——汉·王符《潜夫论·务本》

□王者之治，崇本抑末，务农重谷。〔君王治理国家，重视农业，抑制工商业，重视农业和粮食生产。〕

——晋·陈寿《三国志·司马芝传》

□农事伤则饥之本也，女红害则寒之源也。〔农耕受到伤害，就会有饥饿出现；纺织受到伤害，就会有寒苦来临。〕

——汉·班固《汉书·景帝纪》

□朕一食，便念稼穑之艰难；朕一衣，则思纺织之辛苦。〔我每吃一顿饭，就会念及种庄稼的艰难；我每穿一件衣，就会念及纺织的艰辛。〕

——唐·吴兢《贞观政要·教戒太子诸王》

□食者乃国之所宝，生民之至贵也。〔粮食是国家最为宝贵的东西，也是人民最为宝贵的东西。〕

——南朝·范晔《后汉书》

□民为国基，谷为民命。〔百姓是国家基石，粮食是百姓命根。〕

——汉·王符《潜夫论·爱日》

□士无商则格致之学不宏，农无商则种植之类不广，工无商则制造之物不能销。〔读书人中没有商人，那么声光化电等自然科学就不

11

宏大；农业没有商业活动，那么种植的东西就不广泛；工业离开商业，那么制造出的东西就无法销售。〕

——清·郑观应《盛世危言·商务》

□求人安者，莫过于足食；求国富者，莫先于急耕。〔要人民安定，没有比丰衣足食更重要的；要国家富强，没有比耕种更要紧的。〕

——唐·张说《请置屯田表》

□**商之体在工，工艺盛则万纲殷阗而转运流通，可以周行四海也。**〔商业的根本在于实业技艺，实业技艺兴盛那么各类货物富足而且转运流通，可以周转运送到全国各地。〕

——清·陈炽《续富国策·创立商部说》

□**一女不得织，万夫受其寒。**〔一位农妇不纺织，万人就会遭受寒苦。〕

——唐·苏涣《变律》

□**子不通功易事，以羡补不足，则农有余粟，女有余布。**〔如果不使货物流通，互易有无，以多余补不足，那么就会使农民有多余的粮食没人吃、女工有多余的布帛没人用。〕

——战国·孟子《孟子·滕文公下》

□**在暖须在桑，在饱须在耕。**〔穿暖的时候，要想到采桑的艰难；吃饱的时候，要想到耕作的辛苦。〕

——唐·聂夷中《客有追叹后时者作诗勉之》

□**大农、大工、大商，谓之三宝。农一其乡，则谷足；工一其乡，则器足；商一其乡，则货足。三宝各安其处，民乃不虑。**〔大农、大工、大商，这三件事叫做三宝。把农民组织起来聚居在一地进行生产，粮食就会充足；把工匠组织起来聚居在一地进行生产，器具就会充足；把商贾组织起来聚居在一起进行贸易，财货就会充足。让这三大行业各安其业，民众就无后顾之忧，安居乐业，也就不会寻思变乱。〕

——周·吕尚《六韬·文韬·六守》

□农人不饥而天下肥，蚕妇不寒而天下安。〔农民不会挨饿国家就富裕；蚕妇不受寒国家就安定。〕

——唐·刘轲《农夫祷》

□只知选购船炮，不重艺学，不兴商务，尚未知富强之本。〔只知道选购船炮，不重视技艺的学习，不振兴商业，就还不知道富强的根本。〕

——清·郑观应《盛世危言·初刊自序》

□谷太贱则伤农，太贵则伤末。〔粮价太低，就会损害农民的利益，太高，就会损害工商业者的利益。〕

——宋·苏轼《乞免五谷力胜税钱札子》

□饥在贱农，寒在惰织。〔闹饥荒在于轻视农业，有寒苦在于懒于纺织。〕

——汉·黄石公《素书》

□通商惠工，务材训农，古之善政。〔便利各地货物交流给工业者带来好处，努力进行农业生产来教化百姓，这是古代善于执政的好方法。〕

——清·爱新觉罗·载湉《上谕》

□财者，亿兆养命之源，自当为亿兆惜之。果散在内地，何妨损上益下，藏富于民？〔财富是广大群众养命的根源，自当被广大群众

所珍惜。就是分散在百姓当中，对官府减损，让民众得益，财富藏在民间又有什么妨碍呢？〕

——清·林则徐《奏稿》

□民生在勤，勤则不匮，是勤可以免饥寒也。〔民生大计在于勤劳生产，只有勤劳生产才能丰衣足食，勤劳可以使人民免受饥寒。〕

——清·宋纁《古今药石》

□农桑者，实民之命，为国之本。〔农业与纺织业确实是人民的生命，国家的根本。〕

——南朝·沈约《宋书·周朗传》

□天下之土地有限，人民之生息无穷。〔国家土地资源有限，但人口繁殖却是无穷尽的。〕

——明·丘浚《大学衍义补》

□出处不如聚处。〔物品在产地不如在聚集地价廉。〕

——清·梁同书《直语补证》

□计口而受田，家给而人足。〔按人口授田给农民，就会家家自给，人人丰足。〕

——宋·欧阳修《原弊》

□农事实为国之本，俭用乃居家之道。〔农业确实是国家的根本，省吃俭用是治家的原则。〕

——清·爱新觉罗·玄烨《起居注》

□国无九年之储，家无三年之蓄，家非其家，国非其国。故知立国立家，皆资于储蓄矣。〔国家没有九年的储备，家庭没有三年的积蓄，那么家就不成为其家，国就不成为其国。所以知道立国立家都是要依靠储备与积蓄的。]

——唐·吴兢《旧唐书·韦思谦传》

□妇人拾蚕，渔者握鳝，利之所在，则忘其所恶。〔蚕妇捡蚕，渔夫捕鱼，都是由于利益的驱使，为了利益就忘记了自己所厌恶的了。〕

——秦·韩非《韩非子·内储说》

□商旅不行，利润难得。〔商贩不做生意，就难以获得利润。〕

——汉·焦延寿《易林·益》

□天之所覆者虽无所不至，而地之所容者则有限焉。〔自然界能容纳的虽然是无穷的，而土地资源的利用总是有限的。〕

——明·丘浚《大学衍义补》

□重农桑以足衣食，尚节俭以惜财用。〔重视农业和桑蚕业来丰衣足食，崇尚节约勤俭来爱惜财物。〕

——清·爱新觉罗·玄烨《清圣祖实录》

□谷日贱而民日穷，民日穷而赋日诎。〔粮食越贱人民就越穷，人民越穷税收就越短缺。〕

——清·顾炎武《钱粮论》

□有田同耕，有饭同食，有衣同穿，有钱同使。〔有田大家一起种，有饭大家一起吃，有衣大家一起穿，有钱大家一起使。〕

——太平天国《天朝田亩制度》

□孝悌，天下之大顺也。力田，为生之本也。三老，众民之师也。廉吏，民之表也。〔孝敬父母，尊重兄长，是天下百姓的基本行为准

15

则。重视农业生产，是国计民生之根本。掌管教化的基层乡官是民众的师表。廉洁清明的官吏是人民的榜样。〕

——汉·刘恒·摘自《汉书·文帝纪》

□农桑为衣食之本，稼穑为风化之源。〔农业和纺织业是吃饭穿衣的根本，农业劳动是风俗和教化的源头。〕

——清·田文镜《钦颂州县事宜·劝农桑》

□国命在乎民，民命在乎食。〔民众是国家的生命，吃饭问题又是民众的生命。〕

——宋·邵雍《秋怀三十六首》

□衣食者，民之本。〔吃饭、穿衣，是百姓生活的根本问题。〕

——汉·桓宽《盐铁论·力耕》

□管山吃山，管水吃水。〔在山就要以山为食物，在水就要以水为食物。〕

——清·吴敬梓《儒林外史》

□凡天下田，天下人同耕。〔凡是天下的土地，就天下人来一起耕种。〕

——太平天国《天朝田亩制度》

□人能尽其才，地能尽其利。〔对于人要充分发挥其才能，对于地要充分发挥其有利条件。〕

——近代·孙中山《上李鸿章书》

□圣王在上而民不冻饥者，非能耕而食之，织而衣之也，为开其资财之道也。〔在圣明的君王统治下，人民之所以不挨饿受冻，并不

是君王能耕田为人民提供食物，能织布为人民提供衣服，而是为人民提供了发财致富的途径。〕

——汉·班固《汉书·食货志》

□国以民为本，民以食为天。〔国家以人民为根本，人民以吃饭问题为最大。〕

——近代·孙中山《上李鸿章书》

□风调雨顺，国泰民安。〔风雨适合农时，就会国家太平、人民安乐。〕

——明·冯梦龙《古今小说》

□图治之法，以农为体。〔谋取治国的方法，在于以农业为根本。〕

——清·爱新觉罗·载湉《上谕》

□商藉农而立，农赖商而行。〔商业依靠农业才兴旺，农业依赖商业才发展。〕

——宋·陈亮《龙川文集·四弊》

□万物通则万物运，万物运则万物贱。〔货物流通，就可调剂有无，通过调剂就可以使价格趋平。〕

——春秋·管仲《管子·轻重》

□民有余则轻之，民不足则重之。〔百姓有余粮就低价收买，百姓粮不足就高价收取。〕

——春秋·管仲《管子·国蓄》

□帝王之道，莫尚于安民。安民之术，在于丰财。丰财者，务本而节用也。〔仁义之君治国，最重要的事情是使人民安居乐业。使人

17

民安居乐业的方法，在于使资财丰足。要想使资财丰足，就必须重视农业这个根本并节约开支。〕

——晋·陈寿《三国志·杜畿传》

□强本节用，则天不能贫。〔加强农业生产，并节约国家财政支出，老天也不能使你贫困。〕

——战国·荀子《荀子·天论》

□粟重而万物轻，粟轻而万物重。〔粮食贵重了，其他商品就无足轻重了，粮食便宜了其他商品就显得贵重了。〕

——春秋·管仲《管子·轻重》

□务材训农，通商惠工。〔努力进行农业生产来教化百姓，便利各地货物交流给工业者带来好处。〕

——春秋·左丘明《左传·闵公二年》

□贱即买，贵则卖。〔物价贱就要赶快买进来，物价贵就要赶快卖出去。〕

——汉·桓宽《盐铁论·本议》

□用贫求富，农不如工，工不如商。〔转贫为富，从事农业不如工业，工业又不如商业。〕

——汉·司马迁《史记·货殖列传》

□商之本在农，农事兴则百物蓄而利源可浚也。〔农业是商业的基础，农业生产发展则农产品丰富，就可促进商业，疏通财源。〕

——清·陈炽《续富国策·创立商部说》

□贵出如粪土，贱取如珠玉。〔物价贵就像粪土一样赶快卖出去，

物价贱就像珠玉一样赶快买进来。〕

——汉·司马迁《史记·货殖列传》

□贵上极则反贱，贱下极则反贵。〔物价上涨到极点就会下跌，跌到极点就会上涨。〕

——汉·司马迁《史记·货殖列传》

□富无经业，则货无常主。〔富有不是固定不变的，货物也没有长期不变的主人。〕

——汉·司马迁《史记·货殖列传》

□古之立国家者，开本末之途，通有无之用。〔古代治理国家的人，注重开辟财源，沟通有无。〕

——汉·桓宽《盐铁论·本议》

□物者，以少者为贵，多者为贱。〔东西少了价钱就贵，多了就便宜。〕

——晋·葛洪《抱朴子·内篇》

□时移俗易，物同价异。〔时间在推移，风俗在变化，一样的东西随时间风俗的变化价格就不一样。〕

——晋·葛洪《抱朴子·外篇》

□凡人之情，出财而知其所用，虽万而不辞；其出财而不知其所用，虽一文而必吝。〔大凡人之常情：用钱，合理而必须用的，即使花费巨大也要舍得用；用钱，不合理不必要的，即使一分钱也不乱用。〕

——清·梁启超《爱国论》

□稽古之世，民以农为本；越今之时，国以商为本。〔查考古代

19

的世事，人民以农业为根本；到了今天，国家以商业为根本。〕

——清·郑观应《盛世危言·商战》

□**希世之宝，违时则贱。**〔世间稀有的珍贵的东西，如果不合时宜就不值钱。〕

——南朝·刘祥·摘自《南齐书·列传》

□**物贱由乎钱少，物贵由乎钱多。**〔东西便宜是因为人们手中钱少，东西贵是因为人们手中钱多。〕

——唐·陆贽《均节赋税恤百姓第二条》

□**价高则市者稀，价贱则市者广。**〔物价高购买的人就会少，物价便宜购买的人就多。〕

——唐·吴兢《旧唐书·李珏传》

□**物贵则不足，物贱则有余。**〔物贵说明货物不足，求过于供；物贱说明货物有余，供过于求。〕

——元·王恽《玉堂嘉话》

□**庙堂之上，以养正气为先。海宇之内，以养元气为本。**〔朝廷中以培养官员的正气最为重要，而国家之中以培养国力为根本。〕

——清·金缨《格言联璧·从政》

□**农，天下之本也。黄金珠玉，饥不可食，寒不可衣，以为币用，不识其终始。**〔农业是国家的根本。黄金珠玉，既不能充饥，又不能御寒，把它作为货币来流通，不知是什么时候开始的。〕

——汉·刘启·摘自《汉书·景帝纪》

□**厚农而资商，厚商而利农。**〔重视农业就能资助商业，重视商

20

业就有利于农业。〕

□西洋富强之策，商务与船政互为表里。〔西方国家富强的方针是发展商业和航运，使二者互相依存、互相促进。〕

——清·李鸿章《李文忠公全集·奏稿》

□欲自强必先裕饷，欲浚饷莫如振商务。〔要想富强必须先富裕军队的俸给，想要取得军队的俸给必须要振兴商业。〕

——清·李鸿章《李文忠公全集·奏稿》

□春贷秋赋民皆欢，春赋秋贷民皆怨。〔春天放贷，秋天收税，百姓就都会欢喜；但春天收税，而秋天放贷，百姓就都会抱怨。〕

——汉·刘安《淮南子·说山训》

□今日之竞争，不在腕力而在脑力，不在沙场而在市场。〔当今世界的竞争，不在体力而在脑力，不在战场而在市场。〕

——清·梁启超《论民族竞争之大势》

□并争之世，必以商立国。〔在竞争的时代，必须把国家建立在商业的基础上。〕

——清·康有为《上清帝第二书》

□钱货既均，远近若一，百姓乐业，市道无争，衣食滋殖也。〔钱财物资分配公平，远近平等对待，这样百姓就可以安居乐业，市场上就没有争夺，衣食也可以渐渐增多。〕

——南朝·孔觊·摘自《南史·列传》

□恤商情，振商务，保商权。〔体恤商情，振兴商务，保护商

21

权。〕

——清·陈炽《续富国策·创立商部说》

□商贾者，所以通物也。物以任用为要，以牢固为资。〔商人，就是要使货物流通的人。而货物，最要以实用为主，以结实为资本。〕

——汉·王符《潜夫论·务本》

□商务之盛衰，必系国家之轻重。〔商务的兴衰，必然关系到国家的强弱。〕

——清·陈炽·摘自《盛世危言·序》

□习兵战，不如习商战。〔国家通晓军事角逐，不如通晓商业竞争。〕

——清·郑观应《盛世危言·商战》

□西人之谋富强也，以工商为先，耕战植其基，工商扩其用也。〔欧美人谋求富强，以工商业为先导，农业奠定其基础，工商业能增加其资财和费用。〕

——清·薛福成《筹洋刍议·商政》

□十万之豪富，则胜于有百万之劲卒。〔有十万富豪，胜过拥有百万精锐士兵。〕

——清·郑观应《盛世危言·商战》

□士有当年而不耕者，则天下或受其饥矣；女有当年而不绩者，则天下或受其寒矣。〔男子正值壮年却不耕作，那么天下就可能有人为此挨饿了；女子正值壮年而不纺织，那么天下就可能有人为此受冻了。〕

——秦·吕不韦《吕氏春秋·爱类》

□欲致富，必首在振工商。〔要想达到富裕强盛，必须首先振兴工商业。〕

——清·郑观应《盛世危言·后编自序》

□欲制西人以自强，莫如振兴商务。〔要遏制欧美等西方国家之人以达到自强，没有比振兴商业更好的了。〕

——清·郑观应《盛世危言·商务》

□欧洲立国，以商务为本，富国强兵，全藉于商。〔欧洲人立国，以商业为根本，富国强兵，全依靠商业。〕

——清·薛福成《出使日记》

□农以力尽田，贾以察尽财，百工以巧尽器械。〔农民用力气去种田，商人靠精明去赚钱，百工靠技巧去制造器械。〕

——战国·荀子《荀子·荣辱》

□人之大欲，在乎饮食男女，至于轩冕殿堂，非有切身之急。〔人首先要解决的是温饱生育问题，至于车马屋宇，不是切身的急事。〕

——唐·魏徵·摘自《南史·梁本纪》

□商为中国四民之殿。〔商业，是士、农、工、商四民的最重要的后备力量。〕

——清·薛福成《出使日记》

□聚天下之人，不可以无财；理天下之财，不可以无义。〔要想得到天下人的拥护，没有一定的物质财富是不行的；要治理好天下的财富，没有合理的方法是不行的。〕

——宋·王安石《乞制置三司条例》

□不务天时则财富不生，不务地利则仓库不盈。〔不努力去适应季节气候的变化，财富就不能生长；不积极去利用地力，仓库就不会充盈。〕

——春秋·管仲《管子·牧民》

□世上死生皆为利，不到乌江不肯休。〔世上的人生生死死都是为谋利，不达目的，誓不罢休。〕

——明·冯梦龙《醒世恒言》

□国强基于国富，国富唯赖行商。〔国家强大依赖于国家富有，国家富有只有依赖从事商业活动。〕

——清·马建忠《适可斋纪行·商行记》

□节其流，开其源。〔节省其开支，开发其财源。〕

——战国·荀子《荀子·富国》

□讲富者以护商为本，求强者以得民心为要。〔讲富的人以保护商务为根本，求强的人以得到民心为关键。〕

——清·马建忠《上李伯相言出洋工课书》

□便宜没好货，好货不便宜。〔价格便宜的货质量就不好，质量好的货价格就不便宜。〕

——清·史襄哉《中华谚海》

□富其家者资之国，富其国者资之天下，欲富天下则资之天地。〔要想使家庭富裕就得凭借国家富裕，要想国家富裕就得依靠百姓富裕，要想百姓富裕就得依赖大自然。〕

——宋·王安石《与司马运判书》

□一夫躬稼，则余食委室；匹妇务织，则兼衣被体。〔一个农夫辛勤耕种，则有余粮存放在家；一个农妇勤劳纺织，则有多件衣服遮体。〕

———南朝·沈约《宋书·孔琳之》

□不怕不识货，就怕货比货。〔不怕不识货，就怕货物和货物相对比。〕

———清·史襄哉《中华谚海》

□一夫不耕，有受其饥，一妇不织，有受其寒。〔一个男子不耕地，就有人挨饿；一个妇女不织布，就有人受冻。〕

———三国·孙权·摘自《三国志·三嗣主传》

□商战为本，兵战为末。〔商业竞争才是根本，武力则是次要的。〕

———清·郑观应《盛世危言·商战》

□财者，帝王所以聚人守位，养成群生，奉顺天德，治国安民之本也。〔财是帝王用来聚集人才、守住帝位、养育众人、顺应上天、治国安民的根本。〕

———汉·班固《汉书·食货志》

□人无利己，谁肯早起。〔人们如果不是为自己牟私利，谁肯起早贪黑做事。〕

———明·冯梦龙《警世通言》

□天下之财匮乏，良由货不流通；货不流通，由商贾不行；商贾不行，由兼并之家巧为摧抑。〔天下财物缺乏，的确是由于货物不流通；货物不流通，是由于商人不经商；商人不经商，是由于兼并之家机巧奸诈，善于摧残抑制。〕

——元·欧阳玄《宋史·曾布传》

□人皆知重敛之为可以得其财，而不知轻敛之得财愈多也。〔人们都知道多征收赋税就可以得到钱财，但却不知道轻徭薄赋能收到更多的钱财。〕

——唐·李翱《平赋书》

□农以丰其食，工以足其器，商贾以通其货。〔农民使食物丰富，工匠使各种用具充足，商人使货物流通。〕

——唐·令狐德棻《晋书·傅玄传》

□农攻粟，工攻器，贾攻货。〔农民善于生产粮食，工匠善于制造器械，商人善于经营货物。〕

——秦·吕不韦《吕氏春秋·上农》

□取之有度，用之有节则长足；取之无度，用之无节则常不足。〔取之有限度，使用有节制，就会经常富足；取之无限度，使用无节制，就会经常不足。〕

——唐·陆贽《均节赋税恤百姓六条》

□货真价实，童叟无欺。〔经商要货真价实，无论小孩老人都不欺骗。〕

——清·吴趼人《二十年目睹之怪现状》

□夫富民者，以农桑为本，以游业为末。百工者，以致用为本，以巧饰为末。商贾者，以通货为本，以鬻奇为末。〔使人民富裕的，要以农业和纺织业为根本，以发展牧业为枝叶。从事手工业生产的，要以生产实用物品为根本，以生产装饰的物品为枝叶。从事商品贸易的，要以流通货物为根本，以贩卖奇珍异物为枝叶。〕

——汉·王符《潜夫论·叙录》

□不将辛苦意，难得世人财。〔如果不含辛茹苦，就不会赚到别人的钱财。〕

——明·兰陵笑笑生《金瓶梅词话》

□无农则无食，无工则无用，无商则无给。〔没有农业就没有粮食，没有工业就缺乏财用，没有商业就没有供给。〕

——清·包世臣《说储上篇序》

□人则财之本，而有人自有财。〔人是创造财富的根本，有人自然有财富。〕

——明·何心隐《辞唐可大馈书》

□不言理财者，决不能治平天下。〔不讲究理财的人，决不能治理好国家。〕

——明·李贽《四书评·大学》

□财计为国之大命。〔有关财政的大计方针，是国家命脉之所在。〕

——清·严复《原富·按语》

□血不流则身病，财不流则国病。〔血液不流通身体就会生病，财货不流通国家就会穷困。〕

——清·马建忠《铁道论》

□财不足则反之时，食不足则反之用。故先民以时生财，固本而节用，则财足。〔财用不足就注重农时，粮食不足就注意节约。因此古代贤人按时生产财富，搞好农业基础，节省开支，财用自然就充足。〕

——战国·墨子《墨子·七患》

□长袖善舞，多钱善贾。〔穿长袖的人善于舞蹈，存钱多的人善于经商。〕

——战国·韩非《韩非子·五蠹》

□国以人为本，人以食为命。〔国家以人为根本，人以粮食维持生命。〕

——北朝·杨逸·摘自《北史·列传》

□耕当问奴，织当问婢。〔耕种的事情应问农民，织布的事情应问妇女。〕

——隋·柳彧·摘自《隋书·列传》

□凡事皆须务本。国以人为本，人以衣食为本。〔大凡做事都必须得求根本。国家以人民为根本，人民以衣食为根本。〕

——唐·吴兢《贞观政要》

□有无通则民财不匮，劳逸均则人乐其业。〔物业流通，那么人民的财富就不会匮乏；劳逸结合，那么人民就自乐其业。〕

——北朝·魏收《魏书·食货志》

□为社稷之计者，莫不先于守本。〔为社稷考虑的人，没有不首先以农业为本的。〕

——北朝·韩麒麟·摘自《魏书·韩麒麟列传》

□上得天时，下得地利，中得人和，则财货浑浑如泉源。〔上得有利的天气时令条件，下得有利的地形地势条件，中得上下团结人心一致，那么财货就会像流水一样不断地流入。〕

——战国·荀子《荀子·富国》

□巧者有余，拙者不足。〔巧慧聪明的人财富有余，笨拙愚昧的人衣食不足。〕

——汉·司马迁《史记·货殖列传》

□人生归有道，衣食固其端。〔人生最终要归依的道理，就是要有衣穿、有饭吃。〕

——晋·陶渊明《陶渊明诗集》

□百里不贩樵，千里不贩籴。〔不到百里之外去贩运薪柴，不到千里之外贩运粮食。〕

——汉·司马迁《史记·货殖列传》

□天下熙熙，皆为利来；天下壤壤，皆为利往。〔天下的人蜂拥而至，都是为了利益而来；天下的人纷乱奔波，都是为了利益而去。〕
——汉·司马迁《史记·货殖列传》

□农，天下之大本也，民所恃以生也。〔农业生产是各个行业的根本与基础，是老百姓得以生存的衣食来源。〕

——汉·刘恒·摘自《汉书·高帝纪》

□春不夺农时，则有食；夏不夺蚕工，则有衣。〔春天不耽误农耕时间，就有粮食吃；夏天不占用蚕事工作，就有衣服穿。〕

——宋·宋祁《新唐书·来济传》

□竭泽而渔，岂不得鱼，而明年无鱼；焚薮而田，岂不获得，而明年无兽。〔抽干湖水而捕鱼，哪有得不到鱼的，然而第二年也就没有鱼了；焚烧草木而打猎，哪有无收获的，而第二年也就没有野兽了。〕

——秦·吕不韦《吕氏春秋·义赏》

口农广则谷积，用俭则财富。〔农田广大谷物就多，所用节俭资财就多。〕

——晋·高柔·摘自《三国志·高柔传》

口上开一源，下生百端。〔在上位的开了一个头，下面的就敢胡作非为。〕

——唐·白居易《戒奢篇》

口商旅之民多，谷不足而货有余。〔经商的人多了，就会使粮食生产不足，而货物有剩余。〕

——汉·班固《汉书·货殖列传》

口市者，可以知治乱，可以知多寡。〔通过市场行情，可以知道国家是安定还是混乱，可以知道国家物资是富裕还是缺乏。〕

——战国·管仲《管子·乘马》

口计校府库，量入为出。〔清点核对国库的库存，计算收入核定支出。〕

——晋·陈寿《三国志·卫凯传》

口量入为出，不恤所无。〔根据收入来确定支出，就不会有财用匮乏的忧虑。〕

——唐·陆贽《均节赋税恤百姓六条》

口聚敛者，召寇、肥敌、亡国、危身之道也，故明君不蹈也。〔搜刮钱财是一条招致外国侵略，对敌人有利，使国家灭亡，危及自身的道路，所以贤明的君主绝不会走这条路。〕

——战国·荀子《荀子·王制》

□量入以为出，上足下亦安。〔根据收入情况而计划开支，则国家富足，人民安定。〕

——唐·白居易《赠友五首》

□食乃民天，农为治本。〔粮食是百姓生活的依靠，农业是治理国家的根本。〕

——南朝·姚察《梁书·文帝本纪》

□足国之道，节用裕民，而善藏其余。〔使国家富裕的方法，是节约开支，使百姓富裕，还要妥善储藏剩余的物资。〕

——战国·荀子《荀子·富国》

□民不足而可治者，自古及今，未之尝闻。〔人民生活不富裕而国家可以安定太平的事，从古到今，不曾听说过。〕

——汉·班固《汉书·食货志》

□治本而节用，则天不能贫。〔发展农业，节约开支，则上天也不能使你贫穷。〕

——战国·荀子《荀子·天论》

□善为国者，藏之于民。〔善于治理国家的人，把财富储藏在百姓中间。〕

——晋·赵俨·摘自《三国志·赵俨传》

□生财有大道。生之者众，食之者寡；为之者疾，用之者舒，则财恒足矣。〔生财有基本的方法。生产的人多，消费的人少；获取要快，消费要慢，这样就可以经常保持充足的财源。〕

——战国·曾参《礼记·大学》

□不涸泽而渔，不焚林而猎。〔不把池里的水汲干了捕鱼，不把树林焚烧了来猎兽。〕

——汉·刘安《淮南子·主术训》

□珠玉非宝，五谷为宝。〔珍珠玉石不是珍宝，粮食才是珍宝。〕

——清·史襄哉《中华谚海》

□举国移风，争讲工艺。〔全国都改变风气，争着发展工业技艺。〕

——清·康有为《请厉工艺奖创新折》

□货无大小，缺者便贵。〔货物没有大小之分，稀缺的货物便珍贵价高。〕

——明·冯梦龙《醒世恒言》

□治国之实，必本于财用。〔治理国家最根本的，在于理好财用。〕

——宋·李觏《富国策》

□钱谷，民之膏血，多取则民困而国危，薄敛则民足而国安。〔钱币和谷物，是人民用血汗换来的，多取则人民困苦而国家危急，少取则人民富足而国家安定。〕

——元·拜住·摘自《元史·拜住》

军事外交

□兵者，百岁不一用，然不可一日忘也。〔军队可以百年不用一次，但不可以一天没有它。〕

——春秋·鹖冠子《鹖冠子·近迭》

□兵者，国之大事，生死之地，存亡之道，不可不察也。〔用兵打仗是国家的大事，关系到百姓的生死和存亡，不能不认真审察。〕

——春秋·孙武《孙子·计篇》

□百战百胜，非善之善者也；不战而屈人之兵，善之善者也。〔百战百胜不是好中最好的；不发动战争而使敌人屈服，才是好中最好的。〕

——春秋·孙武《孙子》

□兵之胜败，本在于政。〔战争的胜败，其根本在于朝廷的政治措施。〕

——汉·刘安《淮南子·兵略训》

□军国之要，察众心，施百务。〔统军治国的关键，在于明察众人的心理和要求，采取各种正确的施政措施。〕

——汉·黄石公《黄石公三略·上略》

□凡战之道，未战养其财，将战养其力，既战养其气，既胜养其心。〔大凡战争的原则是，没有发生战争的时候要积蓄储备好财力物

力，将要发生战争时要蓄养将士的战斗力，已经发生战争了，要保持将士的士气，战争已经胜利了要保持将士的斗志。〕

——宋·苏洵《心术》

□恃大而不戒，则轻战而屡败；知不而自畏，则深谋而必克。〔依仗国家强大而放松戒备，就会轻视战争而屡战屡败；知道国家弱小而能时时提高警惕，就会深谋远虑而能克敌制胜。〕

——宋·苏轼《策断》

□夫武，禁暴、戢兵、保大、定功、安民、和众、丰财者也。〔战争，是为了制止暴乱、消弭兵灾、保持强大、巩固胜利、稳定社会、团结人民、发展生产、增多财富。〕

——春秋·左丘明《左传·宣公十二年》

□国之安危，在于所任。〔国家的安定与动荡，完全在于担任国家职务的人。〕

——晋·陈寿《三国志·薛综传》

□圣人之用兵，以禁残止暴于天下也。及后世贪者之用兵也，以刈百姓危国家也。〔古代圣贤的人使用武力，是为了禁止残暴的行为横行天下。到了后世，贪欲的人用兵是为了屠戮百姓危及国家。〕

——汉·戴德《礼记·用兵》

□圣王之用兵，非乐之也，将以诛暴讨乱也。〔英明的帝王用兵，并非他好战，而是为了诛杀残暴讨伐叛乱。〕

——汉·黄石公《黄石公三略·下略》

□杀人安之，杀之可也；攻其国爱其民，攻之可也；以战止战，虽战可也。〔杀掉罪人使百姓安定，杀掉他是可以的；攻占他国但爱

护他的子民，这样的攻伐是可以的；用正义战争制止非正义战争，即
使发动战争也是可以的。〕

——战国·田和《司马法·仁本》

　　□上兵伐谋，其次伐交，其次伐兵，其下攻城。〔用兵的上策是
运用谋略取胜，其次是运用外交手段取胜，再次是运用作战方式取胜，
最下策是攻城取胜。〕

——春秋·孙武《孙子·谋攻篇》

　　□上令既废，以居则乱，以战则败。〔上级的命令得不到实施，
军队驻守必然混乱，作战必定失败。〕

——战国·吴起《吴子·治兵》

　　□胜负兵家之常，善用兵者能因败为成。〔胜负是打仗常有的事，
善于用兵的人能够从失败中汲取教训，转败为胜。〕

——宋·司马光《资治通鉴·晋纪》

　　□故抗兵相加，哀者胜矣。〔所以两军对垒时，悲愤激昂的战士，
勇于抗敌，必定能取胜。〕

——春秋·老子《道德经》

　　□兵胜于朝廷，不暴甲而胜者，主胜也；陈而胜者，将胜也。〔军
事的胜利，取决于朝廷的政治措施。不使用武力就取得的胜利，是君
主在政治上的胜利；经过战争而取得的胜利，是将帅在指挥上的胜利。〕

——战国·尉缭《尉缭子·兵谈》

　　□兵者，天下之凶器也；勇，天下之凶德也。举凶器，行凶德，
犹不得已也。举凶器必杀，杀，所以生之也；行凶德必威，威，所以
慑之也。敌慑民生，此义兵之所以隆也。〔尖兵利器，是天下祸事之

35

工具；勇武鲁莽，是天下凶险之德性。使用凶器，实行凶德，是迫不得已。使用凶器必定要杀人，杀人是为了更多的人能够生存；实行凶德必定要显示威力，显示威力是为了使人畏惧。敌人畏惧屈服，人民就可得到生存，正义之师就会被天下人所尊重而且不断兴隆。〕

——秦·吕不韦《吕氏春秋·论威》

□凡战之道，贪生者死，忘死者生；狃胜者败，耻败者胜。〔大凡战争的规律，贪生的往往会死，忘死的往往会生；满足于胜利的往往会失败，以败为耻的往往会胜利。〕

——明·吕坤《呻吟语》

□战不必胜，不可以言战。攻不必拔，不可以言攻。〔作战没有必胜的把握，就不可以轻易出战。攻伐没有攻破城池的必胜把握，就不要轻易准备攻城。〕

——战国·尉缭《尉缭子·武议》

□用武则以力胜，用文则以德胜，文武尽胜，何敌之不服？〔使用军事手段就以力量取胜，使用政治手段就以恩德取胜。军事手段和政治手段都能取胜，还有什么敌人不屈服呢？〕

——秦·吕不韦《吕氏春秋·不广》

□义兵至，则邻国之民归之若流水，诛国之民望之若父母。〔正义之师一旦到来，邻国的人民就会像流水一样归顺他们，被讨伐的国家的人民就像盼望父母一样盼望他们到来。〕

——秦·吕不韦《吕氏春秋·怀宠》

□胜败之机，系于理之屈直。理直则师壮，师壮，胜之机也；理屈则师老，师老，败之机也。故善战者，战理。〔战争胜败的关键，在于战争的非正义与正义性。战争是正义的那么军队就自然强壮，军队强壮了，胜利的时机就到了；如果是非正义的，军队就会羸弱，军队羸弱了，失败也就到了。所以善于作战的不在于打仗而在于在道理上战胜对方。〕

——宋·秦观《淮海集》

□安边存大礼，何必斩楼兰？〔如果用外交手段能安定边疆，何必要发动战争破城毁民呢？〕

——宋·郑克己《送中书王舍人使北》

□强，则能攻人者也；治，则不可攻也。治强不可责于外，内政之有也。〔国家强盛，就能进攻别的国家；国家安定，就不可能被别国攻破。国家的强盛和安定不能求助于外交活动，只能从搞好内政中取得。〕

——秦·韩非《韩非子·五蠹》

□有兵而不利，有甲而不坚，而假之以求胜，恃之以求生，则误大事。取大祸，莫斯之甚也。〔有武器而不锋利，有铠甲而不坚固，却想凭借它们来取胜，依仗它们求得生存，那么就会耽误军国大事。招致大的祸乱，没有比这更厉害的了。〕

——宋·李觏《李觏集·强兵策》

□衣吾衣，食吾食，战不胜，守不固，非吾民之罪，内自致也。〔如果这些军队，穿了国家的衣服，吃了国家的粮食，战不能取胜，守不能稳固，这不是士兵的罪过，而是由于军内没有建立良好的制度或指挥不当造成的。〕

——战国·尉缭《尉缭子·制谈》

□兵失道而弱，得道而强；将失道而拙，得道而工；国得道而存，失道而亡。〔军队失去了道义就会衰弱，得到了道义就会强大；将帅

37

失去了道义就会变得笨拙，得到了道义就会变得有智慧；国家得到了道义就能长存，失去了道义就会灭亡。〕

——汉·刘安《淮南子·兵略训》

□安得壮士挽天河，尽洗甲兵长不用。〔怎么能够让壮士挽回银河之水，洗净兵器，停止战争。〕

——唐·杜甫《杜少陵集·洗兵马》

□兵者，不祥之器，非君子之器，不得已而用之。〔兵革之器是不吉祥的器物，不是君子该有的器物，实在是不得已才使用。〕

——春秋·老子《道德经》

□天子好征战，百姓不种桑。〔君王如果喜好战争，老百姓就无法从事农业生产。〕

——唐·曹邺《捕鱼谣》

□文不犯顺，武不违敌。〔文斗不能触犯理顺之人，武斗不能躲避仇敌之辈。〕

——春秋·左丘明《左传·僖公三十三年》

□安其居，乐其业，至死不相攻伐，可谓善理者不师也。〔安定地居住在自己的居所里，愉快地从事自己的工作，到死也不互相打仗攻伐，这就是所说的善于治理国家的人不轻易发动战争。〕

——三国·诸葛亮《心书·不阵》

□地广人众，不足以为强；坚甲利兵，不足以为胜；高城深池，不足以为固；严令繁刑，不足以为威。为存政者，虽小必存；为亡政者，虽大必亡。〔土地辽阔，人口众多，不足以成为强国；铠甲坚固，兵器锋利，不足以成为取胜的条件；城墙高护城河深，不足以说明牢

固；政令严酷，刑法繁苛，不足以说明威严。而实行仁政，即使是小国，也必定能长存；实行暴政，即使是大国也必定要灭亡。〕

——汉·刘安《淮南子·兵略训》

□明王之治国也，上不玩兵，下不废武。〔圣明的君王治理国家，上不忽视士卒，下不废止武力。〕

——汉·刘向《说苑·指武》

□志士不忘在沟壑，勇士不忘丧其元。〔志士不怕弃尸山沟，勇士不怕丧失头颅。〕

——战国·孟子《孟子·滕文公下》

□善战者，见敌之所长，则知其所短；见敌之所不足，则知其所有余。〔善于作战的人，见到敌人的长处，就知道敌人的短处；见到敌人不足的地方，就知道敌人有余的地方。〕

——战国·孙膑《孙膑兵法·奇正》

□将之所以战者，民也；民之所以战者，气也。〔将帅之所以能打仗靠的是士兵，士兵之所以能打仗靠的是士气。〕

——战国·尉缭《尉缭子·战威》

□兵苟义，攻伐亦可，救守亦可；兵不义，攻伐不可，救守不可。〔战争如果是正义的，那么既可以用来攻伐，也可以用来救守。战争如果是不义的，那么用来攻伐不行，救守也不行。〕

——秦·吕不韦《吕氏春秋》

□衡胜有五：得主专制，胜。知道，胜。得众，胜。左右和，胜。量敌计险，胜。〔能经常取得胜利的原因有五条：将帅取得君主的信任，可以全权指挥作战者，能取胜。懂得战争规律和原则者，能取胜。

39

得到士卒拥护者，能取胜。将帅同心协力者，能取胜。会分析敌情，研究审察地形险要者，能取胜。〕

——战国·孙膑《孙膑兵法·篡卒》

□兵不能胜大患，不能合民心者也。〔军队不能战胜大祸患，原因是得不到百姓的拥护。〕

——战国·孙膑《孙膑兵法·兵失》

□兵不可玩，玩则无畏；兵不可废，废则召寇。〔军事不可儿戏，否则就没有威力；军队不可以废除，否则就会招致敌人入侵。〕

——汉·刘向《说苑·指武》

□计胜欲则从，欲胜计则凶。〔计谋措施高于所要达到的要求，进展就能顺利；主观要求高于计谋措施，就会出现问题。〕

——战国·荀子《荀子·议兵》

□善用兵者，屈人之兵而非战也，拔人之城而非攻也，毁人之国而非久也，必以全争于天下。〔善于用兵的人，不用作战就能使敌人屈服，不用攻击就能占领敌人城池，不用久战就可以灭掉敌国，务求用全胜计谋争胜于天下。〕

——春秋·孙武《孙子兵法·谋攻篇》

□善理者不师，善师者不阵，善阵者不战，善战者不败。〔善于治理国家的君主不轻易动用军队，善于指挥军队的将领不轻易排兵布阵，善于排兵布阵的人不轻易作战，善于作战的不会失败。〕

——三国·诸葛亮《心书·不阵》

□夫兵不可出者三：不和于国，不可以出军；不和于军，不可以出阵；不和于阵，不可以进战。不和于战，不可以决胜。〔军队不可

以出动有三种原因: 国中不和,不可以出军; 军中不和,不可以出阵; 阵中不和,不可以交战。战中不和,就不能够取胜。〕

——战国·吴起《吴子·图国》

□兵贪者亡, 兵应者强, 兵义者王。〔以掠取为目的的战争, 必定失败; 应战来犯之敌, 则越战越勇; 为正义而出战, 则无敌于天下。〕

——唐·白居易《策林·议兵策》

□地之守在城, 城之守在兵, 兵之守在人, 人之守在粟。〔领土的守护靠城池, 城池的守护靠军队, 军队的防守靠人, 人的防守靠粮食。〕

——春秋·管仲《管子·权修》

□天下虽兴, 好战必亡; 天下虽安, 忘战必危。〔天下虽然兴盛了,但若动辄发动战争,也会衰亡; 天下虽然安定了,但若不修战备,形势也一定是非常危险的。〕

——唐·白居易《策林·议兵策》

□争地以战, 杀人盈野; 争城以战, 杀人盈城。此所谓率土地而食人肉, 罪不容于死。〔为争夺土地而战, 杀死的人遍野; 为争夺城池而战,杀死的人满城。这就是所谓的为了土地来吃人肉, 死刑都不足以赎出他们的罪过。〕

——战国·孟子《孟子·离娄》

□将者, 上不制于天, 下不制于地, 中不制于人。宽不可激而怒, 清不可事以财。夫心狂、目盲、耳聋, 以三悖率人者难矣。〔做将帅的人, 必须上不受天时的限制, 下不受地形的限制, 中不受人为的限制。要气量宽宏, 不可因刺激而发怒; 要清正廉洁, 不可被金钱所诱惑。如果任用态度轻狂、目光短浅、信息不灵的人来统率军队, 那就

难于成功了。〕

——战国·尉缭《尉缭子·兵谈》

□众寡同力，则战可以必胜，而守可以必固。〔军队不论人数多少，只要同心协力，就可以战时必取胜，守时必牢固。〕

——春秋·管仲《管子·重令》

□爱民者强，不爱民者弱。〔爱护百姓者就强大，不爱护百姓者就衰弱。〕

——战国·荀子《荀子·议兵》

□故明主者，不恃其不我叛也，恃吾不可叛也；不恃其不我欺也，恃吾不可欺也。〔所以明智的君主，不是依仗别人不背叛自己，而是依仗自己是不可背叛的；不是依仗别人不欺骗自己，而是依仗自己是不可欺骗的。〕

——秦·韩非《韩非子·外储说》

□凡军欲其众也，心欲其一也，三军一心则令可使无敌矣。〔凡是军队都希望人多，人心所向，思想一致；全军一心，就可以使军令畅通而无敌于天下。〕

——秦·吕不韦《吕氏春秋·论威》

□以乱攻治者亡，以邪攻正者亡，以逆攻顺者亡。〔以混乱进攻安定的一定灭亡，以邪恶进攻正义的一定灭亡，以背离天道进攻顺应天道的一定灭亡。〕

——汉·刘向《战国策·秦策》

□夫战，勇气也。一鼓作气，再而衰，三而竭。彼竭我盈，故克之。〔作战，靠的是勇猛的士气。对方第一次击鼓进军，他们士气正

盛；第二次击鼓有所减弱；第三次击鼓士气就没有了。他们的士气没有了，我们的士气正盛，所以能够打败他们。〕

——春秋·左丘明《左传·曹刿论战》

□兵有三勇：**主爱其民者勇，有威刑者勇，赏信于民者勇。**〔士兵在三种情况下表现勇敢：将帅爱护他的士兵时，他们就表现勇敢；军中有威严的制度纪律，他们就表现勇敢；赏罚分明能取信于士兵们，他们就表现勇敢。〕

——宋·袁准《意林·袁子正论》

□**用兵之道，在于人和。人和则不劝而战矣。**〔用兵的道理，在于上下团结人心一致。如果上下团结人心一致了，不用动员也能取胜。〕

——三国·诸葛亮《心书·和人》

□**国以军为辅，君以臣为佐，辅强则国安，辅弱则国危，在于所任之将也。**〔国家靠军队辅助，国君靠大臣辅佐，军队强大国家就安宁，军队弱小国家就会危亡。军队的强弱关键在于所任的将领。〕

——三国·诸葛亮《便宜十六策》

□**兵者凶器也，战者逆德也，实不获已而用之。**〔兵器是杀人的工具，打仗是违背道德的行为，实在是不得已而为之。〕

——春秋·孙武《孙子兵法》

□**爱故不二，威故不犯，故善将者爱与威而已。**〔将帅爱护士兵所以士兵没有二心，将帅威严所以士兵不敢违抗命令，善于做将帅的人不过是爱护与威严并用罢了。〕

——战国·尉缭《尉缭子·攻权》

□**兵不足则农无以为卫，农不足则兵无以为食。兵之与农犹足与**

手，不可以独无也。〔兵力不足就无法来保护农业生产，农耕不足就无法保障军士的粮食。军事和农业的关系就好像是脚和手的关系，缺一个都是不行的。〕

——明·刘基《郁离子》

□令之以文，齐之以武，是谓必取。〔用政治道义教育士兵，使他们听从命令，用军纪军法约束士兵，使他们行动一致，这样就一定能取胜。〕

——春秋·孙武《孙子兵法·行军篇》

□赏必加于其功，赏罚明民竞于功。〔奖赏必须给予有功的人，奖赏分明士兵们就会争相立功。〕

——战国·商鞅《商君书·错法》

□驱万人以意，而不在于威刑之宽猛；悦万人以心，而不在于财货之轻重。〔驱使万人行动要靠统一大家的意志，而不在于刑罚的宽严；能使万人悦服要靠取得众人的拥护，而不在于赏赐财物的多少。〕

——明·戚继光《练兵实纪杂集》

□凡制国治军，必教之以礼，励之以大义。〔凡管理国家治理军队，必须用礼制教育人们，用正义鼓励人们。〕

——战国·吴起《吴子·图国》

□有文事者，必有武备；有武事者，必有文备。〔有文教活动的时候，一定要有军事的准备；有军事活动的时候，一定要有文教的准备。〕

——三国·王肃《孔子家语·相鲁》

□将诚勇以力相敌，不过数人极矣。数十万之众非一人可当，必赖士卒誓同生死，奋勇当锋。〔将帅如果只凭自己的勇力与敌较量，最多只能顶几个人用，但数十万敌人不是一个人所能抵挡的，必须依靠士兵誓同生死，奋勇与敌人作战才行。〕

——明·戚继光《练兵实纪·爱士卒》

□为兵之数，存乎聚财而财无敌，存乎论工而工无敌，存乎制器而器无敌。〔治军的方略，在于聚积财物而使财物无敌于天下，在于讲究工艺而使工艺无敌于天下，在于制造武器而使武器无敌于天下。〕

——春秋·管仲《管子·七法》

□观国者观君，观军者观将。〔观察一个国家只要观察其国君即可，观察一支军队只要观察其将帅即可。〕

——春秋·管仲《管子·霸言》

□用兵之道，攻心为上，攻城为下；心战为上，兵战为下。〔用兵的原则，征服人心是上策，攻占城池是下策；心理战术是首要的，武力打击是次要的。〕

——三国·马谡·摘自《三国志·马谡传》

□兵为民之卫，民无兵不固。〔军队是百姓的保卫者，百姓没有军队就不安定。〕

——清·刘璞《将略要论》

□国有常众，战无常胜；地有常险，守无常势。〔国家有常备的军队，打仗却不能保证总是胜利；地势有不变的险要，防守时却不能永远处于优势。〕

——晋·陈寿《三国志·王昶传》

□以战去战，虽战可也；以杀去杀，虽杀可也；以刑去刑，虽重刑可也。〔用战争消灭战争，即使发动战争是可以的；用杀人消灭杀人；即使杀人是可以的；用刑罚消灭刑罚，即使刑重一些也是可以的。〕

——战国·商鞅《商君书·画策》

□得道多助，失道寡助。〔实行仁政，帮助他的人就多，不实行仁政帮助他的人就少。〕

——战国·孟子《孟子·公孙丑下》

□恃国家之大，矜人民之众，谓之骄兵，骄兵者败。〔倚仗国家大，自恃人口多，这就叫骄兵，骄兵必败。〕

——明·章婴《诸葛亮孔明异传》

□故不尽知用兵之害者，则不能尽知用兵之利也。〔不能全部了解用兵的害处的人，就不能全部了解用兵的好处。〕

——春秋·孙武《孙子·作战篇》

□兵不妄动，而习武不辍。〔军队不能轻易动用，但军事训练不能中断。〕

——汉·刘昼《新论·阅武》

□兵犹火也，不戢将自焚。〔战争如同燃起来的大火，如不及时停止，将会把自己烧死。〕

——晋·陈寿《三国志·周瑜传》

□伐人之国而以为欢，非仁者之兵也。〔把攻打别人的国家当做欢乐，这不是仁义之师。〕

——晋·陈寿《三国志·庞统传》

□上知天之道，下知地之理，内得其民之心，外知敌之情。〔上知日月星辰等天体运行的规律，下知大地上山川、气候、物产、交通、居民的情况，对内得到人民的拥护，对外知道敌情，才能打胜仗。〕

——战国·孙膑《孙膑兵法·八阵》

□凡用兵之道，以计为首。〔凡是用兵的道理，善于用计是最重要的。〕

——明·刘基《百战奇略》

□故兵者，所以诛暴乱禁不义也。〔军队，是用来平定暴乱禁绝不义行为的。〕

——战国·尉缭《尉缭子·武议》

□非药曷以愈疾，非兵胡以定乱。〔没有药怎么能把病治好，没有军队怎么能平定战乱。〕

——唐·柳宗元《愈膏肓疾赋》

□兵者凶器，战者危事也。〔武器是凶险的东西，战争是危险的事情。〕

——三国·张俨《默记述·佐篇》

□白骨成丘山，苍生竟何罪？〔战争使白骨堆成了山，老百姓究竟有什么罪呢？〕

——唐·李白《李白诗集》

□但使龙城飞将在，不教胡马度阴山。〔只要有李广那样的飞将军在世，就一定不会让敌人入侵的兵马越过阴山。〕

——唐·王昌龄《出塞》

□为国者不可好用兵，亦不可畏用兵；好则疲民，畏则遗患。〔治

47

理国家的人不能喜好用兵打仗，但也不能害怕用兵打仗。喜好用兵打仗会使百姓疲惫，害怕用兵打仗则留下祸患。〕

——元·安熹·摘自《宋史》

□上下不和，令乃不行。〔上下若不和睦，命令就不能贯彻执行。〕

——春秋·管仲《管子·形势解》

□用兵得其性，则令行如流。〔治军能够掌握士兵心理，军令就会像流水一样顺利贯彻。〕

——战国·孙膑《孙膑兵法·客主人分》

□威与信并行，德与法相济。〔威仪和信用一起施行，德行与法纪相互配合。〕

——宋·苏轼《张世矩再任镇戎军》

□统武行师，以大信为本。〔统率军队行军打仗，要以崇尚诚实信用为根本。〕

——明·刘基《百战奇略·信战》

□善保家者戒兴讼，善保国者戒用兵。〔善于保家的人避免跟人打官司，善于保国的人避免兴兵打仗。〕

——宋·何垣《西畴老人常言》

□天下安，注意相；天下危，注意将。〔国家安定时，要注意任用贤相；国家危难时，要注意任用良将。〕

——汉·陆贾·摘自《史记·郦生陆贾列传》

□能分人之兵，疑人之心，则锱铢有余；不能分人之兵，疑人之心，则数倍不足。〔如果能分散敌人兵力，使敌人互相猜疑，那么军

队即使少也用不完；如果不能使敌人兵力分散，不能使敌人互相猜疑，即使有数倍于敌人的兵力，也感到不够用。〕

——汉·刘安《淮南子·兵略训》

□令必行，禁必止。〔有命令必须执行，有禁令必须停止。〕

——秦·韩非《韩非子·饰邪》

□军纪者，军事之命脉也。〔军中的纪律是军队的命脉。〕

——近代·蔡锷《军事计画》

□用兵之法，教戒为先。〔用兵的法则，首先是要对士兵进行思想教育和军事训练。〕

——战国·吴起《吴子·治兵》

□机在于应事，战在于治气。〔时机在于适应各种事态的变化，打仗在于掌握士气。〕

——战国·尉缭《尉缭子·十二陵》

□行兵之道，贵知地理。〔行军作战的原则，重要的是了解地势环境。〕

——近代·刘千俊《历代名贤经武粹语》

□为将之道，当先治心。〔做将领的基本原则，应当先掌握战士的思想。〕

——宋·苏洵《心术》

□教兵之法，练胆为先；练胆之法，习艺为先。〔训练军队的方法，以练习胆量为先；练习胆量的方法，以练习武艺为先。〕

——明·王鹤鸣《登坛必究·教兵》

□备边御戎，国家之重事；理兵足食，备御之大经。〔巩固边防，抵御侵略，是国家最重要的大事；而治理好军队、准备足粮草，则是巩固边防、抵御侵略的重大原则。〕

——唐·吴兢《旧唐书·陆贽传》

□军无习练，百不当一；习而用之，一可当百。〔军队不经常进行军事训练，一百个人也抵挡不住一个敌人；经常练兵使用，一个人便可以抵挡一百个敌人。〕

——三国·诸葛亮《将苑·习练》

□好战者亡，忘战者危，不好不忘，天下之王也。〔喜欢战争的人灭亡，忘掉战争的人危险，不喜欢也不忘记战争的人，才是天下的王者。〕

——三国·桓范《世要论·兵要》

□几时拓土成王道？从古穷兵是祸胎。〔什么时候靠武力扩张疆土能够成就称王之业呢？自古以来穷兵黩武就是国家的祸根。〕

——唐·李商隐《汉南书事》

□投之亡地然后存，陷之死地然后生。〔把军队投进灭亡之地，军队（为求生而奋战）就可以保存下来；把军队陷入死亡之地，军队（为求活而拼命）就可以生存下来。〕

——春秋·孙武《孙子兵法·九地篇》

□设而不犯，犯而必诛。〔既然作出规定就不能违犯，如果违犯了就必须受到惩罚。〕

——三国·曹操《孙子注》

50

□若法令不明，赏罚不信，金之不止，鼓之不进，虽有百万，何益于用？〔如果法令不严明，赏罚不守信用，鸣金不停止，击鼓不前进，即使有百万之军，又有什么用处呢？〕

——战国·吴起《吴子·治兵》

□处事有疑非智，临难不决非勇。〔处理事情迟疑不决就是不聪明，面临危难犹豫不决就是不勇敢。〕

——明·何序东《删定武库益智录》

□战以气为主，气勇则胜，气衰则败。〔打仗以士气为主，士气勇敢就能胜利，士气衰竭就会失败。〕

——明·冯梦龙《东周列国志》

□兵事以人才为根本，人才以志气为根本。〔军队的事情以人才为根本，人才以志气为根本。〕

——近代·蔡锷《曾胡治兵语录》

□古今名将用兵，莫不以爱民为本。〔古今名将用兵的原则，没有不是以爱民为根本的。〕

——近代·蔡锷《曾胡治兵语录序及其按语》

□得贤将者兵强国昌，不得贤将者兵弱国亡。〔得到有德才的将帅，军队就会强大国家就能昌盛；得不到有德才的将帅，军队就会衰弱国家就会灭亡。〕

——周·吕尚《六韬·龙韬·立将》

□天时、地利、人和三者不得，虽胜有殃。〔天时、地利、人和这三条不具备，即使胜利了，仍要遭殃。〕

——战国·孙膑《孙膑兵法·月战》

□军无辎重则亡，无粮食则亡，无委积则亡。〔军队没有器械、粮草、营帐、服装等物资就会灭亡，没有粮食就会灭亡，没有物资储备就会灭亡。〕

——春秋·孙武《孙子兵法·军争篇》

□上知天文，中察人事，下识地理。〔将帅要上知日月星辰等天体运行规律，中明人情事理，下识山川、气候、物产、交通、居民等情况。〕

——三国·诸葛亮《将苑·将器》

□劲兵重地，控制万里。〔精兵把守重要地方，可以控制广大地区。〕

——宋·宋祁《新唐书·王忠嗣传》

□兵不如者勿与挑战，粟不如者勿与持久。〔军队不如敌人不要向敌人挑起战争，粮食不如敌人不要同敌人进行持久战。〕

——汉·司马迁《史记·张仪传》

□金汤之固，非粟不守。〔即使有坚固的城池和难以通过的护城河，没有粮食也守不住。〕

——清·严可均《全后魏文·薛虎子》

□三军未发，粮草先行。〔军队还没有出发，粮草先要到达。〕

——清·钱彩《说岳全传》

□统军持势者，将也；制胜败敌者，众也。〔统率军队控制局势的是将帅；取得胜利打败敌人的是整个军队。〕

——汉·黄石公《黄石公三略·上略》

□智则不可测，严则不可犯，故士卒皆委己而听命。〔将帅明智则使人不可猜测其意图，严格则使人不敢违犯命令，所以士兵都以性命相托而听从命令。〕

——宋·苏洵《心术》

□社稷安危，一在将军。〔国家的安危，关键在于将帅。〕

——周·吕尚《六韬·龙韬·立将》

□君功见于选将，将功见于理兵。〔君王的功绩表现在挑选将帅上，将帅的功绩表现在治理军队上。〕

——唐·白居易《选取将帅之方》

□君明则将贤，将贤则兵胜。〔君主英明将帅就贤良，将帅贤良士兵才能打胜仗。〕

——唐·白居易《选取将帅之方》

□强将手下无弱兵。〔能干的将帅麾下没有差劣的士兵。〕

——宋·苏轼《题连公壁》

□三军之势，莫重于将。〔对于全军形势的好坏来说，没有什么比将帅更重要的了。〕

——明·西湖逸士《投笔肤谈·军势》

□千军容易得，一将最难求。〔大批军队容易得到，一位干将最难求得。〕

——清·史襄哉《中华谚海》

□将无还令，赏罚必信，如天如地，乃可御人。〔将帅不能收回已下达的命令，赏罚一定要讲信用，要像天地运行那样准确无误，这

53

样才可以统率军队。〕

——汉·黄石公《黄石公三略·上略》

□将者，智、信、仁、勇、严也。〔将帅，就是具备智慧、诚信、仁爱、勇敢、严肃等素质的人。〕

——春秋·孙武《孙子兵法·计篇》

□将不仁则三军不亲，将不勇则三军不锐。〔将帅不仁义那么军队就不团结，将帅不勇敢军队就不精锐。〕

——周·吕尚《六韬·龙韬·奇兵》

□将不智则三军大疑，将不明则三军大倾。〔将帅无智谋则全军恐惧，将帅不明察是非则全军倾败。〕

——周·吕尚《六韬·龙韬·奇兵》

□古之善用兵者，不必在众；能制敌者，会在出奇。〔古代善于用兵的人，不在于兵多；能制敌而取胜的，应当在于用兵出奇。〕

——唐·张九龄《敕安西节度王斛斯书》

□文能附众，武能威敌。〔在治军方面要能使士卒依附，在武功方面要能威胁敌人。〕

——汉·司马迁《史记·司马穰苴传》

□将帅有死之心，士卒无生之气。〔将帅有以死报国的决心，士兵就有视死如归的气概。〕

——元·曾先之《十八史略·春秋战国》

□若勇而无谋则勇不独举，若谋而无勇则谋不孤行。〔如果只有勇敢而没有计谋，勇敢就不能独力擎起；如果只有计谋而不勇敢，计

谋就无法实行。〕

□敬其众则和，合其亲则喜，是谓仁义之纪。〔尊重民意就能得到大家拥护，团结宗族则能兴盛，这就是仁义的纲纪。〕

——周·吕尚《六韬·文韬·守土》

□国以信而治天下，将以勇而镇外邦。〔国家以诚信统治天下，将士以勇敢镇服敌国。〕

——明·施耐庵《水浒传》

□腹内藏经史，胸中隐甲兵。〔心里如果有文史典籍，胸中就有了武略。〕

——明·罗贯中《三国演义》

□驭将之道，最贵推诚，不贵权术。〔驾驭将帅的办法，最重要的是推诚相见，不玩弄权术。〕

——清·曾国藩《复李少荃》

□不轻敌而慎思，不怯战而稳打。〔不轻视敌人而慎重思考，不害怕打仗而稳扎稳打。〕

——近代·蔡锷《曾胡治兵语录》

□用兵之道，为之以歙而应之以张，将欲西而示之以东。〔用兵的原则是，显示出收缩而以扩展对敌，显示出征东而以伐西对敌。〕

——汉·刘安《淮南子·兵略训》

□善守者，非独为城高池深，卒强粮足而已，必在于智虑周到，计谋百变。〔善于守住城池的原因，并非仅仅是因为城墙高、护城河

深、士卒强、粮食足，一定还在于智慧过人、虑事周到、计策谋略多变。〕

——明·庄应会《经武要略·坐制篇》

□战阵之争，恃强者是败机，警戒者是胜机。〔打仗布阵的事情，倚仗强大是失败的先兆，警觉戒备是取胜的先兆。〕

——近代·蔡锷《曾胡治兵语录》

□谋先事则昌，事先谋则亡。〔谋划在做事之前就会成功，谋划在做事之后则会失败。〕

——汉·刘向《说苑·谈丛》

□将有威则生，无威则死；有威则胜，无威则北。〔将帅有威信军队就能生存，无威信就会灭亡；有威信军队就能打胜仗，无威信就会被打败。〕

——战国·尉缭《尉缭子·兵令》

□为吏者必使民知兵之辛劳，为将者必使兵知民之艰辛。〔做官的一定要使子民知道士卒的辛苦劳累，做将帅的一定要使士卒知道人民的艰难辛苦。〕

——清·刘璞《将略要论》

□兵不豫定，无以待敌；计不先虑，无以应卒。〔用兵不预先订好计划就无法对付敌人；计划不事先考虑好，就无法应付突然发生的事情。〕

——汉·刘向《说苑》

□兵者，诡道也。故能而示之不能，用而示之不用，近而示之远，远而示之近。〔用兵是一种欺诈的行为，所以能打而示人以不能打，

要打而示人以不打，想在近处打而示人以要在远处打，想在远处打而示人以要在近处打。〕

——春秋·孙武《孙子兵法·计篇》

□礼者将之本，威者得之末。〔礼是将帅统军的根本，威严是次要的。〕

——宋·叶适《习学记言序目·三略》

□慈，于战则胜，以守则固。〔把仁慈的威力用于攻战则能取胜，用于防守则能坚固。〕

——秦·韩非《韩非子·解老》

□将者，腹心也；士卒者，手足也。〔将帅好比人的心腹，士兵好比人的手脚。〕

——明·戚继光《练兵实纪》

□善用兵者，贵乎兵识将意，将识士心。〔善于用兵的人，可贵之处在于将帅和士兵互相了解。〕

——近代·刘千俊《历代名贤经武粹语》

□作官必得民心，作将必得兵心。〔做官的一定得取得人民的拥护，做将帅的一定得取得士兵的拥护。〕

——近代·刘千俊《历代名贤经武粹语》

□深谋远虑，行军用兵之道。〔周密谋划、考虑深远是行军用兵的原则。〕

——汉·贾谊《过秦论》

□见利则动，不见利则止，慎不可轻举也。〔看到对自己有利才

可以出动，看不到对自己有利不可以轻易出动。动与不动，一定要慎重，不可轻举妄动。〕

——明·刘基《百战奇略·重战》

□凡兵之道，莫过乎一。一者，能独往独来。〔一般用兵的原则，没有比指挥上的高度统一更重要的了。指挥统一，军队就能独往独来，所向无敌。〕

——周·吕尚《六韬·文韬·兵道》

□权谋者，以正守国，以奇用兵，先计而后战。〔所谓权谋，就是以正兵保国，以奇兵作战，先做好计划然后再打仗。〕

——汉·班固《汉书·艺文志》

□攻其无备，出其不意，此兵家之胜，不可先传也。〔进攻敌人不防备的地方，在敌人预料不到的时候攻击它。这是军事家取胜的法则，只可意会而不可事先言传。〕

——春秋·孙武《孙子兵法·计篇》

□攻人以谋不以力，用兵斗智不斗多。〔征服对方靠谋略而不靠人力，用兵打仗凭智慧不凭人多。〕

——宋·欧阳修《准诏言事上书》

□不谋万世者，不足谋一时；不谋全局者，不足谋一域。〔不考虑长远利益就不能处理好当前问题，不考虑全局利益就不能处理好局部问题。〕

——清·陈澹然《寤言二迁都建藩议》

□人众敌者当任智谋，智谋钧者当任势力，故强者所以判弱，富者所以兼贫。〔敌人相对多时就要用智谋，敌我智谋相当时就要靠势

58

力，所以强者以此来制服弱者，富人以此来兼并穷人。〕

——北朝·卢叔武·摘自《北齐书·列传》

□三军可夺气，将军可夺心。〔军队的士气可以打击，将帅的决心可以使之改变。〕

——春秋·孙武《孙子兵法·军争篇》

□得其所利，必虑其所害；乐其所成，必顾其所败。〔得到这种好处，必须考虑其害处；喜欢某种成功，必须想到其失败。〕

——汉·刘向《说苑·敬慎》

□太上用计谋，其次用人事，其下用战伐。〔最上策是用计略谋取，其次是通过外交取胜，最下策是用战争取胜。〕

——唐·李筌《太白阴经·术有阴谋》

□兵者，圣人所以讨强暴，平乱世，夷险阻，救危殆。〔军队，是圣人用来讨伐强暴势力、平定混乱局势、铲除艰难险阻、拯救危亡倾覆的。〕

——汉·司马迁《史记·律书》

□用兵之道，抚士贵诚，制敌贵诈。〔用兵的原则，安抚士卒贵在诚信，制服敌人贵在计诈。〕

——宋·司马光《资治通鉴·唐纪》

□谋所以始吾战也，战所以终吾谋也。〔谋略是我们作战的开始，作战是我们实施谋略的结束。〕

——清·邓廷罗《兵镜或问·谋战》

□兵可立威，不可不戢；刑可助化，不可专行。〔军队能树立国

威，却不能不有所收敛；刑法能辅助教化，却不能擅自专行。〕

——北朝·杨坚·摘自《北史·隋本记》

□欲攻敌，必先谋。〔想要攻取敌人，一定得先定计谋。〕

——三国·曹操《孙子注》

□勇怯在乎法，成败在乎智。〔勇敢或怯懦决定于法纪是否严明，成功或失败决定于智慧是否过人。〕

——唐·李筌《太白阴经·国有富强》

□用兵之道，智略居首，勇力次之。〔用兵的原则，智慧谋略是首位的，勇气力量是次要的。〕

——近代·刘千俊《历代名贤经武粹语》

□动莫神于不意，谋莫善于不识。〔最神妙的行动是攻敌不意，最好的谋略是敌人不能识破。〕

——周·吕尚《六韬·军势》

□定谋贵决，机巧贵速，机事贵密。〔制定谋略贵在决断，机巧贵在迅速，机密大事贵在保密。〕

——明·吴惟顺《兵镜吴子十三篇》

□以战去战，盛王之道。〔以战争消灭战争，是成为强大帝王的政治准则。〕

——南朝·范晔《后汉书·耿秉传》

□必练将为重而练兵次之。夫有得彀之将，而后有入彀之兵。练将譬如治本，本乱而末治者，末之有也。〔必须首先要重视训练将吏，其次是训练士兵。有懂得治军、作战规律的将吏，而后才能训练

60

出懂得这些规律的士兵。训练将吏就像解决根本问题，根本问题混乱却只解决好枝节问题的事情，是没有的。〕

——明·戚继光《纪效新书·练将》

□兵不攻无过之城，不杀无罪之人。〔军队不进攻没有罪过的城池，不杀没有罪过的人。〕

——战国·尉缭《尉缭子·武议》

□用兵无备者伤，穷兵者亡。〔没有准备好而出兵就会被敌挫伤，出动全部兵力任意发动战争就会招致灭亡。〕

——春秋·孙武《孙子兵法·威王问》

□恃武者灭，恃文者亡。〔只靠武力必定失败，只靠文治必定灭亡。〕

——三国·曹操《孙子序》

□兵之要，在于修政，修政之要在于得民心。〔用兵的关键在于修明政治，修明政治的关键在于得到民心。〕

——三国·桓范《政要论·兵要》

□黩武穷兵，祸不旋踵。〔出动全部兵力，任意发动战争，灾祸将会很快到来。〕

——明·刘基《百战奇略·好战》

□国不富不可以兴兵，民不合不可以合战。〔国家不富强，不可以起兵打仗，民众不团结不可以交战。〕

——明·西湖逸士《投笔肤谈》

□有国有家者，不患人不我归，唯患政之不立；不恃敌不我攻，

唯恃吾不可侮。〔有国家的人，不担心百姓不归附，而担心政权不稳定；不倚仗敌人不敢攻打，而依靠自己不可被欺辱。〕

——北朝·高谦·摘自《北史·列传》

□兵者外以除暴，内以禁邪。〔军队的任务是对外铲除暴虐，对内禁止邪恶。〕

——春秋·管仲《管子·三患》

□所谓众者，得众人之死；所谓强者，得天下之心。〔所说的兵多，得到的只能是众人的死；所说的国强，得到的是百姓的心。〕

——北朝·段韶·摘自《北史·列传》

□食者，国之宝也；兵者，国之爪也。〔粮食是国家的珍宝，军队是国家的工具。〕

——战国·墨子《墨子·七患》

□兵可千日而不用，不可一日而不备。〔国家可以很久不用一次军队，但不可以一天没有它。〕

——唐·李延寿《南史·陈暄传》

□兵者诡道，善因事变。〔用兵之道，崇尚诡诈，要善于根据形势而有所变化。〕

——晋·司马懿·摘自《晋书·宣帝纪》

□兵久则力屈，人愁则变生。〔连年战祸会使社会财力物力衰退，百姓忧患过度就会起义反抗。〕

——汉·冯衍·摘自《后汉书·冯衍传》

□救乱诛暴，谓之义兵；恃众凭强，谓之骄兵。义者无敌，骄者

62

先灭。〔扶危救乱、铲除暴虐的军队，称之为义师；以众欺少、以强凌弱的军队，称之为骄兵。义师勇战无敌，骄兵必先灭亡。〕

——汉·沮授·摘自《后汉书·袁绍传》

□军国之务，爱民为本，民富则兵足，兵足则国强。〔军国大事，以爱护人民为根本。人民富裕就会有充足的兵源，兵源充足国家就会富强。〕

——元·脱脱《辽史·本纪》

□黩武之众易动，惊弓之鸟难安。〔滥用武力的军队容易暴动，受过箭伤的鸟儿听到弓声就会害怕。〕

——晋·王鉴·摘自《晋书·王鉴传》

□然事无恒规，权无定势，亲疏因其强弱，服叛在其盛衰。〔因为世事变化无常，远近亲疏要根据权势的强弱而定，异族的顺服与叛逆在于国家的盛衰。〕

——唐·李延寿《北史·列传》

□兵者诡者，去留不定，见机而作，不得遵常。〔指挥军队必须灵活运用各种方法，去留不定，见机行事，不能遵守常规。〕

——北朝·宇文宪·摘自《周书·列传》

□攘除外患，使中国之势尊；诛锄内奸，使君子之道长。〔清除外面祸患，使中国的国势强大获得尊严；铲除内部奸佞，使君子的仁道发扬光大。〕

——宋·李纲·摘自《宋史·李纲传》

□出则同力，居则同心，患难相交，急疾相赴。兵之奉将，若四肢之卫头目；将之守境，若一家之保室庐。〔同力出击，同心生活，

遇有艰难困苦，就能舍命急救。这样，士兵侍奉将领，就像一个人的四肢守卫头目那样；将领带兵守边，就像一家人保卫家园一样。〕

——唐·陆贽《唐陆宣公奏议读本》

□食少兵精，利于速战；粮多卒众，事宜持久。〔粮食少兵器精良，有利于速战速决；粮食多士兵多，宜于打持久战。〕

——北朝·李苗·摘自《北史·列传》

□为将，坐见成败者上也，被坚执锐者次也。〔做将领，坐着看清成败的人是第一，穿兵甲执武器的人是第二。〕

——北朝·宇文泰·摘自《周书·列传》

□故善练兵者，必练兵之胆气。……故善练兵之胆气者，必练兵之武艺。〔善于练兵的人，必须练兵的胆量气势。……善于练兵胆量气势的人，必须练兵的武功技艺。〕

——明·何良臣《阵纪·教练》

□穷兵极武，仁者不为。〔用尽兵力，耗尽武力去攻城，仁者不做这样的事。〕

——北朝·赫连达·摘自《周书·列传》

□顺德者昌，逆德者亡。〔顺应道德的人才会昌盛，忤逆道德的人必然败亡。〕

——汉·班固《汉书·高帝纪》

□凡安不忘危，治不忘乱，圣人之深戒也。天下无事，不可废武，虑有不周，无以捍御。内修文德，外严武备，怀柔远人，戒不虞也。四时讲武之礼，所以示国不忘战。不忘战者，教民不离习兵也。法曰：天下虽平，忘战必倾。〔安全不忘危险，稳定不忘祸乱，这是圣人留给人们的深刻教训。尽管天下太平，也不可放弃战备。若考虑不周全，就无法保卫自己，抵御敌人。必须对内加强德治，对外加强武备，善待远方民众，以防不测发生。经常加强战备训练，表示不能忘记战争。不忘战备，就要民众习武不辍。带兵法典说：天下虽然太平，忘记战争必定灭亡。〕

——明·刘基《百战奇略·忘战》

□兵务神速，事贵合机。〔军事行动贵在神速，成事贵在时机恰当。〕

——北朝·李远·摘自《周书·列传》

□仁不以勇，义不以力。〔仁义之师，决不依仗勇猛之势；道义之师，决不凭借力量强大。〕

——汉·董公·摘自《汉书·高帝纪》

□不备不虞，不可以师。〔不对意外情况有所预料和准备，就不能出兵作战。〕

——春秋·左丘明《左传·隐公五年》

□将所以能克敌者，气也；君所以能御将者，志也。〔将士之所以能克敌制胜依靠的是士气，君王御使兵将依靠的是坚强的意志。〕

——明·史可法·摘自《明史·史可法传》

□国强则其人贤，海巨则其鱼大。〔国家富强，他的人民就贤良；海洋广阔，它的鱼儿就肥大。〕

——辽·阿保机·摘自《辽史·列传》

□隆礼贵义者其国治，简礼贱义者其国乱；治者强，乱者弱，是强弱之本也。〔君主崇尚礼法、看重道义，他的国家就安定；君主怠

慢礼法、鄙视道义，他的国家就混乱。安定的国家强盛，混乱的国家衰弱：这是强盛与衰弱的根本原因。〕

——战国·荀子《荀子·议兵》

□国有三军何？所以戒非常，伐无道，尊宗庙，重社稷，安不忘危也。〔国家为何要设军队？是因为要应付非常事件，征伐无道霸主，遵循祖制，保护政权，这正是居安思危啊。〕

——汉·班固《白虎通义·三军》

□三军以将为主，主衰则军无奋意。〔军队以将帅为主宰，主宰者斗志衰败，则军队就会失去奋发的意志。〕

——晋·陈寿《三国志·荀攸传》

□教得其道，则士乐为用；教不得法，虽朝督暮责，无益于事矣。〔教习得法，士卒就乐于听从命令；教习不得法，即使早晚督促责备也无济于事。〕

——唐·李靖《唐李问对》

□有备则制人，无备则制于人。〔有准备就能钳制住别人，没有准备就要受别人的钳制。〕

——汉·桓宽《盐铁论·险固》

□祖宗疆土，当以死守，不可以尺寸让人。〔祖先留给我们的土地，应当拼死捍卫，怎能让给金人。〕

——宋·李纲·摘自《宋史·李纲传》

□凡为将之道，要在甘苦共众。如遇危险之地，不可舍众而自全，不可临难而苟免，护卫周旋，同其生死。如此，则三军之士岂忘己哉？法曰：见危难，毋忘其众。〔大凡做将领的要诀，关键在于和

66

士兵同甘共苦。如遇危险境地，不能舍亲叛众保全自己；不能遇到困难就苟且偷生；或保卫境地，或与敌人周旋，同生共死。这样三军将士哪能忘记将领？带兵法典说：面临危险之境，不能忘记士兵。〕

——明·刘基《百战奇略·难战》

□**内睦者家道昌，外睦者人事济。**〔内部和睦，家道就会兴旺发达；对外和睦，人和事都能得到帮助。〕

——宋·林逋《省心录》

□**攻取之道，从易者始。**〔进攻夺取的方法，从比较容易的地方开始。〕

——五代·王朴·摘自《新五代史·周臣传》

□**辅车相依，唇亡齿寒。**〔颊骨和齿床互相依靠，嘴唇没有了，牙齿就会感到寒冷。〕

——春秋·左丘明《左转·僖公五年》

□**亲仁善邻，国之宝也。**〔亲近仁义，友善邻邦，这是治国的法宝。〕

——春秋·左丘明《左转·隐公六年》

□**近者说，远者来。**〔近处的居民，因政治清明而欢悦；远处的居民，因政治清明而来归附。〕

——春秋·孔子《论语·子路》

□**凡与敌战，士卒宁死进而不退生者，皆将恩惠使然也。三军知在上之人爱我如子之至，则我爱上也如父母之极。故陷危亡之地，而无不愿死以报上之德。法曰：视民如爱子，故可与之俱死。**〔凡是同敌作战，士兵宁愿冒死进攻而不后退求生的，都是将领对他们恩惠备

67

至的结果。三军官兵知道将领关爱他们犹如关爱自己的子女，所以他们爱戴将领也像爱戴自己的父母。所以处于危亡境地时，他们无不愿意以死报答将领的恩德。带兵法典说：爱兵如爱子，士兵就可同将领同生共死了。〕

——明·刘基《百战奇略·爱战》

□卒畏将甚于敌者胜，卒畏敌甚于将者败。〔士兵对将领的敬畏超过了对敌人的畏惧，军队就能获胜；士兵对敌人的畏惧超过了对将领的敬畏，军队就要失败。〕

——战国·尉缭《尉缭子·兵令》

□胜败兵家常事。〔胜利和失败是领兵打仗常遇之事。〕

——宋·尹洙《叙燕》

□以家为家，以乡为乡，以国为国，以天下为天下。〔把别人的家族当做自己的家族，把别人的乡里当做自己的乡里，把别人的国家当做自己的国家，把普天下当做自己的天下。〕

——春秋·管仲《管子·牧民》

□召远在修近，闭祸在除怨。〔招来远方的人，关键是把近处整治好；避免祸患临头，关键在于消除怨恨。〕

——春秋·管仲《管子·版法》

□固国者，在亲众而善邻，在因民而顺之。〔要使国家巩固，在于亲近民众，善交邻国，在于根据百姓的需要而顺从他们的心愿。〕

——春秋·左丘明《国语·晋语》

□衣冠不正，则宾者不肃；进退无仪，则政令不行。且怀且威，则君道备矣。〔穿衣戴帽不端正，那么做宾客的就显得不严肃。上下

68

没有礼仪，那么政令就得不到施行。既要爱民又能做到不失威严，**做君王的道德便具备了。**〕

——春秋·管仲《管子·形势》

□**怀恶而讨，虽死不服。**〔心怀恶意去征讨别国，别国人民虽死也不会心服。〕

——春秋·穀梁赤《春秋穀梁传·晤公四年》

□**虞之与虢，唇之与齿，唇亡则齿寒。**〔虞国与虢国，是嘴唇与牙齿的关系，失去了嘴唇，牙齿就会经受风寒。〕

——汉·司马迁《史记·晋世家》

□**邻国有圣人，敌国之忧也。**〔邻国有了圣人，便是敌国的忧患。〕

——秦·秦穆公·摘自《史记·秦本纪》

□**夫德莫大于有国子民，罪莫大于执杀使者。**〔国与国之间，恩德莫过于帮助对方取得政权，罪恶莫过于执杀对方的使者。〕

——汉·班固《汉书·西域传》

□**兵者，不可豫言，临难而制变者也。**〔用兵打仗不可预先设定，而要临阵随机应变。〕

——晋·陈寿《三国志·陈思王传》

□**将以民为体，民以将为心。**〔将军要把士卒看做是自己的肢体，士卒应把将军看做是自己的灵魂。〕

——汉·刘安《淮南子·兵略训》

□**用兵之法：无恃其不来，恃吾有以待也；无恃其不攻，恃吾有所不可攻也。**〔用兵作战的法则是：不要依靠敌人不会到来，而要依

靠己方有对付敌人的办法；不要依靠敌人不攻击，而要依靠己方有不可攻击的条件。〕

——春秋·孙武《孙子·九变》

□处大无患者恒多慢，处小有忧者恒思善。〔处于大国而没有忧患的环境里，为政往往松懈，处于小国而有忧患的环境里，却能不断思考改善政治的办法。〕

——晋·陈寿《三国志·谯周传》

□兵者凶事，不可为首。〔战争是件凶残不幸的事，不可以首先发动。〕

——三国·刘子惠·摘自《三国志·武帝纪》

□足天下之用，莫先乎财；系天下之安危，莫先乎兵。〔满足天下的费用，没有比财政更要紧的了；关涉天下的安危，没有比军事更要紧的了。〕

——宋·欧阳修《本论》

□兵义无敌，骄者先灭。〔出兵正义，天下无敌；骄兵悍将，必先灭亡。〕

——晋·陈寿《三国志·袁绍传》

□安民之本，在于择交，择交而得则民安，择交而不得则民终身不安。〔安定人民的根本，在于选择可以交往的国家。选择得当，人民就安定；选择不当，人民就将终生不得安宁。〕

——汉·司马迁《史记·苏秦传》

□用兵者，仁义可以王，治国者可以霸，纪律可以战，智谋则胜负共之，恃勇则亡。〔带兵打仗的人，凭借仁义之道可以建立王者大

业，凭借治国有方可以称霸天下，凭借军纪严明可以战无不克，凭借智慧谋略则胜负各半，凭借匹夫之勇则只有灭亡。〕

——明·陈继儒《安得长者言》

□大之怀小也以德，制之也以威。德不足怀，威不足制，而欲服人也难矣。〔大国对小国应当用仁德安抚，用威力控制。仁德不足以安抚，威力不足以控制，要想使人服从，是难以办到的。〕

——元·脱脱《辽史·列传》

□中国之御四裔，能守而后可战，能战而后可和。〔中国抵御四周的外族，能防守而后才可以交战，能交战而后才可以讲和。〕

——元·欧阳玄《宋史·李纲传》

□为政，不在于用一己之长，而贵于有以来天下之善。〔治理国家，不在于发挥了一个人的长处，而贵于有使天下人前来归附的善举。〕

——宋·朱熹《四书集注·孟子·告子》

□威强以自御，力损则身危；饰诈以图己，诈穷则道屈。〔用强大的力量来自卫，力量受到损害自身就危险了；用欺诈的办法为自己图利，欺诈暴露则必然遭到失败。〕

——南朝·范晔《后汉书·杜林传》

□未用兵时，全要虚心用人；既用兵时，全要实心活人。〔不用兵打仗的时候，一定要虚心地任用贤人；用兵打仗的时候，一定要诚心地爱惜每个人的生命。〕

——明·陈继儒《安得长者言》

□故兵者，国之大事，存亡之道，命在于将；将者，国之辅，先王之所重也，放置将不可不察也。〔战争，是国家的大事，它关系着

国家的存亡，国家命运掌握在将帅手里；将帅，是国家的辅佐，为历代君王所重视，因此任命将帅不可不认真审察。〕

——周·吕尚《六韬·文韬·论将》

□主不可以怒而兴师，将不可以愠而致战。〔君主不可因一时恼怒就出兵打仗，将帅不可因一时生气就与敌交战。〕

——春秋·孙武《孙子兵法·火攻篇》

□身先士卒，所向摧陷。〔将帅作战能带头杀敌，就会无坚不摧。〕

——宋·司马光《资治通鉴·隋纪》

建章立宪

☐朝廷无法,而天下从风。〔朝廷没有法度,那么天下也就顺风而从,一片混乱。〕

——清·王夫之《读通鉴沦》

☐法与时转则治,治与世宜则有功。〔法度能随着时代而变化,国家就能治理好,治理举措能适应社会实际需要,就会有功效。〕

——秦·韩非《韩非子·心度》

☐明法者强,慢法者弱。〔法制严明的国家就强盛,法制松弛的国家就衰弱。〕

——秦·韩非《韩非子·饰邪》

☐一民之轨,莫如法。〔统一人们行为的规范,没有比法更好的。〕

——秦·韩非《韩非子·有度》

☐世不患无法,而患无必行之法也。〔世间不担心没有法令,而担心没有切实可行而必行的法令〕

——汉·桓宽《盐铁论·申韩》

☐律法者,无定而有定,有定而无定,如水之软,如铁之硬,实如人心之有定而无定,世事之无定而有定,此立法所以难也,此生弊所以易也。〔立法,可以无定可以有定,可以有定可以无定,可以像水一样软，可以像铁一样硬，确实如人的心有定而无定，如世间事无定而有定，这就是立法的最大困难，这也是立法容易产生弊病的根本原因。〕

——清·洪仁玕《资政新篇》

□德明而易从，法约而易行。〔道德要求鲜明就容易遵从，法律条文简约就容易实行。〕

——汉·桓宽《盐铁论·刑德》

□国无常强，无常弱。奉法者强，则国强；奉法者弱，则国弱。〔国家不可能总是强大，也不可能总是衰弱。遵奉法的观念强，国家就强大；遵奉法的观念弱，国家就衰弱。〕

——秦·韩非《韩非子·有度》

□官滥爵轻，不可理也。〔国家到了官员泛滥、职位轻贱的地步，那就很难治理了。〕

——唐·刘肃《大唐新语·识量》

□立法善者，中人之性可以贤，中人之才可以智，不善者反是。〔立法好的，中等人性可以变得贤良，中等才智可以变得聪明；立法不好的就会相反。〕

——清·梁启超《论变法不知本原之害》

□法之不行，自上犯之。〔法令不能顺利执行，是因为上面的人带头犯法。〕

——汉·司马迁《史记·商君列传》

□官多则人才不足，必滥取以备员；禄薄则难以养廉，必诡利以欺人——朝廷与士人两相失之道也。〔官位多了就会感到人才不足，必然导致滥用素质低的人来凑数；俸禄微薄就难以保持廉洁，必然导致官员用欺骗别人的办法获取财物。——这是使国家和士人都受到损害的做法。〕

——明·张履祥《备忘录·论治》

□**物久则废，器久则坏，法久则弊。**〔物品使用的时间长了就会废弃，器具用久了就会坏掉，法度施行久了就会有弊病。〕

——清·康有为《上清帝第二书》

□**自古及今，法无不改，势无不积，事例无不变迁，风气无不移易。**〔自古至今，法律没有不改变的，时势没有不变化的，人事没有不变迁的，社会风气没有一成不变的。〕

——清·龚自珍《上大学士书》

□**法者，天下之度量，而人主之准绳也。**〔法律，是天下的度量标准，是君主的施政准绳。〕

——汉·刘安《淮南子·主术训》

□**制国以分人，立政以分事。**〔掌握国家大权者要把责任分给大家承担，设立政体要把事情分给众人做。〕

——南朝·范晔《后汉书·仲长统传》

□**立善法于天下，则天下治；立善法于一国，则一国治。**〔为天下制定好的法律，天下就会得到治理；为一个国家制定好的法律，这个国家就会得到治理。〕

——宋·王安石《周公》

□**世异则事变，时移则俗易。故圣人论世而立法，随时而举事。**〔世道不同事情就会发生变化，时代变更了习俗就要加以改变。所以

75

圣人根据世道而设置法规，随着时代的发展而行事。〕

　　　　　　　　　　　　——汉·刘安《淮南子·齐俗训》

　　□立宪利于国，利于君，利于民。〔制定法令有利于国家，有利于君王，有利于人民。〕

　　　　　　　　　　——清·郑观应《与潘兰史征君论立宪书》

　　□圣人之立法，本以公天下。〔圣人制定法令，本来就是要使天下公正无私。〕

　　　　　　　　　　　　——宋·陈亮《陈亮文集·问答》

　　□因时施智，观世立法。〔根据时势施展才智，审视世情确立法制。〕

　　　　　　　　　　　　　　　——宋·叶适《民事》

　　□立国之初，当先正纪纲。〔国家初建的时候，首先要申明政纪，端正法规。〕

　　　　　　　　　　　　——清·万斯同《明史·太祖本纪》

　　□政莫善于简，简则易从。〔法律制度没有比简明更好的了，简明大家就容易遵从。〕

　　　　　　　　　　　　　——清·王夫之《读通鉴论》

　　□变风俗，立法度，正方今之所急也。〔移风易俗，建立法律制度，正是当前所急需的。〕

　　　　　　　　　　——元·欧阳玄《宋史·王安石传》

　　□法苟不善，虽古先吾斥之；法苟善，虽蛮貊吾师之。〔法律如果不完善，即使是古人先辈制定的，我也会废弃它；法律如果完善，

76

即使是蛮夷民族制定的，我也会学习它。〕

——清·冯桂芬《收贫民议》

□法者，天下之公器也；变者，天下之公理也。〔法度是治理天下的公用工具；变革是治理天下的公认道理。〕

——清·梁启超《变法通议·论不变法之害》

□法既积久，弊必丛生，故无百年不变之法。〔法律施行的时间一长，各种弊病就会产生，所以没有上百年不变的法律。〕

——清·康有为《上清帝第六书》

□圣人之为治法也，随时而变义，时移而法亦移。〔圣明的人制定法律，根据形势来变化主张，形势变化了，法律也应随着变化。〕

——清·康有为《日本书月志序》

□因其所遇之时，所遭之世，而为当世之法。〔根据所遇到的形势、所处的时代，来制定当世的法令。〕

——宋·曾巩《战国策·目录序》

□礼义法度者，应时而变者也。〔礼义法度是顺应形势的变化而变化的。〕

——战国·庄子《庄子·天运》

□圣人，不期修古，不法常可。〔圣明的人不希望遵循古人的制度，不效法成规惯例。〕

——秦·韩非《韩非子·五蠹》

□刑罚者，治乱之药石也；德教者，兴平之粱肉也。夫以德教除残，是以粱肉理疾也；以刑罚理平，是以药石供养也。〔刑罚是治理

77

社会混乱的药品，而道德教育则是社会兴旺平安的营养品。只用说服教育去去除那些危害社会的罪犯，那等于不服药而用营养品去治病一样；单用刑罚而希望国家繁荣昌盛，那也等于想用药品去补养身体一样是无效的。〕

——汉·崔寔《政论》

□法度者，所以论民裕而节缓急也；器械者，因时变而制宜适也。〔法度是用来衡量黎民百姓的经济状况，然后调节宽与严的；法律条文要根据时代的变化制定得适度合宜。〕

——汉·刘安《淮南子·氾论训》

□礼法以时而定，制令各顺其宜。〔礼仪法度要根据不同的时代而定，制定法令要适应当时的实际。〕

——战国·商鞅《商君书·更法》

□今世之法籍与时变，礼义与俗易。〔当代的法典应随着形势的变化而变化，礼仪要随着习俗的改变而改变。〕

——汉·刘安《淮南子·氾论训》

□凡为国家者制礼立法，必思万世之规，不可专目前而已。〔任何国家制礼立法都必须立足于长远，不能只顾眼前就行。〕

——宋·司马光《配天议》

□法制无常，近民为要；古今异势，便俗为宜。〔法制没有固定不变的，亲民为关键；古今有不同的情况，便利世人需要就是适宜的。〕

——明·张居正《辛未试程表》

□耳不知清浊之分者，不可令调音；心不知治乱之源者，不可令制法。〔耳朵听不出清音浊音的区别的人，不能让他去调试乐音；内

心不懂得国家治与乱根源的人，不能让他制定法律。〕

——汉·刘安《淮南子·氾论训》

□不必法古，苟周于事；不必循常，法度制令，各因其宜。〔不去效法古人，也可以办好事情；不必非要因循守旧，法度制令要根据自己的实际来制定。〕

——唐·马总《意林·淮南子》

□苟利于人，不必法古；必害于事，不可循旧。〔如果对大多数人有好处，就不一定非要遵循古人；对事情有害的，就不应该遵循过去的办法。〕

——北齐·刘昼《新论·法术》

□明主之御世也，遭时为法，因事制宜。〔英明的君主治理国家，要根据当时形势的发展变化而制定法律，按照不同的具体情况采取适当的措施。〕

——汉·班固《汉书·韦贤传》

□不观时俗，不察国本，则其法立而民乱。〔不纵观时势和风俗，不了解国家的基本情况，那么制定了法律人民也会混乱。〕

——战国·商鞅《商君书·算地》

□苟利于民，不必法古；苟周于事，不必循旧。〔如果有利于人民，就不必非得效法古代不可；如果适合于当代事业，就不必非得遵循旧的制度不可。〕

——汉·刘安《淮南子·氾论训》

□法者，所以兴功惧暴也；律者，所以定分止争也；令者，所以令人知事也。法律政令者，吏民规矩绳墨也。〔法是用来提倡建功立

业威慑行暴的；律是用来确定名分止息纷争的；令是用来命令人民管理事务的。法律政令是治理人民的规矩准绳。〕

——春秋·管仲《管子·七臣七主》

□法生于义，义生于众适；众适合于人心，此治之要也。〔法律是从正义中产生的，正义是从众人适宜中产生的；众人适宜就合乎民心，这是治理国家的关键。〕

——汉·刘安《淮南子·主术训》

□好以智矫法，时以私杂公，法禁易变，号令数下者，可亡也。〔好用私意改动法制，常以私情乱公道，法纪多变，号令繁多，就会招致灭亡。〕

——秦·韩非《韩非子·亡征》

□时移而法不易者乱。〔时代已起了变化而法律却不改变，一定会出现混乱。〕

——秦·韩非《韩非子·心度》

□圣人为民法，必使之明白易知，愚智遍能知之。〔圣人制定老百姓的法律，必定能使他们通晓明白容易理解，愚钝和聪明的人普遍都能懂得。〕

——战国·商鞅《商君书·定公》

□为威不强还自亡，立法不明还自伤。〔有威严但不强大反而会自取灭亡，制定法律不明了反而会伤害自己。〕

——唐·魏徵《群书治要·新语》

□主尊臣卑，上威下敬，令行人服，理之至也。夫令不高不行，不抟不听。〔君主尊贵臣子卑贱，君主有了威信臣子才能尊敬，政令

施行人民才能顺服，公理才能够具备。所以政令不是从君主那里来的就得不到施行，不集中就不被人民接受。〕

——春秋·管仲《管子·霸言》

□法相因，则事易成；事有渐，则民不惊。〔法令的制定要相沿袭，则施政容易成功；法令的改变要逐步进行，百姓才能适应。〕

——宋·苏轼《辨试馆职策问札子》

□宽斯严，简斯定。〔立法只有宽才能真正严，只有简才好实施。〕

——清·王夫之《读通鉴论》

□为政必立善法，俾可以垂久而传远。〔处理政务一定要建立良好的法律，使之能长期有效并流传万代。〕

——宋·杨时《河南程氏粹言·论政》

□立法设禁而无刑以待之，则令而不行。〔制定法规设立禁令而没有刑罚来对付，那么即使有命令也不会得以执行。〕

——宋·苏辙《河南府进士策问三首》

□私道行，则刑罚繁而邪不禁。〔如果国家私道横行，即使刑罚再多，也禁不住邪恶的发生。〕

——唐·武则天《臣轨上》

□法者，因天理，顺人情。〔法律是依据自然之理，顺应人的需求而制定的。〕

——明·薛瑄《薛子论道》

□政者，正也。正也者，所以正定万物之命也。是故圣人精德立中以生正，明正以治国。故正者所以止过而逮不及。〔政，就是"正"。

所谓正，是用来正确确定万物之命的。因此，圣人总是精修德性，确定中道以培植这个"正"字，宣扬这个"正"字来治理国家。所以，"正"是用来制止过头而补不及的。〕

——春秋·管仲《管子·法法》

□法之轻重，以弊之轻重为衡。〔立法之轻重，应以当时存在的弊端之轻重来衡量。〕

——清·林则徐《林则徐集·奏稿》

□法与时移，礼与俗化。〔法律随着形势的发展而改变，礼仪随着风俗的不同而变化。〕

——清·史襄哉《中华谚海》

□明慎所职，毋以身试法。〔明确、慎重对待自己所担负的职务，不要以自己的行为来挑战法律的权威，去做触犯法令的事。〕

——汉·班固《汉书·王尊传》

□天下岂有常法哉？当于世事，得于人理，顺于天地。〔天下哪里有固定不变的法？应当与客观实际相适应，为人情伦理所共需，和自然之理相顺应。〕

——汉·刘安《淮南子·氾论训》

□法固因时而易，亦因地而行。〔法令一定要根据形势的变化而改变，也应根据不同地区的具体条件而施行。〕

——清·梁启超《变法通议》

□令重于宝，社稷先于亲戚；法重于民，威权贵于爵禄。故不为重宝轻号令，不为亲戚后社稷，不为爱民枉法律，不为爵禄分威权。故曰：势非所以予人也。〔政令重于宝物，政权先于至亲；法度重于

82

人民，威权重于爵禄。所以，不可为重宝而看轻政令，不可为至亲而把国家政权放在后面，不能为爱民而歪曲法律，不能为爵禄而分让权威。所以说：权势是不能给予他人的。〕

——春秋·管仲《管子·法法》

□**海内为郡县，法令由一统。**〔全国设置郡县，用统一的法令来管理。〕

——汉·司马迁《史记·秦始皇本纪》

□**守法持正，嶷如秋山。**〔坚守法令，主事公正，有如秋山之高峻稳定。〕

——唐·刘禹锡《司空奚公神道碑》

□**非法不言，非道不行。**〔不合乎法纪的话不说，不合乎道义的事不做。〕

——春秋·孔子《孝经·卿大夫章》

□**儒以文乱法，侠以武犯禁。**〔读书人凭诗书礼乐破坏法令，游侠凭武力破坏禁令。〕

——秦·韩非《韩非子·五蠹》

□**有善心之民，畏法自重。**〔有善良之心的民众，他们会敬畏法规而不轻易去触犯刑律。〕

——宋·苏洵《兵制》

□**不法法，则事毋常；法不法，则令不行。令而不行，则令不法也；法而不行，则修令者不审也；审而不行，则赏罚轻也；重而不行，则赏罚不信也；信而不行，则不以身先之也。故曰：禁胜于身，则令行于民矣。**〔不以法推行法度，则国事没有常规；法度不用法的手段推

83

行，则政令不能贯彻。君主发令而不能贯彻，是因为政令没有成为强制性的法律；成为强制性的法律而不能贯彻，是因为起草政令不慎重；慎重而不能贯彻，是因为赏罚太轻；赏罚重而不能贯彻，是因为赏罚还不信实；信实而不能贯彻，是因为君主不以身作则。所以说：禁律能够管束君主自身，政令就可以行于民众。〕

——春秋·管仲《管子·法法》

□人臣循令而从事，案法而治官。〔作为臣子，一定要依法令而行事，按法制而为官。〕

——秦·韩非《韩非子·孤愤》

□设若上无道栓，则下无守法。〔假如上面没有一个道义标准，那么下面便不会守法度。〕

——晋·葛洪《抱朴子·刺骄》

□令已布，而罚不及，则是教民不听。〔法令已经公布，而刑罚却不能及时跟上，这就等于叫人民不服从命令。〕

——春秋·管仲《管子·法法》

□有道之君，行法修制，先民服也。〔有道义的君主施行法令，修订法制，先使民众钦服。〕

——春秋·管仲《管子·法法》

□反复不常，难于遵守。〔法令反复变化，民众就难于遵守。〕

——明·余继登《典故纪闻》

□规矩者，方圆之正也。虽有巧目利手，不如拙规矩之正方圆也。故巧者能生规矩，不能废规矩而正方圆。虽圣人能生法，不能废法而治国。故虽有明智高行，倍法而治，是废规矩而正方圆也。〔圆规矩尺,是矫正方圆的。人虽有巧目利手,也不如粗笨的圆规矩尺能矫正方圆。所以,巧人可以造圆规矩尺,但不能废掉圆规矩尺而矫正方圆。圣人能制定法度,但不能废掉法度而治国家。所以,即使有明澈的智慧、高尚的品德,但违背法度而治国,就等于废除规矩来矫正方圆一样。〕

——春秋·管仲《管子·法法》

□**立善防恶谓之礼,禁非立是谓之法。**〔用好的来预防恶的发生就是礼,禁止非道义而使道义存在就是法。〕

——晋·傅玄《傅子·法刑》

□**散无方化万物者,令也;守一道制万物者,法也。**〔普及四方化育万物的,是节气;保持统一约束万物的,是法律。〕

——春秋·鹖冠子《鹖冠子·度一》

□**以道为常,以法为本。**〔以事物的规律为规则,以法律的实行为根本。〕

——秦·韩非《韩非子·饰邪》

□**礼法殊途而同归,赏刑递用而相济。**〔礼治和法治是用不同的手段达到相同的目的,奖赏和刑罚应交替使用互相补充。〕

——晋·傅玄《傅子·法刑》

□**法度者,政之至也,而以法度治者,不可乱也。**〔法律制度是治理国家最重要的东西,以法律制度治理国家,就不会混乱。〕

——上古·黄帝《黄帝经·经法·君正》

□**有法度之制者,不可巧以诈伪;有权衡之称者,不可欺以轻重;有寻丈之数者,不可差以长短。**〔有法度来治理国家的,就不会真假

不明；有权衡来称量的，就不会轻重不分；有尺寸来丈量的，就不会长短不辨。〕

——春秋·管仲《管子·明法》

□法令者，治之具，而非制治清浊之源也。〔法令是治理国家的工具，而不是政治制度清浊的源头。〕

——汉·司马迁《史记·酷吏传》

□民之仰法，犹鱼之仰水。〔百姓仰仗法令，就如同鱼儿仰仗水一样。〕

——汉·桓宽《盐铁论》

□政者，为治之具；刑者，辅治之法。〔政治是治理国家的工具；法律是辅助治理国家的准则。〕

——宋·朱熹《四书集注·论语集注》

□礼治君子，法治小人。〔礼是来感召自觉的"君子"的，而法则强施于不自觉的"小人"。〕

——清·史襄哉《中华谚海》

□法者，引得失以绳，而明曲直者也。〔法律是用以端正得失、明辨是非的东西〕

——战国·黄老学派《经法·道法》

□法立于上，则俗成于下。〔法律是由统治者制定的，而习俗是在民间形成的。〕

——宋·苏辙《河南府进士策问三首》

□以法服人，其外若密，其中实疏；以德结人，其外虽疏，其中

86

实密。〔用刑法制服人们，表面上看起来好像很严密，实际却很松散；用恩德来交结人们，表面上看起来好像很疏散，实际却很严密。〕

——宋·吕祖谦《史说》

□道法万全；智能多失。〔以道法行事，则少出问题；以智能行事，则多会失误。〕

——秦·韩非《韩非子·饰邪》

□法者，见功而与赏，因能而受官。〔法令是根据功劳给予赏赐，根据才能授予官爵。〕

——秦·韩非《韩非子·外储说》

□仁者为政之脂粉，刑者御世之辔策。〔仁爱，是治国者粉饰门面的东西，法律是治国者重要的工具。〕

——晋·葛洪《抱朴子·用刑》

□法之功莫大使私不行。〔法律最大的作用莫过于使私欲不能实现。〕

——战国·慎到《慎子·佚文》

□从来国家之法，原在以一儆百。〔自古以来，国家的法令都是为了惩治一人，警戒百人。〕

——清·小横香室主人《清朝野史大观》

□纲范万度，永垂不朽。〔好的纲纪风范将永世流传，不会磨灭。〕

——晋·陈寿《三国志·高祖纪》

□故镜执清而无事，美恶从而比焉；衡执正而无事，轻重从而载焉。夫摇镜则不得为明，摇衡则不得为正，法之谓也。〔所以镜子保持明亮就会无事，美和丑在镜子里就会有比较；度量保持中正就会无事，轻和重在度量上自会衡量出来。如果摇动镜子就不能使它保持明亮，摇动度量衡就不能使它保持中正，这就是法的意思。〕

——秦·韩非《韩非子·饰邪》

□纪纲一废，何事不生？〔国家的法纪纲常一经败坏，什么祸国殃民的坏事不会出现呢？〕

——宋·苏轼《上神宗皇帝书》

□言不中法者，不听也；行不中法者，不高也；事不中法者，不为也。〔言语不符合法纪的，不听；行为不符合法纪的，不被尊崇；事情不符合法纪的，不做。〕

——战国·商鞅《商君书·君臣》

□法者，天下之准绳也。〔所谓法律，就是衡量天下是非曲直的标准。〕

——春秋·文子《文子·上义》

□君子为国，正其纲纪，治其法度。〔君子治理国家，端正其纲常法纪，严制其法律制度。〕

——宋·苏辙《新论》

□石以砥焉，化钝为利；法以砥焉，化愚为智。〔用石头来做磨刀石，可以使钝刀变为利刀；用法律来做工具，可以使人由愚蠢变得聪明。〕

——唐·刘禹锡《砥石赋》

□善医者，不视人之瘠肥，察其脉之病否而已；善计天下者，不视天下之安危，察其纪纲之理乱而已。〔善于治病的医生，不看人之

瘦胖,只是切察人的脉相看他是否有病;善于治理天下的人,不看天下的安危,只是考察天下的法纪纲常是否混乱。〕

——唐·韩愈《杂说四首》

□天下从事者,不可以无法仪;无法仪而其事能成者无有也。〔治理天下的人,不能没有法度;没有法度而能把国家治理成功的人,是没有的。〕

——战国·墨子《墨子·法仪》

□上以制下,寡以统众,而纲纪定矣。〔上边的管理下边的,少数人管理多数人,这样纲纪就确定了。〕

——宋·司马光《太玄·玄首》

□有权衡者,不可欺以轻重;有尺寸者,不可差以长短;有法度者,不可巧以诈伪。〔有了权衡,就不会轻重不分;有了尺寸,就不会长短不辨;有了法度,就不会真假不明。〕

——战国·慎到《慎子·逸文》

□人不通古今,马牛而襟裾。〔人如果不通晓历史和现状,就像马牛穿人的衣服一样。〕

——唐·韩愈《符读书城南》

□欲知平直,则必准绳;欲知方圆,则必规矩。〔要想知道平面和直线,必须使用测定水平的准线和用以取直的墨线;要想知道方形和圆形,必须使用圆规和矩尺。〕

——秦·吕不韦《吕氏春秋·分职》

□矩不正不可以为方,规不正不可以为圆。身者事之规矩也,未闻枉己而能正人者也。〔矩尺不正就不能画出方形,圆规不正就不能

画出圆形。自身就是行事的规矩,未听过自己不正派而能端正别人的。〕

　　　　　　　　　　　　　　——汉·刘安《淮南子·诠言训》

　　□一法通,百法通。〔先精通一法,然后融会贯通、举一反三,从而通晓百法。〕

　　　　　　　　　　　　　　　——清·李宝嘉《官场现形记》

　　□朝政崩坏,纲纪废弛。〔朝政如果毁坏崩溃,法纪纲常也就废弃了。〕

　　　　　　　　　　　　　　　——汉·班固《汉书·王莽传》

　　□可行必守,有弊必除。〔法令可行,必须要遵守执行;法令有弊病,必须要革除。〕

　　　　　　　　　　　——唐·刘禹锡《为容州窦中丞谢上表》

　　□法者,天下之至道也,圣君之实用也。〔法令,是治理天下的最高准则,是圣明君主手中最实用的工具。〕

　　　　　　　　　　　　　　　——春秋·管仲《管子·任法》

　　□天网恢恢,疏而不失。〔天网广大无边,虽然网眼稀疏但从不漏失。〕

　　　　　　　　　　　　　　　——春秋·老子《道德经》

　　□世誉不足慕,唯仁为纲纪。〔世俗的美名不值得羡慕,只有"仁"才是必须遵行的法度、准则。〕

　　　　　　　　　　　　　　　——汉·崔瑗《座右铭》

　　□官省则事省,事省则人清;官烦则事烦,事烦则人浊。〔官吏精悍明理,办理事情就干净利落,办事干净利落,为官就清廉公正;

90

官吏冗杂，简单的事情也会搞得手续繁多，这就会给那些贪官污吏提供贪赃枉法的机会。〕

——唐·李延寿《北史·苏绰传》

□大者为纲，小者为纪，所以张理上下，整齐人道也。〔大的是纲常，小的是法纪，都是用来治理上下，齐一人心的。〕

——宋·司马光《白虎通·三纲六纪》

□法，国之权衡也，时之准绳也。权衡所以定轻重，准绳所以正曲直。〔法令是国家的权衡、时事的准绳。权衡是用来衡量轻重的，准绳是用来矫正曲直的。所谓法，它是治国的法度、治世的准则。〕

——唐·吴兢《贞观政要·公平》

□圣人之制，穷理以定赏罚，本情以正褒贬，统于一而已矣。〔圣人制定的礼制，完全按照道理来确定奖赏和处罚，根据人情来确定是褒扬还是贬责，统一到同一标准才罢了。〕

——唐·柳宗元《驳复仇议》

□官吏浮冗，最为天下之大患。〔官吏冗多、人浮于事，这是国家最大的忧患。〕

——宋·毕仲游《试荫补人议》

□政纲虽举，必求益其所未至；德泽虽布，必思及其所未周。〔政令法纲虽然确立，但一定要扩大到它没有达到的地方；德惠恩泽虽然铺开，但一定要考虑那些没有覆盖到的地方。〕

——元·欧阳玄《宋史·薛极传》

□德成而上，艺成而下；行成而先，事成而后。是故先王有上有下，有先有后，然后可以有制于天下也。〔人格完善是主要的，技艺形

91

成是次要的;品行的修养是首要的,事情的完成是次要的。所以古代的君王处理事情指导有上有下,有先有后,而后才能达到治理天下的境界。〕

——汉·戴圣《礼记·乐记》

□凡事行,有益于理者立之,无益于理者废之。〔凡遇事而有所行动,有益于社会公理的就树立,无益于社会公理的就废止。〕

——战国·荀子《荀子·儒效》

□不以规矩,不能成方圆。〔不用圆规和直尺,很难画出方形和圆形。〕

——战国·孟子《孟子·离娄》

□任官者,宁以事胜人,无以人胜事。〔任命官员,宁可事多人少,绝不可人浮于事。〕

——宋·杨万里《冗官》

□一以治万,少以制众,其唯纲纪乎? 纲纪立而治具成矣。〔一人管制万人,少数约束多数,只有靠法纪纲常。法纪纲常建立了,统治方法自然形成。〕

——宋·司马光《潜虚·体图》

□上多故则下多诈,上多事则下多态,上烦扰则下不定,上多求则下交争。不植之于本,而事之于末,譬犹扬而弭尘,抱薪以救火也。〔上面变故多,下面奸诈就多;上面事情多,下面应付的办法就多;上面总是进行烦扰,下面就不得安宁;上面贪得无厌,下面就相互争夺。不在根本上下工夫,而在末节上做文章,就好比前面扬灰,后面除尘,或是抱着柴火去救火。〕

——汉·刘安《淮南子·主术训》

□为国者，皆患吏之贪，而不知去贪之道也；皆欲吏之清，而不知致清之由也。〔治理国家的当政者，都担忧官吏的贪污，而不懂得消除贪污的措施；都希望官吏清正廉洁，而不知道使他们清正的办法。〕

——唐·白居易《使官吏清廉在均其禄厚其俸》

□安国在乎尊君，尊君在乎行令，行令在乎严罚。〔安定国家在于尊重国君，尊重国君在于执行国君的命令，执行命令在于严格执行法令。〕

——春秋·管仲《管子·重令》

□天道之数，至则反，盛则衰；人心之变，有余则骄，骄则缓怠。〔自然界的变化规律是：事物发展到尽头则走向反面，发展到极盛则走向衰落；人心的变化是：富有了，则产生骄奢，骄奢则松懈怠惰。〕

——春秋·管仲《管子·重令》

□法者，使去私就公。〔国家法律，是用来使人们去掉私欲一心为公的。〕

——春秋·鹖冠子《鹖冠子·度万》

□求多者，其得寡；禁多者，其止寡；令多者，其行寡。求而不得，则威日损；禁而不止，则刑罚侮；令而不行，则下凌上。故未有能多求而多得者也，未有能多禁而多止者也，未有能多令而多行者也。故曰：上苛而下不听，下不听而强以刑罚，则为人上者众谋矣。〔索取总是希望得到，禁阻总是希望制止，命令总是希望推行。但索取太多，所得到的反而少；禁阻太多，所制止的反而少；命令太多，所推行的反而少。索取而不得，威信就日益降低；禁阻而不止，刑罚将受到轻视；命令而不行，下面就欺凌君上。从来没有多求而多得，多禁而多止，多令而能多行的。所以说：上面过于苛刻，下面就不听命；

下不听命而强加以刑罚，做君主的就将被众人谋算。〕

——春秋·管仲《管子·法法》

口术者，人君之所密用，群下不可妄窥；势者，制法之利器，群下不可妄为。〔权术是君主所秘密使用的法宝，臣下不能随便窥测；权势是制定法令的有力武器，臣下不能随便利用。〕

——战国·尹文《尹文子·大道》

口知法治所由生，则应时而变；不知法治之源，虽循古终乱。〔懂得法治是如何产生的，就会顺应时代的发展而变更法律；不知道法治的根源的，即使能很好地遵循古法，最后必然导致混乱。〕

——汉·刘安《淮南子·氾论训》

口君有三欲于民，三欲不节，则上位危。三欲者何也？一曰求，二曰禁，三曰令。求必欲得，禁必欲止，令必欲行。〔君主对人民有三项要求，三项要求不节制，君主地位就危险。三项要求是什么呢？一是索取，二是禁阻，三是命令。〕

——春秋·管仲《管子·法法》

口仁、义、礼、乐、名、法、刑、赏，凡此八者，五帝三王治世之术也。故仁以道之，义以宜之，礼以行之，乐以和之，名以正之，法以齐之，刑以威之，赏以劝之。故仁者所以博施于物，亦所以生偏私；义者所以立节行，亦所以成华伪；礼者所以行恭谨，亦所以生惰慢；乐者所以和情志，亦所以生淫放；名者所以正尊卑，亦所以生矜慕；法者所以齐众异，亦所以乖名分；刑者所以威不服，亦所以生陵暴；赏者所以劝忠能，亦所以生鄙争。〔仁、义、礼、乐、名、法、刑、赏，这八种是五帝、三王治理天下的方法。所以用仁来引导百姓，用义来适应百姓，用礼来督促百姓，用乐来调和百姓的性情，用名分来正定尊卑贵贱，用法来规范百姓的行为，用刑罚来威慑百姓，用奖赏来勉励百姓。因此，用仁可以广泛地施惠于人，但也能使人产生偏爱之心；用义可以使人确立良好的节操与品性，但也能使人产生浮华虚伪之心；用礼可以使人的行为恭敬谨慎，但也能使人产生懒惰怠慢之心；用乐可以调和人们的性情与心志，但也能使人产生淫乱放纵之心；用名可以端正尊卑贵贱的等级地位，但也能使人产生骄傲与篡权之心；用法可以统一众多的分歧，但也能使人产生破坏名分之心；用刑罚可以威慑不肯顺服的人，但也能使人产生欺上凌下之心；用奖赏能勉励忠贞贤能的人，但也能使人产生鄙陋纷争之心。〕

——战国·尹文《尹文子·大道》

□**刑赏者，天下之刑赏，非陛下之刑赏也。**〔法为天下人而制，亦为天下人利益而执行，不是出自国君一己之意，而为国君一己所行。〕

——宋·朱熹《宋名臣言行录》

□**令行禁止，王者之事毕矣。**〔能做到有令则行，有禁则止，王者的政事也就算完备了。〕

——战国·荀子《荀子·致士》

□**法令者，为政所先，人命所系，不可不慎。**〔制定法律，是治国的头等大事，直接关系到人的性命，不能不特别谨慎。〕

——辽·耶律宗真·摘自《辽史·列传》

□**主劳者方，主制者圆。圆者运，运者通，通则和。方者执，执者固，固者信。君以利和，臣以节信，则上下无邪矣。故曰：君人者制仁，臣人者守信，此言上下之礼也。**〔主管劳力的人要方正，主管号令的人要圆通。圆通的人长于运转，运转即能变通，变通就可以和谐。方正的人往往诚挚，诚挚即能坚定，坚定就值得信赖。君主用物利协调群臣，群臣用守本分来表示诚信，上下就不会有偏差了。所以说，做君主的要主持宽仁，做臣子的要谨守信用，这就是所说的上下

之礼。〕

——春秋·管仲《管子·君臣》

□赏不欲僭，刑不欲滥。赏僭则利及小人，刑滥则害及君子。〔赏赐不要过分，惩罚也不要滥用。赏赐过分了，小人也会得利，惩罚滥用了，就会伤害到君子。〕

——战国·荀子《荀子·致士》

□行之得道，即社稷用宁；行之失道，即四方散乱。〔制定的政策如果实行得法，则国家安宁；制定的政策实行不得其法，国家就会混乱。〕

——三国·许靖·摘自《三国志·许糜孙简伊秦传》

□人情挫辱，则义节之风损；法防繁多，则苟免之行兴。〔人情受到挫折与侮辱，那么讲正义、重气节的风气就会受到损害；法律条文太多，那么侥幸逃避惩罚的行为就会泛滥。〕

——汉·杜林·摘自《后汉书·杜林传》

□法者，治之正也，所以禁暴而率善人也。法正则民悫，罪当则民从。〔法律是治国的准则，法的作用是禁绝残暴，引导人们向善。法律公正则百姓忠厚，论罪量刑得当则百姓顺从。〕

——汉·刘恒《议除连坐诏》

□天有常象，地有常形，人有常礼。一设而不更，此谓三常。兼而一之，人君之道也；分而职之，人臣之事也。君失其道，无以有其国；臣失其事，无以有其位。〔天有一定的气象，地有固定的形体，人有固定的礼制。一经设立就不更改，这叫做三常。统一规划全局的，是人君之道；分管各项职责的，是人臣的事。人君违背了君道，就不能够拥有他的国家；人臣旷废了职责，就不能够保持他的官位。〕

——春秋·管仲《管子·君臣》

□省事不如省官，省官不如省吏，能简冗官，诚治本也。〔减少事务不如减少官职，减少官职不如减少官吏。能减少冗余官吏，真是治理国家的根本。〕

——唐·李德裕·摘自《新唐书·李德裕传》

□不设规矩，无以顺人；不切刑罚，无以息暴。〔不建设法制，就不能使民心归顺；不凭借刑罚，就不能制止暴乱。〕

——唐·朱敬则·摘自《新唐书·朱敬则传》

□为国之要，在于刑法。法急则人残，法宽则失罪。〔治理国家的关键，在于刑法。法至严则百姓受到伤害，法至宽则犯罪失去控制。〕

——唐·李治·摘自《旧唐书·唐临传》

□刑之所以止刑，杀之所以止杀。〔制定刑法是为了防止滥用刑罚，实行死刑是为了制止杀戮。〕

——晋·范坚·摘自《晋书·范汪传》

□神器不可以无主，万机不可以久旷。〔国家政权不可以没有君主，事务机构不可以长久空虚。〕

——五代·刘琨·摘自《旧五代史·隐帝纪》

□凡国无法，则众不知所为；无度，则事无机。有法不正，有度不直，则治辟；治辟，则国乱。〔大凡一个国家没有法律，民众就不知道如何行事；没有制度，行事就没有一个准则。有法律而不公正，有制度而不明确，则行政管理就会发生偏邪；行政管理偏邪，国家就会发生动乱。〕

——春秋·管仲《管子·版法解》

□天不为一物枉其时，明君圣人亦不为一人枉其法。〔大自然不会因为一物生长之迟速而改变它的节候，圣明的君主也不会因为对一人私爱之深浅而改变他的法令。〕

——春秋·管仲《管子·白心》

□民本，法也。故善治者塞民以法。〔统治民众的根本是法制。所以善于治国的人，用法制来约束民众。〕

——战国·商鞅《商君书·画策》

□法者，国仰以安也；顺则治，逆则乱，甚乱者灭。〔法律，是国家可赖以保持安定的保障；遵循它办事社会就会安定太平，违背它就会混乱，混乱厉害就会灭亡。〕

——宋·宋祈《杂说》

□法令者，民之命也，为治之本也，所以备民也。〔法令是民众的生命，是治理国家的根本，是用来保护民众的。〕

——战国·商鞅《商君书·定分》

□利不百，不变法；功不十，不易器。〔没有百倍的利益，不要轻易变法；没有十倍的功效，不要轻易改变器具。〕

——战国·商鞅《商君书·更法》

□始于患者，不与其事，亲其事者，不规其道。是以为人上者患而不劳也，百姓劳而不患也。君臣上下之分素，则礼制立矣。〔主管谋划的人，不参与具体事务，亲身参与具体工作的，不管掌握原则。所以，做君主的只谋虑思患而不从事劳作，做百姓的只从事劳作而不管谋虑思患。君臣上下的职分明确定下来，礼制就建立起来了。〕

——春秋·管仲《管子·君臣》

□尧舜三王之治，必本于人情，不立异以为高，不逆情以干誉。〔唐尧、虞舜及夏、商、周三王的法制，一定要植根于人心世情之中，不标新立异来显示高明，不违背民心来干求名誉。〕

——宋·欧阳修《纵囚论》

□法无古今，惟其时之所宜与民之所安耳。〔法令不在所行年代长短，只在符合当时的情况，能使人民生活安定。〕

——明·张居正《辛未会试程策》

□强人之所不能，法必不立；禁人之所必犯，法必不行。〔逼迫人去做不能做到的事，法律就无法确立；禁止人去做绝对免不了要触犯的事情，这样的法律就得不到执行。〕

——清·魏源《默觚下·治篇》

□其政闷闷，其民淳淳；其政察察，其民缺缺。〔政治宽厚，人民就淳朴；政治苛刻，人民就狡诈。〕

——春秋·老子《道德经》

□家有常业，虽饥不饿；国有常法，虽危不亡。〔家中有固定的产业，即使在饥荒年也不会挨饿；国家有固定的法度，即使遇上危难也不会灭亡。〕

——战国·韩非《韩非子·饰邪》

□圣君任法而不任智，任数而不任说，任公而不任私，任大道而不任小物，然后身佚而天下治。〔圣明的君主依靠法度而不依靠智谋，依靠政策而不依靠议论，依靠公而不依靠私，依靠大道而不依靠小事，结果是自身安闲而天下太平。〕

——春秋·管仲《管子·任法》

□禁罚威严，则简慢之人整齐；宪令着明，则蛮夷之人不敢犯。〔禁律与刑罚威严，怠慢法纪的人才能够遵守秩序；法令严明，不开化的民众才不敢触犯。〕

——春秋·管仲《管子·八观》

□观三代损益，乃知缘人情而治礼，依人性而作仪。〔观察夏、商、周三代对礼制所做的增减，才知道顺从人的情意而制定礼制，依照人的习惯来规定仪节。〕

——汉·司马迁《史记·礼书》

□为治而去法令，犹欲无饥而去食也，欲无寒而去衣也，欲东西行也，其不几亦明矣。〔治理国家而抛弃法令，就好像想不挨饿却不吃饭，想不受冻却不穿衣服，想往东去而朝西走一样，这样相去太远是显而易见的。〕

——战国·商鞅《商君书·定分》

□治国之有法术赏罚，犹若陆行之有犀车良马也，水行之有轻舟便楫也，乘之者遂得其成。〔治理国家有法术赏罚，就好比陆地行走有坚车良马，水路行走有轻舟便桨一样，凭借它们的人因此获得成功。〕

——秦·韩非《韩非子·奸劫弑臣》

□先王之立爱，以劝善也；其立恶，以禁暴也。昔者三代之兴也，利于国者爱之，害于国者恶之，故明所爱而贤良众，明所恶而邪僻灭。是以天下治平，百胜和集。〔先王树立仁爱，是用来规劝人们从善的；建立法制，是用来禁止残暴的。上古夏、商、周三代之兴盛长久，是因为对国家有利的事热心去做，对国家有害的事憎恶远离。所以知道先王的仁爱，贤良的人就多了，知道先王的所憎，邪僻的事就没有了。用这些来治理国家，国家就太平了，百姓就和睦相处了。〕

——秦·晏婴《晏子春秋·谏上》

□治国之道，上无苛令；官无烦治。〔治理国家的办法是，上面没有苛刻的政令，官吏没有扰民的烦政。〕

——汉·刘安《淮南子·齐俗训》

□法令行则国治，法令弛则国乱。〔法令能够推行，国家就能够太平；法令废弛，国家就会混乱。〕

——汉·王符《潜夫论·述赦》

□立法贵严，而责人贵宽。〔制定法律以严厉为贵，而责罚人时以宽容为贵。〕

——宋·苏轼《刑赏忠厚之至论》

□法令赏罚者，诚治乱之枢机也，不可不严行也。〔法令赏罚，确实是治乱的重要手段，不能不严格执行。〕

——汉·王符《潜夫论·三式》

□法网之用，期世而行；宽惠之道，因时而布。〔法律的作用，在一定的时代运行；宽厚仁惠的政策，在一定的时限颁布。〕

——南朝·刘彧·摘自《宋书·明帝纪》

□凡将举事，令必先出。曰事将为，其赏罚之数，必先明之。立事者，谨守令以行赏罚，计事致令，复赏罚之所加。有不合于令之所谓者，虽有功利，则谓之专制，罪死不赦。首事既布，然后可以举事。〔凡要做大事，法令一定先出，也就是事情将办，其赏罚办法就必须明示于前。负责的人总是要严守法令以掌握赏罚，检查工作并向君主上报的时候，也必须报告执行赏罚的情况。如果办事不合于法令，即使事有成效，也叫"专制"，那是死罪不赦的。这个所谓"首事"的命令一经发布，然后就可以遵照执行了。〕

——春秋·管仲《管子·立政》

□以治法者强，以治政者削。〔用法律来治国，国家就强盛；只靠政令来治国，国家就削弱。〕

——战国·商鞅《商君书·去强》

□苟可以强国，不法其故；苟可以利民，不循其礼。〔如果做能使国家强盛的事，就用不着沿袭旧的制度；如果做有利于人民的事，就不必因循旧的礼制。〕

——汉·司马迁《史记·商君列传》

□德以施惠，刑以正邪。〔德政用来给人恩惠，刑罚用来纠正邪恶。〕

——春秋·左丘明《左传·成公十六年》

□相时而立仪，度务而制事，以驯其时也。〔审察时势来制定礼仪制度，衡量时务而创建事业，以顺应所处时代。〕

——汉·贾谊《贾谊集·立后义》

□不慕古，不留今，与时变，与俗化。〔不迷信古代，也不拘泥于当代，随着时代的发展和民情的变化而变化。〕

——春秋·管仲《管子·正世》

□古之法简，今之法繁，简者不便于今，而繁者不便于古。非今之法不若古之法，而今之时不若古之时也。〔古代的法令制度比较简略，现代的法令制度则比较繁多。简略的古法用于现代就不便利，繁多的今日之法也不便用于古代。不是现代的法令制度不如古代的法令制度，而是今天的时代与古代那个时代不一样了。〕

——宋·苏洵《衡论·申法》

□天下，理无常是，事无常非。先日所用，今或弃之；今之所弃，后或用之。〔天下没有永远正确的道理，也没有永远错误的事情。过去所使用的，现在也许被废弃；现在被废弃的，将来也许还要使用。〕

——春秋·列御寇《列子·说符篇》

□世异则事变，时移则俗易。故圣人论世而立法，随时而举事。〔世道不同了，事物就发生了变化；时代发展了，风俗也随之变易。所以圣明君主总是研究当世的情况来制定法律，随着时代的发展而行事。〕

——汉·刘安《淮南子·齐俗训》

□不法其已成之法，而法其所以为法。所以为法者，与化推移者也。〔不效法过去已有的法律，而效法他们之所以那样立法的根据。他们之所以那样立法，是与时代变化相一致的。〕

——汉·刘安《淮南子·齐俗训》

□凡人富则不羡爵禄，贫则不畏刑罚。不羡爵禄者，自足于己也；不畏刑罚者，不赖存身也。二者为国之所甚，而不知防之之术，故令不行而禁不止。若使令不行而禁不止，则无以为治。无以为治，是人君虚临其国，徒君其民，危乱可立而待矣。令使由爵禄而后富，则人必争尽力于其君矣；由刑罚而后贫，则人咸畏罪而从善矣。故古之为国者，无使民自贫富。贫富皆由于君，则君专所制，民知所归矣。〔大凡人们富裕了就不会羡慕官爵、俸禄，贫穷了就不会畏惧刑罚。不羡慕官爵、俸禄的人，是因为自己已经有了足够的钱财；不畏惧刑罚的人，是因为他们没有依赖保存自身的基本生活条件。这两种人都会给国家造成极大的危害，由于不知道防范这两种人的方法，所以有令不行，有禁不止。假若使令不行，使禁不止，那么君主就没有办法治理国家。君主如果没法治理国家，那么君主的统治地位就是虚无的，驾驭臣民也是徒有虚名，国家的危难与混乱就会马上降临。现在让人们追求爵位俸禄然后才能富裕，那么人们一定会争着为君主竭尽效力；人们由于犯罪受到刑罚而后贫穷，那么人们都会畏惧犯罪而改恶从善。所以古代治理国家的君主，不让人民自然而然地贫穷与富足。人民的贫穷与富足都由君主赐予，那么君主就能独自掌握国家大权，人民就会知道如何归顺君主了。〕

——战国·尹文《尹文子·大道》

□罚薄不为慈，诛严不为戾，称俗而行也。〔刑罚很轻不算仁慈，刑罚很重也不算暴戾，这是适应当时社会的习俗而行的。〕

——战国·韩非《韩非子·五蠹》

□以人从法，则公道行而私欲止；以法从人，则公道止而私欲行。〔人按法而行，则公理得到伸张，私欲受到抑制；法依人而动，则公理受到抑制，私欲得以横行。〕

——宋·杨万里《论吏部恩泽之敝札子》

□法存则国安，法亡则国危。〔有法制存在，国家就安定；法制没有了，国家就危险。〕

——宋·杨万里《上寿皇乞留张栻黜韩玉书》

□为人君者，莫责于胜。所谓胜者，法立令行之谓胜。法立令行，故群臣奉法守职，百官有常。法不繁匿，万民敦悫，反本而俭力。故赏必足以使，威必足以胜，然后下从。〔作为君主最重要的是一个“胜”字。所谓胜，法度能成立，政令能贯彻，就叫做胜。由于法度能成立而政令能贯彻，群臣就守法尽职，百官也有法可依。法度不利于恶人滋长的，人民会由此敦厚诚朴，安心农业而节俭勤劳。这样，赏与罚就一定能够起到推动与克制的作用，然后下面就能服从统治了。〕

——春秋·管仲《管子·正世》

□治则刑重，乱则刑轻，犯治之罪固重，犯乱之罪固轻也。〔在

治世用刑要重，在乱世用刑要轻。因为在社会安定时故意犯罪，当然要重罚，在社会混乱时犯罪当然要轻罚。〕

——战国·荀子《荀子·正论篇》

口治民无常，唯治为法。〔治理百姓没有一成不变的常规，只有把有利于治理的东西形成法律就是了。〕

——战国·韩非《韩非子·心度》

口圣人为法，必使之明白易知。〔圣人制定法令，必须使人们明白易懂。〕

——战国·商鞅《商君书·定分》

口法详则刑繁，法繁则刑省。〔法令烦琐，刑罚就会增多；法令简明，刑罚就用得少。〕

——战国·商鞅《商君书·说民》

口夫立法之大要，必令善人劝其德而乐其政，邪人痛其祸而悔其行。〔制定法令的要旨，一定要使行善的人重视其品德的形成并以此来从事自己的工作，使奸邪的人痛恨自己的祸行并悔改自己的行为。〕

——汉·王符《潜夫论·断讼》

口道也者，万物之要也。为人君者，执要而待之，则下虽有奸伪之心，不敢杀也。夫道者虚设，其人在则通，其人亡则塞者也。〔道是万物的枢要。做人君的要掌握这个枢要来处理事情，下面就是有奸伪之心也不敢尝试。道是存在于虚处的，行道的人君在，道就通行无阻，行道的人君不在，道就闭塞起来。〕

——春秋·管仲《管子·君臣》

口非从天下，非从地出，发于人间，合乎人心而已。〔法律制度

不是从天上掉下来的，也不是从地上长出来的，而是产生在人的社会里面，适合人们的心愿罢了。〕

——战国·慎到《慎子·逸文》

□法不察民情而立之，则不成。〔如果法制不考察民情而建立，就不会成功。〕

——战国·商鞅《商君书·壹言》

□赏未行，罚未用，而民听令者，其令，民之所能行也。〔赏罚还没有施行，而民众就能够听从命令，是因为这个命令是人民所能够遵守的。〕

——战国·孙膑《孙膑兵法·奇正》

□水用舟，陆用车，涂用輴，沙用鸠，山用樏，因其势者令行。〔水行用船，陆行用车，泥行用輴，沙行用鸠，山行用樏，从具体情况出发，因势利导，命令就能执行。〕

——秦·吕不韦《吕氏春秋·慎势》

□术者，因任而授官，循名而责实，操杀生之柄，课群臣之能者也，此人主之所执也；法者，宪令着于官府，刑罚必于民心，赏存乎慎法而罚加乎奸令者也，此臣之所师也。君无术则弊于上，臣无法则乱于下。此不可一无，皆帝王之具也。〔术，就是根据能力而授予官职，依照名分而贵在求得实效，操持生杀的权柄，考核群臣的才能，这是君主掌握的。法，就是由官府制定政令，刑罚条例一定要深入民心，奖赏恪守法律的人而惩罚触犯法律的人，这是臣子要遵循的。君主没有术，就会在上面被蒙蔽，臣子没有法，就会在下面作乱，这两者是缺一不可，法与术都是帝王统治的工具。〕

——秦·韩非《韩非子·定法》

□言多变则不信，令频改则难从。〔话语屡次变化，就不能取信于人；政令频繁改动，人民就难以适从。〕

——宋·欧阳修《准诏言事上书》

□礼，国之纪也；亲，民之结也；善，德之建也。国无纪不可以终，民无结不可以固，德不建不可以立。〔礼是治理国家的纲纪，亲是团结人民的纽带，善是德行的建树。国家没有纲纪就不稳固，人民没有纽带就不团结，道德不建立就不可以立身。〕

——春秋·左丘明《国语·晋语》

□不待法令绳墨而无不正者，千万之一也。故圣人以千万治天下。〔不用按照法令准则而行为就完全正确的人，千万人中只能有一个，而圣人是要根据千万人的情况来治理天下的。〕

——战国·商鞅《商君书·定分》

□强人之所不能，虽令不劝；禁人之所必犯，虽罚且违。〔强迫人做所做不到的事情，虽有命令，人也不听；禁止人犯一定会触犯的事情，虽有处罚，也会违犯。〕

——清·魏源《默觚下·治篇》

□人之生不能无群，群而无分则争，争则乱，乱则穷矣。故无分者，人之大害也；有分者，天下之本利也。而人君者，所以管分之枢要也。〔人们生存，不能不聚合成群，结成群体了但没有分别就会有争夺，有了争夺就会产生混乱，混乱了就会穷困。所以没有分别，是人的大祸害；人群有了分别，对天下的根本就有利。作为人君就要管理好这种区别的关键环节。〕

——战国·荀子《荀子·富国》

□文章不成，而求民之行令也，不可得也。〔法令不明确，而要

107

求民众遵行命令，那是办不到的。〕

——战国·商鞅《商君书·君臣》

□罚严令行，则百吏皆恐；罚不严，令不行，则百吏皆喜。故明君察于治民之本，本莫要于令。〔刑罚严，法令行，则百官畏法尽职；刑罚不严，法令不行，则百官玩忽职守。因此，明智的君主深知治民的根本没有比法令更要紧的。〕

——春秋·管仲《管子·重令》

□法无度数而事日烦，则法立而治乱矣。〔法律没有正确的尺度标准，国事就会日益烦乱，那么，尽管确立了法律，统治仍然混乱。〕

——战国·商鞅《商君书·错法》

□所谓治国者，主道明也；所谓乱国者，臣术胜也。夫尊君卑臣，非计亲也，以势胜也。〔所谓善于治理国家的君主，力主治国之道不可欺瞒；所谓祸乱国家的是臣子的私术占了上风。所以君主必尊人臣位卑，百姓之所以争为君用，不是喜爱君主，而是明主掌握着必胜的势力。〕

——春秋·管仲《管子·明法》

□人主之大物，非法则术也。法者，编着之图籍，设之于官府，而布之于百姓者也。术者，藏之于胸中，以偶众端，而潜御群臣者也。故法莫如显，而术不欲见。〔君主的大事，不是法，就是术。法是编写成文，设置在官府里，进而公布到民众中去的。术是藏在君主胸中，用来对付各种各样的事情而暗中驾驭群臣的。所以法越公开越好，术却不该表露出来。〕

——秦·韩非《韩非子·难三》

□法之为道，前苦而长利；仁之为道，偷乐而后穷。〔以法制为

108

治国的方法，痛苦在前却有长远的好处；以仁爱作为治国的方法，苟且欢乐但以后必然困窘。〕

——战国·商鞅《韩非子·六反》

□虚无无形谓之道，化育万物谓之德，君臣父子人间之事谓之义，登降揖让、贵贱有等、亲疏之体谓之礼，简物、小未一道，杀僇禁诛谓之法。〔空虚而没有形状叫做道；生化培育万物叫做德；君臣父子人事之间有一定的秩序叫做义；尊卑之间谦让有礼仪，尊贵卑下之间有等级，以及亲疏之间有区别，这叫做礼；不问事之繁简、物之大小，都使之遵守同一规范，杀戮禁诛等事都有规定叫做法。〕

——春秋·管仲《管子·心术》

□法者，治之政也，所以禁暴而率善人也。〔法令，是治政的依据，是用来禁止强暴、引导人们归向善良的。〕

——汉·司马迁《史记·教本纪》

□家无怒笞，则竖子婴儿之有过也立见；国无刑罚，则百姓之相侵也立见。〔家中若没有责打，童仆小儿犯规出错就会立刻出现；国中若没有刑罚，百姓互相侵夺的事就会立刻出现。〕

——秦·吕不韦《吕氏春秋·荡兵》

□赏罚者，邦之利器也。在君则制臣，在臣则胜君。君见赏，臣则损之以为德；君见罚，臣则益之以为威。人君见赏，而人臣用其势；人君见罚，而人臣乘其威。故曰邦之利器不可以示人。〔赏罚是国家的锐利武器。握在君主手中就能控制臣下，握在臣子手中就能制服君主。君主表示要行赏，臣子就扣除一部分用作自己的私赏；君主表示要行罚，臣子就加重刑罚来夸耀私人威风。君主表示要行赏，而臣子利用了他的权势；君主表示要行罚，而臣子凭借了他的威风。所以说国家的锐利武器，不可以拿给别人观看。〕

——秦·韩非《韩非子·喻老》

□礼烦则不庄，业烦则无功，令苛则不听，禁多则不行。〔礼节过多就会显得不庄重，事务繁多就会显得没有功效，法令苛刻百姓就会反抗，禁令太多就会行不通。〕

——秦·吕不韦《吕氏春秋·适威》

□任势守数以为常，周听远近以续明。〔利用形势遵循客观规律以建立常规常法，普遍地了解远近情况以深入明察国事。〕

——春秋·管仲《管子·七臣七主》

□饬令则法不迁，法平则吏无奸。〔时常整顿法令，法令就不会变迁；国家常法稳固，那么官吏就不会有奸邪的行为。〕

——战国·韩非《韩非子·饬令》

□马之不敢肆足者，衔辔束之也；民之不敢肆意者，法制束之也。〔马之所以不敢撒开四蹄奔跑，是因为有嚼子缰绳在约束着它；人之所以不敢任意妄为，是因为有法令制度约束着他。〕

——宋·吕祖谦《东策博仪·齐鲁战长勺》

□释法术而任心治，尧不能正一国；去规矩而妄意度，奚仲不能成一轮；废尺寸而差短长，王尔不能半中。使中主守法术，拙匠执规矩尺寸，则万不失矣。君人者，能去贤巧之所不能，守中拙之所万不失，则人力尽而功名立。〔放弃法术而凭主观办事，就是尧也不能治理好一个国家；不要规矩而胡乱猜测，就是奚仲也不能做好一个轮子；废弃尺寸而比较长短，就是王尔也不能做到半数符合标准。假如中等才能的君主遵循法术，笨拙的匠人掌握规矩尺寸，就会万无一失了。做君主的能放弃贤人、巧匠也办不成事情的做法，奉行中主、拙匠都万无一失的做法，人们就会竭尽全力，功名也会建立起来。〕

——秦·韩非《韩非子·用人》

□国无纪，民无生。〔国家没有法纪，人民就无法生活。〕

——清·王夫之《读通鉴论》

□绳之以法，断之以刑，然后寇止奸禁。故射者因势，治者因法。〔用法律约束坏人，判刑定罪，这样强盗、坏人就不敢为非作歹。所以射箭靠姿势正确，治理国家靠法律。〕

——汉·桓宽《盐铁论·大论》

□有制之兵，无能之将，不可以败；无制之兵，有能之将，不可以胜。〔有严明法纪的军队，即使指挥它的将领才能差些，也不会被打败；毫无法纪的军队，即使指挥它的将领再有才能，也打不了胜仗。〕

——三国·诸葛亮《兵要》

□法令不一则人情惑，职次数改则觊觎生，官方不审则秕政作，惩劝不明则善恶浑。〔法令不统一则人心容易疑惑，职位次序频繁变动则邪念不断产生，政策不审查则会出现不良的政事，惩戒不明确则会善恶混淆。〕

——晋·郭璞·摘自《晋书·郭璞传》

□法律度量者，人主之所以执下，释之而不用，是犹无辔衔而肥也。群臣百姓，反弄其上。是故有术则制人，无术则制于人。〔法律准则是君主用来控制下面群臣百官民众百姓的，如果放弃不用，就好像不用缰绳嚼子骑光背马疾驰一样，百官百姓反过来会戏弄君主。所以说君主有治国的方法就可驾驭群臣百姓，无治国的方法就要被群臣百姓所控制。〕

——汉·刘安《淮南子·主术训》

□高不可及者，不可以为人量；行不可逮者，不可以为国俗。〔谁也达不到的高度，不能作为衡量人的标准；人们行动普遍达不到的水平，不能作为国家的风俗。〕

——汉·刘安《淮南子·齐俗训》

□法以画一而可守，令以坚信而不移。〔法律因为统一就便于遵守，政令因为信用牢固而推行不变。〕

——明·张居正《请裁定宗藩事例疏》

□善制法者为匠人之用矩，不善制法者如陶人之用型。〔善于制定规则制度的人就像木工用曲尺，不善于制定规则制度的人就像陶瓷工使用模型。〕

——明·庄元臣《叔苴子·外篇》

□故王者为民，治则不可以不明，准绳不可以不正。〔君主为民执政，治理准则不能不明确，法度规章不能不端正。〕

——汉·董仲舒《春秋繁露·五行五事》

□事寡易从，法省易因，故民不以政获罪也。〔国家政事少，人民容易服从，法规简要，人民容易遵守，所以人民不会因政事的问题而犯罪。〕

——汉·刘向《说苑·君道》

□教笞不可废于家，刑罚不可捐于国，诛伐不可偃于天下，用之有巧拙，行之有逆顺耳。〔家里教育子女，体罚不能完全废除；国家治理百姓，刑罚不能完全废除；天下谋求太平，不能取消战争。只是运用起来有巧妙和笨拙的不同，实行起来有合理不合理罢了。〕

——汉·司马迁《史记·律书》

□一则治，异则乱；一则安，异则危。〔统一就能治理得好，不统一就治理得不好；统一就安定，不统一就危险。〕

——秦·吕不韦《吕氏春秋·不二》

□政不简不易，民不有近；平易近民，民必归之。〔国家政事若不简化易行，百姓就不会亲近；为政若能平易亲近民众，民心必然归附。〕

——汉·司马迁《史记·鲁周公世家》

□诏令格式，若不常定，则人心多惑，奸诈益生。〔法令制度条文若不保持稳定，人们就会无所适从，坏人就会钻空子。〕

——唐·吴兢《贞观政要·赦令》

□权出一者强，权出二者弱。〔权力出自于一个途径的就强，权力出自于两个途径的就弱。〕

——战国·荀子《荀子·议兵》

□行赏罚而齐万民者，治国也；君立法而下不行者，乱国也。〔实行赏罚而使千万民众一致，这是治理得好的国家；君主立法而下面不实行，这是混乱的国家。〕

——汉·王符《潜夫论·衰制》

□夫积怠之俗，赏不隆则善不劝，罚不重则恶不惩。故凡欲变风改俗者，其行赏罚者也，必使足惊心破胆，民乃易视。〔怠惰成习的风俗，奖赏不隆重，善行就得不到重视；处分不严厉，奸恶就得不到惩罚。所以大凡想移风易俗的，进行赏罚的力度，一定会足以使人心惊胆战，百姓才能够重视。〕

——汉·王符《潜夫论·三式》

113

□威不两错，政不二门。〔权势不能设置在两家，政令不能由两家制定。〕

——春秋·管仲《管子·明法》

□子用私道者，家必乱；臣用私义者，国必危。〔儿子各自按自己的主张行事，家庭必定混乱；臣子各自按自己的原则行事，国家必定危险。〕

——汉·刘向《战国策·赵策二》

□政在家门，民无所依。〔由权臣卿大夫掌握国政，人民就失去了依靠。〕

——春秋·左丘明《左传·昭公三年》

□法屡更必弊，法弊则奸生；民数扰则困，民困则乱生。〔法令频频变换，一定会产生弊端，法律出现漏洞则难免会生出一些奸恶之事；百姓屡屡受到侵扰，生活就会陷入困顿，生活陷入困顿就难免会生出一些动乱事端。〕

——明·马皇后·摘自《明史·后妃列传》

□国将亡，必多制。〔国家行将灭亡的时候，必是由于政出多门。〕

——春秋·左丘明《左传·昭公六年》

□政不欲烦，烦则数改，数改无定，人怀苟免之心；网不欲密，密则深文，深文多伤，下有非辜之惧。〔政策法令不能烦乱，烦乱就要经常改动，经常改动就会失去稳定性，人们就怀着用不正当手段苟且偷生的心理；法律条文不能太细，否则在援引时就会过分苛刻，过分苛刻就会伤害很多人，这样，即使是没有罪过的人也要怀着恐惧的心理。〕

——唐·张说《词标文苑科策第一道》

114

□法者，非一时、非一人、非一地者也。〔法制，不是一时、一人、一地的法制。〕

——清·王夫之《读通鉴论》

□执古以绳今，是为诬今；执今以绳古，是为诬古。〔用古代的标准来衡量现在，是对现在的歪曲；拿现在的标准去衡量古代，也是对古代的歪曲。〕

——清·魏源《默觚下·治篇》

法明则人信，法一则主尊。〔国家法律条款明确，就会取信于民；国家法律统一，君主的尊严就会确立起来。〕

——宋·王溥《唐会要》

□通其变，天下无弊法；执其方，天下无善教。〔根据情况变化灵活行事，天下就不会有弊陋的法规；墨守成规，天下就不会有良好的教化。〕

——隋·王通《中说·周公篇》

□纷更变易，比纲不得布，法度不得立，臣下无所持循。〔国家政令频繁更动变化，政纪纲领得不到贯彻实施，法令制度不能发挥作用，群臣就无所遵循。〕

——明·宋濂《元史·许衡传》

□治国使众莫如法，禁淫止暴莫如刑。故贫者非不欲夺富者财也，然而不敢者，法不使也；强者非不能暴弱也，然而不敢者，畏法诛也。〔治理国家、使役人民莫如有法，禁止淫乱、抑制暴行莫如有刑。贫者并非不想夺取富者的财物，然而他不敢，是法律不允许；强者并非不能欺凌弱者，然而他不敢，是畏惧法律的惩治。〕

——春秋·管仲《管子·明法解》

□是非不明，则邪正互攻；公论不立，则私情交起。〔是非不分明，邪恶与正义就会互相攻击，正气压不住邪气；公论不树立，就会私情泛滥成灾，公道占不了上风。〕

——元·欧阳玄《宋史·刘光祖传》

□文章不成者，不可以诛罚；道德不厚者，不可以使民；政教不顺者，不可以烦大臣。〔法令不完备，就不能动用刑罚；德行不高尚，就不能役使百姓；政治教化不合理，就不能烦劳大臣。〕

——汉·刘向《战国策·秦策》

□百县之治一形则从，迁者不敢更其制，过而废者不能匿其举。〔全国各县的法令制度都一致，则人人遵从，邪辟的官吏就不敢玩弄花样更改法制，有过错而被罢官的人就无法掩盖他的错误。〕

——战国·商鞅《商君书·垦令》

□有道以统之，法虽少，足以化矣；无道以行之，法虽众，足以乱矣。〔有正确的思想原则来统率指导，法律数量虽少，但足以使人民得到教化；没有正确的思想指导，法律虽然很多，但也会使社会混乱。〕

——汉·刘安《淮南子·泰族训》

□高为量而罪不及，重为任而罚不胜，危为难而诛不敢。民困于三责，则饰智而诈上，犯邪而干免，故虽峭法严刑不能禁其奸。何者？力不足也。〔把过高的尺度作为标准，谁达不到就治罪；把过重的担子作为责任，谁不胜任就惩罚；把过于危险的事情作为考验人的准则，谁不敢上前就惩罚。民众被这三条要求难住了，就会弄虚作假以欺骗上级，做邪恶之事以触犯上级，所以即使有严刑峻法也不能禁止他们的奸伪行为。为什么呢？是因为标准太高，他们实在力不从心。〕

——汉·刘安《淮南子·齐俗训》

□末大于本则折，尾大于要则不掉矣。〔末稍大于根本就必然折断，尾巴大于主体就不好摇动。〕

——汉·刘安《淮南子·泰族训》

□法贵简而能禁，刑贵轻而必行。〔法律贵在简明而能制止犯罪，量刑贵在宽轻而一定能够实行。〕

——清·王夫之《读通鉴论》

□法不定，政多门，此乱国之风也。〔国家法令变化不定，政出多门，这是一种搞乱国家的歪风。〕

——汉·荀悦《申鉴·政体》

□臣当君尊，上下乃昏。君当臣处，上下失序。〔臣下被当做君主而受到君主一样的尊崇，上下就会昏乱。君主反处于臣属地位，上下就失去了正常秩序。〕

——秦·黄石公《黄石公三略·下略》

□世异则事异，事异则备变。〔世道不同那么政事也就不同，政事不同那么措施就要改变。〕

——战国·韩非《韩非子·五蠹》

□执法者国之辔衔，刑罚者国之维楫也。故辔衔不饬，虽王良不能以致远；维楫不设，虽良工不能以终水。〔法律好像是国家的马缰绳和马嚼子，刑罚好比是国家的缆绳和船桨。马缰绳和马嚼子不完整，即使最好的驭手王良也不能使车马跑远路；船的缆绳和船桨不具备，即使再好的船工也不能划船渡河。〕

——汉·桓宽《盐铁论·刑德》

□先王之制，不宜则废之；末世之事，善则著之。〔对于先王的

制度,不合适就应该废弃它;对于朝代末期的事情,好的也可以记载下来。〕

——汉·刘安《淮南子·氾论训》

　　□十羊九牧,其令难行;一国三公,适从何在。〔十只羊,九人放,号令就难以执行;一个国家如果有三个主公,人们就不知道该听谁的了。〕

——唐·刘知几《史通·忤时》

　　□权统由一,政不二门。〔大权统归一处,政令不出自两家。〕

——汉·桓谭《新论·王霸》

　　□法不一则奸伪起,政不一则朋党生。〔法度不统一,奸伪之人就会趁势而起胡作非为;政见不统一,就会派别林立、小集团丛生。〕

——唐·吴兢《旧唐书·睿宗纪》

　　□其为法令也,合于人情而后行之;其动众使民也,本于人事而后为之。〔(贤明的君主)制定法令,合乎人心世情然后才施行它;他们在动用百姓的时候,一定要从人力所能及的事情出发然后才去做。〕

——汉·班固《汉书·晁错传》

　　□古之民朴以厚,今之民巧以伪。故效于古者,先德而治;效于今者,前刑而法。此俗之所惑也。〔古代的人朴实而忠厚,现代的人巧诈而虚伪。所以,在古代有效的方法,是把实行德教放在首位,实行德治;现在有效的方法,是把刑罚放在首位,推行法治。这一点是一般人并不明白的。〕

——战国·商鞅《商君书·开塞》

　　□刑在禁恶,法本原情。〔刑法的目的在于禁止罪恶,法律的根据是推究情由。〕

118

——宋·欧阳修《论大理寺断狱不当札子》

□法与时变，礼与俗化，衣服器械各便其用，法令制度各因其宜。〔法律要与时代一起发展变更，礼仪要与民情风俗一起演变进化，衣服器械各随其方便而用，法令制度各依照适宜的情况而行。〕

——汉·刘安《淮南子·氾论训》

□拙制伤锦，迂政损国。〔拙劣的裁剪，会损坏美丽的锦缎；迂腐而不合时宜的政策，会损害国家的利益。〕

——宋·宋祁《杂说》

□抟国不在敦古，治世不在善故，霸王不在成典。〔掌握国家不在于因循古道，治世不在于精通旧事，创建霸业不在于沿袭过去的典章制度。〕

——春秋·管仲《管子·霸言》

□圣人不法古，不修今。法古则后于时，修今则塞于势。〔圣人既不效法古代，也不拘守现状。效法古代就要落后于时代，拘守现状就会跟不上形势的发展。〕

——战国·商鞅《商君书·开塞》

□明主之国，有贵臣无重臣。贵臣者，爵尊而官大也；重臣者，言听而力多者也。〔英明君主治理的国家，有显达尊贵的大臣而没有揽政专权的大臣。尊贵的大臣，是那种爵位尊显而官位很高的人；揽政专权的大臣，是那些君主对他言听计从而势力又很大的人。〕

——战国·韩非《韩非子·八说》

□明主之表易见，故曰立；其教易知，故言用；其法易为，故令行。〔贤明的君主设立的标准容易看见，所以才有约束作用；他的教

诲容易被人理解，所以他的话才有用；他制定的法律使人容易遵守，所以政令才能畅通。〕

——战国·韩非《韩非子·用人》

□天变不足畏，祖宗不足法，人言不足恤。〔天象变异不足以使人害怕，祖先的陈旧制度不足以使今人效法，攻击变法的言论不足以使人担忧。〕

——元·欧阳玄《宋史·王安石传》

□履不必同，期于适足；治不必同，期于利民。〔鞋子不一定必须一样，要的是穿在脚上合适；治国之道不一定必须相同，要的是让人民感到便利。〕

——清·魏源《默觚下·治篇》

□为治之道，不过立法度，正纪纲而已。纪纲者，上下相维持；法度者，赏罚示惩劝。〔要治理好国家，不过是制定好法令制度，规定好纪律常纲罢了。纪律常纲是用来维持人们之间相互关系的，法令制度是以或赏或罚来勉励或惩戒人的行为的。〕

——明·宋濂《元史·李冶传》

□圣人之为国也，观俗立法则治，察国事本则宜。不观时俗，不察国本，则其法立而民乱，事剧而功寡。〔圣人治国，考察民情风俗来建立法制，就能治理得好，研究国情抓住根本，政策才能得当。如果不考察当时民情风俗，不研究国家的根本，那么，虽然建立了法制，民众反而会混乱，政事虽然繁忙，而成就反倒很少。〕

——战国·商鞅《商君书·算地》

□法大弛，则是非易位，赏恒在佞，而罚恒在直，义不足以制其强，刑不足以胜其非，人之能胜天之具尽丧矣。〔法制完全废弛，是非就颠倒了，赏赐就会常常给予奸佞之徒，而惩罚却加之于正直之士。道义不能够抑制豪强，刑律不能够战胜是非，人们能够战胜自然赖以存在的才能和本领就完全丧失了。〕

——唐·刘禹锡《天论》

□**其立法也，非以苦民伤重而为之机陷也，以之兴利除害，尊主安民而救暴乱也。**〔设立法度，不是为了伤害民众、使百姓受苦而设置的机关和陷阱，而是靠它来兴利除害，使君主更有尊威，使人民生活更加安定，并且能挽救暴乱的危机。〕

——汉·班固《汉书·晁错传》

□**法之制民也，犹陶之于埴，冶之于金也。故审利害之所在，民之去就，如火之于燥湿，水之于高下。**〔用法制管理人民，应当像制陶器了解黏土的特性，冶金了解金属的特点一样。只要判明利害之所在，人们远离什么、靠近什么，就像火的避湿就干、水的避高就低一样明白了。〕

——春秋·管仲《管子·禁藏》

□**国家法令，惟须简约，不可一罪作数种条。格式既多，官人不能尽记，更生奸诈，若欲出罪即引轻条，若欲入罪即引重条。数变法者，实不益道理，宜令审细，毋使互文。**〔国家制定法令必须简明扼要，不能对一种罪定好几个条款。条款格式太多太繁了，主管官吏就不能全部记住，反而容易被钻空子，如要想赦免某人之罪，就引用较轻的条款，如果想加重某人之罪，就引用较重的条款。法律修改太勤实在没有什么好处,应当仔细审定,不要使互有歧义的条文同时存在。〕

——唐·吴兢《贞观政要·赦令》

□**以书御者，不尽于马之情；以古制今者，不达于事之变。故循法之功，不足从高世；法古之学，不足以制今。**〔靠书本知识来驾驭

121

车马的人，不能完全掌握马的性情；靠古代的办法治理现世的人，不通晓世事的变化。所以，沿袭古代制度所建立的功业，不能够高于世人；效法古代的学说，不能够治理现世。〕

——汉·刘向《战国策·赵策》

□汤、武之王也，不修古而兴；殷、夏之灭也，不易礼而亡。然则反古者未必可非，循礼者未足多是也。〔商汤王、周武王之统一天下，是因为不拘守古法而兴盛；殷纣、夏桀的覆灭，是由于他们不改变旧的礼制而亡国。这样看来，推翻古法的人不应该受到指责，遵循旧礼制的人不值得肯定。〕

——战国·商鞅《商君书·更法》

□水行者表深，使人无陷；治民者表乱，使人无失。礼者，其表也。〔涉水者在水深的地方作出标记，提醒别人免得淹死；管理老百姓的人要标明什么是属于不正当的行为，使人警惕，去掉私心。礼就是一种标记。〕

——战国·荀子《荀子·大略》

□号令已出又易之，礼义已行又止之，度量已制又迁之，刑法已错又移之。如是，则庆赏虽重，民不劝也；杀戮虽繁，民不畏也。故曰：上无固植，下有疑心。国无常经，民力必竭，数也。〔号令已出又改变，礼仪已行又废止，度量已定又变换，刑法已行又动摇，这样，赏赐虽重，人民也不勉力；杀戮虽多，人民也不害怕了。所以说：上面意志不坚定，下面就有疑心。国家没有常法，人民就不肯尽力，这是规律。〕

——春秋·管仲《管子·法法》

□随事制法，因事制宜，自我而作，何必师古！〔随着世事的变化来制定法令，按照客观实际而制定适当法令，由我开创先例，没必

要去照搬古人！〕

□一则治，两则乱。今御骊马者，使四人操一策，则不可以出门闾者，不一也。〔统一集中就能治理好天下，不统一集中就会天下大乱。譬如并排驾驭四匹马，让四个人每人拿一根马鞭，那就连衙门都出不去，这是因为行动不统一啊。〕

——秦·吕不韦《吕氏春秋·执一》

□悬衡而知平，设规而知圆，完全之道也。〔悬起衡器来称一称就知道买卖是否公平，备好圆规来量一量就知道圆形是否合度，这是最可靠的方法。〕

——秦·韩非《韩非子·饰邪》

□知者而后能知之，不可以为法，民不尽知；贤者而后知之，不可以为法，民不尽贤。〔只有智慧的人才懂得的东西，不能作为法令，因为民众不全是有智慧的人；只有贤能的人才懂得的东西，不能作为法令，因为民众不都是贤能的人。〕

——战国·商鞅《商君书·定分》

□德不可共，威不可分。德共则失恩，威分则失权。〔对于人民的德惠只能出于君主而不能同时出自于他人，执政者的权威只能掌握在自己手里面不能分散下去。德惠与他人共之，那么君主就不能用恩德来凝聚民心；权威分散下去，执政者就失去了应有的权力。〕

——汉·董仲舒《春秋繁露》

□观时而制法，因事而制礼。〔审度形势而制定法度，根据实际需要而制定礼教。〕

——汉·刘向《战国策·赵策》

□当更张而不更张，虽有良工不能善调也；当更化不更化，虽有大贤不能善治也。〔应当重新配弦而不重配，即使有名的弹奏家也弹不出好听的音调；该变革而不变革，即使最贤明的政治家也不能把国家治理好。〕

——汉·董仲舒·摘自《汉书·董仲舒传》

□五纪明，则阴阳成象而天道立矣；四维效，则刚柔成质而地道立矣；五典真，则仁义成德而人道立矣。〔五纪的情况一旦明确，那么阴阳变化就有规可循，天时的变化法则就得到确立；大地的四维一旦发挥作用，那么地表的刚柔变化就十分和谐，大地的变化法则就得到确立；人们之间的五种关系一旦处理得好，那么仁爱节义就会成为人们崇尚的美德，世间的人伦关系准则就能得到确立。〕

——明·薛应旂《薛方山纪述》

□因偶然之事，立不变之法，惩一夫之失，苦天下之人，法莫不良于此矣。〔因为偶然发生的一件事，便制定长久不变的法律条文；为了惩罚某一个人所犯的过失，连累普天下人跟着遭殃，再没有比这更糟糕的法令了。〕

——明·吕坤《呻吟语》

□人情天下古今所同，圣人防其肆，特为之中立以待之，故立法不可太激，制礼不可太严，责人不可太尽，然后可以同归于道，不然，是驱之使畔也。〔人之常情在普天之下古往今来都是相同的，圣人为了防止人民放纵自己的私情，特意树立了一套比较适中的行为规范来约束它。所以在制定法律时不宜过于偏激，在制定礼仪制度时不宜过于繁难，在要求别人时标准不能过高，这样才能合乎圣人所提倡的中庸之道，不然，只能逼得人做离经叛道的事。〕

——明·吕坤《呻吟语》

治乱安危

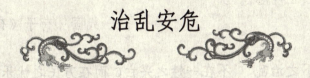

□安危相易，祸福相生。〔安全与危险彼此转换，灾祸与福祉相互依存。〕

——战国·庄子《庄子·则阳》

□吏不治则乱，农事缓则贫。〔官吏不司其职、不守本分，社会就要大乱；农业生产疲沓拖拉耽误农时，国家就会贫穷。〕

——战国·墨子《墨子·非儒》

□为主贪，必丧其国；为臣食，必亡其身。〔一国之主贪得无厌必然亡国；做大臣的贪得无厌必然亡身。〕

——唐·吴兢《贞观政要·贪鄙》

□民可近，不可下。民惟邦本，本固邦宁。〔百姓只能亲近，不可欺压。百姓是国家的根本，根本牢固了，国家才能安宁。〕

——春秋·孔子《尚书·五子之歌》

□利为害本，福为祸先。〔过分贪利是祸害的本源，非分之福是祸患的先兆。〕

——汉·韩婴《韩诗外传》

□义胜利者为治世，利克义者为乱世。上重义则义克利，上重利则利克义。〔正确的思想和原则胜过追逐利益之心，就是治世；追逐

125

利益之心胜过正确的思想和原则，就是乱世。当政者重视正确的思想，那么正确的思想就胜过利益之心，当政者重视利益的追求，那么利益之心就胜过正确思想。〕

——战国·荀子《荀子·大略》

□天下之治乱，不在一姓之兴亡，而在万民之忧乐。〔国家治理得好还是不好，判断的标准不是看国君家庭的兴旺还是衰败，而是看亿万百姓是忧愁还是快乐。〕

——清·黄宗羲《明夷待访录·原臣》

□贿聚于公，则国弊；聚于私，则家危。〔贿赂风气发生在公家，则国家积弊甚重；发生在个人，则家庭危机。〕

——清·吕宫《资政要览·室欲章》

□安危在出令，存亡在所任。〔国家安危的关键在于政令的发布，国家存亡的关键在于任用人才。〕

——汉·司马迁《史记·楚元王世家》

□尧舜之人，非生而治也；桀纣之人，非生而乱也。故治乱在上也。〔唐尧、虞舜的老百姓，不是生来就温顺驯服的；夏桀、商纣的老百姓，不是生来就犯上作乱的。所以治或乱全在于执政者的教育引导。〕

——春秋·管仲《管子·霸言》

□善为国者，官法明，故不任知虑。〔善于治理国家的人，必须使国家的各项政策和法令都明确，这样就用不着太有智慧和计谋了。〕

——战国·商鞅《商子·农战》

□有土者，不可以言贫；有民者，不可以言弱。地诚任，不患无

126

财；民诚用，不畏强暴。〔有土地的人，就不能说自己贫穷；有百姓的君王，就不能说自己弱小。土地真正能够使用，不会担心没有资财；百姓真正能发挥作用，就不会畏惧强暴。〕

——战国·商鞅《商君书·错法》

□节欲则民富，中听则民安。〔做君主的能节制自己的私欲百姓就会富足，不偏听偏信百姓就能安居乐业。〕

——秦·晏婴《晏子春秋·问下》

□生骄逸之端，必践危亡之地。〔出现骄纵淫逸的苗头，发展下去必定使国家陷入危亡的境地。〕

——唐·吴兢《贞观政要·君道》

□治大者不可以烦，烦则乱；治小者不可以怠，怠则废。〔治理国家大事不可以烦躁，烦躁就会混乱；修治小事不可以懈怠，懈怠就会废止。〕

——汉·桓宽《盐铁论·刺复》

□治身者以积精为宝，治国者以积贤为道。〔养身以聚集精气为关键，治理国家以招集贤才为根本。〕

——汉·董仲舒《春秋繁露·通国身》

□天道无亲，唯德是授。夫德，福之基也。无德而福隆，犹无基而厚墉也，其坏也无日矣。〔天意并不亲近哪个人，只授福给有德的人。德是福的基础，没有德业而享有的福太多，就像地基没有打好，却在上面筑墙，不知道哪天它就会倒塌了。〕

——春秋·左丘明《国语·晋语》

□世之治也，行善者获福，为恶者得祸；及其乱也，行善者不获

127

福，为恶者不得祸，变数也。知者不以变数疑常道，故循福之所自来，防祸之所由至也。〔当世事得以治理时，行善的人就能得到福分，作恶的人就会招致祸乱；到了世有祸乱时，行善的人得不到福分，作恶的人遭不到祸乱的报应，这是变数。聪明的人不用变数来怀疑常规，延续福分的途径就会自然到来，防止祸乱的办法自然而至。〕

——汉·徐干《中论·修本》

□天下治乱，出于下情之通塞。〔天下或治或乱，主要取决于下情是畅通还是闭塞。〕

——宋·苏轼《朝辞赴定州论事状》

□天下者，非一姓之私也，兴亡之修短有恒数。〔国家并不是国君一家一姓的私产，王朝的兴亡、统治时间的长短自有它的常规。〕

——清·王夫之《读通鉴论》

□桀以奢亡，纣以淫败。〔夏桀由于奢侈而亡国，殷纣王因为荒淫而衰败。〕

——汉·刘向《说苑·反质》

□前事不忘，后事之师也。〔过去的经验教训不忘记，就是以后做事的借鉴。〕

——汉·贾谊《过秦论》

□治疾及其未笃，除患贵其未深。〔治病要在病情不危重时开始，消除祸乱要在形成时着手。〕

——晋·陈寿《三国志·骆统传》

□善为国者，仓廪虽满，不偷于农；国大民众，不淫于言，则民朴一。民朴一，则官爵不可巧而取也。不可巧取，则奸不生。奸不生，则主不惑。〔善于治理国家的人，即使国库中的粮仓是满的，也不会放松对农业生产的重视；即使国大百姓多，也不会被花言巧语所迷惑，那么百姓的思想就会朴实而专一。百姓朴实专一，就没有人能够用奸巧的手段来获得国家的官职爵位；只要国家的官职爵位不被人用奸巧的手段获得，奸诈的人也就不会产生了；奸诈小人不能产生并得不到官职爵位，国君也就不会被他们所迷惑了。〕

——战国·商鞅《商子·农战》

□为政之道，以不扰为安，以不取为与，以不害为利，以行所无事为兴废起。〔治国的道理，应该以不骚扰民众作为安定的基础，把不榨取民脂民膏当做给予民众的根本，以不祸害民众作为为民谋福的大事，以不劳民伤财作为除弊振兴的方法。〕

——明·吕坤《呻吟语》

□明者，见危于无形；智者，视祸于未萌。〔聪明的人，在危险还没有形成之前就能够预见；智慧的人，在祸患还没有发生之前就能够发现。〕

——三国·钟会《檄蜀文》

□治天下者当用天下之心为心，不得自专快意而已也。〔治理天下的人应当以广大民众的心愿为心愿，决不能按自己的意思独断专行，随心所欲。〕

——汉·班固《汉书·鲍宣传》

□治天下有四术：一曰忠爱，二曰无私，三曰用贤，四曰度量。〔治理国家有四种方法：一是忠诚爱民，二是没有私欲，三是任贤用能，四是度量宽宏。〕

——秦·尸佼《尸子·治天下》

□政宽则民慢，慢则纠之以猛。猛则民残，残则施之以宽。宽以济猛，猛以济宽，政是以和。〔政令宽大百姓就会怠慢，百姓怠慢就用严厉来纠正。严厉，百姓就受到伤害，百姓受到伤害，就用宽大来施行政令。用宽大来调节严厉，用严厉来调节宽大，政事因此和顺。〕

——春秋·左丘明《左传·昭公二十年传》

□君子安而不忘危，存而不忘亡，治而不忘乱，是以身安而国家可保也。〔君子处在安定的环境却不忘记潜在的危险，存在但不忘记面临的危亡，天下太平而不忘记会出现的祸乱，这样才能自身平安、国家可得长治久安。〕

——周·姬昌《周易·系辞》

□于安思危，于达思穷，于得思丧。〔处在平安的环境里，也要想到有出现危险的可能，处在天地通达的境地也要想到处境的恶劣，在有所得的时候也要想到有所丧失。〕

——秦·晏婴《晏子春秋·问下》

□地者积人而成，国者积权而立。故全权之国强，缺权之国殃，无权之国亡。〔土地上聚集了人就能成为国家，国家聚集了民权就能立足。所以有民权的国家就会强盛，缺民权的国家就会受损害，没有民权的国家就会灭亡。〕

——清·梁启超《时务报》

□溃于内者，必决于外。〔内部散乱瓦解的，必然导致外部决口泛滥。〕

——清·王夫之《读通鉴论》

□威有三：有道德之威者，有暴察之威者，有狂妄之威者。此三威者，不可不孰察也。道德之威成乎安强，暴察之威成乎危弱，狂妄

130

之威成乎灭亡也。〔树立威势的方式有三种：有用准则规范树立威势的，有用强暴苛察制度树立威势的，有用个人的狂妄树立威势的。这三种威势，不能不仔细审察。用准则规范树立的威势能使国家安定强盛，用强暴苛察的制度树立的威势会导致国家危险衰弱，用狂妄树立的威势能导致国家灭亡。〕

——战国·荀子《荀子·强国》

□礼以行义，信以守礼，刑以正邪。〔礼仪用来推行道义，信义用来维护礼仪，刑律用来匡正邪恶〕

——春秋·左丘明《左传·僖公二十八年》

□经国立功之道有二：一曰息欲，二曰明制。欲息制明，天下定矣。〔治理国家建功立业的途径有两个：一是遏制私欲，二是清明法制。私欲遏制了，法制清明了，天下就长治久安了。〕

——晋·傅玄《傅子·校工篇》

□明治病之术者，杜未生之疾；达治乱之要者，遏将来之患。〔通晓诊治疾病医术的人，能够预防尚未发生的疾病；通达治理乱世要旨的人，能够遏制将要发生的祸患。〕

——晋·葛洪《抱朴子·用刑》

□国家作事，以公共为心者，人必乐而从之；以私奉为心者，人必咈而叛之。〔处理国家政事，以广大民众的共同意愿为目的的，民众必定会愉快地顺从他；以自己的私欲为目的的，民众必定会反过来背叛他。〕

——唐·陆贽《奉天请罢琼林大盈二库状》

□故以理观之，事大众而数摇之，则少成功；藏大器而数徒之，则多败伤；烹小鲜而数挠之，则贼其宰；治大国而数变法，则民苦之。

是以有道之君，贵虚静而重变法。〔所以按照道理来看，役使大众而屡屡让他们发生变动，功效就会很小；收藏贵重器物而屡屡加以挪动，损毁就会很大；烹煮小鱼而屡屡加以翻动，就伤害它的光泽；治理大国而屡屡改动法令，百姓就会受到坑害。因此懂得治理原则的君主把安定看得很宝贵，法令确定以后，不再轻易变更。〕

——秦·韩非《韩非子·解老》

□**外疾之害，轻于秋毫，人知避之；内疾之害，重于泰山，而莫之避。**〔外部来的灾害比毫毛还细微，人们却注意去防范它；内部来的灾害比泰山还大，人们却往往不去回避它。〕

——北齐·刘昼《新论·防欲》

□**兵胜于外，义强于内，威立于上，民服于下。**〔对外军队取得了胜利，对内因行仁义而强大，上面的国君有了权威，下面的百姓才能驯服。〕

——汉·刘向《战国策·秦策》

□**国家之败，由官邪也；官之失德，宠赂章也。**〔国家衰败，来自于官吏的邪恶；官吏丧失德义，是因为骄纵贿赂之风公行。〕

——春秋·左丘明《左传·桓公二年》

□**故善任势者国安，不知因其势者国危。**〔善于任用有胜众之资的国家就安定，不知道依顺胜众之势的国家就会危亡。〕

——秦·韩非《韩非子·奸劫弑臣》

□**礼，经国家、定社稷、序民人、利后嗣者也。**〔礼，是治理国家、安定社稷、使百姓遵循秩序、使后代获利的。〕

——春秋·左丘明《左传·隐公十一年》

□张而不弛，文武弗能也；弛而不张，文武弗为也。一张一弛，文武之道也。〔总是紧张工作而不松弛休息，这是周文王、周武王也不能做的；总是松弛休息而不紧张工作，这是周文王、周武王不愿做的；只有一张一弛，劳逸结合，才是周文王、周武王治国的做法。〕

——汉·戴圣《礼记·杂记》

□伐木不自其本，必复生；塞水不自其源，必复流；灭祸不自其基，必复乱。〔砍伐树木不从树根砍起，树木必定会再生；阻堵水流不从源头堵起，水必定会再流；消除祸患不从根本开始，必定会再出祸乱。〕

——春秋·左丘明《国语·晋语》

□苟利社稷，死生以之。为善者不改其度，故能有济也。民不可逞，度不可改。〔如果对国家有好处，个人生死都由它去。做好事的不改变他的法度，所以能够有所成功。百姓不可放纵，法度不可更改。〕

——春秋·左丘明《左传·昭公四年》

□小人道长，君子道消，则政日乱；君子道长，小人道消，则政日治。〔小人那一套主张得势，君子的正确思想就会消退，那么政事就会日益混乱；君子的正确思想占优势，小人那套主张就行不通，那么国家就日益得到治理。〕

——宋·司马光《资治通鉴·汉纪》

□礼，国之干也；敬，礼之舆也。不敬则礼不行，礼不行则上下昏，何以长世？〔礼义，是国家的主体；恭敬，是礼的外在表现。不恭敬，礼就不能够施行，礼不施行，君主和百姓就会惑乱，国家怎么能够长治久安呢？〕

——春秋·左丘明《左传·僖公十一年》

□凡为天下国家有九经，曰：修身也，尊贤也，亲亲也，敬大臣也，体群臣也，子庶民也，来百工也，柔远人也，怀诸侯也。〔凡是治理国家有九条原则要牢记，就是：加强心性修养，尊敬信赖贤者，亲近亲人，敬重大臣，体恤群臣，爱民如子，使有各种技艺的人愿意来此服务，对远方的外族表示友好，安抚诸侯。〕

——战国·子思《礼记·中庸》

□乱在内为宄，在外为奸。御宄以德，御奸以刑。〔祸乱发生在内叫做宄，发生在外叫做奸。制止内乱要用德教，消除外乱要用刑罚。〕

——春秋·左丘明《国语·晋语》

□道高益安，势高益危。〔道行愈高就愈安全，权势愈高就愈危险。〕

——汉·司马迁《史记·日者列传》

□一日之苟安，数百年之大患也。〔贪图一天的苟且偷安，就是数百年的大患。〕

——南宋·陈亮《上孝宗皇帝第一书》

□治天下之端，在审辨上；辨大之端，在深察名号。〔治理天下的关键，在于详密地辨别大理，辨别大理的关键，在于深入了解细目之名与总目之考的区分。〕

——汉·董仲舒《春秋繁露·深察名号》

□夫用君子则安，用小人则危，不易之理也。〔任用君子就安定，任用小人就危险，这是改变不了的真理。〕

——元·欧阳玄《宋史·论》

□域民不以封疆之界，固国不以山谿之险，威天下不以兵革之利。得道者多助，失道者寡助。寡助之至，亲戚畔之；多助之至，天下顺之。〔限制民众不只依靠国家划定的疆界，巩固国防不只依靠山川的险要，扬威天下不只凭借锐利的武器。拥有道义的人援助他的人就多，失去道义的人援助他的人便少。援助他的人少到了极点，连自己的内亲外戚也会背叛他；援助他的人多到了极点，整个天下的人都愿意归顺他。〕

——战国·孟子《孟子·公孙丑》

□思危所以求安，虑退所以能进，惧乱所以保治，戒亡所以获存。〔想到危险才能得到安定，考虑后退才能前进，害怕动乱才能保持治理，警惕灭亡才能获得生存。〕

——晋·潘尼·摘自《晋书·潘岳传附潘尼》

□前门拒虎，后门进狼。〔前门挡住了老虎，后门又跑进了恶狼。〕

——元·赵雪航《评史》

□亲贤臣，远小人，此先汉所以兴隆也；亲小人，远贤臣，此后汉所以倾颓也。〔亲近贤臣，疏远小人，这是西汉所以兴盛的原因；亲近小人，疏远贤臣，这是东汉灭亡的原因。〕

——三国·诸葛亮《出师表》

□先谋后事者昌，先事后谋者亡。〔先谋划而后行动的容易成功，先行动而后谋划的容易失败。〕

——战国·吕尚《太公鑫匮》

□居安思危，戒奢以俭。〔处在安定之时要想到潜伏的危险，用勤俭的办法来戒除奢侈。〕

——唐·魏徵《谏太宗十思疏》

□叛而不讨，何以示威？服而不柔，何以示怀？非威非怀，何以示德？无德，何以主盟？〔有叛逆而不征讨，怎么能示威？征服以后而不安抚，怎么能示怀？没有威和怀，怎么能显示出德？没有德，怎么能够做诸侯的盟主？〕

——春秋·左丘明《左传·文公七年》

□朝有谔谔尽规之臣，无不昌也；任用阿谀唯唯之士，无不亡也。〔朝廷有敢于直言规谏的臣子，国家没有不昌盛的；任用阿谀奉承、唯唯诺诺的人，国家没有不灭亡的。〕

——晋·段灼《上秦陈百事》

□思国之安者，必积其德义。〔要想求得国家的安宁，必须多积蓄自己的德义。〕

——唐·魏徵《谏太宗十思疏》

□灭六国者，六国也，非秦也；族秦者，秦也，非天下也。〔灭亡六国的是六国自身，而不是秦国；灭亡秦国的是秦国自身，而不是天下的人。〕

——唐·杜牧《阿房宫赋》

□兴必虑衰，安心思危。〔兴盛时一定要考虑到衰败，平安时一定要想到危险。〕

——汉·司马相如《封禅文》

□古今亡国多矣，皆由雍蔽于帷幄之内，沉溺于谄谀之言也。〔古今灭亡的国家多了，大都是由于君王深处宫室闭目塞听，沉溺在谄媚阿谀的颂词之中造成的。〕

——汉·桓宽《世要论·决雍》

□国之大节有五：畏君之威，听其政，尊其贵，事其长，养其亲。五者所以为国也。〔国家基本的纲纪有五个：敬畏君主的威仪，听从君主的政令，尊敬君主的地位，侍奉君主的长者，奉养君主的亲属。这五条是用来治理国家的大节。〕

——春秋·左丘明《左传·昭公元年》

□国虽大，好战必亡，天下虽安，忘战必危。〔国家虽然强大，喜欢打仗一定灭亡；天下虽然安定，忘记战争一定危险。〕

——三国·陆景《典语》

□国将兴，听于民；国将亡，听于神。〔国家将要兴盛，必定是听取人民的意见；国家将要灭亡，必定是听从神灵的旨意。〕

——春秋·左丘明《左传·庄公三十二年》

□天下将兴，其积必有源；天下将亡，其发必有门。〔国家将要兴起，它的力量的积聚必有来源；国家将要灭亡，它的祸端的发生必有原因。〕

——宋·苏轼《策断》

□邦之兴，由得人也；邦之亡，由失人也。〔国家兴盛，是由于得到了人民的拥护；国家衰亡，是由于失去了人民的拥护。〕

——唐·白居易《辩兴亡之由策》

□兴废由人事，山川空地形。〔国家的兴亡，关键是人的因素，险要的山川只是一种地形，是不足恃的。〕

——唐·刘禹锡《金陵怀古》

□大道之行也，天下为公。选贤举能，讲信修睦。故人不独亲其亲，不独子其子，使老有所终，壮有所用，幼有所长，矜（鳏）寡孤

137

独废疾者皆有所养。男有分，女有归。〔大道施行的时代，天下是公有的。选举贤德和有才能的人，讲求信用，修整人间关系而至和睦。所以人们不只是亲近自己的亲人，不只是善待自己的子女，要让年老的人都有归宿，壮年的人都有用处，年幼的人都能得到抚育，男人老了没有妻子的、女人老了没有丈夫的、幼儿无父母的、老人无子女的，以及残废的人，都能够得到供养。男人有职分，女子有夫家。〕

——汉·戴圣《礼记·礼运》

口井以甘竭，李以苦存；夫差以酗酒亡，而勾践以尝胆兴。〔井水因甘甜而被汲干，李子因苦涩而得以保存；夫差因沉湎于酒色而使吴国灭亡，勾践因卧薪尝胆而使越国复兴。〕

——明·刘基《苦斋记》

口无德于民，不足以兴；积怨于兵，则足以亡。〔没有给老百姓带来利益，是不可能兴盛的；而动用武力与人民结下怨恨，就足以灭亡了。〕

——清·王夫子《读通鉴论》

口帝王若竭生灵力，大业沙崩固不难。〔帝王如果使民力枯竭，王朝如同沙崩一样垮掉，是并不困难的。〕

——唐·胡曾《阿房宫》

口为人君者，居无为之位，行不言之教。寂而无声，静而无形。执一无端，为国源泉。因国以为身，因臣以为心。〔作为君主，要以天下为公，履行自然之道，不妄行造作，让人民休养生息，才是真正圣明的君王。〕

——汉·董仲舒《春秋繁露·保位权》

口人主者，以天下之目视，以天下之耳听，以天下之智虑，以天

138

下之力争。是故号令能下究，而臣情得上闻，百官修同，群臣辐凑。〔君主应凭借天下人的眼光观看事物，借助天下人的耳力聆听声音，凭借天下人的智慧考虑问题，依仗天下人的力量争取胜利。因此，君主发布的号令能够向下贯彻，群臣的情况能够上达；百官同心协力，群臣紧密团结。〕

——汉·刘安《淮南子·主术训》

□忠厚积则致太平，浅薄积则致危亡。〔忠实厚道蔚然成风，国家就会得到太平；浅薄无知形成习惯，国家就会面临危亡。〕

——唐·吴兢《贞观政要·公平》

□天下兼相爱则治，相恶则乱。〔天下人互相友爱就能太平，互相仇视就会混乱。〕

——战国·墨子《墨子·兼爱》

□上医医国，其次医人。〔一流的医生，首先是拯救治理国家，其次是治病挽救他人。〕

——春秋·左丘明《国语·晋语》

□因物制宜者，圣人之治也。〔根据实际情况，制定适宜的方略，这是圣人治理国家的原则。〕

——晋·傅玄《傅子·假言》

□理国要道，在于公平正直。〔治理国家最重要的原则，在于公平正直。〕

——唐·吴兢《贞观政要·公平》

□喜不以赏赐，怒不以罪诛。是故威立而不废，聪明先而不毙，法令察而不苛，耳目达而不暗。善否之情，日陈于前而无所逆。是故贤者尽其智，而不肖者竭其力。〔君主不凭一时喜怒而实施赏赐和诛罚；所以君主树立起来的权威不易废弃，聪明广远不易蒙蔽；法令明察而不苛刻，耳目通达而不闭塞；善恶是非每天出现在眼前而不会弄错。因此，贤能的人能充分地发挥他们的智慧，能力差的也竭尽全力。〕

——汉·刘安《淮南子·主术训》

□为国不可以生事，亦不可以畏事。〔治理国家不可以无事生非，但事情出来了，也不可以怕事。〕

——宋·苏轼《因擒鬼章论西羌夏人事宜札子》

□贤才不用，法度不修，偷假岁月，则幸或可以无他；旷日持久，则未尝不终于大乱。〔贤能的人不能任用，国家的法度不去整顿，苟且偷安，也许一时侥幸不出乱子，但时间长了，就未尝不最终造成天下大乱。〕

——宋·王安石《上时政疏》

□治世以大德，不以小惠。〔治理国家给人民带来大的利益，不用小恩小惠的手段。〕

——三国·诸葛亮《答惜赦》

□天下治乱，系于用人。〔国家是太平还是动乱，关键在于能否任用人才。〕

——宋·范祖禹《唐鉴》

□天下之势不盛则衰，天下之治不时则退。〔国家的形势往往不强盛就会衰弱，国家的治理往往不进步就会倒退。〕

——宋·吕祖谦《东莱博议·葵丘之会》

□德泽兼覆而不偏，群臣劝务而不怠；近者安其性，远者怀其德。

所以然者何也？得用人之道，而不任己之才者也。故假舆马者，足不劳而致千里；乘舟楫者，不能游而绝江海。〔君主的恩德施予普遍而不偏私，群臣勤奋工作而不懈怠；附近居民安居乐业，边远民众归顺德政。能够有这样的结果其原因何在？是在于君主采用了正确的用人选人的方法，而不是只靠君主一人的才能。所以借助车马的人，脚腿不辛苦而能到达千里之外，乘坐舟船的人，不会游泳而能横渡江河大海。〕

——汉·刘安《淮南子·主术训》

□治生于敬畏，乱起于骄淫。〔政治清明产生于敬慎戒惧，国家混乱开始于骄奢淫逸。〕

——元·欧阳玄《宋史·张栻传》

□敌存而惧，敌去而舞，废备自盈，只益为瘉。〔敌人当前就害怕，敌人走了就歌舞，放松戒备，得意忘形，只能更危险。〕

——唐·柳宗元《敌戒》

□治平而忽危亡，未有不危亡者也；高位而忘颠覆，未有不颠覆者也。〔国家太平而忽视危亡的人，没有不发生危亡的；自居高位而想不到垮台的人，没有不垮台的。〕

——宋·苏舜钦《乞纳谏书》

□宁为太平犬，莫作乱离人。〔宁愿在太平年代做一条狗，也不愿在动乱的社会里做人。〕

——明·冯梦龙《醒世恒言》

□治国之道，所养有二：一曰养德，二曰养力。养德者，养名高之人，以示能敬贤；养力者，养气力之士，以明能用兵。此所谓文武张设、德力且足者也。事或可以德怀，或可以力摧。外以德自立，内以力自备，慕德者不战而服，犯德者畏兵而却。〔治理国家的办法，所积蓄的东西有两个：一叫培养德操，二叫培植武力。培养德操，就是供养名望极高的人，以表示能敬重贤人；培植武力，就是供养力大的人，以表明能用兵打仗。这就是说文武都采用，德操武力都具备。战事或者可以用高尚德操来感化，或者可以用强大武力来征服。外部要用德操来树立自己，内部要用武力来装备自己；仰慕高尚德操的人可以不战而使人折服，诋毁德操的人由于害怕强大的军队而退却。〕

——汉·王充《论衡·非韩》

□文臣不爱钱，武臣不惜死，天下平矣。〔文官不爱钱财，武将不惜生命，天下就可以太平了。〕

——元·欧阳玄《宋史·岳飞传》

□恃众好勇，以丧其社稷。〔依仗人多势众而喜欢用兵，会因此丧失国家。〕

——战国·吴起《吴子·图国》

□形胜固难凭，在德不在险。〔地势险要本来是难以依靠的，国家安定在于仁德的布施而不在地形的险要。〕

——清·爱新觉罗·玄烨《古北口》

□土地虽广，好战则民凋；邦境虽安，忘战是民殆。〔土地虽然广大，喜好战争人民就会凋败；边境虽然安全，忘记战争人民就会危险。〕

——唐·李世民《帝范·阅武篇》

□大者不仁不为大也，强者不德不为强也。〔大国不实行仁义就不能称为大国，强国不按道德规范行事就不能称为强国。〕

——清·饶大容《兵法丛言·量力》

□木实繁者披其枝，披其枝者伤其心；大其都者危其国，尊其臣者卑其主。〔树木上的果实太多就会压折树枝，压断树枝就会伤害树的主干；随意扩大诸侯都邑就会危害国家安全，过分尊崇臣子部属就会使君主卑微。〕

——战国·范雎·摘自《史记·范雎蔡泽列传》

□畏危者安，畏亡者存。〔害怕危机的人就会平安，害怕被灭亡的人就会存在。〕

——汉·黄石公《素书》

□天下无内忧，必有外惧。〔国内没有忧患，必定有外患。〕

——宋·苏洵《审敌论》

□上古竞于道德，中世逐于智谋，当今争于气力。〔上古人们竞逐于道德，中世人们竞逐于智谋，当今人们竞逐于气力。〕

——秦·韩非《韩非子·五蠹》

□忘战者危，极武者伤。〔忘记战争就会面临危险，滥用武力就会被伤害。〕

——汉·李尤《弩铭》

□有备无患，忘战必亡。〔有准备才能没有灾祸，忘记打仗就必然灭亡。〕

——唐·张九龄《应道侔伊吕产对策》

□敌存灭祸，敌去召过。〔敌人的存在可使人提高警惕从而免去灾祸，没有敌人可使人麻痹大意从而招致过失。〕

——唐·柳宗元《敌戒》

□泾溪石险人兢慎，终岁不闻倾覆人，却是平流无石处，时时闻说有沉沦。〔河流中有危险石头的地方，人们都战战兢兢，非常小心，一年到头都没听说有掉到河里的人，倒是水流平缓没有礁石的地方，时时听说有沉船的事。〕

——唐·杜荀鹤《泾溪》

□室何以倾？梁柱弱。家何以衰？礼义薄。国何以亡？无德泽。〔房屋为什么会倒塌？是因为梁柱不结实。家道为什么会衰弱？是因为缺少礼仪。国家为什么会灭亡？是因为没有给人民带来利益。〕

——明·方孝孺《柱铭》

□图天下之事于未然则易，救天下之事于已然则难。〔在天下事还没有发生以前进行谋划，是比较容易的；如果事情已经发生了，再进行挽救就很困难了。〕

——元·郝经·摘自《元史·郝经传》

□天下无事，不可废武。〔即使国家平安无事，也不能废除武装。〕
——明·刘基《百战奇略》

□安不可忘危，治不可忘乱。〔天下太平时不可忘记危险，国家安定时不可忘记危乱。〕

——明·刘基《百战奇略·忘战》

□存在于得道而不在于大，亡在于失道而不在于小。〔一国之存在，在于道义的施行，而不在于国家的强大；一国之灭亡，在于道义的丧失，而不在于国家的弱小。〕

——汉·刘安《淮南子·氾论训》

□夫忧者所以为昌也，喜者所以为亡也。胜非其难者也，持之其

144

难者也。贤主以此持胜，故其福及后世。〔保持忧虑，居安思危，是国家昌盛的原因，而不思忧患，盲目欢乐，是导致灭亡的祸根。夺得胜利并非困难，保持胜利才是困难的。贤明的君主靠这个道理保持胜利，所以他们的幸福能够延及后世。〕

——春秋·列御寇《列子·说符篇》

□自古失国之主，皆为居安忘危，处治忘乱，所以不能长久。〔自古以来丧失国家的君主，都是外在安定的时候忘记了潜在的危机，处在太平的时候忘记了动乱的因素，所以不能长久地统治下去。〕

——唐·吴兢《贞观政要·政体》

□道存则国存，道亡则国亡。〔道义存在国家就存在，道义丧失国家就灭亡。〕

——汉·韩婴《韩诗外传》

□不宜忧而忧者，国必衰；宜忧而不忧者，国必危。〔不应该为个人担忧还要担忧，国家必定衰败；应该为国家担忧而不担忧，国家必定危险。〕

——唐·刘贲·摘自《新唐书·刘贲传》

□国家之安危，百姓之治乱，在君之行赏罚。〔国家的安全或危亡，百姓的安定或动乱，在于国君能否很好地实行奖赏惩罚。〕

——汉·韩婴《韩诗外传》

□除天下之祸者，享天下之福；拯天下之危者，受天下之安。〔消除天下祸害的，必然享受到百姓的祝福；拯救天下危乱的，必然享受天下的太平。〕

——唐·吴兢《旧唐书·玄宗纪》

□屋漏者，民去之；水浅者，鱼逃之；树高者，鸟宿之；德厚者，士趋之。〔房屋漏雨，人们就会离开；水流清浅，鱼儿就会逃离；树木高大，鸟儿就会在这儿筑巢；德高望重，人才就会归附。〕

——汉·刘向《说苑·说丛》

□民足则怀安，安则自重而畏法。〔人民富足，就希望安定，社会安定，人民就会自重而畏惧法律。〕

——唐·刘禹锡《答饶州元使君书》

□治不忘乱，安不忘危。〔国家大治时不忘记可能出现的祸乱，安定无事时不忘记可能会发生的危险。〕

——汉·扬雄《冀州箴》

□人众则食狼，狼众则食人。〔人多了就能消灭狼，狼多了就能吃掉人。〕

——汉·刘安《淮南子·说山训》

□治大国若烹小鲜。〔治理一个大国，就像煎小鱼一样，不要经常翻动它。〕

——春秋·老子《道德经》

□上下相猜，中外不协，祸乱之机始此矣。〔君主与朝臣互相猜疑，不能协同一致，祸乱便源于此。〕

——明·刘健·摘自《明史·刘健传》

□高筑墙，广积粮，缓称王。〔高筑城墙，广积粮食，不要急于称王。〕

——明·朱升·摘自《明史·朱升传》

□德不足以怀人，政不足以惠民，赏不足以劝善，刑不足以防非，亡国之行也。〔德行不足以使人感激，治政不足以使民众得到实惠，奖赏不足以劝恶从善，刑罚不足以制止恶行，有这四种不足，就是亡国的原因了。〕

——战国·晏婴《晏子春秋·内篇问上》

□为治者固，先定其内而理其外，先安其近而怀其远。〔进行政治统治，一定要先使其内部安定，然后处理其外部的事情，先使周围的地方安定，然后再考虑安定边远的地方。〕

——南朝·周祗·摘自《宋书》

□得失谬于毫厘，安危存于晷刻。〔得失系于毫厘之差，安危存于寸晷一刻。〕

——唐·宰臣·摘自《旧唐书》

□正臣进者，治之表也；正臣陷者，乱之机也。〔廉洁忠直的人能被任用，这是国家治理的表现；廉洁忠直的人被陷害，就是国家动乱的征兆。〕

——汉·刘向·摘自《汉书·楚元王传》

□治定之化，以礼为首。拨乱之政，以刑为先。〔治理安定的社会，以礼教化民众为第一要务。治理混乱的社会，以刑罚统治民众为先决条件。〕

——三国·曹操《拜高柔为理曹掾令》

□虽天道有盛衰，亦人事工拙也。〔虽然天道对国家盛衰有影响，也取决于人事的工巧笨拙。〕

——唐·李延寿《北史》

□亡国之主，自谓不亡，然后至于亡；圣贤之君，自谓将亡，然后至于不亡。〔将要亡国的君主，都自以为不会灭亡，最后必然走向灭亡；圣哲贤明的君主，自以为随时都有倾覆的危险而加以警惕，就避免了亡国之祸。〕

——晋·陈寿《三国志·高堂隆传》

□明者防于无形，治者制其未乱。〔明达的人防患于未然，有为的人在动乱发生前就会控制局面。〕

——隋·于宣敏·摘自《隋书·列传》

□弗备难，难必至。〔不防备灾难，灾难必然到来。〕

——汉·刘向《说苑·贵德》

□安不忘危，存不忘亡，是以身安而国家保也。〔平安不忘记危险，生存不忘记灭亡，这样才能自身安全、国家稳定。〕

——汉·刘向·摘自《汉书·楚元王传》

□安可危也，危可安也。〔安全可以转化为危险，危险可以转化为安全。〕

——秦·赵高·摘自《史记·李斯传》

□抱薪救火，薪不尽，火不灭。〔抱着柴草救火，柴草不烧完，火是不会灭的。〕

——周·苏代·摘自《史记·魏世家》

□得宠思辱，居安思危。〔得到宠爱时，就要多想想受辱的时候；处在平安的时候，就要多想想危难的岁月。〕

——清·周希陶《增广贤文》

□开拨乱之业，其功既难；守已成之基，其道不易。**故居安思危，所以定其业也；有始有卒，所以崇其基也。**〔开创拨乱反正的大业，其功业是很艰难的；守护已经打下的基础，也是很不容易的。所以居安思危，才能使大业得以巩固；善始善终，才能使基础得以发展。〕

——唐·吴兢《贞观政要·灾祥》

□贫生于富，弱生于强，乱生于治，**危生于安。**〔贫穷生于富贵，弱小生于强大，混乱生于太平，危急生于安定。〕

——汉·王符《潜夫论·浮侈》

□虑不先定，不可以应卒；**兵不先辨，不可以胜敌。**〔如果事先不做好准备，就不能应付突发之事；军情事先不弄清楚，就不能战胜敌人。〕

——春秋·子贡·摘自《史记·仲尼弟子列传》

□楚虽三户，亡秦必楚。〔楚国即使只剩三户人家，灭亡秦国的必定还是楚国。〕

——汉·楚南公·摘自《史记·项羽本纪》

□于安思危，危则虑安。〔在安定的时候要想着可能出现的危难，在危难的时候要思虑怎样实现安定。〕

——汉·刘向《战国策·楚策》

□存在得道而不在于大也，亡在失道而不在于小也。〔国家能够安存不在于疆土辽阔，而在于其合乎道义；国家灭亡也不在于地域狭小，而在于不合乎道义。〕

——汉·刘安《淮南子·氾论训》

□邦国安危，亦如人之身。当四体和平之时，长宜调适，以顺寒暄之节。如恃安自忽，则疾患旋生。〔国家安定或危险，也像人的身体一样。当身体四肢健康正常的时候，应该一直调养得当，用以适应季节的冷热变化，如果仗恃一时的健康而忽视身体的养护，疾病灾难就会很快产生。〕

——唐·吴兢《旧唐书·李珏传》

□安危在是非，不在强弱；存亡在虚实，不在多寡。〔国家安全在于君王是否是非分明，而不在于力量的强弱；国家存亡在于君王是否掌握了实权，而不在于手下有多少人。〕

——秦·韩非《韩非子·虚实》

□有忧而不知忧者凶，有忧而深忧之者吉。〔有忧患却不知道忧虑者，必然有凶险；有忧患而深深忧虑者，必然会祥顺。〕

——汉·董仲舒《春秋繁露·玉英》

□安者非一日而安也，危者非一日而危也，皆以积渐然，不可不察也！〔国家安定不是一天就能达到的，国家危险也不是一天就突然降临的，都是因为日积月累而逐渐形成的，不可不明察啊！〕

——汉·班固《汉书·贾谊传》

□民以君安，君以民济，不易之道也。〔百姓因为君主的贤明而安居乐业，君主因为人民的拥戴而天下太平，这是不会改变的规律。〕

——三国·骆统·摘自《三国志·列传》

□身莫不恶死，而未尝有不死；国莫不恶亡，而未尝有不亡。〔人没有不憎恨死亡的，但没有人能够不死；国家没有不憎恨灭亡的，但没有哪个国家能够永远不灭亡。〕

——宋·李觏《庆历民言·开讳》

□秦人不暇自哀，而后人哀之；后人哀之而不鉴之，亦使后人而复哀后人也。〔秦王朝来不及对本王朝的灭亡进行哀悼，而让后代的人来哀悼它；后代的人哀悼秦王朝的灭亡，而不引以为鉴戒，也将使以后的人又来哀悼那些不引以为鉴戒的人。〕

　　　　　　　　　　　　　　——唐·杜牧《阿房宫赋》

□德、刑、政、事、典、礼不易，不可敌也。〔德、刑、政、事、典、礼等完备不变，这样的国家是不能被打败的。〕

　　　　　　　　　　——春秋·左丘明《左传·宣公十二年》

□闻死而愠，则医不敢斥其疾；言亡而怒，则臣不敢争其失。〔听到说死就发怒，那么医生就不敢指出他所生的病；一听到说亡国就大发雷霆，那么臣下就不敢批评他的过失。〕

　　　　　　　　　　　　——宋·李觏《庆历民言·开讳》

□存者推荐，在于虑亡。乐者非乐，在于虑殃。〔存在的不一定长存，要想到灭亡。快乐的不一定能久乐，要想到遭殃。〕

　　　　　　　　　　　　　　——周·吕尚《六韬·兵道》

□居安而念危，则终不危；操治而虑乱，则终不乱。〔身处安定而想到可能出现的危险，自始至终不会危险；国家治理有序而考虑到可能出现的混乱，自始至终不会混乱。〕

　　　　　　　　　　　　　　　　——宋·宋祁《直言对》

□治则有为治之因，乱则有致乱之因。〔国家安定，则有达到安定的原因；国家混乱，则有造成混乱的原因。〕

　　　　　　　　　　　　——宋·杨时《程氏粹言·论政篇》

□汤、武非得伯夷之民以治，桀、纣非得跖、蹻之民以乱也。民之治乱在于人，国之安危在于政。〔成汤和周武王时期并不是由于人民都像伯夷那样贤能才把国家治理得那么好，夏桀和商纣时期也并非老百姓都是盗寇才使得国家大乱。可见，人民治理得好坏的关键在于上面，国家安定或是危险的关键在于政策是否合理。〕

——战国·慎到《慎子·逸文》

□鉴形之美恶，必就于止水；鉴国之安危，必取于亡国。〔要观察自己相貌的美丑，必须面对平静的水面；要鉴察国家的安危，必须吸取已亡国家的教训。〕

——唐·吴兢《贞观政要·刑法》

□治国常富，乱国常贫。〔安定的国家往往富有，而社会混乱的国家则常常贫穷。〕

——战国·管仲《管子·治国》

□国以贤兴，以谄衰；君以忠安，以佞危。〔国家因贤良之人兴盛，因谄媚之人衰败；君主因忠信之人而平安，因奸佞之人而危亡。〕

——汉·王符《实质篇》

□民之不治者，君道卑也；法之不明者，君长乱之。〔民众治理得不好，原因是国君的治国方法不高明；法令不严明的原因，是由于国君助长乱事。〕

——战国·商鞅《商君书·壹言》

□灭六国者，六国也，非秦也；族秦者，秦也，非天下也。〔灭亡六国的是六国自己，不是秦国；使秦国灭族的是秦国自己，不是天下人。〕

——唐·杜牧《阿房宫赋》

□天行有常，不为尧存，不为桀亡。应之以治则吉，应之以乱则凶。〔自然界的运行变化是有正常规律的，它不因尧而存在，也不因桀而灭亡。所以，适应这些客观规律而采取合理的措施，就能得到好处，不适应这些规律而采取不合理的措施，就会造成灾难。〕

——战国·荀子《荀子·天论》

□君不肖，则国危而民乱；君贤圣，则国安而民治。〔君主不贤，国家就危险，百姓就作乱；君主贤明，国家就安宁，百姓就好管理。〕

——周·吕尚《六韬·盈虚》

□处广以思狭，则广可长广；居治而忘危，则治无长治。〔处在广阔天地而能时刻想着狭窄险境，宽裕的处境就可以长时间保持；生活在太平的环境而忘记了危险，安定的状况就不可能永久继续下去。〕

——唐·令狐德棻《晋书·武帝纪李世民评语》

□博识安危之理，深知成败之由。〔从多方面认识国家平安和危乱的道理，深刻地了解事业成败的缘由。〕

——元·欧阳玄《宋史》

□人皆务于救患之备，而莫能知使患无生。〔人们都致力于解救祸患的准备工作，却不懂得怎样使祸患不致产生。〕

——汉·刘安《淮南子·人间训》

□治乱存亡，其始若秋毫。察其秋毫，则大物不过矣。〔国家的治乱存亡变化，其开始时的征兆像秋毫那样细小，不易被人察觉，能够明察秋毫，大事就不会出现过失了。〕

——秦·吕不韦《吕氏春秋·察微》

□君子为国，观之上古，验之当世，参之人事，察盛衰之理，审权势之宜。去就有序，变化有时，故旷日长久而社稷安矣。〔君子治理国家，纵观古代的经验教训，用当世的实践来验证，用人间各种事情进行检验，察明兴盛与衰亡的道理，弄清谋略与形势是否适应。去留进退井然有序，变革更化符合时机，所以能历时久远而国家安定。〕

——汉·贾谊《贾谊集·审微》

□聪者听于无声，明者见于未形。〔听力好的人，在声音发出之前就能预感到；眼睛明亮的人，在事物没有出现之前就能预见到。〕

——汉·班固《汉书·伍被传》

□治世之音安以乐，其政和；乱世之音怨以怒，其政乖。〔太平年代的音乐安详而且快乐，政治是和顺协调的；动乱年代的音乐怨恨而且愤怒，政治是悖谬不一致的。〕

——汉·戴圣《礼记·乐记》

□销患于未形，保治于未然。〔把祸患消灭在还没有形成的时候，把政局安定在还没有发生动乱的时候。〕

——明·方孝孺《豫让论》

□福来有由，祸来有渐；渐生不忧，将不可悔。〔好运气的到来，是有一定原因的，灾祸的降临，是逐渐进行的。祸乱在逐渐产生时如果不加警惕，后悔就来不及了。〕

——晋·陈寿《三国志·吴主五子传》

□国乱则择其邪人去之，则国治矣；胸乱则择其邪欲而去之，则德正矣。〔国家混乱就要把坏人挑出来除掉，国家便太平了；心里混乱就把邪恶的欲念挑出来除掉，道德就纯正了。〕

——秦·尸佼《尸子·处道》

□明者远见于未萌，而智者避免于无形，祸固多藏于隐微，而发于人之所忽者也。〔明察的人很早就能发现尚未萌芽的事物，聪慧的人在尚无形迹的情况下便能设法避免危患，灾祸本来大多隐藏在不易察觉的地方，发生在人们疏忽大意的时候。〕

      ——汉·司马迁《史记·司马相如列传》

□制治于未乱，保邦于未危。〔把禁止和防治的工作做在未发生祸乱之前，把保国安邦的工作做在国家未倾危之前。〕

      ——清·王夫之《读通鉴论》

□若能思其所以危，则安矣；思其所以乱，则治矣；思其所以亡，则存矣。〔如果能思考其危亡的原因，那么就可以得到安定了；能思考其混乱的原因，那么就可以大治了；能思考其灭亡的原因，那么就可以生存了。〕

      ——唐·吴兢《贞观政要·刑法》

□以德胜人者昌，以力胜人者亡。〔用仁德使人心服的，日益昌盛；用暴力压服人的，走向灭亡。〕

      ——南朝·范晔《后汉书·鲁恭传》

□为善不同，同归于治；为恶不同，同归于乱。〔做善事的方式虽然各不相同，但同样都会达到安定；做恶事的手段虽然各有不同，但同样都会导致动乱。〕

      ——春秋·孔子《尚书·蔡仲之命》

□民治则国安，民乱则国危。〔百姓太平国家就安定，百姓不太平国家就危险。〕

      ——汉·贾宜《过秦论》

□居马上得之，宁可以马上治之乎？且汤、武逆取而以顺守之，文武并用世，长久之术必。〔从战马上取得天下，难道可以在战马上治理天下吗？试看商汤、周武王以武力夺取天下，便顺应形势以文治巩固政权，文武并用，才是长治久安的办法！〕

——汉·司马迁《史记·郦生陆贾列传》

□治乱民，犹治乱绳，不可急也。唯缓之，然后可治矣。〔治理乱民如同整理乱绳，不可性急求快。只有慢慢行事然后可以得到治理。〕

——汉·班固《汉书·龚遂传》

□利莫长于简，福莫久于安。〔利益没有比施政宽简更强的了，福气没有比长久安定更大的了。〕

——秦·韩非《韩非子·大体》

□明君见小奸于微，故民无大谋；行小诛于细，故民无大乱。〔贤明的君主能从细微处看到小的奸诈行为，所以百姓没有大的阴谋；在细微处施行小的惩罚手段，所以百姓就不闹大的乱子。〕

——秦·韩非《韩非子·难三》

□救焚当豫筹于曲突之先，支柱必无补于栋挠之后。〔救火应预先筹划于改造烟囱之前，房梁拆断之后才用柱子支撑一定无济于事。〕

——清·朱舜水《答源兴国问先世缘由履历》

□治国无法则乱，守法而弗变则悖，悖乱不可以持国。〔治国没有法度就会出现混乱，死守法度不加改变就会发生谬误，混乱和谬误是不能保住国家的。〕

——秦·吕不韦《吕氏春秋·察今》

□焰焰不灭，炎炎若何；涓涓不壅，终为江河；绵绵不绝，或成

156

网罗；**毫末不札，将寻斧柯。**〔小小的火苗不扑灭，到燃起熊熊大火时就没办法了；小小流水不堵塞，最后将发展成为滔滔江河；细小的丝线不割断，就有可能织成巨大的网罗；毫毛那样细的小苗不拔掉，将来就要用斧头来砍伐。〕

——三国·王肃《孔子家语·观周》

□**利莫大于治，害莫大于乱。**〔没有什么利益大于安定的，没有什么祸害大于动乱的。〕

——春秋·管仲《管子·正世》

□**人无害虎心，虎有伤人意。**〔人没有害虎的心思，而虎却总想着把人吃掉。〕

——元·纪君祥《赵氏孤儿》

□**经纬天地之谓文，戡定祸乱之谓武。**〔治理天下叫文，平定祸乱叫武。〕

——唐·韩愈《贺册尊号表》

□**逸政多忠臣，劳政多乱人。**〔宽松的政治环境，出现的忠臣就多；严厉的政治环境，出现的叛乱分子就多。〕

——南朝·范晔《后汉书·藏宫传》

□**功之成，非成于成之日，盖必有所由起；祸之作，不作于作之日，亦必有所由兆。**〔功业的形成，并不是形成于成功那天，一定有它的开端；祸患的发生，并不是发生在爆发那天，一定在有它的征兆。〕

——宋·苏洵《管仲论》

□**水激逆流，火激横发，人激乱作，君子慎其所以激者，愧之则小人可使为君子，激之则君子可使为小人。**〔河溪湍急遇到阻碍就会

157

产生逆流，火焰遇到激励就会横向蔓延，民众一经激励就会引发变乱，所以君子应当谨慎地运用激励的办法，有时候采用使对方感到愧悔的方法可以使小人变为君子，有时候采用使对方感到激动的方法则可能使君子变为小人。〕

——明·吕坤《呻吟语》

口世理则词直，世忌则词隐。〔社会太平就会言辞真切，社会不太平就会言辞隐晦。〕

——唐·元稹《和李校书新题乐府》

口欲民之正，则微邪不可不禁也。微邪者，大邪之所生也。微邪不禁，而求大邪之无伤国，不可得也。〔要求人民走正道，就不能不禁止小的坏事。因为小的坏事是大的坏事产生的根源。不禁止小的坏事而想要让大的坏事不危害国家，是办不到的。〕

——春秋·管仲《管子·权修》

口为之于未有，治之于未乱。〔在事件尚未产生时就采取措施，在混乱尚未形成时就进行整治。〕

——春秋·老子《道德经》

口有而勿失，得而勿忘。〔有了天下就不要再失去天下，得到天下就不要忘记创业的艰难。〕

——晋·陈寿《三国志·文帝纪》

口麋鹿成群，虎豹避之；飞鸟成列，鹰鸷不击。〔麋鹿集合成群，虎豹也躲避它们；飞鸟结成行列，鹰鸷都不敢贸然相侵。〕

——汉·刘向《说苑·杂言》

口俭节则昌，淫佚则亡。〔勤俭节约国家就会昌盛，放荡纵欲国

家就会衰亡。〕

——战国·墨子《墨子·辞过》

□安民可与行义，而危民易与为非。〔人民安居乐业就可以一道做好事，人民生活在危难中便容易一道干坏事。〕

——汉·司马迁《史记·秦始皇帝本纪》

民众篇

重民本民
爱民恤民
富民足民

男众篇

富男又男
癸男此男
重男本男

重民本民

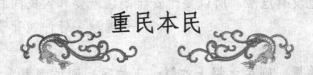

□君者，舟也；庶人者，水也。水则载舟，水则覆舟。〔君主好比是船，黎民百姓好比是水。水既可以浮载船，水也可以倾覆船。〕

——战国·荀子《荀子·王制》

□民为贵，社稷次之，君为轻。〔对于一个国家来说，人民是最重要的，社稷还在其次，君主就比较轻微了。〕

——战国·孟子《孟子·尽心上》

□民，无不以为本也，国以为本，君以为本，吏以为本。〔人民，没有不以他为根本的，国家以他为根本，君主以他为根本，官吏以他为根本。〕

——汉·贾谊《新书·大政》

□为国之要，在于得民。〔治理国家的关键，在于得到民心。〕

——宋·叶适《水心先生集·民事》

□亲亲而仁民，仁民而爱物。〔君子亲近爱护自己的亲人，因而能对百姓施加仁义，对百姓施加仁义，因而能爱护万物。〕

——战国·孟子《孟子·尽心上》

□与天下同利者，天下持之；擅天下之利者，天下谋之。天下所谋，虽立必隳；天下所持，虽高不危。故曰：安高在乎同利。〔以天下人的利益为利益的，天下人就拥护他；独占天下利益的人，天下人就图谋他。被天下图谋，地位虽然确立也必然垮台；天下人所拥护的，地位虽高也没有危险。所以要想安于高位就要和人民同利益。〕

——春秋·管仲《管子·版法解》

□上施厚，则民之报上亦厚；上施薄，则民之报上亦薄。〔统治者给人民的恩德优厚，人民报答他也就优厚；统治者给人民的恩德微薄，人民报答他也就微薄。〕

——春秋·管仲《管子·形势解》

□天之生民，非为君也；天之立君，以为民也。〔上天生养民众，不是为了君主；上天确立君主，则是为了民众。〕

——战国·荀子《荀子·大略》

□自古至于今，与民为仇者，有迟有速，而民必胜之。〔从古到今，凡是与老百姓作对的，或早或晚，人民一定会战胜他。〕

——汉·贾谊《新书·大政》

□鱼无水，则不可以生；人失足，必不可以步；国失民，亦不可以治。〔鱼离开了水，就不能够存活；人失去双脚，就不能够行走；国家丧失了民心，就不能够安定。〕

——北齐·刘昼《刘子·贵农》

□一姓之兴亡，私也；而生民之生死，公也。〔帝王一姓的兴亡，是帝王一家的私事；而广大民众的生死，才是公事。〕

——清·王夫之《读通鉴论》

□古者以天下为主，君为客，凡君之所毕世而经营者，为天下也；今也以君为主，天下为客，凡天下之无地而得安宁者，为君也。〔古

164

代的人以百姓为主人，以君主为客人，一般君王一生所努力做的事，都应该是为了天下。君主只是天下的公仆而已。现在以君主为主人，以百姓为客人，一般百姓没有地方可以安居乐业的,被君主所奴役了。〕

——清·黄宗羲《原君》

□夫民者，国之根也，诚宜重其食，爱其命。民安则君安，民乐则君乐。〔人民是国家的根本，实在应该重视他们的衣食，爱惜他们的生命。人民安定君王就安定，人民高兴君王就高兴。〕

——三国·陆凯《上疏谏吴王皓》

□国以民为本，不思养之，是自拔其本也。〔国家以人民为根本，如不考虑养活老百姓，就是自己动摇自己的根本。〕

——清·康有为《上清帝第二书》

□善为民除害兴利，故天下之民归之。〔善于为人民兴利除害，所以天下的人民就归服于他。〕

——春秋·管仲《管子·治国》

□政之所兴在顺民心，政之所废在逆民心。〔政策推行在于顺从人民的意愿，政策废止在于违背人民的意愿。〕

——春秋·管仲《管子·牧民》

□得人者兴，失人者崩。〔得人心的就会兴旺，失人心的就会灭亡。〕

——汉·司马迁《史记·商君列传》

□得天下有道：得其民，斯得天下矣；得其民有道：得其心，斯得民矣；得其心有道：所欲与之聚之，所恶勿施尔也。〔得天下是有方法的：得到百姓的支持，就得到天下了；得到百姓的支持，是有方法的：得到了民心，就得到百姓的支持了；得到民心也是有方法的：他们所需要的，为他们聚积起来，他们所讨厌的，就不要强加于他们，如此而已。〕

——战国·孟子《孟子·离娄》

□国家之本，在于人民。〔国家的根本，在于人民。〕

——近代·孙中山《临时大总统宣言书》

□有道则民归之，无道则民去之。〔政治清明，人民就会归服他，政治黑暗，人民就会离开他。〕

——春秋·管仲《管子·形势解》

□凡举大事必先审民心，然后可举。〔凡是要兴办大事，一定要先考察民心，人民拥护的才可以举办。〕

——秦·吕不韦《吕氏春秋·顺民》

□为国者，得民则治，失之则乱。〔治理国家的人，得到民心就能治理好，失去民心就会造成混乱。〕

——三国·陆逊《议缓兴利改作》

□人心所归，惟道与义。〔民心能归附的，只有真理与正义。〕

——唐·令狐德棻《晋书·熊远传》

□人心不摇，邦本自固。〔民众的心志不发生动摇，国家的基础就自然稳固。〕

——宋·司马光《资治通鉴·唐纪》

□乐民之乐者，民亦乐其乐；忧民之忧者，民亦忧其忧。乐以天下，忧以天下，然而不王者，未之有也。〔以百姓的欢乐为欢乐，百姓也会以君王的欢乐为欢乐；以百姓的忧患为忧患，百姓也会以君王的忧患为忧患。与天下人同乐，与天下人同忧，这样还不能取得天下的，是未曾有过的事了。〕

——战国·孟子《孟子·梁惠王下》

□诛一乡之奸，则一乡之人悦；诛一国之奸，则一国之人悦。〔除掉为害一乡的坏人，全乡的人都会高兴；除掉为害一国的坏人，全国的人都会高兴。〕

——宋·苏轼《策别十二》

□服民之心，必得其情。〔要得到百姓的拥护，一定要了解百姓的实情。〕

——宋·苏洵《申法》

□失民而得财，明者不为。〔失去民心而得到资财，明智的人是不会干这种事的。〕

——宋·苏轼《上文侍中论榷盐书》

□力可以得天下，不可以得匹夫匹妇之心。〔用强力可以得到天下，但得不到平民百姓的拥护。〕

——宋·苏轼《新论》

□人主所恃者，人心而已。〔君主所依仗的力量，不过是人心所向罢了。〕

——宋·苏轼《上神宗皇帝书》

□善则称人，过则称己，则民不争，怨益亡，民让善。善则称君，过则称己，则民作忠。善则称亲，过则称己，则民作孝。〔功劳归于别人，过失自己承担，这样，百姓就不会争斗，怨恨也消失了，而且

谦让功劳。功劳归于君主，过失自己承担，臣民就会尽忠。功劳归于亲人，过失自己承担，民众就会尽孝。〕

——汉·戴圣《礼记·坊记》

□国家本非有体也，藉人民以成体。故欲求国之自尊，必先自国民人人自尊始。〔国家本来没有本体，凭借人民有了本体。所以想求得国家的自尊，必须先从国民人人都有自尊开始。〕

——清·梁启超《论自尊》

□国君好仁，天下无敌焉。〔一国的君主如果喜爱仁德，整个天下便不会有敌手。〕

——战国·孟子《孟子》

□欺人即欺天，毋自欺也，负民真负国，安忍负之。〔欺骗百姓就是欺骗苍天，不要自欺欺人；背叛百姓就是背叛国家，怎么能够忍受背叛他们。〕

——清·陈葵生《茶余客话》

□自古天下离合之势，常系民心。〔自古以来国家分裂和统一的大势，总是和民心有着密切的关系。〕

——宋·辛弃疾《美芹十论·观衅》

□民利之则来，害之则去。民之从利也，如水之走下，于四方无择也。〔对人民来说，有利就来归附，有害就会离去。人民谋求自己的利益，如同水从高处往低处流动一样，并不选择东南西北。〕

——春秋·管仲《管子·形势解》

□天子不仁，不保四海；诸侯不仁，不保社稷；卿大夫不仁，不保宗庙；士庶人不仁，不保四体。〔天子不行仁，便保不住他的天下；

诸侯不行仁，便保不住他的国家；卿大夫不行仁，便保不住他的宗庙；一般的百姓不行仁，便保不住自己的身体。〕

——战国·孟子《孟子》

□君以民存，亦以民亡。〔君主因为有民众而存在，（如果不行正）也因为人民的叛离而灭亡。〕

——春秋·孔子《礼记·缁衣》

□为政以安民为本，不以修饰为先。〔治理国家的根本是使百姓安居乐业，不要首先去搞形式、装门面。〕

——三国·诸葛亮《诸葛武侯集》

□天下非一人之天下，天下之天下也。〔天下不是君王一个人的天下，是所有天下人的天下。〕

——秦·吕不韦《吕氏春秋·贵公》

□天时不可失，人心不可违。〔天时不可以失去，民心不可以违背。〕

——清·康有为《上粤督李鸿章书》

□人为国本，食为人命。〔人民是国家的根本，而吃饭则关系到民众的性命。〕

——唐·李延寿《南史·郭祖深传》

□君者，民之原也。原清则流清，原浊则流浊。故有社稷者而不能爱民，不能利民，而求民之亲爱己，不可得也。民不亲不爱，而求其为己用，为己死，不可得也。民不为己用，不为己死，而求兵之劲，城之固，不可得也。兵不劲，城不固，而求敌之不至，不可得也。敌至而求无危削，不灭亡，不可得也。〔君主，好比是人民的源头。源

169

头的水清，支流就清，源头的水浊，支流就浊。所以有了国家而不爱护自己的子民，不能有利于自己的子民，却要求子民亲近爱戴君主，这是不可能的。对子民不亲近不热爱，而要求他们为君主所用，为君主所死，这是不可能的。人民既不为君主所用，又不为君主所死，而想求得军队强大，城池坚固，这是不可能的。军队不强大，城池不坚固，而想要敌人不来侵犯，这是不可能的。敌人来侵犯，而想要国土不消减，国家不灭亡，这是不可能的。〕

——战国·荀子《荀子·君道》

□视民如伤，奚为不终？〔对待人民如同对待自己的创伤那样爱护，怎么会没有好结果呢？〕

——隋·王通《文中子·事君》

□善为政者，必重民力。〔善于管理国家的人，必定重视民众的力量。〕

——宋·杨时《二程粹言·论政》

□说以先民，民忘其劳；说以犯难，民忘其死。〔取悦于民众，人民便忘了劳苦；用喜悦战胜困难，民众就会忘掉死亡。〕

——周·姬昌《周易·兑·象》

□人主，天下之有威者也。得民则威立，失民则威废。〔人君，是天下有威信的人。得到民心他的威信就树立起来了，失去民心他的威信就废止了。〕

——春秋·管仲《管子·形势解》

□圣人南面而立，以爱利民为心，号令未出，而天下皆延颈举踵矣，则精通乎民也。……故君子诚乎此而谕乎彼，感乎己而发乎人，岂必强说乎哉？〔圣人面南端坐朝堂，以爱民利民为宗旨，号令没有

170

发出，天下人就都伸长脖子踮起脚跟殷切期盼了，这是因为圣人与人民是完全相通的。……所以君子专注于这儿，就会在那儿表现出来，自己心中的感情就会触动别人情感，就会在别人那里产生共鸣，哪里用得着语言去说呢？〕

——秦·吕不韦《吕氏春秋·精通》

□得土地易，得人心难。〔要获得和占有土地是比较容易的，要获得民心却不容易。〕

——元·欧阳玄《宋史·杨简传》

□国之兴也，视民如伤；其亡也，以民为土芥。〔国家兴盛，是把百姓看做自己的伤疤一样而加以呵护；国家灭亡，是把百姓视为无用的粪土草芥一样而随意抛弃。〕

——春秋·左丘明《左传·哀公元年》

□得众则得国，失众则失国。〔得到民众拥护的能得到政权，失去民众拥护的会丧失政权。〕

——战国·曾参《礼记·大学》

□民之多怨，非国福矣。〔黎民百姓怨恨多了，不是国家的福分。〕
——南朝·萧子显《南齐书·武十七王传》

□得民之劳者昌，得民之忧者康，得民之死者强。〔民众肯出力国家就昌盛，民众能为国分忧国家就安乐，民众敢于牺牲国家就强大。〕
——宋·崔敦礼《刍言》

□善为国者，驭民如父母之爱子，如兄之爱弟。见其饥寒则为之忧，见其劳苦则为之悲。赏罚如加于身，赋敛如取己物。此爱民之道。〔善于治国的君主，管理百姓就像父母爱护子女、兄长爱护幼弟一样。

171

看到他们饥寒就忧虑，看到他们劳苦就伤心，赏罚就像加在自己身上一样，收取赋税就像收取自己的资财一样。这就是爱民的方法。〕

——战国·吕尚《六韬·国务》

□以人为本，以财为末。人安则财赡，本固则邦宁。〔以人为根本，把钱财放在次要的地位。人安定了钱财也就充足了，根本稳固了国家也就安宁了。〕

——唐·陆贽《均节赋税恤百姓第一条》

□民不富，士不荣；君不胜，国不壮。〔民众不富裕，做官的就不光荣；君主能力不强，国家就不能昌盛。〕

——宋·黄晞《聱隅子·文成篇》

□至道深微，惟人是弘。〔最高的道深奥微妙，只有人才能把它发扬光大。〕

——南朝·刘裕·摘自《南史·齐本纪》

□用国者，得百姓之力者富，得百姓之死者强，得百姓之誉者荣。〔管理国家的人，百姓能为他尽力国家就会富强，百姓能为他牺牲国家就会强大，能得到百姓的称赞夸奖才是荣耀。〕

——战国·荀子《荀子·王霸》

□争天下者，必先争人。明大数者，得人；审小计者，失人。〔争夺天下，首先在于争夺人才。识大局的人能得到人心，只注意小事、小利的人,就会失去人心。〕

——春秋·管仲《管子·霸言》

□水火有气而无生，草木有生而无知，禽兽有知而无义；人有气、有生、有知，亦且有义，故最为天下贵也。〔水火有气却没有生

172

命，草木有生命却没有知觉，禽兽有知觉却没有礼仪；人有气、有生命、有知觉，而且有礼仪，所以在天下中是最为尊贵的。〕

——战国·荀子《荀子·王制》

□一身如可赎，万死又何辞。〔如果我一个人可以换得天下人（免受酷旱的威胁），我即使死上一万次也在所不辞。〕

——清·陈确《又咏》

□视民如子，见不仁者诛之，如鹰之逐鸟雀也。〔对待百姓就像是自己的孩子，看见不仁的人就诛杀他，像鹰追捕鸟雀一样。〕

——春秋·左丘明《左传·襄公二十五年》

□国之兴也，视民如赤子；其亡也，以民为草芥。〔国家要想兴旺鼎盛，对待黎民百姓就要像对待婴儿一样的爱护；如果国家覆亡，是因为把黎民百姓当做野草那样践踏摧残。〕

——晋·陈寿《三国志·贺邵传》

□善御者，不忘其马；善射者，不忘其弓；善为上者，不忘其下。〔善于驾驭车子的人，爱护他的马；善于射箭的人，爱护他的弓；善于当政的人，爱护他的百姓。〕

——汉·韩婴《韩诗外传》

□与其得罪于百姓，宁得罪于上官。〔与其对不起老百姓，不如冒犯官员。〕

——元·欧阳玄《宋史·吴蒂传》

□人心之于人主也，如木之有根，如灯之有膏，如鱼之有水，如农夫之有田，如商贾之有财。木无根则槁，灯无膏则灭，鱼无水则死，农夫无田则饥，商贾无财则贫，人主失人心则亡。〔人心对于国君来说，像树木之有树根，像灯之有灯油，像鱼之有水，像农民之有土地，像经商者之有钱财。树木没有根就要干枯，灯没有油就要熄灭，鱼没有水就要死亡，农民没有地就要挨饿，商人没有钱财就要贫穷，君主得不到黎民百姓的拥护就要灭亡。〕

——宋·苏轼《上神宗皇帝书》

□与人共其乐者，人必忧其忧；与人同其安者，人必拯其危。〔能和别人共享快乐的人，别人一定能尽力为他排忧解难；能和别人共享安康的人，别人一定愿意拯救他于危难之中。〕

——三国·曹冏《三国志·六代论》

□人为邦本，财实聚人。夺其财则人心自离，无其人则国本何恃。〔人民是国家的根本，而财物可以聚合人心。侵夺了百姓的财物就会离散人心，没有百姓国家的根本就无所倚靠。〕

——唐·李邕·摘自《旧唐书·韦安石传》

□治国有常，而利民为本；政教有经，而令行为上。〔治理国家有不变的法则，但最根本的是让人民获利；政治教化也有固定的模式，但最紧要的是让政令畅通无阻。〕

——汉·刘安《淮南子·氾论训》

□国以民为本，民以食为命，劝农重谷，先王令轨。〔国家以人民为根本，人民以粮食为命，规劝百姓务农，重视五谷生产，以前的帝王已经形成定规。〕

——唐·魏徵 《隋书》

□夫民，国之基也。五仞之墙，所以不毁，基厚也；所以毁，基薄也。故曰：百足不僵，则附者众；流水不穷，则来者远。〔百姓是国家的基础。四丈高的墙之所以不毁坏，是因为基础深厚；其所以毁

坏，则是因为基础浅薄。所以说：马陆虫死后仍然能动，是因为附着很多的脚；流水不尽是因为源头深远。〕

——宋·宋祁《杂说》

□孤举者难起，众行者易趋。〔一个人托举重物是困难的，大家一起赶路容易走得快。〕

——清·魏源《默觚下·治篇》

□人者邦之本也，财者人之心也。〔人民，是国家的根本；财富，是人的命脉。〕

——唐·陆贽《论两河及淮西利害状》

□因众者可以显立功，忘己者可以广得贤。〔依靠众人的力量，可以建立显赫的功劳；不自恃自矜，可以得到众多贤才。〕

——元·揭傒斯《与尚书右丞书》

□财屈力竭，下无以亲上；骄泰奢侈，上无以亲下。上下交离，君臣无亲，此三代之所以衰也。〔资财缺乏，力量枯竭，百姓无法供敬君王；骄侈淫逸，君主无法亲近百姓。君民之间相离，君臣之间不亲，这就是三代所以衰败的原因。〕

——秦·晏婴《晏子春秋·谏上》

□民乐则官苦，官乐则民劳。〔黎民百姓安居乐业官员就劳累，官员贪图享乐黎民百姓生活就劳苦。〕

——唐·李世民《金镜》

□唱而民和之，动而民随之，是知引其天性所好，而压其情之所憎也。如是则言虽约，说必布矣；事虽小，功必大矣。〔执政者倡导什么，老百姓就响应什么，执政者怎么行动，民众很快就跟上来。之

175

所以能够这样，是由于执政者顺乎百姓的喜好，而对百姓所憎恶的东西进行压制。这样，执政者话虽少，却能传布全国；用力虽少，功效却很大。〕

——汉·董仲舒《春秋繁露·正贯》

□有不能治民之吏，而无不可治之民。〔只有管理不好黎民百姓的官吏，但没有无法管理的黎民百姓。〕

——汉·贾谊《新书·大政》

□君无民，无以保其位；人非食，无以全其生。〔君主没有人民，就没有保全王位的基础；人民没有食物，就没有保全圣明的条件。〕

——唐·韦承庆·摘自《旧唐书·韦思谦传》

□众力并，则万钧不足举也；群智用，则庶绩不足康也。〔众多的力量合并在一起，再重的东西也不难举起；充分发挥众多人才的智慧，各项事业的兴办便都不在话下。〕

——晋·葛洪《抱朴子·务正》

□能用众力，则无敌于天下矣；能用众智，则无畏于圣人矣。〔能够使用众人的力量，天下就没有对手了；能够采用众人的智慧，在圣人面前也就可以无所畏惧了。〕

——三国·孙权《诏责诸葛瑾步骘朱然吕岱等》

□父尊尽于一家，君敬重于天下。〔做父亲的至少要赢得一家人的尊敬，做国君的则需赢得天下人的敬重。〕

——晋·庾翼·摘自《晋书·后妃》

□天有常形，民有常生。与天下共其生，而天下静矣。太上因之，其次化之。〔天有一定的变化规律，民众有经常从事的生业。君主能

同民众共安生业，天下就会太平。所以说最好的政治是顺应民心进行治理，其次是宣扬政教以感化民众。〕

——周·吕尚《六韬·文韬·文启》

□民为邦本，本固邦宁。〔百姓是国家的根本，百姓安居乐业了，国家才能安宁。〕

——春秋·孔子《尚书·五子之歌》

□君者，民之心也；民者，君之体也。心之所好，体必安之；君之所好，民必从之。〔君主是老百姓的心脏，百姓是君主的身躯。心脏喜欢做什么，身躯必然安于其事；君主喜欢怎样做，百姓必然随从。〕

——汉·董仲舒《春秋繁露·为人者天》

□积力之所举，即无不胜也；众智之所为，即无不成也。〔积聚大家的力量采取行动，就没有不取胜的；用众人的智慧所要办的事情，就没有不成功的。〕

——隋·王通《文中子·下德》

□君必自附其民，而后民附之；君必自离其民，而后民离之。〔做君主的一定是自己先亲近民众，然后民众才会归附他；也一定是君主先背离了民众，然后民众才会背离他。〕

——明·庄元臣《叔苴子·外篇》

□君者心也，民犹支体，支体伤则心惨怛。〔君主如果是心脏，百姓就是肢体，肢体受到伤害，心脏也一定痛苦、忧虑。〕

——汉·刘彻·摘自《汉书·武帝纪》

□举大事，必当下顺民心，上合天意，功乃可成；若负强恃勇，触情恣欲，虽得天下，必复失之。〔兴办大的事业，必须下顺百姓之

心，上合苍天之意，功业方可成功；如果依仗兵强将勇，为所欲为，即使得到了天下，也还会重新失去。〕

——宋·司马光《资治通鉴·汉纪》

□皇天无亲，惟德是辅。民心无常，惟惠之怀。〔上天并不青睐于谁，只有有德之人才能得到辅助。民众的心琢磨不透，但能以恩惠的仁爱之心来感化他们。〕

——汉·孔安国《伪古文尚书·蔡仲之命》

□人所归者天所与，人所畔者天所去。〔民心所归向的，正是上天要帮助的；民心所背叛的，也是上天要抛弃的。〕

——南朝·范晔《后汉书·申屠刚传》

□不以天下人之病而利一人。〔不能让天下的人都受苦，而让一人得利享受。〕

——五帝·尧·摘自《史记·五帝本纪》

□违乎天者，鬼神不能使其成；会乎人者，圣哲不能令其毁。〔如果做事违背天意，即使是鬼神也不能使其成功；如果做事合于人心，即使圣哲也不能使他失败。〕

——南朝·沈攸之·摘自《宋书·沈攸之传》

□众之所助，虽弱必强；众之所去，虽大必亡。〔民众愿意帮助的人，虽然一时弱小，终究会强大起来；民众所抛弃的人，虽然一时强大，终究是要灭亡的。〕

——春秋·文子《文子·上义》

□吏知民心则明，明则政平矣；民知吏心则信，信则令行矣。〔官吏了解民众的心愿，就是贤明，官吏贤明，那么国家的政事就公正合

178

理了；民众了解官吏的思想就会信任他们，民众信任官吏，那么政令就可以顺利施行了。〕

——宋·李觏《官人第四》

□从来经国者，宁不念樵渔。〔自古能够治理好国家的人，有哪一个不顾念着下层的百姓呢？〕

——明·谢榛《送樊侍御文叙之金陵》

□国之命，如人之命，人之命在元气，国之命在人心。〔国家的生命，像人的生命。人的生命在元气，国家的生命在民心。〕

——宋·杨万里《壬辰轮对第一札子》

□得丧兴亡，并关人事；吉凶悔吝，无涉天时。〔天下大事，得失兴亡都与人事相关，吉利祸患都和天时无关。〕

——唐·卢藏用·摘自《旧唐书·卢藏用传》

□治国犹如栽树，本根不摇，则枝叶茂荣。〔治理国家就像栽树一样，把树根栽得十分牢固，才能枝繁叶茂。〕

——唐·吴兢《贞观政要·政体》

□国无怨民曰强国。〔国内没有怨恨统治者的民众，就叫做强国。〕

——战国·商鞅《商君书·去强》

□民存则社稷存，民亡则社稷亡。〔人民存在才有国家的存在，人民不存在了，国家也就灭亡了。〕

——汉·荀悦《申鉴·杂言》

□用国者，得百姓之力者富，得百姓之死者强，得百姓之誉者荣。三得者具而天下归之，三得者亡而天下去之。〔治理国家的人，得到

179

百姓尽力的就富足，得到百姓舍生赴死的就强大，得到百姓称颂的就荣耀。这三者具备了天下就会归附他，三者失去了，天下就会抛弃他。〕

——战国·荀子《荀子·王霸》

口圣人无常心，以百姓心为心。〔圣人没有固定不变的意志，以百姓的意志作为他的意志。〕

——春秋·老子《道德经》

口治世者长若登丘矣，必先蹑其卑者，然后乃得履其高。〔治理国家就像登山，必须首先踏上较矮的地方，然后才能逐渐登上高处。〕

——汉·王符《潜夫论·衰制》

口与民共其乐者，人必忧其忧；与民同其安者，人必拯其危。〔与百姓共享自己的欢乐的，人们就会分担他的忧愁；与百姓共享平安的，人们就会拯救他的危难。〕

——晋·陈寿《三国志·武文世王公传》

口令之所以行者，必民乐其政也。〔命令之所以能够推行，必然是由于其政事得到人民的欢迎和拥护。〕

——春秋·管仲《管子·形势解》

口自古天下离合之势常系乎民心，民心叛服之由实基于喜怒。〔自古以来，国家的分裂和统一都与民心紧密联系，而民心向背确实取决于百姓内心的喜怒。〕

——宋·辛弃疾《美芹十论》

口三皇之为君也，无常心，以天下心为心；五帝之为君也，无常欲，以百姓欲为欲。顺其心以出令，则不严而理；因其欲而设教，则不劳而成。〔古代的"三皇"做君主时，没有自己固定不变的心志，而是以天下人的心志为自己的心志；"五帝"做君主时，没有自己固定不变的愿望，而是以百姓的愿望为自己的愿望。顺应民心而发布政令，即使不严厉也治理得很好；根据民众的愿望而设立政教，即使不辛劳也能成功。〕

——唐·白居易《白氏长庆集》

□霸王之所始也，以人为本。**本治则国固，本乱则国危。**〔霸王之业的开始，是以人民为根本。根本治理得好则国家巩固，根本被搞乱了则国家危亡。〕

——春秋·管仲《管子·霸言》

□天有其时，地有其财，人有其治，夫是之谓能参。〔天有四时的运行，地有财物的出产，人有治理自然的办法，这就是说人能够通过努力把自然万物使之为人使用。〕

——战国·荀子《荀子·天论》

□得众则得国，失众则失国。〔得到人民群众拥护的人，没有政权也能得到政权；失去人民群众拥护的人，有了政权也会失去政权。〕

——战国·曾参《礼记·大学》

□蛟龙待得水而后立其神，人主待得民而后成其威。〔蛟龙在有了水以后，才有神威；君王在有了民众的拥护后，才有其威信。〕

——战国·管仲《管子·形势解》

□临天下者，以人为本。欲令百姓安乐，唯在刺史县令。〔治理国家的君主，一定要以人为本。想让百姓安居乐业，只在州长县官。〕

——唐·马周·摘自《旧唐书·马周传》

□民之从有道也，如饥之先食也，如寒之先衣也，如暑之先阴也。

故有道则民归之，无道则民去之。〔人民归附有道的君主，如同饥饿时先想到食物，寒冷时先想到衣服，暑热时先想到阴凉一样。所以有道则人民归附，无道则民众离散。〕

——春秋·管仲《管子·形势解》

□君人者，以百姓为天。百姓与之则安，辅之则强，非之则危，背之则亡。〔当国君的人，要把老百姓当做天。百姓亲附他则国家安宁，百姓帮助他则国家富强，百姓指责他则国家危难，百姓背叛他则国家灭亡。〕

——汉·刘向《说苑·建本》

□楛耕伤稼，楛耘失岁，政险失民。〔耕种粗劣，伤害庄稼；锄草粗糙，影响收成；国家政治昏庸险恶，就会失去民心。〕

——战国·荀子《荀子·天论》

□民之所好好之，民之所恶恶之，此之谓民之父母。〔爱百姓之所爱，恨百姓之所恨，这才称得上是百姓的父母。〕

——战国·曾参《礼记·大学》

□民为邦本，未有本摇而枝叶不动者。〔老百姓是国家的根本，没有根本动摇而枝叶不动的事。〕

——宋·苏舜卿《旨瓯疏》

□治国安家，得人也；亡国破家，失人也。〔治国安家，在于得人心；亡国破家，由于失去人心。〕

——秦·黄石公《黄石公三略·上略》

□国无民，岂有四政！封疆，民固之；府库，民充之；朝廷，民尊之；官职，民养之，奈何见政不见民也！〔国家没有人民，哪里会有部队、衣食、制厚、赏罚这四个施政的法宝呢？边疆，是人民保卫的；国库，是人民充实起来的；朝廷，是人民尊崇起来的；官员，是人民养活的，为什么只看到政府而看不到人民呢？〕

——清·唐甄《潜书·明鉴》

□民无不以为本也，国以为本，君以为本，吏以为本。〔没有不把百姓作为根本的，国家以他们为根本，君主以他们为根本，官吏以他们为根本。〕

——汉·贾谊《新书·大政》

□国以民为安危，君以民为威侮，吏以民为贵贱。〔国家的安定或危亡，君主的威严或侮辱，官吏的尊贵或轻贱，都取决于老百姓。〕

——汉·贾谊《新书·大政》

□逃人而谋，虽成不安；傲民举事，虽成不荣。〔脱离人民而谋事，即使有所成就，也不能安定；不尊重人民意愿去办事，即使有所成就，也不能昌盛。〕

——战国·晏婴《晏子春秋·内篇问上》

□民者，弱而不可胜，愚而不可欺也。〔老百姓看起来没有什么力量，然而却是不可战胜的；看起来愚昧，然而却是欺骗不了的。〕

——宋·司马光《资治通鉴·汉纪》

□君，末也；民，本也。天下无有因末而累及本者，亦岂可因君而累及民哉？〔君主是末梢，人民才是根本。天下没有因末梢而累及根本的，同样，怎么能因君主而累及人民呢？〕

——清·谭嗣同《仁学》

□所谓有天下者，非谓其履势位、受传籍、称尊号也，言运天下

183

之力而得天下之心。〔所谓拥有天下，不是指登上权势赫赫之高位，接受祖上传下来的领土，得到帝王的尊号，而是说能运用天下人的力量，得天下人民之心。〕

——汉·刘安《淮南子·泰族训》

□尧舜禹汤，法籍殊类，得民心一也。〔尧、舜、禹、汤四位古代君王，他们的法典是不一样的，但在得民心上是一样的。〕

——汉·刘安《淮南子·说林训》

□顺人心，安情性，而发于众心之所聚。是以令出而不稽，刑设而不用。〔顺从人心，适应人的情性，行事都从众人所共同关心的地方出发。这样命令布置下去就不会有阻碍，刑罚设置了却用不上。〕

——春秋·管仲《管子·君臣》

□众怒难犯，专欲难成，合二难以安国，危之道也。〔群众的愤怒不可触犯，单凭个人意愿事情难以办成，硬做这两难之事，不但不能安邦定国，还会走上危险的道路。〕

——春秋·左丘明《左传·襄公十年》

□为政之道，以顺民心为本，以厚民生为本，以安而不扰为本。〔处理政务的方法，要以顺应民心为根本，以重视人民生活为根本，以安定而不扰民为根本。〕

——宋·程颐《代吕公著应诏上神宗皇帝书》

□天下之事孰有大于人心与民命者乎？而其要则在夫一人之心也。人心无所一，民命无所措。〔天下的事情难道还有比人心和百姓生命更重大的吗？其中最重要的是统一人心，人心不能一致，百姓的身家性命就不能保障。〕

——宋·陈亮《陈亮集·廷对》

□无君子莫治野人，无野人莫养君子〔没有当官的就没有办法治理百姓，没有老百姓就无法养活当官的。〕

———战国·孟子《孟子·滕文公上》

□轻徭薄赋，以宽民力。〔轻劳役少赋税，来宽裕百姓的人力、财力。〕

———宋·方勺《青溪寇轨》

□众志成城，众口铄金。〔众人之志可以筑起城池，众人之口可以销熔金属。〕

———春秋·左丘明《国语·周语》

□失众必败，得众必成。〔失去群众必定失败，得到群众必定成功。〕

———唐·陆贽《奉天论前所答奏未施行状》

□圣人不以一己治天下，而以天下治天下。〔圣人不用自己一个人的力量治理天下，而用天下人的力量治理天下。〕

———春秋·关尹《关尹子·三极》

□上圣不务治民事，而务治民心。〔最高明的君主不致力于管理民事，而着重致力于治理民心。〕

———汉·王符《潜夫论·德化》

□贤人之政，降人以体。圣人之政，降人以心。体降可以图始，心降可以保终。〔贤能之人的政治，使人行动顺从；圣明之人的政治，使人心中悦服。行动上顺从，可以共同谋事创业；心中悦服，可以保全始终。〕

———秦·黄石公《黄石公三略·下略》

□不善则不有。有必缘其心，爱之谓也。有其形不可谓有之。〔不善待百姓就不会有百姓拥护。有了百姓拥护，必须让百姓从内心里拥护，这就是所说的爱戴了。只占有百姓的躯体不能叫做得到了百姓拥护。〕

——秦·吕不韦《吕氏春秋·适威》

□孔子曰："斯民也，三代之所以直道而行也。"不说士大夫，独拈"民"之一字，却有味。〔孔子说："就是因为有这样的人民，所以夏、商、周三代贤明的政治得以施行。"孔子没有说是因为士大夫，而只是说因为人民大众，这里面真是意味深长。〕

——明·陈继儒《安得长者言》

□吃这一箸饭，是何人收打底？穿这一匹帛，是何人织染底？大厦高堂，如何该我居住？安车驷马，如何该我乘坐？获饱暖之休，思作者之劳；享尊荣之乐，思供者之若。此士大夫日夜不可忘情者也。不然，其负斯世斯民多矣。〔每天吃的饭，是什么人辛苦打下的粮食？身上穿的衣服，是什么人辛苦织染的衣帛？宽敞明亮的房舍，为什么由我居住？华丽的车马，为什么由我乘坐？享受着饱暖的安适，就该想到劳作者的辛苦；享受着尊贵荣宠的乐趣，就该想到提供者的辛苦。这是士大夫时刻不应忘怀的。否则，他就太辜负社会和民众了。〕

——明·吕坤《呻吟语》

□存诚之心，道民之教也；闲邪之方，防民之政也；克己之勇，一民之行也。〔保存诚实的心念，这是教化民众的主要内容；防止邪恶滋生，这是防备民众变乱的策略；勇于克制自己的私欲，这是约束民众的法宝。〕

——明·薛应旂《薛方山纪述》

□经所以治身也，亦所以治人也；律所以一民也，亦所以一己也。故治经者要于适用，治律者要于求中。〔儒家的经典是用于修身养性的，也可以用来治理百姓；法律是用来约束百姓的，也可以用来约束自己的行为。所以研习经术的人注重的是经世致用，执掌刑律的人最可贵的是公正无私。〕

——明·薛应旂《薛方山纪述》

□君子之处事也，要我就事，不令事就我；其长民也，要我就民，不令民就我。〔君子在处理事情时，要按照客观规律办事，不能凭自己的主观意志办事；在治理民众的时候，要顺应民众的意志，而不能强迫民众顺从自己的意愿。〕

——明·吕坤《呻吟语》

爱民恤民

□言忠信，行笃敬，天德也。不伤财，不害民，王道也。〔言语诚恳可信，行为老实恭敬，就是天德。不劳民伤财，不残害百姓，即为王道。〕

——明·梁寅·摘自《明史·儒林列传》

□勤恤其民而与之劳逸，是以民不罢劳，死知不旷。〔努力体恤百姓，而且使他们有劳有逸，所以老百姓不会疲劳，即使为国而死也知道不是白死。〕

——春秋·左丘明《左传·哀公元年》

□轻财足以聚人，律己足以服人，量宽足以得人，身先足以率人。〔轻视财利足以凝聚人，严于律己足以折服人，宽宏大量足以得到人，身先士卒足以领导人。〕

——宋·林逋《省心录》

□以不忍人之心，行不忍人之政，治天下可运之掌上。〔以怜悯别人的好心，去施行怜悯下面百姓的仁政，那么治理天下就像把一件小东西放在手掌上运转那么容易了。〕

——战国·孟子《孟子·公孙丑上》

□眼前百姓即儿孙，莫谓百姓可欺，且留下儿孙地步。堂上一官称父母，漫道一官好做，还尽些父母恩情。〔做官的人要视百姓为子

188

女，不要认为百姓可欺负，更要为自己的后代积德。百姓称你为父母官，不要认为官好做，应尽到视民如子的责任。〕

——清·金缨《格言联璧·从政》

□上视下如子，则必王四海；下视上如父，则必正天下。〔上面对待下面像对儿子那样慈爱，就必定会称王于四海；下面对待上面像父亲那般尊敬，就必定会匡正天下。〕

——汉·刘安《淮南子·兵略训》

□严以治吏，宽以养民。〔用严厉的措施来治理官吏，用宽宏的态度来养育万民。〕

——清·王夫之《读通鉴论》

□水浊则鱼喁，令苛则民乱。〔水太浑浊了，鱼就会将嘴露出水面；政令过于苛刻了，百姓就会人心不安。〕

——汉·韩婴《韩诗外传》

□居家为妇女们爱怜，朋友必多怒色；做官为衙门人欢喜，百姓定有怨声。〔为顾家族亲人而疏远朋友，则朋友不高兴；做官的只和部属亲近，不理民间疾苦，百姓必有怨声。〕

——清·金缨《格言联璧·从政》

□政不简易，民不有近；平易近民，民必归之。〔为政如果不简便易行，老百姓就不肯亲近；只有简便易行，贴近人民，人民才肯归附他。〕

——周·周公·摘自《史记·鲁周公世家》

□享玉食珍羞之奉，当思两淮流莩转壑之可矜；闻管弦钟鼓之声，当思西蜀白骨如山之可念。〔当你享用着世界上最珍贵的食物的时候，应该怜悯那些流离失所、辗转沟壑最后饿死的两淮百姓；当你听到管弦之乐、钟鼓之声的时候，应当想到那些四川白骨如山的死难将士。〕

——元·欧阳玄《宋史·谢方叔列传》

□人情挫辱，则壮厉之心生；政教烦苛，则苟免之行立。〔人的情感受到压制侮辱，那么强烈的报复心理就会产生；政治教化繁多苛刻，那么逃避惩罚的行为就会存在。〕

——晋·姚泓·摘自《晋书·姚泓》

□德惟善政，政在养民。〔对百姓最有利的措施就是实施良好的政策，良好的政策在于使民众得到物质和精神生活方面的所需。〕

——春秋·孔子《尚书·大禹谟》

□王者之道，厚爱其民者也。〔成就王业的办法，就是深爱其百姓。〕

——春秋·孙武《孙子佚文吴问》

□位有贵贱，人无贵贱。〔人的职位有高有低，但人没有贵贱之分。〕

——明·戚继光《练兵实纪杂集》

□贤君之治国，其政平，吏不苛，其赋敛节，其自奉薄。〔贤明的君主治国，政治公平，官吏不苛刻，赋税有控制，自己的生活待遇很菲薄。〕

——战国·吕尚《六韬·文韬》

□防民之口，甚于防川。川壅而溃，伤人必多，民亦如之。是故为川者决之使导，为民者宣之使言。〔阻止百姓进行批评的危害，比堵塞河川引起的水患还要严重。河道阻塞大水就会冲开堤岸，伤害的

190

人肯定多，老百姓也懂得这个道理。所以，一个真正懂得治水的人，他会疏通河道，使水流畅通，一个真正具有治人之术的人，他会让百姓宣泄，让他们说话。〕

——春秋·左丘明《国语·周语》

□上无量则民乃妄，文巧不禁则民乃淫，不障两原则刑乃繁。〔上层统治者无限度地挥霍，民众就胡乱来，不禁止奢侈，民众就放纵淫荡，不堵塞这两个根源，犯罪的人就多了。〕

——春秋·管仲《管子·牧民》

□俗所欲，因予之；俗所否，因去之。〔人民想要的，就设法给他；人民不想要的，就消除它。〕

——汉·刘向《管子·书录》

□国侈则用费，用费则民贫，民贫则奸智生，奸智生则邪巧作。〔国家奢侈则开支浪费，开支浪费则人民贫困，人民贫困则产生奸邪思想，产生奸邪思想则出现不法行为。〕

——春秋·管仲《管子·八观》

□苛政猛于虎。〔苛刻的暴政比老虎还要凶猛。〕

——汉·戴圣《礼记·檀弓》

□善禁者，先禁其身而后人；不善禁者，先禁人而后身。〔善于施行禁令的人，首先是执行者要以身作则，然后才能禁止别人；不善于施行禁令的人，则是先要求别人执行禁令，最后才要求自己。〕

——汉·荀悦《申鉴·政体》

□山林非时不升斤斧，以成草木之长川；泽非时不入网罟，以成鱼鳖之长；不麛不卵，以成鸟兽之长。〔山林不到季节不举斧子，以

191

成就草木的生长；河流湖泊不到季节不下渔网，以成就鱼鳖的生长；不吃鸟卵不吃幼兽，以成就鸟兽的生长。〕

——秦·孔晁《逸周书·文传》

□民有三患：饥者不得食，寒者不得衣，劳者不得息。三者，民之巨患也。〔人有三种忧虑：饥饿的人得不到粮食，受寒的人得不到衣服，劳累的人得不到休息。这三者是百姓的大患。〕

——战国·墨子《墨子·非乐》

□众怒难犯，孤根易危。〔群众的愤怒不可触犯，失掉众根支持的主根易于危折。〕

——宋·林逋《省心录》

□主上用财毋已，是民用力毋休也。故曰：台榭相望者，其上下相怨也。〔统治者开支没有限度，这就等于让百姓无休止地出力。所以说，大修宫室楼阁，使亭榭络绎相望，必然导致上下之间相互怨恨。〕

——春秋·管仲《管子·八观》

□治民有常道，而生财有常法。〔治理民众有一些基本的原则，而取得财富有常用的方法。〕

——春秋·管仲《管子·君臣》

□人君能俭，则百官化之，庶民化之；于是官不扰民，民不伤财。〔君主能率先俭朴，那么百官就被教育感化了，老百姓也被教育感化了，于是当官的不侵扰百姓，老百姓不浪费财物。〕

——清·唐甄《潜书·富民》

□君民者，子以爱之，则民亲之；信以结之，则民不倍；恭以莅之，则民有孙心。〔统治人民的人，要像对待子女那样地去爱护民众，

这样民众才会亲近他；能够用诚信来团结民众，这样民众才不背叛他；能够恭敬地对待民众，这样民众才会有顺从之心。〕

——春秋·孔子《礼记·缁衣》

□圣人不利己，忧济在元元。〔圣人不只是考虑自己的利益，他们忧虑的是如何帮助老百姓。〕

——唐·陈子昂《感遇诗三十八首》

□水处者鱼，山处者木，谷处者牧，陆处者农。〔水边居住的人以捕鱼为生，山里居住的人靠伐木谋生，山谷居住的人以放牧为生，田野居住的人靠务农为生。〕

——汉·刘安《淮南子·齐俗训》

□拜迎官长心欲碎，鞭挞黎庶令人悲。〔卑躬屈膝地奉迎上级令人心碎，违心地鞭挞老百姓使人悲伤。〕

——唐·高适《封丘作》

□圣人视天下之不治，如赤子之在水火也。〔圣人看到天下没有得到治理，（其心情）如同自己的孩子处于水深火热之中一样。〕

——宋·苏轼《学士院试孔子从先进论》

□地利不可竭，民力不可殚。〔土地不可过度使用使之枯竭，民力不可过度征用使之穷尽。〕

——春秋·管仲《管子·乘马》

□民恶忧劳，我佚乐之；民恶贫贱，我富贵之；民恶危坠，我存安之；民恶灭绝，我生育之。能佚乐之，则民为之忧劳；能富贵之，则民为之贫贱；能存安之，则民为之危坠；能生育之，则民为之灭绝。〔百姓厌恶忧劳，君主就应该使他们安乐；百姓厌恶贫穷，君主就应该使他们富贵；百姓讨厌危急，君主就应该使他们安全；百姓讨厌无后，君主就应该使他们繁衍生息。能使百姓安乐，百姓才能为君主分担忧劳；能使百姓富贵，百姓才能为君主忍受贫贱；能使百姓安全，百姓才能为君主担当危急；能使百姓繁衍生息，百姓才能不惜生命而效忠君主。〕

——春秋·管仲《管子·牧民》

□厚人而薄财，损上以益下。〔重视人民而不重视财物，减少上层的开支使人民受益。〕

——唐·陆贽《均节赋税恤百姓第三条》

□安得务农息战斗，普天无吏横索钱？〔怎样才能尽快结束战争，让百姓安心于农事生产，也使世上无官吏横征暴敛？〕

——唐·杜甫《昼梦》

□众怒难任，蓄怨终泄。〔群众的愤怒是不可以冒犯的，怨恨积累多了总有一天会发泄出来。〕

——唐·陆贽《奉天请罢琼林大盈三库状》

□人伤则离散，农伤则国贫。〔人受到伤害，就会离散；农业受到损害，国家就会贫穷。〕

——南朝·李悝·摘自《南史·列传》

□上不厌其乐，下不堪其苦。〔执政者永不满足地追求享乐，老百姓就难以忍受压榨之苦。〕

——战国·墨子《墨子·七患》

□欲人之爱己也，必先爱人；欲人之从己也，必先从人。无德于人，而求用于人，罪也。〔若要别人善待自己，自己首先要善待别人；

若要别人听从自己,自己首先要听从别人。如果对别人没有恩德,却要使唤别人,这是罪过啊。〕

——战国·左丘明《国语·晋语》

□ 为政尚相利,故下不以相害;行教尚相爱,故民不以相恶为名。〔治理国家崇尚上下互相有利,所以在下位的不会祸害在上位的;施行教化崇尚上下互相敬爱,所以老百姓不会以互相厌恶为名。〕

——秦·晏婴《晏子春秋·问上》

□ 富者田连阡陌,贫者无立锥之地。〔富有者拥有一片连着一片的土地,贫穷者连立足的一小块儿土地都没有。〕

——汉·班固《汉书·食货志》

□ 治民如治目,拨触之则益昏;治吏如治齿牙,剔漱之则益利。〔管理百姓就像医治眼睛一样,越是拨弄越是看不清;而管理官吏则如同医治牙齿,越是剔刷洗漱越是有好处。〕

——元·张养浩《牧民忠告·御下》

□ 王者制事,在于因人。酌其情而用中,顺其俗以为礼。〔君王治国理政,在于顺应民心民俗。斟酌民情民意,使用适当的政策,按照各地风俗习惯,顺势建立礼仪教化的制度。〕

——唐·李适·摘自《旧唐书·德宗纪》

□ 代虐以宽,兆民允怀。〔用宽厚的政策去替代暴虐,所以大多数黎民百姓就信赖并归顺。〕

——春秋·孔子《尚书·伊训》

□ 慕论公察则民不疑,赏免罚偷则民不怠,兼听齐明则天下归之。〔集中群众的议论而不凭借个人的看法,人民就不会有怀疑;奖励勤

195

勉而惩罚偷懒的人，人民就不会懈怠；听取各方面的意见，明察一切事物，天下人就纷纷前来归附了。〕

——战国·荀子《荀子·君道》

□孝治天下者不绝人之亲，仁施四海者不乏人之祀。〔以孝治理天下的人不会灭绝别人的亲人，仁义施于四海的人不会缺少别人的祭祀。〕

——三国·陈宫·摘自《三国志·吕布臧洪传》

□强毋攘弱，众毋暴寡，老者以寿终，幼孤得遂长。〔强壮的不欺凌弱小的，众人不欺负孤寡，老人有安详的晚年，小孩有良好的教养。〕

——汉·刘启·摘自《汉书·景帝纪》

□人力不可不惜，百姓不可不养，养之逸则富以康，使之劳则怨以叛。〔人力不能不爱惜，人民不能不养活。养活的安逸则富裕而且健康，使役的劳困则怨恨相生以致叛逃〕

——唐·张文瓘·摘自《旧唐书·张文瓘传》

□善为国者，顺民之意。〔善于治理国家的人，会顺从民众的意愿。〕

——汉·刘向《战国策·齐策》

□意莫下于刻民，行莫贱于害民。〔意念卑下莫过于苛刻地对待百姓，行为卑贱莫过于残害百姓。〕

——秦·晏婴《晏子春秋·内篇》

□明君制民之产，必使仰足以事父母，俯足以畜妻子，乐岁终身饱，凶年免于死亡。〔贤明的君主在规定百姓的产业时，一定要使他们

上可以养父母,下可以养妻子儿女,好年成能丰衣足食,遇上荒年也不致饿死。〕

——战国·孟子《孟子·梁惠王上》

□天下顺治在民富,天下和静在民乐,天下兴行在民趋于正。〔国家发达与否在于民众富不富裕,国家太平与否在于民众高不高兴,国家兴旺与否在于民风是否正派。〕

——明·王廷相《慎言·御民》

□长城之役兴,而秦国残矣;汴渠之役兴,而隋国残矣。〔修筑万里长城的劳役兴起,秦朝就衰败了;开凿汴渠的劳役兴起,隋朝就解体了。〕

——汉·黄石公《素书·安礼》

□民劳思佚,治暴思仁。〔百姓劳累了就想休息,政治暴虐了就思念仁爱。〕

——汉·韩婴《韩诗外传》

□用于国有节,取于民有制。〔国家开支要有节制,取财于民要有限度。〕

——宋·苏轼《叶嘉传》

□抚万姓以慈,遇群臣以礼。〔用仁慈的心抚爱百姓,以礼节去对待群臣。〕

——唐·吴兢《贞观政要·征伐》

□喜怒哀乐之未发,谓之中。发而皆中节,谓之和。中也者,天下之大本也。和也者,天下之达道也。致中和,天地位焉,万物育焉。〔人的喜怒哀乐蕴含于心中未曾表露时,叫做"中"。喜怒哀乐表现出

197

来却能够有所节制、恰如其分，叫做"和"。"中"是天下万物的大本。"和"是通行四方的准则。能够达到"中和"，才能符合天地运行的法则和万物生长的规律。〕

——战国·子思《礼记·中庸》

□欲上民，必以言下之；欲先民，必以身后之。〔要领导人民，必须在态度上对人民表示谦虚；要引导人民，必须把自己的利益放在人民之后。〕

——春秋·老子《道德经》

□民可近也，而不可上也。〔对老百姓只能亲近恩抚，而不能骑在他们头上作威作福。〕

——春秋·左丘明《国语·周语中》

□天下难治，人皆以为民难治也；不知难治者，非民也，官也。〔国家难以治理，人们都以为是老百姓难以治理，而不知道难以治理的不是老百姓，而是国家官员。〕

——清·唐甄《潜书·柅政》

□治国之道，爱民而已。〔治理国家的方法，不过就是热爱人民罢了。〕

——汉·刘向《说苑·政理》

□胜民之为道，非天下之大道也。使民畏公而不见亲，祸亟及于身。〔把制服人民作为治国之道，不是统治天下的正当办法。使人民害怕而不敢亲近，灾祸很快就会殃及自身。〕

——春秋·管仲《管子·小问》

□利而勿害，战而勿败，生而勿杀，与而勿夺，乐而勿苦，喜而勿怒。〔给百姓利益而不损害他们，使他们在战争中胜利而不失败，让他们好好生存而不被杀害，多给予恩惠而不要剥夺，使他们快乐而不痛苦，使他们高兴而不怨怒。〕

——周·吕尚《六韬·国务》

□能爱邦内之民者，能服境外之不善。〔能够爱抚国内百姓的，也能够使国外不友善的国家敬服。〕

——战国·晏婴《晏子春秋·内篇问上》

□意莫高于爱民，行莫厚于乐民。〔最崇高的思想没有比得上热爱人民的，最伟大的德行没有能比得上使人民快乐的。〕

——战国·晏婴《晏子春秋·内篇问下》

□圣人，处上而民不重，处前而民不害。〔英明的统治者处在人民之上，（由于他们尊重爱护人民）人民不感到有负担；在人民的前面引导人民，人民不认为对他们有妨害。〕

——春秋·老子《道德经》

□汤、武爱天下，故王；桀、纣恶天下，故亡。〔商汤、周武因为爱护天下百姓，所以成为杰出君主；夏桀、商纣因为厌恶天下百姓，所以身死国亡。〕

——春秋·列御寇《列子·说符篇》

□暴其民，甚则身弑国亡，不甚则身危国削。〔君主残暴地虐待他的老百姓，重则自身被杀，国家灭亡；轻则自身危险，国势削弱。〕

——战国·孟子《孟子·离娄上》

□良君将赏善而刑淫，养民如子，盖之如天，容之如地；民奉其君，爱之如父母，仰之如日月，敬之如神明，畏之如雷霆，其可出乎？

〔杰出的君主如果奖励好人善事，惩处邪恶，像养育自己的子女那样爱护百姓，像天空那样庇佑他们，像大地那样包容他们，那么百姓尊奉君主，就像对父母那样爱戴，对日月那样敬仰，对神明那样恭敬，对雷霆那样畏惧，这样，国君怎么能被人民赶跑呢？〕

——春秋·左丘明《左传·襄公十四年》

□民，善之则畜也，不善则雠也。〔对于百姓来说，善待他们，他们就和君主友好；不善待他们，他们就和君主成为仇人。〕

——秦·吕不韦《吕氏春秋·适威》

□君人者，爱民而安，好士而荣，两者无一焉而亡。〔作为君主，只有爱护民众才能得到安定，只有喜爱贤士才能使国家繁荣，两者缺了一个，就要灭亡。〕

——战国·荀子《荀子·君道》

□上以社稷为重，下以亿兆在念。〔上以国家为重，下以百姓为念。〕

——唐·吴兢《贞观政要·灾祥》

□爱利以安之，忠信以导之。务除其灾，思致其福。〔用爱抚和利益使百姓安定，用忠诚和信用引导百姓，致力于为民除害，想着为民造福。〕

——秦·吕不韦《吕氏春秋·适威》

□利天下者，天下启之；害天下者，天下闭之。〔给天下利益的人，天下人自然就欢迎他；使天下受害的人，天下人自然不欢迎他。〕

——周·吕尚《六韬·发启》

□居民于其所乐，事之于其所利，赏之于其所善，罚之于其所恶，信之于其所余财，功之于其所无诛。〔要安置老百姓住在他们乐于居住的地方，使他们从事对自身有利的工作，奖励他们所赞成的事情，惩罚他们所厌恶的行为，保证他们的余财不被剥夺，致力于他们不受刑罚。〕

——春秋·管仲《管子·禁藏》

□君子，任职则思利民，达上则思进贤。〔道德高尚的人担任官职就考虑如何为百姓谋利益，通达显贵居于上位时就考虑如何荐举贤人。〕

——汉·王符《潜夫论·忠贵》

□备长在乎任贤，安高在乎同利。〔准备长远大计，在于任用贤人；巩固高贵地位，在于与民同利。〕

——春秋·管仲《管子·版法》

□怨起而不复反，众劳而不得息，则必有崩阤堵坏之心。〔民众怨恨遍起而不得平复，终年疲劳而不得休养生息，他们就一定会产生摧毁和破坏的念头。〕

——春秋·管仲《管子·版法解》

□劳力而不当民务，谓之奸事。〔执政者虽然费了很多气力，但做的都是不符合人民利益的事务，这就叫做"奸事"。〕

——战国·荀子《荀子·非十二事》

□安上在于悦下，为己在于利人。〔统治者要想自己平安无事，必须使下面的群众得到快乐；自己要想得到利益，在于使人民首先获得好处。〕

——晋·陆机《五等诸侯论》

□夫桀、纣何失，而汤、武何得也？曰：是无它故焉，桀、纣者善为人所恶也，而汤、武者善为人所好也。〔桀、纣为什么失掉了天下，而汤、武为什么得到了天下？回答是：没有别的原因，就是桀、纣好做人民所憎恶的事，而汤、武好做人民所欢迎的事。〕

——战国·荀子《荀子·强国》

□兴天下同利，除天下同害，天下归之。〔兴办对天下有利的事情，除掉对天下有害的事情，这样天下人就都归顺来了。〕

——战国·荀子《荀子·王霸》

□欲为其国者，必重用其民；欲为其民者，必重尽其民力。〔要想治好国家，必须慎重使用国内的人民；要想治好人民，必须慎重对待民力，不使其耗尽。〕

——春秋·管仲《管子·权修》

□下扰则政乱，民怨则德薄。〔经常烦扰下面，政事就会混乱；民众怨恨，执政者的德望就淡薄了。〕

——汉·刘安《淮南子·主术训》

□安天下者，天下恃之；危天下者，天下灾之。〔使天下安定的，天下人就依靠他；给天下带来危害的，天下人就使他遭受灾祸。〕

——周·吕尚《六韬·顺启》

□人君诚知民之真可畏，则必思所以养之、实之，而不敢虐之、苦之。〔君主如真的懂得老百姓的力量确实可怕，就必然考虑如何养育他们，安定他们，而不敢虐待他们，使他们受苦。〕

——明·丘浚《固邦本·总论固本之道》

□地之生财有时，民之用力有倦，而人君之欲无穷。以有时与有倦，养无穷之君，而度量不生于其间，则上下相疾也。〔土地生产财富，受时令的限制；人民付出劳力，有疲倦的时候，但是人君的享受欲望却是无止境的。以"生财有时"的土地和"用力有倦"的人民来供养欲望无穷的君主，这中间若没有一个合理的限度，上下之间就会互相憎恨。〕

——春秋·管仲《管子·权修》

□我无事而民自富，我无欲而民自朴。〔不做劳民伤众之事，人民自然就富足了；执政者不贪得无厌，人民自然就淳朴了。〕

——春秋·老子《道德经》

□养民至厚，取之至薄。〔对百姓的养育要极为深厚，而从百姓那里索取的却十分菲薄。〕

——宋·叶适《平阳县代纳坊场钱记》

□今，生也有时，敛也无时，暴也。〔今天，庄稼的生长收获是有时限的，而征收赋税和搜刮民财却没有限度，这是残暴的行为。〕

——战国·荀子《荀子·宥坐》

□上世之王者众矣，而事皆不同，其当世之急，忧民之利，除民之害同。〔古代称王统治天下的人很多，他们治理天下的做法各不相同，但他们在承担社会的急难，关心百姓的利益，为民除害这些方面，是相同的。〕

——秦·吕不韦《吕氏春秋·爱类》

□故知予之为取者，政之宝也。〔所以懂得了取得必先给予这个道理，就掌握了治国安民的法宝。〕

——春秋·管仲《管子·牧民》

□用财不可以啬，用力不可以苦。用财啬则费，用力苦则劳。民不足，令乃辱；民苦殃，令不行。〔统治者用财于民不可吝啬，征用民力不可过头。用财吝啬则人民背离，用力过头则人民疲劳。人民贫困政令就不受尊重；人民劳累政令就难以贯彻。〕

————春秋·管仲《管子·版法》

□百姓欲静而徭役不休，百姓凋残而侈务不息，国之衰弊，恒由此起。〔老百姓盼望过好日子而徭役没完没了，人民穷困不堪而奢侈的举动无休无尽，国家的衰亡常常就是由此引起的。〕

————唐·吴兢《贞观政要·君道》

□君，屈民财者不得其利，穷民力者不得其乐。〔君主，竭尽人民财富的不会得到益处，穷尽国力的不会得到快乐。〕

————战国·晏婴《晏子春秋·内篇谏下》

□不求不争于民，而民知逊；不求不贪于民，而民知廉。〔不过分贪求，不与民争利，人民就懂得谦让；不苛求于人民，不贪得无厌地盘剥人民，人民就懂得廉洁。〕

————宋·杨万里《见执政书》

□宁可过于予民，不可过于取民。〔宁可在给予老百姓方面有所超出，也不可在向老百姓索取方面有所超出。〕

————宋·朱熹《朱子语类》

□救人瘼者，以重敛为病源；料兵食者，以惠农为军政。〔解救人民的疾苦，应该针对繁重的剥削这种病根；筹划军队的给养，应该推行使农民能获得好处的军需政策。〕

————宋·卢多逊《旧五代史·李琪传》

□足用之本，在于勿夺时；勿夺时之本，在于省事；省事之本，在于节欲。〔丰衣足食的根本，在于不要侵占生产时间；不侵占生产时间的根本，在于减少事情；减少事情的根本，在于执政者节制自己的欲望。〕

——汉·刘安《淮南子·诠言训》

□佚政多忠臣，劳政多怨民。〔实行让人民休养生息的政策，忠臣就多；实行让人民疲惫劳苦的政策，有怨恨的老百姓就多。〕

——秦·黄石公《黄石公三略·下略》

□罢马不畏鞭箠，罢民不畏刑罚。〔筋疲力尽的马匹，马鞭对它已经不起什么威慑作用；疲惫不堪的民众，严刑峻法不能使他们畏缩。〕

——汉·桓宽《盐铁论·诏圣》

□地广非常安之术，民劳乃易乱之源。〔领土辽阔广大，并不是国家永久安定的办法；人民困苦劳顿，正是容易触发祸乱的根源。〕

——唐·吴兢《旧唐书·后妃传》

□凡人恶死而乐生，好德而归利。能生利者，道也。道之所在，天下归之。〔凡是人都厌恶死而愿意生，爱好德而趋于利；能带来利益的就是道；道所在的地方就是天下人归向的地方。〕

——周·吕望《六韬·文韬》

□好人之所恶，恶人之所好，是谓拂人之性，菑必逮夫身。〔喜爱人们所憎恶的，憎恶人们所喜爱的，这就是所说的违背了人的本性，灾祸就一定会降到自己的身上。〕

——战国·曾参《礼记·大学》

□故授有德，则国安；务五谷，则食足；养桑麻、育六畜，则民富；令顺民心，则威令行；使民各为其所长，则用备。〔把政权交给有道德的人，国家就能安定；努力从事粮食生产，民食就会充足；种植桑麻、饲养六畜，人民就可以富裕；能做到令顺民心，威令就可以贯彻；使人民各尽所长，用品就能齐备。〕

——春秋·管仲《管子·牧民》

□天下之人如流水，障之则止，启之则行，静之则清。〔天下百姓如流水，阻碍它就停止，疏导它就长流，静澄它就清澈。〕

——周·吕尚《六韬·文启》

□所谓裕民者，取之有制，使之优厚之谓也。所谓节用者，使之出入有度，足以相掩之谓也。〔所谓使人民富裕，意味着对百姓的索取有节制，以便使他们的生活优裕丰厚。所谓节约费用，是说付出和收入有限度，能够足以相抵。〕

——宋·曾巩《曾巩集·财用》

□去民之所恶，补民之不足。〔消除民众所反对所厌恶的东西，补充民众需要而又不足的东西。〕

——春秋·左丘明《国语·越语》

□惠下以仁，正身以义。则其政不严而理，其教不肃而成矣。〔以仁爱来施恩于臣民，以义来匡正自身，那么不用严刑朝政也能治理好，不动威容教化也可以蔚然成风。〕

——唐·吴兢《贞观政要·公平》

□民不畏死，奈何以死惧之？〔老百姓是不怕死的，为什么用死来吓唬他们？〕

——春秋·老子《道德经》

□量民力，则事无不成；不强民以其所恶，则诈伪不生；不偷取一世，则民无怨心；不欺其民，则下亲其上。〔量民力而行事，就可以事无不成。不强使人民干他们厌恶的事情，欺诈作假的行为就不会发生。不贪图一时侥幸，人民就不会抱怨。不欺骗人民，人民就拥戴君上。〕

——春秋·管仲《管子·牧民》

□天下之大务，莫大于恤民。〔天下最重要的事情，没有比体恤民生疾苦更大的了。〕

——宋·朱熹《朱子大全·庚子应诏封事》

□道往者其人莫来，道来者其人莫往。〔失道者，人民不肯来投奔；得道者，人民不肯离去。〕

——春秋·管仲《管子·形势》

□自古以来，国之兴亡，不由蓄积多少，惟在百姓苦乐。〔自古以来，国家或兴或亡，不是由于蓄积财富多少，而只在于百姓生活的苦与乐。〕

——唐·吴兢《贞观政要·奢纵》

□情可顺而不可徇，法宜严而不宜猛。〔民情可以顺应而不可以曲从，法令应该严明而不应该严酷。〕

——明·张居正《陈六事疏》

□用民得其性，则令行如流。〔使用百姓，掌握了他们的性情，命令的贯彻就能像流水一样顺畅。〕

——战国·孙膑《孙膑兵法·奇正》

□乱国之使其民，不论人之性，不反人之情，烦为教而过不识，数为令而非不从，巨为危而罪不敢，重为任而罚不胜。〔混乱的国家在役使自己的百姓时，不了解人的本性，不反求人的常情，频繁地制定教令，而对人们不能掌握却加以责备；屡次下达命令，而对人们不能听从却加以非难；制造巨大的危难，面对人们不敢赴难却加以治罪；注重分派任务，而对人们无法胜任就加以惩罚。〕

——秦·吕不韦《吕氏春秋·适威》

□王者包含并覆，普爱无私，不为近重施，不为远遗恩。〔君王对全国人民一样看待，广泛亲爱，没有私心，不多给亲近的人以好处，不对疏远的人遗漏恩惠。〕

——汉·桓宽《盐铁论·地广篇》

□穷年忧黎元，叹息肠内热。〔整年都在为老百姓的命运担忧，忍不住唉声叹气，内心受着煎熬。〕

——唐·杜甫《自京赴奉先县咏怀五百字》

□身为野老已无责，路有流民终动心。〔身为普通百姓已经没有责任，但看到路上流离失所的人心里还是感到难过。〕

——宋·陆游《春日杂兴》

□御马有法，御民有道；法得则马和而欢，道得则民安而集。〔驾驭马有方法，治理民有道术；驭马得法，则马顺从而欢腾；理民得法，则民安定而团结。〕

——汉·韩婴《韩诗外传》

□爱人以除残为务，正理以去乱为心。〔要爱护人民，就要把消灭残暴作为大事；要端正义理，就要把除去邪乱作为核心。〕

——宋·司马光《资治通鉴·汉纪》

□舟车饰，台榭广，则赋敛厚矣；轻用众，使民劳，则民力竭矣。赋敛厚，则下怨上矣；民力竭，则令不行矣。〔车船豪华，楼台亭阁过多，就会使赋税繁重；轻易动用民力，使人民过于劳苦，就会造成民力枯竭。赋税繁重则人民怨恨朝廷，民力枯竭则政令无法推行。〕

——春秋·管仲《管子·权修》

□情之所恶，不以疆人；情之所欲，不以禁民。〔自己感情上厌恶的事，不强迫别人去做；自己感情上想做的事，不禁止别人去做。〕

——汉·班固《汉书·晁错传》

□民之性，饥而求食，劳而求佚，苦则索乐，辱则求荣，此民之情也。〔民众的本性是，饿了就要吃饭，累了就要休息，痛苦时就要寻找欢乐，耻辱时渴求得到荣誉。这是民众的常情。〕

——战国·商鞅《商君书·算地》

□饰民之欲，而严其听，禁其心，圣人所难也。〔抑制民众的欲望，严格限制他们的听闻，禁锢他们的思想，这是连圣人也难以办到的。〕

——战国·晏婴《晏子春秋·内篇谏下》

□其于人也，忠信尽治而无求焉；乐正与为正，乐治与为治。〔对于百姓，忠心为怀，尽心治理，而无所求。百姓喜欢公正，就帮助他们实现公正；百姓乐于太平，就帮助他们实现太平。〕

——秦·吕不韦《吕氏春秋·诚廉》

□顺人者昌，逆人者亡。〔顺应民心的就昌盛，违背民心的就灭亡。〕

——南朝·范晔《后汉书·申屠刚传》

□民之生，度而取长，称而取重，权而取利。明君慎观三者，则国法可立而民能可得。〔民众的常情是这样的：量东西要长的，称东西要重的，权衡利害要有利的。英明的国君如果能够慎重地观察这三者，国家的法度就可以确立，人民的才能就可以利用。〕

——战国·商鞅《商君书·算地》

□圣人之制民，使之有欲，不得过节；使之敦朴，不得无欲。〔英明的君主统治民众，应当使民众有欲望和追求，但不能过度；应当使民众品性淳朴，但不能要求他们没有欲望和追求。〕

——汉·董仲舒《春秋繁露·保位权》

□凡牧民者，必知其疾，而忧之以德，勿惧以罪，勿止以力。慎此四者，足以治民也。〔凡治理人民，一是必须了解其疾苦，二是要厚施德惠，三是不用刑罚恐吓他们，四是不用强力禁制他们。注意这四点，就可以治理好了。〕

——春秋·管仲《管子·小问》

□与人同病相救，同情相成，同恶相助，同好相趋。〔对人民的病像对自己的病一样相救，对人民的事情像对自己的事情一样去努力办好，对人民厌恶的东西像对自己厌恶的东西一样帮助解除，对人民喜爱的东西像对自己喜爱的东西一样帮助争取。〕

——周·吕尚《六韬·发启》

□里穷而无告，无乐有上矣；饥饿而无告，无乐有君矣。〔闾里内的人民贫穷而无处求告，就不会喜欢他们的执政者；受饥饿之苦而无处求援，就不会喜欢他们的君主。〕

——战国·晏婴《晏子春秋·内篇谏上》

□庖有肥肉，厩有肥马，民有饥色，野有饿草，此率兽而食人也。

兽相食，且人恶之；为民义母行政，不免于率兽而食人，恶在其为民父母也？〔厨房里摆着肥美的肉食，马栏里养着膘肥体壮的马，老百姓却面有饥色，田野上横陈着饿死者的尸体，这无异于率领着兽类去吃人。兽类自相残食，人民尚且憎恶它们这种行为；那些号称为民父母的执政者，办理政事时，却不免干出率领着兽类去吃人的勾当来，那么，他们作为人民父母的意义又在哪里呢？〕

——战国·孟子《孟子·梁惠王上》

□存养天下鳏寡孤独，赈赡祸亡之家。其自奉也甚薄，其赋役也甚寡，故万民富乐而无饥寒之色。〔抚养天下鳏寡孤独的人，救济赡养遭受天灾人祸的家庭，而统治者自己的生活很节俭，加给人民的赋税和劳役也很少。因此广大老百姓富足快乐而无饥寒交迫之状。〕

——周·吕尚《六韬·盈虚》

□视人如伤，恤其勤劳，爱民犹子。〔对待百姓的疾苦像对待伤病员一样，对百姓的勤奋劳苦予以深切的关怀，爱护老百姓像爱护自己的子女一般。〕

——唐·吴兢《贞观政要·慎终》

□人之情，不能乐其所不安，不能得其所不乐。〔人的常情，不能在他不安心的地方感到快乐，不能从他不喜欢的东西上得到益处。〕

——秦·吕不韦《吕氏春秋·孟夏·诬徒》

□保国之大计，在结民心；结民心，在薄赋敛；薄赋敛，在节财用。〔保护国家的根本政策，在于结交民心；结交民心，在于减少赋税；减少赋税，在于节约财政开支。〕

——宋·杨万里《转对札子》

□主之所求于民者二：求民为之劳也，欲民为之死也。民之所望于主者三：饥者能食之，劳者能息之，有功者能德之。民以偿其二贵，而上失其三望，国虽大，人虽众，兵犹且弱也。〔君主对老百姓的要求有两条：要求老百姓为他们劳动，希望老百姓为他们赴死。而老百姓对君主的希望有三条：使饥饿的人吃上饭，使劳动的人得以休息，对有功劳的人施以德惠。如果老百姓尽到了他们的两个责任，而君主却在三个方面都使人失望了，那么，国家虽然大，人口虽然多，兵力还是很弱的。〕

——汉·刘安《淮南子·兵略训》

□利一害百，民去城郭。利一害万，国乃思散。去一利百，人乃慕泽。去一利万，政乃不乱。〔利一人而害及百人，民众就想离开城郭。利一人而害及万人，全国人都想离散。除去一个而利及百人，人们就会仰慕恩泽。除去一人而利及万人，政治就不会混乱。〕

——秦·黄石公《黄石公三略·下略》

□民困而主不恤，下怨而上不知，俗已乱而政不修，此三者，陈涉之所以为资也，此之谓土崩。〔人民困苦而君主不体恤，民间怨声载道而执政者却不知道，风气已经败坏而政治仍不整治，这三项正是陈胜揭竿而起的凭借，这就叫做"土崩"。〕

——宋·司马光《资治通鉴·汉纪》

□故善为国者，驭民如父母之爱子，如兄之爱弟，见其饥寒则为之忧，见其劳苦则为之悲，赏罚如加于身，赋敛如取已物。此爱民之道也。〔所以善于治国的君主，统驭民众像父母爱护子女，兄长爱护弟妹那样，看到他们饥寒就为他们忧虑，看到他们劳苦就为他们悲痛，对他们施行赏罚就像自己身受赏罚，向他们征收赋税如同夺取自己的财物。这些就是爱民的道理。〕

——周·吕尚《六韬·文韬·国务》

□轻赋薄敛以宽民氓，布德施惠以振困穷，吊死问疾以养孤孀，百姓亲附，政令流行。〔少征收赋税以使老百姓生活宽松，布施恩惠以救济经济困苦的人，悼念死者慰问病者以赡养孤男寡女，这样老百姓就会亲附，政令就像流水一样畅行无阻。〕

——汉·刘安《淮南子·修务训》

□雨泽过润，万物之灾也；恩宠过礼，臣妾之灾也；情爱过义，子孙之灾也。〔雨下得太多，大地上的万物就会遭受水灾；君王的恩泽太厚，超过了礼制，臣下和后妃就会引来灾祸；父祖的爱护超过了限度，子孙就会被溺爱宠坏。〕

——明·吕坤《呻吟语》

□敬其众，合其亲。敬其众则和，合其亲则喜，是谓仁义之纪。〔尊重自己的民众，团结自己的宗亲。尊重民众就会和睦，团结宗亲就会欢喜。这就是行仁义的准则。〕

——周·吕尚《六韬·文韬·守土》

□衙斋卧听萧萧竹，疑是民间疾苦声。些小吾曹州县吏，一枝一叶总关情。〔在衙门里的书斋卧床听到竹子声，总觉得是社会上贫困民众的痛苦呻吟。级别地位较低的基层州县府官员，你们的一举一动总是关系到民情。〕

——清·郑燮《潍县署中画竹呈年伯包大中丞括》

□王烈居乡，不事武断也，人皆庐而还矣；龚遂之郡，不持干戈也，盗皆卖刀买牛矣。〔东汉人王烈居住在乡里时，不以权势裁断是非，人们望见他的居所便不再争讼；龚遂治理渤海郡，不用大动干戈，盗贼便卖掉刀剑去买牲畜。〕

——明·薛应旂《薛方山纪述》

□救荒不患无奇策，只患无真心，真心即奇策也。〔赈灾不怕没有良策，就怕没有诚心，只要有诚心就有良策。〕

——明·陈继儒《安得长者言》

□为政必以德，毋忘所以立。〔执掌政权一定要以德服人，不要忘记政权是靠什么巩固的。〕

——汉·司马迁《史记·郑世家》

富民足民

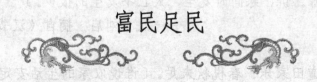

□国奢则用费,用费则民贫。〔国家不节俭,资财就浪费,资财浪费了,人民就贫困。〕

——春秋·管仲《管子·八观》

□财匮力尽,民不聊生。〔资财缺乏民力穷尽,百姓就无法生活下去。〕

——汉·司马迁《史记·张耳陈余列传》

□一农不耕,民有为之饥者;一女不织,民有受其寒者。〔农民不耕种,就有挨饿的;女工不织布,就有受寒的。〕

——春秋·管仲《管子·揆度》

□不涸泽而渔鱼,不焚林而猎。〔不把水汲干来捕鱼,不靠焚烧树林来打猎。〕

——汉·刘安《淮南子·主术训》

□治国之道,富民为始;富民之要,在于节俭。〔治理国家的方法,首先要使人民富裕;富民的关键,又在于节俭。〕

——汉·司马迁《史记·平津侯主父列传》

□雕文刻镂,伤农事者也;锦绣纂组,害女工者也。农事伤则饥之本也,女红害则寒之本也。夫饥寒并至,而能亡为非者寡矣。〔雕梁刻栋，大兴土木，是损伤农业的事情；锦衣绣带，日夜绣制，是妨害女织工的事情。农业受到损伤是饥饿的本因，女织工受到妨害则是寒冷的本源。饥、寒同时发生，灭亡不发生的很少。〕

——汉·刘启·摘自《汉书·景帝纪》

□谁道田家乐？春税秋未足。〔谁说农家的生活安定快乐？春天的赋税到了秋天还没有交齐呢！〕

——宋·梅尧臣《田家语》

□致理之要，惟在于安民；安民之道，在察其疾苦而已。〔实现国家安定的关键，不过在于安定民众；安定民众的办法，在于体察他们的疾苦而已。〕

——明·张居正《请蠲积逋以安民生疏》

□心中为念农桑苦，耳里如闻饥冻声。〔心里念念不忘百姓农作之苦，耳旁仿佛听到他们在饥寒交迫之下发出的呻吟声。〕

——唐·白居易《新制绫袄成感而有咏》

□访民瘼于井邑，察冤枉于囹圄。〔在村井旁边对百姓访贫问苦，在监狱牢房检查有没有冤枉。〕

——明·冯梦龙《警世通言》

□取于民有度，用之有止，国虽小必安；取于民无度，用之不止，国虽大必危。〔对人民征收有限度，耗用又有节制的，国家虽小也一定安宁；对人民征收没有限度，耗用没有节制，国家虽大也一定危亡。〕

——春秋·管仲《管子·权修》

□君不夺农时，则国人皆有余食矣；不夺蚕要，则国人皆有余衣矣！故人君之养人，在省其征役而已。〔当权者不侵占耕种的季节，那么百姓就都有余粮了；当权者不夺占养蚕的时机，那么百姓就都有富余的衣服了！所以人君养育百姓的关键,在于节省民力的征用而已。〕

——宋·司马光《资治通鉴·唐纪》

□忧民之溺，由己之溺；忧民之饥，由己之饥。〔担心百姓的危难如同自己的危难，担心百姓的饥饿如同自己的饥饿。〕

——宋·邓牧《伯牙琴·见尧赋》

□获饱暖之休，思作者之劳；享尊荣之乐，思供者之苦。〔享受饱暖之乐之时，当思劳作者的辛苦；享受尊荣之乐之际，应念提供者的艰苦。〕

——明·吕坤《呻吟语·应事》

□百姓足，君孰与不足？百姓不足，君孰与足？〔如果百姓够用，国君怎么会不够用？如果百姓不够用，国君怎么会够用？〕

——春秋·孔子《论语·颜渊》

□舜之民，十人而九履者也；秦之民，十人而九跣者也。〔虞舜管理下的老百姓，十人有九人穿着鞋子；秦王朝统治下的老百姓，十人有九人打着赤脚。〕

——宋·崔敦礼《刍言》

□锄禾日当午，汗滴禾下土。谁知盘中餐，粒粒皆辛苦。〔农民在炎炎的烈日下锄地，汗水滴到了禾苗下的田地上。可是又有谁知道盘中的食物，每一粒都是如此辛苦得来的呢？〕

——唐·李绅《悯农》

□凡编户之民，富相什则卑下之，伯则畏惮之，千则役，万则仆，物之理也。〔凡是普通百姓，财富相差十倍就会对他低声下气，相差

217

百倍就会畏惧他，相差千倍就会受他役使，相差万倍就会做他的奴仆，这是事物的规律。〕

——汉·司马迁《史记·货殖列传》

□饥寒切于民之肌肤，欲其无为奸邪盗贼，不可得也。〔百姓生活在饥寒交迫之中，要使他们不做奸邪盗窃的事，是不可能做到的。〕

——汉·贾谊《新书·孽产子》

□昨日入城市，归来泪满巾。遍身罗绮者，不是养蚕人。〔昨天进城去，回来很伤心。在城里看到遍身穿着罗绮的，都不是养蚕的人。〕

——宋·张俞《蚕妇》

□敬事以信，节用而爱人，使民以时。〔对工作敬业而且讲信用，办事节俭而且爱护人民，抽调劳力从事公务要不违农时。〕

——春秋·孔子《论语·学而》

□日出而作，日入而息。〔太阳出来就劳作，太阳落山才休息。〕

——秦·佚名《击粮歌》

□谁怜越女颜如玉，贫贱江头自浣纱。〔有谁可怜越国的姑娘容颜如玉，贫贱时只能自己在江边浣纱度日。〕

——唐·王维《洛阳女儿行》

□家贫无易事，身病是闲时。〔家里贫穷，没有容易办到的事；身体有病，才是闲暇休息的时候。〕

——唐·张籍《酬韩庶子》

□人情，一日不再食则饥，终岁不制衣则寒。夫腹饥不得食，肤寒不得衣，虽慈父不能保其子，君安能以有其民哉？〔人之常情是：

218

一天不吃两顿饭就要挨饿，整年不做衣服穿就会受冻。肚子饿了没饭吃，身上冷了无衣穿，即使是慈爱的父亲也不能保全自己的子女，君主又怎么能拥有他的百姓呢？〕

——汉·晁错《论贵粟疏》

□陶尽门前土，屋上无片瓦。十指不沾泥，鳞鳞居大厦。〔用尽门前的泥土烧瓦，但自己的屋上却没有一片瓦。那些双手从不沾泥巴的人，却住着瓦多如鳞的高楼大厦。〕

——宋·梅尧臣《陶者》

□春种一粒粟，秋收万颗子。四海无闲田，农夫犹饿死。〔春天播下一粒种子，到秋天能收获上万颗粮食。四海之内没有荒芜的土地，可是农民还有被饿死的。〕

——唐·李绅《古风二首》

□善治者，务俭约，重民力也；恶政者，从心恣欲，触情而发也。〔善于治国的君主一定勤俭节约，爱惜民力；不善治国的君主随心所欲，恣意妄为。〕

——三国·杨阜·摘自《三国志·辛毗杨阜高堂隆传》

□以佚道使民，虽劳不怨；以生道杀民，虽死不怨杀者。〔用使人民安逸的办法来统治人民，人民虽然劳累也不会怨恨；用使人民生存的办法来诛杀暴民，暴民虽死也不会怨恨。〕

——战国·孟子《孟子·尽心上》

□渊深而鱼鳖归之，草木茂而鸟兽归之。称贤使能，官有材而士归之；关市平，商贾归之；分地薄敛，农民归之。水性归下，农民归利。王若欲求天下民，社设其利而民自至。〔水深了鱼鳖就会来，草木茂盛了鸟兽就会来。举用贤能人士，使其发挥所长，当官的有才能，读书人就会来归顺；关税商贸公平，商人就会来经商；平分土地，轻薄赋税，农民就会来归顺。水的特性是往下流，人的特点是求利益。君王如果想得到天下百姓，一定要想法创造有利条件，使人民自己来归顺。〕

——秦·孔晁《逸周书·大聚》

□**朱门酒肉臭，路有冻死骨。**〔富贵人家每天都飘出酒肉的气味，道路上却有冻饿而死的百姓的白骨。〕

——唐·杜甫《自京赴奉先县咏怀五百字》

□**国以民为本，民以财为命。取之过多，予者亦怨。**〔国家以黎民百姓为根本，黎民百姓以钱财为生命；从他们身上取得过多，交钱的黎民百姓就会怨恨。〕

——宋·林季仲《论军费札子》

□**善人，富谓之赏；淫人，富谓之殃。**〔好人富有是好事，坏人富有是灾殃。〕

——春秋·左丘明《左传·襄公二十八年》

□**易其田畴，薄其税敛，民可使富也。**〔让百姓种好他们的田地，减轻他们的赋税，就可以使百姓富足。〕

——战国·孟子《孟子·尽心上》

□**民贫盗起不顾也，严刑峻法莫禁也。**〔百姓贫困引起的杀人越货什么也不顾了，非常严厉的法律也无法禁止。〕

——明·吕坤《呻吟语·治道》

□**伤心秦汉经行处，宫阙万间都做了土。兴，百姓苦；亡，百姓苦。**〔伤心的是经过秦汉时期的兴衰之地，看到成千上万的宫阙都已

荒废成一堆堆的泥土。一个朝代兴起的时候，苦的是老百姓，灭亡的时候，苦的也是老百姓。〕

——元·张养浩《山坡羊·潼关怀古》

□国不自富，民足则富；君不自强，士多则强。〔国家不会自然而然地富起来，只有黎民百姓富足了国家才能富裕；君主不可能无缘无故地强大，只有人才多了君主才可以强大。〕

——明·刘基《拟连珠》

□凡治国之道，必先富民。民富则易治也，民贫则难治也。〔治理国家的方法，必须使民众先富起来。民众富起来了，就容易治理；民众生活贫困，就难以治理。〕

——春秋·管仲《管子·治国》

□取之有时，用之有节，则物蓄多。〔取财于民要合时宜，财政开支要讲节制，财用就会充足。〕

——汉·贾谊《新书·礼》

□君所恃在民，民所恃在食，食所资在耕，耕所资在牛。〔国家所依靠的是百姓，人民所依赖的是粮食，粮食所凭借的是农耕，农耕所依靠的是耕牛。〕

——唐·张廷珪·摘自《新唐书·张廷珪传》

□赋敛烦则民财匮，课调轻则用不足。〔赋税繁重则百姓贫穷，赋税过轻则国家的开支就会不足。〕

——北朝·拓跋弘·摘自《魏书·显祖纪》

□积货滋多，蓄怨滋厚，不亡何待？夫民心之愠也，若防大川焉，溃而所犯必大矣。〔统治者如果聚集财货太多，百姓就会聚集很多怨

恨，不灭亡还等待何时？民心产生了愠怒，好像大河决堤，一旦溃堤，影响必大。〕

——春秋·左丘明《国语·楚语》

□养一人而费百人之资，则百人之食不得不乏；富一家而倾千家之产，则千家之业不得不空。〔供养一人而用百人的财用，那么百人的食用就会缺乏；使一家富裕而竭尽千家的家业，那么千家的家业就会空乏。〕

——唐·陆贽《均节赋税恤百姓六条》

□百姓足则君有余，未有民富而国贫者也。〔百姓的衣食丰足，君主的储存才会丰裕，没有百姓富裕而国家贫穷的事情。〕

——北朝·拓跋嗣·摘自《魏书·太宗纪》

□谁能扣君门，下令减征赋。〔谁能挺身而出去拜见君主，请朝廷下令减征百姓的赋税。〕

——唐·杜甫《宿花石戍》

□家足食，为子则孝，为父则慈，为兄则友，为弟则悌。〔家中衣食丰足，做儿子的就孝顺，做父亲的就慈祥，做兄长的就友爱，做兄弟的就亲近顺从。〕

——晋·傅玄·摘自《晋书·傅玄传》

□民贫轻揖让，力尽畏征输。〔人民贫苦的时候，不会注重那些繁文缛节；在他们财力匮乏之时，害怕的是官府征收赋税。〕

——清·沈德潜《夏日述感》

□为治之本，务在宁民。宁民之本，在于足用。足用之本，在于勿夺时。〔治理国家的根本，务必做到使百姓安居乐业。百姓安居乐

业的根本，在于衣食用度充足。要做到衣食用度充足，在于使百姓能正常地生产而不受干扰。〕

——汉·刘安《淮南子·泰族训》

□足寒伤心，民寒伤国。〔脚受冻会伤人的心，百姓饥寒会损害国家。〕

——汉·荀悦《申鉴·政体》

□养民惟恐不足，此世之所以治安也；取民惟恐不足，此世之所以败亡也。〔养育黎民百姓只怕不富足，这是社会安定的原因；榨取黎民百姓唯恐榨取不够，这是国家衰败灭亡的原因。〕

——宋·胡宏《知言》

□古之善政者，贵于足食；欲求富国者，必先利人。〔古时候善于执政的人，贵在使百姓衣食丰足；想谋求国家富裕的人，必须先让人民得利。〕

——唐·李隆基·摘自《旧唐书·韦坚传》

□善藏者藏于民，不善藏者藏于府。藏于民者民欣而君富，藏于府者国怨而民贫。〔善于储藏钱财的储存在百姓之中，不善于储藏钱财的藏于府库。〕

——北朝·甄琛·摘自《魏书·甄琛高聪列传》

□心无政教之原，而欲为万民之上则难。〔思想中没有政治与教化的本源，而想成为万民之上的执政者是很困难的。〕

——汉·刘安《淮南子·说林训》

□国家根本在百姓，百姓安危在督抚；督抚廉则阜物民安，督抚贪则民穷财尽。愿诸臣为百姓留膏血，为国家培养元气。〔国家的根

223

本是百姓，百姓的安危决定于督抚；督抚廉洁财力就强，百姓就会安定，督抚贪污就会民穷财尽。请各位大臣让百姓休养生息，为国家培养元气。〕

——清·魏象枢《清先正事略》

□水浊无掉尾之鱼，土确无葳蕤之木，政烦无逸乐之民。〔河水浑浊，就没有大鱼生长；土地瘠薄，就没有茂盛的树木；政令烦苛，就没有安居乐业的人民。〕

——北齐·刘昼《刘子·爱民》

□体道者逸而不穷，任数者劳而无功。〔依靠道治国的人不费力气而且办法层出不穷，依靠技巧和手段治国的人不仅辛苦而且没有成效。〕

——汉·刘安《淮南子·原道训》

□为人臣者，以富乐民为功，以贫苦民为罪。〔做臣子的，应以使百姓富裕快乐为功劳，以使百姓贫穷痛苦为罪责。〕

——汉·贾谊《新书·大政》

□上劳则刑繁，刑繁则民忧，民忧则流亡。〔执政者举动过多，刑罚就多；刑罚繁多民心就忧惧，民心忧惧就流离逃亡。〕

——周·吕尚《六韬·文启》

□仓廪实则知礼节，衣食足则知荣辱。〔粮食充裕，百姓就知道遵守礼节；衣食丰足，百姓才懂得光荣与耻辱。〕

——春秋·管仲《管子·牧民》

□上之情达于下，下之情达于上，上下一体，所以为泰。下之情壅阏而不得上闻，上下间隔，虽有国而无国矣，所以为否。〔上面的意图能够通到下面，下面的意见能够达到上面，上下如同一个人，所以叫"泰"。下面的意见被堵塞不能够让上面听到，上下隔绝，虽然有国家却像没有国家一样，所以叫"否"。〕

——明·王鏊《亲政篇》

□静其民而不扰，佚其民而不劳。不扰则民自循，不劳则民自试。〔使人安定而无所干扰，使人民安逸而无所劳顿。不干扰，人民会自动守法；不劳顿，人民会自动工作。〕

——春秋·管仲《管子·形势解》

□苟无岁，何以有民？苟无民，何以有君？〔如果年成不好，怎么能保有人民？如果没有人民，又怎会有国君？〕

——汉·刘向《战国策·齐策》

□利，出一孔则国多物，出十孔则国少物。〔国家的利禄只出自一个途径，大家都致力于一个方向，国家的财富就增多；利禄出自多种途径，财富就越来越少。〕

——战国·商鞅《商君书·弱民》

□不富无以养民情，不教无以理民性。〔不使百姓富裕就不能调养百姓感情，不对百姓进行教化就不能调理百姓习性。〕

——战国·荀子《荀子·大略》

□节用以礼，裕民以政。〔要按照制度所规定的不同标准来节制消费，要通过政治上的各种政策措施使人民生活变得富裕。〕

——战国·荀子《荀子·富国》

□下情不能以上通，则民间利病无由而知，官吏赃否无由而闻，天下日趋于乱矣。〔下面的情况不能通达上面，那么民间的好坏情况

就无从了解，官吏是否贪赃枉法也没有途径听到，于是国家就日益趋向动乱。〕

——明·丘浚《正百官·总论任官之道》

□下贫则上贫，下富则上富。〔老百姓贫穷那么国家必定贫穷，老百姓富裕那么国家必定富裕。〕

——战国·荀子《荀子·富国》

□凝士以礼，凝民以政；礼修而士服，政平而民安。〔稳定巩固人才用礼，稳定巩固人民用政；礼仪全备那么人才就能信服，政治清平人民就会安定。〕

——战国·荀子《荀子·议兵》

□安人宁国，惟在于君，君无为则人乐，君多欲则人苦。〔使人民安定国家太平，责任全在于国君。国君清静无为，人民就安居乐业；国君贪得无厌，人民就痛苦不堪。〕

——唐·吴兢《贞观政要·务农》

□贵饱者必炊饭，贵暖者必缝衣，贵治者必养民。〔要使肚子饱就必须做饭，要使身体暖就必须做衣服，要使国家安定就必须使人民得到休养。〕

——清·唐甄《潜书·达政》

□足其衣食，然后教以礼仪，而威以刑诛。〔使老百姓丰衣足食，然后再教给他们礼仪道德，同时用刑罚进行威慑。〕

——汉·桓谭《新论·王霸》

□为君之道，必须先存百姓。若损百姓以奉其身，犹割股以啖腹，腹饱而身毙。〔为人君的原则，必须先心中存有百姓。如果损害百姓

来供奉自己，就好像是砍掉大腿来喂饱肚子，肚子吃饱了，生命也就终结了。〕

——唐·吴兢《贞观政要》

□**礼义生于富足，盗窃起于贫穷。**〔礼义道德的产生源于富裕，盗窃行为的产生源于贫穷。〕

——汉·王符《潜夫论·爱日》

□**守本离末则民富，离本守末则民贫。**〔致力于生产，使之脱离经商等游业，百姓就会富裕；致力于经商等游业，而脱离生产，百姓就会贫困。〕

——汉·王符《潜夫论·务本》

□**先饮食而后教诲，谓治人也。**〔对于老百姓，要先解决他们的温饱，而后才能谈得上教诲，这是治理人民的方法。〕

——汉·董仲舒《春秋繁露·仁义法》

□**强本而节用，则天不能贫；养备而动时，则天不能病。**〔加强生产而节约消费，那么自然界就不会使人贫困；生活资料准备充足，活动适时，那么自然界就不能使人生病。〕

——战国·荀子《荀子·天论》

□**衣食足而知荣辱，廉让生而争讼息。**〔衣服粮食充裕，老百姓就知道什么是荣耀和耻辱；廉洁礼让成为风气，老百姓的争执诉讼也就停息了。〕

——汉·班固《汉书·食货志》

□**为国者，必先知民之所苦，祸之所起，然后设之以禁，故奸可塞，国可安矣。**〔治理国家的人，必须先了解老百姓感到痛苦的是什

227

么，祸乱是从何而起的，然后设立可以防范的制度，那么奸伪之事即可杜绝，国家就能安定。〕

——汉·王符《潜夫论·述赦》

□食者，民之本也；民者，国之本也；国者，君之本也。〔粮食是人民的根本；人民是国家的根本；国家是君主的根本。〕

——汉·刘安《淮南子·主术训》

□民贫则奸邪生，贫生于不足，不足生于不农。〔百姓贫穷就产生奸诈邪恶，贫穷是由于物资不足产生的，物资不足是由于不务农产生的。〕

——汉·晁错《论贵粟疏》

□居者有余蓄，行者有余资，人人自厚，几致刑措，可谓有治天下之效。〔居家的人有积蓄，行路的人有余钱，人人都很富足，几乎刑法也用不着，这样就可以说有治理天下的成效。〕

——宋·曾巩《唐论》

□有田不耕仓库虚，有书不教子孙愚。〔不种田地，仓库就会空虚；不教读书，子孙就会愚蠢。〕

——唐·白居易《劝学文》

□民可百年无货，不可一朝有饥。〔老百姓可以百年内手中无钱，但不可一天饿肚子。〕

——晋·陈寿《后汉书·刘陶传》

□民劳则思，思则善心生；逸则淫，淫忘善，忘善则恶心生。沃土之民不材，逸也；瘠土之民莫不向义，劳也。〔百姓勤劳就善于思考，思考就产生善心；安逸就会放纵，放纵就忘却善良，忘却善良就

228

产生坏心。生活在肥沃土地上的百姓不成才，是因为贪图安逸的缘故；生活在贫瘠土地上的百姓趋向正义，是因为勤劳的缘故。〕

——春秋·左丘明《国语·鲁语》

□君非民不立，民非谷不生。〔国君离开人民就不能立国，人民没有粮食就不能生存。〕

——晋·陈寿《三国志·吴主传》

□筑城者，先厚其基而后求其高；畜民者，先厚其业而后求其赡。〔修筑城墙的人，先把墙基夯得厚厚的，而后才能要求城墙修得高；养育百姓的人，先加强他们的生产，而后才能要求他们富足。〕

——汉·桓宽《盐铁论·未通篇》

□欲安时兴化，不先富而教之，其道无由。〔要想社会安定，振兴教化，不采取先使人民富裕，同时再加以教育的方法，是没有别的道路可以遵循的。〕

——唐·令狐德棻《晋书·石苞传》

□百姓既足，不思犯乱，而后风化可施，赏罚可行。〔老百姓已经富足了，不考虑犯罪作乱了，然后风俗教化才有可能实施，赏罚才能实行。〕

——清·唐甄《潜书·宗孟》

□家富则疏族聚，家贫则兄弟离。〔家里富足，远房亲戚也凑近乎；家里贫穷，近支兄弟也要离远点儿。〕

——战国·慎到《慎子·意林》

□廉者，必使民俭以丰财；才者，必使民勤以厚利。举廉举才，必以丰财厚利为征。〔廉洁的官员必须能使老百姓懂得俭朴才能使财

229

物丰饶的道理，有才能的官员必须能使老百姓懂得勤劳才能致富的道理。所以荐举廉洁和有才能的官员，必须把能否使财物丰饶、经济繁荣作为一个重要标志。〕

——清·唐甄《潜书·考功》

口人主移于贾而国本凋，士大夫移于贾而廉耻丧。〔君主把精力放在商业上而忽视生产，那么国家的根本就要衰败；官员们都致力于经商做买卖，那么廉耻就要丧失殆尽。〕

——清·王夫之《读通鉴论》

口王国富民，霸国富士，仅存之国富大夫，亡道之国富仓府，是谓上溢而下漏。〔称王的国家使人民富有，称霸的国家使谋士富有，勉强存在的国家使大臣富有，无道的国家富有仓库，这就是所说的上面满而下面漏。〕

——汉·刘向《说苑·政理》

口众为邦本，土为邦基，财用为生民之命。〔民众是国家的根本，土地是国家的基础，财物等生活资料是百姓的生命。〕

——清·唐甄《潜书·卿牧》

口主者以民为基，民以财为本，财竭则下畔，下畔则上亡。是以明王爱养基本，不敢穷极。〔君主以老百姓为基础，老百姓以财产为根本，他们的财产被敲诈光了，就要发生叛乱，民众叛乱，统治者也就灭亡了。所以贤明的君主爱护基础和根本，不敢穷征极敛。〕

——宋·司马光《资治通鉴·汉纪》

口财聚则民散，财散则民聚。是故悖而出者，亦悖而入；货悖而入者，亦悖而出。〔统治者只知道聚敛财富，就会使人民离散，把财富分让给人民，就会使人民归聚在周围。所以用违背情理的态度对待

230

别人，别人也将以同样的态度来回敬；用违背道理的手段聚敛来的财富，最终也会被别人用违背道理的手段掠夺去。〕

——战国·曾参《礼记·大学》

口同天下之利者，则得天下；擅天下之利者，则失天下。〔能同天下所有人共同分享天下利益的，就可以取得天下；独占天下利益的，就会失掉天下。〕

——周·吕尚《六韬·文韬·文师》

口欲富国者务广其地，欲强兵者务富其民，欲王者务博其德，三资者备而王随之矣。〔想使国家富强一定要扩展疆土，想使军队强大一定先让百姓富裕，想成就王业一定要广施恩德。地、民、德三方面具备了，王业就随之而来了。〕

——战国·司马错·摘自《史记·张仪传》

口民，富则安，贫则危。〔人民富裕了，国家就安定；人民贫穷了，国家就危险。〕

——晋·傅玄《安民》

口不务先富民，而唯言益国，岂有民贫于下，而富国于上邪？〔不先致力于使人民富裕起来，而只谈论如何使国家获得好处，难道有下面老百姓一贫如洗，而国家却很富裕的事吗？〕

——南朝·萧子显《南齐书·武十七五传》

口国以民为本，疆由民力，财由民出。夫民殷国弱，民瘠国强者，未之有也。〔国家以人民为根本，国家强盛是由于人民有力量，财富是由人民生产出来的。人民很富足而国力很衰弱，或是人民很贫穷而国力很强大，这从来是没有过的。〕

——晋·陈寿《三国志·陆逊传》

231

□民富则亲，民贫则离，民之贫富，国家休戚系焉。〔人民富裕对上就会亲近，人民贫穷对上就会背离，人民的贫富，关系到国家的兴衰。〕

——明·朱元璋《洪武实录》

□国计民生，当务之急也。〔国家经济和人民生活是当前急需解决的大事。〕

——清·林则徐《畿辅水利议总序》

政治篇

礼治教化
法令法规
政事政务
选贤任能
奖惩考评
谋略决策

礼治教化

□有教无类。〔任何人都可以接受教育，没有贫富、贵贱、智愚类别的区分。〕

——春秋·孔子《论语·卫灵公》

□兴衰资于人，得失在于教。〔一个国家的兴衰在于人才，得失在于教育。〕

——隋·王通《中说·立命》

□务正已以为表，明礼义以为教。〔致力于端正自己的行为以作为属下的表率，申明礼义道德对百姓进行教育。〕

——汉·王符《潜夫论·德化》

□南面而治天下，莫不以教化为大务。〔坐在君主之位治理天下的人，无不以对百姓的教化为根本大事。〕

——汉·班固《汉书·董仲舒传》

□天下不可一日而无政教，故学不可一日而亡于天下。〔国家不能一天没有政教，所以国家不能一天没有学校。〕

——宋·王安石《慈溪县学记》

□一年之计，莫如树谷；十年之计，莫如树木；终身之计，莫如树人。一树一获者，谷也；一树十获者，木也；一树百获者，人也。

〔做一年的打算最好是种植五谷；做十年的打算，最好是种植树木；做终身的打算，最好是培育人才。种谷是一种一收，种树是一种十收，培育人才是一种百收的事情。〕

——春秋·管仲《管子·权修》

口畏可以教爱，耻可以立廉。〔让人们畏惧法律而守法，社会风气得以教化友爱；培养人们知耻的精神，可以树立人们廉洁的作风。〕

——元·脱脱《金史·刑志》

口教化修则争竞息，争竞息则刑罚清，刑罚清则人安矣。〔教化事业整治好了，争讼就会平息；争讼平息了，刑罚就会减少；刑罚减少了，人民就会安居乐业。〕

——唐·刘蕡《对贤良方正直言极谏策》

口学校，王政之本也。古者致治之盛衰，视其学之兴废。〔学校是国家治理的根本。古时候国家治理的盛与衰，就看其教育的兴与废。〕

——宋·欧阳修《吉州学记》

口古之圣王，未有不尊师者也。尊师，则不论其贵贱贫富矣。〔古代圣明的君王，没有不尊敬师长的。尊敬师长，就不要讲究他的贵贱贫富了。〕

——秦·吕不韦《吕氏春秋·劝学》

口国之将兴，尊师而重傅。〔国家要兴盛，一定是尊重老师、重视教育的。〕

——汉·班固《汉书·文帝纪》

口性犹湍水也，决诸东方则东流，决诸西方则西流。人性之无分于善不善也，犹水之无分天东西也。〔人性如同急流中的水，东面决

236

口就往东流，西面决口就往西流。人性没有善与不善的区别，如同水没有东与西的区别一样。〕

——战国·孟子《孟子·告子上》

口教之、养之、取之、任之，有一非其道，则足以败天下之人才。〔教育人才、培养人才、选拔人才、任用人才，只要有一个环节不正确，就足以败坏天下的人才。〕

——宋·王安石《上仁宗皇帝言事书》

口教化可以美风俗，虽然，必久而后至于善。〔教化可以使风俗美好，虽然如此，必定在长久以后才能见到明显效果。〕

——宋·王安石《慈溪县学记》

口乐者，圣人之所乐也，而可以善民心。其感人深，其移风易俗。〔音乐，是圣人所爱好的，而且可以用它来改善民心。音乐感人至深，就能起到改变风气习俗的作用。〕

——战国·荀子《荀子·乐论》

口古者，以学为政。〔古时候把学校教育作为政务来对待。〕

——宋·苏辙《上高县学记》

口教人者，养其善心而恶自消；治民者，导之敬让而争自息。〔教育者，培养人们的向善之心，其作恶之念自然会消失；治理百姓者，引导人民谦敬礼让，纷争自然会止息。〕

——宋·朱熹《近思录》

口人之命在天，国之命在礼。人君者，隆礼尊贤而王，重法爱民而霸，好利多诈而危，权谋倾覆幽险而亡。〔人的命运在于上天注定，国家的命运在于礼教实行。统治人民的君主，崇尚礼义、尊重贤人就

237

能称王天下，注重法治、爱护人民，就能称霸诸侯；贪图财利、多搞欺诈就会危险误国，玩弄权术、坑人害人、阴暗险恶，就会灭亡。〕

——战国·荀子《荀子·强国》

　　□人有登山而采玉者，有入海而求珠者，各宝其宝，不必同也。〔世人有登山采玉的，有入海求珠的，各以自己的宝物为宝，不必强求一致。〕

——清·袁枚《随园诗话补遗》

　　□学之染人，甚于丹青。〔学习对人的影响，比染料染物还要明显。〕

——宋·李昉《太平御览·历学篇》

　　□敬教劝学，建国之大本；兴贤育才，为政之先务。〔重视教育、劝勉学习是建设国家的根本大计；提拔贤能、培养人才是治理国家的首要任务。〕

——明·朱舜水《劝兴》

　　□教化之本，出于学校。〔对人教育感化的基础，是在学校奠定的。〕

——宋·苏洵《议法》

　　□得人之道，莫如利之；利之之道，莫如教之以政。〔得到人民拥护的办法，没有比造福人民更好的了；造福人民的办法，没有比用实际施政效果教育人民更好的了。〕

——春秋·管仲《管子·五辅》

　　□玉不琢，不成器，人不学，不知道。是故，古之王者，建国君民，教学为先。〔璞玉不经雕琢，不能成为玉器，人们不去学习，不

能懂得道理。因此，古代的君王建立国家统治人民，都以设立学校、实施教化为最优先、最重要的事情。〕

——汉·戴圣《礼记·学记》

□夫中人之性，在所习焉。习善而为善，习恶而为恶也。〔一般人的本性，是平时习染养成的。学习善良的品质就会向善，学习恶的品质就会作恶。〕

——汉·王充《论衡·本性篇》

□善之本在教，教之本在师。〔培养向善之心的根本在于教育，教育的根本在于老师。〕

——宋·李觏《广潜书》

□人性之善也，犹水之就下也。人无有不善，水无有不下。〔人性都是向善的，如同水往低处流一样。人的本性没有不善的，水也没有不向低处流的。〕

——战国·孟子《孟子·告子上》

□以仁安人，以义正己。〔用仁爱去安抚人民，用正义来严格要求自己。〕

——汉·董仲舒《春秋繁露·仁义法》

□为治以人才为本，人才以教化为先。〔治理国家的关键在人才，培养人才要把教育放在首位。〕

——清·魏裔介《振士司以养人才疏》

□教之不从，刑以督之，惩一人而天下知所劝戒，所谓以辟止辟，虽曰杀之，而仁爱之实已行乎其中。〔经过教育而不听从，就要用刑罚来责罚他，惩治一个人，使天下人都知道政府鼓励和惩戒的是什么，

这就是所说的用法律来禁止法律，虽说是杀了人，但其中行的却是仁爱之实。〕

——宋·朱熹《朱子语类》

□梓匠轮舆，能与人规矩，不能使人巧。〔木工以及做车轮或者箱子的人能把制作的规矩准则传授给人，却不能使人一定具有高明的技巧（那是自己去寻求的）。〕

——战国·孟子《孟子·尽心下》

□人才为政事之本，而学校尤为人才之本也。〔人才是治理国家的根本，而学校尤为培养人才的根本。〕

——清·李塨《习斋年谱》

□天之生物，必因其才而笃焉，故栽者培之，倾者覆之。〔上天生育万物，必须根据它本来的材质加以护养，所以能栽种的就培养它，已倾枯的就掩埋它。〕

——战国·子思《礼记·中庸》

□不教之教，无言之诏。〔以身体力行去感化别人，这是无言之教，也是最好的教化。〕

——秦·吕不韦《吕氏春秋·君守》

□智者知之，愚者不知，不可以教民；巧者能之，拙者不能，不可以教民。〔智者知道，愚者不知，不可以教化民众；灵巧的能行，笨拙的不能，不可以教化民众。〕

——春秋·管仲《管子·乘马》

□人心惟危，道心惟微，惟精惟一，允执厥中。〔人心变化不定，很难揣摩透，天地自然之心微妙而神奇，但如果仅仅靠揣摩天命运气，

无法解决问题。只有统一运用这两者，携天地自然之心与人心一起，天人合一，一以贯之，才能成事成仁。〕

——春秋·孔子《尚书·大禹谟》

□古之人将教天下，必定其家，必正其身。〔古代人要教育感化天下人，一定要先使自己的家庭安定，一定要先端正自身。〕

——宋·赵湘《本文》

□习久而变者，必以其渐。〔长期养成的习惯要想改变，必须逐渐进行。〕

——清·王夫之《读通鉴论》

□习勤忘劳，习逸成惰。〔勤奋成为习惯，就会忘掉劳苦；安逸成为习惯，就会养成懒惰。〕

——清·李惺《药言剩稿》

□少成若天性，习惯如自然。〔年少时养成的习惯就跟人天性一样，而长期习惯了的事情就觉得很自然的了。〕

——汉·班固《汉书·贾谊传》

□人之性情，莫不由习。〔人的性格，没有不是由习惯而形成的。〕

——唐·张九龄《论教皇太子状》

□蓬生麻中，不扶而直；白沙在涅，与之俱黑。〔生在麻中的蓬草，不用扶也会长直的；而白沙置于黑色的染料中，便一同变成黑色。〕

——战国·荀子《荀子·儒效》

□不富，无以养民情；不教，无以理民性。……《诗》曰："饮之食之，教之诲之。"王事具矣。〔不富裕，便不能培养人民正当的情

241

感；不教育，便不能整治人民的习性。……《诗经》说："给人民以饮食，对人民以教诲。"王者的政事便算是完备了。〕

　　　　　　　　　　　　　　　　——战国·荀子《荀子·大略》

　　□风俗之变，迁染民志，关之盛衰，不可不慎也。〔风俗变化，会逐渐影响民众思想，关系国家的盛衰，不能不慎重啊！〕

　　　　　　　　　　　　　　　　——宋·王安石《风俗》

　　□致天下之治者在人材，成天下之材者在教化，职教化者在师儒。〔使国家能治理好的关键在于人才，能培养好人才的关键在于教化，掌管教化的在于教师和有学问的人。〕

　　　　　　　　　　　　　　　　——宋·胡瑗《松滋县学记》

　　□染于苍则苍，染于黄则黄。〔在黑色中浸染就变成黑色，在黄色中浸染就变成黄色。〕

　　　　　　　　　　　　　　　　——战国·墨子《墨子·所染》

　　□上智不教而成，下愚虽教无益，中庸之人，不教不知也。〔上等智慧的人不经教示而有所成，愚昧的人虽受教示而无益，普通人则是不经教示就不知晓什么。〕

　　　　　　　　　　　　　　　　——北齐·颜之推《颜氏家训·教子》

　　□人之初，性本善，性相近，习相远。〔人的本性最初都是向善的，本性虽然都是相近的，但平时的习惯却相差很远。〕

　　　　　　　　　　　　　　　　——宋·王应麟《三字经》

　　□凡学之道，严师为难。师严然后道尊，道尊然后民知敬学。……大学之礼，虽诏于天子，无北面，所以尊师也。〔求学的道理，尊敬老师是最难做到的。老师受到尊敬，然后真理学问才会受到尊重，真

242

理学问受到尊重，然后人们才会敬重学问。……大学的礼法，对天子授课时，老师不处于面朝北的臣位，就是为了表示尊师重道。〕

——汉·戴圣《礼记·学记》

口人必衣食有所资，然后为善之心以生。〔人们必须先使吃穿有所保障，然后才能产生为善之心。〕

——明·海瑞《使毕战问井地》

口治国不以礼，犹无耜而耕也。〔如果国君管理国家不遵循礼仪规范，就如同农夫耕田而没有耒耜一样。〕

——汉·戴圣《礼记·礼运》

口为人父，止于慈，不当因其子之贤愚而异爱。为人子，止于孝，不当因其父之慈严而异敬。〔做父亲，只在仁慈，不该因自己子女贤明愚笨而喜爱不同。做子女，只在孝顺，不该因自己的父母慈祥严厉而敬重不同。〕

——明·王栋《诚意问答》

口德礼为政教之本，刑法为治教之用。〔以礼义教化作为治理国家的基本方法，而以刑罚制裁作为治理国家的辅助手段。〕

——唐·长孙无忌《唐律疏议·名例》

口上之化下，下之从上。〔统治者对百姓进行教化，百姓就会服从统治。〕

——汉·班固《汉书·董仲舒传》

口记问之学，不足以为人师。必也其听语乎，力不能问，然后语之；语之而不知，虽舍之可也。〔只知背记书本概念而没有自己心得、独立见解的人，没有资格做老师。一定要根据学生提出的问题，知道

243

学生心里有疑问却没有能力表达时，老师才加以开导；经讲解而学生还不知晓，暂时放弃指导也是可以的。〕

——汉·戴圣《礼记·学记》

□博求人才，广育士类。〔遍访各色各类人才，广泛培育有知识的人。〕

——宋·苏轼《荐朱长文札子》

□守国之度，在饰四维。〔守卫国家的准则，在于整顿好礼、义、廉、耻四件事。〕

——春秋·管仲《管子·牧民》

□圣人之治人也，不贵其人博学也，欲其人之和同以听令也。〔圣人管理人，不以其博学多识为贵，而以其与人和睦同心、善于服从命令为贵。〕

——春秋·管仲《管子·法禁》

□夫学，殖也；不学，将落。〔治学，就像种植；不学习就不会有收获。〕

——春秋·左丘明《左传·昭公十八年》

□覆人之过者，敦之道也；救人之失者，厚之行也。〔能帮助别人改正错误是笃厚的原则；能补救别人的过失是忠厚的行为。〕

——汉·朱穆《崇厚论》

□君子之不亲教其子也，诗有讽刺之辞，礼有嫌疑之诚，书有悖乱之事，春秋有邪僻之讥，易有备物之象，皆非父子之可通言，故不亲授耳。〔品德高尚的人不能亲自教导自己的孩子，《诗经》中有讽刺君王的言辞，《礼记》中有回避嫌疑的告诫，《尚书》中讲了犯上作乱的事，《春秋》中有不正当、不亲睦的叙述，《易经》有包容万象的卦象，这些都不是父子之间可以直接谈论的，所以品德高尚的人不能亲自教导自己的孩子。〕

——北齐·颜之推《颜氏家训·教子》

□家有余粮鸡犬饱，户多书籍子孙贤。〔家里有了余粮鸡犬就能吃饱，家里的书籍多了子孙就会贤能。〕

——明·施耐庵《水浒传》

□爱而不教，终至凶戾。〔宠爱子女而不加教诲，最终将会使他们变得凶残暴戾。〕

——汉·何敞·摘自《后汉书·何敞传》

□生而知之者，上也；学而知之者，次也；困而学之，又其次也；困而不学，民斯为下矣。〔生来就知道的是上等的；通过学习才知道的是次一等的；遇到困难才学习的又是次一等的；遇到了困难仍不知道去学习克服困难，像这样不思进取的是最差一等的了！〕

——春秋·孔子《论语·季氏》

□父母之爱子，则为之计深远。〔父母如果真正爱自己的孩子，就要为他计划得长远一些。〕

——汉·刘向《战国策·赵策》

□君子知在位者之不能以恶服人也，是故简六艺以赡养。诗书序其志，礼乐纯其美，易春秋明其知，六学皆大，而各有所长。诗道志，故长于质；礼制节，故长于文；乐咏德，故长于风；书着功，故长于事；易本天地，故长于数；春秋正是非，故长于治人；能兼得其所长，而不能偏举其详也。〔君子知道作为管理者不能以粗暴制服百姓，因此归纳为六艺来培养。用《诗》《书》培育其思想而坚定其志向，用

245

《礼》《乐》纯洁其身心而美化其言行，用《易》《春秋》让其明白事理而增长其智慧，六门学问都很重大，而且各有所长。《诗》是表达人的思想感情的，所以其文风朴实；《礼》是约束人的言行的，所以其注重文采；《乐》是歌咏人的德行的，所以其长于讽喻；《书》是记录人的功业的，所以其长于叙事；《易》是描述天地运行的，所以其重在描述事物的变化规律；《春秋》是端正人的是非观念的，因此能增长人的管理才能。要获得六方面的知识而增长才能，不能偏执学习某一学科。〕

——汉·董仲舒《春秋繁露·玉杯》

□政教相似而殊方。〔政治和教化的意义是相同的，但二者实施的途径却不一样。〕

——春秋·管仲《管子·侈靡》

□学，行之上也，言之次也，教人又其次也；咸无焉，为众人。〔治学，力行修身最为上，著书立说是其次，说经教人又其次，什么都没有，就是凡人了。〕

——汉·扬雄《法言·学行》

□古者百里而异习，千里而殊俗，故明王修道，一民同俗。〔在古代，百里之内，习惯不同，千里之内，风俗不同，所以圣明的君主通过教化，使民俗趋于相同。〕

——秦·晏婴《晏子春秋·问上》

□危非仁不扶，乱非智不救。〔国势困危，没有仁义之士不能扶持；国家动乱，没有智谋之人无法救治。〕

——汉·刘陶·摘自《后汉书·刘陶传》

□为国者，反民性，然后可以与民戚。民欲佚而教以劳，民欲生而教以死。劳教定而国富，死教定而威行。〔治理国家，就要改造百

246

姓的不良习性，然后才能与他们亲近。百姓贪图安逸，就要教他们辛勤劳作，百姓贪生怕死，就要教他们勇于牺牲。劳动教育成功了，国家才可致富，献身教育成功了，国家才有声威。〕

——春秋·管仲《管子·侈靡》

□世俗之性，少所见而多所闻。〔世俗的本性，喜好推崇古代而毁谤现代，轻视所见到的事实而重视听到的传闻。〕

——汉·王充《论衡·齐世篇》

□立爱自亲始，教民孝也；立敬自长始，教民顺也。〔树立仁爱从亲近的人开始来教化百姓孝顺，树立尊敬从身边的长辈开始以教民顺服。〕

——三国·诸葛亮·摘自《三国志·二主妃子传》

□爱子，教之以义方，弗纳于邪。〔疼爱子女，就要考虑用好的方法教育他们，不要使他们流入邪恶之流。〕

——春秋·左丘明《左传·隐公三年》

□化人在德，不在用刑。〔教化人的关键在于以德服人，不在用刑罚制人。〕

——汉·张敞·摘自《后汉书·王龚传》

□以礼义之治心，则邪说不入；以学校治民，则祸乱不兴，刑罚非所先也。〔用礼义修身养性，歪理邪说就难以侵入内心；用教育教化民众，就不会发生祸乱，这是刑罚所不能做到的。〕

——明·宋濂·摘自《明史·宋濂传》

□故教也者，义之大者也；学也者，知之盛者也。义之大者，莫大于利人，利人莫大于教。知之盛者，莫大于成身，成身莫大于学。

〔因此老师是道义的大成者，学生是知识的盛载者。道义再大，没有比利人更大的，使人受益没有比教授别人更好的。知识接受得再多，没有比修身更大的，修身没有比学习更重要的。〕

——秦·吕不韦《吕氏春秋·尊师》

□君子无礼，是庶人也；庶人无礼，是禽兽也。〔君子没有礼仪，就是一般的人；一般的人没有礼仪，就和禽兽差不多。〕

——秦·晏婴《晏子春秋·谏下》

□营国之本，礼教为先。〔治理国家的根本，礼仪教化为第一要务。〕

——北朝·魏收《魏书·景穆十二王列传》

□君人者兼治教之责，率以躬行，则众自化。〔君主身兼治理与教化民众的双重责任，如果君主能亲身示范良好的道德行为，那么民众自然而然就会受到感化。〕

——明·宋濂·摘自《明史·宋濂传》

□治化之本，在于正人伦。人伦之正，存乎设庠序。〔治理教化的根本，在于匡正人伦。人伦的匡正，则在于实施教育。〕

——南朝·王导·摘自《宋书·礼一》

□心术者，无为而制窍者也。〔心要处于一种自然"无为"的状态，才能控制感觉功能。〕

——春秋·管仲《管子·心术》

□人生在世，会当有业。农民则计量耕稼，商贾则讨论货贿，工巧则致精器用，伎艺则沉思法术，武夫则惯习弓马，文士则讲议经书。〔人生在世，应当有自己的工作。农民计量自己的耕收，商人谈论自

已货物的价钱，工匠致力于精巧的器物，技艺之士就必须潜心钻研技艺，当武夫的则要熟习刀剑骑马，而文人则要讲论儒家经书。〕

——北齐·颜之推《颜氏家训·勉学》

□金之质也至刚，铸之可以成器；水之性也柔弱，壅之可以坏山。〔金属的质地很坚硬，铸造它可以成为器皿；水的本性很柔弱，壅塞了可以毁坏大山。〕

——唐·令狐德棻《周书》

□道之以德教者，德教洽而民气乐；驱之以法令者，法令极而民风哀。〔以德育来引导教化百姓的，则德教融洽，民风和乐；用法令来强制百姓就范的，则法令极严，民风哀惧。〕

——汉·贾谊·摘自《汉书·贾谊传》

□安上至民，莫善于礼；易俗移风，莫善于乐。〔治国安民，没有比礼更好的；移风易俗，没有比乐更好的。〕

——北朝·刁雍·摘自《魏书·刁雍传》

□政以均平为首，化以仁惠为本。〔治理政事以均衡平等为首要，教化百姓以仁爱贤惠为根本。〕

——晋·石季龙·摘自《晋书·石季龙传》

□儒者，所以助人君助教化者也。〔读书人，是可以帮助国君治理天下的人。〕

——唐·魏徵《隋书·志》

□故夫能说一经者为儒生；博览古今者为通人；采掇传书，以上书奏记者为文人；能精思着文，连接篇章者为鸿儒。〔能够讲解一种经书的是一般书生；能够了解古今事理的是通才；能搜集情况传递信

息来书写奏章记录的是一般文人；能够深入思考、精心写作、著书立说的是大儒。〕

——汉·王充《论衡·超奇篇》

□阴阳和则裁成万物，家道正则化行天下。〔天地间阴阳和谐则万物兴隆，家道端正才能风化天下。〕

——唐·魏徵《隋书·志》

□教化之行，自近者始。〔教育感化的实行，要从皇帝身边的人做起。〕

——金·李仲略·摘自《金史·李仲略》

□居身务期质朴，训子要有义方。〔为人处世务必要忠厚朴实，教育子女一定要有规矩法度。〕

——清·周希陶《增广贤文》

□建国重道，莫先于学，尊主庇民，莫先于礼。〔建立国家，尊重道德，没有不先劝学的；尊重君主，保护民众，没有不先行礼义的。〕

——隋·柳昂·摘自《隋书·列传》

□善为水者，引之使平；善化人者，抚之以静。〔善于治水者，用疏导的方法使其畅通；善于教化人者，循循善诱，静静抚慰。〕

——唐·魏徵《隋书》

□妻贤夫祸少，子孝父心宽。贤妇令夫贵，恶妇令夫败。〔妻子贤惠明理，丈夫的灾祸就少；儿女孝顺懂事，父母的身心就宽畅。贤妇能助夫富贵，恶妇能令夫衰败。〕

——清·周希陶《增广贤文》

□欲求子孝必先慈，将责弟悌务为友。虽孝不待慈，而慈固植孝；悌非期友，而友亦立悌。〔想要求子女孝顺必须自己先要慈善，想让兄弟顺从务必自己先要友善。虽然孝顺不一定能得来慈爱，但慈爱却能够培养孝顺；虽然顺从未必能得到友善，友善但能培养顺从。〕

    ——南朝·颜延之·摘自《宋书·颜延之传》

□德以修己，教以导人。〔德行操守是用来提高自己修养的，教诲则是用以启迪别人的。〕

    ——宋·宋祁《新唐书·刘苊传》

□师之所以为师，言必出于道，行必由于道，教必本于道。〔老师之所以能为人师表，是他的言谈必然出自道德，他的行为必定符合道德，他的授教一定依据道德。〕

    ——明·薛瑄《送孔节文分教徐州序》

□子以四教：文、行、忠、信。〔孔子用四个方面的内容教育学生：文献、德行、忠实、信用。〕

    ——春秋·孔子《论语·述而》

□用人者，取人之长，辟人之短；教人者，成人之长，去人之短也。〔用人是用人的长处而回避人的短处；教育人是成就人的长处而去掉他的短处。〕

    ——清·魏源《默觚下·治篇七》

□治道同归，师氏为上，化人成俗，必务于学。〔治理国家归结到一点，即尊师重教为最高明。教化庶民百姓，养成风俗习惯，必须致力于教育。〕

    ——唐·李世民·摘自《旧唐书·代宗纪》

□以礼义治之者，积礼义；以刑罚治之者，积刑罚。刑罚积而民怨背，礼仪积而民和亲。〔以礼义治国，就积累了礼义，国家就会成礼仪之邦；用刑罚来统治百姓，就积累了刑罚，国家必然残暴成风。尚刑成风，就会招致民众怨恨背叛；崇礼成习，百姓就能和睦亲附。〕

——汉·贾谊·摘自《汉书·贾谊传》

□不求金玉重重贵，但愿子孙个个贤。〔不要谋求财富多而重，但愿儿女个个贤能成才。〕

——清·周希陶《增广贤文》

□经师易遇，人师难遭。〔教授知识、技能的老师容易遇到，道德修养高、以身垂范的老师很难得到。〕

——明·袁宏道《后汉纪》

□不教而诛谓之虐。〔事先不加教育，一旦触犯就杀掉，这就叫做暴虐。〕

——汉·班固《汉书·董仲舒传》

□君子之于子，爱之而勿面，使之而勿貌，导之以道而勿强。〔君子对子女，虽然喜爱，但却不表现在脸上；如果使唤他，也不用好的脸色；教导他要用道理来诱导他，而不是强制他。〕

——战国·荀子《荀子·大略》

□师非道也，道非师不帱；师非学也，学非师不约。〔老师不等于真理，但是没有老师，就无法让真理广为人知；老师不等于学问，但是没有老师，就不能让学问简约明了。〕

——明·何心隐《师说》

□儒之为教大矣，其利物博矣！笃父子、正君臣、尚忠节、重仁义、贵廉耻、贱贪鄙，开政化之本源，凿生民之耳目，百王损益，一以贯之。〔用儒学进行教化的作用很大，其对事物的好处也很多。使父子关系忠厚，君臣关系端正，崇尚忠信节操，注重仁爱道义，以廉耻为尊贵，以贪鄙为卑贱，是开启政治教化的根本，启发百姓心智的耳目，百代帝王的兴衰，其根本性的事理全都贯穿于此中。〕

——唐·魏徵《隋书》

□中也养不中，才也养不才。〔让道德品质好的人去熏陶那些道德品质不好的人，让有才能的人去教育那些没才能的人。〕

——战国·孟子《孟子·离娄》

□人心如印板，惟板本不差，则虽摹千万纸皆不差。〔人心就如同刻印文字的活版，只要版本一样，即使描摹千万张也不会有区别的。〕

——元·王恽·摘自《元史·王恽传》

□有师法者，人之大宝也；无师无法者，人之大殃也。〔能够有老师、有法度，是人最为宝贵的事情；没有老师、没有法度，是人最为不幸的事情。〕

——战国·荀子《荀子·儒效》

□惟教之不改，而后诛之。〔只有对其进行教化了以后仍不见改正，才能对其进行处罚。〕

——宋·苏辙《新论中》

□人之才，成于专而毁于杂。〔人的才能，形成在于专一，毁坏在于庞杂。〕

——宋·王安石《上皇帝万言书》

□人之爱子，罕亦能均，自古及今，此弊多矣。贤俊者自可赏爱，顽鲁者亦当矜怜。有偏宠者，虽欲以厚之，更所以祸之。〔人们喜爱子女，很少能够一样。从古到今，这种弊端很多。贤良英俊的自然可以赞赏喜爱，顽劣愚鲁的也应得到怜悯爱护。父母对偏爱的子女，虽然想以此厚爱他，实际上更是以爱害他。〕

——北齐·颜之推《颜氏家训·教子》

□立人以善，成善以教。〔为人处世要靠善行，培养善行要靠教育。〕

——宋·李觏《李觏集》

□不教不学，闷然不见己缺。〔不通过教授别人以及自己的学习，就不能发现自己的不足和缺点。〕

——唐·韩愈《应科目时与人书》

□决其善志，防其邪心，启其善道，塞其奸路。〔坚定他们的正确思想，预防他们的邪恶念头，开辟他们从善的道路，堵塞他们作奸的途径。〕

——汉·刘安《淮南子·泰族训》

□凡牧民者，欲民之谨小礼、行小义、修小廉、饰小耻、禁微邪，此厉民之道也。〔凡治理人民，要求人民严守小礼、躬行小义、修养小廉、整饰小耻、禁止小的坏事，这都是训练人民的方法。〕

——春秋·管仲《管子·权修》

□以身教者从，以言教者讼。〔用自己的榜样教育别人，别人就会服从；只是口头上教育别人，就只能争论不休。〕

——南朝·范晔《后汉书·第五伦传》

□德教废而诈伪行，礼义坏而奸邪兴，言无仁义也。仁者，爱之效也；义者，事之宜也。故君子爱仁以及物，治近以及远。〔道德教化废弃了，欺诈虚伪就要风行；礼仪破坏了，奸猾邪恶就要流行，这就是所说的没有了仁义。仁就是爱的体现，义就是办事的道理。因此君子总是从爱人推及到爱物，从治理近处推及到远处。〕

——汉·桓宽《盐铁论·刑德》

□凡治民之体，先当治心。心者，一身之主，百行之本。〔凡是治理民众，其根本是应当首先治理他们的思想。因为思想是整个身心的主宰，一切行为的本原。〕

——唐·令狐德棻《周书·苏绰传》

□君子之学进于身，小人之学进于利。〔君子做学问的目的是提高自身的德行，而小人学习的目的是为了谋取利益。〕

——隋·王通《文中子·天地篇》

□道也者，导之也，上导之而下道以为路也。〔所谓治国之道，实际上就是引导，执政者朝什么方向引导，下面就沿着什么道路走。〕

——清·王夫之《读通鉴论》

□以正教化者易而必成，以邪巧世者难而必败。〔用正确的思想进行教化的，容易做而且必定成功；用奸邪的思想取巧于世的，难于做而且必定失败。〕

——汉·刘安《淮南子·主术训》

□教之化民也深于命，民之效上也捷于令。〔用教育来感化民众，比行政命令深刻得多；受到教化的民众为执政者效力，比下命令还要迅速。〕

——汉·司马迁《史记·商君列传》

□行道之人，德行文学为根株，正直刚毅为柯叶。不根无叶，或有俟时，有叶无根，膏雨所不能活也。〔讲究礼法道德的人，应该以德行文学为根本，以正直刚毅为枝叶。有根无叶，还可以等待时机，以求枯木逢春；而有叶无根则遍沐甘霖也不能成活。〕

——唐·柳公绰·摘自《新唐书·柳公绰传》

□民可，使由之；不可，使知之。〔百姓若可以，就让他们按要求生活；他们若不可以，就使他们接受教育。〕

——春秋·孔子《论语·泰伯》

□礼者，禁于将然之前，而法者，禁于已然之后。是故法之所用易见，而礼之所为难知也。〔礼仪，在犯罪发生之前就禁止，而法令，在犯罪发生之后才禁止。因此，法在禁止人越轨为非上的作用就十分明显，礼在教导人知耻自爱上的作用就比较含蓄。〕

——汉·贾谊《陈政事疏》

□良匠能与人规矩，不能使人必巧。〔一个高明的工匠，能够教给人如何使用规矩，但却不能使人一定成为能工巧匠。〕

——晋·葛洪《抱朴子·极言》

□教学之法，本于人性，磨揉迁革，使趋于善。〔教学的方法，依据人的个性，就像揉磨改变皮子一样，使其趋于完好。〕

——宋·欧阳修《吉州学记》

□学即教，教即学，互相资矣。〔学就是教，教就是学，二者是相互依托、相辅相成的。〕

——明·王肯堂《交友》

□教者，政之本也。道者，教之本也。有道，然后教也。有教，然后政治也。政治，然后民劝也。民劝之，然后国丰富也。〔教育，是政治的根本。道义，是教育的根本。有了道义，然后才可以实行教育。有了教育，然后国家政事才可以治理。国家政事得到治理，然后民众才可以相互劝勉向善，民众都相互劝勉向善了，然后国家就很富裕了。〕

——汉·贾谊《新书·大政》

□至治无声，至教无言。〔最好的治理是没有声响的，最有效的教育是不说话的。〕

——明·李贽《送郑大姚序》

□凡治者何哉？为教化而已。〔所谓治理指的是什么呢？无非是对人民进行教化而已。〕

——南朝·沈约《宋书·周朗传》

□教之以礼义，诲之以忠信，诫之以典刑，威之以赏罚。〔用礼义去教导人们，用忠信去引导人们，用法律刑法惩戒人们，用严明的赏罚威慑人们。〕

——三国·诸葛亮《将苑·习练》

□刑以弊之，政以命之，法以遏之，德以养之，道以明之。〔用刑罚来纠正人们，用行政手段来命令人们，用法度来遏制人们，用道德来教养人们，用道理来启发人们。〕

——春秋·管仲《管子·正世》

□世事洞明皆学问，人情练达即文章。〔能够对世界上的事透彻了解，就是学问；能够对人情世故熟悉通达，就是文章。〕

——清·曹雪芹《红楼梦》

□家中要得兴旺，全靠出贤子弟。若子弟不贤，不才，虽多积银、积钱、积谷、积产、积衣、积书，总是枉然。〔家里要兴旺，全靠培养出贤良儿女。如果儿女不贤德，无才能，即使大量存金银、存钱币、存稻谷、存房产、存衣物、存诗书，总是白费劲。〕

——清·曾国藩《与澄弟书》

□人主诚以礼义治心，则邪说不入，以学校治民，则祸乱不兴。〔皇上如果真的用礼义来治理百姓的心，那么奸佞的学说就不会进入；用学校来教育百姓，那么灾难和暴乱就不会产生。〕

——清·万斯同《明史·宋濂传》

□劝民成俗，使民迁善远罪，乃治大者。〔教育老百姓并使之养成良好的社会风气，使百姓趋向善良而远离犯罪，是治理国家的大事。〕

——清·万斯同《明史》

□身教立，诚心喻，德威著。〔实际行动已作出榜样，诚心已经被大家所了解，德行和威望就显露出来了。〕

——清·王夫之《读通鉴论》

□风教之兴废：天下有道，则上司之；天下无道，则下存之。〔风俗教化的兴与废往往是这样：天下有道时，由上面负责推行；天下无道时，常常保留在下面。〕

——清·王夫之《读通鉴论》

□世不渝而民不易，上变政而民改俗。〔世道不改变，民众思想就不会改变；上面的政策变化了，民情风俗也随之变化。〕

——战国·墨子《墨子·非命》

□世主欲民之善同，而所以使民之善者异；或导之以德教，或驱之以法令。导之以德教者，德教行而民康乐；驱之以法令者，法令极而民哀戚。〔世间君主想让人民向善是相同的，而用来使人民向善的方法却不同。有的以德教去引导，有的以法令来驾驭。以德教去引导，德教风行而人民康乐；以法令来驾驭，法令穷尽而人民哀苦。〕

——汉·戴德《礼记·礼察》

□人性虽善，必学习而后成圣贤。赤子虽良，养之四壁中，长大不能名六畜，虽有忠信之资，不学不成令器。〔人的本性虽好，但必须通过学习积累而后才能成为圣贤。孩子虽好，但养在家中不求学问，长大后不能认识六畜，虽有忠实诚信的天资，不学不能成为人才。〕

——明·郝敬《四书摄提》

□民之于上也，若玺之于涂也，抑之以方则方，抑之以圆则圆。〔百姓对于君主来说，就像把玺印打在封泥上，用方形的按压就成为方形的，用圆形的按压就成为圆形的。〕

——秦·吕不韦《吕氏春秋·适威》

□万民之从利也，如水之走下，不以教化堤防之，不能止也。〔天下的老百姓追求财利，就像水往低处流一样。如果不以教化作为堤防，就无法制止。〕

——汉·司马迁《汉书·董仲舒传》

□治人之身，不若治其心；使人畏威，不若使人畏义。治身则畏威，治心则畏义。〔管理人的行动，不如管理人的心灵；使人畏惧威势，不如使人敬畏道义。管理人的行动，则使人畏惧威势；如管理人的心灵，则使人敬畏道义。〕

——明·方孝孺《侯城杂诫》

□不教而诛，则刑繁而邪不胜；教而不诛，则奸民不惩；诛而不赏，则勤励之民不劝；诛赏而不类，则下疑俗险而百姓不一。〔不进行教育就进行惩罚，那么即使刑罚再多也制止不了邪恶；只知道教育而没有惩罚，那么奸邪之人就得不到惩处；只知道惩罚而没有奖赏，那么勤勉守法的人就得不到鼓励；能把惩罚与奖赏并用但不依据法度，那么人民就会疑惑风气险诈，行动不一致。〕

——战国·荀子《荀子·富国》

□传家二字耕与读，防家二字盗与奸，倾家二字淫与赌，守家二字勤与俭。〔传承家业的关键在"耕读"二字，防止败家的关键在"盗奸"二字，败坏家业的关键在"淫赌"二字，守护家业的关键在"勤俭"二字。〕

——清·周希陶《增广贤文》

□明王之养民也，忧之，劳之，教之，诲之。〔明智的君主对老百姓的养育，不仅体现在为他们忧虑和操劳上，而且还要教育和引导他们。〕

——汉·王符《潜夫论·浮侈》

□师哉，师哉，桐子之命也。务学不如务求师。师者，人之模范也。〔老师啊老师，是影响改变童蒙无知本性的人啊。致力于学习不如致力于寻访老师。老师是人们的模范。〕

——汉·扬雄《法言·学行》

□可以语上而不语之，是抑其所可至；不可语上而语之，是强其所未能，皆非圣人因材之教也。〔可以教授他高深的知识而不教授，就抑制了他能达到的水平；不能教授他高深的知识却教授了，是强其所难。这两种做法都不符合圣人因材施教的原则。〕

——明·孙应鳌《四书近语》

□教化者，朝廷之先务；廉耻者，士人之美节；风俗者，天下之大事。朝廷有教化，则士人有廉耻，士人有廉耻，则天下有风俗。〔教化，是朝廷的首要任务；廉耻，是官吏的美好节操；风俗，是天下的重大事情。朝廷有了教化，官吏就有了廉耻；官吏有了廉耻，天下就有好的风俗。〕

——宋·罗从彦《议论要语》

□徒善不足以为政，徒法不能以自行。〔（君主）光有善心却不去施行，是不可能达到仁政的目的的；仅有法律而不想办法推广，法律是不可能自己去实施的。〕

——战国·孟子《孟子·滕文公上》

□人君之治，莫大于道，莫盛于德，莫美于教，莫神于化。〔君主治国，没有比推行仁道更伟大，没有比恩德更盛大，没有比教育更美好，没有比感化更神奇的了。〕

——汉·王符《潜夫论·德化》

□不教而杀谓之虐，不戒视成谓之暴，慢令致期谓之贼。〔不事先进行教育便加杀戮，叫做"虐"；不事先告诫而要求立即成功，叫做"暴"；下达可以缓慢执行的命令却又要求限期完成，叫做"贼"。〕

——春秋·孔子《论语·尧曰》

□南山栋梁益稀少，爱材养育谁复论？〔南山上的栋梁之才越来越少了，爱护和培育栋梁之才的事情又有谁来关心呢？〕

——唐·柳宗元《行路难》

□善国者莫失育材，育才之方，莫先劝学。〔善于治国的人无不首先培育人才，培育人才的办法无不首先鼓励办学。〕

——宋·范仲淹《范文正公集·上时相议制举书》

261

□苟不可以为天下国家之用，则不教也；苟可以为天下国家之用者，则无不在于学。〔如果不能够为国家的治理所用，这样的学问就不要教授它；如果能够为国家的治理所用，这样的学问就应该全部列入学校的教学范围。〕

——宋·王安石《上仁宗皇帝言事书》

□圣人之道，不能独以威势成政，必有教化。〔英明的君主治理国家的途径，不是单凭自己的威严和权势来成就政事，而必定重视教化。〕

——汉·董仲舒《春秋繁露·为人者天》

□育才造士，为国之本。〔培育人才，造就人才，是国家的根本。〕

——唐·权德舆《进士策问王道·第五问》

□致天下之治者在人才，成天下之才者在教化。〔使天下达到太平的在于人才，成就天下人才的在于教育感化。〕

——宋·胡瑗《松滋县学记》

□人才自古要养成，放使干霄战风雨。〔人才从来都是培养而成的，对他们应当放手使用，使之冲上云霄，战风斗雨。〕

——宋·陆游《苦笋》

□才者，材也，养之贵素，使之贵器。〔人才，就像是木材，培养它贵在持久以恒，使用它贵在用其所长。〕

——明·张居正《论时政疏》

□牧民之道，教养合而成用。〔管理百姓的原则，教育和生活并重才能够有作用。〕

——清·王夫之《恶梦》

□仁言不如仁声之入人深也，善政不如善教之得民也。善政，民畏之；善教，民爱之。善政得民财，善教得民心。〔仁爱的语言比不上仁爱的名声深入人心，善于治理比不上善于教育容易获得民心。善于治理，百姓畏服他；善于教育，百姓热爱他。善于治理得到的是民财，善于教育得到的是民心。〕

——战国·孟子《孟子·尽心上》

□民智者，富强之原。〔国民拥有的文化科技知识，是国家富裕强大的本源。〕

——清·严复《原强》

□上智不教，而成下愚。〔天赋很高的人不加以教育，最终也会成为低下的愚钝之人。〕

——北齐·颜之推《颜氏家训》

□人之有道也，饱食、暖衣、逸居而无教，则近于禽兽。〔人之所以为人的道理，吃饱了，穿暖了，住得安逸了，如果没有教育，也和禽兽差不多。〕

——战国·孟子《孟子·滕文公上》

□然富而不教，非为善经；愚而不学，无以广才。是在教民。〔生活富足了却不兴办教育，不是完善的治理；民众愚蒙却不组织学习，就不可能增长才干。正确的在于教育民众。〕

——清·康有为《公车上书》

□生而同声，长而异俗，教使人然也。〔人生下来声音都相同，长大后习俗却不同，只是由于后天所受教育的不同才使他们这样的啊。〕

——战国·荀子《荀子·劝学》

□人莫欲学御龙，而皆欲学御马；莫欲学治鬼，而皆欲学治人，急所用也。〔没有人想去学怎样驾驭龙，却都愿意学怎样驾驭马；没有人想去学怎样治理鬼，却都愿意学怎样治理人。这是因为人们都想学急需且实用的东西啊。〕

——汉·刘安《淮南子·说林训》

□方今之急务，在兴民权；欲兴民权，在开民智。〔当今最紧迫的任务，在于复兴民权；要想复兴民权，就在于开启民众的智慧。〕

——清·谭嗣同《与徐砚甫书》

□治贪之道，赏之不劝，杀之不畏，必渐之以风。〔整治贪污腐化的途径，光靠奖赏不一定能勉励人，光靠诛杀不一定能使人畏惧，必须用良好的思想风气来进行教育疏导。〕

——清·唐甄《潜书·富民》

□以道导之则吾畜也，不以道导之则吾仇也，如之何其无畏？〔如果用正确的思想引导他们，他们就都为我所有，若不用正确的思想引导他们，则都会变成我的仇人。这样怎么不令人害怕呢？〕

——汉·刘向《说苑·政理》

□天下无不教之人，亦无可以不教之人。〔天底下没有不能够教育的人，也没有可以不接受教育的人。〕

——清·陈宏谋《养正遗规》

□穷维古来世运之明晦，人才之盛衰，其表在政，其里在学。〔探究自古以来时运的清明黑暗，人才的兴盛衰败，它的表现在政治，它的根本在教育。〕

——清·张之洞《劝学篇》

□百姓之力，待之而后功；百姓之群，待之而后和；百姓之财，待之而后聚；百姓之势，待之而后安。〔百姓的能力，必须有人组织和教化才能有所成功；百姓这个群体，必须有人去做工作才能和睦；百姓的财物，必须有人去引导才能聚财生财；百姓的局面，必须有人去治理才能安定。〕

——战国·荀子《荀子·富国》

□天下不可一日而无政教，故学不可一日亡于天下。〔国家一天不能没有政教，所以，教育一天不能不存在于天下。〕

——宋·王安石《慈溪县学记》

□变民风易，变士风难；变士风易，变仕风难。仕风变，天下治。〔改变民风容易，改变士风较难；改变士风容易，改变官场风气很难。官场的风气变得清廉公正了，国家就治理好了。〕

——明·吕坤《呻吟语·治道》

□今日为中国前途计，莫亟于教育。〔现在要为中国的前途出路考虑，没有比振兴教育更紧迫的事情了。〕

——清·梁启超《教育政策私议》

□赏无功谓之乱，罪不知谓之虐。〔奖励没有功劳的人就叫做乱政，加罪于不知道的人就叫做残暴。〕

——战国·晏婴《晏子春秋·内篇谏上》

□遭良吏，则皆怀忠信而履仁厚；遇恶吏，则皆怀奸邪而行浅薄。〔人民得到好的官吏，就都心怀忠信之心，做仁厚之事；遇上了坏的官吏，就都心怀奸邪，尽做浅薄之事。〕

——汉·王符《潜夫论·德化》

□生而不知学，与不生同；学而不知道，与不学同；知而不能行，与不知同。〔人生在世，如果不知道学习，就如同没有出生一样；学习了而又不能领会其中的道理，就如同没学一样；领会了其中的道理而又不能实行，就如同没有领会道理一样。〕

——宋·黄晞《聱隅子·生学篇》

□教化之本，出于学校。〔教育感化百姓的根本之道，在于学校教育。〕

——宋·苏洵《议法》

□变法之本在育人才，人才之兴在开学校。〔变法的根本在于培育人才，人才的兴盛在于开办教育。〕

——清·梁启超《饮冰室文集》

□欲求新政，必兴学校。〔要革新政治，就必须兴办学校。〕

——清·梁启超《变法通议》

□学校之设，固治国化民之本也。〔学校的设立，确实是治理国家、教化百姓的根本。〕

——宋·田况《儒林公议》

□教育人材，为根本计。〔兴办教育培养人才，是国家的根本之计。〕

——明·宋濂《元史·廉希宪传》

□学校者，造就人才之地，治天下之本也。〔学校是造就人才的地方，是治理国家的根本。〕

——清·郑观应《学校》

□义与利者，人之所两有也。虽尧、舜不能去民之欲利，而然能使其欲利不克其好义也。〔喜好正义与追逐私利，这两个方面是人所共有的。即使是尧、舜这样的圣人也不能完全消除民众追逐私利这一面，但是他们却能使民众追逐私利这一面不能胜过喜好正义那一面。〕

　　　　　　　　　　　　——战国·荀子《荀子·大略》

□国势之强弱，系乎人才；人才之消长，存乎学校。〔国家势力的强弱，依附于人才盛衰；人才的盛衰，依存于学校教育。〕

　　　　　　　　　　　　——清·陈宝箴《时务学堂招考示》

□根本之图，教育为亟。〔强国富民的根本大计，以教育最为迫切。〕

　　　　　　　　　　　　——清·张謇《代苏抚条陈远规复海军疏》

□立国由于人才，人才出于学校。〔建立国家在于人才，人才培养在于学校。〕

　　　　　　　　　　　　——清·张謇《代鄂督条陈立国自强疏》

□今日中国欲转贫弱为富强，舍学校更无下手处。〔今天中国要想改变贫弱而走向富强，舍弃教育再没有其他下手之处。〕

　　　　　　　　　　　　——清·张之洞《筹定学堂规模次第兴办折》

□今日要政，统于三端：一曰鼓民力，二曰开民智，三曰新民德。〔现在治理国家的关键，在于做好三件事：一是使人民具有强健的身体，二是唤醒民众麻木的心灵，三是树立全新的道德观念。〕

　　　　　　　　　　　　——清·严复《劝学论》

□威德者，相须而济者也。故独任威刑而无德惠，则民不乐生；独任德惠而无威刑，则民不畏死。民不乐生，不可得而教也；民不畏

267

死，不可得而制也。〔威刑与德惠，二者相互依赖相互补充。所以单纯凭借威刑而没有德惠，人民就不以生活为乐；只靠德惠而没有威刑，人民就不怕死。人民如不以生活为乐，那就没法进行教化；人民如不怕死，就没法控制他们。〕

——晋·傅玄《傅子·治体》

□国势之强由于人，人材之成出于学。〔国家势力的强大由于人才，人才的造就出自学校。〕

——清·张之洞《创设储才学堂折》

□礼节民心，乐和民声，政以行之，刑以防之。〔用礼节制人们的思想，用音乐来调和人们的心声，用政令来规范人们的行动，用刑罚来防止人们的越轨行为。〕

——汉·戴圣《礼记·乐记》

□所养非所用，所用非所养，理家必弊，在国必危。〔培养的不是需要的，需要的不是培养的，治理家庭必定坏事，管理国家必定危险。〕

——唐·陈子昂《上策问机要事》

□序人伦，安国家，莫先于礼；和人神，移风俗，莫尚于乐。〔规范人际关系，治理国家家庭，没有比礼更重要的；使人们的精神和顺，改变社会风俗，没有比乐更值得重视的。〕

——唐·白居易《议礼乐》

□才智之民多则国强，才智之士少则国弱。〔有才能有知识的人多国就强盛，有才能有知识的人少国就衰弱。〕

——清·康有为《公车上书》

□民亲爱，则无相害伤之意，动思义，则无奸邪之心。夫若此者，非法律所使也，非威刑之所强也，此乃教化之所致也。〔百姓之间友爱，就不会有互相伤害之意；一举一动都考虑是否合于礼义，就没有奸邪之心。这种情况，不是实施法律所形成的，不是威严的刑罚所强迫的，乃是教育感化的结果。〕

——汉·王符《潜夫论·德化》

□学校者，人才所由出；人才者，国势所由强。〔人才的产生，在于学校；国势所以强大，在于人才。〕

——清·郑观应《盛世危言》

□开民智为最急。〔实施教育，开启民众的心灵智慧，是救国的当务之急。〕

——清·严复《原强》

□强国以议院为本，议院以学校为本。〔强国以设立民意机构为根本，设立民意机构以学校为基础。〕

——清·梁启超《古议院考》

□民可明也，不可愚也，民可教也，不可威也。〔对老百姓，可以使他们明白，不可以使他们愚昧，可以教导他们，不可以威慑他们。〕

——宋·晁说之《晁氏客语》

□道之以政，齐之以刑，民免而无耻；道之以德，齐之以礼，有耻且格。〔以政令来引导人民，用刑法来约束人民，人民可以免惩治，却无廉耻之心；以道德来引导人民，用礼教来约束人民，人民不仅会产生廉耻之心，还会心悦诚服地服从治理。〕

——春秋·孔子《论语·为政》

□教则易为善，善而从政，国之所以治也；不教则易为恶，恶而得为，民之所以殃也。〔进行教育，老百姓就容易走向好的方面，学好而听从政令，这是国家得到治理的原因；放弃教育，老百姓就容易成为坏人，从而做坏事，这是群众遭受灾祸的原因。〕

——宋·李觏《安发民策》

□圣帝明主，皆教德化而薄威刑也。〔圣明的君主，都重视思想道德的教育感化，而且淡化严刑重罚。〕

——唐·吴兢《贞观政要》

□人无常心，习以成性；国无常俗，教则移风。〔人没有恒心，习惯以养成品性；国家没有不变的习俗，教育则改变风俗。〕

——唐·白居易《策林二》

□礼，天之经也，地之义也，民之行也。〔礼是天地的规范与法则，是人民行为的准则。〕

——春秋·左丘明《左传·昭公二十五年》

□兴学之本，惟有师范。〔振兴教育的根本，只有师范学校。〕

——清·张謇《师范学校开学演说》

□性者，天质之朴也；善者，王教之化也。〔人的本性，是天然的纯朴之物；善良，是君王教育的再生结果。〕

——汉·董仲舒《春秋繁露》

□教扶其善，法抑其恶。〔教育能扶植他善良的本性，法制能抑制他邪恶的本性。〕

——汉·荀悦《申鉴·杂言》

□道德之行，由内及外，自近者始，然后民知所法，迁善日进而不自知也。〔道德风尚的推行，必须从内部再到外部，从亲近的人开始实行，然后民众才懂得应当效法的是什么，日复一日不知不觉中道德风尚就向好的方面变化了。〕

——宋·司马光《资治通鉴·汉纪》

□治身，太上养神，其次养形。治国，太上养化，其次正法。〔调治身体，最高明的办法是保养精神，其次才是保养身躯；治理国家，最高明的办法是陶冶民风，其次才是端正法度。〕

——汉·刘安《淮南子·泰族训》

□刑罚不足以移民，杀戮不足以禁奸。〔只凭刑罚不能改变不良的风俗，单靠杀戮禁止不了奸邪的产生。〕

——汉·刘安《淮南子·主术训》

□美育者，应用美学之理论于教育，以陶养感情为目的者也。〔美育，是应用美学的理论于教育之中，以陶冶人的情感为目的。〕

——清·王国维《论教育之宗旨》

□民，教之以德，齐之以礼，则民有格心。〔如果用道德去教化人民，用礼仪要求他们，那么人民就会有向善的心理。〕

——春秋·孔子·引自《礼记·缁衣》

□民无廉耻，不可治也；非修礼义，廉耻不立；民不知礼义，法不能正也。〔百姓没有廉耻，是无法治理的；不整治礼义道德，廉耻就树立不起来。而老百姓如果不懂得礼义道德，那就连法律也不能纠正他们。〕

——汉·刘安《淮南子·泰族训》

□先其本而后其末，顺其心而理其行。心精苟正，则奸匿无所生。〔治理人民要先着手于根本，然后才去处理细枝末节，先理顺人的思想，然后才是规范人的行动。思想和精神如果端正了，奸行坏事就不会发生。〕

——汉·王符《潜夫论·德化》

□教不立，学不传，人才不期坏而自坏。〔如果教育机构不设立，学问学术不流传，不期望人变坏也会变坏。〕

——宋·杨时《二程集·论学篇》

□礼之所兴，众之所治；礼之所废，众之所乱。〔礼仪兴隆的年代，民众就会得到治理；礼仪被废除的年代，民众就会犯上作乱。〕

——春秋·孔子·引自《礼记·仲尼燕居》

□天地成岁也，先春而后秋。人君之治也，先礼而后刑。〔自然界气候变化形成的四季，是春天在先，秋天在后。君主治理国家，是先进行礼义教化，而后才运用刑罚。〕

——晋·傅玄《傅子·法刑》

□为理之有刑罚，犹执御之有鞭策也。人皆从化，而刑罚无所施；马尽其力，则有鞭策无所用。〔治政需要有刑罚就像驾车需要有鞭子一样，人们都服从教化，刑罚就没用处；马匹尽力拉车，鞭子就没有用处。〕

——唐·吴兢《贞观政要·公平》

□太节则知暗，太博则业厌。〔教学上分析得过分细微则对知识的脉络掌握不会清晰，传授得过分博杂则学生对学习容易厌倦。〕

——汉·董仲舒《春秋繁露》

□王者之政，化之；霸者之政，威之；强者之政，胁之。夫此三者，各有所施，而化之为贵矣。〔王道的政治在于用德政感化人民；霸道的政治在于用权势威服人民；强横的政治在于用武力强迫人民。这三种政治都有自己的作用，而以德化为最好。〕

——汉·刘向《说苑·政理》

□御之良者，不在烦策；治之善者，无取严刑。〔最会驾车的车夫，不会频繁地鞭打拉车的马匹；最会治理国家的人，不采取严酷的惩罚方式。〕

——唐·魏徵《隋书·酷吏传》

□教之治性，犹药之治病。〔教育能够陶冶情性，好比药能治病。〕

——晋·孙绰《喻道论》

□渐民以仁，王者之所不废，而非所以为治也，其本在正人心，厚风俗而已。〔对于法制禁令，君主是不会废除的，但是单纯用它是不能治理好国家的，治国的根本是通过教化使人心端正，使风俗淳厚。〕

——清·顾炎武《日知录·人材》

□国民教育，以培养师范为先；人才教育，以注重实业为主。〔国民教育，以培养为人模范的教师为首要任务；人才教育，以注重工商企业人才为主要任务。〕

——清·梁启超《政府大政方针宣言书》

□戒之以祸，不若喻之以理；喻之以理，不若悟之以心。〔用祸福来告诫别人警惕，不如用道理来说服教育他；用道理来说服教育他，不如使他从心里自我感悟。〕

——宋·吕祖谦《东莱博义》

□渐民以仁，摩民以谊，节民以礼，故其刑罚甚轻而禁不犯者，教化行而习俗美也。〔用仁爱来熏陶人民，用道义来砥砺人民，用礼节来约束人民，这样，刑罚虽然很轻而人们却不去犯法，就是因为教育感化的推行，使风气习俗好起来了。〕

——宋·司马光《资治通鉴·汉纪》

□知之者，不如好之者，好之者，不如乐之者。〔对于任何学问和事业，懂得它的人不如喜爱它的人，喜爱它的人又不如以它为乐趣的人。〕

——春秋·孔子《论语·雍也》

□剑虽利，不厉不断；材虽美，不学不高。〔剑虽锐利，但不磨就不能砍断东西；天赋虽好，但不学习就不能提高。〕

——汉·韩婴《韩诗外传》

□其諫我也似子，其道我也似父。〔他劝谏我的时候，像儿子那样恭敬，使人乐于接受；他开导我的时候，像父亲那样慈祥，使人感到温暖。〕

——战国·庄子《田子方》

□虽有良剑，不锻砺则不铦；虽有良弓，不排檠则不正。〔虽然有质地精良的剑，如果不好好磨砺，也不会锋利；虽然有用上好材料制成的弓，如果不用器具矫正，也不会百发百中。〕

——明·庄元臣《叔苴子外篇》

□文之不可绝于天地间者，曰：明道也，纪政事也，察民隐也，乐道人之善也。若此者，有益于天下，有益于将来。多一篇，多一篇之益也。若夫怪力乱神之事，稗之言，剿袭之说，谀佞之文，若此者，有损于己，无益于人多一篇，多一篇之损矣。〔文化典籍不会在

274

天地间消失的，说：它传播仁道，记录政事，观察民情，喜欢记录人的善良行为。像这样的文化典籍，对百姓有益，对将来有益，多一篇有多一篇的好处。若记录怪异、勇力、叛乱和鬼神的事情，没有考证的言论，抄袭的学说，阿谀虚妄的文章，像这样的文章，则对自己是有损害的，也是没有好处的，多一篇就有多一篇的害处。〕

——明·顾炎武《日知录》

□导人必因其性，治水必因其势。〔教导人要顺应他的性情，治理水要顺应它的形势。〕

——三国·徐干《中论·贵言》

□富者之教子须是重道，贫者之教子须是守节。〔有钱的人教育子女，必须注重道德修养；贫穷的人教育子女，必须让他坚守气节。〕

——宋·刘清之《戒子通录》

□世界今日之竞争，农工商之竞争也，农工商之竞争，学问之竞争，实践责任合群阅力之竞争。〔当今世界的竞争，是农工商业之间的竞争；农工商业之间的竞争，是知识之间的竞争，实践责任同心协力之间的竞争。〕

——清·张謇《敬告全国学生》

□服民以道德，渐民以教化。〔用道德使百姓信服，用教化使平民受到影响。〕

——宋·欧阳修《三皇设言民不违论》

□化当世，莫若口；传来世，莫若书。〔教化当今之世，没什么比得上以口授的方式；经验传于来世，没什么比得上用书籍来保存。〕

——唐·韩愈《答张籍书》

□善歌者，使人继其声；善教者，使人继其志。其言也，约而达，微而臧，罕譬而喻，可谓继志矣。〔善于唱歌的人，能使人愿意学习他的歌声；善于教育人的人，能使人仰慕继承他的志向。教育的言语简要却通达晓畅，隐微而允当，少用比喻而且容易明白，这样才能使人继承自己的意志。〕

——汉·戴圣《礼记·学记》

□善为师者，既美其道，有慎其行。〔善于当别人老师的人，既要使自己的理论完美，又要使自己的行为谨慎。〕

——汉·董仲舒《春秋繁露·玉杯》

□教人治人，宜皆以正直为先。〔教育人，管理人，都应该拿正直作为首要的问题。〕

——宋·王安石《洪范传》

□孔子家儿不知骂，曾子家儿不知怒；所以然者，生而善教也。〔孔子家的儿子不挨骂，曾子家的儿子不耍脾气，这是家庭善于教育的结果。〕

——明·苏士潜《苏氏家语》

□种树者必培其根，种德者必养其心。〔种树的人要在树根上培土，修养道德的人必定要从思想上入手。〕

——明·王守仁《传习录》

□滞者导之使达，蒙者开之使明。〔思想停滞不前的，要通过引导使他畅通；思想愚蒙不清的，要努力开导使他明白。〕

——宋·欧阳修《夫子罕言利命仁论》

□国将兴，必贵师而重傅；贵师而重傅，则法度存。国将衰，必贱师而轻傅；贱师而轻傅，则人有快；人有快，则法度坏。〔国家要兴旺发达，就要尊师重教；尊师重教，法度就会存在。国家衰败，就会贱师轻教；贱师轻教，民众的思想就会失去控制；民众的思想失去控制，法度就会被破坏。〕

——战国·荀子《荀子·大略》

□善惩不如善政，善赏不如善教。〔善于惩罚不如善于治理，善于奖赏不如善于教化。〕

——汉·李固《对策后复对》

□昔之欲抑民权，必以塞民智为第一义；今日欲伸民权，必以广民智为第一义。〔过去当政者想抑制民权，所以把堵塞群众智力作为第一要务；现在我们要伸张民权，必须把开启群众智力作为第一要务。〕

——清·梁启超《上陈宝箴书论湖南应办之事》

□教家立范，品行为先。〔教育子女，树立规范，道德行为应为第一。〕

——明·孙奇逢《孝友堂家训》

□水性虽能流，不导则不通；人性虽能智达，不教则不达。〔水的本性虽然能流动，但不疏导就不流通；人的本性虽然很聪慧，但不教育就不通达。〕

——唐·马总《意林·成败志》

□默而识之，学而不厌，诲人不倦，何有于我哉？〔把所见所闻默默地记在心里，努力学习而不厌弃，教导别人而不疲倦，这些事我做到了哪些呢？〕

——春秋·孔子《论语·述而》

□真者知力之理想，美者感情之理想，善者意志之理想也。完全之人物不可不备真美善之三德，欲达此理想，于教育之事起。〔真是智力的理想，美是感情的理想，善是意志的理想。全面发展的人不可不具备真善美这三种品德，想实现这个理想，要从教育方面做起。〕

——清·王国维《论教育之宗旨》

□教以言相感，化以神相感。〔教育要用言谈讲论来感染对方，感化则要用精神情感来感染对方。〕

——清·魏源《默觚下·治篇》

□教，政之本也；狱，政之末也。〔教化，是政治的根本；刑狱，是政治的末梢。〕

——汉·董仲舒《春秋繁露·精华》

□美育者，一面使人之感情发达，以达完美之域；一面又为德育与智育之手段，此又教育者所不可不留意也。〔美育，一方面要使人情感得到发达，以达到完美的境地；一方面又是德育和智育的手段，这又是教师不能不注意的。〕

——清·王国维《论教育之宗旨》

□鞭扑之子，不从父之教。〔饱受鞭打体罚的孩子，是不服从父母的教诲的。〕

——宋·孔猛《孔子家语》

□人非生而知之者，孰能无惑？惑而不从师，其为惑也，终不解矣。〔人不是一生下来就懂得道理的，谁能没有疑惑的问题？有了疑惑，如果不跟老师学习，那些成为疑难问题的，就始终不能解答了。〕

——唐·韩愈《师说》

□数子十过，不如奖子一长；数过不改也徒伤情，奖长易功也且全恩。〔数落孩子十处过错，不如奖励孩子一项长处；数落过错孩子不能改正，也白白地伤害孩子的情感，奖励长处孩子容易成功，而且可保全长者恩义。〕

——清·颜元《习斋言行录》

□非其地，树之不生；非其意，教之不成。〔不是植物生长的土地，种植植物不会生长；不符合孩子的习性，教育孩子不会成功。〕

——汉·司马迁《史记·日者列传》

□化民成俗，基于学校；兴贤有德，贵在师儒。〔教化民众，纯洁风气，基础在于教育；培养德行，培育贤才，责任在于教师。〕

——清·赵尔巽《清史稿》

□学校者，风化之源，人材所自出，贵明体适用，非徒较文艺而已也。〔学校是养成良好社会风气的源泉，人才都从这里培养出来的，所以学校要做的最重要的是使学生明白处世做人的道理，满足国家对人才的需要，并非只是培养学生舞文弄墨的本领。〕

——清·万斯同《明史·范济传》

□师道既尊，学风自善。〔教师的工作要是受到尊崇，学校风气自然会好。〕

——清·康有为《政论集》

□教无常师，道在则是。〔接受教育，学习知识，没有固定的老师，有道的人就是老师。〕

——晋·潘岳《归田赋》

□生乎吾前，其闻道也固先乎吾，吾从而师之；生乎吾后，其闻道也亦先乎吾,吾从而师之。吾师道也,夫庸知其年之先后生于吾乎?是故无贵无贱,无长无少,道之所从,师之所从也。〔出生在我前头的人,他懂得的道理本来就早于我,我应该跟从他,把他当做老师;出生在我后面的人,如果他懂得的道理也早于我,我也应该跟从他,把他当做老师。我是向他学习道理啊,哪管他的生年比我早还是比我晚呢?因此,无论地位高低贵贱,无论年纪大小,道理存在的地方就是老师所在的地方〕

——唐·韩愈《师说》

□欲正天下之人心,须慎天下之师受。〔想要端正世人的思想,必须慎重世人对老师的选择。〕

——清·王夫之《四书训义》

□乐者,所以象德也;礼者,所以缀淫也。〔制作乐舞,是为了表现德行;制作礼仪,是为了制止越轨行为。〕

——汉·戴圣《礼记·乐记》

□古之学者必有师,师者,所以传道授业解惑也。〔古代学者必定有老师,老师是传授道理、讲授学业、解答疑难问题的人啊。〕

——唐·韩愈《师说》

□爱以兴仁,廉以兴义。〔倡导博爱可以兴仁义,倡导廉洁可以兴道德。〕

——元·脱脱《金史·刑志》

□横渠张子曰:困辱非忧,取困辱之忧;荣利非乐,忘荣利为乐。弓调而后求劲焉,马服而后求良焉,士必悫而后求智能焉,不悫而后能,譬之豺狼不可近。〔宋代学者张载说:困顿和窘辱并不值得担忧,值得担忧的是人们言行不检点,自取困辱;荣耀和名利并不意味着快

280

乐，只有那些彻底忘记荣耀和名利的人，才是世上最快乐的人。弓矢必须得心应手，然后才能追求它的强劲有力；马匹必须驯服，然后才能追求它的速度和耐力；士人必须先得诚实正派，然后才去要求他的智慧和才能；那些心术不正却不能出众的人，就像是豺狼虎豹，千万不可亲近信任。〕

——清·陈遇夫《迂言百则》

□**管仲用于齐，桓公死而齐无人；商鞅用于秦，始皇死而秦无人。无以养之也。**〔管仲被齐国重用，齐桓公死后齐国再也没出现过管仲这样的人；商鞅被秦国重用，秦始皇死后秦国再也没有商鞅这样的人。原因是他们没有培养出这样的人才。〕

——清·王夫之《读通鉴论》

□**富贵家宜劝他宽，聪明人宜劝他厚。**〔对于富贵人家，应该劝他处世宽宏大量；对于精明之人，应该劝他为人心存厚道。〕

——明·陈继儒《安得长者言》

□**治国家有二言，曰：忙时闲做，闲时忙做；变气质有二言，曰：生处渐熟，熟处渐生。**〔治理国家有两句话，叫做：政务紧急时要心定气闲地处理，政务松闲时要抓紧解决隐患；改变人的气质有两句话，叫做：对于生疏的东西要尽量变得熟悉，而对于熟悉的东西则要不断修正。〕

——明·陈继儒《安得长者言》

□**出一个丧元气进士，不若出一个积阴德平民。**〔出现一个使家族大伤元气的进士，还不如出一个能广积阴德的平民百姓。〕

——明·陈继儒《安得长者言》

□**医书云：居母腹中，母有所惊，则生子长大时发颠痫。今人出**

官涉世，往往作风狂态者，毕竟平日带胎疾也。秀才正是母胎时也。〔医书上说：胎儿怀在母腹中，如果母亲受到惊吓，那么生下的孩子长大后就可能会患癫痫。当今有的人做官处世，往往作出疯狂的举动，说到底是从胎儿时就患的毛病。做秀才正是相当于孕育胎儿的时候。〕

——明·陈继儒《安得长者言》

□朝廷以科举取士，使君子不得已而为小人也；若以德行取士，使小人不得已而为君子也。〔国家以科举制度选拔人才，这样就往往使正人君子不得已而作出小人行径；如果按照品行好坏来选拔人才，那么就会使小人身不由己地学做正人君子。〕

——明·陈继儒《安得长者言》

□人之嗜名节、嗜文章、嗜游侠，如嗜酒然，易动客气，当以德性消之。〔人们如果嗜好名节、嗜好文章、嗜好侠义，就会像嗜酒成瘾一样，容易诱发强烈的欲望，这就应该用修养德性来消除。〕

——明·陈继儒《安得长者言》

□小人只怕他有才，有才以济之，流害无穷；君子只怕他无才，无才以行之，虽贤何补。〔卑鄙小人最可怕的是有才能，才能会使他如虎添翼，从而给他人和社会造成巨大的损害；君子最怕的是没有才能，没有才能就不能担负起济世助人的重任，实现自身的价值，即使再贤良又有什么用呢？〕

——明·吕坤《呻吟语》

□智慧长于精神，精神生于喜悦，故责人者与其怒之也，不若教之；与其教之，不若化之。从容宽大，谅其所不能，而容其所不及，恕其所不知，而体其所不欲，随事讲说，随时开谕。彼乐接引之诚，而喜于所好，感督责之宽，而愧其不才。人非草木，无不长进。故曰敬敷五教在宽，又曰善诱人。今也不令而责之豫，不明而责之喻，未及令人，先怀怒意，挺诟恣加，既罪矣而不详其故。是两相仇，两相苦也。为人上者切宜戒之。〔人的智慧来自精神的振奋，而精神的振奋来自内心的喜悦。所以责求别人时，与其发怒，不如教诲；与其教诲，不如感化。以宽大的温和的态度，原谅其能力的不足，容忍其未能达到要求；宽恕其知识上的欠缺，理解其所不愿做的事，结合每件事对其讲解，随时随地对其开导。对方被一片诚心打动，自然会喜爱自己所干的事，感激你的宽厚，自然会怨自己不争气。人非木石，时间久了自然会有所长进。所以《尚书》中说施行五种教化重在宽厚，《论语》中说孔子待弟子循循善诱。现在许多人没做指示，却要求别人预先行动；自己表达不清楚，却要求别人明白意思；还没有指令，先怒气冲天，随意责罚，怪罪了别人，人家却不知有什么过错。这样，双方积怨更深，彼此伤害更大。尊长们一定要避免这种错误。〕

——明·吕坤《呻吟语》

□博文约礼，孔子之学也，一贯尽之矣；知言养气，孟子之学也，四端尽之矣。扩而充之，四端其一贯矣。〔广博地学习文献，用礼节来约束行为，这是孔子学说的核心，最集中地体现在孔子一贯倡导的"忠恕"二字上；通过言辞察知真意，培养刚直正大的气质，这是孟子学说的核心，最集中地体现在孟子所强调的"仁义礼智"四个方面。不过要是将这四方面推而广之，归根结底和忠恕的要求完全一致。〕

——明·薛应旂《薛方山纪述》

□妙感应者，存乎德；竭显微者，存乎识；处事变者，存乎才。〔要想用诚心感化别人，就要看你的德行怎么样；要想明白明显和幽微的道理，就要看你的见识怎么样；面对突然的变故，要想应付自如，就要看你的才能怎么样。〕

——明·薛应旂《薛方山纪述》

□董子曰：以仁安人，以义正我。仁，人也，义，我也。仁之法在爱人，不在我爱；义之法在正我，不在正人。众人不察而反之，诡其处而逆其理，鲜不乱矣。〔董仲舒说：用仁德来安抚他人，用义理来约束自我。仁，是针对他人而言的；义，是针对自己而言的。推行仁德的关键在于爱他人，而不是爱自身；维护义理的关键在于端正自身，而不是端正他人。一般人不明白这个道理，反其道而行之，混淆了二者关系，违背了自然天理，怎么能不引起混乱呢？〕

——清·陈遇夫《迂言百则》

□积善在身，犹长日加益，而人不知也；积恶在身，犹火之销膏，而人不见也。非明乎性情、察乎流俗者，孰能知之？〔积累善行，品德变得高尚，就像冬至后的白昼，一天比一天长，而自己却察觉不到；积累恶行，品德逐步堕落，就像烛火消耗灯油，灯油慢慢减少，而人却看不见它。那些不通晓自然天性、不明辨社会习俗的人，谁能明白这个道理呢？〕

——清·陈遇夫《迂言百则》

□叶水心曰："读书不知接统绪，虽多无益也；为文不能关教事，虽工无益也；笃行不合于大义，虽高无益也；立志不存于忧世，虽仁无益也。"〔南宋的叶适说："读书如果不能把握儒家的理论体系，那么读得再多也没有用处；做文章如果不能有利于教化世人，那么文章写得再好也没有用；勤恳做事如果不合乎儒家大义，那么行为再高尚也没有用；树立志向如果不从忧国忧民出发，那么存心无论多么仁厚也没有好处。"〕

——清·陈遇夫《迂言百则》

□心地要宽平，识见要超卓，规模要阔远，践履要笃实。能此四者，可以言学矣。〔心胸要宽广平和，见识要长远超群，气概要远大不俗，行事要勤恳务实。能够做到这四条，那么就算是学有所成了。〕

——清·陈遇夫《迁言百则》

□三军要他轻生，万姓要他重生。不轻生，不能戡乱；不重生，易于为乱。〔对于三军将士必须要求其轻视生命，对于天下百姓必须要求其看重生命。军队如果贪生怕死，就难以完成平定动乱的使命；百姓如果不珍视生命，就容易犯上作乱。〕

——明·吕坤《呻吟语》

法令法规

□无法不可以为治也。不知礼义，不可以行法。〔没有法度不能把国家治理好。但执行国家大法，却要以礼义为根基。〕

——汉·刘安《淮南子·泰族训》

□民胜其政，国弱；政胜其民，兵强。〔民众破坏了政令，国家就削弱；政令管住了民众，兵力就强大。〕

——战国·商鞅《商君书·说民》

□令在必信，法在必行。〔政令一定要守信用，法纪一定要去实行。〕

——宋·欧阳修《欧阳修文集》

□政令信者强，政令不信者弱。〔政策法令见信于民的，国家就会强大；政策法令失信于民的，国家就会衰弱。〕

——战国·荀子《荀子·议兵》

□政令必行，宪禁必从。〔政令要求的一定要执行，法律禁止的一定要服从。〕

——汉·王符《潜夫论·衰制》

□当今之时，能去私曲就公法者，民安而国治，能去私行公法者，则兵强而敌弱。〔当今之时，能去掉不公正而实行国家的法律的，人

民就会安宁国家就能太平，能去掉个人私欲而实行国家法律的，那么就会兵强而无敌。〕

——秦·韩非《韩非子·有度》

□官不私亲，法不遗爱。〔官吏不应该偏袒自己的亲属，法律不给自己所亲近的人留有偏心。〕

——战国·慎到《慎子·君臣》

□举直错诸枉，则民服；举枉错诸直，则民不服。〔把正直的人安置在奸邪的人之上，人民自然悦服；把奸邪的人安置在正直的人之上，人民不会服从。〕

——春秋·孔子《论语·为政》

□天下之所以服者，常生于不偏；而其不服也，常起于不平。〔天下臣民之所以服从，是因为官府处事公正不偏不倚；而不服从，常常是由于官府处事不公正而引起的。〕

——宋·杨万里《驱吏》

□法无宽严，清者斯贵。〔法律不在宽严如何，贵在能够施行得当。〕

——明·徐祯稷《耻言》

□治人者，法也；守法者，人也。人法相维，上安下顺。〔治理人的，是法；遵守法的，是人。人维护法，法保障人，在上位的平安，在下位的和顺。〕

——明·宋濂《元史·许衡传》

□罔违道，罔弗民，真正公平，心斯无怍。不容情，不受贿，招摇撞骗，法所必严。〔不违背公道，不欺负黎民，真正的公平，在于

287

心中无愧；不容私情，不收受贿赂，如果招摇撞骗，必被法律严惩。〕

——清·武承谟·摘自《廉政对联》

□法轨既定之则行之，行之信如四时，执之坚如金石。〔法律一经制定则必须要执行，执行法律就如春夏秋冬四时运行那样准确不误，执行法律就如金石那样坚定。〕

——唐·令狐德棻《晋书·刘颂传》

□镜以精明，美恶自服；衡平无私，轻重自得。〔镜子凭着明亮，容貌的美与丑照后自服；衡器凭着公正，物的轻重称后自得。〕

——汉·刘向《说苑·说丛》

□一人之时代甚短，而法则甚长也；一人之范围甚狭，而法则甚广。〔一个人在世上的时间很短，而法律存在的时间却是长久的；一个人所涉及的范围很狭窄，而法律所涉猎的范围却很广。〕

——清·梁启超《论主法权》

□为臣莫重于守官，治狱莫先于奉法。〔当臣子没有比坚守职责更重要的，诉讼官司必须首先奉公守法。〕

——宋·王十朋《应诏陈弊事罪状》

□法令之拟者，不为一人行，不为一人废，为天下公也。〔起草法令，并不是为某个人而制定的，也不能因为某个人而废止，是用来维护社会公平的。〕

——宋·曾巩《上齐工部书》

□法与人虽不可偏废，然有人而法随之，其道为两得，徒法无人，并法亦不能以自存，其道为两丧也。〔法和人虽然两者都不可偏废，然而是先有了人，法律才能随之出现，这样才能两者共得其利，

如果只有法律而没有人，法律本身都难以自存，这样两者都失其利。〕

——清·梁启超《主宪政体与政治道德》

□因时制宜，度势行法。〔按照不同的时间，制定适宜的措施；根据不同的形势，执行不同的法令。〕

——清·洪仁玕《资政新篇》

□言行而不轨于法令者，必禁。〔言论与行为不合乎法令的，一定要禁止。〕

——秦·韩非《韩非子·问辨》

□礼无不敬，法无不肃。〔行礼必须尊敬，执法必须严肃。〕

——明·罗贯中《三国演义》

□禁之以制，而身不先行，民不能止。〔用法律来禁止不好的事情，如果执政者不以身作则，就无法制止老百姓（违法）。〕

——秦·晏婴《晏子春秋·杂下》

□法立，有犯而必施；令出，惟行而不返。〔法令一经制定，触犯的必须坚决施行；政令一旦发出，只有坚决执行到底。〕

——唐·王勃《上刘右相书》

□执法而不求情，尽心而不求名。〔严格执行法令，不讲情面；全心全意工作，不图名利。〕

——宋·苏洵《上韩枢密书》

□以礼义治立者，积礼义；以刑罚治立者，积刑罚。刑罚积而民怨背，礼义积而民和亲。〔用礼义治理国家的，积累礼义；单纯用刑罚治理国家的，积累刑罚。积累刑罚百姓就会怨恨而人心背离，积累

礼义百姓就会团结友爱。〕

——汉·班固《汉书·贾谊传》

□一事殊法，同罪异论。〔处理同一件事而采取不同的法规，这就会使同一性质的犯罪得到不同的判处。〕

——汉·桓谭《陈政事疏》

□凡事不可轻疑，惟断狱不可不疑。〔对任何事情都不能轻易怀疑，唯独断案不可没有怀疑。〕

——明·吕坤《呻吟语·刑法》

□捉贼见赃，捉奸见双。〔捉贼要有赃物，捉奸要抓住男女双方。〕

——明·洪楩《清平山堂话本·简帖和尚》

□同罪异刑，非刑也。〔同一种罪行却有不同的判处，这样的刑罚不是真正意义上的刑罚。〕

——春秋·左丘明《左传·僖公二十八年》

□是法平等，无有高下。〔法律面前人人平等，没有高低贵贱之别。〕

——清·史襄哉《中华谚海》

□刑当罪则威，不当罪则侮。〔刑罚与罪行相符法律就能产生威力，刑罚与罪行不相符法律就会受到轻蔑。〕

——战国·荀子《荀子·君子》

□凡轻诛者杀不辜，而重诛者失有罪。故上杀不辜，则道正者不安；上失有罪，则行邪者不变。〔凡轻易杀人的，容易杀了无辜之人；而把杀人看得很重，下不得手的，会遗漏真正的罪犯。国君杀了无辜

之人，那些行为正派的人就会心怀不安；遗漏真正的罪犯，干坏事的就不会改正。〕

——春秋·管仲《管子·参患》

□**法必明，令必行。**〔法纪一定要严明，政令一定要执行。〕
——战国·商鞅《商君书·画策》

□**偶然犯法叫做过，立心犯法叫做恶。**〔偶然犯法叫做过错，故意犯法叫做作恶。〕

——清·史襄哉《中华谚海》

□**宥过无大，刑故无小。**〔一时过失，虽大也可宽恕；明知故犯，虽小也要惩罚。〕

——春秋·孔子《尚书·大禹谟》

□**罪疑惟轻，功疑惟重。**〔罪行难于确定，可轻可重的，就从轻处罚；功劳难于确定，可轻可重的，就从重奖赏。〕

——春秋·孔子《尚书·大禹谟》

□**举事不私，听狱不阿。**〔办事不徇私情，处理讼事不偏袒。〕
——秦·晏婴《晏子春秋·内篇·问上》

□**治狱者得其情，则无冤死之囚。**〔掌管司法者了解了真情实况，就没有含冤而死的囚犯。〕

——晋·陈寿《三国志·王朗传》

□**上令不能必行则禁不能必止，禁不能必止则战不必胜，守不必固矣。**〔对于上级的命令不能做到有令必行，也就难以做到有禁必止，不能做到有禁必止，那么战争就不能做到必胜，防守也就不能做到必

固了。〕

□ **法不徇情。**〔法律不顺从私情。〕

—— 明·罗贯中《三国演义》

□ **按善恶见闻之实，断是非去取之疑。**〔根据见闻所得的善恶情况，去判断取舍是非的疑惑。〕

—— 宋·王安石《范镇加修撰制》

□ **法弊之极，人各顾私。**〔法纪最大的弊端，是各人只顾自己的私事。〕

—— 清·严复《原强》

□ **冤者获信，死者无憾。**〔蒙受冤枉的人得到昭雪，已经死了的人也不遗憾。〕

—— 宋·苏辙《宋子仪大理寺丞》

□ **事出有因，查无实据。**〔事情的发生虽然有它的原因，但没有调查到确实的证据。〕

—— 清·李宝嘉《官场现形记》

□ **政如冰霜，奸宄消亡；威如雷霆，寇贼不生。**〔政令严厉，犯法作乱的人就消失了；政令威猛，就不会产生犯法作乱的人。〕

—— 汉·王逸《正部》

□ **风林无宁翼，急湍无纵鳞，操权急者无重臣，持法深者无善治。**〔狂风疾吹的树林里没有安宁的鸟，湍急的水流中没有悠闲游动的鱼，用权过于急躁的人没有地位稳固的大臣，执法过于严苛的人没有好的

治绩。〕

——宋·陈亮《陈亮集·补遗》

□刑罚繁而意不恐，则令不行矣；杀戮众而心不服，则上位危矣。〔刑罚虽多，但人无惧怕之意，这样法令便不能推行；杀戮虽多，但人无服罪之心，这样统治者的地位便有危险。〕

——春秋·管仲《管子·牧民》

□欲加之罪，其无辞乎？〔想要给人加上罪名，还怕找不到借口吗？〕

——春秋·左丘明《左传·僖公十年》

□淫刑以逞，谁则无罪？〔若以滥施刑罚为快意，谁能免除不获罪呢？〕

——春秋·左丘明《左传·僖公二十三年》

□有法者以法行，无法者以类举。〔有法律规定的按法律去执行，没有法律规定的按法律条文最相类似的类推。〕

——战国·荀子《荀子·王制》

□罪无定刑，则天下皆惧；政无常法，则人无适从。〔罪行没有确定的刑罚，人人都害怕；政事没有固定不变的准则或规范，就没有人能遵依。〕

——唐·李延寿《北史》

□古之知法者能省刑，本也；今之知法者不失有罪，末也。今之听狱者，求所以杀之；古之听狱者，求所以生之。〔古代懂得法律的人，能够减省刑法，这是懂得法律的根本；现在懂得法律的人，是要罪犯逃不脱刑法的惩处，这是懂得法律的末节。现在处理案件的人，

是谋求怎样处死人；古代处理案件的人，是谋求怎样挽救人。〕

　　　　　　　　　　　　　　　　——汉·班固《汉书·刑法志》

　　□法大行，则是为公是，非为公非。〔如果法律能够畅通无阻，天下就会是非分明。〕

　　　　　　　　　　　　　　　　　　——唐·刘禹锡《天论》

　　□言出如箭，执法如山。〔讲出去的话如射出去的箭决不反悔，执行法令要像山一样毫不动摇。〕。

　　　　　　　　　　　　　　　　　——清·李绿园《歧路灯》

　　□法令至行，公正无私。〔法令畅通无阻，天下就公正无私。〕

　　　　　　　　　　　　　　　——汉·刘向《战国策·秦策》

　　□守正以逆众意，执法而违私志。〔坚持原则来违反众人的意见，严格执法而违背个人的意见。〕

　　　　　　　　　　　　——三国·桓范《政要论·为君难》

　　□曲木恶直绳，奸邪恶正法。〔弯曲的木头讨厌直的墨绳，奸邪之徒不喜欢公正的法律。〕

　　　　　　　　　　　　　　——汉·桓宽《盐铁论·申韩》

　　□守天下之法者吏也，吏不良则有法莫守。〔当官的首先要严格遵守法律，否则就无法执行法律。〕

　　　　　　　　　　——宋·王安石《度支副使厅壁题名记》

　　□车之不前也，马不力也，不策马而策车何益？法之不行也，人不力也，不议人而议法何益？〔车子不前进，原因在于马没有尽力，不鞭策马而鞭策车有什么作用呢？法令不能在实际中贯彻，原因在于

人不得力，不在人身上动脑筋而在法令上费心思有什么用处呢？〕
——明·张居正《辛未会试程策》

□勒令则治不留，法平则吏无奸。〔政令强行，地方就会得到全面治理；法律公平，官吏就不会邪恶不正。〕
——战国·商鞅《商君书·勒令》

□制法而自犯之，何以帅下？〔立法者自己带头犯法，怎么能领导好百姓？〕
——晋·陈寿《三国志·武帝纪》

□为人上者释法而行私，则人臣者援私以为公。〔国君放弃法律而行私，那么做人臣的就会用私当公、以私当法。〕
——春秋·管仲《管子·君臣》

□背法而治，此任重道远而无马牛，济大川而无舡楫也。〔抛弃法制，就好比担子重、路途远却没有牛马，渡大河却没有船和船桨。〕
——战国·商鞅《商君书·弱民》

□世有乱人，而无乱法。〔一个国家难免会出现胡来的人，但法度不能乱，如果法度一乱，国家就要衰败。〕
——晋·陈寿《三国志·杜畿传》

□不法法则国昏乱。〔不遵守法令，国家就会昏暗混乱。〕
——唐·魏徵《群书治要·六韬》

□得其人而不得其法，则事必不能行；得其法而不得其人，则法必不能济。人法兼资，而天下之治威。〔有了人而没有法，那么事情不能得以实行；有了法而没有人，那么法就不能成功。人法兼备，国

295

家才有威慑。〕

——明·海瑞《治黎策》

□天下之事，图之固贵于有其法，而尤贵于得其人。〔天下的事，设法取得成功固然贵于有了依照执行的法律，而尤其贵于得到善于执行法律的人。〕

——明·海瑞《治黎策》

□治国无法，则民朋党而下比，饰巧以成其私。〔治国没有法制，人们就会结成帮派在下面互相勾结，弄虚作假以谋私利。〕

——春秋·管仲《管子·君臣》

□法简而人重，其弊也请谒公行，而威势下移。〔法规简陋而人重于法，其弊端就在于用不正当手段来求告的现象公然盛行，而且会造成下级人员的权势加重。〕

——宋·苏轼《私策问》

□有乱君，无乱国；有治人，无治法。〔有搞乱国家的君主，没有自行混乱的国家；有治理国家的人才，没有自行治理的法制。〕

——战国·荀子《荀子·君道》

□法繁而人轻，其弊也人得苟免，而贤不肖均。〔法律烦琐而人轻于法，其弊端就在于人不敢犯法而得以免罪，而且贤能的人与不贤的人都一样。〕

——宋·苏轼《私策问》

□贵爵厚赏而民不劝，深刑重罚而奸不止，其上不正，遇民不信也。〔爵位尊贵，奖赏丰厚，人民反而不努力；刑律严苛，惩罚严厉，而作奸犯科并不停止，这是因为他们的上级行为不端正，对待人民不

讲信用。〕

——宋·司马光《资治通鉴·汉纪》

□法不阿贵，绳不挠曲。〔法律不偏袒有权势的人，绳墨不迁就弯曲的木头。〕

——秦·韩非《韩非子·有度》

□不别亲疏，不殊贵贱，一断于法。〔不论亲疏，不管贵贱，全部都由法来决断。〕

——战国·李悝《法经》

□不可假公法以报私仇，不可假公法以报私德。〔不可借国家的法律来报私人仇恨，不可借国家的法律来报私人恩德。〕

——明·薛瑄《从政遗规·薛之清公要语》

□不以私害法，则治。〔不因为私利而损害法制，国家就会安定。〕

——战国·商鞅《商君书·修权》

□不宜偏私，使内外异法也。〔不应该出于私情，袒护一方，使对待亲疏的法律不一样。〕

——三国·诸葛亮《出师表》

□私情行而公法毁。〔徇私舞弊之风盛行，国家的法律就会被破坏。〕

——春秋·管仲《管子·八观》

□人胜法，则法为虚器；法胜人，则人为备位；人与法并行而不相胜，则天下安。〔人如果凌驾于法律之上，法律就是徒然设置的器物；法律如果超越人，则人就处在了不重要的位置；人与法并行且相

辅相成，那么天下就安定了。〕

——宋·苏轼《应制举上两制书》

□设民所欲以求其功，故为爵禄以劝之；设民所恶以禁其奸，故为刑罚以威之。〔设立人们所期盼的让人们谋求功业，故设立功名以规劝人们；设立人们所憎恶害怕的以禁止人们的邪恶，故立刑罚以威慑人们。〕

——秦·韩非《韩非子·难一》

□明法制，去私恩，夫令必行。〔严明法制，去掉个人的恩怨，有命令必定会得以执行。〕

——秦·韩非《韩非子·饰邪》

□礼不下庶人，刑不上大夫。〔礼仪的实行不针对平民百姓，刑罚的施用不针对士大夫阶层。〕

——汉·戴圣《礼记·曲礼》

□不难于得方，而难得用方之医；不难于立法，而难得行法之人。〔得到治病的药方并不难，难的是得到会开药方的医生；制定法令并不难，难的是得到认真执法的人。〕

——清·魏源《默觚下·治篇》

□不能治一人之诬，必召千万人之讼。〔不能惩治一个人的诬陷罪，必然招致千万人告状打官司。〕

——明·海瑞《示府县状不受理》

□任法而不任人，则法有不通，无以尽万变之情；任人而不任法，则人各有意，无以定一成之论。〔信任法律而不信任人，那么法律就不能很好地执行；信任人而不信任法律，那么人有各种思想，难以成

298

统一的意见。〕

——宋·苏轼《王振大理少卿》

□治强生于法，弱乱生于阿。〔国家太平强盛是由于法制，国家纷乱衰弱来自于徇私。〕

——秦·韩非《韩非子·外储说右》

□国家以法制为先，法制以遵行为要。〔国家以法制为首要，法制以遵行为关键。〕

——清·洪仁玕《立法制宣谕》

□万事皆归于一，百度皆准于法。〔各种事情都归于统一，各种制度都以法律为准绳。〕

——战国·尹文《尹文子》

□君臣上下贵贱皆从法，此谓大治。〔举国上下，不分贵贱，都服从法律，则天下太平。〕

——春秋·管仲《管子·任法》

□民一于君，事断于法。〔人民由国君统一，是非由法律判断。〕
——战国·慎到《慎子》

□法不能禁，令不能止，上下相遁，为敝弥深。〔有法不能禁，有令不能止，上下回避，产生的弊病更加严重。〕
——南朝·范晔《后汉书·杜林传》

□狱者，万民之命，所以禁暴止邪，养育群生也。能使生者不怨，死者不恨，则可谓文吏矣。〔掌管刑狱的人，如果在执行法令时，能使因罪受罚的人没有怨恨情绪，使被判死刑的人死而无恨，那就是难

299

得的好官了。〕

——汉·刘询·摘自《汉书·宣帝纪》

□法修则安且治，废则危且乱。〔法制完善则国家安定，法制遭破坏则国家危乱。〕

——宋·曾巩《唐论》

□知法治之所由生，则应时而变；不知法治之源，虽循古终乱。〔懂得因法而治所产生的原因，就能适应形势的发展变化；不懂得因法而治所产生的缘由，即使墨守成规地按古人的一套办事，也终致纷乱。〕

——汉·刘安《淮南子·氾论训》

□明德慎罚，国家既治四海平。〔发扬德治，慎于用刑，国家就会安定，天下就能太平。〕

——战国·荀子《荀子·成相》

□执药随亲，非情谬于甘苦；挥斤斩毒，忌忘痛于肌肤。〔拿着药侍奉亲人，不是情感荒谬到不分甘苦；拿着斧子斩除毒瘤，忌讳忘记皮肤的疼痛。〕

——南朝·藏质·摘自《宋书·藏质传》

□执法如山，守身如玉，爱民如子，去蠹如仇。〔执法像山似的庄重，保持节操如白玉般无瑕，爱护百姓如同爱护子女，惩除败类像仇人一般。〕

——清·金缨《格言联璧·从政》

□明王慎之，不为亲戚故贵易其法，吏不敢以长官威严危其命，民不以珠玉重宝犯其禁。〔明君用法非常慎重，绝不为亲故权贵而改

变法律，他的官吏也就不敢利用长官权威破坏法令，老百姓也就不敢利用珠宝贿赂来触犯刑律。〕

——春秋·管仲《管子·禁藏》

□恃人而不恃法者，其人亡则其政息焉。〔倚仗人而不依靠法律，人会消亡国家会灭亡。〕

——清·梁启超《论主法权》

□制国有常，而利民为本；从政有经，而令行为上。〔管理国家有一定的规则，而以有利于人民为根本；处理政务有一定的法则，而以法令得到通行无阻为最重要。〕

——汉·刘向《战国策·赵策》

□用人不当，适足以坏法；设法不当，适足以害人。〔用人不当，就足以破坏法律；制定法律不当，就足以祸害人民〕

——清·洪仁玕《资政新篇》

□刑期于无刑。〔刑罚的最终目的，是希望达到消灭刑罚。〕

——春秋·孔子《尚书·大禹谟》

□道私者乱，道法者治。〔引导人走向私欲就会混乱，引导人遵纪守法就能安定。〕

——秦·韩非《韩非子·诡使》

□人君之治也，先礼而后刑。〔国君治理国家，先礼而后刑。〕

——唐·马总《意林·物理论》

□公之所加，罪虽重下无怨气；私之所加，赏虽多士不为欢。行法不道，众民不能顺。〔按公法行事，刑罚虽重下面的人也没有怨言；

按私意行事，赏赐再多战士也不会受到鼓舞。执行法令不合理，民众就不会顺从。〕

——春秋·管仲《管子·禁藏》

□礼乐为本，刑政为末。〔以礼乐的教化为根本，以刑罚的治理为次要。〕

——宋·苏辙《河南府进士策问三首》

□仁义，理之本也；刑罚，理之末也。〔仁义是为政之根本；刑罚是为政之末流。〕

——唐·吴兢《贞观政要·公平》

□令则行，禁则止，宪之所及，俗之所被，如百体之从心，政之所期也。〔有令则行，有禁则止，凡是法令和习俗所影响到的地方，都像四肢百骸服从意志一样，这是为政所期望的局面。〕

——春秋·管仲《管子·立政》

□刑罚不足以移风，杀戮不足以禁奸。〔刑罚不足以改变社会风气，杀戮不足以禁止坏人为非作歹。〕。

——汉·刘安《淮南子·主术训》

□理有一准，则民无觊觎；法启二门，则吏多威福。〔法理有统一的标准，那么百姓就没有其他企望；法院开启两个门，那么官吏就多作威作福。〕

——北朝·元恭·摘自《魏书·废出三帝纪》

□有国有家者，不患寡而患不均，不患贫而患不安。盖均无贫，和无寡，安无倾。〔不管是诸侯还是大夫，不担心财富少，就担心财富不均，不担心人口少，就担心境内不安定。因为财富平均，就无所

谓贫穷，国内上下和谐，就不会使人民流散减少，境内安定，国家就不会倾覆。〕

——春秋·孔子《论语·季氏》

□法令度量，所以禁暴止邪也。狱，人之大命，死者不可复生。〔国家建立法令和制定度量标准是用来禁止暴戾、去除邪恶的。刑狱，事关人的生死，错杀了人，是不能复生的。〕

——汉·刘启·摘自《汉书·景帝纪》

□治之经，礼与刑，君子以修百姓宁。〔治理国家的原则在于礼治与法治必须并重，君子身体力行，百姓就能安宁。〕

——战国·荀子《荀子·成相》

□制国有常，而利民为本；从政有经，而令行为上。〔管理国家有一定的规则，而以有利于人民为根本；处理政务有一定的法则，而以法令得到通行无阻为最重要。〕

——汉·刘向《战国策·赵策》

□古者以仁义行法律，后世以法律行仁义。〔古代以仁义代行法律的职能，后世以法律代行仁义的职能。〕

——宋·苏洵《议法》

□法不能独立，类不能自行，得其人则存，失其人则亡。〔法是不能自己发生作用的，律例也不能自动实行。有了善于治理国家的人，那么法就起作用，否则就不起作用。〕

——战国·荀子《荀子·君道》

□所谓壹刑者，刑无等级。自卿相、将军以至大夫、庶人，有不从王令、犯国禁、乱上制者，罪死不赦。〔所谓统一刑罚，就是对处

303

罚对象不分高低贵贱。从卿相、将军到大夫、庶人，凡是不服从国君命令、违犯国家禁令、破坏国家制度的，都判处死刑，决不赦免。〕

——战国·商鞅《商君书·赏刑》

□有犯法者治之，当自贵为始；穷乏不给者救之，当自下始。〔有犯法的人要惩治时，应当先从贵人开始；而要救济那些穷乏不能自给之人时，应当从下面的百姓开始。〕

——元·火鲁忽台·摘自《元史·列传》

□以德礼为先，辅以政刑。〔治理国家，以德行礼义为先，以政令刑法为辅。〕

——唐·韩愈《潮州请置乡校牒》

□普施明法，经纬天下，永为仪照。〔广泛地实施清明的法律，规划治理天下，可以永做典型，为人共遵。〕

——汉·司马迁《史记·秦始皇纪》

□措刑由于用刑，去杀存乎必杀。〔用不着使用刑罚的原因往往是刑罚严明，使人不敢以身试法。要取消死刑恰恰得依靠死刑的严格执行，使人不敢触犯刑律。〕

——唐·吴兢《旧唐书·睿宗纪》

□尧舜虽优，不能使一人不刑；文武虽盛，不能使刑不用。〔尧舜虽然都把国家治理得很好，但不能做到一个受刑的人也没有；文王武王时代虽然繁荣兴旺，但也不能将刑法废止不用。〕

——汉·王充《论衡·儒增篇》

□有功于前，有败于后，不为损刑；有善于前，有过于后，不为亏法。〔以前立过功，以后打了败仗的，不能因为过去有功而减刑；

304

以前做过好事，以后又有罪恶的，不能因为以前做过好事就不处理而破坏法制。〕

——战国·商鞅《商君书·赏刑》

□有法不行，与无法同。〔有了法律而不执行，就如同没有法律一样。〕

——宋·苏轼《放榜后论贡举合作事状》

□猛兽之处山林，藜藿为之不采；正臣之立朝廷，奸邪为之折谋。〔猛兽居于山林之中，藜藿这样的植物也因此不被摘取；正直之臣立足于朝廷，奸邪不正之人为此不敢乱想。〕

——唐·魏徵《隋书》

□匠万物者以绳墨为正，驭大国者以法理为本。〔制造万物的工匠以准绳的墨线为标准，治理大国的人以法律作为根本。〕

——南朝·萧子显《南齐书·孔稚圭传》

□明刑而不滥乎所恨，审赏而不加乎附己。〔公正严明的刑罚不会对自己所憎恨的人滥施惩处，审慎公平的奖赏不会对趋附自己的人任意赐予。〕

——晋·葛洪《抱朴子·臣节》

□夫政之于民，过急则刻薄，伤缓则弛慢。〔政治对于人民，操之过急就显得刻薄，伤于迟缓又让人感到松懈。〕

——北朝·乐逊·摘自《周书·列传》

□不知亲疏、远近、贵贱、美恶，以度量断之。其余戮人者，不怨也；其赏赐人者，不德也。以法制行之，如天地之无私也。〔不分亲疏、远近、贵贱和美丑，一切都用法律来判断，所以定罪杀人，人

不怨恨；按功行赏，人也不必感激。全凭法制办事，就像天地对待万物那样没有私心。〕

——春秋·管仲《管子·任法》

□帝王者，宰物之通器；君道者，天下之至公。〔帝王是统治天下的人才，君道是天下最为公允的力量。〕

——南朝·刘裕·摘自《宋书·武帝纪》

□法外索平，无平矣。〔在法律以外去寻求公平，是没有公平的。〕

——宋·宋祁《杂说》

□天下有道，则庶人不议。〔天下政治清明，那么老百姓就不议论纷纷了。〕

——春秋·孔子《论语·季氏》

□死者不可复生，刑者不可复属。〔死去的人不可能再活过来，受刑的人砍下的肢体不能再接上去。〕

——汉·淳于缇萦·摘自《史记·孝文本纪》

□官乱于上，民贫于下。〔当官的在上面乱来，老百姓就必定在下面受穷。〕

——宋·王安石《上时政书》

□刑罚不能加无罪，邪恶不能胜正人。〔刑罚不能加于无罪的人，邪恶的势力不能战胜具有正义的人。〕

——汉·桓谭·摘自《后汉书·桓谭传》

□国有不听而可以得存者，则号令不足以使下；有犯禁而可以得免者，则斧钺不足以畏众。〔国家有人不听法令却安然无事的情况，

306

号令就不能推动臣下；有违犯禁律却免于刑罚的情况，刑罚就不能威慑民众。〕

——春秋·管仲《管子·版法解》

□时险则峻法以取平，时泰则宽网以将化。〔局势险恶时应严格法令以维护公正，局势平稳时应放宽尺度以提倡教化。〕

——唐·令狐德棻《晋书·华谭传》

□刑政虽峻而无怨者，以其用心平，劝戒明也。〔刑罚和政令虽然严厉，但没有怨恨不满的人，这是由于执法的人公平正直，并且对群众的教育、告诫说得明明白白的。〕

——晋·常璩《华阳国志·刘后主志》

□乱法者军有常刑，奉命者赏不逾日。〔对于违法乱纪的人，军中应有常规刑罚；对于奉令行事的人，奖赏不能逾时太久。〕

——晋·慕容垂·摘自《晋书·慕容垂载记》

□察讼理冤，实维政首。躬亲听览，民信所由。〔调查案件，审理冤屈，是执法者的首要大事。亲自调查取证，是取信于民的关键。〕

——北朝·元诩·摘自《魏书·肃宗纪》

□道不足以治，则用法；法不足以治，则用术。〔用道治理国家感到不足时就用法制；用法制治理国家感到不足时就用权术。〕

——战国·尹文《尹文子·大道》

□凡令之行也，必待近者之胜也，而令乃行。故禁不胜于亲贵，罚不行于便辟，法不诛于严重，而害于疏远，庆赏不施于卑贱，而求令之必行，不可得也。〔凡是法令的贯彻，必须使君主所亲近的人首先带头遵守，然后才能实行得好。所以，禁令如果不能制服亲者和贵

307

者，刑罚不能施行于受宠的近臣，法律不惩罚那些有身份的人，只惩罚那些疏远的人，奖赏不肯给予出身低贱的人，这样还指望法令一定能贯彻，是办不到的。〕

——春秋·管仲《管子·重令》

□不辨亲疏，不异贵贱，一致于法。〔不分亲近还是疏远，不论高贵还是卑贱，在刑法面前要一样对待。〕

——宋·李觏《刑禁》

□不淫意于法之外，不为惠于法之内也。动无法者所以禁过而外私也。〔不在法度之外随意而行，不在法度之内私行小惠。任何行动都不离开法度，正是为了禁止过错而排除行私的。〕

——春秋·管仲《管子·明法》

□奉公如法则上下平，上下平则国强。〔按照法度，以公事为重，不徇私情，那么上下就都安定，上下安定国家就强大。〕

——宋·司马光《资治通鉴·周纪》

□草茅弗去，则害禾谷；盗贼弗除，则伤良民。〔草茅不除掉，会伤害庄稼；盗贼不除去，会伤害良民。〕

——春秋·管仲《管子·明法》

□王法公也，无偏无颇，亲疏同也，大义灭亲。〔王法是大公无私的，没有偏袒和偏差，亲疏远近一视同仁，为了正义而不顾私亲。〕

——战国·公羊高《公羊传·昭公元年》

□尊贵者不轻其罚，而卑贱者不重其刑；犯法者虽贤必诛，中度者虽不肖必无罪。是故公道通而私道塞矣。〔对于地位尊贵的不从轻处罚，对于身份卑贱的也不加重刑罚；即使是贤能的人，犯了法也要

惩处；对于言行合于法律规范的，即使他是不贤之人，也一定是无罪的。这样公正的大道就畅通，徇私的门就堵塞了。〕

——汉·刘安《淮南子·主术训》

□法者，国家所以布大信于天下；言者，当时喜怒之所发耳。〔法律，是国家用以树立最大威信于全国的工具；而执政者个人所说的，只不过是一时高兴或愤怒的发泄罢了。〕

——唐·吴兢《旧唐书·戴胄传》

□法者，治之端也；君子者，法之原也。〔法律是治理国家的一个首要事项；有治国之才的人是实行法律的根本。〕

——战国·荀子《荀子·君道》

□急于庶民，缓于权贵，非长久之道。诚能反是，天下幸甚。〔对百姓执行法律很严厉急迫，而对大官却很宽松和缓，这不是使国家长治久安的办法。如果真能把这种做法倒过来，那是天下人的大幸。〕

——宋·司马光《资治通鉴·梁纪》

□法先自治以治人，先治近以及远。〔执法之人要先治理好自己，然后才能治理别人；先治理与自己关系密切的亲友权贵，然后治理关系疏远的官员平民。〕

——清·王夫之《读通鉴论》

□人主之所恃者，法也，故不任己而任法，以法御天下。〔君主依靠的是法律，所以凭借的不是自己的智慧而是法律，用法律来统治天下。〕

——宋·叶适《水心别集·君德》

□吏之所使者，有法则民从之，无法则止。民以法与吏相距，下以法与上从事。〔人民对来自官吏的派使，合于法就服从，不合法就抵制不动。人民用法度来抗拒官吏的不法行为，下面凭法度与上面办理事务。〕

——春秋·管仲《管子·明法解》

□赏不足劝，则士民不为用；刑罚不足畏，则暴人轻犯禁。〔赏赐不足以激励人，士大夫和百姓就不会为君主出力；刑罚不足以使人畏惧，坏人就会拿犯法违禁不当回事。〕

——春秋·管仲《管子·正世》

□能法之士，必强毅而劲直，不劲直不能矫奸。〔能执行法令的人，一定要刚毅而耿直，不耿直就不能矫正世间的奸伪。〕

——秦·韩非《韩非子·孤愤》

□可吁则吁，故天下莫不畏；可俞则俞，故天下莫不服。〔应该禁止的就禁止，所以天下的人没有不敬畏的；应该答应的就答应，所以天下的人没有不信服的。〕

——宋·张端义《贵耳集》

□不法法则事毋常，法不法则令不行。〔不用法律手段来推行法治，事情就没有常规；法治不用法律手段来推行，命令就不能执行。〕

——春秋·管仲《管子·法法》

□法所当加，虽贵近不宥；事有所枉，虽疏贱必申。〔根据法律应当治罪的，即使是皇亲国戚，尊贵亲近之人，也绝不能宽宥；治罪所据的事实冤屈了人，即使是非亲非故，卑贱之人，也定要允许申述。〕

——明·张居正《陈六事疏》

□法而不议，则法之所不至者必废。职而不通，则职之所不及者必坠。〔有了法度而不研究怎样实行，那么法令没有明确规定到的地方就一定会出问题。职权范围不能相互沟通，那么职权所涉及不到的地方就会出现漏洞。〕

——战国·荀子《荀子·王制》

□无赦之国，其刑此平；多敛之国，其财必削。〔对罪犯不随便赦免的国家，它的刑罚必然平和；大量搜刮人民财物的国家，必定会使国家财政收入越来越少。〕

——隋·王通《文中子中说·王道》

□君信法则法顺行，君欺法则法委弃。〔君主遵守法律，那么法律就可以顺利执行；君主践踏法律，法律就被废弃。〕

——汉·王符《潜夫论·本政》

□强者折，锐者挫，坚者破。引之以绳墨，绳之以诛僇，故万民之心皆服而从上。〔强硬的屈服了，冒尖的受挫了，顽固的被攻破了，再用法律来引导，用杀戮来管制，因而万民之心都会服从上面。〕

——春秋·管仲《管子·法法》

□杀僇必信，民畏而惧。武威即明，令不再行。〔执行诛杀之刑一定说到做到，民众才会畏惧。权威明示于众，法律就不必一再重申。〕

——春秋·管仲《管子·版法解》

□天下之事，不难于立法，而难于法之必行；不难于听言，而难于言之必效。〔天下的事情，制定法令并不难，难的是切实贯彻执行法令；听取众人意见并不难，难的是让这些意见真正发生效力。〕

——明·张居正《请稽查章奏随事考成以修实政疏》

□为人君者不多听，据法依数以观得失。无法之言不听于耳，无

法之劳不图于功。〔作为君主用不着多操劳，只要凭借法治依靠客观规律来审视得失就可以了。不符合法治的言论耳朵不听，不符合法治的辛劳不算功劳。〕

——战国·慎到《慎子·君臣》

□**小知不可使谋事，小忠不可使立法。**〔耍小聪明的人不可任用他去谋划事情，做不到忠心耿耿就不要让他去掌握法令。〕

——秦·韩非《韩非子·饰邪》

□**严于刑罚，疾于法令。**〔掌握刑罚要严格，推行法令要迅速。〕

——汉·董仲舒《春秋繁露·郊语》

□**使吏非法无以守，则虽巧不得为奸。**〔要使官吏除了法令以外就没有遵守的东西，这样，官吏再狡猾，也干不成坏事。〕

——战国·商鞅《商君书·慎法》

□**可怒而不怒，奸臣乃作；可杀而不杀，大贼乃发。**〔应该发怒而不发怒，奸臣就会兴起；应该诛杀而不诛杀，更大的奸贼就会产生。〕

——周·吕尚《六韬·上贤》

□**释规而任巧，释法而任智，惑乱之道也。**〔执政者放弃准则而使用权术，放弃法令而使用个人智慧，这是产生迷惑混乱的方法。〕

——秦·韩非《韩非子·饰邪》

□**有为枉法，有为毁令，此圣君之所以自禁也。**〔有时歪曲法度、有时毁弃法令的事情，这些是圣明君主应该禁止自己去做的。〕

——春秋·管仲《管子·任法》

□**释法术而心治，尧不能治一国；去规矩而妄意度，奚仲不能成**

一轮。〔放弃依法治国的办法而靠执政者个人心意，就是尧也不能治理好一个国家；丢掉圆规和直尺而胡乱凭心猜测，就是奚仲也不能做成一个车轮。〕

——秦·韩非《韩非子·用人》

□民诚从其令，虽少无畏；民不从令，虽众为寡。〔老百姓真正服从命令，即使人少也没有什么可怕的；老百姓不服从命令，即使人再多也等于很少。〕

——汉·刘安《淮南子·兵略训》

□舍法度而任私意，奢侈行而仁义废也。〔舍弃法令制度而任用个人意志，奢侈之风就会盛行而仁义废弛。〕

——汉·班固《汉书·贡禹传》

□法者，所以适变也，不必尽同；道者，所以立本也，不可不一。〔治国的方法，是应该适应形势变化的，因此，不必完全相同；治国的道理，是用以建立根本体制的，因此，必须前后一致。〕

——宋·曾巩《战国策目录序》

□见危授命，士之美行；褒善录功，国之令典。〔见到危急情况，勇于献身，是有识之士的好行为；表扬好的，记述功绩，是国家的好法典。〕

——宋·王安石《故内殿承制宋士尧等赠官》

□任情终有失，执法永无差。〔凭着官员个人感情办事终究会出现失误，依照法律办事永远也不会有差错。〕

——清·李玉《清忠谱·囊首》

□禁奸止过，莫若重刑；刑重而必得，则民不敢试，故国无刑民。

313

〔禁止奸邪，防止犯罪，没有比重刑更有效的了。刑罚重，并且一定能拿获罪人，人们就不敢犯法，这样，国内就没有受刑的人了。〕

——战国·商鞅《商君书·赏刑》

□惠者，民之仇雠也；法者，民之父母矣。〔过度的仁慈，就是人民的仇敌；恰当的法律，才是保护人民的父母。〕

——春秋·管仲《管子·法法》

□制为禄位以功其从，严断刑罚以威其淫。〔制定官禄名位用来鼓励人们听从命令，严格断刑执法用来威慑邪恶。〕

——春秋·左丘明《左传·昭公六年》

□有道之国，治不听君，民不从官。〔实行法制的国家，治理政事用不着等待国君的命令，民众用不着依靠官吏的督促。〕

——战国·商鞅《商君书·说民》

□政令法，举措时，听断公。〔政令符合法制，举动措施适时，处理政事公正。〕

——战国·荀子《荀子·荣辱》

□严刑峻法，破奸轨之胆。〔只有实行严峻的刑法，才能使奸伪不法之徒胆战心惊，不敢干坏事。〕

——汉·班固《汉书·贾谊传》

□法轻利重，安能绝乎？〔法律规定的惩处很轻，而他从干坏事当中获得的利益却很大，这样怎么能够禁绝犯罪呢？〕

——晋·葛洪《抱朴子·酒诫》

□罪重刑轻，刑至事生，此谓以刑致刑，其国必削。〔如果对重

罪处以轻刑，那么虽然用了刑罚，犯法的事还会不断产生，这就叫做用刑罚招致更多的刑罚，这样的国家必然削弱。〕

——战国·商鞅《商君书·靳令》

□罪至重而刑至轻，庸人不知恶矣，乱莫大焉。〔罪行很重但刑罚很轻，平常人就不懂得犯罪的害处，这样量刑就会出大乱子。〕

——战国·荀子《荀子·正论》

□刑称罪则治，不称罪则乱。〔刑罚与所犯的罪行相称，社会就安定；刑罚与所犯之罪不相称，社会就混乱。〕

——战国·荀子《荀子·正论》

□毋杀不辜，毋释罪人，则民不惑。〔不要杀无罪的人，不要释放有罪的人，人民就不会乱。〕

——汉·刘向《说苑·政理》

□与其杀不辜，宁失于有罪。〔与其冤枉处死无罪的人，宁可错误放掉一个有罪的人。〕

——汉·贾谊《新书·大政》

□必原情以定罪，不阿意以侮法。〔要追究实情来确定罪过大小，不迎合别人的意图来侮弄法律。〕

——唐·王维《裴仆射济州遗爱碑》

□令行禁止，王者之师也。〔有令就行，有禁就止，这是能够称王于天下的军队。〕

——汉·刘向《说苑·指武》

□明主之道，一法而不求智，固术而不慕信，故法不败而群官无奸诈矣。〔贤明君主的治国办法，一贯依法治国而不依赖个人才智，固守其驾驭臣下之术而不追求个人的忠信，所以法制不会被破坏而群臣也不敢有欺诈的行为了。〕

——秦·韩非《韩非子·五蠹》

□令行禁止，为国之关键。〔有命令就立刻行动，有禁令就立刻停止，这是治理国家的关键。〕

——南朝·萧子显《南齐书·崔祖思传》

□为善在于不疑，出令期于必信。〔做好事在于毫不迟疑，发出命令要求必守信用。〕

——唐·吴兢《贞观政要·灾祥》

□公则生明，廉则生威。〔公正，才能产生明智；廉洁，才会产生威信。〕

——清·朱舜水《伯养说》

□法者，所以适变也，不必尽同道者。〔法制是用来适应变化了的新情况的，不应该与历史上的旧法完全相同。〕

——宋·曾巩《战国策目录序》

□公平者，听之衡也；中和者，听之绳也。〔公平，是衡量听政好坏的准则；处理政事宽严适当，是听政好坏的标准。〕

——战国·荀子《荀子·王制》

□事之当否，众口必公。〔事情适当与否，众人的评论一定公正。〕

——宋·苏辙《论衙前及诸役人不便札子》

□诸葛亮治蜀十年不赦，而蜀大化。梁武帝每年数赦，卒至倾败。

夫谋小仁者，大仁之贼。〔诸葛亮治蜀十年不赦，而蜀国大治，社会秩序很好。梁武帝每年赦免好几次犯人，最终却灭亡了。贪图小仁的人，必定损害大仁。〕

——唐·吴兢《贞观政要·赦令》

□胜法之务，莫急于去奸；去奸之本，莫深于严刑。〔施行法治的重要任务，没有什么比铲除奸邪更为急迫的；铲除奸邪的根本措施，没有什么比严峻的刑罚更为优越的。〕

——战国·商鞅《商君书·开塞》

□法贵止奸，不在过酷。〔法律可崇尚之处，在于制止邪恶的事情发生，而不在于过分严酷。〕

——北朝·郭祚《奏奸吏逃刑止徙妻子》

□能生而能杀，国必强。能生而不能杀，国必亡。〔能使人生存同时又能诛杀，国家必定强盛；只能使人生存而不能诛杀，国家就必然要灭亡。〕

——唐·李筌《太白阴经·刑赏篇》

□廷尉，天下之平也，一倾而天下用法皆为轻重，民安所措其手足？〔廷尉，是天下公平的象征，他一旦有所偏斜，天下运用法律都会随之偏轻偏重，这样，百姓岂不是要手足无措了吗？〕

——汉·司马迁《史记·张释之冯唐列传》

□法立有犯而必施，令出唯行而不返。〔法律定了，如有违犯的就必定施行；法令发出了，只有执行而不能收回。〕

——唐·王勃《上刘右相书》

□所举必贤，则法可在贤；法可在贤，则法在下，不肖不敢为非，

317

是谓重治。〔所任用的执法人员是贤臣，法令就掌握在贤人手里；法令掌握在贤人手里，就能很好地向下贯彻执行，坏人就不敢胡作非为，这就叫做治理得特别好。〕

——战国·商鞅《商君书·画策》

□**至清廉平，路遗不受，请谒不听，据法听讼，无有所阿。**〔执法官员应该做到非常清正、廉洁、公平，不受馈赠，不受请托，严格按照法律处理案件，不偏袒迎合任何人。〕

——汉·董仲舒《春秋繁露·五行相生》

□**法令者示人以信，若成而数变，则人之心不安。**〔法令这种东西是以信用展示给百姓的，若制成后而多次改动，则百姓思想不安定。〕

——唐·李彭年《论刑法不便第二表》

□**令严而民慎，法设而奸禁。网疏则善失，法疏则罪漏。**〔政令严明，百姓就会小心谨慎；制定法律，就可以禁止坏人坏事。捕兽的网孔过大，就会使兽跑掉；法律不严格，犯罪的人就会逃脱法网。〕

——汉·桓宽《盐铁论·刑德》

□**以严为本，而以宽济之。**〔执法应当以严为根本，而以宽作为辅助。〕

——宋·朱熹《朱子语类》

□**为法令，置官吏，朴足以知法令之谓者，以为天下正。**〔制定了法令，就要设置负责法制的官吏。要挑选精通法令内容的人，充当各地主管法令的官吏。〕

——战国·商鞅《商君书·定分》

□**法者，天下之公器。惟善持法者，亲疏如一，无所不行，则人莫敢有所恃而犯之也。**〔法律，是天下人民的公有重器，只有善于掌

握法律的人，才能做到亲疏一个样，任何地方都同样实行，这样人们就不敢有所依仗而犯法了。〕

——宋·司马光《资治通鉴·汉纪》

□绳直而枉木斫，准夷而高科削。〔墨线一拉直，弯曲的木头就被砍直；水平仪一放平，凹凸的木头就被削平。〕

——秦·韩非《韩非子·有度》

□刑罚之所以生有源，不务塞其源，而务刑杀之，是为民设陷以贼之也。〔刑罚的产生是有根源的，不致力于杜绝犯罪的根源，只致力于惩办杀人，这就是为百姓设立陷阱而坑害他们。〕

——汉·戴德《大戴礼·盛德篇》

□国有道，虽加刑，无刑也；国无道，虽杀之，不可胜也。〔国家政治清明，即使设置了刑罚，也没有人去犯罪；国家昏庸无道，即使用杀人来威慑，也是杀不完的。〕

——汉·董仲舒《春秋繁露·身之养重于义》

□法者，非以快人之怒、平人之愤、释人之怨、遂人恶恶之情者也。〔法律，绝不仅仅是用来发泄怒气使人痛快，或平息人的愤恨，或排解人的仇怨，或为了满足人们憎恨坏人坏事的情绪的。〕

——清·王夫之《读通鉴论》

□吏不良，则有法而莫守；法不善，则有财而莫理。〔官吏不好，那么有法律也不能遵守；法制不完善，那么有钱财也不能管理。〕

——宋·王安石《度支副使厅壁题名记》

□处君位而令不行，则危；五官分而无常，则乱；法制设而私善行，则民不畏刑。〔处在国君的地位，而命令却不能实行，那就危险

了；百官的分工没有常规，那就混乱了；法律建立了而还凭个人的感情行事，民众就不害怕刑罚了。〕

——战国·商鞅《商君书·君臣》

□治之纲纪也，得其人则举，失其人则废。〔治理国家的法度纪律，得到好的执法人就能实行，失去好的执法人就废弃了。〕

——汉·刘安《淮南子·泰族训》

□非法之难，而人之难也。〔不是制定法律难，而是得到公正执法的人很难。〕

——清·王夫之《读通鉴论》

□治之敝也，任法而不任人。〔治理国家所常犯的弊病，是只凭借法律而不重视掌握法律的人。〕

——清·王夫之《读通鉴论》

□国机，徐疾而已矣；君道，度法而已矣。〔国事的关键，全在于缓急得当；为君之道，全在于建立健全法制。〕

——春秋·管仲《管子·山权数》

□号令已去又易之，礼仪已行又止之，度量已制又迁之，刑法已错又移之。如是，则庆赏虽重，民不劝也；杀戮虽繁，民不畏也。故曰：上无固植，下有疑心，国无常经，民力不竭，数也。〔号令已出又更改，礼仪已行又废止，度量已定又变换，刑法已制定又变更。这样，赏赐虽厚，人民也不受鼓励；杀戮虽多，人民也不会害怕。所以说：上面意志不坚定，下面就有疑心；国家没有常法，人民就不肯尽力，这都是规律。〕

——春秋·管仲《管子·法法》

□法者，所以禁民为非而使其迁善远罪也。〔法令是用来禁止百姓为非作歹，并且使他们转向良善、远离罪恶的。〕

——宋·欧阳修《欧阳修文集》

□大匠不为拙工改废绳墨，羿不为拙射变其彀率。〔大匠不因工人笨拙而废弃画线的工具，后羿不因射手笨拙而变更开弓的程度。〕

——战国·孟子《孟子·尽心上》

□断事以理，虚气平心，乃去怒喜。若倍法弃令而行怒喜，祸乱乃生。〔以理断事，要心平气和，排除个人喜怒。如果背弃法令而按照个人喜怒行事，祸乱就会发生。〕

——春秋·管仲《管子·版法解》

□朝廷法纪，做不得人情；天下名分，做不得人情；圣贤道理，做不得人情。以此徇人，皆妄也，君子慎之。〔朝廷的法律纲纪，不能用来满足私情；天下的名声地位，不能用来做私人交易；圣贤所倡导的道德规范，不能用来满足私欲。在这些方面如果屈从于个人感情，就会误入歧途，君子一定要谨慎行事。〕

——明·吕坤《呻吟语》

□争轻重者至衡而息，急短长者至度而息，争多寡者至量而息，争是非者至圣人而息，中道者圣人之权衡度量也。〔争论轻重的人遇到衡器就会停止争论，争论长短的人遇到尺度就会停止争论，争论多少的人遇到量器就会停止争论，争论是非的人遇到圣人就会停止争论。中庸之道就是圣人用来判断是非的标准。〕

——明·吕坤《呻吟语》

□制号政令，欲严以威；庆赏刑罚，欲必以信。〔贯彻法度政令，必须严格要求，树立权威；实行奖赏和刑罚，必须坚决而讲信用。〕

——战国·荀子《荀子·议兵》

321

政事政务

□利不苟就，害不苟去，唯义所在。〔不随便谋求利益，也不随便逃避祸害，做事在于是否符合正义。〕

——汉·贾谊《新书·阶级》

□身不正，不足以服；言不诚，不足以动。〔自身不正，不足以让人信服；说话不真诚，不足以感动人。〕

——明·徐祯稷《耻言》

□天下，难事作于易，大事作于细。〔天底下，难办的事情，一定要从容易的地方做起；重大的事情，一定要从细微的地方做起。〕

——春秋·老子《道德经》

□善为理者，举其纲，疏其网。〔善于治理国家的人，能抓住总纲，照顾好全局。〕

——唐·白居易《策林》

□吏不以多断为良；医不以多刺为工。〔断案多的官吏，并不一定就是好官；银针扎得多的医生，并不一定就是好医生。〕

——汉·桓宽《盐铁论·周秦》

□尧、舜帅天下以仁而民从之，桀、纣帅天下以暴而民从之其所令，反其所好，而民不从。〔尧、舜以仁爱统率天下，于是民众就服

322

从他们；桀、纣以暴虐压服百姓，民众对他们的命令就反其道而行之，即不服从。〕

——战国·曾参《礼记·大学》

□慎则祸之不及，贪则灾之所起。〔谨慎就不会牵涉祸害，贪婪会引发灾祸。〕

——唐·姚崇《辞金诫》

□不受虚誉，不祈妄福，不避死义。〔不接受与自己实际不相符的赞誉，不希求得到不该有的好处，不逃避为正义而牺牲。〕

——隋·王通《文中子·礼乐篇》

□幽莫幽于贪鄙，孤莫孤于自持，危莫危于任疑，败莫败于多私。〔黑暗中最黑暗的是贪污，孤傲中最孤傲的是自以为是，危机中最危险的是随便怀疑所用的人，失败中最容易引起失败的是私心太重。〕

——汉·黄石公《素书·本德宗道章》

□利不苟取，仕不苟进；洁己安分，优游卒岁。〔面对财利绝不随便获取，面对权位绝不苟且进身；洁身自好安分守己，悠闲自得度岁月。〕

——宋·司马光《资治通鉴》

□当断不断，反受其乱。〔应当作出决定的时候而不决断，反而会遭受它的扰乱。〕

——汉·司马迁《史记·齐悼惠王世家》

□释己教人，是谓之逆政；正己教人，是谓顺政。故人君先正其身，然后乃行其令，身不正则令不从。〔执政者不把自己包括进去，只是教育别人，这就叫倒行逆施的政治；通过端正自己来教育别人，

才是顺情顺理的政治。所以君主首先要端正自身，然后才推行政令，自己不正，虽行令百姓也不会服从。〕

——三国·诸葛亮《便宜·教令》

□将天下正大底道理去处置事，便公；以自家私意去处置之，便私。〔用正当合法的道理去处理事情，就公正；以个人利益为准则去处理事情，就不公正。〕

——清·张伯行《朱子语类辑略》

□廉外则可以大任，少欲则能临其众。〔为政廉洁就可以担当大任，清心寡欲就能统率众人。〕

——秦·韩非《韩非子·十过》

□建大功于天下者，必先修于闺门之内；垂大名于万世者，必先行于纤微之事。〔对国家建立大功的人，必定是首先要在小范围内修养自己；名声垂传千古的人，一定先从一些细微的事情做起。〕

——汉·陆贾《新语·慎微》

□君子，笃于义而薄于利，敏于事而慎于言。〔君子重道义但轻利益，勤做事但慎说话。〕

——汉·陆贾《新语·本行》

□两害相形，则取其轻；两利相形，则取其重。〔两种有害的事情相互比较，要选取危害较轻的一种；两种有益的事情相互比较，要选取利益较大的一种。〕

——清·魏源《孙子集注序》

□知所以自治，然后知所以治人，天下未有不能自治而能治人者也，此百世不易之道也。〔懂得如何自我约束，然后才能懂得如何治

理别人，天下从来没有不能自治却能治理别人的，这是千古不变的真理。〕

——汉·司马迁《史记·平津侯主父列传》

口**大纲既举凭鱼漏，小穴难防任鼠突窥。**〔网的纲绳已经举起，任凭鱼从网中脱漏；小洞难以防范，任凭老鼠窥探。〕

——清·袁枚《示儿》

口**舍己而教人者，逆；正己而任人者，顺。逆者乱之招，顺者治之要。**〔抛开自己而教育别人，违背常理；先端正自己再教化别人，合乎常理。违背常理是引起祸乱的根源，合乎常理是安定的关键。〕

——汉·黄石公《黄石公三略·下略》

口**治世之官详于下，乱世之官迭于上。**〔治世的官吏是详察民情的，乱世的官吏是轮流交替高高在上的。〕

——清·颜元《颜习斋先生言行录》

口**大害必有小利为之媒，大利必有小害为之倪。**〔大的祸害一定会有微小的好处替它做诱饵，大的好处一定会有微小的祸害替它做先导。〕

——明·庄元臣《叔苴子内篇》

口**必先修正其在我者，然后徐责其在人者，威乎刑罚。**〔必须先纠正自己的缺点，然后慢慢地去帮助别人改正缺点，这样做的威力比刑罚还要大。〕

——战国·荀子《荀子·富国》

口**吏有五善：一曰忠信敬上，二曰清廉毋谤，三曰举事审当，四曰喜为善行，五曰恭敬多让。**〔官员有五项行为准则：一是忠诚有信

325

义尊重上级；二是清正廉洁不诽谤别人；三是言行举止适当；四是与人为善爱助人为乐；五是谦逊有礼愿意让人。〕

——战国《秦简·为吏之道》

□不能创法，非圣人也；不能随时，非圣人也。〔不能创立新法，不是圣人；不能适应时代，也不是圣人。〕

——清·梁启超《变法通鉴》

□一言得而天下服，一言定而天下听，公之谓也。〔一言合适可以使天下人服从，一言确定可以使天下人听从，这正是因为言出于公。〕

——春秋·管仲《管子·内业》

□公之为言，公正无私也。〔所谓公，就是公正无私。〕

——汉·班固《白虎通义》

□事以急败，思因缓得。〔做事情操之过急就会失败，想问题深思熟虑才有收获。〕

——清·申居郧《西岩赘语》

□持心如衡，以理为平。〔使心地保持秤一样平衡，把真理作为衡量是非的标准。〕

——明·刘基《官箴》

□平而后清，清而后明。〔盘中水平静不动后才见清，清以后才见明彻。〕

——宋·司马光《槃水铭》

□当至忙促时，要越加检点；当至急迫时，要越加饬守；当至快意时，要越加谨慎。〔在最忙碌的时候，更要注意检点自己的言行；

在事情最紧急迫切的时候，更要注意一丝不苟，从容不迫；在最春风得意的时候，更要注意谨慎行事，以免乐极生悲。〕

——明·应洪明《菜根谭》

□以天下论者，必循天下之公。〔以天下来考虑问题，必然要依循天下之公理。〕

——清·王夫之《读通鉴论·叙论》

□私视使目盲，私听使耳聋，私虑使心狂。〔凭私心去观察事物，什么事情也看不明白；凭私心去听道理，什么事情也听不清；凭私心去考虑事情，只能使自己心智混乱。〕

——秦·吕不韦《吕氏春秋·序言》

□至公无私，大同无我，虽眇然一身在天地之间，而与天地无以异也。〔大公无私的人，没有自己的私欲，虽然在天间显得很渺小，但他的精神却与天地一样伟大。〕

——宋·杨时《二程粹言·论道》

□惟人人皆公，人人皆平，故能与人大同也。〔只有人人都能做到公正平等，才能步入大同世界。〕

——清·康有为《礼运注叙》

□惟廉、惟明、惟公、惟断，勤慎于兼之，居官之道无越于此矣。〔廉洁明察，公正善断，再加上勤奋谨慎，做官的原则没有超越这几项的了。〕

——明·海瑞《贺贰守陈后溪荣奖序》

□尧舜之知而不遍物，急先务也；尧舜之仁不遍爱，急亲贤也。〔以尧舜的智慧尚且不能够知道一切事物，因为他们急于知道对他们

最重要的事情；以尧舜的仁德尚且不能够关爱所有的人，因为他们急于关爱德才兼备的贤人。〕

——战国·孟子《孟子·尽心》

□一言正，天下定；一言倚，天下靡。〔身为国君，讲话公正，天下就安定；讲话偏斜，国家就倾倒。〕

——唐·欧阳询《艺文类聚·言语》

□人人相亲，人人平等，天下为公，是谓大同。〔人与人之间相互亲近、平等，整个天下都为公有，这就叫做大同社会。〕

——清·康有为《大同书》

□无偏无陂，遵王之义。〔不偏不斜，按先王之理而行。〕

——春秋·孔子《尚书·洪范》

□有心避祸者，祸之所趋；嗜利无厌者，害必从之。〔有心避祸，祸反而会到来；永无止境地追逐财利，灾祸必定会跟着来。〕

——明·方孝孺《侯城杂诫》

□有所不为，为无不果；有所不学，学无不成。〔有不去做的事，只要去做就一定有结果；有不去学的东西，只要去学就一定要有成效。〕

——宋·王安石《祭沈文通文》

□天下无兴利之法，去其弊则利自兴矣。〔天下并不存在兴利的专门方法，把事情的弊病除掉，人们自然就得到好处了。〕

——清·魏源《默觚下·筹鼛篇》

□得天之道，其事若自然；失天之道，虽立不安。其道既得，莫知其为之；其功既成，莫知其释之。〔掌握了天道，成事就很自然；

违背了天道，虽然成功也不能保持。已经得道的，往往不觉察自己是怎样做的；已经成功了，往往又不觉察是怎样离开的。〕

——春秋·管仲《管子·形势》

□公天下之身，公天下之物，其唯至人矣。〔把天下之身视为己身，把天下之物看做己物，只有最完美的人才能做到。〕

——春秋·列御寇《列子·杨朱》

□公道立，奸邪塞，私权废。〔公道树立了，奸邪就被阻止，私权就被罢黜。〕

——汉·班固《汉书·萧望之传》

□神清则智明，智公则心平。〔神志清明则认识清楚，认识公正则心地和平。〕

——春秋·文子《文子》

□事在是非，公无远近。〔不论办什么事，都应以是非为标准；不论亲疏关系怎样，都应以公正为标准。〕

——唐·张九龄《与李让侍御书》

□人心之病，莫甚于一私。〔人心的弊病，没有比私欲更厉害的。〕

——宋·杨万里《答陈国材书》

□谓治者，使民无私。民无私则天下为一家。〔所谓治理者，就是使人民没有私心。人人为公，天下一家，国家就会安定。〕

——战国·尉缭《尉缭子·治本》

□人一能之，已百之；人十能之，已千之。果能此道矣，虽愚必明，虽柔比强。〔别人一次就能做事，我付出百倍努力；别人十次就

能做的事，我付出千倍的努力。如果能做到这样，即使愚蠢的人也会变得聪明，即使柔弱的人也会变得刚强。〕

——战国·子思《礼记·中庸》

□政者，民之事也。办民之事，莫若以公而以平。〔政务就是百姓的事。办百姓的事没有比以公平原则处事更重要的。〕

——清·何启，胡礼垣《新政论论》

□言出于口者，不可止于人；行发于迩者，不可禁于远。〔错话是从自己嘴里讲出去的，不能从别人那里去禁止；错误的行为是从身边发生的，不能从远处去禁止。〕

——汉·刘安《淮南子·人间训》

□如地如天，何私何亲？如月如日，唯君之节。〔人心如地如天博大，有什么私心偏爱呢？如月如日光明，只有君子的处世准则。〕

——春秋·管仲《管子·牧民》

□缓事宜急干，敏则有功；急事宜缓办，忙则多错。〔不着急的事应当快点干，因为聪敏就容易取得功效；着急的事应当从容些干，因为忙乱就很容易出错。〕

——清·金缨《格言联璧·处事》

□目贵明，耳贵聪，心贵公。〔眼睛以明亮为贵，耳朵以灵敏为贵，人心以公正为贵。〕

——春秋·邓析《邓析子·转辞》

□衡之于左右，无私轻重，故可以为平。绳之于内外，无私曲直，故可以为正。人主之于用法，无私好憎，故可以为命。〔秤对于所称之物来说，不会根据自己的私心来改变它们的轻重；墨绳对于所量之物来说，也不会凭自己的私心来决定它们的曲直，所以秤和绳是公平、正直的。君主用法也是如此，不能因爱好、憎恶而改变执法的标准、量刑的尺度，正因为这样，所以他能实施法律政令。〕

——汉·刘安《淮南子·主术训》

□公者无私之谓也，平者无偏之谓也。〔所谓公就是没有私心的意思，所谓平就是没有偏袒的意思。〕

——清·何启，胡礼垣《曾论书后》

□行天道，出公理，则远者自亲；废天道，行私为，则子母相怨。〔行事合于天道，出自公理，即使远者也会互相亲近；废天道，按私心行事，即使母子也会互相怨恨。〕

——春秋·管仲《管子·形势解》

□先圣王之治天下，必先公，公则天下平矣。〔历代贤明君主治理天下，都以"公"字为先，所以国家安定。〕

——秦·吕不韦《吕氏春秋》

□举事以为人者，众助之；举事以自为者，众去之。〔凡举事出于公心的，群众就会帮助他；出于私心的，群众就会离开他。〕

——汉·刘安《淮南子·兵略训》

□宁公而贫，不私而富；宁让而损己，不竞而损人。〔宁愿坚持公心而贫穷，不愿为私利而富裕；宁可谦让而使自己受损失，不可为争夺而损害他人。〕

——元·张养浩《牧民忠告》

□子谓子产，"有君子之道四焉：其行己也恭，其事上也敬，其养民也惠，其使民也义。"〔孔子评论子产，说："他有四种行为合于

君子的标准：他行为庄重，他对待君上恭敬，他教养人民有恩惠，他役使人民合法度。"〕

——春秋·孔子《论语·公冶长》

□先忧事者后乐事，先乐事者后忧事。〔先从忧患方面考虑诸事的人，而后就会享受到乐事；而先从快乐自在方面考虑诸事的人，而后就要承受忧患之事。〕

——汉·戴德《礼记·曾子立事》

□卒行无好步，事忙不草书。〔急促地行走没有好的步伐，事情繁忙时不要潦草书写。〕

——宋·陈师道《答无咎画苑》

□治国者，圆不失规，方不失矩，本不失末，为政不失其道，万事可成。〔治理国家的人，圆不能脱离标准，方不能失去准则，根本不能离开末节，当政不能脱离道义，这就万事可成。〕

——三国·诸葛亮《便宜十六策》

□人平不语，水平不流。〔人受到公平的对待就没有怨言，水平静了就不会流动。〕

——宋·释惟白《续传灯录》

□水至平而邪者取法，镜至明而丑者无怒。〔水至平，尽管是邪恶之人，也心悦诚服地愿意取法；镜至明，尽管是丑陋之人，也心悦诚服地承认。〕

——晋·陈寿《三国志·李严传》

□故太上神化，其次使不得为非，其次赏贤而罚暴。〔所以治理天下，最上策的是从精神上感化，其次是用礼制方法来约束民众使他

们不做错事，而用奖赏贤才惩罚暴虐的方法来治理天下是最下策的。〕

——汉·刘安《淮南子·主术训》

□凡古今天下之所谓善者，正是平治也。〔凡古今天下之所谓善于治国的，都是公正无私地治理国家。〕

——战国·荀况《荀子·性恶》

□天无私覆，地无私载，日月无私照。〔天地日月最无私，它们包涵一切，容纳一切，照亮一切。〕

——汉·戴圣《礼记·孔子闲居》

□天地无私，四时不息。〔天地没有偏私，一年四季依次运行而不止息。〕

——上古·黄帝《黄帝经·经法·国次》

□大贤秉高鉴，公烛无私光。〔大贤正大光明如持高镜，公烛普照大地并无偏照。〕

——唐·孟郊《上达奚舍人》

□失去私心，而后可以治公事；先平己见，而后可以听人言。〔先除私念，然后可以秉公办事；先去偏见，然后可以听取别人的忠告。〕

——清·金缨《格言联璧·接物》

□日月之明，众下仰之；乾坤之广，万物顺之。〔日月之光明，众人仰望它；乾坤之博大，万众归顺它。〕

——三国·诸葛亮《便宜·治人》

□无事如有事时提防，可以弭意外之变；有事如无事时镇定，可以销局中之危。〔平时没有出现事故的时候，做好事故的防范工作，

才可以应对突然出现的事故；当出现事故的时候，就像没事故时一样镇定从容，就可以化解危机，转危为安。〕

——明·陈继儒《小窗幽记》

□天覆群生，海涵万族。〔天庇护着地上各类生物，海包容着海里各种生物。〕

——宋·苏轼《湖州谢上表》

□正直者，顺道而行，顺理而言，公平无私。〔正直的人，按规律办事，按规矩说话，公平无私。〕

——汉·韩婴《韩诗外传》

□无私者公，无私者明。〔无私者才能公正，无私者心地光明。〕

——清·金缨《格言联璧·处事》

□能遗其身然后能无私，无私然后能至公。〔能够忘记自身利益的人才能无私，无私才能达到至公的最高境界。〕

——隋·王通《中说·魏相》

□一公则万事通，一私则万事闲。〔一心为公就万事畅通，一心为私就万事受阻。〕

——晋·袁准《论兵》

□私怒决不可有，公怒决不可无。〔为了私利的愤怒不可有，但出于公心的愤怒不可没有。〕

——清·陈确《陈确集·治怒》

□政如农功，日夜思之，思其始而成其终。朝夕而行之，行无越思，如农之有畔，其过鲜矣。〔处理政务要像农夫耕地一样精耕细作，

要日夜思考谋划，思考如何善始善终。白天做事晚上想事，行动就不会超越谋划，就好像农夫耕地有了界限，犯的过错就会很少了。〕

　　　　　　　　　　　　　　——春秋·左丘明《左传·襄公二十五年》

　　□执一政以绳百姓，持一概以等万民。〔为政要求一致就可以约束群众，办事坚持统一标准就可以使群众平等。〕

　　　　　　　　　　　　　　　　——汉·陆贾《新论·怀虑》

　　□不以一毫私意自蔽，不以一毫私欲自累。〔不因一毫私心而自我欺骗，不因一丝私欲而加重自己的负担。〕

　　　　　　　　　　　　　——宋·朱熹《四书集注·中庸章句》

　　□道之所在，天下归之。〔正义存在的地方，天下就会归顺于它。〕

　　　　　　　　　　　　　　　　——周·吕尚《六韬·文师》

　　□以天下为度者，不以己私怒伤天下之政。〔以国家利益作为衡量是非的标准，不因为个人怨怒而伤害国家的政事。〕

　　　　　　　　　　　　　——宋·李昉《太平御览·罢兵》

　　□官无私论，士无私议，民无私说。〔当官的持论公正，当士的议无私发，当老百姓的没有利己之说。〕

　　　　　　　　　　　　　　——春秋·管仲《管子·任法》

　　□崇德莫盛乎安身，安身莫大乎存政，存政莫重于无私。〔至德以安身为重，安身以修政为重，修政以无私为重。〕

　　　　　　　　　　　　　　　　——汉·王粲《安身论》

　　□明主其务在周密。是以喜见则德偿，怒见则威分。故明主之言，隔塞而不通，周密而不见。〔明君最要紧的事情，在于周而无缺、密

335

而不露。因此，如果君主的喜爱表现出来，臣下就会据以行赏，从而窃取恩德，如果君主的愤怒表现出来，臣下就会据以行罚，从而瓜分威势。所以明君的言论深蕴固藏而不表露，紧锁密闭而不外泄。〕

——秦·韩非《韩非子·八经》

□**政以正民，是以政成而民听。**〔"政"就是为了使人们归于正道，所以政治合于仁道百姓就会听从。〕

——春秋·左丘明《左传·桓公二年》

□**明王之治，功盖天下而似不自己，化贷万物而民弗恃。**〔圣明的君王治理国家，功业广惠天下却好像不是自己的功劳，教化施及万物而百姓不觉得有所依赖。〕

——战国·庄子《庄子·应帝王》

□**聪明君子者，善服人者也。人服而势从之，人不服而势去之。**〔聪明的君子，是善于使人顺服的人。人民顺服了，权势就随之而来；人民不顺服，权势就失掉了。〕

——战国·荀况《荀子·王霸》

□**以道佐人主者，不以兵强天下。**〔以道义辅助君主的，不以武力来征服天下。〕

——春秋·老子《道德经》

□**政者，正也。君为正，则百姓从政矣。**〔正就是公正。君主公正了，那么百姓就会按正道而行。〕

——汉·戴圣《礼记·哀公问》

□**大其心，容天下之物；虚其心，受天下之善；平其心，论天下之事；潜其心，观天下之理；定其心，应天下之变。**〔放宽心胸，容

纳天下事物；谦虚谨慎，接受天下仁善；平心静气，分析天下事情；潜心钻研，纵观天下事理；坚定信念，应付天下变化。〕

——明·吕坤《呻吟语》

□国之兴亡，在于政事。〔国家之兴衰存亡，在于政治的成败得失。〕

——汉·桓谭《新论·谴非》

□天下所以平者，政平也；政所以平者，人平也；人所以平者，心平也。〔天下所以安定，是因为政治安定；政治所以安定，是因为人安定；人所以安定，是因为人心和平清正。〕

——唐·欧阳询《艺文类聚·公平》

□天子者，有道则人推而为主，无道则人弃而不用。〔作为天子，有道就能得到人民的拥护，无道就会被人民所抛弃。〕

——唐·吴兢《贞观政要·论政体》

□不谨其闭，不固其门，虎乃将存；不慎其事，不掩其情，贼乃将生。〔如果不谨慎地留心门闩，不牢固地关好大门，恶虎就将潜入；如果不谨慎对待自己的行事，不掩盖自己的真情，奸贼就要产生。〕

——秦·韩非《韩非子·主道》

□显美政于当年，留芳尘于后代。〔把当年美善的政治显现出来，把美好的事迹留给后世。〕

——唐·令狐德棻《周书·萧詧传》

□行衢道者不至，事两君者不容。目不能两视而明，耳不能两听而聪。……故君子结于一也。〔徘徊于歧路上的人不能够到达目的地，同时侍奉两个君主的人，在道义上是不能宽容的。眼睛不能同时看清

楚两件东西，耳朵不能同时把两种声音全都听明白。……所以君子学习或办事总是把心志集中在一点上。〕

——战国·荀子《荀子·劝学》

□马知良御，进取道里；人知善政，令行禁止。〔良马遇上好驭手，就会不断取道前进；善施政令，就会使民众令行禁止。〕

——汉·李尤《辔铭》

□修干坤之德，开日月之明。〔修养天地万物化育之德，开启日月明朗之光。〕

——南朝·范晔《后汉书·郎顗传》

□能媚我者必能害我，宜加意防之；肯规予者必肯助予，宜倾心听之。〔能奉承我的人必定也能陷害我，应该特别加以防范；愿意规劝我的人必定也愿意帮助我，应该倾心相听。〕

——清·金缨《格言联璧》

□若安天下，必须先正其身。未有身正而影曲，上治而下乱者。〔要想安定天下，首先必须端正自己的思想行为。没有身体端正而影子弯曲、上面太平而下面混乱的事。〕

——唐·吴兢《贞观政要·君道》

□仁人之事者，必务求兴天下之利，除天下之害。〔仁人的责任，在于一定要为天下人兴利，为天下人除害。〕

——战国·墨子《墨子·兼爱》

□势重者，人君之渊也。君人者，势重于人臣之间，失则不可复得也。简公失之于田成，晋公失之于六卿，而邦亡身死。故曰："鱼不可脱于深渊。"〔所谓的权势重，就像是君主的水潭。领导别人的

338

人，权势要重于做下属的，如果失去就不可以再找回来了。齐简公把权势放给田成，晋国的君主把权势放给六卿，结果却是国亡身死。所以说："鱼儿离不开深水潭。"〕

——秦·韩非《韩非子·喻老》

□**循名实而定是非，因参验而审言辞。**〔依据名称与实际判断是非，凭借事实体验来审察言辞。〕

——秦·韩非《韩非子·奸劫弑臣》

□**道听而涂说，德之弃也！**〔在路上听到传言就到处去传播，这是道德所唾弃的！〕

——春秋·孔子《论语·阳货》

□**事之难易，不在小大，务在知时。**〔做事的难易，不在于事情的大小，而在于必须掌握好时机。〕

——秦·吕不韦《吕氏春秋·首时》

□**夫事君者，量力而进，不能则退。**〔作为侍奉君主的人，要量力而行，没有才能就要退出来。〕

——春秋·左丘明《国语·晋语》

□**大乐必易，大礼必简。**〔最好的音乐一定是简易悦人的，最高的礼仪一定是简约的。〕

——汉·戴圣《礼记·乐记》

□**人主之道，静退以为宝。不自操事，而知拙与巧；不自计虑，而知福与咎。是以不言而善应，不约而善增。言已应则执其契，事已增则操其符。符契之所合，赏罚之所生也。故群臣陈其言，君以其言授其事，事以责其功。**〔君主的道，以"静退"作为最宝贵的东西。不亲自操劳政务就知道臣下办事是拙还是巧；不亲自谋虑政事就知道臣下的谋虑是福还是祸。所以君主不必发表意见，应让臣下很好地提出政见；不必规定应该怎样做事，应让臣下有更多做事的机会和选择。臣下提出政见以后，君主就像拿着刻契一样对臣下加以考核；臣下做了许多工作以后，君主就像拿着符节一样对臣下加以验证。如同验合符契一样，验证臣下的言行是否相符，就成为制定赏罚的根据。所以臣下陈述自己的主张，君主根据臣下陈述的主张交给他们适当的工作，根据交给他们的工作责求应有的功效。〕

——秦·韩非《韩非子·主道》

□政之为言正也，所以正人之不正也。〔政治之所以叫"正"，就因为它是端正人之不正的。〕

——宋·朱熹《四书集注·论语集注》

□知其难者始易，视为易者必难。〔知道事情的难处干起来才容易，把它看做很容易的事情，干起来一定很难。〕

——清·李渔《闲情偶寄·教白》

□无欲速，无见小利。欲速则不达，见小利则大事不成。〔不要图快，不要贪图小利。图快反而达不到目的，贪图小利就办不了大事。〕

——春秋·孔子《论语·子路》

□常之谓经，变之谓权，怀其常道，而挟其变权，乃得为贤。〔不变叫经，变化叫权，心怀常道，而掌握权变，就能成为圣贤。〕

——汉·韩婴《韩诗外传》

□多闻阙疑，慎言其余，则寡尤；多见阙殆，慎行其余，则寡悔。言寡尤，行寡悔，禄在其中矣。〔多听，有怀疑的地方，加以保留，其余足以自信的部分，谨慎地说出，就能减少错误；多看，有怀疑

的地方，加以保留，其余足以自信的部分，谨慎地实行，就能减少懊悔。言语的错误少，行动的懊悔少，官职俸禄就在这里面了。〕

——春秋·孔子《论语·为政》

□言必信，行必果。〔说话一定要恪守信用，做事一定要果断勇敢。〕

——春秋·孔子《论语·子路》

□爱臣太亲，必危其身；人臣太贵，必易主位。〔和所喜爱的臣子太亲近，必然会危及君王自身；为人臣者过分尊贵，必然会改变君主的地位。〕

——秦·韩非《韩非子·爱臣》

□一家二贵，事乃无功。〔一个家庭如果有两个主管，做事就会没有功效。〕

——秦·韩非《韩非子·扬权》

□事君数，斯辱矣；朋友数，斯疏矣。〔对待君主过于烦琐，就会招致侮辱；对待朋友过于烦琐，就会被朋友疏远。〕

——春秋·孔子《论语·里仁》

□智者不背时而徼幸，明者不违道以干非。〔聪明的人不会违背形势而期望得到好处，明理的人不会违背道义而去做不应做的事。〕

——唐·卢照邻《对蜀父老问》

□闻贤而不举，殆；闻善而不索，殆；见能而不使，殆；亲人而不固，殆；同谋而相离，殆；危人而不能，殆；废人而复起，殆；可而不为，殆；足而不施，殆；机而不密，殆。〔知道有贤才而不举用，要失败；听到有好事而不调查，要失败；见到能干的人而不任使，要失败；亲信于人而不坚定，要失败；共同谋事而不团结，要失败；想危害人而不能，要失败；起用已被废黜的人，要失败；事可为而不为，要失败；家已富而不施，要失败；机要而不能保密，也要失败。〕

——春秋·管仲《管子·法法》

□道常无为而无不为。侯王若能守之，万物将自化。〔道永远是不妄为又无所不为的。侯王若能坚守住它，万物就会自我化育。〕

——春秋·老子《道德经》

□天下最可厌、可憎、可鄙之人，莫过于旁观者。〔天下最可厌、最可憎、最可鄙的人，莫过于旁观的人。〕

——清·梁启超《呵旁观者文》

□凡百事之成也，必在敬之；其败也，必在慢之。故敬胜怠则吉，怠胜敬则灭。〔一切事情成功必定在于谨慎从事，失败必定在于怠慢松弛。因此谨慎胜过怠慢就吉利，怠慢胜过谨慎必定失败。〕

——战国·荀子《荀子·议兵》

□人君不患乎在太刚，而常患乎柔而不断。〔作为人君，其毛病不在于太刚硬，而常常在于优柔寡断。〕

——宋·李纲《论人主之刚明》

□揆古察今，深谋远虑。〔揣测古代，考察现在，周密谋划，考虑深远。〕

——晋·陈寿《三国志·文帝纪》

□处大官者，不欲小察，不欲小智，故曰：大匠不斫，大庖不豆，大勇不斗，大兵不寇。〔居于高位的人，不应该在小的地方花费精力，不应该玩弄小聪明。所以说，手艺高超的木匠不亲自动手砍削木

342

料，高超的厨师不亲自排列食器，大勇之人不去亲自格斗厮杀，正义之师不做盗寇之事。〕

——秦·吕不韦《吕氏春秋·贵公》

□一蛇九尾，首动尾随；一蛇二首，不能寸进。〔即使一条蛇有九条尾巴，也会首动尾随，行走自如；但如果有两个头，则会互相牵制，寸步难行。〕

——元·姚天福·摘自《元史·姚天福》

□世事洞明皆学问，人情练达即文章。〔明白事理、掌握事实规律是一种学问，恰当地处理事情、能总结出规律就是文章。〕

——清·曹雪芹《红楼梦》

□拖泥带水之累，病根在一"恋"字；随方逐圆之妙，便宜在一"耐"字。〔沾泥带水的拖累，其病的根源在于一个留恋的"恋"字；随方就圆的妙处，其占的便宜在于一个忍耐的"耐"字。〕

——明·应洪明《菜根谭》

□析理则不使有毫厘之差，处事则不使有过不及之谬。〔分析事理就不能有毫厘之差，处理事情就不能有过头或不足的错误。〕

——宋·朱熹《四书集·中庸》

□喜传语者，不可与语；好议事者，不可图事。〔喜欢到处传话的人，不要与他讲重要的事情；喜欢议论事情的人，不要和他一起策划大事。〕

——明·陈继儒《小窗幽记》

□为学日益，为道日损。损之又损，以至于无为，无为而无不为。〔学习使人的学问一天天增长受益，修道让人的负担一天天减少。一

天一天减少，直到没有了什么负担，进入了一种无为的人生境界，没有负担地做事才能无所不能。〕

——春秋·老子《道德经》

口不立异以为高，不逆情以干誉。〔不追求与众不同以显示自己高明，不违背人之常情以获取个人荣誉。〕

——宋·欧阳修《纵囚论》

口事有不可知者，有不可不知者；有不可忘者，有不可不忘者。〔世间有些事是不可以知道的，有些事是必须要知道的；有些事是不可以忘记的，有些事是必须要忘记的。〕

——汉·刘向《战国策·魏策》

口事有不便者，革之可也；理有可行者，举之可也。勿务因循，渐成讹谬。〔事情有不顺利的，改革它就可以了；道理有通达的，实行它就可以了。不要致力于沿袭过去的做法，逐渐形成谬误。〕

——五代·柴荣·摘自《旧五代史·周书》

口天下事当于大处着眼，小处下手。〔天下事应当眼中要有大目标，行动要从小处开始。〕

——清·曾国藩《致吴竹如》

口皇王以之致刑措而反淳朴，贤达以之镂金石而雕竹素。〔君王用儒道使刑罚得以实施，民风反而淳朴，贤达以儒学去雕刻金石，反而得到竹的素雅。〕

——唐·令狐德棻《周书》

口明主好要，而暗主好详。主好要，则百事详；主好详，则百事荒。〔英明的君主喜欢抓住要领，而愚昧的君主喜欢管得周详。君主

喜欢抓住要领，那么各种事情就能办得周详；君主喜欢管得周详，那么各种事情就会荒废。〕

——战国·荀子《荀子·王霸》

□君子用世，随大随小，皆全力赴之。〔高尚的人履行职责，不论职位高低，权力大小，大事小事，都能竭尽全力去做。〕

——清·魏源《默觚下·治篇》

□事急而不断，祸至无日矣。〔事情处在紧急关头而不决断，灾祸很快就会到来。〕

——晋·陈寿《三国志·诸葛亮传》

□正其本，万事理。〔凡事只要正本清源，问题就可以迎刃而解。〕

——汉·范升·摘自《后汉书·范升传》

□图于未然，治于无事。〔要在事情还没有发生时图谋，要在太平时治理。〕

——唐·张九龄《治府兵》

□时不至不可强生也，事不究不可强成也。〔时令未到，不能强求生长；事情未到穷极生变的地步，不能强求成功。〕

——汉·刘向《说苑·谈丛》

□君正臣从谓之顺，君僻臣从谓之逆。〔君主正确臣子服从叫做顺从，君主邪僻臣子服从叫做乖逆。〕

——秦·晏婴《晏子春秋·谏上》

□为君节养其余以顾民，则君尊而民安；为臣忠信而无逾职业，则事治而身荣。〔做君主的自己节俭，所剩余的用来照顾民众，那么

345

君主就会尊贵百姓就能安宁；做臣子的忠诚守信而忠于职守，那么事情就能办好，而且对自己也有利。〕

——秦·晏婴《晏子春秋·问上》

□百川异源，而皆归于海；百家殊业，而皆务于治。〔江河各有源头，但最终都流入大海；百家各有家业，但都贵在治理。〕

——汉·刘安《淮南子·氾论训》

□见兔而顾犬，未为晚也；亡羊而补牢，未为迟也。〔看见兔子后，再回头唤狗去追捕，也不算晚；羊丢了以后，再将牲口圈修补好，也不算迟。〕

——汉·刘向《战国策·楚策》

□廉、仁、公、勤四者，乃为政之本领。〔廉洁、仁爱、公正、勤勉这四点，是从政的基本要领。〕

——宋·真德秀《西山政训》

□临事贵守，当机贵断，兆谋贵密。〔面临危难的时候，贵在能持守；在事情的关键时刻，贵在善于决断；而对于事先的谋划，贵在计划周密。〕

——清·申涵煜《省心短语》

□非易不可以治大，非简不可以合众。〔一种政策只有易于操作才能发挥最大的作用，一种学说只有简明扼要才能为百姓所接受。〕

——汉·刘安《淮南子·诠言训》

□大事、难事，看担当；逆境、顺境，看襟度；临喜、临怒，看涵养；群行，群止，看识见。〔面对大事和难事时，可以看出一个人担当责任的能力；处于逆境或顺境时，可以看出一个人的胸襟和气度；

碰到喜怒之事时，可以看出一个人的涵养；在与人群相处的行为举止中，可以看出一个人对事物的见解和认识。〕

——明·吕坤《呻吟语》

□通变之谓道，执方之谓器。〔不拘常规、通晓变化就是无形的道，守正不变就是有形的器。〕

——隋·王通《文中子·周公篇》

□威柄不以放下，利器不可假人。〔威柄不能放到属下手中，国家权力不可以借给别人。〕

——南朝·范晔《后汉书·丁鸿传》

□成事不说，遂事不谏，既往不咎。〔已经做成的事就不要再解释了，已经决定的事就不要再劝阻了，已经过去的事情就不要再去责怪了。〕

——春秋·孔子《论语·八佾》

□众力并则万钧不足举也，群智用则庶绩不足康也。〔将众人的力量都汇集在一起，那么就是万钧重的东西也不难举起来；将大家的智慧都运用起来，那么什么事情都不难做好。〕

——晋·葛洪《抱朴子·务正》

□白珪之玷，犹可磨也，斯言之玷，不可为也。〔白玉有了污点，还可以磨去，开口说话有了错误，却难以改变。〕

——汉·司马迁《史记·晋世家》

□故为人君者，以细务而责人，专大事而独断，此致治之要术也；纳一言而可用，虽众说不得以沮之，此力行之果断也。〔因此做君主的，将具体事务吩咐下属去办，只管大事而且独自决断，这是达到治

理的要诀；接受一项建议而且能够采用，虽然大家有议论而不退缩，这才是做事的果断作风。〕

——宋·欧阳修《准诏言事上书》

□处事者，不以聪明为先，而以尽心为急。〔从政的人，不以聪明为先要，而以尽心竭力为根本。〕

——宋·吕本中《官箴》

□仕之患也，酷无酷，贿无贿，旷无旷。〔做官最让人担忧的就是，表面看上去不残酷，而实际上却很残酷；表面看上去从不受贿，但实际上却受了贿；表面看上去没有不理职事，但实际上却玩忽职守。〕

——清·周寿昌《思益堂日札》

□善琴弈者不视谱，善相马者不按图。〔擅长弹琴、下棋的人不用死盯着琴谱或棋谱，擅长相马的人也不会总是按照图上画的样子来分辨马的好坏。〕

——清·魏源《默觚下·学篇》

□不责人所不及，不强人所不能，不苦人所不好。〔不苛求属下做其做不到的事情，不强迫属下做其不擅长的事情，不逼迫属下做其不愿意做的事情。〕

——隋·王通《文中子·魏相篇》

□好便宜者不可与共财，多狐疑者不可与共事。〔不能与爱占便宜的人共同创造财富，不能与多有疑心的人共同做事。〕

——清·申涵光《荆园小语》

□故君子不妄动也，必适于道；不徒语也，必经于理；不苟求也，必造于义；不虚行也，必由于正。〔所以君子不随便行动，行动必合

于道；不空谈，谈论必合于理；不苟求，追求必顺于义；不虚行，行动必从于正。〕

——汉·王粲《安身论》

□令之有渐，轨之有度，宠之有节。〔令行禁止有个渐进的过程，制定法则要有一定的标准，宠信别人也不能没有分寸。〕

——晋·伏滔·摘自《晋书·文苑传》

□导泉向涧，则为易下之流；激波陵山，必成难升之势。〔引导泉水流向山涧，很容易形成泉水下流；激扬水波超越山巅，则很难造成上升的势头。〕

——北朝·刘昼《刘子·思顺》

□君失臣兮龙为鱼，权归臣兮鼠变虎。〔君王失掉了贤臣的辅佐，就像龙变成了鱼一样，平平常常；权力一旦集中在一些奸臣手里，奸臣就像老鼠变成老虎一样，飞扬跋扈。〕

——唐·李白《远别离》

□立大功者不顾小节，行大仁者不念小惠。〔建立宏伟功业的人不必顾及小的礼节，实行大仁大义的人不要惦念小的恩惠。〕

——晋·慕容宝·摘自《晋书·慕容垂载记》

□恶者，美之充也；卑者，尊之充也；贱者，贵之充也，故先王贵之。〔粗恶是精美的根本，卑下是尊高的根本，低贱是高贵的根本，所以先王很重视它们。〕

——春秋·管仲《管子·枢言》

□寡交多亲，谓之知人；寡事成功，谓之知用；闻一言以贯万物，谓之知道。〔交的朋友不多但都是亲密的知心朋友，这样的人才是善于了解人；做的事情不多但都能成功，这样的人才是善于运用一切而成事的人；听一言就能够贯通万物的，这样的人才能叫做懂得道。〕

——春秋·管仲《管子·戒》

□不可以疑似之事，以生必然之过。〔不能以怀疑相似的事情，来生发必然的过错。〕

——北朝·魏收《魏书·勿吉传》

□盲人骑瞎马，夜半临深池。〔盲人骑着瞎马，半夜走到深水池旁。〕

——南朝·刘义庆《世说新语·排调》

□明主之道，一人不兼官，一官不兼事。〔贤明的君主采取的方法是：一个人不要同时兼任两种以上的官职，一个官员不要同时兼任两种以上的职事。〕

——秦·韩非《韩非子·难一》

□圣人君子，明盛衰之源，通成败之端，审治乱之机，知去就之节。〔圣明的君主，贤能的官员，能明察盛衰的根源，通晓成败的端由，熟识治乱的关键，明了进退的时节。〕

——秦朝·黄石公《黄石公三略·下略》

□先王礼制，本缘人情。君子论事，当究名实。〔先代的礼法制度本源于人情物理，论事析理宜探究实际情况。〕

——明·方献史·摘自《明史·方献史传》

□凡事预则立，不预则废。言前定则不跲，事前定则不困，行前定则不疚，道前定则不穷。〔任何事情，事前有准备就可成功，没有准备就会失败。说话先有准备，就不致理屈辞穷；做事先有准备，就

不会遭到困难；行为先有准备，事后就不会悔恨；做人做事的道理先有定则，就不至于行不通。〕

——战国·子思《中庸》

□权，然后知轻重；度，然后知长短。〔称一称，才能知道是轻还是重；量一量，才能知道是长还是短。〕

——战国·孟子《孟子·梁惠王上》

□临行而思，临言而择。〔将做时要思考，将说时要选择。〕

——宋·王安石《仁智》

□危者使平，易者使倾。〔能够认识到危险而保持警惕的人，就会平安无事；认为事情容易而失去戒心的人，就会遭受倾覆。〕

——周·姬昌《易经·系辞》

□昼之所为，夜必思之。〔白天所做的事情，到了晚上一定要好好地思考一下。〕

——宋·林逋《省心录》

□心病终须心药治，解铃还是系铃人。〔思想上的病最终还要从思想上去解决，要想解下铃铛还要由当初系铃的人来解。〕

——清·曹雪芹《红楼梦》

□以肉去蚁，蚁愈多；以鱼驱蝇，蝇愈至。〔用肉来驱赶蚂蚁，蚂蚁会越来越多；用鱼来驱赶苍蝇，苍蝇也会越赶越多。〕

——秦·韩非《韩非子·外储说左下》

□凡人臣之事君也，多以主所好事君。君好法也，则臣以法事君；君好言也，则臣以言事君。〔人臣侍奉国君，多是以国君所爱好的东

西为转移。国君爱好法度，人臣就用法度来侍奉他；国君爱好言谈，人臣就用言谈来侍奉他。〕

——战国·商鞅《商君书·修权》

□射人先射马，擒贼先擒王。〔要想射人，应先射他的马；要想擒贼，应该先擒住他们的首领。〕

——唐·杜甫《前出塞》

□无事时当如有事提防，有事时当如无事镇静。〔非战时也同战时一样时刻保持警惕，战时也要同非战时一样保持镇静。〕

——明·杨一清·摘自《明史·杨一清传》

□凡举事，无为亲厚者所痛，而为见仇者所快。〔不管做什么事，都不能让亲近的人感到心痛，而让敌对的人感到痛快。〕

——汉·朱浮《为幽州牧与彭宠书》

□闻而审，则为福矣；闻而不审，不若无闻矣。〔听到传闻能够加以考察，就会带来好处；听到传闻却不加以考察，倒不如不听。〕

——秦·吕不韦《吕氏春秋·察传》

□居则具一日之积，行则备一夕之卫。〔驻守，就要准备好粮草；行军，就要做好防备。〕

——春秋·左丘明《左传·僖公三十三年》

□名不正，则言不顺；言不顺，则事不成；事不成，则礼乐不兴；礼乐不兴，则刑罚不中；刑法不中，则民无所措手足。故君子名之必可言也，言之必可行也。君子于其言，无所苟而已矣。〔名分不正，说话就不顺当合理；说话不顺当合理，事情就办不成；事情办不成，国家的礼制也就不能兴起，礼制不能兴起，刑罚的执行就不会得

352

当；刑罚不得当，百姓就不知如何是好。所以君子确定一个名号，必须能说得明白，说出来一定能行得通。君子对自己说的话，是从来不马马虎虎对待的。〕

——春秋·孔子《论语·子路》

□天下之事，不可为也，因其自然而推之。〔不论自然界或者人类社会，凡事都不可勉强，要循道而行，自然而成。〕

——汉·刘安《淮南子·原道训》

□疑行无名，疑事无功。〔行动有疑虑就不会成名，做事有疑虑就没有功效。〕

——秦·商鞅·摘自《史记·商君列传》

□虽有忧勤之心而不知致治之要，则心愈劳而事愈乖。〔虽然有忧愁劳苦之心，但不知道达到太平盛世的要领，那时必会心神越是疲劳，事情越是与愿望背道而驰。〕

——宋·欧阳修《准诏言事上书》

□故佚诸取人，劳于治事；劳于取人，佚于治事。〔所以使用人才自己就安逸，因为亲自处理政事自己就劳苦；亲自劳苦选好人才，处理政务就安逸。〕

——汉·戴德《礼记·子张问入官》

□将在外，主令有所不受，以便宜国家。〔将领在外作战，君主的命令有时可以不执行，是为了有利于战争、有利于国家。〕

——战国·侯嬴·摘自《史记·魏公子列传》

□为治之要，其略有五：一者慎刑罚，二者任贤能，三者亲忠信，四者远谗佞，五者行黜陟。〔政治的关键，其大概有五方面：一是谨

慎实施刑罚；二是选用贤能；三是亲近忠诚守信之人；四是远离谄媚奸佞之徒；五是认真实行废黜提拔制度。〕

——北朝·王叡·摘自《魏书·恩幸》

□智者，决之断也；疑者，事之害也。〔聪明的人，善于当机立断；犹疑的人，做事不成而败。〕

——汉·司马迁《史记·淮阴侯列传》

□政治之本，惟在于审。量才授职，务省官员。〔要想使国家达到大治，最根本的一条就是对于官员的审察。衡量每个人的才能授予适当的职务，尽可能少设官职。〕

——唐·吴兢《贞观政要·君臣鉴戒》

□不可乘喜而多言，不可乘快而易事。〔不要趁着高兴就多说话，不要趁着快乐就轻率地做事。〕

——明·薛瑄《薛子道论·中篇》

□留意于孔孟之间，委身于经济之道。〔留心于孔孟的圣人之道，投身于经世济民的事业。〕

——清·曹雪芹《红楼梦》

□临下以简，御众以宽。〔统治下民，应予从简；治理百姓，应予宽大。〕

——春秋·孔子《尚书·大禹谟》

□君臣者，天地之位也；民者，众物之象也。各立其所职以待君令，群臣百姓安得各用其心而立私乎？故遵主令而行之，虽有伤败，无罚；非主令而行之，虽有功利，罪死。〔君和臣好比天和地的位置，老百姓好比万物并列的样子。各自按其职务听候君主的命令，群臣百姓怎么可以各自用心谋取私利呢？所以，遵从君主的命令去办事，虽然遭到挫折失败，也不应处罚；不遵从君主的命令办事，虽然取得功利，也要处死罪。〕

——春秋·管仲《管子·任法》

□是是、非非，谓之知；非是、是非，谓之愚。〔肯定正确的、否定错误的，这叫智慧；否定正确的、肯定错误的，这叫愚蠢。〕

——战国·荀子《荀子·修身》

□善用人者，若蚈之足，众而不相害；若唇之与齿，坚柔相摩而不相败。〔善于用人之理，好比蚈虫的脚，虽然多，但是互相无侵害；又好比嘴唇与牙齿，一个坚硬一个柔软互相摩擦而不毁坏。〕

——汉·刘安《淮南子·说林训》

□铢铢而称之，至石必谬；寸寸而度之，至丈必差。〔一铢一铢地称量，称到一石时一定与一次称足的一石有差别；一寸一寸地丈量，量到一丈时一定与一次量够一丈有出入。〕

——宋·陆九渊《语录》

□仁行而从善，义立则俗易。〔仁政得以推行，而百姓顺从向善；道义能够确立，而民风趋向淳朴。〕

——汉·刘彻·摘自《汉书·武帝纪》

□为国之道，其要有五：一曰文德，二曰武功，三曰法度，四曰防国，五曰刑赏。〔治理国家，最重要的有五点：文德、武功、法度、防国、刑赏。〕

——北朝·高闾·摘自《魏书·高闾传》

□二心不可以事君，疑政不可以授臣。上下好礼，则民易使，上下和顺，则君臣之道具矣。〔怀有二心不能够侍奉君主，疑而未决的大政方针不能交给臣下。君臣都喜好礼义，百姓就容易役使；上下之间和顺，君臣之道就完备了。〕

——三国·诸葛亮《便宜十六策·君臣》

□子路问政。孔子曰："先之，劳之。"〔子路请教为政的道理，孔子说："自己要先作出榜样，然后使百姓勤劳地工作。"〕

——汉·司马迁《史记·仲尼弟子列传》

□止则立乎无私之域，行则由乎不争之途，必将通天下之理，而济万物之性。〔安身时停止在没有私利的位置上，进取时通过那些没有纷争的方式，这样一定能够穷通天下事理，使万物顺其自然发展。〕

——晋·潘尼·摘自《晋书·潘岳传》

□仁义与干戈并运，德心与功业俱隆。〔仁道感化和武力征讨同时使用，那么，仁德心胸和功名事业都会宏大。〕

——晋·殷仲堪·摘自《晋书·殷仲堪传》

□强令之笑，不乐；强令之哭，不悲。强令之为道也，可以成小而不可以成大。〔强制出来的笑不快乐，强制出来的哭不悲哀。强制命令这种做法只可以成就虚名，而不能成就大业。〕

——秦·吕不韦《吕氏春秋·功名》

□凡为治者，动不逆天机，作不破地德。〔凡是从事政治的，行动不能违反自然规律，做事不能破坏生态平衡。〕

——北朝·张文寔·摘自《魏书·张文寔传》

□下之事上也，不从其所令，从其所行。上好是物，下必有甚者矣。故上之所好恶，不可不慎也，是民之表也。〔下面的人侍奉上面的人，不是服从他的命令，而是跟从他的行动去做的。上面的人爱好某样东西，下面的人必定会比上面的人喜爱得更加厉害。所以上面的人的爱憎，不可以不慎重，因为他是民众的表率。〕

——春秋·孔子《礼记·缁衣》

□非虑无以临下，非言无以述虑。〔不思虑就没办法进行统治，不言语就没法表述对国家大事的思虑。〕

——唐·吴兢《贞观政要·慎言语》

□即以其人之道，还治其人之身。〔就用那人的手段，返回来惩治那人自身。〕

——宋·朱熹《四书集注·中庸》

□和羹之美，在于合异；上下之益，在能相济。〔调和羹汤使之美味可口，关键在于能把各种不同的味道互相协调配合；上下级之间要能合作得有成效，在于能够彼此取长补短。〕

——晋·陈寿《三国志·夏侯玄传》

□谨在于畏小，智在于治大。〔谨慎在于怕小事出现差错，聪明在于把大事处理妥当。〕

——战国·尉缭《尉缭子·十二陵》

□经非权则泥，权非经则悖。〔只有一般原则没有灵活变通就会拘泥死板，只有灵活变通而脱离一般原则就会变成荒谬。〕

——唐·柳宗元《断刑论》

□大智不形，大器晚成，大音希声。禹之决江水也，民聚瓦砾。事已成，功已立，为万世利，禹之所见者远也，而民莫之知。故民不可与虑化举始，而可以乐成功。〔最大的智慧不显现，担当大事的人

357

成就较晚，最优美的音乐听来无声。当年大禹疏导江河的时候，人们却堆积瓦砾加以阻挡。等到治水的事业完成，功业建立以后，子孙万代都由此受益，禹目光远大，可是人们却没有谁知道这一点。所以不可以跟普通的百姓商讨改变现状、进行创业开拓的大事，却可以跟他们享受成功的快乐。〕

——秦·吕不韦《吕氏春秋·乐成》

□君子不言，言必有中，不行，行必有称。〔君子不言则已，言必切合事理；君子不做则已，做必符合实际。〕

——汉·扬雄《扬子法言·君子》

□举一纲，众目张；弛一机，万事堕。〔把网绳举起来，网眼就会全部张开；放掉一个机会，许多事情就会面临失败。〕

——隋·王通《文中子·关朗》

□利不十者不易业，功不百者不变常。〔利益不增加十倍，不改换自己的职业；功效不达到百倍，不改变操作的常规。〕

——汉·班固《汉书·韩安国传》

□利则行之，害则舍之，疑则少尝之。〔有利就实行，有害就放弃，有疑虑就稍作尝试。〕

——汉·刘向《战国策·秦策》

□任重者其忧不可以不深，位高者其责不可以不厚。〔承担重任的，他的忧虑不可以不深；地位崇高的，他的责任不可以不大。〕

——宋·王安石《节度使加宣徽》

□人有三必穷：为上则不能爱下，为下则好非其上，是人之一必穷也；乡则不若，偝则谩之，是人之二必穷也；知行浅薄，曲直有以相悬矣，然而仁人不能推，知士不能明，是人之三必穷也。〔人有三种必然陷于困窘的行为：做上司不能爱护下属，做下属喜欢非议上司，这是人必然陷于困窘的第一种情况；当面不顺从，背后又欺骗毁谤，这是人必然陷于困窘的第二种情况；知识浅陋，德行不厚，辨别是非、善恶的能力又与别人相差悬殊，但对仁德的人不能举荐，对足智多谋的人不能尊崇，这是人必然陷于困窘的第三种情况。〕

——战国·荀子《荀子·非相》

□君者，表也；臣者，景也。表动则景随矣。〔君主是日晷，臣子是影子。日晷移动，影子也就跟着移动。〕

——宋·司马光《资治通鉴·唐纪》

□任一人则政专，任数人则相倚。政专则和谐，相倚则违戾。〔一种职事委任给一个人，政事就有专人负责；一种职事委任给几个人，他们就互相依赖推托。政事有专人负责则万事和谐，互相依赖推托工作就会失调。〕

——南朝·范晔《后汉书·仲长统传》

□君为元首，臣为股肱，明其一体相待而成也。〔君主是头颅，臣子是肢体。说明他们是一整体，互相依赖，相辅相成。〕

——宋·司马光《资治通鉴·汉纪》

□夫君人而知无恃其能、勇、力、诚、信，则近之矣。凡君也者，处平静，任德化，以听其要。〔治理百姓如果懂得不依仗自己的才能、勇气、力量、诚实、忠信，那就接近君道了。凡是做国君的，要处世平静，运用道德去教育百姓，使他们接受根本的东西。〕

——秦·吕不韦《吕氏春秋·勿躬》

□人各有能有不能，有明有不明。若能为能，不能为不能；明为明，不明为不明，乃所谓明。〔每个人都有擅长的和不擅长的，有知道的有不知道的。如果擅长就说擅长，不擅长就说不擅长；知道就是知道，不知道就是不知道，才是真正的知道。〕

——宋·陆九渊《与曹立之》

□见本然之政，知必然之理，故其制民也，如从高下制水，如以燥湿制火。〔通晓适应时代需要的施政措施，知道事物发展的必然规律，所以治理起民众来，就好像利用地势的高低来控制水流、利用燃料的干湿来控制火势一样得心应手。〕

——战国·商鞅《商君书·画策》

□一日万机，一人听断，虽复忧劳，安能尽善？〔一天之中有无数的事情，只靠国君一人断处，即使再不辞劳苦，又哪里能都处理得很好呢？〕

——唐·吴兢《贞观政要·求谏》

□立治有体，施治有序，酌而应之，临时之宜也。〔确立政务管理，有一定的规矩；施行政务管理，有一定的程序；根据情况决定如何具体地治理，这是临时应当做的事情。〕

——宋·杨时《程氏粹言·论政篇》

□为国之道，恃贤与民。信贤如腹心，使民如四肢，则策无遗。〔治理国家的道理，在于依靠贤才与民众。信任贤才要像信任自己心腹，使用民众要像使用自己手足，这样就不会失策。〕

——秦·黄石公《黄石公三略·上略》

□人主出声应容，不可不审。凡主有识，言不欲先。人唱我和，人先我随。以其出之为入，以其言之为名，取其实以责其名，则说者不敢妄言，而人主之所执其要矣。〔君主对自己的言语神色，不可不

360

慎重。凡是君主有见识的，说话都不想先开口。别人唱，自己应和，别人先做，自己随着。根据他外在的表现，考察他的内心，根据他的言论，考察他的名声，根据他的实际，推求他的名声。这样，游说的人就不敢胡言乱语，而君主就能掌握住根本了。〕

——秦·吕不韦《吕氏春秋·审应》

□治天下犹曳大木然，前者唱邪，后者唱呼，君与臣共曳木之人也。〔治理天下就好比一群人拖一根大木头，前面的人喊号子，后面的人应和，君主与臣子同样都是拖木头的人。〕

——清·黄宗羲《明夷待访录·原臣》

□为政犹张琴瑟，大弦急者小弦断。〔治理国家好比弹琴鼓瑟，大弦弹得过急小弦就断裂。〕

——汉·陈宠·摘自《后汉书·陈宠传》

□德立而后道随之，道立而后政随之。〔仁德建立后，紧随着的是掌握治国之道，治国之道掌握之后，是建立政事制度。〕

——清·王夫之《读通鉴论》

□明者，起福于无形，销患于未然。〔洞明世事，通达事理的贤能之人，能在无形中去祸就福，能在不知不觉中销患得福。〕

——汉·刘向·摘自《汉书·楚元王传》

□各司其事，事不逾矩。〔各司其职，各负其责，按制度办事，不超过界限。〕

——汉·董仲舒《春秋繁露·五行相生》

□水泉深，则鱼鳖归之；树木盛，则飞鸟归之；庶草茂，则禽兽归之；人主贤，则豪杰归之。故圣王不务归之者，而务其所以归。〔水

361

泉很深，鱼鳖就会游向那里；树木繁盛，飞鸟就会飞向那里；百草茂密，禽兽就会奔向那里；君主贤明，豪杰就会归依。所以，圣明的君主不勉强使人们归依，而是尽力创造使人们归依的条件。〕

——秦·吕不韦《吕氏春秋·功名》

口权钧则不能相使，势等则不能相并，治乱齐则不能相正。故小大轻重、少多治乱，不可不察，此祸福之门也。〔权力相同就不能役使对方，势力相等就不能兼并对方，治乱相同就不能匡正对方。所以对大小、轻重、多少、治乱等情况，不可不审察清楚，这是通向祸福的门径。〕

——秦·吕不韦《吕氏春秋·慎势》

口治民者若大匠之斫，斧斤而行之，中绳则止。〔治理百姓好比木匠砍削木材，斧子的运用程度，应是砍到标准就停止。〕

——汉·桓宽《盐铁论·大论》

口天下无粹白之狐，而有粹白之裘，取之众白也。夫取于众，此三皇五帝之所以大立功名也。〔天底下没有纯粹白色的狐狸，却有纯粹白色的裘皮，这是博采众狐狸的白色腋皮的缘故。善于博采众人的长处、众人的智慧，这是古代先贤（三皇五帝）成就大业的原因。〕

——秦·吕不韦《吕氏春秋·用众》

口易为而难成者，事也；难成而易败者，名也。〔容易开始而难以成功的，是事业；难以成功而容易失败的，是名节。〕

——汉·刘安《淮南子·氾论训》

口古之善为君者，劳于论人而佚于官事，得其经也。不能为君者，伤形费神，愁心劳耳目，国愈危，身愈辱，不知要故也。〔古代善于做君主的，把精力花费在选贤任能上，而对于官署政事则采取安然置之的态度，这是掌握了做君主的正确方法。不善于做君主的，伤身劳神，心中愁苦，耳目劳累，而国家却越来越危险，自身却蒙受越来越多的耻辱，这是由于不知道做君主的关键之所在的缘故。〕

——秦·吕不韦《吕氏春秋·当染》

□弓矢不调，羿不能以必中；君臣乖心，则孙子不能以应敌。〔弓与箭不相协调，即使像羿那样的神箭手也不能射中；君与臣不相协调，即使有孙子那样的军事家也不能应敌制胜。〕

——汉·刘安《淮南子·兵略训》

□明君使事不相干，故莫讼；使士不兼官，故技长；使之不同功，故莫争。〔英明的君主能使天下之事不互相侵犯，所以就没有争论；使臣子不兼任官职，所以他们的技能有所长进；使天下的人不立同样的功劳，所以就没有争端。〕

——秦·韩非《韩非子·用人》

□一则鉴前代成败事，以为元龟；二则进用善人，共成政道；三则斥弃群小，不听谗言。〔（要治理好国家）一是借鉴前代朝政的成败得失，作为经验教训；二是任用好人，共同完成为政之道；三是斥退诸多小人，不听信谗言。〕

——唐·吴兢《贞观政要·杜谗邪》

□以天下之目视，则无不见也；以天下之耳听，则无不闻也；以天下之心虑，则无不知也。〔用天下人的眼睛来看，就没有看不见的东西；用天下人的耳朵来听，就没有听不见的声音；用天下人的脑子来思考，就没有不知道的事情。〕

——周·吕尚《六韬·大礼》

□主道约，君守近。太上反诸己，其次求诸人。其索之弥远者，其推之弥疏；其求之弥强者，失之弥远。〔做君主的方法很简单，君主要奉行的原则就在自身。最高的境界是向自身求得，其次是向别人寻求。越向别人寻求的，离之就越远；寻求别人越花力气的，失之就越远。〕

——秦·吕不韦《吕氏春秋·论人》

□上之为政，得下之情则治，不得下之情则乱。〔执政者处理政事，了解下情就能治，不了解下情就会乱。〕

——战国·墨子《墨子·尚同》

□守至约而详，事至佚而功。〔所主管的事虽极其简要却能把事情办得非常周详，做起事来虽极其安逸却十分有成效。〕

——战国·荀子《荀子·王霸》

□总天下之要，治海内之众，若使一人，故操弥约而事弥大。〔掌握了治理天下的要领，那么治理起国内百姓来，就像支配一个人一样容易。所以说，把握的原则越简要，所处理的事情越多。〕

——战国·荀子《荀子·不苟》

□执一而应万，握要而治详，谓之术。〔掌握一个根本思想而应付成千上万的事情，把握大的要领从而使具体事务都得到治理，这就是正确的领导方法。〕

——汉·刘安《淮南子·人间训》

□为人主者，以无为为道，以不私为宝。〔作为君主，要以不做具体事为治政之道，以不谋私利为治国之宝。〕

——汉·董仲舒《春秋繁露·离合根》

□执狐疑之心者，来谗贼之口；持不断之意者，开群枉之门。谗邪进则众贤退，群枉盛则正士消。〔疑虑重的人，就会招来奸佞小人对忠臣的攻击陷害；优柔寡断的人，就会大开坏人进入之门。逸邪奸佞之人得宠，正人君子就会失势引退；城狐社鼠之辈得势，廉直之臣就会受压消失。〕

　　　　　　　　　　　　　　——汉·班固《汉书·楚元王传》

　　□得大数而治，失大数而乱。〔治理国家，掌握住总的规律和原则，天下就大治；未掌握总的规律和原则，天下就大乱。〕

　　　　　　　　　　　　——汉·董仲舒《春秋繁露·楚庄王》

　　□弦有缓急大小然后能成曲，车有劳逸动静而后能致远。〔拨动琴弦有缓有急、声音有大有小，然后才能形成曲调；车马有劳有逸、有动有静，然后才能达到很远的目标。〕

　　　　　　　　　　　　　——汉·刘安《淮南子·泰族训》

　　□经国之远图，存乎通识。通识者，通乎事之所由始，弊之所由生，害之所由去，利之所由成。〔治理国家的长远考虑，存在于渊深的见识之中。所谓渊深的见识，是指通晓事情是怎样开始的，弊病是怎样产生的，害处怎样才能除掉，好处怎样才能形成。〕

　　　　　　　　　　　　　　——清·王夫之《读通鉴论》

　　□御民之辔，在人之所贵；道民之门，在上之所先；召民之路，在上之所好恶。〔统御人民的要领，就在于君主重视的是什么；引导人民走什么道路，要看君主带头做什么；号召人民走什么道路，要看君主的好恶是什么。〕

　　　　　　　　　　　　　　——春秋·管仲《管子·牧民》

　　□情入而不出谓之灭，出而不入谓之绝，入而不至谓之侵，出而道止谓之壅。灭绝侵壅之君者，非杜其门而守其户也，为政之有所不行也。〔情况进而不出，叫做"灭"；情况出而不进，叫做"绝"；情况报上去而不能到达君主，叫做"侵"；情况下达而中途停止，叫做"壅"。有了灭、绝、侵、壅问题的国君，并不是关闭和封锁了自己的门户，而是在政治的某些方面有些问题没解决。〕

——春秋·管仲《管子·法法》

□人臣事主，顺旨甚易，忤情尤难。〔人臣侍奉君主，顺从旨意很容易，违抗情面很难。〕

——唐·吴兢《贞观政要·慎终》

□事有可行而不可言者，有可言而不可行者；有易为而难成者，有难成而易败者。〔事情有可以实行而不能说的，有可以说而不能实行的；有容易做而难以成功的，有难以成功而又容易失败的。〕

——汉·刘安《淮南子·氾论训》

□善政者，视俗而施教，察失而立防，威德更兴，文武迭用，然后政调于时，而躁人可定。〔善于施政的人，能根据当世风俗而施行教化，明察自己的过失而小心设防，威刑与恩德交替兴起，文武轮流使用，然后政事才能与时代相协调，而且浮躁的人也可以安定了。〕

——南朝·范晔《后汉书·桓谭传》

□以家为乡，乡不可为也；以乡为国，国不可为也；以国为天下，天下不可为也。〔按治家的办法来治乡，乡就不可能治理好；按治乡的办法来治国，国就不可能治理好；按照治国的要求治天下，天下就不可能治理好。〕

——春秋·管仲《管子·牧民》

□君如身，臣如手；君若号，臣如响；君设其本，臣操其末；君治其要，臣行其详；君操其柄，臣事其常。〔君主如同身躯，臣像如

366

同手；君主好比是乐器，臣僚好比是乐器发出的声响；君主把握根本，臣僚掌握末梢；君主治理关键，臣僚履行具体事务；君主掌握大权，臣僚从事日常工作。〕

——唐·魏徵《群书治要·大体》

□有当时之略者，好恶不激，张弛不迫。〔具有主持国家大事之才略的人，处理好事坏事都不过于猛烈，抓紧或放松都不过于急促。〕

——清·王夫之《读通鉴论》

□治国譬若张瑟，大弦绲则小弦绝矣。故急辔数策者，非千里之御也。〔治理国家好比给瑟上弦，大弦如果过紧，小弦就会断。所以猛拉缰绳，频繁地抽鞭子，那不是驾车远行的办法。〕

——汉·刘安《淮南子·缪称训》

□事有大小，有先后；察其小，忽其大，先其所后，后其所先，皆不可以适治。〔事情有大有小，有先有后；注意了小的事情而忽视了大事，把本来应该在以后办的事提到前面来做，而把应该先做的事推迟到以后去做，都不符合治国的需要。〕

——宋·程颢《论王霸札子》

□善知射者不贵其中，贵其所以此中也，善知理国理身者亦不贵其存，贵其所以必存。〔对射箭技术十分精通的人，不以射中目标为可贵，而以知道为什么必定射中为可贵；对治理国家和修养自身十分精通的人，不以求得国家和自身的存在为可贵，而以知道为什么必定存在为可贵。〕

——春秋·列御寇《列子·说符》

□疑假之迹，不可不察，察之必于其人也。舜为御，尧为左，禹为右，入于泽而问牧童，入于水而问渔师，奚故也？其知之审也。〔令

367

人疑惑的相似现象，不能不审察清楚，审察这种现象，必须找适当的人。即使舜做车夫，尧做主人，禹做助手，进到草泽也要向牧童请教，进入河流地区也要向渔夫问路。这是什么缘故？因为牧童渔夫对当地的情况了解得最清楚。〕

——秦·吕不韦《吕氏春秋·疑似》

□为君者常病于察，为臣者又失之宽。〔作为国君，毛病往往出在过于苛细上；作为臣子，过失常常出在过于松懈上。〕

——宋·苏轼《韩舍人》

□宽于大事，急于小罪，临时责怒，未免爱憎之心，不可以为政。〔对于大事很疏忽，对小的差错又很计较，动辄发怒，没有消除个人爱憎上的偏见，那是不能治理好朝政的。〕

——唐·吴兢《贞观政要·君臣鉴戒》

□谨权衡，审法度，修废官，四方之政行焉。兴灭国，继绝世，举逸民，天下之民归心焉。〔检验并审定度量衡，修复已废弃的机关工作，全国的政令就都会通行了。恢复被灭亡的国家，承续已经断绝了的后代，提拔被遗落的人才，天下的百姓就都会心悦诚服了。〕

——春秋·孔子《论语·尧曰》

□分均则不偏，势齐则不一，众齐则不使。〔名分相等就无法统属了，权势相齐就不能统一集中了，大家的地位都相当就谁也不能支配谁了。〕

——战国·荀子《荀子·王制》

□政治当有先后，先理纲后理纪，先理令后理罚，先理近后理远，先理内后理外，先理本后理末，先理强后理弱，先理大后理小，先理身后理人。〔国政的治理应当有先有后，先理总纲，后理具体法

368

纪；先理政令，后理赏罚；先理近处，后理远处；先理内部，后理外部；先理根本，后理枝叶；先理强者，后理弱者；先理大事，后理小事；先理自身，后理他人。〕

——三国·诸葛亮《便宜十六策·治乱》

□不信仁贤，则国空虚；无礼仪，则上下乱；无政事，则财用不足。〔不相信仁德贤能的人，那国家就空虚；没有礼仪，上下关系就混乱；没有好的政治，国家用度就不够。〕

——战国·孟子《孟子·尽心下》

□贵少者易偿，职寡者易守，任轻者易劝；上操约省之分，下效易为之功，是从君臣弥久而不相厌。〔职责少容易完成，职务少容易尽职，任务轻容易做好而能受到勉励；上面掌握着简明扼要的分工，下面以容易达到的功绩来效力，所以君臣上下之间能够长久地合作而不会互相生厌。〕

——汉·刘安《淮南子·主术训》

□力贵齐，智贵捷。〔用力贵在协调一致，用智贵在迅速敏捷。〕

——汉·刘安《淮南子·说山训》

□虽有忧勤之心，而不知致治之要，则心愈劳而事愈乖；虽有纳谏之明，而无力行之果断，则言愈多而听愈惑。〔虽然有辛勤忧国的思想，但不掌握治理国家的关键，那么思想愈劳苦，事情愈违背；即使有接受意见的明智，但没有力量去果断地实行，那么说得愈多，而听得愈迷惑。〕

——宋·欧阳修《准诏言事上书》

□天下有定官无限员，一冗也；天下厢军不任战而耗衣食，二冗也；僧道日益多而无定数，三冗也。三冗不去，不可为国。〔天下官

369

位有定额，但多少人去当这个官没加以限制，这是一多；地方的厢军不打仗而浪费布匹、粮食，这是二多；和尚、道士一天天多起来而国家不加制止，这是三多。不把这三种多余的东西去掉，是不能把国家治理好的。〕

——元·欧阳玄《宋史·宋庠传》

□将专权则下归咎，将自善则下无功。〔将领专权自恣，下属就会将一切责任归咎于他；将领自以为无所不能，下属就会劳而无功。〕

——宋·许洞《虎钤经·出将》

□君贵明，不贵察；臣贵正，不贵权。〔做君主的以明辨为贵，而不以洞察一切为贵；做臣子的以正直为贵，而不以善于权变为贵。〕

——宋·晁说之《晁氏客语》

□知善，人君也；身善，人役也。君身善，则不公矣。〔知人善任的是人君，事必躬亲的是被人使役的人。君主事必躬亲，处理事情就难以公正全面了。〕

——春秋·管仲《管子·君臣》

□罢冗员，减浮费，戒豪侈。〔清退多余的官员，减少不必要的费用，劝诫人们不要豪华奢侈。〕

——元·脱脱《金史·陈规传》

□独任之国，劳而多祸。〔靠君主一个人来治理国家，必定自身劳累而遭祸患。〕

——春秋·管仲《管子·形势解》

□一官而数人居之，一事而数人治之。数人而居一官，则不竞其公而竞其私；数人而治一事，则任期功而不任其责。〔一个官职安置

370

几个人，一件事由几个人去管理。几个人担任一个职务，就不会争着去办公事而为私利奔忙；几个人去管理一件事，就会出现都忙于争抢功劳上，而无人承担责任。〕

——宋·杨万里《冗官》

□知者之知，固以多矣，有以守少，能无察乎！愚者之知，固以少矣，有以守多，能无狂乎！〔聪明的人本来知识很多，但他却只掌握治国的关键，管的事很少，这能不明察吗？愚蠢的人知识本来很少，但却整天忙于处理很多具体的事，掌握不住关键，这能不乱吗？〕

——战国·荀况《荀子·王霸》

□与其位，勿夺其职；任以事，勿间以言。〔既然授予人官位，就不要去侵夺他的职责；既然把任务交给别人完成，就不必从中多嘴，进行干涉。〕

——宋·陈亮《论执要之道》

□君明则乐官，不明则乐音。〔做国君的明理就喜欢治官之道，不明理就偏爱音乐。〕

——汉·刘向《战国策·魏策》

□百羊而群，使五尺童子荷箠而随之，欲东而东，欲西可西；使尧牵一羊，舜荷箠而随之，则不能前矣。〔百来只羊一大群，让五尺高的孩童提着鞭子跟在后面，要它们向东就向东，要他们朝西就朝西。如果让尧牵着一只羊走在前面，让舜提着鞭子跟在后面，那就一步也走不了了。〕

——春秋·列御寇《列子·杨朱篇》

□以恪勤为公，以簿书为尊。衔能矜名，亲小劳，侵众官，窃取六职百役之事，听听于府庭，而遗其大者远者焉，所谓不通是道者也。

371

〔把恭谨劳苦当做公正，把处理公文当做重要事情，夸耀自己的能力，抬高自己的声誉，亲自处理琐碎的业务，侵犯各类官员的权利，窃取各种职务和差事，在厅上与人争辩不休，却不考虑大事，不长远计划，这便是不通为相之道啊！〕

——唐·柳宗元《梓人传》

口官不在多，惟在得人。得其人，则一人可以兼数人之事；不得其人，虽丛数人，不如得一人也。〔官员不在数量多，只在于得到质量好的人。得到质量好的人，一个人可以兼做几个人的工作；得不到顶用的人，虽然聚集着几个人，也不如一个人顶用。〕

——明·丘浚《正百官·定职官之品》

口持其大纲，疏其节目，为政之上术也。〔掌握住大的纲要，对于末节细目可以粗疏一些，这是为政的最高明的办法。〕

——清·王夫之《读通鉴论》

口上之人明其道，下之人守其职，上下之分不同任，而复合为一体。是故知善，人君也；身善，人役也。〔在上的要阐明君道，在下的要谨守臣职，上下的职分，在任务上是不同的，而他们又合成为一体。所以，知人善任的是人君，事必躬亲的是给人使役的人。〕

——春秋·管仲《管子·君臣》

口为人君者，下及官中之事，则有司不任；为人臣者，上共专于上，则人主失威。〔做人君的，如果向下干预官吏职责之内的事务，则主管官吏无法负责；做人臣的，如果向上分夺君主的权柄，君主就失去了权威。〕

——春秋·管仲《管子·君臣》

口位高者事不可以烦，民众者教不可以苛。夫事碎难治也，法烦难行也。〔职位高的领导者，他的工作不应该太烦琐具体；老百姓多的国家，对民众的教管不要过于严苛。高层领导事务过于琐碎就难以把国家治理好，法令过于烦琐苛刻就难以施行。〕

　　　　　　　　　　　　　　——汉·刘安《淮南子·泰族训》

　　□资栋梁而成大厦，凭舟楫而济巨川。〔依靠栋梁而建成大厦，凭借船只而渡过大河。〕

　　　　　　　　　　　　　　　　——唐·武则天《臣轨序》

　　□主行臣道则乱，臣行主道则危。故上下无分，君臣共道，乱之本也。〔君主履行臣子的职能则陷于混乱，臣子履行君主的职权则濒于危亡。所以上下没有分别，君主与臣下的职权混同，是乱国的根源。〕

　　　　　　　　　　　　　　——春秋·管仲《管子·明法解》

　　□将之于外也，君命有所不受，唯逐便利国家是务。〔将帅在外打仗，对君主的命令可以有所不接受，而只能以求取国家利益为宗旨。〕

　　　　　　　　　　　　　　　——宋·许洞《虎钤经·出将》

　　□为上者以苛为察，以功为明，以刻下为忠，以讦多为功，譬犹广革，大则大矣，裂之道也。〔作为上司，以苛刻为明察，以邀功为明智，以刻薄部下为忠君，以揭人隐私为功劳，这就像巨大的甲盾，大倒是大，但那是国家分裂的象征啊。〕

　　　　　　　　　　　　　　——唐·吴兢《贞观政要·公平》

　　□主大计者，必执简以御繁。〔主持方针大计的人，必定要执掌简明的总纲来驾驭各种纷繁的国事。〕

　　　　　　　　　　　　　　　　——宋·苏辙《上皇帝书》

　　□主道知人，臣道知事。故舜之治天下，不以事诏而万物成。农精于田而不可以为田师，工贾亦然。〔做君主的职责是选用人才，做大臣的职责是处理好分内的事。所以舜治理天下，不用事事告诫而各种事情也就办成了。农夫对种地很精通却不能因此而去做管理农业的官吏，工人和商人也是这样。〕

——战国·荀子《荀子·大略》

□以一人之聪明，而欲周天下之务，则君愈劳而臣逾惰，此治功所以不成也。〔以皇帝一个人的聪明智慧，而想包揽办好天下的事务，这样下去，君主愈忙碌劳累，臣下却愈懒惰懈怠。这就是政绩之所以不能形成的原因。〕

——宋·范祖禹《唐鉴·太宗》

□遗今而专乎古，则其失为固；遗古而务乎今，则失为妄。〔丢掉今人而一味崇古，那就有失于顽固不化；丢掉古人而一味崇今，那就有失于荒谬无知。〕

——明·方孝孺《求古斋记》

□君善用其臣，臣善纳其忠也。信以继信，善以传善，是以四海之内，可得而治。〔君主善于使用臣下，臣下善于贡献出他的忠诚。信诚导致信诚，良善传播良善，所以四海之内都可以治理好。〕

——春秋·管仲《管子·君臣》

□以铜为鉴，可正衣冠；以古为鉴，可知兴替；以人为鉴，可明得失。〔用铜片做镜子，可以端正衣帽；用历史做镜子，可以知道兴衰；用他人做镜子，可以明了得失。〕

——唐·李世民·摘自《新唐书·魏徵》

□人道敏政，地道敏树。夫政也者，蒲卢也。故为政在人，取人以身，修身以道，修道以仁。仁者，人也，亲亲为大。义者，宜也，尊贤为大。〔人事的道理通过国家政事反映出来，土地的肥沃程度通过树木生长反映出来。治理政事就像芦苇生长的道理一样，能够立见功效的。所以治理政事在于得人，录用人才在于人本身，修身要立足于道，修道要立足于仁。仁，就是爱人；在爱人的道理中，应该把敬爱父母放在第一义的地位上。义，就是使人各得其宜；在宜人的道理中，应该把尊敬贤德的人放在第一义的地位上。〕

——战国·子思《礼记·中庸》

□知得知失，可与为人；知存知亡，足别吉凶。〔知道什么是成功失败，就可以立身处世；知道什么是生存消亡，就可以辨别吉凶。〕

——晋·陈寿《三国志·吕蒙传》

□君不可以不逸也，所治者大，所司者要也；臣不可以不劳也，所治者寡，所职者详也。〔君主不能不超脱安闲一些，因为他所要解决的都是大事，他所负责的都是要害关键问题；臣子不能不忙碌劳累一些，因为他们所管的事情虽少，但所负责的都是具体烦琐的事务。〕

——宋·范祖禹《唐鉴·太宗》

□明者独见，不惑于朱紫；听者独闻，不谬于清浊。〔善于观察的人有自己独到的见解，不被十分相近的朱紫两色所迷惑；善于听音的人有自己独到的分析，只有细微之别的清浊音也辨别得毫无差误。〕

——南朝·范晔《后汉书·陈元传》

□终日问之，彼不知其所对；终日夺之，彼不知其所出。〔上级领导整天事无巨细，什么都过问，下级就不知道怎样答对才好；整天侵夺下级的职权，替他们做事，下级就不知道怎么做才好。〕

——汉·董仲舒《春秋繁露·立元神》

□上不可伐其下，下不可勤其上。若为上而行有司之事，岂独治

375

天下不可为也，一县亦不可为也；奚独一县也，一家亦不可为也。〔上级不要干涉下级职责内的事务，下级不要越权到上级职权范围之内。如果上级领导代替下级主管部门做事，岂止天下治理不好，就连一县也不行；岂止一县，就连一个家庭这样做也不行。〕

——宋·范祖禹《唐鉴·宪宗》

□**智贵乎早决，勇贵乎必为。**〔聪明的人贵在能及早决断，勇敢的人贵在能必定去做。〕

——宋·苏轼《代侯公说项羽辞》

□**询事考言，循名责实。**〔询问所做的事和考察所说的话，依照事物的名称来督求实际的内容。〕

——宋·王安石《乞退表》

□**主代臣事，则非主矣；臣秉主用，则非臣矣。故各司其任，则上下咸得。**〔君主代替臣下做事，就不是君主了；臣下的权力被君主所用，就不是臣下了。所以君臣各司其职，上下都各得其所。〕

——晋·郭象《庄子注·天道注》

□**一国之政，万人之命。**〔一个国家的政治，关系到众多百姓的生命。〕

——宋·王禹偁《待漏院记》

□**善为士者不武，善为战者不怒，善胜敌者不与，善用人者为之下。**〔善于统兵的人，不会逞能用武。善于作战的人，不被激怒拼杀。善于胜敌的人，不与敌人正面交锋。善于用人的人，常礼贤下士。〕

——春秋·老子《道德经》

□**隆礼至法则国有常，尚贤使能则民知方，纂论公察则民不疑，**

赏免罚偷则民不怠，兼听齐明则天下归之。〔崇尚礼仪完善法制，国家就会秩序井然；尊重贤人，任用有才能的人，百姓就知道正确的方向；集中众人的议论，公允明察，百姓就不会疑惑；勤勉者奖，懒惰者罚，百姓就不会怠慢；全面听取意见明察一切，天下的人都会归顺。〕

——战国·荀子《荀子·君道》

□有文无武，无以威下；有武无文，民畏不亲。文武俱行，威德乃成。〔如果有文的一手而无武的一手，就无法威服下级；如果有武的一手而无文的一手，人民就会害怕而不敢亲近。文武并行，威势和德望就都能形成。〕

——汉·刘向《说苑·君道》

□处人不可任己意，要悉人之情；处事不可任己见，要悉事之理。〔与别人相处不能只图自己快意，还要体察别人的感受；处理事情不能凭自己的想法办事，要仔细了解事情的内在规律。〕

——明·吕坤《呻吟语》

□君使臣以礼，臣事君以忠。〔君主应该按照礼的要求去使唤臣子，臣子应该以忠来侍奉君主。〕

——春秋·孔子《论语·八佾》

□见善而怠，时至而疑，知非而处，此三者道之所止也。柔而静，恭而敬，强而弱，忍而刚，此四者道之所起也。〔见到善事却懈怠不做，时机来临却迟疑不决，知道错误却泰然处之，这三种情况就是先圣治国之道中所应废止的。柔和而清静，谦恭而敬谨，强大而自居弱小，隐忍而实刚强，这四种情况是先圣治国之道中所应推行的。〕

——周·吕尚《六韬·文韬·明传》

□为人君者，修官上之道，而不言其中；为人臣者，比官中之事，而不言其外。〔做人君的，要讲求使用管理众官的方法，而不要干预众官职责以内的事务；做人臣的，要处理职责以内的事情，而不要干预到职责之外去。〕

——春秋·管仲《管子·君臣》

□事到手且莫急，便要缓缓想；想得时切莫缓，便要急急行。〔接受任务后先不要急着动手，先应当深思熟虑，周密计划；一旦考虑周到，胸有成竹，千万不要延误时机，应当雷厉风行地付诸实施。〕

——明·吕坤《呻吟语》

□天下之事，始过于重，犹卒于轻，始过于厚，犹卒于薄，况始以轻、始以薄者乎？故鲜失之重，多失之轻；鲜失之厚，多失之薄。是以君子不患过乎重，常患过乎轻；不患过乎厚，常患过乎薄也。〔天下的事情，开始时极其重视，最后都会轻忽怠慢，开始时满腔热情，最终都会变得淡漠，更何况一开始就轻忽怠慢、缺乏热情呢？所以事情的失败很少是由于过分看重造成的，多半是由于轻视造成的；很少是由于过分热心造成的，多半是由于冷漠造成的。因此君子不怕过分庄重，只怕过于轻浮；不怕过于忠厚，只怕过于浅薄。〕

——清·陈遇夫《迁言百则》

□专欲难成，众怒难犯，此八字者不独妄动邪为者宜慎，虽以至公无私之心，行正大光明之事，亦须调剂人情，发明事理。〔只想着满足个人私欲，肯定难以取得成功；众人如果同仇敌忾，那么谁也难以压制。这些道理，不仅那些行事轻率、为所欲为的人应当记取，就是那些内心公平坦荡、行事正大光明的人也应当注意体察公众的情绪，一言一行都要合乎义理。〕

——明·吕坤《呻吟语》

□恒言"平稳"二字，极可玩。盖天下之事，惟平则稳，行险亦有得的，终是不稳，故君子居易。〔常言所说的"平稳"二字，十分耐人寻味。大概天下的事情，只有平衡才能稳当，铤而走险有时也能得手，可是终究是靠不住的。所以君子要安于平易。〕

——明·吕坤《呻吟语》

□天下之事，有速而迫之者，有迟而耐之者，有勇而劫之者，有柔而折之者，有愤而激之者，有喻而悟之者，有奖而歆之者，有甚而淡之者，有顺而缓之者，有积诚而感之者。要在相机因时，舛施未有不败者也。〔世间的事情，有各种解决办法，有的需要果断迅速地加以解决，有的需要极大的耐心等待时机加以解决，有的需要强制性加以解决，有的需要平和委婉地加以解决，有的需要用义愤去激发当事人，有的需要反复劝说使当事人醒悟，有的需要通过褒奖使当事人愉快地接受劝导，有的需要暂时搁置起来，有的需要顺其自然从长计议，有的需要用真诚去感化当事人。关键是要随机应变，相机行事；如果不加区别地贸然采取行动，只能遭到失败。〕

——明·吕坤《呻吟语》

□当事有四要：际畔要果决，怕是绵；执持要坚耐，怕是脆；机栝要深沉，怕是浅；应变更机警，怕是迟。〔人在遇到事情时要注意四个方面：关键时刻要当机立断，最忌优柔寡断；事情陷入僵局时一定要站稳立场，树立信心，最忌意志松懈，临阵退却；思谋要周密长远，最忌只顾眼下，急功近利；应付突然出现的变故一定要高度警觉，最怕懵懂迟钝。〕

——明·吕坤《呻吟语》

□果决人似忙，心中常有余闲；因循人似闲，心中常有余累。君子应事接物，常赢得心中有从容闲暇时便好，若应酬时劳扰，不应酬时牵挂，极是吃累底。〔那些做事果断有主见的人，看似忙碌，其实心中常常十分轻松悠闲；那些做事优柔寡断的人，看似清闲，其实心中一刻也不得轻松。君子处世待人，应当时常保持内心清净，从容不迫，要使头脑得到充分的休息，如果在应酬时忙个不停，事情过后还一直昼思夜想，放心不下，那样实在活得太累。〕

——明·吕坤《呻吟语》

□水之流行也，碍于刚则求通于柔；智者于事也，碍于此则求通于彼。执碍以求通，则愚之甚也，徒劳而事不济。〔水流的运行，如果遇到坚硬之物阻挡，便寻求从松软的地方流过去；明智的人办事，如果用这种办法行不通，马上就换个方法试试，常能如愿以偿。假如死守着障碍之处以求通过，就太愚蠢了，最终只能是徒劳无功。〕

——明·吕坤《呻吟语》

□君子之事君也，道则直身而行，礼则鞠躬而尽，诚则开心而献，祸福荣辱则顺命而受。〔君子侍奉君王，就是要真正地履行自己的职责，恭谨地遵行君臣之间的礼节，光明磊落地奉献自己的忠诚，泰然自若地承受命运中的祸福荣辱。〕

——明·吕坤《呻吟语》

□悔前莫如慎始，悔后莫如改图，徒悔无益也。〔对以前的事情懊悔不迭，还不如在做下一件事情前谨慎谋划；与其在事情发生后追悔，还不如改变以前的策略，尽量补救以前的失识，光知道后悔是没用的。〕

——明·吕坤《呻吟语》

举贤任能

□官得其才，鲜有败事。〔选择录用的官员称职，就很少有办不好的事情。〕

——宋·司马光《资治通鉴》

□国之致治，在于审官；官之得人，在于选士。〔国家要想真正得到治理，必须严格审查官员；要选好官员，须选好优秀学子。〕

——宋·司马光《论风俗札子》

□官人不得于上，黎民不安于下。〔上面任用的官员不称职，下面老百姓就不得安生。〕

——南朝·范晔《后汉书·孝和帝纪》

□官得其人，事无不治。〔选择录用的官员称职，事情就没有办不好的。〕

——元·欧阳玄《宋史·乐黄目传》

□尊贤考功则治，简贤违功则乱。〔尊重贤才考察政绩，社会就会得到治理；怠慢贤才放任自流，社会风气就会混乱。〕

——汉·班固《汉书·谷永传》

□将行美政，必先择人。失政谓之虐人，失人谓之伤政。舍人为政，虽勤何为？〔推行好的政事，必须先挑选好称职的人。如果政事

办砸了那就是欺虐百姓，因此选人失败也就是伤害政事。放弃用人而抓政治，虽然辛苦又有多大成就呢？〕

——唐·张说《对策》

□设官之道，必在用贤；安人之术，莫如善政。〔任命官吏的原则是德才兼备；使百姓安居乐业的办法，没有比采用宽松的政策更好的了。〕

——唐·魏徵《隋书·樊子盖传》

□官才任贤，群善必举。〔选才授官任用贤人，这样种种善举都会随之而兴起。〕

——晋·陈寿《三国志·武帝纪》

□狃于利而必为者，害至而不思；惩于害而必不为者，利必有所遗。〔敢于贪图利益的人，灾祸发生了也不思索；担心后患的人，一定会失掉一些利益。〕

——宋·杨万里《论兵》

□临利而后可以见信，临财而后可以见仁，临难而后可以见勇。〔面对名利可以检验出人的信诚品格，面对资财可以检验出人的心态，面对危难可以检验出人的勇敢程度。〕

——春秋·鹖冠子《鹖冠子·天则》

□自古兴替，实在官人。〔自古以来各朝各代的兴衰交替，实际在于官员们能否廉洁勤政。〕

——唐·令狐德棻《晋书·山简传》

□古之人未尝不欲仕也，又恶不由其道。不由其道而往者，与钻穴隙之类也。〔古代的人未尝不想做官，但又讨厌那种不通过正道做

官的行为。不经过正道而去做官，就跟男女扒墙打洞偷情幽会的丑行一样。〕

——战国·孟子《孟子·滕文公下》

口位不可以进趋得，誉不可以朋党求。〔官位不能凭投机钻营得来，声誉不是靠着小团伙吹捧获取的。〕

——唐·令狐德棻《晋书·书苟勖传》

口好权之臣，必贪名位。〔贪恋权力的人，必定也贪恋虚名。〕

——宋·欧阳修《欧阳修文集》

口王者为官求才，使人以器，黜陟幽明，扬清激浊。〔上级选择做官的人才，就像使用器物一样，抑制他的短处，使用他的长处。〕

——北齐·魏收《魏书·崔鸿传》

口位非德而不升，官无能而不授。〔没有品德的人绝不能升官，被选拔的官员没有才能绝不能任用。〕

——宋·司马光《交趾献奇兽赋》

口观人品格，先察贪廉。〔观察人品格的高低，先看他对钱财是贪还是廉。〕

——明·无名氏《草庐经略·将廉》

口多私者不义，扬言者寡信。〔私心较多的人所做的事总是不仁不义，说大话的人没有信义而言。〕

——汉·戴德《大戴礼记·文王官人》

口故有道以御之，身虽无能也，必使能者为已用也。无道以御之，彼虽多能，犹将无益于存亡矣。〔所以用正确的方法来治理百姓，君

383

主自身即使没有多大的才能，也一定能使有才能的人为己所用。不用正确的方法治理百姓，君主即使很有才能，还是将无益于国家的存亡。〕

——汉·韩婴《韩诗外传》

□行货财而得爵禄，则污辱之人在官。〔用金钱可以买到官位时，那么有劣迹的人也可以担任官职了。〕

——春秋·管仲《管子·明法解》

□建官惟贤，位事惟能。〔设立官职要用贤才，位居官位必须称职。〕

——汉·孔安国《伪古文尚书·武成》

□世质则官少，世文则吏多。〔世风朴实官吏就少，世风浮华官吏就多。〕

——晋·傅玄《傅子·官人》

□君子不以言举人，不以人废言。〔君子不因有的人会说话便举荐他，也不因有的人品行不好就听不进他的合理意见。〕

——春秋·孔子《论语·卫灵公》

□政贵得人，不贵多官。〔政事贵在选用好官员，而不在于官员人数多。〕

——明·宋濂《元史·高鸣传》

□官在得人，不在员多。〔官员在于得到人才，而不在人数多。〕

——清·吴乘权《纲鉴易知录》

□故用人之知，去其诈；用人之勇，去其怒；用人之仁，去其贪。〔所以应当重用人们的智慧，但要防止他们的奸诈行为；重用人们的

勇气，但要防止他们感情冲动；重用人们的仁善，但要防止他们过分
仁慈。〕

——汉·戴圣《礼记·礼运》

□盖有非常之功，必待非常之人。〔要想建立非同寻常的功业，
必须等待非同寻常的人才。〕

——汉·刘彻《求茂才异等诏》

□做人好，做官自好；做官好，必由于做人好。〔能做个好人，
自然做官也是个好官；做官是个好官，必定是由于做人好。〕

——清·张伯行《困学录集粹》

□士品直方大，官箴清慎勤。〔有学之士的品质应正直正派大气，
做官的要诀是清廉谨慎勤奋。〕

——清·杨芝春《对联》

□不以禄私亲，功多者授之；不以官随爱，能当者处之。〔不拿
国家的钱照顾亲戚，谁功劳大就奖励谁；不用国家的官位随意安置所
喜欢的人，谁有能力就安置谁。〕

——汉·刘向《新序·杂事》

□为人择官者乱，为官择人者治。〔为了照顾某人而选择官员，
官场必定混乱；为职位选择胜任称职的人，其所负责的范围就能得到
治理。〕

——三国·诸葛亮《便宜十六策·举措》

□观操守，在利害时；观精力，在饥疲时；观度量，在喜怒时；
观存养，在纷华时；观镇定，在震惊时。〔观察人的品行，是在他面
对利害关系时；观察人的精力，是在他饥饿疲倦时；观察人的度量大

385

小，是在他喜怒哀乐时；观察人的涵养，是在他纷乱繁华时；观察人的镇定情绪，是在他遇到震惊时。〕

——清·林则徐《中堂》

□始吾于人也，听其言而信其行；今吾于人也，听其言而观其行。〔以前我对别人，听了他的话就相信他的行为；现在我对别人，听了他的话，还要观察他的行为。〕

——春秋·孔子《论语·公冶长》

□世有伯乐，然后有千里马。千里马常有，而不伯乐不常有。〔世上有了伯乐，然后才能发现千里马。千里马是常有的，但伯乐却不是常有的。〕

——唐·韩愈《杂说》

□政者，莫大于官贤。〔治理政务，没有比选用贤能的官员更为重要的了。〕

——汉·戴德《礼记·王言》

□天下之政，非贤不理；天下之业，非贤不成。〔天下的政事，没贤才就得不到治理；天下的大业，没有贤才就不能成功。〕

——唐·陈子昂《重任贤科》

□仁者在位而仁人来，义者在朝而义士至。〔仁德的人在官位，仁人就会前来；正义的人在朝廷，义士就会来到。〕

——汉·陆贾《新语·思务》

□上则能尊君，下则能爱民；政令教化，刑下如影；应卒遇变，齐给如响；推类接誉，以待无方，曲成制象，是圣臣者也。〔对上能尊敬君王，对下能爱护百姓；所施行的法令教化措施，人民努力效法它，就像影子随形一样；应付突变事件十分迅速，就像回应响声一样；以法类推处理各类事物，从容地对待变化无常的情况，处处都符合制度原则，这就是圣臣。〕

——战国·荀子《荀子·臣道》

□官人失才，害及百姓。〔任官不用贤才，会殃害百姓。〕

——南朝·范晔《后汉书·李固传》

□不以求备取人，不以己长格物。〔不以完美的标准要求他人，也不以自己的长处衡量他人。〕

——唐·吴兢《贞观政要·任贤》

□挺然尽心，敢任天下之责者，即当委而任之。〔能挺身而出，尽心竭力，敢于担负起治理国家重任的人就应当委任他。〕

——宋·包拯《论委任大臣》

□秀干终成栋，精钢不作钩。〔优良的树木最终能成为栋梁之材，上好的钢材是不会做小钩的。〕

——宋·包拯《书端州郡斋壁》

□任人之道，要在不疑。〔任用人的原则，最重要的是不要猜疑。〕

——宋·欧阳修《论任人之体不可疑札子》

□非才之难，所以自用者实难。〔一个人有才能并不难，能够使自己的作用充分发挥出来却很难。〕

——宋·苏轼《贾谊论》

□人之行，有情善而迹非，有意奸而外淑，有善恶相悬而不可以实指，有实大于名，有名侈于实。〔人们的行为，有的内心善良而事

迹不佳，有的内心邪恶而表面美好，有的善恶悬殊而难于确切判断，有的实质很好而名望不大，有的声望很高而名不副实。〕

——宋·曾巩《寄欧阳舍人书》

□自古有天下者，观其所用人，则政事可知矣。〔自古以来拥有天下的，只要看他使用人的情况，就可以知道这个国家的政事如何了。〕

——明·薛瑄《论治》

□以言取人，孔子失之宰我；以貌，失之子羽。〔只凭言谈来判断人的优劣，孔子看错了宰我；只凭相貌来判断人的优劣，孔子看错了子羽。〕

——宋·王安石《性说》

□可与言而不与之言，失人；不可与言而与之言，失言。知者不失人，亦不失言。〔可以同他谈，却不同他谈，这将错过人才；不能同他谈，却同他谈，这是浪费言语。聪明的人不错过人才，也不浪费言语。〕

——春秋·孔子《论语·卫灵公》

□见十金而色变者，不可以治一邑；见百金而色变者，不可以统三军。〔看见十两黄金而喜形于色的人，不可以让他管理一个县；看见百两黄金而喜形于色的人，不可以让他统率三军。〕

——明·徐学谟《归有园麈谈》

□贤能之士，何世无之。〔德才兼备的人，什么时代没有。〕

——晋·傅玄《举贤》

□天之子职，莫重择相；宰相之职，莫重用贤。然则何以知其贤，询诸人则知之，察其行则知之，观所举则知之。〔君主的职责，最重要的莫过于选择宰相；宰相的职责，最重要的莫过于任贤。既然这样，那么怎样才能识别人才呢？询问众人的意见就可以知道他；观察他的行为就可以知道他；看他所推举的那些人就可以知道他。〕

——元·张养浩《庙堂忠告》

□君子用人如器，各取所长。〔君子用人如同使用器物，每一种东西都要发挥其长处。〕

——宋·司马光《资治通鉴》

□知人而善用之，若己有焉。〔能了解人并善于任用他们，那么，别人的才能就等于为自己所有。〕

——宋·苏辙《历代论·汉光武》

□人之不尽其才，患二：曰私，曰蔽。〔一个人不能充分发挥自己的才能，有两个病根：一个是自私，一个是受蒙蔽。〕

——清·戴震《原善》

□任贤如事师。〔任用贤人，要像侍奉老师一样。〕

——唐·杜牧《雪中书怀》

□用人之术，任之必专，信之必笃，然后能尽其材而可共成事。〔用人的方法是，任用他必须专一，信任他必须诚恳，然后才能充分发挥他的全部才能，共同成就事业。〕

——宋·欧阳修《为君难论》

□彼为相者，诚能开诚布公，廓焉无我。己有不能，举能者而用之；己有不知，举知者而用之；己有不敢言，举敢言者而用之。如是则彼之所能，皆我有矣。必欲一身而无众人之事，虽大圣大贤有所不能。〔那些身为宰相的人，的确应当开诚布公地处理国事，坦然而无

389

私心，对于自己不能办到的事，委任有能力的人去负责；对于自己不知道的事，委任知道的人去做；对于自己不敢说的事，委任敢于直言的人去说。这样，那些原本自己做不到的事，也能借助别人的能力来完成。如果想依靠一个人的力量来完成众人才能完成的事，就是大圣大贤也是做不到的。〕

——元·张养浩《庙堂忠告》

□用人不以名誉，必求其实。〔用人不根据他的声誉，一定要求得真才实学。〕

——宋·欧阳修《太尉文正公》

□敬一人则千万人悦，慢一人则千万人怨。〔尊重一个人则很多人都会高兴，怠慢一个人则很多人都会怨恨。〕

——唐·罗隐《两同书·敬慢》

□良工度其材而成大厦，明主器其士而建功业。〔好的工匠根据材料而建造房屋，英明的君主器重他的人才来建功立业。〕

——汉·班固《拟连珠》

□节用莫要于寡欲，爱人莫先于用贤。〔节用最关键的在于减少贪欲，爱护人最关键的在于使用他的才能。〕

——清·陈康祺《郎潜纪闻》

□志不强者智不达，言不信者行不果。〔意志不坚强的人，智慧不能得到发挥；说话不诚实的人，做事不会有成果。〕

——战国·墨子《墨子·修身》

□管仲以贱为不可以治国，故请高国之上；以贫为不可以治富，故请三归；以蔬为不可以治亲，故处仲父。管仲非贪，以便治也。〔管仲认为地位卑贱的人不可以治理国家，所以请求位于高氏、国氏两大贵族之上；他认为贫穷的人不可以治理富人，所以请求有三姓的女子为妻；他认为关系疏远的人不可以治理君主的亲人，所以让齐桓公称他为仲父。管仲这不是贪婪，而是为了便于治理。〕

——秦·韩非《韩非子·难一》

□君子病无能焉，不病人之不已知也。〔君子只惭愧自己没有能力，不怨恨别人不知道自己。〕

——春秋·孔子《论语·卫灵公》

□限以资例，则取人之路狭；不限资例，则取从之路广。〔局限于出身来选择人才，选取人才的途径就狭窄；不局限于出身来选择人才，选取人才的途径就宽广。〕

——宋·欧阳修《再论台官不可限资考札子》

□不患人之不已知，患不知人也。〔君子不害怕别人不知道自己，只害怕自己不能比别人聪明。〕

——春秋·孔子《论语·学而》

□贪人廉，淫人洁，佞人直，非终然也，规有济焉尔。〔贪婪的人装做清廉，荒淫的人装做纯洁，奸佞的人装做正直，那不是他们的本来面目，不过是图谋达到某种目的罢了。〕

——宋·王安石《知人》

□力不敌众，智不尽物。与其用一人，不如用一国，故智力敌而群物胜。揣中则私劳，不中则任过。下君尽已之能，中君尽人之力，上君尽人之智。〔君主一人的力量敌不过众人，一个人的智慧不能了解万物。与其用自己一人之力，不如用全国的力量，所以君主拿自己一人的智慧和力量去和众人之智慧力量较量，众人就会胜过君主。君主自己揣测到，那么也是自己劳累；揣测不到，就要承担过错。下等的君主竭尽自己的才能，中等的君主竭尽人们的力量，上等的君主竭尽人们的智慧。〕

——秦·韩非《韩非子·八经》

□知人者智，自知者明。〔能鉴察人的品行才能，即可谓聪明；能正确认识自己，即可谓明智。〕

——唐·张怀瓘《议书》

□从来天下士，只在布衣中。〔向来天下德才出众的人，只在平民之中。〕

——清·屈大均《鲁连台》

□任天下之智力，以道御之，无所不可。〔不管天下谋士智谋之力多大，以道来抵御一切计谋，没有什么不可以的。〕

——晋·陈寿《三国志·武帝纪》

□国之强弱，不在甲兵，不在金谷，独在人才之多少。〔国家的强弱，不在武器装备，不在钱粮资财，只在人才的多少。〕

——宋·张孝祥《论用才之路欲广札子》

□善善而不能用，恶恶而不能去，此其所以亡也。〔喜欢好人但是不加以任用，厌恶恶人但不能除去他们，这就是亡国的原因。〕

——宋·苏轼《论所言不行札子》

□明君之道，使智者尽其虑，而君因以断事，故君不穷于智；贤者敕其材，君因而任之，故君不穷于能；有功则君有其贤，有过则臣任其罪，故君不穷于名。是故不贤而为贤者师，不智而为智者正。〔明智君主的为政之道，能使有智慧的人竭尽把他们的思虑说出来，而君主就根据他们的思虑来决断事情，所以君主在智慧方面不会穷困；能使贤能的人发挥他们的才能，而君主就根据他们的才能任职，所以君主在才能方面不会穷困；有了功劳，那么君主也就有了贤人，有了过失，那么臣下就担当罪责，所以君主在名声方面不会穷困。所以不贤能可以成为贤能的效法，无智慧可以以智慧者为师。〕

——秦·韩非《韩非子·主道》

□正而过则迂，直而过则拙，故迂拙之人，犹不失为正直。〔一个人过于刚正则显得迂腐固执，一个人过于直率则显得鲁莽笨拙，所以迂腐固执和鲁莽笨拙的人不能说不是正直的人。〕

——清·王永彬《围炉夜话》

□非成业难，得贤难；非得贤难，用之难；非用之难，任之难。〔不是成就事业艰难，而是获得圣贤艰难；不是获得圣贤艰难，而是任用圣贤艰难；不是任用圣贤艰难，而是委以圣贤职位艰难。〕

——晋·裴松之《三国志注》

□无问贵贱，不问亲疏，惟仁是用，惟德是举。〔不问他尊贵还是卑贱，不论他亲近还是疏远，只要热爱人民就任用，只要德行高尚就举荐。〕

——元·赵偕《上许县尹书》

□贤路当广而不当狭，言路当开而不当塞。〔招纳贤才的路应该开阔广泛而不应该狭窄，谏言沟通的渠道应当畅通而不能堵塞。〕

——元·欧阳玄《宋史·乔行简传》

□是故贤主之用人也，犹巧工之制木也，大者以为舟航柱梁，小者以为楫楔，修者以为榈榱，短者以为侏儒。无小大修短，各得其宜；规矩方圆，各有所施。〔因此贤明的君主任用人才，就像高明的

393

工匠裁取木料一样，大的用来做舟船柱梁，小的拿来做船桨楔子，长的用来做屋檐椽条，短的拿来做短柱斗拱；无论大小长短，都将它们派上用场，无论规矩方圆，都能恰到好处。〕

————汉·刘安《淮南子·主术训》

□君子至公引类，小人徇私立党。〔君子言行合乎大道理，以此相引成群；小人营谋私利，以此结成朋党。〕

————宋·何坦《西畴老人常言》

□士有公天下之心，然后能举天下之贤。〔官僚士大夫有天下为公之心，然后才能推举天下之贤。〕

————元·张养浩《风宪忠告》

□人身所重者元气也，国家所重者人才也。〔人身所看重的是精神，国家所看重的是人才。〕

————清·汤斌《与宋牧仲书》

□不以先进略后生，不以上官卑下吏。〔不要因为自己是先辈而忽略青年，不要因为自己是长官而傲视下属。〕

————宋·王安石《谢王司封启》

□审其所好恶，则其长短可知也；观其交游，则其贤不肖可察也。〔看看他所喜爱和厌恶的，就可以知道他的长处和短处；观察他所交的朋友，就能判断他是一个什么样的人。〕

————春秋·管仲《管子·权修》

□相人之术有三：迫之以利而审其邪正，设之以事而察其厚薄，问之以谋而观其智与不才。贤不肖分矣，此闻之于友者也。〔看人的方法有三种：让他接受一种不应得的名利，可以审察他的邪正；让他

394

去做一件事情，看他在处理时有无厚此薄彼的表现；向他询问一件不寻常的谋略，观察他才智的高下。这样，贤能还是愚笨就可断定了，这是从朋友那里听到的。〕

——唐·李翱《答朱载言书》

□好面誉人者，亦好背而毁之。〔喜好当面赞誉人的人，也喜好背后诋毁人。〕

——战国·庄子《庄子·盗跖》

□将听吾计，用之必胜，留之；将不听吾计，用之必败，去之。〔将领认同我的理论，在实践中证明它正确，就留用它；将领不认同我的理论，在实践中证明它是错误的，就丢弃它。〕

——春秋·孙武《孙子·计篇》

□见贤不能让，不可与尊位。〔见到贤能而不让的人，不可以授予他尊高的爵位。〕

——春秋·管仲《管子·立政》

□用得正人，为善者皆劝；误用恶人，不善者竞进。〔如果选人用人得当，那么为善的人都能得到勉力；如果错误地任用了不好的人，不善的人就会争相钻营。〕

——唐·吴兢《贞观政要》

□今若以誉进能，则臣离上而下比周；若以党举官，则民务交而不求用于法。故官之失能者其国乱。以誉为赏以毁为罚也，则好赏恶罚之人，释公行，行私术，比周以相为也。忘主外交以进其与，则其下所以为上者薄矣。〔如今如果根据声誉来提拔人才，那么臣下就会背离君主而在下面结党营私；如果以朋党关系来推举官吏，那么臣民就会致力于勾结拉拢而不根据法度求得任用。所以官吏们失去能力国

395

家就会混乱。以声誉来奖赏，以毁誉来惩罚，那么喜好奖赏厌恶惩罚的人，就会抛弃公正的法度，玩弄阴谋手段，结党营私互相吹捧。他们不顾君主的利益在外私交，尽用他们的党羽，那么下级为上级着想和尽力的地方也就少了。〕

——秦·韩非《韩非子·有度》

□**上下不和，虽安必危。**〔领导和下属不相和睦，表面虽然平安但必定会有危险。〕

——春秋·管仲《管子·形势》

□**大器不可小用，小士不可大任。**〔不能用大器皿来盛小物品，不能给才能浅陋的人委以大任。〕

——南朝·萧绎《金楼子·杂记》

□**舟覆乃见善游，马奔乃见良御。**〔翻船的时候，才能看出谁是真正会游泳的人；马狂奔的时候，才能看出谁是真正的好车把式。〕

——汉·刘安《淮南子·缪称训》

□**因其材以取之，审其能以任之，用其所长，掩其所短。**〔根据人的才能来使用他，详察人的才能来任用他，要发挥他的长处，避免他的短处。〕

——唐·吴兢《贞观政要》

□**桀为天子，能制天下，非贤也，势重也。尧为匹夫，不能正三家，非不肖也，位卑也。千钧得船则浮，锱铢失船则沉，非千钧轻而锱铢重也，有势之与无势也。故短之临高也以位，不肖之制贤也以势。人主者，天下一力以共载之，故安；众同心以共立之，故尊。**〔夏桀作为天子，能够治理天下，并不是他贤能，是他处的地位很重要；尧作为一个普通人，不能管好三家人，并不是他不贤，而是他的地位卑微。千钧重的东西依靠船载就能浮在水面上，几两重的东西没有船载就会沉入水中，并不是千钧轻而几两重，是有载体与没有载体的关系。所以短的东西放在高处是因为它的位置，不肖之徒能够制服贤人是因为权势。所谓人民的主人，天下人同心协力来拥戴他，所以能够安稳；民众同心同德共同树立他，所以能够尊贵。〕

　　　　　　　　　　　　　　——秦·韩非《韩非子·功名》

　　□知人即以为难，自知诚亦不易。〔了解别人已经够难的了，了解自己的确也不容易。〕

　　　　　　　　　　　　　　　　——唐·吴兢《贞观政要》

　　□水不激不跃，人不激不奋。〔水不经搅动不会起浪花，人不受激励不会奋进。〕

　　　　　　　　　　　　　　　——明·冯梦龙《喻世明言》

　　□能行之者未必能言，能言之者未必能行。〔能做成事情未必能说清楚做成的方法，能说清楚做事的方法未必能做成事情。〕

　　　　　　　　　　——汉·司马迁《史记·孙子吴起列传》

　　□疾风知劲草，板荡识诚臣。〔在狂风中才能看出草的坚韧，在乱世里方能显出忠臣的赤诚之心。〕

　　　　　　　　　　　　　　　　——唐·吴兢《贞观政要》

　　□士为知己者死，女为悦己者容。〔志士为了解自己的人而牺牲，女子为了喜欢自己的人而打扮。〕

　　　　　　　　　　　　　——汉·刘向《战国策·赵策》

　　□才者璞也，识者工也，良璞授于贱工，器之陋也，伟才任于鄙识，行之缺也。〔人才就像未经雕琢的玉石，发现人才的人像治玉的工匠，好的玉石落到技术低劣的工匠手里，做出来的玉器一定简陋，有卓越才能的人在见识鄙陋的人手下任用，做出来的事情也一定十分欠缺。〕

——五代·王定保《唐摭言·四凶》

□不可以一时之誉断其为君子，不可以一时之谤断其为小人。〔不能根据一时的赞誉，就断定一个人是君子；也不能根据一时的毁谤之言，就断定一个人是小人。〕

——明·冯梦龙《警世通言》

□图治莫先用人，任人宜责实效。〔励精图治最要紧的莫过于选用人才；选用人才，应注重其实际成就。〕

——明·瞿式耜《任人宜责实效疏》

□用人不宜刻，刻则思效者去；交友不宜滥，滥则贡谀者来。〔用人不该刻薄，太刻薄，想为你效力的人就会离去；交友不该无选择，不选择，阿谀奉承的人就会前来。〕

——明·洪应明《菜根谭》

□疑则勿用，用则勿疏。〔怀疑就不要任用，任用了就不要怀疑。〕

——唐·白居易《君不行臣事策》

□贤能不待次而举，罢不能不待须而废。〔有德有才之人，应当立即提拔；无德无才之人，则应当立即罢免。〕

——战国·荀子《荀子·王制》

□以言取人，人饰其言；以行取人，人竭其行。饰言无庸，竭行有成。〔如果根据言论来判断人的优劣，人们就会把全部精力放在说漂亮的话上；要是以行为来作为衡量人的标准，人们就会竭尽全力去

398

实践。说漂亮话没有用，竭尽全力实践才会有所成就。〕

——秦·孔晁《逸周书·芮良夫》

□才人之行多放，当以正敛之；正人之行多板，当以趣通之。〔有才的人行为多洒脱狂放，应当以正直来约束他；正直的人行为多刻板固执，应当以趣味来融通他。〕

——明·陈继儒《小窗幽记》

□选贤于野，则治身业弘；求士于朝，则饰智风起。〔在民间选拔贤人，国君就能修身立业；在朝廷上求取士子，巧饰才智之风就会兴起。〕

——南朝·沈约《宋书·列传》

□招贤良于屠钓，聘耿介于丘园。〔在屠夫和渔夫之中招纳方正贤良之士，在丘园山野之间探访光明正大之人。〕

——晋·熊远·摘自《晋书·熊远传》

□智计之士，审败以立功；守正之臣，临难以全节。〔有智慧、有才能的人，能够在详审败迹中建立功勋，笃守正道的大臣能够在面临危难中保全名节。〕

——南朝·谢晦·摘自《宋书·列传》

□忠臣本乎孝子，奉上资乎爱亲。〔忠实的臣下原本一定是个孝子，能够侍奉君主的基础在于真心关爱双亲。〕

——唐·令狐德棻《晋书·温峤传》

□人之才行，自昔罕全，若有所长，必有所短。若录长补短，则天下无不用之人；贵短舍长，则天下无不弃之士。〔人的才能和德行，从古代到现在就很少有人全部具备，有长处就一定有短处。如果任用长

处然后改善缺点，那么天下没有不能被录用的人；只看见短处就舍弃长处，那么天下就没有可以录用的人了。〕

——唐·陆贽《陆宣公集》

□君子小人，**貌同心异**。〔君子与小人都是人，相貌相同而本质不同。〕

——唐·魏徵·摘自《旧唐书·魏徵传》

□**器有要用，则贵贱同资；物有适宜，则家国共急**。〔器皿有重要作用，那么无论贵重还是低贱都有同样的价格；物品有适宜的用途，那么家庭和国家都会急求。〕

——南朝·范泰·摘自《宋书·范泰传》

□**同事之人，不可不审察也**。〔对于一起共事的人，不可不仔细审视考察。〕

——秦·韩非《韩非子·说林》

□**良玉未剖，与瓦石相类；名骥未驰，与驽马相杂**。〔美玉未经剖割，和瓦石相类似；名马没有驰骋，和驽马相混杂。〕

——北朝·苏绰·摘自《北史·列传》

□**临事之选，仅取其才；而平日之选，在择其德**。〔遭到突发事件任用的人，仅仅选取的是他的才能；而日常考察选拔的人才，选用的是他的品德。〕

——唐·张九龄《选卫将》

□**马必待乘，而后致远；医必待使，而后愈疾；贤者待用，而后兴理**。〔马要有人去骑，而后才可驱使它达到很远的目标；医生要有人去请治病，而后他才能把病治好；贤能的人只有使用以后，他才能

在振兴事业、治理政务方面显示出才干。〕

——汉·徐干《中论·下卷》

□量力而任之，度才而处之。〔考虑他的能力而任用他，根据他的才能而使用他。〕

——唐·韩愈《上张仆射书》

□人力不滋培，栋梁安得具。〔人才不经过细心地滋养与培育，怎么能成为真正的栋梁之才。〕

——清·计元坊《励志诗》

□得十良马，不若得一伯乐；得十良剑，不若得一欧冶；得地千里，不若得一圣人。〔得到十匹好马，不如得到一个伯乐；得到十口宝剑，不如得到一个欧冶；得到千里土地，不如得到一个杰出的人才。〕

——秦·吕不韦《吕氏春秋·赞能》

□政以得贤为本，理以去秽为务。〔为政以得到贤才为根本，理国以除去奸佞为要务。〕

——汉·杨震·摘自《后汉书·杨震传》

□闻名而奔走者，好利者也，直己而行道者，好义者也。〔听见名利就为之奔走的，一定是喜欢利的人，端正自己而行道义的人，一定是崇尚道义的人。〕

——唐·韩愈《上张仆射书》

□用人之道，宜因人用之，夫人有所能即有所不能，有所善即有所不善。勇于战阵者用之战阵，长于辞令者用之使命，各视其人而已，岂可求全责备于一人之身哉？〔用人的方法，应因人自身才能的不同而有所不同。人有能胜任的就有不能胜任的，有擅长的就有不擅长的。

401

战场上勇敢的人就用他上战场，辞令上擅长的就让他搞外交，各看他的长处罢了，哪能求全责备一个人呢？〕

——清·努尔哈赤《满洲秘档》

□外举不隐仇，内举不隐子。〔推荐外面的人才，不埋没自己的仇人，推荐家人，不回避自己的儿子。〕

——春秋·左丘明《左传·襄公三年》

□家贫则思良妻，国乱则思良相。〔家境贫寒就思慕贤惠的妻子，国家动荡就渴望有才能的宰相。〕

——周·李克·摘自《史记·魏世家》

□官人不官，事人不事，独立而无稽者，人主之位也。〔授人官职而自己不居官，给人职事而自己不任事，独立行动而无人考核，这就是处于君主之位的人。〕

——春秋·管仲《管子·君臣》

□慈父不爱无益之子，明君不畜无益之臣。〔仁慈的父亲不喜欢没有好处的孩子，英明的君主不供养没有用的大臣。〕

——南朝·贺琛·摘自《梁书·贺琛传》

□考之，以观其信；挈之，以观其知；示之难，以观其勇；烦之，以观其治；淹之以利，以观其不贪；蓝之以乐，以观其不宁；喜之以物，以观其不轻；怒之，以观其重；醉之，以观其不失也；纵之，以观其常；远使之，以观其不贰；迩之以，以观其不倦；探取其志，以观其情；考其阴阳，以观其诚；覆其微言，以观其信；曲省其行，以观其备成。〔试验他，以看他守信的程度；给他出难题，以看他的智慧；告诉他危难的事，以看他的勇气；老是烦扰他，以看他处理事情的能力；让他面对许多利益，以看他是否贪婪；不断给他声色之乐，

402

以看他是否荒废工作；给他许多他最想要的东西，以看他是否轻佻失态；激怒他，以看他是否能持重有守；灌他以酒，看他是否能不失其守；放纵他的许多生理欲望，以看他是否能守常度常态；让他去远方办事，以看他是否忠实；调到身边工作，以看他是否勤奋；探究他的心志，以看他的欲望所在；考察他的内外动静，以看他的真诚；考察他的细微话语，以看他的信用度；侧面委曲观察他的行为，以看他具备什么样的善恶观念。这些就是观察一个人真诚程度的方法。〕

——汉·戴德《礼记·文王官人》

□得人之道，在于知人；知人之法，在于责实。〔选择人才的方法，在于理解人才；了解人才的方法，在于考察实绩。〕

——宋·苏轼·摘自《宋史·苏轼传》

□十步之泽，必有茂草；十室之邑，必有俊士。〔十步之内的土地，必定有丰茂草木；十户人家的小城，必定有杰出的人才。〕

——汉·王符《潜夫论·实贡》

□一言拔俗，一事出群，亦当舍短从长。〔一言超出世俗之见，一事超越众人所为。因此也应当舍弃他的短处，遵从他的长处。〕

——五代·朱温·摘自《旧五代史·太祖纪》

□尺有所短，寸有所长。〔尺虽长有时却显得不足，寸虽短有时却变得有余。〕

——战国·屈原《楚辞·卜居》

□其少观其恭敬好学而能弟也，其壮观其洁廉务行而胜其私也，其老观其意宪慎强其所不足而不逾也。〔年纪轻的人要观察他是否恭敬好学友爱兄弟；壮年人要观察他是否廉洁积极进取，还应该注意他是否能克服私心私利；年老的人要观察他是否谨慎，克服自己的不足

而不逾越礼节规矩。〕

——汉·戴德《礼记·文王官人》

□爱而知其恶,憎而知其善。去邪勿疑,任贤勿二,可以兴矣。〔喜爱但知其不足,憎恨但知其优点。除去邪恶不犹疑,任用贤才不动摇。〕

——唐·魏徵·摘自《旧唐书·魏徵传》

□以玉为石者,亦将以石为玉矣;以贤为愚者,亦将以愚为贤矣。〔把玉当做石头的人,也会把石头当做玉;把贤人当做愚人的人,也会把愚人当做贤人。〕

——晋·葛洪《抱朴子·翟才》

□冠虽敝,必加于首;履虽新,必关于足。〔冠冕虽然破旧,必定要戴在头上;鞋子虽然很新,必定要穿在脚下。〕

——汉·司马迁《史记·儒林外传》

□廊庙之材非一木之枝,帝王之功非一士之略。〔修建庙宇的木材,不是一棵树的枝干;形成帝王的大业,不是一位贤士的智谋。〕

——汉·班固《汉书·赞语》

□小材虽累日,不离于小官;贤材虽未久,不害为辅佐。〔才能小的人尽管在职多时,但仍只能是一个小官;贤能之士虽然刚刚赴任,却可以辅佐君主治理天下。〕

——汉·班固《汉书·董仲舒传》

□父子之间,观其孝慈也;兄弟之间,观其和友也;君臣之间,观其忠惠也;乡党之间,观其信惮也。〔父子之间要观察他是否孝顺慈祥;兄弟之间要观察他是否和乐友善;君臣之间要观察他是否仁厚

有恩惠，是否忠诚；乡里之间要观察他信任与敬畏的是哪些人。〕

——汉·戴德《礼记·文王官人》

　　□欲胜人者必先自胜，欲论人者必先自论，欲知人者必先自知。〔想要战胜别人，就一定要先战胜自己。想要评定别人，一定要先评定自己。想要了解别人，一定要先了解自己。〕

——秦·吕不韦《吕氏春秋·自知》

　　□巧者善度，知者善豫。〔灵巧的人善于计划，聪明的人善于准备。〕

——汉·刘安《淮南子·说山训》

　　□视其所以，观其所由，查其所安，人焉廋哉？人焉廋哉？〔考察一个人的所作所为，观察他所采取的方法，考察他安心于做什么，这样，他怎么能隐藏得了？他怎么能隐藏得了？〕

——春秋·孔子《论语·为政》

　　□任能者责成面而不劳，任己者事废而无功。〔任用有才能的人并督责其完成任务，自己并不劳累；凡事自己亲自去做，而不愿博用人才，事情做不成且没有功效。〕

——汉·桓宽《盐铁论·刺复》

　　□履艰危则易见良臣，处平定则难彰贤相。〔经过艰难危险就容易发现能干的下属，在太平年间就难以彰显贤德的宰相。〕

——唐·宋璟·摘自《旧唐书·宋璟传》

　　□古之选贤，傅纳以言，明试以功，故官无废事，下无逸民，教化流行，风雨和时，自谷用成，众庶乐业，咸以康宁。〔古代君主选拔贤能之士，先要听他的政见主张，公开试行这些主张以观看成效。

405

所以官署没有荒废的事业，民间没有无业游民，德教流行，风调雨顺，五谷丰登，百姓乐业，天下太平。〕

——汉·刘骜·摘自《汉书·成帝纪》

□千金之裘，非一狐之腋也；台榭之榱，非一木之枝也；三代之际，非一士之智也。〔价值千金的狐皮衣，不是一只狐狸的腋皮制成的；楼台亭榭的椽木，不是一棵树上的枝条；夏、商、周三代的功业，不是一个人的智慧。〕

——汉·司马迁《史记·刘敬叔孙通列传》

□我一沐三捉发，一饭三吐哺，起以待士，犹恐失天下之贤人。〔我常常洗一次头三次提起头发，吃一顿饭三次吐出口中的食物，频频起身接待来访的人，唯恐失掉天下的人才。〕

——周·周公·摘自《史记·鲁周公世家》

□浴不必江海，要之去垢；马不必骐骥，要之善走；士不必贤也，要之知道。〔洗澡不必非到江海中去，只要能去掉污垢就好；马不必非是骏马，只要善于奔跑；臣子不必非是圣贤，只要他们懂得道理。〕

——汉·褚少孙·摘自《史记·外戚世家》

□论德而授官者，成功之君也；量能而受爵者，毕命之臣也。〔以品行授予官职，是成就功业的君主；衡量自己的才干而接受爵位的人，是能完成使命的臣子。〕

——三国·曹植·摘自《三国志·任城陈萧王传》

□苟大意得，不以小缺为伤。千里之路，不可扶以绳；万家之都，不可平以准。言大人之行，不必以先帝常义立之谓贤。故为上者之论其下也，不可以失此术也。〔如果大的意向是正确的，不可以小的曲折为妨害。长达千里的道路，不可能用绳墨来取直；大到万家的城市，

406

不可能用准具来取平。这说的是伟大人物的行动，不必拘守先例与常规，能立义就可以称贤。所以，人君在考评臣下的时候，不可丢掉这个论人的方法。〕

——春秋·管仲《管子·宙合》

□力弱者勿任其厚负，才卑者勿尸其隆位。〔力量小的人，不要让他背负太沉重的东西；才能低的人，不要让他占着高位而不做事情。〕

——宋·黄晞《聱隅子·三王》

□择人而用之者王，用人而择之者亡。〔选择人才并能起用的可以为王，使用人才的时候不断更换的一定会灭亡。〕

——春秋·鹖冠子《鹖冠子·近迭》

□无德不贵，无能不官。〔没有德行操守的人不能使之成为尊贵之人，没有才能的人不能使其为官。〕

——战国·荀子《荀子·王制》

□牛骥以并驾而俱疲，工拙以混吹而莫辨。〔牛和马共拉一辆车，结果都被拖疲了；善吹的和不善吹的乐工一起吹奏，就无法分辨优劣。〕

——明·张居正《陈六事疏》

□官得其人，则事得其序；事得其序，则物得其宜；物得其宜，则生生丰植。〔官员人选适当，则政事处理井然有序；政事有序，则人事就会得到和谐发展；人事和谐发展了，则生物就会得到繁衍丰收。〕

——晋·郄诜·摘自《晋书·郄诜传》

□省其居处，观其义方；省其丧哀，观其贞良；省其出入，观其交友；省其交友，观其任廉。〔省察他的家居生活，看他言行的义理与处世的方法；省察他在亲人伤逝时候，看他的坚贞与良善；省察他

在外面生活，结交哪些朋友；从他交往朋友之类型中，观察他在友人间的恩德与信誉。〕

——汉·戴德《礼记·文王官人》

□无常安之国，无宜治之民，得贤者安存，失贤者危亡。自古及今，未有不然者也。〔没有常治常安的国家，也没有常治常安的百姓，得到贤者就能安定，失去贤者就会危险灭亡。从古到今，没有不是这样的。〕

——汉·戴德《礼记·保傅》

□智者，不用其所短，而用愚人之所长；不用其所拙，而用愚人之所工。〔聪明的人，不用自己的短处而用愚笨人的长处；不用自己的拙处而用愚笨人的巧处。〕

——春秋·王诩《鬼谷子·权》

□毁徒皆鄙，则宜擢其毁者；誉党悉庸，则宜退其誉者。〔诋毁别人的人，都是些目光短浅之辈，因此贤明的君主要提拔被诋毁的人；恭维人的人，都是些平庸无能之辈，所以贤明的君主要辞退喜欢夸人的人。〕

——南朝·周朗·摘自《宋书·周朗传》

□明主之官物也，任其所长，不任其所短。故事无不成，而功无不立。〔明智的用人者的用人之道，懂得使用人的长处，不用人的短处。这样办事没有不成功的，功业没有不建立的。〕

——春秋·管仲《管子·形势解》

□辩于一言，察于一治，攻于一事者，可以曲说，而不可以广举。圣人由此知言之不可兼也，故博为之治而计其意；知事之不可兼也，故名为之说而况其功。〔仅仅分清一句话，明白一个词，掌握一件事，那只可谈其片面，而不能广泛阐发。圣人由此看到，一言不可能兼容多种含义，所以，广泛研究理论来选择需要的内容；一事不可能兼容多种成例，所以，大量创造学说来比较它们的效果。〕

——春秋·管仲《管子·宙合》

□众恶之，必察焉；众好之，必察焉。〔大家厌恶他，一定要去考察；大家喜爱他，也一定要去考察。〕

——春秋·孔子《论语·卫灵公》

□绝饵而去者，必非鲢鱼；恋栈而来者，必非骏马。〔能够弃诱饵而去的鱼，一定不是普通的鱼；贪恋棚圈的马，一定不是骏马。〕

——明·黄道周·摘自《明史·黄道周传》

□近不失亲，远不失举，可谓义矣。〔推举贤才，近不避自己的亲属，远不排斥和自己有仇的人，这才能称得上仁义。〕

——春秋·左丘明《左传·昭公二十八年》

□君，必有弗弗之臣；上，必有咯咯之下。〔君主，必须有敢于矫正君主过失的臣僚；上级，必须有直言极谏的下属。〕

——战国·墨子《墨子·亲士》

□法不徒立，须人而行；人不滥用，惟贤是择。〔法律不能为制定而制定，必须有人来执行；人不能随便任用，只能贤才才能择用。〕

——明·宋濂《元史·商挺传》

□地不同生，而任之以一种，责其俱生不可得。人不同能，而任之以一事，不可责遍成。责焉无已，智者有不能给；求焉无厌，天地有不能赡也。〔地有不同的性能，而不同性能的地只能栽种某一种植物，要求它什么都生长是不可能的。人有不同的才能，而不同才能的

409

人只能任用他办某一方面的事，不能苛求他什么事都取得成功。要求
没有穷尽，即使聪明绝顶的人也有不敏捷的时候；要求没有止境，天
地也有不能给足的时候。〕

——秦·晏婴《晏子春秋·问上》

□前为盗跖，今为颜子，吾以颜子待之；前为颜子，今为盗跖，
吾以盗跖待之。〔以前是盗跖，而现在是圣人颜子，我就用对待圣人
的态度对待他；以前是颜子，现在为盗跖，我就用对待大盗的态度来
对待他。〕

——明·宋濂《元史·陈佑传》

□为人君者，坐万物之原而官诸生之职者也。选贤论材，而待之
以法。举而得其人，坐而收其福，不可胜收也。〔做君主的，是掌握
万事的原则，而授予众人以职事之人。选拔贤良，评选人才，并且要
依照法度来对待使用他们。如果举用人才正确得当，就可以坐而治国，
好处是不可尽收的。〕

——春秋·管仲《管子·君臣》

□国有三不祥：有贤而不知，一不祥；知而不用，二不祥；用而
不任，三不祥也。〔国家有三种不吉祥的事：有贤能的人士而没有被
发现，是第一个不祥；发现了而不任用，是第二个不祥；任用了而不
信任，是第三个不祥。〕

——秦·晏婴《晏子春秋·谏下》

□古者圣王之为政，列德而尚贤。虽在农与工肆之人，有能则举
之。高予之爵，重予之禄，任之以事，断予之令。曰：爵位不高，则
民弗敬；蓄禄不厚，则民不信；政令不断，则民不畏。举三者授之贤
者，非为贤赐也，欲其事之成故也。当是时，以德就列，以官服事，
以劳殿赏，量功而分禄。故官无常贵，而民无终贱，有能则举之，无

410

能则下之，举公义，辟私怨。〔古代圣贤的君王治理国家，给有德的人安排职位并尊重贤能的人。即使是从事农业、手工业、商业的人，如果有才能也会被选用。给他高高的官爵，给他厚重的俸禄，使他们担负一定的工作，果断地给予他们行使政令的权力。墨子说：爵位不高，百姓就不尊敬他；积蓄和俸禄不丰厚，百姓就不信任他；行使政令不果断，百姓就不畏惧他。提出这三件（爵位、俸禄、政令）来授予贤者，并不是对贤者的恩赐，而是想要事业成功。所以在这时，以德行来安排职位，按官职各司其职，按功劳决定赏赐，衡量功劳而分配俸禄。所以官吏没有永远不变的富贵，而百姓也不会自始至终贫贱，有才能的人就选用他，没才能的人就使之居于下位，提拔正直无私、行为合义的人，避免为私利而相互仇恨的人。〕

——战国·墨子《墨子·尚贤》

□干将不可以缝线，巨象不可以捕鼠。〔宝剑虽好，但却不能用来缝制衣物；大象虽大，但却不能用来捕捉老鼠。〕

——晋·葛洪《抱朴子·用刑》

□欲知其君，观其所使，见其下之明明，知其上之赫赫。〔想知道国君的为人，看看他所任用的人物，如果他的官吏精明能干，那么国家的君主就声望显赫。〕

——三国·骆统·摘自《三国志·虞陆张骆陆吾朱传》

□明君用人，如大匠用材，随其巨细长短，以施规矩绳墨。〔明智的国君用人时，就如同熟练的木匠对待木材一样，根据木材的粗细长短，来对它进行加工。〕

——元·刘秉忠·摘自《元史·刘秉忠传》

□虽有贤君，不爱无功之臣；虽有慈父，不爱无益之子。是故不胜其任而处其位，非此位之人也；不胜其爵而处其禄，非此禄之主也。

411

〔即使有贤君，他也不爱无功之臣；即使有慈父，他也不爱无益之子。所以，凡是不能胜任其事而占据这一位置的，他就不应居于此位；凡是不胜任其爵而享受这一俸禄的，他就不当享有此禄。〕

——战国·墨子《墨子·亲士》

□其计乃可用，不羞其位；其言可行，而不责其辩。〔如果一个人的计策高明可用，就不要因为他的地位低下而耻于采纳；如果一个人的话正确可行，就不要责怪他巧言善辩。〕

——汉·刘安《淮南子·主术训》

□都蔗虽甘，殆不可杖；佞人悦己，亦不可相。〔甘蔗虽然甘甜，但却不能用来做手杖；奸佞小人虽然能让自己高兴，但却不能让他做宰相。〕

——汉·刘向《杖铭》

□不知人之短，不知人之长，不知人长中之短，不知人短中之长，则不可以用人，不可以教人。〔不了解人的缺点，不了解人的优点，不了解人优点中的缺点，不了解人缺点中的优点，就不可以随便用人，不可以随便教人。〕

——清·魏源《默觚下·治篇》

□大直若屈，大巧若拙，大辩若讷。〔最正直的人表面上却显得委屈迁就，最灵巧的人表面上却显得十分笨拙，而最善辩的人则常常表现得很木讷。〕

——春秋·老子《道德经》

□察吏所以安民，勤以为标，廉以为本，公以为体，明以为用；理财必先矩，生之者众，食之者寡，为之者疾，用之者舒。〔考察官吏怎样安排国计民生，要以勤政为标准，以廉洁为根本，以公利为主

体，坚持光明办事；治理财政要先立规矩，生产的人要多，吃闲饭的人要少，办事要迅速，使用要节制。〕

——清·福建藩署仪门对联

□用之当，则一人能周数人之用；用之不当，则数人不能成一人之功。〔用人得当，一个人就能顶数人的用处；用人不当，许多人也不能干成本来一个人就可以干成的事。〕

——明·庄元臣《叔苴子内篇》

□江山代有才人出，各领风骚数百年。〔历史上每一朝代都会有有才华的人出现，各自开创一代新风，领导诗坛几百年。〕

——清·赵翼《论诗》

□君者，盂也；民者，水也。盂方则水方，盂圆则水圆。〔君主像盛水的盂，人民像盂里的水。盂的形状是方的，盂里盛的水就成为方形；盂的形状是圆的，盂里盛的水就成为圆形。〕

——战国·尹文《尹文子·处道》

□选之艰则才者出，赏之当则能者劝。〔选用严格，有才能的人就会显露出来；奖赏得当，有才能的人就会激励自己。〕

——宋·欧阳修《国子博士陈淑艾磨勘改官制》

□择良吏，轻赋役，则养民之要也。〔挑选好的官吏，减轻赋税徭役，这是爱护百姓最紧要的事。〕

——清·郑端辑《朱子学归》

□古者上帝鬼神之建设国都、立正长也，非高其爵、厚其禄，富贵佚而错之也。将以为万民兴利除害、富贫众寡、安危治乱也。〔古代的天神地鬼建国都、设官吏，不是提升他的爵位，增加他的俸禄，

413

安排他过上富贵安逸的生活。而是让他为万民兴利除害，使贫者富，使少者增多，使危者平安，使混乱得到治理。〕

——战国·墨子《墨子·尚同中》

□马效千里，不必骥骜；人期贤知，不必孔墨。〔马能行走千里，不一定非良骐骏骥不可；人们期望贤能智慧的人才，不一定非孔子墨子不可。〕

——汉·王充《论衡·案书篇》

□罢无能，废无用，损不急之官，塞私门之请。〔罢免无能之人，黜免无用之辈，减少不急需的官员，杜绝私人请托。〕

——汉·刘向《战国策·秦策》

□畏威如疾，民之上也。从怀如流，民之下也。见怀思威，民之中也。〔像怕疾病一样地敬畏天威的人，是人中的最上流者。只知随心所欲随波逐流的人，是人中的最下流者。看到可眷恋的事物就想起天威可敬畏的人，还不失为人中的中流者。〕

——春秋·管仲·摘自《国语·晋语》

□睿哲之君，必致清明之臣；昏乱之朝，多有贪贱之吏。〔睿智明哲的君主，一定任用清明的大臣；昏乱的朝代，多有贪贱的官吏。〕

——唐·李百药《北齐书·列传》

□拔人物则不私于党，负志业则咸尽其才。〔选拔人才则不为朋党徇私，开创事业则务必人尽其才。〕

——唐·吴兢《旧唐书·太宗纪》

□虽有明君，百步之外，听而不闻；间之堵墙，窥而不见也。而名为明君者，君善用其臣，臣善纳其忠也。〔即使是明君，距离在百

414

步以外，也照样听不到；隔上一堵墙，也照样看不见。但能够称为明君，是因为善于任用他的臣下，而臣下又善于贡献出他的忠诚。〕

——春秋·管仲《管子·君臣》

□制器者必择匠以简材，为国者必求贤以莅官。〔制作器皿必定选择工匠以节约材料，治理国家必定寻求贤才担任官职。〕

——唐·魏玄同·摘自《旧唐书·魏玄同传》

□力胜其任，则举之者不重；能称其事，则为之者不难。〔力量超过担子，那么提起它来就不会感到沉重；能力能够与自己的职事相称，那么做起事来就不会感到艰难。〕

——汉·刘安《淮南子·主术训》

□吉人之辞寡，躁人之辞多。〔良善老实的人言辞少，轻举妄动的人言辞多。〕

——周·姬昌《周易·系辞》

□民少官多，十羊九牧。〔百姓少而当官的多，如同十只羊却有九个牧羊人一样。〕

——唐·魏徵《隋书·杨尚希传》

□九方皋之相马，略其玄黄，取其俊逸。〔九方皋相马，忽略毛色，只取其是否善于奔驰。〕

——南朝·刘义庆《世说新语·轻诋》

□君人者，欲安，则莫若勤政爱民失；欲荣，则莫若隆礼敬士矣；欲立功名，则莫若尚贤使能矣，是君人者之大节也。三节者当，则其余莫不当矣；三节者不当，则其余虽曲当，犹将无益也。〔统治人民的君主，要想安定，就没有比调整好政策、爱护人民更好的了；要想荣耀，就没有比尊崇礼义、敬重文人更好的了；要想建立功业和名望，就没有比推崇品德高尚的人、使用有才能的人更好的了，这些是当君主的关键。这三个关键都做得恰当，那么其余的就没有什么不恰当的了；这三个关键做得不恰当，那么其余的即使处理恰当，还是毫无裨益的。〕

——战国·荀子《荀子·王制》

口黄钟毁弃，瓦釜雷鸣。谗人高张，贤士无名。〔金钟遭到毁坏抛弃，瓦锅却响得声大如雷。〕

——战国·屈原《卜居》

口年过七十而以居位，譬犹钟鸣漏尽而夜行不休，是罪人也。〔年过七十仍要占据官位，就像昼漏已尽、钟鸣夜深还贪走夜路不肯罢休的人一样，简直是个有罪的人。〕

——晋·陈寿《三国志·田豫传》

口器博者无近用，道长者其功远。〔博大的器物近期派不上用场，深远的道理长时间才能显出功效。〕

——南朝·范晔《后汉书·宋弘传》

口贤者任人，故年老而不衰，智尽而不乱。故治国之难，在于知贤，而不在自贤。〔贤明的人善于任用人，因而即使年纪大了，能力并不衰退，即使智力耗尽了，心神并不迷乱。所以治理国家的关键在于能否知人善任，而不在于个人的贤能。〕

——战国·列御寇《列子·说符》

口天下之事，非一人之所能独知也；海水广大，非独仰一川之流也。是以明主之治世也，急于求人，弗独为也。〔天下的事情，并不是一个人的能力所能明白的；海水广大，并不是依靠一条河里的水流

416

而成的。所以英明的君主治理国家，最要紧的是依靠有才能的人，而不是靠自己一个人。〕

——春秋·鹖冠子《鹖冠子·道端》

□人有才堪任事，其心不正者，终不足贵。〔人即使有才能办事，但如果心地不正，也不足为贵。〕

——金·完颜珣·摘自《金史·宣宗纪》

□分人以财，谓之惠；教人以善，谓之忠；为天下得人者，谓之仁。是故以天下与人易，为天下得人难。〔把钱财分给别人叫做恩惠；把善的道理教给别人叫做忠诚；为天下找到人才叫做仁德。所以把天下让给人容易，为天下找到人才却很难。〕

——战国·孟子《孟子·滕文公上》

□良冶之砥石，不能发无刃之金；大匠之斧斤，不能器不才之木。〔好的冶金工匠的磨刀石，不能使没有钢的刀锋利；名声很大的木工，不能使不好的木材成器。〕

——宋·苏辙《除中书舍人谢执政启》

□良弓难张，然可以及高入深；良马难乘，然可以任重致远；良才难令，然可以致君见尊。〔好的弓箭不容易张开，但可以射得高飞得远；良马不容易乘坐，但可以载得重行得远；好的人才不容易驾驭，但可以使国君受人尊重。〕

——战国·墨子《墨子·亲士》

□夫两贵之不能相事，两贱之不能相使，是天数也。势位齐而欲恶同，物不能赡则必争，争则必乱，乱则穷矣。先王恶其乱也，故制礼义以分之，使有贫富贵贱之等，足以相兼临者，是养天下之本也。〔两个同样高贵的人不能互相侍奉，两个同样卑贱的人不能互相役使，

417

这是合乎自然的道理。如果人们的权势地位相等，而爱好与厌恶又相同，那么由于财物不能满足需要，就一定会发生争夺，一发生争夺就一定会混乱，社会混乱就会陷于困境了。古代的圣王痛恨这种混乱，所以制定了礼义来区别他们，使人们有贫穷与富裕、高贵与卑贱的差别，使自己能够凭借这些来全面统治他们，这是统治天下的根本原则。〕

——战国·荀子《荀子·王制》

　　□猛虎在山，百兽莫敢侵；忠臣处国，天下无异心。〔猛虎占据深山，百兽都不敢侵犯；忠臣执掌国柄，天下没有谁敢背叛造反。〕

——北朝·燕射歌辞《商调曲四首》

　　□农夫之耨，去害苗者也；贤者之治，去害义者也。〔农夫锄草，是除掉侵害秧苗的东西；贤者治国，是除掉危害道义的东西。〕

——秦·尸佼《尸子·恕》

　　□琼珉山积，不能无挟瑕之器；邓林千里，不能无偏枯之木。〔堆积如山的琼珉，不可能没有带疵点的玉石；广袤无垠的邓林，不可能没有半枯的树木。〕

——晋·葛洪《抱朴子·博喻》

　　□君子小人以类聚，未有无徒者。君子之徒同德，小人之徒同恶，外甚类，中实远。〔君子与小人因同类相聚，没有无同伙的。君子有着共同的崇高目标，小人有着共同的卑下情操。都有自己的同伙，外表看起来很相像，本质内容上差别却很大。〕

——唐·柳绰·摘自《新唐书·柳公绰传》

　　□凡人之质量，中和最贵美。中和之质，必平淡无味，故能调成五材，变化应节。是故观人察质，必先察其平淡，而后求其聪明。〔大凡人的素质，以中正平和最为可贵。中正平和就是平淡无味，这样才

418

能使五材协调，循着事物的客观规律来变化。因此考察人物的心性品质，必须先考察他平淡冲和的修养素质，再考察他的聪明才智。〕

　　　　　　　　　　　——三国·刘劭《人物志·九征》

　　□帝王之道，务崇经略，经略之术，必仗英奇。〔做君主的方法，务必崇尚谋略，谋略的方法必须仰仗英才。〕

　　　　　　　　　　——唐·魏元忠·摘自《旧唐书·魏元忠传》

　　□善才有浅深，无有古今；文有伪真，无有故新。〔人的才智有浅有深，这是不分古今的；文章有假有真，这是不分新旧的。〕

　　　　　　　　　　　　　——汉·王充《论衡·案书篇》

　　□好声而实不充则恢，好辩而理不至则烦，好法而思不深则刻，好术而计不足则伪。〔没有智慧指导，人们只能追求空泛的名声，显得名不副实；没有智慧指导，人们在辩论演说中就举不出深刻的道理而显得烦琐杂乱；没有智慧指导，玩弄权术就会显得虚假诡诈。〕

　　　　　　　　　　　　——三国·刘劭《人物志·八观》

　　□任力者故劳，任人者故逸。〔只知道使自己力气的人当然劳苦，善于使用人才的人当然安闲。〕

　　　　　　　　　　　　——秦·吕不韦《吕氏春秋·察贤》

　　□吏者，民之本纲者也，故圣人治吏不治民。〔官吏是树干和渔网的网绳(百姓好比是树叶和渔网的孔眼)，圣人只要用好官吏就行了，不必直接去治理百姓。〕

　　　　　　　　　　——秦·韩非《韩非子·外储说右下》

　　□凡举人之本，太上以志，其次以事，其次以功。三者弗能，国必残亡；群孽大至，身必死殃。〔大凡推荐人的根本，最上等是根据

419

道德，其次是根据事业，再次是根据功绩。这三种人如果不能被推举上来，国家就一定会残破灭亡；各种灾祸就会一起到来，自身也一定会遭殃。〕

——秦·吕不韦《吕氏春秋·遇合》

口劳聪明于求人，获安逸于任使。〔使耳朵和眼睛辛苦一些，用来访求人才；一旦得到人才，使用并信任他们，自己就得到安逸超脱了。〕

——三国·刘劭《人物志·序》

口治国之难，在于知贤而不在自贤。〔治理国家难，就难在识别和任用贤才，而不在于恃仗个人的贤能。〕

——春秋·列御寇《列子·说符篇》

口君道知臣，臣术知事。〔做君主的道理，就是了解臣子，做臣子的本事就是熟知具体的事情。〕

——唐·李筌《太白阴经·鉴才篇》

口明主急得其人，而暗主急得其势。〔贤明的君主急于得到人才，而昏庸的君主急于得到权势。〕

——战国·荀子《荀子·君道》

口英雄者，国之干；庶民者，国之本。得其干，收其本，则政行而无怨。〔英才是国家的骨干，民众是国家的根本。获得了骨干，掌握了根本，政令就会顺利执行，民众就没有怨言。〕

——秦·黄石公《黄石公三略·上略》

口人主之患，必在任人而不能用之，用之而与不知者议之也。绝江者托于船，致远者托于骥，霸王者托于贤。〔君主遇到麻烦，一定是给了人职位却不让他做事，即使让他做事，但是却和不了解情况的人议论他。船是横渡大江的条件，想要去远方必须要有千里马，要想成就大业必须有贤能的人协助他。〕

——秦·吕不韦《吕氏春秋·知度》

□用百人之所能，则得百人之力；举千人之所爱，则得千人之心。〔采用一百个人的才能，就得到一百个人的力量；兴办一千个人所喜欢的事情，就得到一千个人的心。〕

——汉·刘安《淮南子·缪称训》

□贤主劳于求贤，而佚于治事。〔贤明的君主把精力用在求贤用人上，而对治理具体的政事则采取超脱的态度。〕

——秦·吕不韦《吕氏春秋·士节》

□人主者，以官人为能者也；匹夫者，以自能为能者也。〔当君主的，以设官分职善于用人为能事，而独夫则以自己亲自去干为能事。〕

——战国·荀子《荀子·王霸》

□劳于求才，逸于任贤。〔在访求贤才的时候要多花些工夫、费些气力，到了用人执事的时候，自己就轻松安闲了。〕

——唐·魏徵《群书治要·尚书》

□名不徒立，功不自成，国不虚存，必有贤者。〔名声不会平白无故而来，功业不会自然而然地建成，国家不会凭空存在，一定要有贤能之人才行。〕

——秦·吕不韦《吕氏春秋·谨听》

□喜之以验其守；乐之以验其僻；怒之以验其节；惧之以验其特；哀之以验其人；苦之以验其志。〔使他高兴，以检验他的操守；使他

421

快乐，以检验他的邪僻；使他发怒，以检验他的气节；使他恐惧，以检验他的信念；使他悲哀，以检验他的人性；使他穷困，以检验他的意志。〕

——秦·吕不韦《吕氏春秋·论人》

□游江海者，托于船；致远道者，托于乘；欲霸王者，托于贤。〔游大江海的人，靠的是坐船；到达远地方的人，靠的是骑马；要称霸天下的人，靠的是有才能的人。〕

——汉·刘向《说苑·尊贤》

□将不知兵，以其主予敌也；君不择将，以其国予敌也。〔将领不了解他的士兵，等于是把统帅交给敌人；君主不选择好的将领，等于是把国家送给敌人。〕

——宋·司马光《资治通鉴·汉纪》

□逐长路者，必在于骏马之力；理天下者，必求于贤臣之用。〔要赶长路的人，必须依靠骏马的腿力；治理国家的人，必须求得贤臣的辅助。〕

——唐·罗隐《两同书·得失》

□治道之要有三，曰：立志、责任、求贤。〔治理国家的方法中有三个要点，就是：树立雄心大志，督促所任用的人积极工作，努力访求贤才。〕

——宋·杨时《程氏粹言·论政篇》

□为国之用人，有似人之用材。贫者厌糟糠，思短褐；富者余粮肉，衣轻裘。然则当衰竭乏贤之时，则可靡策朽钝而乘奴之；在太平多士之日，亦宜妙选髦俊而任使之。〔治理国家用人，就像人们用财。贫穷的时候满足于糟糠食物，惦念着粗布短衣。富足的时候有多余的

422

精粮鲜肉，穿着轻便的裘衣。这样，在国运衰竭、人才缺乏时，就可以鞭策庸才而使用他；在天下太平、人才云集时，也应该精选俊杰而任用他。〕

——唐·魏玄同·摘自《旧唐书·魏玄同传》

□治世不得真贤，譬犹治疾不得真药也。〔治理国家却得不到真正的贤才，就好比治病得不到对症的好药一样，是不会有效果的。〕

——汉·王符《潜夫论·思贤》

□世之愚，恶大儒，逆斥不通孔丘拘。〔世人的愚昧，是由于憎恶具有高深学问的人。拒绝、排斥他们，不让他们通达当政，所以才发生孔子周游列国，无人任用，到处碰壁的事情。〕

——战国·荀子《荀子·成相》

□百万之众，不如一贤。〔拥有百万精锐的雄兵，不如有一个贤能的人才。〕

——宋·司马光《资治通鉴·汉纪》

□理道资任贤，安人在求瘼。〔用正道治理国家就要靠任用贤才，安定百姓关键在于了解他们的疾苦。〕

——唐·高适《淇上酬薛三据兼郭少府微》

□国之宝器，其在得贤。〔国家的无价之宝，是得到治国安邦的人才。〕

——唐·李延寿《北史·苏绰传附苏威》

□论人者又必以六戚四隐。何谓六戚？父、母、兄、弟、妻、子。何谓四隐？交友、故旧、邑里、门郭。内则用六戚四隐，外则用八观六验，人之情伪，贪鄙美恶，无所失矣。〔评估人一定要注意他的"六

423

戚"、"四隐"。什么是六戚？就是父亲、母亲、兄长、弟弟、妻子、儿女这六种亲属。什么是四隐？就是朋友、熟人、邻居、亲信这四种亲近的人。在内就凭借六戚四隐来观察，在外就用八观六验去衡量，那么，一个人的真诚和虚伪、贪婪与卑鄙、美好与丑恶就不会判断错了。〕

——秦·吕不韦《吕氏春秋·论人》

□**贤才出，国将昌；子孙才，族将大。**〔有贤才出世，国家将会兴盛；子孙聪明能干，家族就会兴旺强大。〕

——宋·张载《正蒙·动物篇》

□**舜有天下，选于众，举皋陶，不仁者远矣。汤有天下，选于众，举伊尹，不仁者远矣。**〔舜有了天下，在众人中选拔人才，选用了皋陶，那些不仁的人就远离了。汤有了天下，在众人中选拔人才，选用了伊尹，那些不仁的人就远离了。〕

——春秋·孔子《论语·颜渊》

□**致安之本，惟在得人。**〔要达到国家太平，最根本的一条就是选拔得力的人才。〕

——唐·吴兢《贞观政要·择官》

□**治人之本，实委牧守之官。得其才则政平物理，失其人则讼兴怨结。**〔治理百姓的根本任务，实际上委托给管理守边的官吏了。得到这方面的人才，则政治平顺，事物顺畅；失去这方面的人才，则诉讼兴起，怨仇百结。〕

——北朝·魏收《魏书·昭成子孙列传》

□**凡论人，通则观其所礼，贵者观其所进，富则观其所养，听则观其所行，止则观其所好，习则观其所言，穷则观其所不受，贱则观其所不为。**〔大凡评论人，如果他通达，就观察他都礼遇什么人；如果他显贵，就观察他都推举什么人；如果他富贵，就观察他都供养哪些人；如果他听取别人的言论，就观察他的实际行动；如果他闲暇无事，就观察他的爱好是什么；如果他爱好学习，就观察他谈论的是什么；如果他贫困，就观察他拒绝的是什么；如果他贫贱，就观察他不做的是什么。〕

——秦·吕不韦《吕氏春秋·论人》

□治天下者以人为本。欲令百姓安乐，惟在刺史县令。〔要治好国家，人才是根本。想让百姓安居乐业，关键是选好州、县两级官员。〕

——唐·吴兢《贞观政要·择官》

□为政之要，惟在得人，用非其才，必难致治。〔治理国家的关键是用人要得当，用人不当，必定难以达到安定。〕

——唐·吴兢《贞观政要·崇儒学》

□行仁义，任贤良则理；行暴乱，任小人则败。〔施行仁义，任用贤良便国泰民安；施行暴政，任用小人则国败身亡。〕

——唐·吴兢《贞观政要·辩兴亡》

□能用人者，可以无敌于天下。〔善于使用人才的人，就可以无敌于天下。〕

——清·王夫之《读通鉴论》

□顺于己者爱之，逆于己者恶之；故明所爱而邪僻繁，明所恶而贤良灭。〔顺从自己的，就喜爱；反对自己的，就厌恶；因而，表明了喜爱谁，邪僻的人就多起来；表明了厌恶谁，贤良之士就消失了。〕

——春秋·晏婴《晏子春秋·谏上》

□张良陈平之徒，秦失之亡，汉得之兴；房杜魏褚之徒，隋失之亡，唐得之兴。〔张良、陈平那样的人，秦朝失去他们就灭亡，汉朝得到他们就兴旺；房玄龄、杜如晦、魏徵、褚遂良那样的人，隋朝失去他们就灭亡，唐朝得到他们就兴旺。〕

——宋·范仲淹《选任贤能论》

□官人得，则士卒服。所任贤，则敌国震。〔得到好的军官，士卒就会悦服。任用的是贤才，敌国就会受到震动。〕

——秦·黄石公《黄石公三略·上略》

□世之祸，恶贤士，子胥见杀百里徙。〔社会的灾祸，就在于有人憎恶贤士，所以伍子胥被迫自杀，百里奚被迫迁移。〕

——战国·荀子《荀子·成相》

□人主之患，不在乎不言用贤，而在乎不诚必用贤。〔君主常犯的毛病，不在于他不讲任用贤能之人，而在于不真正使用贤人。〕

——战国·荀子《荀子·致士》

□贤去，则国微。圣去，则国乖。〔贤人离去，国家就会衰弱。圣人一去，国家就会混乱。〕

——秦·黄石公《黄石公三略·下略》

□将者，人之司命，三军与之俱治，与之俱乱。得贤将者，兵强国昌；不得贤者，兵弱国亡。〔将帅掌握着人的命运，三军可以因他而共安，也可以因他而同乱。国家得到贤明的将帅，就兵强国盛；如得不到，就会兵弱国亡。〕

——周·吕尚《六韬·奇兵》

□明主不用其智，而任圣人之智；不用其力，而任众人之力。故以圣人之智思虑者，无不知也；以众人之力起事者，无不成也。〔明主不用他自己的智慧，而依靠圣人的智慧；不用他自己的力量，而依靠众人的力量。所以，用圣人的智慧思考问题，就没有不懂得的事情；用众人的力量办事，就没有不成功的事。〕

——春秋·管仲《管子·形势解》

□闻贤而不举，殆；闻善而不索，殆；见能而不使，殆。〔知道有贤才而不举用，要失败；听到有善人而不求取，要失败；见到能人而不任用，要失败。〕

——春秋·管仲《管子·法法》

□国有贤良之士众，则国家之治厚；贤良之士寡，则国家之治薄。故大人之务，将立于众贤而已。〔国家有众多贤良的人士，那么国家治理的功绩就大；贤良的人士少，国家治理的功绩就小。所以高级官员的职责，应当是使贤能之人多起来。〕

——战国·墨子《墨子·尚贤》

□尊圣者王，贵贤者霸，敬贤者存，慢贤者亡，古今一也。〔尊崇圣人者可以称王，重用贤人者可以称霸，敬重贤人者能够安定，轻视贤人者必定灭亡，从古到今都是这样。〕

——战国·荀子《荀子·君子》

□无长安之国，无恒治之民，得贤者昌，失贤者亡，自古及今，未有不然者也。〔历史上没有永远安定的国家，也没有永远治理得好的人民。得到贤士的国家便能昌盛，失掉贤士的国家便要灭亡。从古到今，没有不是这样的。〕

——汉·韩婴《韩诗外传》

□在下之人负其能不肯谄其上，上之人负其位不肯顾其下，故高才多戚戚之穷，盛位无赫赫之光，是二人者之所为皆过也。〔在下位

427

的人仗恃他的才能不肯讨好他上面的人，在上位的人仗恃他的权位不肯关心他下面的人。因此，有杰出才能的人往往处于忧伤的穷困中，身居高位的人也由于没有人才辅佐而不能发出显赫的光辉。这两种人的行为都是不对的。〕

——唐·韩愈《与于襄阳书》

□身之病，待医而愈；国之乱，待贤而治。〔身体有病，必须依靠医生才能治愈；国家的灾乱，必须依靠贤能才能治理。〕

——汉·王符《潜夫论·思贤》

□圣主必待贤臣而弘功业，俊士亦俟明主以显其德。〔圣明的君主只有得到贤臣才能光大他的功业，才智出众的人士也只有遇到圣明的君主才能表现出他的品德才干。〕

——汉·班固《汉书·王褒传》

□相贤者国治，臣忠者主逸。〔宰相贤能，国家就治理得好；臣子忠诚，君主就安闲超脱。〕

——战国·晏婴《晏子春秋·内篇谏》

□士者，国之重器。得士则重，失士则轻。〔人才是国家的宝器，得到人才国家就稳固，失去人才国家就倾危。〕

——汉·班固《汉书·梅福传》

□逢蒙虽巧，必得良弓；圣王虽知，亦待英雄。〔逢蒙虽然善射，但没有好的弓箭，也无法表现其射箭的技巧；圣明的君主虽然有很高的智慧，也要靠英才的辅佐。〕

——三国·曹植《矫志诗》

□父之所以欲有贤子者，家贫则富之，父苦则乐之；君子所以欲有贤臣者，国乱则治之。〔做父亲的之所以希望有贤顺的儿子，是因为家里贫苦时儿子能使他富起来，父亲有痛苦时儿子能使他高兴；君主之所以希望有贤明的臣子，是因为国家混乱时臣子能够治理好。〕

——秦·韩非《韩非子·忠孝》

□得人者，行进贤之赏；谬举者，坐不当之辜。〔对推荐人才的人，应该给以荐贤举能的奖赏；对推荐不当的人，应该办他荐举不当的罪。〕

——唐·白居易《请行赏罚以劝举贤》

□千军易得，一将难求。〔一千名士兵不用费力就可以招来，一名好将领却是很难找到的。〕

——元·马致远《汉官秋》

□见贤不留，使能不怠。〔发现有贤德的人，不让他闲置在野；使用有能力的人，从来不怠慢。〕

——战国·晏婴《晏子春秋·内篇问上》

□信贤而任之，君之明也；让贤而下之，臣之忠也。〔信任贤人而任用他，这是君主的英明；让位给贤人而自己甘居贤人之下，这是臣子的忠诚。〕

——秦·吕不韦《吕氏春秋·慎人》

□贤主之求有道之士，无不以也；有道之士求贤主，无不行也。〔贤明的君主为求得有才能的人，没有什么办法不可使用；有才能的人为求得贤明的君主，没有什么事不能做。〕

——秦·吕不韦《吕氏春秋·本味》

□佐贤则君尊、国安、民治，无佐则君卑、国危、民乱。故曰：

"备长在乎任贤。"〔辅佐之臣贤能，则君主有尊严，国家安定，人民得治；没有贤能的佐臣，则君主卑辱，国家危殆，人民叛乱。所以说："长远大计在于选贤任能。"〕

——春秋·管仲《管子·版法解》

□材之用，国之栋梁也，得之则安以荣，失之则亡以辱。〔有才能的人，是国家的栋梁。得到他们，国家就安定而又繁荣；失掉他们，国家就衰亡而且遭受耻辱。〕

——宋·王安石《材论》

□德不广不能使人来，量不宏不能使人安。〔恩德不广博，则不能招揽人才；气量不宏大，则不能安定人才。〕

——明·刘基《郁离子·德量》

□得贤人，国无不安，名无不荣；失贤人，国无不危，名无不辱。〔得到贤人，国家没有不安定的，当政者的名声没有不显荣的；失去贤人，国家没有不危险的，当政者的名声没有不受辱的。〕

——秦·吕不韦《吕氏春秋·求人》

□举贤良，进茂才，官得其能，任得其力。〔起用贤良之士，招纳优秀人才，使朝廷的官位由有才能的人充当，职务由得力之人担任。〕

——汉·董仲舒《春秋繁露·五行顺逆》

□贤人在而天下服，一人用而天下从。〔贤人在位，天下百姓都会归服；任用一个有才能的人，天下人都会听从。〕

——汉·刘向《战国策·秦策一》

□诋訾之法者，伐贤之斧也，而骄妒者，噬贤之狗也。人君内乘伐贤之斧，权噬贤之狗，而外招贤，欲其至也，不亦悲乎！〔经常采

430

用诽谤诋毁手段的人，是砍伐贤才的斧子；而骄横嫉妒的人，是咬贤人的狗。君主手执砍伐贤才的斧子，重用咬贤人的狗，而又想招纳贤人，想让贤人到来，不是很可悲吗？〕

——汉·王符《潜夫论·潜叹》

□天下不患无臣，患无君以使之；天下不患无财，患无人以分之。〔天下不怕没有能臣，怕的是没有善用人的君主去用他们；天下不怕没有财货，怕的是没有善于理财的人去管财货。〕

——春秋·管仲《管子·牧民》

□献贤受上赏，蔽贤蒙显戮。〔进献贤才的人，应该受到最高的奖励；掩盖压制人才的人，应该受到严厉的惩处。〕

——北齐·刘昼《刘子·荐贤》

□忌天下之贤，而驱之不肖，于是而毒流天下，则身戮而国亡。〔妒忌天下的贤人，而使用那些不贤之人，于是不贤之人的毒害就会流通天下，最终导致自身被杀戮，国家被灭亡。〕

——清·王夫之《读通鉴论》

□所贡贤者，有赏；所贡不肖者，有罚。〔所荐举的人果属贤能，便给予荐举的人以奖励；所荐举的是不贤之人，便给其以惩罚。〕

——宋·司马光《资治通鉴·汉纪九》

□进者未必贤，退者未必愚，合幸得进，不幸失之。〔得到晋升的未必就是贤者，被主上斥退的未必就是愚蠢的。因为往往是得到主子宠幸的就得以晋升，主子不满意的便遭抛弃。〕

——汉·王充《论衡·逢遇篇》

□简能而任之，择善而从之，则智者尽其谋，勇者竭其力，仁者播其惠，信者效其忠。〔选拔贤能的人而任用，选择好的意见而听从，那么聪明的人就会献出他们的谋略，勇敢的人就会献出他们的力量，仁爱的人就会传播他们的恩惠，诚实的人就会拿出他们的忠心。〕

——唐·魏徵《谏太宗十思疏》

□任贤非难，知贤为难；使能非难，知能为难。〔任用贤德的人并不太难，识别有贤德的人才真正困难；使用有才能的人并不太难，发现有才能的人才真正困难。〕

——宋·杨万里《壬辰轮对第二札子》

□选天下之才，任天下之事。〔选拔天下的人才，任用他们担负天下的事务。〕

——清·王夫之《读通鉴论》

□骥不自至千里者，待伯乐而后至矣。〔骏马不自己去日行千里，它要等待伯乐来了之后再奔驰。〕

——汉·刘向《说苑·尊贤》

□用贤则理，用愚则乱。〔重用贤能的人，国家就得到治理；任用愚昧的人，国家就要发生混乱。〕

——唐·白居易《去谄佞从谠直》

□主有索贤之心，而无得贤之术，臣有进贤之名，而无进贤之实。〔君主有求贤之心，但往往缺乏得到贤人的方法；群臣有荐举贤才之名，而无荐举贤才之实。〕

——汉·王符《潜夫论·潜叹》

□王之得贤也，得其心也，非得其躯也。苟得其心，万里犹近；苟失其心，同衾为远。〔所谓君主获得人才，是指得到人的忠心，而

432

不是得到他的身躯。得到人的忠心，即使他和你相隔万里，也好像在身边；假使和你离心离德，即使和你同在一个被窝里，也等于在遥远的地方。〕

——三国·徐干《中论·亡国》

□善相马者天下无弃马；善相士者天下无弃材。〔对于善于相马的人来说，天下没有弃而无用的马；对于善于物色人才的人来说，天下没有弃而无用的人才。〕

——清·爱新觉罗·玄烨《圣祖御制文集》

□得贤杰而天下治，失贤杰而天下乱。〔得到贤明和杰出的人才，国家就安定而有秩序；抛弃了贤明和杰出的人才，国家就混乱。〕

——宋·范仲淹《选任贤能论》

□士可下而不可骄，将可乐而不可忧，谋可深而不可疑。〔对有才能的人要尊敬而不可傲慢，对将帅要使他愉快而不可使他忧虑，对有才智的人的谋略要深信而不可怀疑。〕

——秦·黄石公《黄石公三略·上略》

□美女者，丑妇之仇也；盛德之士，乱世所疏也；正直之行，邪枉所憎也。〔美女，是丑妇的仇敌；德行高尚的人，为乱世所疏远；正直的行为，为搞歪门邪道的人所憎恨。〕

——汉·刘向《说苑·尊贤》

□相马失之瘦，相士失之贫。〔相马的人常因马的外表消瘦而错失良马，挑选人才的人常因人才的出身贫贱而错失人才。〕

——汉·司马迁《史记·滑稽列传》

□千里之雅，不逢善驭，居于驽骀之乘；千金之璧，不遇玉人，

433

混于块石之间。〔能奔驰千里的骏马，如果遇不上善于驾驭的马夫，就会被牵去与驴骡一同拉车；价值千金的玉璧，如果遇不上善于识玉的玉工，就会被混同于一般石头之中。〕

——宋·董晞《聱隅子·大中篇》

□世未尝无贤也，而贤不得用者，群臣妒也。〔世上并不是没有贤人，而贤人之所以得不到重用，是因为在位的许多群臣妒贤嫉能。〕

——汉·王符《潜夫论·潜叹》

□尺之木必有节目，寸之玉必有瑕。先王知物之不可全也，故择务而贵取一也。〔一尺长的树木必有节结，一寸大的玉石必有瑕疵。先王知道事物不可能十全十美，所以对事物的选择只看重其长处。〕

——秦·吕不韦《吕氏春秋·举难》

□致清白之士，修其礼。致节义之士，修其道，而后士可致。〔聘请清高纯洁的人，要讲究礼仪。聘请有正义气节的人，要讲究道义。然后人才才可以聘请到。〕

——秦·黄石公《黄石公三略·下略》

□恭以敬，可以执勇；宽以正，可以比众；恭正以静，可以报上。〔恭谨谦敬，就可以统御那些勇武的人；能宽和公正，就可以团结广大民众，恭敬正派遇事冷静，就可以报效君主。〕

——汉·司马迁《史记·仲尼弟子列传》

□呜呼！何代无奇才？世间未有黄金台。〔哪个朝代没有杰出的人才？只是世上没有延请人才的黄金台罢了。〕

——宋·刘过《呈陈总领》

□干将、莫邪，天下之利剑也，水断鹄雁，陆断马牛，将以补履，曾不如一钱之锥。〔干将、莫邪，是天下有名的利剑，在水里能砍杀天鹅、大雁，陆上能砍杀马牛，但用它去补鞋子，却赶不上价值一文钱的锥子。〕

——汉·东方朔《答骠骑难》

□求之则愈出，置之则愈匮。〔人才，积极求取则频出不已，不闻不问则越发匮乏。〕

——清·魏源《默觚下·治篇九》

□有官而无课，是无官也；有课而无赏罚，是无课也。〔有官吏却没有考核，就等于没有官吏；有考核却没有奖赏和惩罚，就等于没有考核。〕

——宋·苏洵《上皇帝书》

□上有礼于士，下有恩于民。〔在上礼待贤能之士，在下对百姓有恩泽。〕

——战国·晏婴《晏子春秋·内篇问下》

□山不厌高，海不厌深。周公吐哺，天下归心。〔山不嫌尘土积聚才能高，海不嫌细流汇合才能深。要像周公那样殷勤地接待人才，使天下人才都集中到我这里来。〕

——三国·曹操《短歌行》

□有国由来在得贤，莫言兴废是循环。〔国家从来都是靠得到贤才而立而兴，不要认为国家的兴亡是人力奈何不得的天道轮回。〕

——唐·李九龄《读〈国志〉》

□明王选将帅也，访于众，询于人。若十人爱之，必十人之将也；百人悦之，必百人之将也；万人伏之，必万人之将也。〔英明的君主

435

选择将帅，应向众人征询访问。假如有十个人喜爱他，他必定可以当十个人的首领；假如有一百个人喜欢他，他必定可以当一百人的将领；假如有一万人佩服他，他必定可以当一万人的将帅。〕

——唐·白居易《选将帅之方》

□择天下之士，使称其职；居天下之人，使安其业。〔选择天下的人才，使其职务和能力相称；安定天下的百姓，使他们都能安居乐业。〕

——唐·柳宗元《梓人传》

□智者之所短，不若愚者之所修；贤者之所不足，不若众人之所有余。〔聪明的人的短处，比不上愚昧的人的长处；贤能的人的不足之处，不如众人的有余之处。〕

——汉·刘安《淮南子·修务训》

□明其视，则举不失德；广其听，则野无遗贤。〔目光敏锐、善于考察，推举的人才就会有德行；广泛听取意见，民间就不会有未被起用的人才。〕

——唐·白居易《请行赏罚以劝举贤》

□世必有圣知之君，而后有贤明之臣。〔世上只有有了圣明智慧的君主，而后才能有贤明的臣子。〕

——汉·班固《汉书·王褒传》

□有高世之才，必有遗俗之累。是故非聪明睿智不惑之主，则不能全其用。〔有高出世人的才能，必定有鄙弃世俗的毛病。因此，不是聪明睿智不受蒙蔽的君主，就不能充分地使用人才。〕

——宋·苏轼《贾谊论》

□不待刑而民自戒，不待礼而民自宾，则唯操选举之权，以为之枢机。〔不等动用刑律，民众就自觉约束自己；不等施行礼教，民众就自觉服从。要想做到这一点，只有掌握运用好选择举用贤能的权力，并把它作为关键，才能办到。〕

——清·王夫之《读通鉴论》

□明主使法择人，不自举也，使法量功，不自度也。〔贤明的君主依据法度去择用人才，不凭个人好恶举荐人才；依据法度去评定衡量臣下的功勋，不凭个人的心思去估量。〕

——秦·韩非《韩非子·有度》

□何世无奇才，遗之在草泽。〔什么时代没有奇才？只是往往被抛弃在草野中。〕

——晋·左思《咏史》

□中人之性，如水之在器，方员不常，顾用之者何如尔。〔才德居于中等水平的人的品性，好像水在容器里一样，或方或圆，形状是不固定的，就看用他的人怎么使用罢了。〕

——元·欧阳玄《宋史·王化基传》

□得十利剑，不若得欧冶之巧。得百走马，不若得伯乐之数。〔得到十把利剑，不如得到铸剑高手的技术。得到一百匹千里马，不如得到伯乐的相马术。〕

——汉·刘安《淮南子·齐谷训》

□敬贤如大宾，爱民如赤子。〔敬重贤人像对待最上等的贵宾，爱护百姓像照顾婴儿。〕

——汉·班固《汉书·路温舒传》

□清白之士，不可以爵禄得。节义之士，不可以威刑胁。故明君求贤，必观其所以而致焉。〔清高纯洁的人，是不可以用爵禄收买到的。有正义气节的人，是不可以用刑罚威胁的。所以圣明的君主聘请贤人，必须观察他的志向而后再聘请他。〕

——秦·黄石公《黄石公三略·下略》

□世上岂无千里马，人中难得九方皋。〔世上难道真的没有千里马吗？不过是缺少九方皋那样的善于相马的人罢了。〕

——宋·黄庭坚《过平贵怀李子先时在并州》

□用人之道，尊以爵，赡以财，则士自来；接以礼，励以义，则士死之。〔用人的方法，封爵位尊重他，给资财赡养他，有能力的人就会自己来投效；用礼义接待他，用大义鼓励他，有能力的人就会出死力。〕

——秦·黄石公《黄石公三略·上略》

□天地无全功，圣人无全能，万物无全用。〔天地没有万能的功效，圣人没有万能的本领，事物没有万能的用处。〕

——春秋·列御寇《列子·天瑞篇》

□有道，政治情明；无道，政治昏暗。用不才之士，才臣不来；赏无功之人，功臣不劝。〔任用了没才能的人，有才能的人就不会来；奖励了没功劳的人，有功之臣就不会受到鼓励。〕

——唐·王维《责恭荐弟表》

□人有所优，固有所劣；人有所工，固有所拙。〔人有某种长处，也会有某种短处；精于某一事务，也会在另外的事务上显得笨拙。〕

——汉·王充《论衡·书解篇》

□节欲而听谏，敬贤而勿慢，使能而勿贱，为人君能行化三者，其国必强大。〔节制私欲而听从臣子的规劝，尊敬贤人而不怠慢他，任用有才能的人而不轻视他，做国君的能做到这三点，他的国家一定会强大起来。〕

——汉·刘向《说苑·谈丛》

□论大功者，不录小过；举大美者，不疵细瑕。〔评价立大功的人，不记他小的过失；举用有杰出才干的，就不计较他细微的毛病。〕

——汉·班固《汉书·陈汤传》

□称其仇，不为谄；立其子，不为比；举其偏，不为党。〔称赞他的仇家，不是为了谄媚；任命他的儿子，不是为了勾结；举荐他的下属，不是为了结党。〕

——春秋·左丘明《左传·襄公三年》

□瑕不掩瑜，瑜不掩瑕。〔玉石的斑点不能掩盖其美好光泽的部分，质地光泽的部分也不能掩盖其斑点。〕

——汉·戴圣《礼记·聘义》

□为治之道，在于用人。用人之道，在于任官。〔治政的主要途径，在于善于用人；用人的主要之点，在于任用各级官员。〕

——明·丘浚《正百官·总论任官之道》

□今世主之于士也，目见贤则不敢用，耳闻贤则恨不及。〔今日君主对于人才的态度往往是，贤能之士就在眼前却不敢起用，而对于听说的贤才却又恨得不到。〕

——汉·王符《潜夫论·贤难》

□御百里之手，而以调千里之足，必有摧衡折轭之患；有接具臣之才，而以御大臣之知，必有闭心塞意之变。〔只能驾驭日行百里之马的人，如果使他驾驭千里马，必然有毁车断辕的灾难；只具有接纳庸臣之才的君主，若让他使用有才能智慧的大臣，必然出现大臣才能不能充分发挥的现象。〕

——汉·王充《论衡·逢遇篇》

□君子善能拔士故无弃人，良匠善能运斤故无弃材。〔君子善于选拔人才，所以没有弃而不用的人；优秀的木匠善于运用斧子等工具，所以没有弃而不用的木材。〕

——北齐·刘昼《刘子·适才》

□动之以情，折之以礼。〔用真情使之感动，用谦恭的礼节使之折服。〕

——清·王夫之《读通鉴论》

□人才之能，自非圣贤，有所长，必有所短；有所明，必有所蔽。〔常人的才能，自然不能等同于圣贤，有长处，就一定会有短处；在有的事情上很明智，必然在有的事情上糊涂。〕

——明·王守仁《陈言边务疏》

□天下有道，则正人在上；天下无道，则正人在下。〔国家政治清明，正直之人就居于上位；国家政治昏暗，正直之人就居于下位。〕

——唐·罗隐《梅先生碑》

□言之之难，不如容之之难；容之之难，不如行之之难。〔能让人说话为难，但还不如能容纳人为难；能容纳人为难，但还不如能任用人为难。〕

——宋·苏舜钦《火疏》

□骏马能历险，力田不如牛；坚车能载重，渡河不如舟；生材贵适用，慎勿多苛求。〔骏马能够越过艰险之地，但耕种田地却不如黄牛；坚车能运载重物，但渡江过河就不如舟船了。对现有的人才要适才而用，千万不要过多苛求。〕

——清·顾嗣协《杂兴》

□知贤非难，用贤为难。〔知道有才德的人并不难，难的是能任用有才德的人。〕

——宋·罗大经《鹤林玉露·蘧伯玉》

□役其所长，则事无废功；避其所短，则世无弃材。〔善于使用事物的长处，任何一件事情都不会白费工夫；避开事物的缺陷，世界上就不会有被废弃的材料。〕

——晋·葛洪《抱朴子·务正》

□得欧冶，授以剑材不授以铸法；得俞跗，与之药物不与之药方。〔得到欧冶这样的人，给他铸剑的材料而不用教给他铸剑的方法；得到俞跗这样的人，给他治病的药物而不用给他治病的药单。〕

——明·庄元臣《叔苴子外篇》

□择才不求备，任物不过涯。〔选拔人才不要求全责备，使用人才不要超过限度。〕

——唐·元稹《遣兴》

□罢不能，废无用，损不急之官，塞私门之请。〔罢免无能之人，黜免无用之辈，减少不急需的官员，杜绝私人请托。〕

——汉·刘向《战国策·秦策》

□故明王之任人，谄谀不迩乎左右，阿党不治乎本朝。任人之长，不强其短；任人之工，不强其拙，此任人之大略也。〔所以圣明的君主任用人，谗谄阿谀的小人不能靠近他的左右，结党营私的人不能在他的朝廷上理事。任用人的长处，不过问他的短处；任用人的专长，不勉强他的拙劣，这就是使用人的概要了。〕

——战国·晏婴《晏子春秋·内篇问上》

□苟得其人，虽仇必举；苟非其人，虽亲不授。〔如果发现了一个非常需要的人才，即使是自己的仇人也要举荐；如果不是适用的人，即使是自己亲近之人也不要任用。〕

——三国·许靖·摘自《三国志·许麋孙简伊秦传》

□外举不弃仇，内举不失亲。〔荐举外人时不抛弃仇人，推荐自己人时不遗漏亲属。〕

——春秋·左丘明《左传·襄公二十一年》

□官无常贵而民无终贱，有能则举之，无能则下之。〔做官的不能永远尊贵，民众也不会始终低贱，谁有能力就举用谁，没有能力就罢免。〕

——战国·墨子《墨子·尚贤》

□立大功者不求小疵，有大忠者不求小过。〔对立下大功的人不要寻求其细小毛病，对忠心耿耿的人不要找其轻微过错。〕

——唐·陈子昂《申宗人冤狱书》

□贤愚在心，不在贵贱；信欺在性，不在亲疏。〔一个人是贤明还是愚钝，在于他的思想素质，不在身份的贵贱高低；一个人是诚信还是欺诈，在于他的秉性，而不在于远近亲疏。〕

——汉·王符《潜夫论·本政》

□为官择人，不可造次。用一君子，则君子皆至；用一小人，则小人竞进矣。〔按照官职的需要选拔人才，不可轻率进行。任用了一个品行高尚的人，那么品行高尚的人都会来到；任用了一个品行恶劣的人，那么其他品行恶劣的人也都会争相出来做官。〕

——宋·司马光《资治通鉴·唐纪》

□不以小恶掩大善，不以众短弃一长。〔不要因为有小缺点，就掩盖他的大优点；也不要因为有许多短处，就舍弃了他的一个长处。〕

——宋·朱熹《与刘共文》

□若举得其人，何嫌于故旧？若举非其任，何贵于疏远？〔如果选人得当，为什么怕由于是亲朋故旧而担嫌疑？如果选人不当，即使关系疏远又有什么可贵？〕

——唐·吴兢《贞观政要·君臣鉴戒》

□小人有恶中之善，君子有善中之恶。〔小人一般而言很坏，但坏中也有好的一面；君子一般而言很好，但好中也有坏的一面。〕

——明·庄元臣《叔苴子内篇》

□取其一不责其二，即其新不究其旧。〔任用他这个方面的长处，就不苛求其他方面的短处；看他新的表现，就不追究他过去的毛病。〕

——唐·韩愈《原毁》

□能行之未必能言，能言之未必能行。〔能运用某种道理的人，不一定能说得清楚。能说清楚某种道理的人，不一定能运用得好。〕

——汉·司马迁《史记·孙子吴起列传》

□若必待太公而后用，是千载无太公；必待夷吾而后任，是百世无夷吾。所以然者，士必从微而至著，功必积小以至大，岂有未任而已成，不用而先达也？〔如果非得找到姜太公这样的人才才能使用，那么千年也得不到姜太公；如果非得到管仲这样的人才才能任用，那么百代也不会有管仲。之所以如此，是由于人才都是从不显露而逐渐知名，其功业也是从小到大积累起来的，哪里有未被任用而功业已成，不被任用而事先就显达的呢？〕

——唐·令狐德棻《周书·苏绰传》

□君子以细行律身，不以细行取人。〔君子在小事小节上严格要求自己，但不以小事小节选取人才。〕

——清·魏源《默觚下·治篇》

□采玉者破石拔玉，选士者弃恶取善。〔开采玉的人，要劈开石块把玉取出来，选拔人才也要抛弃他的缺点，取他的优点。〕

——汉·王充《论衡·累害篇》

□人莫不有才，才莫不可用。才取其长，用当其宜。〔人无不有才，才无不可用。取才时取其长处，用他做适宜的工作。〕

——宋·李觏《直讲李先生文集》

□听其言必责其用，观其行必求其功。〔听取言论一定要寻求它的实际用途，观察行为一定要寻求它的实际功效。〕

——秦·韩非《韩非子·六反》

□圣人之官人，犹匠之用木也，取其所长，弃其所短。〔圣明的君主选用人才，就像木匠选用木材一样，用他的长处，不用他的短处。〕

——宋·司马光《资治通鉴·周纪》

□今之用人最无谓者，其所谓任子乎。因其父兄之资以得大官，而又任其子弟，子将复任其孙，孙又任其子，是不学而得者尝无穷也。

〔如今用人最没有意义的，就是任用自己的子弟。他们凭借父亲或兄长的资望而得到大官，反过来又任用自己的子弟，他的儿子又将任用自己的孙子，他的孙子又任用自己的儿子，这就可以不通过学习而得到官职而且永无穷尽。〕

——宋·苏洵《嘉祐集·上皇帝书》

□谋将不取于弓马，良相不资于射策。〔对担任出谋划策职责的将领，不应根据他对弓箭的使用和对战马的驾驭来决定取舍；管理国家的优秀宰相，不能根据考试成绩来选定。〕

——宋·王溥《唐会要》

□不恤亲疏，不恤贵贱，唯诚能之求。〔不考虑与自己关系远近，不考虑身份的高低贵贱，只求任用真正有才能的人。〕

——战国·荀子《荀子·王霸》

□不辩贫富、贵贱、远迩、亲疏，贤者举而尚之，不肖者抑而废之。〔不分家境贫富、身份贵贱、距离远近、关系亲疏，是贤人就举用他使之居于上位，对不贤之人则抑制他黜免他。〕

——战国·墨子《墨子·尚贤》

□官不可以私予人，人不可以私取官。〔官爵职务不能根据私人情感随便给人，人们也不可以凭借私人关系猎取官职。〕

——唐·令狐德棻《晋书·陆晔传》

□老子长于养性，不可以临危难。商鞅长于理法，不可以从教化。苏张长于驰辞，不可以结盟誓。白起长于攻取，不可以广众。子胥长于图敌，不可以谋身。尾生长于守信，不可以应变。王嘉长于遇明君，不可以事暗主。许子将长于明臧否，不可以养人物。此任长之术者也。〔老子擅长颐养天性，但他的学说却不能用来应付危急和困难。商鞅的长处在于以法治国，但他那一套却不能用来教育感化百姓。苏秦、张仪的优点是善于游说、辩论，但他们的允诺却不能用来缔结双方信守的盟誓。白起擅长攻城略地，却不能扩大队伍。任子胥擅长谋算胜敌，却不能保护自身的安全。尾生的优点是恪守信用，却不能应付事情的变化。王嘉遇到贤明的皇帝能充分发挥自己的才干，却不能适应在昏庸的皇帝手下办事。许子将擅长评论士人的优劣，却不能培养人才。这就是区别各人情况而在使用上善于扬长避短的办法。〕

——唐·赵蕤《长短经·任长》

□明主有私人以金石珠玉，无私人以官职事业。〔明智的君主可以私自给人金银珠宝，但从不私自给人官职和重要工作。〕

——战国·荀子《荀子·君道》

□内称不避亲，外举不避怨。〔推荐人才，对内不避开亲属，对外不避开仇家。〕

——汉·戴圣《礼记·儒行》

□官人无私，唯贤是亲。〔选人任官不徇私情，只亲近贤能之人。〕

——唐·魏徵《群书治要》

□德不称其任，其祸必酷；能不称其位，其殃必大。〔德行配不上他所担任的职务，必然招致严重的祸害；能力配不上他所处的官位，必定导致大的祸殃。〕

——汉·王符《潜夫论·忠贵》

□各以所宜，量材授任。〔对人才要按照他们各自所适宜做的工作，衡量才干，授以不同的职务。〕

——汉·王符《潜夫论·实贡》

□智者取其谋，愚者取其力，勇者取其威，怯者取其慎，无智愚勇怯兼而用之。〔对聪明的人，用其智谋；对愚钝的人，用其力气；对勇猛的人，用其武威；对胆小的人，用其谨慎。不论聪明与愚钝、勇猛与胆怯，各种人都兼而用之。〕

——唐·李世民《帝范·审官》

□君无虚授，臣无虚受。〔国君不凭空授官给没有德才的人，臣子不要接受与自己的能力不相称的职务。〕

——三国·曹植《求自试表》

□苟得其人，不患贫贱；苟得其材，不嫌名迹。〔如果真得到了符合条件的人选，就不要顾虑他出身是否贫贱；倘若真得到了合适的人才，就不要嫌弃他是否有不好的名声和行为。〕

——汉·王符《潜夫论·本政》

□累日以取贵，积久以致官，是以廉耻贸乱，贤不肖浑淆。〔仅凭工作时间长就可以取得富贵，做事时间久就可以得到官职，这样只能使廉耻纷乱，贤与不贤相互混淆。〕

——汉·班固《汉书·董仲舒传》

□宣父犹能畏后生，丈夫未可轻年少。〔孔夫子尚且认为后生可畏，当长辈的切莫小看年轻人。〕

——唐·李白《上李邕》

□有德者进，无德者退，则朝廷尊；有功者上，无功者下，则群臣逡。〔有品德的人被擢升，没有品德的人遭罢黜，朝廷自然尊贵威严；有功绩的被提拔，没有功绩的被降职，群臣自然知道退让。〕

——宋·司马光《资治通鉴·汉纪》

□有所举措，不我贤愚，一因其人；有所可否，不我是非，一准于理。〔在举荐安排官员时，不根据自己的主观好恶确定其是贤是愚，一律看其人的具体情况；对官员的肯定或否定，不用自己的成见妄加决断，一律以真理为准绳。〕

——明·张居正《翰林为师相高公六十寿序》

□马伏皂而不用，则驽与良而为群；士齐僚而不职，则贤与愚而不分。〔让马趴在马槽边而不使用，那么劣马与良马就混杂不分；官员们混在一起而不用工作来考核他们，那么贤能与愚庸就区别不清。〕

——唐·欧阳询《艺文类聚》

□贤之所在，贵而贵取焉，贱而贱取焉。〔贤人所处的门庭并不重要，他在显贵处就从显贵处取用他，他在贫贱处就从贫贱处取用他。〕

——宋·苏洵《嘉祐集·广士》

□惟慎贯选，明必黜陟，官得其人，人任其职。〔对于荐举选拔人才要慎重考虑，对于罢免和提升要十分明确，说到做到，使官职得到真正需要的人，使所用的人胜任他所担负的官职。〕

——汉·王符《潜夫论·班禄》

□短绠不可以汲深，器小不可以盛大。〔汲水用的绳子短就不能从深井里打水，小的器具盛不下大的物品。〕

——汉·刘安《淮南子·说林训》

□智小不可以谋大，德狭不可以处广；以小谋大必危，以狭处广必败。〔智略很小不可谋划大事，德行不高不可处广博的地位；以小的智略谋划大事必定危险，以不高的德行处广博的地位必定失败。〕

——北齐·刘昼《刘子·均任》

448

□小人非无小善，君子非无小过。君子小过，盖白玉之微瑕；小人小善，及铅刀之一割。〔小人并不是没有一点小优点，君子并不是没有一点小过错。君子的一点小过错就像是白璧微瑕，无伤大体；小人的一点小优点只不过是钝刀子割肉，没啥作用。〕

——唐·吴兢《贞观政要·公平》

□非有大功德，大才能，及国家有非常之变，决不拔卒为将，徒步而至卿相。〔除非有大的功德才能，除非国家有非同寻常之变故，否则决不让士卒一下子升为将军，从平民一下子成为卿相。〕

——明·丘浚《正百官·公诠选之法》

□力弱者勿任其厚负，才卑者勿尸其隆位。〔力气小的人不要让他背很多的东西，才能低下的人不要让他虚占高位。〕

——宋·董晞《聱隅子·三王篇》

□上虽好之，其人不肖，则当弹而去之；上虽恶之，其人贤，则当举而申之。〔皇上虽然喜欢他，但这个人缺德寡才，就应该检举揭发并清除他；皇上虽然讨厌他，但这个人德才兼备，就应该加以推荐使之受重用。〕

——宋·欧阳修《上杜中丞论举官书》

□量材而授官，录德而定位。〔酌量其才干而授予官职，审查其品德而确定爵位。〕

——宋·司马光《资治通鉴·汉纪》

□高者未必贤，下者未必愚。〔居高位者未必是贤才，地位低下者未必蠢笨。〕

——唐·白居易《涧底松》

□有贤不能知，与无贤同；知而不能用，与不知同；用而不能信，与不用同。〔国家有人才而当政者不了解，这和没有人才是一样的；知道有人才而不任用，这和不知道是一样的；对人才虽然任用了，但不能做到坚信不疑，这同有人才而不任用是一样的。〕

——宋·司马光《功名论》

□先察而任者昌，先任而察者亡。〔先考察以后再任用的就兴盛，先任用而后考察的就失败。〕

——唐·李筌《太白阴经·鉴才篇》

□人之才器，各有分限，大小异宜，不可逾量。〔每个人的才能和作用，都各有一定的限度，使用时应有所区别，不可以超过他的才能所能担负的程度。〕

——唐·魏徵《隋书·赵煚传论》

□校短量长，惟器是适者，宰相之方也。〔比较优劣长短，使职务都适合自己的才能，这是宰相的治国艺术。〕

——唐·韩愈《进学解》

□小才之于大用，是匹雏不能举千钧也；大才之于小用，是尧舜不能以牧羊也。〔如果小材大用，就好比一只幼禽不能负载千钧重物；大材小用，就好比唐尧和虞舜不能放牧羊群。〕

——宋·李觏《直讲李先生文集·强兵策》

□国家存亡之本，治乱之机，在于明选而已矣。〔国家存在还是灭亡的根本，以及治与乱的关键，就在于明智地选才用人。〕

——汉·王符《潜夫论·本政》

□不用资格，亦不纯用资格。不用资格，所以待非常之人，任重要之职，厘繁剧之务；用资格，所以待才器之小者，任资历之浅者，厘职务之冗杂者。〔选拔人才不用资格，也不单纯用资格。所谓不用资格，是指对待那些非凡的人才，他们可以担任重要职务，处理繁剧的事务；用资格，是指对待那些才干小、做资历浅的工作、处理琐碎繁杂的具体事务的人。〕

——明·丘浚《正朝廷·公赏罚之私》

□能言而不能行者，国之宝；能行而不能言者，国之用。〔善于谋划但不善于亲自实践的人，是国家的宝贵财富；善于行动但缺少计谋的人，同样是国家的有用人才。〕

——唐·李筌《太白阴经·沈谋篇》

□任贤而二，五尧不治。〔任用贤人却又对他三心二意，这样即使有五个唐尧那样的人也无法治理好国家。〕

——宋·宋祁《杂说》

□德不称位，能不称官，赏不当功，罚不当罪，不祥莫大焉。〔品德和地位不相称，才能和官职不相称，奖赏和功劳不相称，刑罚和罪行不相称，没有什么比这些更不吉祥的了。〕

——战国·荀子《荀子·正论》

□官贤者量其能，赋禄者称其功。〔官员贤明，还要衡量他的实际才能与名声是否相符；对授予俸禄的人，要看他的功劳与俸禄是否相称。〕

——秦·韩非《韩非子·八奸》

□君之所审者三：一曰德不当其位，二曰功不当其禄，三曰能不当其官。此三本者，治乱之原也。故国有德义未明于朝者，则不可加于尊位；功力未见于国者，则不可授以重禄；临事不信于民者，则不

可使任大官。〔君主需要审查的问题有三个：一是臣子的品德与地位不相称，二是臣子的功劳与俸禄不相称，三是臣子的能力与官职不相称。这三个根本问题是国家治乱的根源。所以在一个国家，对于德义没有显著于朝廷者，不可授予尊高的爵位；对于功业没有表现于国家者，不可给予优厚的俸禄；对于主持政事没有取信于人民的人，不能让他做大官。〕

——春秋·管仲《管子·立政》

□**以贤取人，以德命官，贤有小大，德有小大，而官爵从之。**〔根据贤能来选取人才，根据德行来任命官员。贤能有大有小，德行有小有大，官职和爵禄就由这个来决定。〕

——宋·叶适《水心别集·资格》

□**用忠正而不疑，屏邪佞而不近。**〔任用忠正之人而不怀疑，摒除邪佞之人而不亲近。〕

——唐·李翱《李文公集》

□**养稂莠者，伤禾稼；惠奸宄者，贼良人。**〔让田地里的杂草滋生，必然要伤害粮食作物；使坏人获得好处，必然要伤害好人。〕

——宋·王溥《唐会要》

□**委大臣以大体，责小臣以小事，为国之常也，为治之道也。**〔委任大臣负责大事，要求小臣负责小事，这是治国常规，也是治政之道。〕

——唐·吴兢《贞观政要·君臣鉴戒》

□**相不可将，将不可相也。**〔做宰相的不可以做将帅，做将帅的不可以做宰相。〕

——清·王夫之《读通鉴论》

□贵珠出于贱蚌，美玉出乎丑璞。是以不可以父母限重华，不可以祖祢量卫霍也。〔名贵的珍珠，是从不值一钱的蛤蚌中产生的；漂亮的玉石，是从粗糙丑陋的璞石里琢磨出来的。因此，不应该因为虞舜的父母德行不好，而限制虞舜的发展；不能根据卫青、霍去病先祖和父亲的微贱出身来衡量他们的才能。〕

——晋·葛洪《抱朴子·博喻》

□君子得位，有容于小人；小人得势，必排于君子。〔君子掌权，还能容得下小人；然而小人得势，必然对君子进行排斥打击。〕

——明·宋濂《元史·刘秉安传》

□将求材艺，必先择志行。其志行善者，则举之；其志行不善者，则去之。〔将要挑选人才时，必须首先衡量他的品德操行。品德操行好，就举用；品德操行不好，就不举用。〕

——唐·令狐德棻《周书·苏绰传》

□世必有圣智之君，而后有贤明之臣。〔世间必须先有圣明智慧的君主，然后才能有贤能聪明的臣子。〕

——汉·王褒《圣主得贤臣颂》

□国家用人，当以德器为本，才艺为末。〔国家用人，应当把品德气度作为根本，而把才干技艺作为末梢。〕

——清·爱新觉罗·玄烨《圣祖御制文集》

□同明相见，同音相闻，同志相从，非贤者莫能用贤。〔同样好的视力才能互相看得见，同样的声音才能互相通闻，同样志向的人才能相互结合，自己不是贤人，就不能任用贤人。〕

——汉·韩婴《韩诗外传》

453

□有贤豪之士，不须限于下位；有智略之人，不必试以弓马；有山林之杰，不可薄其贫贱。〔对才德出众之士，不应当将其限制在低下的岗位上；对智谋过人之士，不必要试验他射箭骑马的能力；对出身草野之人，不应当因为贫贱而瞧不起他。〕

　　　　　　　　　　　　——宋·欧阳修《准诏言事上书》

□天不生仲尼，万古长如夜。〔如果不是上天使孔子降临人世，那么漫长的历史就永远处于愚昧混沌之中。〕

　　　　　　　　　　　　　——宋·朱熹《朱子语类》

□与闻国政而无益于民者，斥；在上位而不能进贤者，逐。〔对参与国家政事却对人民没有一点儿贡献的人，要予以斥退；对处于高官之位却不能荐举贤才的人，要把他从官位上赶走。〕

　　　　　　　　　　　　——汉·王符《潜夫论·考绩》

□黜邪佞，用贤良，不以小人之言而议君子。〔罢黜奸佞，任用贤良，不用小人之言来非议君子。〕

　　　　　　　　　　——唐·吴兢《贞观政要·君臣鉴戒》

□放远佞邪之党，散坏险诐之聚，杜闭群枉之门，广开众正之路。〔放逐奸佞邪恶的朋党，击破阴险邪僻的团伙，关闭群起攻击的门径，广开使众人正大光明的道路。〕

　　　　　　　　　　——宋·司马光《资治通鉴·汉纪》

□胜任者治，则百官不乱；知人者举，则贤者不隐。〔让有能力担负重任的人治理国家，百官就不会没条理、失秩序；让识才的人推荐人才，有本事的人就不会隐遁而不被发现了。〕

　　　　　　　　　　　　　——秦·尸佼《尸子·分》

□驱天下之人而尽用之，仁者使效其仁，勇者使效其勇，智者使效其智，力者使效其力。〔驱使天下所有人才各尽其用，仁爱的人使其献出仁爱，勇敢的人使其献出勇敢，智慧的人使其献出智慧，有力的人使其献出力气。〕

——宋·苏辙《栾城应诏集·君术》

□惟贤知贤，惟圣知圣。〔只有贤人才能了解贤人，只有圣人才能了解圣人。〕

——晋·陈寿《三国志·杜袭传》

□贤臣内，则邪臣外。邪臣内，则贤臣毙。内外失宜，祸乱传世。〔贤臣被任用，奸臣就会被疏远。奸臣被任用，贤臣就会被陷害。该重用的与该疏远的搞颠倒了，祸乱就会传到后世。〕

——秦·黄石公《黄石公三略·下略》

□我劝天工重抖擞，不拘一格降人才。〔我劝天公重新振作起来，不要拘于一定规格或方式，把立志革新的人才降临到人间。〕

——清·龚自珍《乙亥杂诗》

□奸臣在朝，国之残也；谗臣在中，主之蠹也。〔有奸臣在朝廷，那是国家的祸害；谄谗之臣在宫中，那是国君的蛀虫。〕

——汉·司马迁《史记·赵世家》

□有野心者，不可借便势；有愚质者，不可与利器。〔对于有野心的人，不能给他提供便利条件；对于天资愚钝的人，不能把锋利的武器交给他。〕

——汉·刘安《淮南子·主术训》

□有大略者，不可责以捷巧；有小智者，不可任以大功。人有其才，物有其形。有任一而太重，或任百而尚轻。〔对于有雄才大略的人，不能以做具体事务是否敏捷灵巧来要求他；对于有小聪明的人，不可让他担负大的功业。人各有各的才干，物各有各的形状，有的人担任一项工作就显得很沉重，有的人担任上百项工作却显得很轻松。〕

——汉·刘安《淮南子·主术训》

□善者不赏，恶者不出，不肖在位，贤者伏匿。〔对于干好事的不奖励，对于干坏事的不清除，就会导致不贤之人充斥官位，贤能之士隐蔽起来不出来效力。〕

——汉·董仲舒《春秋繁露·五行变救》

□为上者不虚授，处下者不虚受。〔作为上司不平白无故地授予官爵，作为下属不平白无故地接受官爵。〕

——晋·陈寿《三国志·明帝纪》

□故用人之知去其诈，用人之勇去其怒，用人之仁去其贪。〔君主用人，应当用其智慧而去其诈伪，用其勇气而去其怒气，用其仁慈而去其溺爱。〕

——汉·戴圣《礼记·礼运》

□百人誉之不加密，百人毁之不加疏。〔（对于所了解和信任的人）即使有再多的人夸奖称赞他，也不对他多增加一分亲密；即使有再多的人诋毁攻击他，也不对他增加一点儿疏远。〕

——宋·苏洵《嘉祐集·论衡》

□尊其爵，厚其禄，重其权。〔（对于有才能的官员）要使他的爵位尊贵，俸禄优厚，并授予他比较重要的权力。〕

——宋·苏洵《嘉祐集·论衡》

□好贤而不能任，能任而不能信，能信而不能终，能终而不能赏，虽有贤人，终不可用矣。〔喜欢人才而不使用，使用而不信任，信任而不始终如一，始终如一而不论功行赏，像这样虽然有人才，终究不能发挥他们的作用。〕

——唐·陈子昂《答制同事·重任刑科》

□选士用能，不拘长幼。〔选择贤能之士，任用能干之才，不受年长年幼的限制。〕

——晋·陈寿《三国志·秦宓传》

□养寿之士，先病服药；养世之君，先乱任贤。〔懂得养生的人，未病之前先服药物；懂得治国安民的君主，未乱之先先任用贤人。〕

——汉·王符《潜夫论·思贤》

□国之将兴，必有祯祥，君子用而小人退。国之将亡，贤人隐，乱臣贵。〔国家将要兴旺，必定有吉祥的征兆，那就是贤德的君子被重用，不正派的小人被斥退。国家将要败亡，贤德的人隐退，而乱世之臣就显贵了。〕

——汉·司马迁《史记·楚元王世家》

□有贤而不知，一不祥；知而不用，二不详；用而不任，三不祥。〔有贤士却不知道，是一不吉祥；知道了却不用，是二不吉祥；用了却不委任以合适的职务，是三不吉祥。〕

——春秋·晏婴《晏子春秋·谏下》

□玉少石多，多者不为珍；龙少鱼众，少者固为神。〔玉少石头多，多的东西不会成为珍品；龙少杂鱼众，少的东西必定成为神物。〕

——汉·王充《论衡·自纪篇》

□使贤者为之，则与不肖者规之；使知者虑之，则与愚者论之；使修士行之，则与污邪之人疑之。虽欲成功得乎哉？〔让贤能的人做事，却和不贤的人一道用框框去限制他；让有计谋的人去筹划，却和愚蠢的人一道去议论他；让品德高尚的人去实行，却和品德卑劣的人一道去怀疑他。这样，虽然主观上也想取得事业成功，能够办得到吗？〕

——战国·荀子《荀子·君道》

□杖必取材，不必用味；相必取贤，不必所爱。〔做竹杖，一定要选取质地优良的材料，不一定根据它的味道好坏；选丞相，一定要选取德才兼备的人，不一定是自己喜爱的。〕

——隋·冯植《竹杖铭》

□知其能则任之重，可也；谓其忠则委之诚，可也。〔知道他有能力就请他承担重要的任务，这是很好的；认为他忠信就诚心诚意地委任他，这也是很好的。〕

——宋·王安石《委任》

□官有大小繁简之殊，才有短长能否之异，称其任则政立，枉其能则事乖。〔官职有大小繁简的不同，官员的才干有长与短、胜任与不胜任的区别，官员胜任官职政绩就可以树立，能力与职务不相称政事就不会正常。〕

——唐·白居易《白氏长庆集》

□天下之患，不患材之不众，患上之不欲其众；不患士之不欲为，患上之人不使其为。〔国家的忧患，不在于人才的不多，忧患的是当权的人不想造就那么多人才；不在于有才能的人不想有所作为，忧患的是当权的人不让他们有所作为。〕

——宋·王安石《材论》

458

□明主度量人力之所能为，而后使焉。故令于人之所能为，则令行；使于人之所能为，则事成。〔明君用人总是衡量每个人的能力，然后才加以使用。所以，命令人们做力所能及的事情，命令就能够推行；使役人们做那些能做得到的事情，事情就能成功。〕

　　　　　　　　　　——春秋·管仲《管子·形势解》

□贤不肖不杂，则英杰至；是非不乱，则国家治。〔有才能的人和没才能的人不混杂无别，英雄豪杰就来到了；正确的言行和不正确的言行不颠倒错乱，国家就治理好了。〕

　　　　　　　　　　——战国·荀子《荀子·王制》

□以道望人则难，以人望人则易。〔用固定的道德标准来鉴定人就难，用人与人比较的方法来鉴定人就容易。〕

　　　　　　　　　　——晋·陈寿《三国志·诸葛恪传》

□因材任人，国之大柄；考绩进秩，吏之常法。〔依据才能任用人员，是国家的大权；考核政绩提升职位，是官吏的常规。〕

　　　　　　　　　　——宋·苏辙《梁焘转朝奉大夫》

□用人无疑，唯才所宜。〔要使用人，就不要怀疑他，只要看他的才能是否适宜就行了。〕

　　　　　　　　　　——晋·陈寿《三国志·郭嘉传》

□有味之物，蠹虫必生；有才之人，谗言必至。〔有味道的东西，蛀虫必然繁生；有才能的人，谗言必然出现。〕

　　　　　　　　　　——唐·刘禹锡《苏州谢上表》

□贤者，其德足以敦化正俗，其才足以顿纲振纪，其明足以烛微虑远，其强足以结仁固义；大则利天下，小则利一国。是以君子丰禄以富之，隆爵以尊之；养一人而及万人者，养贤之道也。〔贤能之人，他的德行完全可以促进教化、端正风俗，他的才能完全可以整顿朝纲、振兴政纪，他的智慧完全可以洞察细微、深谋远虑，他的力量完全可以结交仁人、巩固信义。大则有利于天下，小则有利于一国，所以给他丰厚的俸禄使之富裕，授予高的爵位使之尊贵。养一个贤人，好处波及万人，这就是养贤的道理。〕

——宋·司马光《资治通鉴·周纪》

□知人善察，难眩以伪。〔善于识别人才和体察事物的人，难以用假象迷惑他。〕

——晋·陈寿《三国志·武帝纪》

□人各有能，因艺授任。〔人的才能各不相同，应根据他们掌握的技能授予适当的官职。〕

——南朝·范晔《后汉书·张衡传》

□愚者易蔽也，不肖者易惧也，贪者易诱也。〔愚笨的人易受蒙蔽，品行不好的人易受恐吓，贪婪的人易遭引诱。〕

——春秋·王诩《鬼谷子·谋》

□致治在于任贤，兴国在于务农。〔要使国家得到治理在于任用贤人，要使国家兴旺发达在于发展农业生产。〕

——晋·陈寿《三国志·杨阜传》

□忠贤事君，必谏君失；奸佞事主，必顺主情。〔忠贤之臣侍奉君主，必定劝谏君主过失；奸佞之臣侍奉君主，必定顺从君主感情。〕

——唐·陈子昂《答制问事》

□谗佞之徒，皆国之蟊贼也。或巧言令色，朋党比周，若暗主庸君，莫不以之迷惑，忠臣孝子所以泣血衔冤。〔那些善于进谗言的奸佞之徒，都是国家的害虫。他们有的用动听之言和谄媚之态取悦于人，有的结党营私、排斥异己。如果执政的是昏庸君主，就没有不被他们所迷惑的，忠臣孝子们就会因含冤怀怨而悲痛地无声哭泣。〕

　　　　　　　　　　　　——唐·吴兢《贞观政要·杜谗邪》

　　□用圣臣者王，用功臣者强，用篡臣者危，用态臣者亡。〔任用有高度智慧的臣子，就可以称王；任用能建功立业的臣子，就可以强大；任用篡夺权位的臣子，就十分危险；任用善于谄媚的臣子，就会灭亡。〕

　　　　　　　　　　　　　——战国·荀子《荀子·臣道》

　　□退小人之伪朋，用君子之真朋，则天下治矣。〔斥逐小人结成的同利之党，进用君子结合的同道之朋，天下就太平了。〕

　　　　　　　　　　　　　　——宋·欧阳修《朋党论》

　　□取士之道，当以德行为先。〔选用人才的原则，应当把德行的考核放在首位。〕

　　　　　　　　　　　　　　——宋·司马光《论举选状》

　　□治天下者，用人非止一端，故取士不以一路。〔治理天下，用人不只一件事，所以录取人才不能仅从一个途径。〕

　　　　　　　　　　　　——宋·欧阳修《乞补馆职札子》

　　□以己之材为天下用，则用天下而不足；以天下之材为天下用，则用天下而有余。〔以一己之才为国家所用，则全部才能都用于国家仍有所不足；以全天下的人才都为国家所用，则用于天下而有剩余。〕

　　　　　　　　　　　　　——宋·曾巩《上杜相公书》

□上不忠乎君，下善取誉乎民；不恤公道通义，朋党比周，以环主图私为务，是篡臣者也。〔对上不忠于君主，对下善于在人民中骗取声誉，不顾法纪和规范，结党营私，专门干迷惑君主、谋取私利的事，这种臣子就是篡臣。〕

——战国·荀子《荀子·臣道》

□君不疑其臣，功成而无后患，是以知无不言，言无不行。〔君王只有不怀疑大臣，才能在功业完成之后而没有祸患，也正因为这样，大臣才能把知道的都说出来，而且说出的话没有不执行的。〕

——宋·苏轼《策略·三》

□人才以智术为后，而以识度为先。〔选拔人才以智谋与学术为第二位，而以见识和气度为第一位。〕

——宋·苏轼《答乔舍人启》

□言行不周，竖私枉公，外相连诬，内相谤讪，有此不安，是谓败乱。〔言行不一致，树立私党，违背公法，对外互相串通诬陷别人，对内彼此恶意讥嘲、攻击，这种人不清除，就会招致失败，引来祸乱。〕

——三国·诸葛亮《兵要》

□安平则尊道术之士，有难则贵介胄之臣。〔天下安定太平，尊崇满腹经纶的文士；天下发生危难，重视披甲戴盔的武臣。〕

——南朝·范晔《后汉书·桓谭传》

□官多则乱，将多则败。〔官多，人浮于事，朝政必然混乱；将多，军令不一，遇敌必然溃败。〕

——明·顾炎武《医师》

□牛刀可以割鸡，鸡刀难以屠牛。刺绣之师，能缝帷裳，纳缕之工，不能织锦。儒生能为文吏之事，文吏不能立儒生之学。〔杀牛刀可以杀鸡，杀鸡的刀难以宰牛。刺绣工匠，能缝帷幕和衣裳，但缝补破烂衣服的人就不能织彩锦。读书人可做文官的工作，文官不能建立读书人的学业。〕

——汉·王充《论衡·程材篇》

□德厚而位卑者谓之过，德薄而位尊者谓之失。宁过于君子，而毋失于小人。过于君子，其为怨浅；失于小人，其为祸深。〔德行深厚而授爵低微，叫做"有过"；德行浅薄而授爵尊高，叫做"有失"。宁可有过于君子，而不可有失于小人。因为有过于君子，带来的怨恨浅；有失于小人，带来的祸乱深。〕

——春秋·管仲《管子·立政》

□守廉慎者，各举清干之人；有赃污者，各举贪浊之人；好徇私者，各举请求之人；性庸暗者，各举不材之人。〔严守廉洁谨慎的人，他们推荐的是清白干练的人；好贪污受贿的人，他们推荐的是爱财污浊的人；喜欢屈从私情的人，他们推荐的是有所请求的人；素质平庸糊涂的人，他们推荐的是能力低下的人。〕

——宋·欧阳修《准诏言事上书》

□宁失于君子，无失于小人。失于君子，则未阙于理；失于小人，则物罹其殃。〔在用人上如果有失误，那么宁可在君子这方面，该任用的没有任用，也不能把不该用的小人任用了。任用君子方面的失误，对原则事理尚不会有太大的损害；如果失误是在于重用了小人，那么就要遭受灾难了。〕

——唐·李筌《太白阴经·主有道德篇》

□知之有八征：一曰问之以言，以观其辞；二曰穷之以辞，以观其变；三曰与之间谍，以观其诚；四曰明白显问，以观其德；五曰使

463

之以财，以观其廉；六曰试之以色，以观其贞；七曰告之以难，以观其勇；八曰醉之以酒，以观其态。〔了解人才有八种方法：一是提出问题，看他是否解释得清楚；二是详细盘问，考验他的应变能力；三是通过秘密考察，看他是否忠诚；四是明知故问，看他有无隐瞒，借以考察他的品德；五是让他管理财物，看他是否廉洁；六是用女色进行试探，看他的操守高下；七是处理危难，看他是否勇敢；八是使他醉酒，看他是否保持常态。〕

——周·吕尚《六韬·文韬·选将》

口国必待贤以昌，人必待贤以理，物必待贤以宁。〔国家必定靠贤人来获得昌盛，百姓必定靠贤人来获得太平，世界必定靠贤人来获得安宁。〕

——唐·陈子昂《答制问事·贤不可疑科》

口枝叶强大，比居同势，各结朋党，竞进人，有此不去，是谓败征。〔部将们势力强大，几乎有主帅那样的地位和权势，各自结成朋党，争着推荐阴险狡诈的人。这种人不清除，就是失败的征兆。〕

——三国·诸葛亮《兵要》

口不恤君之荣辱，不恤国之臧否，偷合苟容以持禄养交而已耳，谓之国贼。〔不体恤国君的荣辱，不顾国家的安危，迎合君主的言行，放弃原则，只求保住自己的禄位，豢养自己的党羽，这种人就是国贼。〕

——战国·荀子《荀子·臣道》

口骄之也，私之也，非将将之道也。〔放纵他们，偏爱他们，这不是驾驭将领的正确方法〕

——清·王夫之《读通鉴论》

口其待君子也则欲而疏，遇小人也必轻而狎。狎则言无不尽，疏

464

则情不上通。是则毁誉在于小人，刑罚加于君子，实兴丧之所在，可不慎哉？〔对待君子敬而远之，对待小人必定是亲近而不庄重。亲近则言无不尽，疏远则不能沟通感情。这样就等于是对一个人的诋毁和赞誉全由小人决定，而刑罚全落在了君子身上，这是国家兴亡的关键所在，怎能不慎重对待？〕

——唐·吴兢《贞观政要·诚信》

□富之而观其无犯，贵之而观其无骄，付之而观其无转，使之而观其无隐，危之而观其无恐，事之而观其无穷。富之而不犯者仁也，贵之而不骄者义也，付之而不转者忠也，使之而不隐者信也，危之而不恐者勇也，事之而不穷者谋也。〔使他富裕，以考验他是否逾越礼法；使他尊贵，以考验他是否骄横不驯；委以重任，以考验他是否坚定不移地去完成；命令他处理问题，以考验他是否隐瞒欺骗；让他身临危难，以考验他是否临危不惧；让他处理突发事变，以考验他是否应付自如。富裕而不逾礼法的，是仁爱之人；尊贵而不骄横的，是正义之人；身负重任而能坚定不移去完成的，是忠诚之人；处理问题而不隐瞒欺骗的，是信用之人；身处危难而无所畏惧的，是勇敢之人；面对突发事变而应付自如的，是有智谋的人。〕

——周·吕尚《六韬·文韬·六守》

□缓行徐言，不可遽谓之德也；工文善书，不可遽谓之才也。〔行动谨慎、说话舒缓，并不一定就是德行高深的表现；文章华丽、书法工整，并不一定就是多才多艺的表现。〕

——明·薛应旂《薛方山纪述》

□夫运筹帷幄之中，决胜千里之外，吾不如子房；镇国家，抚百姓，给馈饷，不绝粮道，吾不如萧何；连百万之众，战必胜，攻必取，吾不如韩信。三者皆人杰，吾能用之，此吾所以取天下者也。项羽有一范增而不能用，此所以为我禽也。〔在大帐内出谋划策，在千里以外

465

一决胜负，我不如张良；平定国家，安抚百姓，供给军饷，不断绝运粮食的道路，我不如萧何；联合众多的士兵，打仗一定胜利，攻占一定取得，我不如韩信。这三个人都是人中豪杰，我能够利用他们，这是我取得天下的原因。项羽部下只有范增这个谋士，却还得不到任用，这就是我击败项羽的原因。〕

——汉·刘邦·摘自《资治通鉴·汉纪》

□心术平易，制行诚直，语言疏爽，文章明达，其人心君子也；心术微暧，制行诡秘，语言吞吐，文章晦涩，其人亦可知矣。〔有的人心怀坦荡，行事待人诚恳正直，言语开朗率直，写出的文章明快通顺，这样的人一定是品行高尚的君子；有的人居心叵测，行迹隐秘，说话吞吞吐吐，写出的文章晦涩难懂，这样的人品行卑劣，已然可知〕

——明·吕坤《呻吟语》

□事有知其当变而不得不因者，善救之而已矣；人有知其当退而不得不用者，善驭之而已矣。善用人底，是个人都用得；不善用人底，是个人都用不得。〔有时明知某件事应当改变，可是又不得不因袭，这时最重要的就是要善于对其进行完善；有时明知某个人应当辞退，可是又不得不继续任用，这时最关键的就是要善于驾驭他。善于用人，那么无论什么样的人都可以为我所用；不善用人，那么无论什么样的人都难以为我所用。〕

——明·吕坤《呻吟语》

□"怜才"二字，我不喜闻。才者当怜人，宁为人所怜？邵子曰："能经纶天下之谓才。"〔"怜才"两个字，我不喜欢听。有才能的人应当怜悯别人，怎能被人怜悯？邵雍先生说："能治理经营天下者才叫有才之人。"〕

——明·陈继儒《安得长者言》

□心平气和，而有强毅不可夺之力；秉公持正，而有圆通不可拘之权，可以语人品矣。〔待人接物时心平气和，可是在原则问题上却刚强勇毅，毫不让步；处理政务秉公办事，正直不阿，可是在一些具体细节上却灵活圆通，不拘一格，随机应变，这样的人才称得上是品行出众。〕

——明·吕坤《呻吟语》

□或问君子小人，辨之最难，曰：君子而近小人之迹，小人而为君子之态，此诚难辨；若其大都，则如皂白不可掩也。君子容貌敦大老成，小人容貌浮薄琐屑。君子之心正直光明，小人之心邪曲微暧。君子之言雅淡质直，惟以达意；小人之言鲜秾柔泽，务欲可人。君子与人，真诚而不养其过；小人与人，谀悦而多济其非。君子处事，可以盟天质日，虽骨肉而不阿；小人处事，低昂世态人情，虽昧理而不顾。君子临义，慷慨当前，惟视天下国家人物之利病，其祸福毁誉，漠不关心；小人临义，则观望顾忌，先虑爵禄身家妻子之便否，视社稷苍生，漫不属己。君子事上，礼不敢不恭，难使枉道；小人事上，身不知为我，侧意随人。君子御下，防其邪而体其必至之情；小人御下，遂吾欲而忘彼同然之愿。君子自奉，节俭恬雅；小人自奉，汰侈弥文。如此类者，色色顿殊，孔子曰患不知人。吾以为终日相与，可定平生，虽善矜持，自有不可掩者在也。〔有人说君子和小人很难分辨，我认为，确实有特殊的情况，君子的举止与小人接近，而小人的言行又与君子不差，这时就难以分辨。不过一般君子和小人就像黑色和白色那样分明，难以掩盖：君子容貌敦厚老实，小人容貌委琐轻佻。君子的心地光明坦荡，小人的心地暧昧邪僻。君子的言语质朴无华，只求能够表达思想；小人的言语华丽动听，刻意使听者高兴。君子与人相处，以诚相待，绝不迁就其过错；小人与人相处，投其所好，一味包容其缺点。君子做事，可以对天发誓，无愧日月，即使亲生骨肉也不姑息；小人做事，随世态人情而定，哪怕昧着良心也在所不惜。君子遇到正义事业，则义无反顾，勇往直前，想着社稷百姓的疾苦，将自己的祸福毁誉置之度外；小人面对正义事业，则瞻前顾后，先考虑是否对自家的爵禄和妻儿老小有利，对社稷百姓则漠不关心。君子侍奉上司，礼节上尽管不敢不周到，却决不会出卖自己的人格；小人侍奉上司，会丧失自己人格，曲意逢迎。君子驱使下属，防止其走上邪路，体谅其切身的苦衷；小人驱使下属，只顾满足自己的欲望，完全不顾对方的意愿。君子在享受方面，节约俭朴；小人在享受方面，穷奢铺张。诸如此类，各方面区别很大。孔子曾说，最担心的事是不能了解别人。我认为只要相处一天，就可以了解人的一生。尽管有的人善于表现，可是总有许多方面难以掩饰。〕

——明·吕坤《呻吟语》

□君子有君子之长，小人有小人之长，用君子易，用小人难，惟圣人能用小人。用君子在当其才，用小人在制其毒。〔君子有君子的长处，小人有小人的长处，驾驭君子比较容易，驾驭小人就比较难了，只有圣人善于发挥对小人的作用。任用君子在于发挥其才能，任用小人的关键是要制约其歹毒。〕

——明·吕坤《呻吟语》

□小廉曲谨之士，循涂守辙之人，当太平时，使治一方、理一事，尽能奉职。若定难决疑、应卒蹈险，宁用破绽人，不用寻常人。虽豪悍之魁、任侠之雄，驾御有方，更足以建奇功、成大务。噫！难与曲局者道。〔清廉自守、谨小慎微的人，墨守成规、循规蹈矩的人，在天下太平时，让他们治理一处地方或办理某件事情，完全能够尽职尽责。如果平定危难或进行重大决策，应付突发事变或深入危险境地，则宁可任用品行上有缺陷但却具有才能和胆识的人，而不能任用平庸的人。哪怕是剽悍的绿林好汉，或是好打抱不平的侠客义士，只要使用得当，善于调度，更容易建立奇功，成就一番大事。可惜呀！这些道理怎么能被那些邪僻之士所接受呢？〕

——明·吕坤《呻吟语》

奖惩考评

□有善，虽疏贱必赏；有恶，虽贵近必诛。〔有了善行，即使是与自己疏远和地位低下之人也一定要奖赏；有了恶行，即使是显贵与亲近之人也必须受到惩罚。〕

——晋·傅玄《傅子·治体》

□因喜用赏，赏不必当；因怒用罚，罚不必当。〔凭一时高兴而奖赏，这种奖赏不一定得当；凭一时愤怒而惩罚，这种惩罚也不一定得当。〕

——明·钱琦《钱公良测语》

□进有厚赏，退有严刑；赏不逾时，刑不择贵。〔对勇于向前的人要给予优厚的奖赏，对临战退逃者要给予严厉的处罚；奖赏要不超过时限，惩罚要不分贵贱。〕

——三国·诸葛亮《将材》

□用不才之士，才臣不来；赏无功之人，功臣不劝。〔任用没有才能的人，有才能的人就不来为臣；奖赏没有功劳的人，有功劳的臣子就不会得到鼓励。〕

——唐·王维《责躬荐弟表》

□天下大务，莫过赏罚。赏一人使天下之人喜，罚一人使天下之人惧。苟二事不失，自然尽美。〔治理天下的大事，没有什么能超过

奖赏与惩罚的。奖赏一个人使天下人高兴，惩罚一个人使天下人害怕。这两件如果不出差错，自然就很完美了。〕

——宋·司马光《资治通鉴·梁纪》

□**赏者，政之大德也；罚者，政之大威也。**〔奖赏，是施政行为的最大德行；惩罚，是施政行为的最大威力。〕

——晋·傅玄《治体》

□**为政者，不赏私劳，不罚私怨。**〔掌握政权的人，不赏赐对他个人有功劳的人，也不惩罚对他个人有怨恨的人。〕

——春秋·左丘明《左传·昭公五年》

□**治平尚德行，有事赏功能。**〔太平年代对官员的考核可以多注重道德品行，国家有事（指发生战争）时对官员的考核和奖赏就应根据其功绩和才能。〕

——晋·陈寿《三国志·武帝纪》

□**立必信之赏，施必行之罚。**〔建立使人信任的奖赏制度，实行行得通的刑罚制度。〕

——三国·杜恕《议考课疏》

□**刑赏之本，在乎劝善而惩恶。**〔赏罚的根本目的，在于鼓励行善，惩罚作恶。〕

——唐·吴兢《贞观政要·刑法》

□**知人之道有七焉：一曰间之以是非而观其志；二曰穷之以辞辩而观其变；三曰咨之以计谋而观其识；四曰告之以祸难而观其勇；五曰醉之以酒而观其性；六曰临之以利而观其廉；七曰期之以事而观其信。**〔考察、使用人的方法有七种：一是暗中用是非来考验他，观察他的志向；二是同他深入辩论一个问题，观察他的应变能力；三是让他出谋划策，看他分析问题的能力；四是把面临的危险和困难告诉他，考察他战胜困难的勇气；五是安排酒宴，看他醉酒后所表现的性情；六是给他有利可图的条件，看他是否廉洁；七是和他约定好具体事情，看他是否守信用。〕

——三国·诸葛亮《将苑·知人性》

□ **拨乱之政，以刑为先。**〔澄清混乱的政治局面，应当把执行刑法放在首位。〕

——三国·曹操《以高柔为理曹掾令》

□ **课勤惰，察能否，而从以赏罚，则政柄不摇，贤愚并励矣。**〔考核官员的勤奋或懒惰，观察他们对自己的职务是否能够胜任，而后给以相应的奖赏或惩罚，那么朝廷的权力就不会动摇，不论是聪明的或愚钝的都能得到勉励了。〕

——清·赵尔巽《清史稿·沈文奎传》

□ **赏务速而后有劝，罚务速而后有惩。**〔奖赏及时才能劝善，处罚及时才能惩恶。〕

——唐·柳宗元《断刑论》

□ **发号施令，在乎必行；赏德罚罪，在乎不滥。**〔发布号令，在于一定实行；奖善惩恶，在于不滥用。〕

——宋·包拯《论星变》

□ **明主择人之际，阅其才通而周，鉴其貌厚而贵，察其心贞而明；居高而望远，徐视而审听，神其形，聚其精，若山之高不可升，若泉之深不可测。然后视审其贤愚以与官司，择其智勇以任事，乃可任之也。**〔贤明的君主在选择人才的时候，要看他的才能是否精深而广博，看他的外貌是否忠厚而受尊敬，查明他的心地是否正直而明达。要站得高看得远，深深观察，审慎听辨，察言观色，聚精会神，像山高不可攀，如水深不可测，然后，和他谈话审查他是贤明还是愚笨，让他办事来区分他的智慧和勇气，这样才可以任用他。〕

——唐·李筌《太白阴经·鉴才篇》

□君以世俗之所誉者为贤，以世俗之所毁者为不肖，则多党者进，少党者退。〔君主常以世俗所称誉的人为贤才，而以世俗所诋毁的人为不肖；那么多结朋党的人就被任用，而少结朋党的人就会被废黜。〕

——周·吕尚《六韬·举贤》

□小过不察，则无烦苛；大罪不漏，则止奸慝。〔小过错不去查办，法律就不会烦琐苛刻；大罪恶不使漏网，就能制止犯罪行为发生。〕

——清·王夫之《读通鉴论》

□严者，治吏之经也；宽者，养民之纬也。〔严厉是整饬吏治的原则，宽厚是养护民众的常理。〕

——清·王夫之《读通鉴论》

□罪止一身，家属不问。〔治罪只限于犯人自身，对家属不能株连问罪。〕

——宋·司马光《资治通鉴·陈纪》

□法施于人，虽小必慎。〔在民众中施行法律，即使是细小的地方也要谨慎从事。〕

——宋·欧阳修《春秋论》

□度爵而制服，量禄而用财。虽有贤身贵体，毋其爵，不敢服其服；虽有富家多资，毋其禄，不敢用其财。〔按照爵位制定享用等级，

472

根据俸禄规定花费标准。即使是贤良且身份高贵，没有那样的爵位也不敢穿那样的衣服；即使是家富钱多，没有那样的俸禄也不敢做那样的花费。〕

——春秋·管仲《管子·立政》

□人心似铁，官法如炉。〔任你心如铁石坚顽，在官法洪炉中也一样烧熔。〕

——明·冯梦龙《警世通言》

□贤不任，则重赏不足以劝善；邪不去，则严刑不足以禁非。〔贤能的人得不到任用，那么奖赏再重也不能起到劝人向善的作用；邪恶的人不能罢免，那么刑罚再重也不能起到禁止人做坏事的作用。〕

——宋·刘蕡·摘自《新唐书·刘蕡传》

□私视使目盲，私听使耳聋，私虑使心狂。〔有偏见的看法，会使人看不清方向，有偏见的传闻会使人听不到真实的东西，有偏见的想法会使人放荡骄恣。〕

——秦·吕不韦《吕氏春秋·序意》

□以刑去刑，国治；以刑致刑，国乱。〔用刑罚去消灭刑罚，国家才能得到治理；因刑罚惩治而使罪犯增加，国家就会出现混乱。〕

——战国·商鞅《商君书·去强》

□善用威者不轻怒，善用恩者不妄施。〔善于运用权威的人不轻易发怒，善于施加恩惠的人不随便给人东西。〕

——清·金缨《格言联璧·接物》

□善赏者，赏一善而天下之善皆劝；善罚者，罚一恶而天下之恶皆除矣。〔善于奖赏的人，奖赏一件好人好事，天下的好人好事都能

473

受到鼓励；善于处罚的人，处罚一件坏人坏事，天下的坏人坏事都消除了。〕

——晋·杨泉《物理论》

□罪不容死，爱之欲其生。〔如果罪过还不够判处死刑，就要用爱促进他重新做人。〕

——清·梁章钜《浪迹丛谈·巧对补录》

□杀人者死，然后人莫敢杀；伤人者刑，然后人莫敢伤。〔杀人的人要判处死刑，这样别人才不敢再杀人；伤人的人要受惩罚，这样别人才不敢再伤人。〕

——宋·李觏《安民策八》

□诛一人，所以全千万人，岂以多杀为能，以嗜杀为贵？〔杀一个人，是为了保护千万个人，怎么能以多杀人为能干，以喜欢杀人为可贵呢？〕

——宋·罗大经《鹤林玉露》

□赏不遗疏远，罚不阿亲贵。以公平为规矩，以仁义为准绳。〔奖赏时不能漏掉和自己关系疏远的人，惩罚时不能袒护与自己亲近的和有地位的人。奖赏和处罚都要以公平合理为标准，以仁爱、道义为准绳。〕

——唐·吴兢《贞观政要·择官》

□法严而奸易息，政宽而民多犯。〔法令严明，则奸邪易息；政令过于宽大，则民多犯刑。〕

——北朝·崔鸿《赞羊皮张四罪议》

□主释法而以誉进能，则臣离上而下比周矣。以党举官，则民务

474

交而不求用矣。〔如果根据声誉来提拔人才，那么臣下就会背离君主而在下面紧密勾结；如果以朋党关系来推举官吏，那么臣民就会致力于勾结拉拢而不根据法度求得任用。〕

——春秋·管仲《管子·明法》

□**杀人偿命，欠债还钱。**〔杀人的人要用命来抵偿，欠债的人要用钱来还债。〕

——宋·李之彦《东谷所见》

□**刑威者强，刑侮者弱。**〔刑罚严威的国家就强大，刑罚受蔑视的国家就弱小。〕

——战国·荀子《荀子·议兵》

□**王子犯法，与庶民同罪。**〔王子犯法，与百姓一样处罚。〕

——清·夏敬渠《野叟曝言》

□**国家大事，惟赏与罚。**〔治理国家大事，关键在于奖赏与惩罚。〕

——唐·吴兢《贞观政要·封建》

□**刑罚在衷，无取于轻。**〔刑罚一定要轻重适当，不能特别偏轻。〕

——宋·司马光《资治通鉴·汉纪》

□**杀人者死，伤人者刑。**〔杀人的人偿命，伤人的人受罚。〕

——宋·苏舜钦《论五事》

□**诛禁不当，反受其央。**〔惩罚不恰当，反而会受其祸害。〕

——汉·《马王堆汉墓帛书·国次》

□**过者自大贤所不免，然不害其卒为大贤者，为其能改也。故不**

贵于无过，而贵于能改过。〔过错，这是大贤人都难以避免的，然而这并不影响他们最终成为大贤人，因为他们能够改正过错。所以，没有过错并不可贵，可贵的是能够改正过错。〕

——明·王守仁《教条元龙场诸生》

□**不知者不罪。**〔因为不知道而犯错误，不能加罪。〕

——清·李渔《慎鸾交》

□**置其身于是非之外，而后可以折是非之中。**〔把自己置于是非之外，然后才可以客观公正地判断是非。〕

——清·金缨《格言联璧·处事》

□**禁必以武而成，赏必以文而成。**〔惩罚一定要以武力作为后盾，奖赏必须从政治上讲清道理。〕

——战国·尉缭《尉缭子·治本》

□**如故有违，绳之以法。**〔如果故意违法乱纪，应根据法律制裁惩办。〕

——南朝·萧子显《南齐书·武帝纪》

□**治乱世，用重典。**〔治理混乱的社会，需用较重的刑罚。〕

——汉·戴圣《礼记·周礼》

□**法有明文，情无可恕。**〔法律有明确规定，人情道理亦不能饶恕。〕

——宋·欧阳修《论韩纲弃城乞依法札子》

□**凡兼人者有三术：有以德兼人者，有以力兼人者，有以富兼人者。以德兼人者王，以力兼人者弱，以富兼人者贫，古今一也。**〔凡是降服人的方法有三种：有用德行去降服人的，有以威力去降服人的，有以财富去降服人的。靠德行去降服人的可以称王，靠威力去降服人的就会衰弱，靠财富降服人的就会贫穷，这在古今是一个道理。〕

——战国·荀子《荀子·议兵》

口鞭朴不可弛于家，刑罚不可废于国。〔家庭不能放弃体罚，国家不能废除刑罚。〕

——宋·李觏《安民策》

口治国之道，在乎猛宽得中。〔治国的办法，在于宽严得当。〕
——宋·朱熹《宋名臣言行录》

口放下屠刀，立地成佛。〔放下手中的屠刀，马上就可以成为善人。〕

——明·彭大翼《山堂肆考·征集》

口开其自新之路，诱于改过之善。〔为犯人开辟自新之路，诱导他改过从善。〕

——宋·欧阳修《前光禄寺丞王简言复旧官制》

口爱多者则法不立，威寡者则下侵上。〔多讲仁慈，则罚不易树立；威严不够，则民易欺君。〕

——秦·韩非《韩非子·七术》

口夫权者，神圣之所资也。独明者，天下之利器也；独断者，微密之营垒也。此三者，圣人之所则也。〔权谋，是神圣君主所依赖的。独到的明智，好比天下的利器；独到的判断，好比一座精密的营垒。这三者是圣人所要效法的。〕

——春秋·管仲《管子·霸言》

□严刑罚则民远邪，信庆赏则民轻难。〔刑罚严厉，百姓就不会做坏事；奖赏守信用，百姓就不怕死难。〕

——春秋·管仲《管子·牧民》

□言无苟讳而行无苟隐，不以爱之而苟善，不以恶之而苟非。〔言语不避忌而行为不隐瞒，不因喜爱而无根据地赞扬人，不因憎恶而随便非议人。〕

——晋·嵇康《释私论》

□死者不可再生，用法务在宽简。〔死了的人不可能再生还，使用刑法务必要宽大简单。〕

——唐·吴兢《贞观政要·刑法》

□尽忠益时者，虽仇必赏；犯法怠慢者，虽亲必罚。〔竭尽忠诚而有益于时世的人，即使和该奖赏的人之间有仇恨，也会予以赏赐；犯了法且对法律不恭敬的人，即使是亲属也应受到惩罚。〕

——晋·陈寿《三国志·诸葛亮传》

□出一令可以止横议，杀一犯可以儆百众。〔出台一道命令可以制止肆意的议论，杀一个罪犯可以警戒众人。〕

——战国·商鞅《商君书·赏刑》

□形而上者谓之道，形而下者谓之器。化而裁之谓之变，推而行之谓之通，举而错之天下之民谓之事业。〔超越有形的事物之上的无形的称之为道，在有形的事物之下的可见的称之为器，（阴阳）转化而裁成万物的叫做度，（阴阳）推移往来运动的叫做通，将《易》的作用施加于天下民众的叫事业。〕

——周·姬昌《周易·系辞》

□敬一贤则众贤悦，诛一恶则众恶惧。〔敬重一个贤人，所有的贤人都会高兴；惩罚一个恶人，很多的恶人都会害怕。〕

——唐·魏徵《群书治要·体论》

□刑一而正百，杀一而慎万。〔对极少数罪犯加以惩处，可以使大多数人从中吸取教训，从而遵纪守法，慎重行事。〕

——汉·桓宽《盐铁论·疾贪》

□无罪而不刑，无才而不任。〔没有罪不加刑罚，没有才能不加任用。〕

——唐·令狐德棻《晋书·王猛传》

□赦其旧过，开以新图。〔赦免其旧的罪过，启发其走自新之路。〕

——明·施耐庵《水浒传》

□与其杀不辜，宁失不经。〔与其杀害无罪之人，宁可自己承受不守成规定法之罪。〕

——春秋·孔子《尚书·大禹谟》

□善为国者，赏不僭而刑不滥。赏僭则惧及淫人，刑滥则惧及善人。若不幸而过，宁僭无滥，与其失善，宁其利淫。无善人，则国从之。〔善于治理国家的人，既要使赏赐不过分，又要使刑法不滥用。赏赐太过分，就怕赏赐到坏人的身上；滥用刑罚，就怕惩罚到好人头上。如果不幸越过了限度，也宁愿赏赐过头而不要滥用刑罚，与其失去了好人，还不如有利于坏人。没有好人，国家就会跟着遭殃。〕

——春秋·左丘明《左传·襄公二十六年》

□赏不避仇雠，诛不择骨肉。〔赏赐不避开仇人，惩罚不区别亲人。〕

——汉·东方朔·摘自《汉书·东方朔传》

□诛恶不避亲爱，举善不避仇雠。〔惩罚坏人不避开亲人，推荐人才不避开仇人。〕

——汉·班固《汉书·谷永杜鄴传》

□刑过不避大臣，赏善不遗匹夫。〔处罚罪过，即使是大臣也不要回避；奖赏善行，即使是平民百姓也不能遗漏。〕

——秦·韩非《韩非子·有度》

□赏厚而利，刑重而威。必不失疏远，不违亲切。〔重赏有利于国家，处罚严厉能树威于天下。厚赏，必不能遗漏疏远者；重刑，必不能避开亲近的人。〕

——战国·商鞅《商君书》

□无赏罚，虽尧舜不能为治也。〔如果没有赏罚，即使像尧舜这样贤明的君主也无法把国家治理好。〕

——南朝·沈约《宋书·庾登之传附庾炳之》

□一国之人，不可以皆贵。皆贵，则事不成而国不利也。为事之不成，国之不利也，使无贵者，则民不能自理也。是故辨于爵列之尊卑，则知先后之序、贵贱之义矣。〔一国之人不可能个个都尊贵。都尊贵了，事情不好办还对国家不利，这对国家也没有好处。假若没有少数人尊贵，人们是不能自己管理自己的。所以分清爵位排列的高低，人们才知道先后的次序和贵贱的仪法。〕

——春秋·管仲《管子·乘马》

□人臣之公者，理官事则不营私家，在公门则不言货利，当公法则不阿亲戚。〔官员是为公共服务的，因此，处理公事就不能经营私

事，担任公职就不能追求财利，执行公法就不能偏袒亲友。〕

——唐·武则天《臣轨》

□明主之治天下也，**缘法而治，按功而赏。**〔贤明的君主治理国家，遵循法制而治理，按照功劳而奖赏。〕

——战国·商鞅《商君书·君臣》

□虽心之所爱，而无功者不赏也。虽心之所憎，而无罪者弗罚也。〔即使自己内心所喜爱，但对没有功劳的人也不能进行赏赐。即使自己内心所憎恨，但对没有罪过的人也不能进行处罚。〕

——春秋·管仲《管子·版法》

□御之良者，不在于烦策；政之善者，无取于易刑。〔善于驾驭车马的人，不在于使用繁多的鞭子；善于管理国家的人，不随便使用刑罚。〕

——唐·魏徵《隋书》

□赏无不信，刑无不必。〔奖赏一定要守信，刑罚一定要执行。〕

——晋·袁准《袁子正书·刑法》

□主道治近不治远，治明不治幽，治一不治二。主能治近，则远者理；主能治明，则幽者化；主能当一，则百事正。夫兼听天下，日有余而治不足者如此也，是治之极也。〔人主之道，治其就近，不治其遥远；治其显明，不治幽隐；治其一不治其二。人主之道，治理好了就近的事情，则遥远之处就可照章办理；暴露出来的矛盾处理好了，则幽隐微萌之事就会从而化之；人主能正确处理一件事情，那么其他事情都能依例正确处理。兼听天下，轻松自如，日有余暇，这样才是国家大治的极致。〕

——战国·荀子《荀子·王霸》

□日月虽明，难照覆盆之下；钢刀虽利，不斩无罪之人。〔日月虽然明亮，很难照亮盆子下面；钢刀即使锋利，也不滥杀无罪的人。〕

——宋·佚名《五虎征西》

□有功而赏，有罪当罚。〔有功就应当奖赏，有罪就应当处罚。〕

——宋·苏洵《上皇帝书》

□刑必当罪，赏必当功。〔刑罚一定要和罪行相当，奖赏一定要和功劳相称。〕

——宋·晁说之《晁氏客语》

□用赏贵信，用刑贵正。〔施行奖赏，重在信用；施行刑罚，重在公正。〕

——春秋·王诩《鬼谷子·符言》

□人主之术：处无为之事，而循行不言之教，清静而不动，一度而不摇，因循而任下，责成而不劳。是故心知规而师傅谕导，口能言而行人称辞，足能行而相者先导，耳能听而执正进谏。是故虑无失策，谋无过事；言为文章，行为仪表于天下；进退应时，动静循理；不为丑美好憎，不为赏罚喜怒；名各自名，类各自类，事犹自然，莫出于己。〔君主治理天下，应实施无为而治，推行无须说教就能使人明白的原则，君主自身应清静而不浮躁，坚持自然法度而不动摇；以顺循事物固有特性的态度任用下属，充分发挥群臣百官的作用，使他们各尽其责而自己不必亲自操劳和费心。所以根据上述原则，君主心里明白，藏有韬略却让国师来晓谕开导，能说会道却让行人去陈说，脚腿灵便却让相者引导宾客，耳朵聪敏却由执政官员来转达百官意见或计谋。因而，君主考虑问题便不会失策，行动计划便不会过错；言论合理，行为可做天下之表率；进退适合时宜，动静遵循原理；也不会因事物的美丑而产生好恶之情，更不会因赏罚而喜怒；事物叫什么名称

482

就随它叫什么，事物属什么类别就让它属什么类别；事物是什么样子都是自然而然的，并不是由个人意志所决定的。〕

——汉·刘安《淮南子·主术训》

□信赏必罚，综核名实。〔奖赏和处罚一定要全盘审核，使名义和实质相符。〕

——汉·班固《汉书·宣帝纪赞》

□功同赏异则劳臣疑，罪钧刑殊则百姓惑。〔功劳相同而奖赏不同，则有劳绩的臣子会产生怀疑；犯罪等同而刑罚不一，则广大民众会产生迷惑。〕

——汉·班固《汉书》

□为政何患？患善恶之不分。〔处理政务最担心什么？最担心的是善恶不分。〕

——秦·晏婴《晏子春秋·问上》

□故古之王者，冕而前旒，所以蔽明也；黈纩塞耳，所以掩聪；天子外屏，所以自障。故所理者远则所在者迩，所治者大则所守者小。夫目妄视则淫，耳妄听则惑，口妄言则乱。夫三关者，不可不慎守也。若欲规之，乃是离之；若欲饰之，乃是贼之。〔所以，古代帝王君主，戴的冠冕前面装饰一串珠玉，是用来遮挡视线的；冠冕两侧垂悬的绵丸球，是用来堵塞耳朵的；皇帝宫外设立的屏风，是用来阻隔自己、远离小人的。因此君主管辖的范围越远，所审察的范围却越近；治理的事情越大，所操持的事情却越简约。眼睛乱看则易淫邪，耳朵乱听则易迷惑，嘴巴乱说则易搅乱。这三个关口，平时不可不谨慎把持。如果要去规范它，则是离散了它；如果要去修饰它，则是伤害了它。〕

——汉·刘安《淮南子·主术训》

□同力度德，同德度义。〔拥有同样的力量，那就看谁的德性好；如果德性不差上下，就要看谁是正义的。〕

——汉·孔安国《伪古文尚书·泰誓》

□知有己不知有人，闻人过不闻己过，此祸本也。〔只知道有自己而不知道有别人，只听别人的过错而不听自己的过错，这是祸患的根本。〕

——明·吴麟征《家诫要言》

□政在去私。私不去则公道亡。公道亡则礼教无所立。〔做好政事在于去掉私心。带着私心做事就没有公道可言。公道都没有了，怎么树立社会的礼仪道德？〕

——晋·傅玄《傅子·问政》

□善有章，虽贱赏也；恶有衅，虽贵罚也。〔做了好事，即使是位贱的人也要奖赏；做了坏事，即使是位高的人也应惩罚。〕

——春秋·左丘明《国语·鲁语》

□今世之人，行欲独贤，事欲独能，辩欲出群，勇欲绝众。独行之贤，不足以成化；独能之事，不足以周务；出群之辩，不可为户说；绝众之勇，不可与征阵。凡此四者，乱之所由生。〔现在的人，行为总想表现出自己特别贤能，做事总想表现出自己特有能力，论辩总想表现自己才能超群，勇敢总想表现自己无人相比。行为独贤，不足以教化万民；做事独能，不足以完成各项工作；论辩超群，不可能做到家喻户晓；勇敢无比，不可能上阵与众敌应战。大凡这四种情况，是国家产生混乱的根本原因。〕

——战国·尹文《尹文子·大道》

□修长在乎任贤，高安在乎同利。〔准备长远大计，在于任用贤

人；巩固尊高地位，在于与民同利。〕

——春秋·管仲《管子·版法》

□赏者不昵德，诛者不挟怨。〔赏不怀私恩，罚不带私怨。〕

——宋·崔敦礼《多言》

□天地以顺动，故日月不过，而四时不忒。圣人以顺动，则刑法清而民服。〔天地按规律运行，所以日月运行正常，四时相宜。圣明的君臣按规律统治天下配合协调，少有严刑峻法但百姓悦服。〕

——周·姬昌《周易·豫·彖》

□为善为公，心之正也；为恶为私，心之邪也。〔多做好事，一心为公，心灵就正直；专做坏事，一心为私，心灵就邪恶。〕

——宋·陆九渊《赠金鸡砌街者》

□公道明则人心自一，公道废则人心自二。〔公正治国之道确立了，人心自会归一；没有公正的治国之道，人心自会涣散。〕

——元·欧阳玄《宋史·刘龠传》

□是以圣人任道以夷其险，立法以理其差，使贤愚不相弃，能鄙不相遗。能鄙不相遗，则能鄙齐功；贤愚不相弃，则贤愚等虑，此至治之术也。〔所以圣人用道来克服各种艰难险阻，确定法律来处理各种差异。使贤人和愚人不互相抛弃，使能人与庸人不互相舍弃。能人与庸人不互相舍弃，那么能人与庸人就会同样取得成功；贤人与愚人不互相抛弃，那么贤人与愚人就会共同考虑国家大事，这是最佳的治国权术。〕

——战国·尹文《尹文子·大道》

□居上位而不骄，在下位而不忧。故乾乾因其时而惕，虽危而无

咎矣。〔处于尊贵的地位而不骄傲，处于卑微的地位而不忧愁。所以君子勤奋努力，随时提高警惕，虽然处境危险也无灾害。〕

——周·姬昌《周易·乾》

□政不可不慎也，务三而已。一曰择人，二曰因民，三曰从时。〔为政不可以不谨慎，要做到三点罢了。一是选拔人才，二是顺应民意，三是顺应时令。〕

——春秋·左丘明《左传·昭公四年》

□公论，非众口一词之谓也。满朝皆非而一人是，则公论在一人。〔公论，不是众口一词就是公论。满朝都不对而一人对，那么，公论就在一人。〕

——明·吕坤《呻吟语》

□美曰美，不一毫虚美；过曰过，不一毫讳过。〔有几分美就说几分，一丝一毫不虚夸；有几分过就说几分过，一丝一毫不讳饰。〕

——明·海瑞《治安疏》

□有威而可畏，谓之威；有仪而可象，谓之仪。君有君之威仪，其臣畏而爱之，则而象之，故能有其国家，令闻长世。臣有臣之威仪，其下畏而爱之，故能守其官职，保族宜家。〔有威严而且让人敬畏，才可以说是有威严；有仪表而且让人仿效，才可以说是有仪表。君主有君主的威仪，他的臣下就敬畏而且爱戴他，学习而且仿效他，因此才能拥有他的国家，声名流传在世；臣下有臣下的威仪，他的下属就敬畏而且爱戴他，因此才能坚守自己的官职，保护自己家族。〕

——春秋·左丘明《左传·襄公三十一年》

□仇雠有善，不得不举；亲戚有恶，不得不诛。〔仇人有善行，也不能不举荐；亲属有恶行，也不能不惩罚。〕

486

——晋·陈寿《三国志·孙奋传》

□心暗则照有不通，至察则多疑于物。〔心怀私意那么看事就不会透彻，过分地审察就会过多地怀疑事物。〕

——唐·吴兢《贞观政要》

□聪明则视听不惑，公正则不迩谀邪。〔聪明就不会视听迷惑，公正则不会接近谀邪。〕

——唐·韩愈《释言》

□民必得其所欲，然后听上；听上，然后政可善为也。〔人民的欲望必须得到满足，然后才能够听从上面；听从上面，然后政事才能办好。〕

——春秋·管仲《管子·五辅》

□圣人畏微，而愚人畏明。圣人之憎恶也内，愚人之憎恶也外。〔圣人总是戒慎事物细小的苗头，而愚人只看到事物暴露以后。圣人憎恶内心的恶劣，愚人憎恶表面的恶劣。〕

——春秋·管仲《管子·霸言》

□所贵圣人之治，不贵其独治，贵其能与众共治；贵工倕之巧，不贵其独巧，贵其能与众共巧也。〔圣人治理国家的可贵之处，不在于他能独立治理国家，而在于能与众人共同治理国家。能工巧匠的可贵之处，不在于他个人做事精巧，而在他能与众人共同做事精巧。〕

——战国·尹文《尹文子·大道》

□立政出令用人道，施爵禄用地道，举大事用天道。〔处理政务、发布命令用人道，分封爵位、赏赐俸禄用地道，兴举大事用天道。〕

——春秋·管仲《管子·霸言》

□人不难于违众，而难于违己。能违己矣，违众何难？〔人要想违背众人的意愿和志向并不难，难的是违背自己的意志。能够违背自己的意志，要违背众人的意志又有什么困难的呢?〕

——明·吕坤《呻吟语》

□出纳不公平，难得儿孙长育，语言多反覆，应知心腹无依。〔做买卖不公平，儿孙难得长命；说话不算数，这人就没有知心朋友。〕

——宋·陈抟《心相编》

□用心于正，一振而群纲举；用心于诈，百补而千穴败。〔用心公正，一旦行动就会举一纲而张万目；用心奸诈，屡次补救也会漏洞百出。〕

——宋·苏洵《用间》

□政以治民，刑以正邪。既无德政，又无威刑，是以及邪。〔政用来治理百姓，刑用来纠正邪恶。既没有好的政治，又没有威严的刑罚，所以离邪恶不远了。〕

——春秋·左丘明《左传·隐公十一年》

□古之君子，其责己也重以周，其待人也轻以约。重以周，故不怠；轻以约，故人乐为善。〔古代的君子，他们要求自己既严格又全面，要求别人既宽容又平易。对自己的要求严格而全面，就不会懈怠；对别人的要求宽容而平易，别人就乐意同他交好。〕

——唐·韩愈《原毁》

□功者赏不遗贼，罪者刑不避亲。〔立功的奖赏，即使是盗贼也不应遗漏；犯罪的处罚，即使是亲属也不能避免。〕

——北朝·魏收《魏书·世祖纪》

□君子立功，守以谦冲。小人得位，足为身害。〔君子立功后能谦虚自守，始终保全名节；而小人得势后却往往为非作歹，以致身败名裂。〕

——唐·李世民·摘自《旧唐书·张亮传》

□赏者礼立基，罚者刑之本。〔赏是一切礼仪的基础，罚乃所有刑狱之根本。〕

——唐·魏元忠·摘自《旧唐书·魏元忠传》

□清议非臧否不显，是非非赏罚不明。故臧否不可以远实，赏罚不可以失中。〔评价人物没有表扬与批评就不明显，判断是非没有赏罚就不明确。所以表扬与批评不可以抛开事实，奖赏与处罚不可以失去公正。〕

——三国·曹羲《至公论》

□古者以法为衔勒，以官为辔，以刑为策，以人为手，故御天下数百年而不懈堕。善御马者，正衔勒，齐辔策，均马力，和马心，故口无声，手不摇，策不用，而马为行也。善御民者，正其德法，饬其官而均民力，和民心，故听言不出于口，刑不用而民治，是以民德美之。〔古时候的人，以法律为衔勒，以官员为辔头，以刑罚为竹鞭，以人民为手足，所以管理天下几百年而不乱亡。善于驭马的人，端正衔勒，整齐辔头，均使马力，平和马心，所以口无声，手不摇，鞭不用，而马为他行走。善于管理百姓的人，端正其仁德政策，整饬其官吏作风，均匀使用民力，平和对待民心，所以不用动口而百姓顺从，刑罚不用而百姓安定，这是人们品德完美传达到的。〕

——汉·戴德《礼记·盛德》

□礼者士之所归，赏者士之所死。〔礼仪，是君子崇尚达到的；奖赏，是名士为之献身的。〕

489

——唐·卢藏用·摘自《旧唐书·卢藏用传》

□罪以隐忍而不彰，功以嫌疑而不赏。〔因为人们容忍作恶，所以罪行不能昭彰；因为人们怀疑功绩，所以功臣得不到奖赏。〕

——唐·陆贽·摘自《旧唐书·陆贽传》

□君不虚授。妄受不为忠，亡施不为惠。〔君主不可滥封官职。妄受并非忠诚，滥封不是恩惠。〕

——唐·刘知几·摘自《新唐书·刘子玄传》

□凡事只要看其理如何，不要看其人是谁。〔凡事只要看他做事的道理如何，不要看是谁做的。〕

——宋·陆九渊《语录》

□小善中人之意，小信固人之心。〔小的善行也能符合人的心意，小的信誉也能稳固人的心情。〕

——宋·欧阳修《新五代史·宦者传》

□卑贱不待尊贵而进，论大臣不因左右而见；百官修通，群臣辐凑；有赏者君见其功，有罚者君知其罪；见知不悖于前，赏罚不弊于后。〔地位低的人不必等待地位高的人来推荐，大臣不必通过君主近侍来引见；百官都能逐级上通，群臣好像车的辐条聚集到中心一样归附君主；受赏的人君主能了解他的功劳，受罚的人君主能知道他的罪过；君主事先对群臣的功过了解得清楚，然后进行赏罚，就不会受蒙蔽。〕

——秦·韩非《韩非子·难一》

□赏一善而天下劝，罚一恶而天下惩。〔对一次善行的奖赏，天下人都能受到震动鼓舞；对一次恶行的惩罚，天下人都会引以为戒。〕

☐败于贼者，唯恐人之胜；怯于贼者，唯恐人之强。〔自己打了败仗，就唯恐别人取胜；自己胆怯畏敌，就只恐别人勇猛无畏。〕

——明·秦良玉·摘自《明史·秦良玉传》

☐赏罚不明，百事不成；赏罚若明，四方可行。〔赏罚不分明，很多事情都难以办成；赏罚严格分明，四面八方都行得通。〕

——明·冯梦龙《东周列国志》

☐不以一人之毁誉为喜怒，不以一言之顺逆为行止。〔不因为一个人的诋毁或赞誉而恼怒或高兴，不因为别人的赞成或反对而行事或放弃。〕

——明·刘安·摘自《明史·刘安传》

☐科教严明，赏罚必信，无恶不罚，无善不显。〔法律条文和教令严明，赏罚制度明确守信，就能做到没有坏人坏事能逃避惩罚，没有好人好事会疏于显扬。〕

——晋·陈寿《三国志·诸葛亮传》

☐万物并育而不相害，道并行而不相悖。小德川流，大德敦化，此天地之所以为大也。〔万物同时生长而不相妨害，日月运行四时更替彼此不相违背。小的德行，好比河川分流，川流不息；大的德行，如敦厚化育，根深叶茂，无穷无尽。这就是天地之所以伟大的道理。〕

——战国·子思《中庸》

☐赏务速而后劝，罚务速而后惩。〔奖赏一定要力求及时，才能起到鼓励劝勉的作用；惩罚也要力求及时，才能起到警戒的作用。〕

——唐·柳宗元《断刑论》

□赏不劝谓之止善，罚不惩谓之纵恶。〔如果赏赐不是用来鼓励善行的，就是对善行的压制；如果惩罚不是用来惩办罪恶的，就是对罪恶的纵容。〕

——唐·魏徵《群书治要·申鉴》

□刑生力，力生强，强生威。〔刑罚能够产生实力，实力能使国家强盛，国家强盛才有威力。〕

——战国·商鞅《商君书·去强》

□妄赏不劝，妄罚不畏。〔乱加奖赏不能达到劝勉众人的目的，胡乱的惩罚也不能使人畏惧。〕

——宋·谢谔《十铭》

□爵以待有德，赏以待有功。〔有德者赐以爵禄，有功者获得封赏。〕

——明·李俊·摘自《明史·李俊传》

□不能御民者，弃其德法。譬犹御马弃衔勒，而专以策御马，马必伤，车必败。无德法而专以刑法御民，民心走，国必亡。〔不能管理百姓的人，是丢弃了仁德的政策。譬如驾驭马而放弃了辔头，只以竹鞭打马，这样马必然受伤，车必然翻到。丢弃了仁德的政策只以刑法管理百姓，民心必然离散，国家必然灭亡。〕

——汉·戴德《礼记·盛德》

□宠极则骄，恩多成怨。〔过分宠信，会滋长骄傲之心；过分施恩，会生出怨恨之意。〕

——明·杨涟·摘自《明史·杨涟传》

□赏当其劳，无功者自退；罚当其罪，为恶者戒惧。〔奖赏了那

492

些真正有功劳的人，无功的人自然就不争了；惩罚了真正有罪的人，做坏事的人也就害怕了。〕

——唐·吴兢《贞观政要·择官》

□怒不犯无罪之人，喜不纵可戮之士。〔发怒的时候不去侵犯没有罪过的人，高兴的时候也不放纵应该杀头的坏人。〕

——三国·诸葛亮《便宜十六策·喜怒》

□赏毫厘之善，必有所劝；罚纤芥之恶，必有所阻。〔奖赏再小的好事，也能对人们有鼓舞作用；惩罚再小的罪过，也能对坏人坏事有遏制的作用。〕

——三国·桓范《政要论·为君难》

□致理必在惩贪，惩贪莫先旌廉。〔要把国家治理好一定要惩治贪官，惩治贪官不如首先表彰廉洁的官员。〕

——清·王命岳《惩贪议》

□夫严刑者，民之所畏也；重罚者，民之所恶也。故圣人陈其所畏以禁其邪，设其所恶以防其奸，是以国安而暴乱不起。无威严之势，赏罚之法，虽尧舜不能以为治。〔严刑，是民众所畏惧的；重罚，是民众所厌恶的。所以圣人设置了民众畏惧的严刑来禁止奸邪，设置了民众所厌恶的重罚来防备狡诈，因此国家安定而暴虐作乱的事不发生。没有威严的权势、赏罚的制度，即使是尧、舜也不能好治理国家。〕

——秦·韩非《韩非子·奸劫弑臣》

□民穷由于官贪，官贪由于吏蠹。故除蠹为惩贪之源，而惩贪为安民之本。〔民众贫穷是由于官吏贪污，贪污成风是因为蠹虫多，因此先铲除蠹虫作为惩治贪污源头的举措，而惩治贪官则是安定百姓的根本。〕

——清·郑端《政学录》

□罚一人，则千人恐；滥一罪，则百夫愁。〔杀戮一人，很多人就害怕；一桩罪案失实，很多人就担忧。〕

——唐·陈子昂《答制问事·请措刑科》

□权不欲见，素无为也。事在四方，要在中央。圣人执要，四方来效。〔权势不应表露无遗，而应保持本色，无为而治。政事在地方，要害在中央。圣明君主执掌着要害，四方臣民都会来效劳。〕

——秦·韩非《韩非子·扬权》

□只愁堂上无明镜，不怕民间有鬼奸。〔怕的是朝廷没有清官，不怕民间有奸邪的坏人。〕

——明·冯梦龙《警世通言》

□公则民不敢谩，廉则吏不敢欺。〔公平了百姓就不会欺骗，廉洁了官吏就不敢欺瞒。〕

——清·万斯同《明史·曹瑞传》

□以利禄豢士，则所豢者必嗜利之臣；以棰楚驱人，则就驱者必驽骀之骨。〔用富贵利禄之诱惑收买人心，那么被收买的人一定是唯利是图之人；用严刑鞭打来驱使人，那么被驱使的人一定会成为唯唯诺诺的庸才。〕

——明·黄道周·摘自《明史·黄道周传》

□过有厚薄则刑有轻重，善有大小则赏有多少。〔过错有大小，处罚有轻重，善行有大小，赏赐有多少。〕

——战国·商鞅《尚君书·开塞》

□不能致功，虽有贤名，不予之赏。〔不能把精力和工夫专用于某一方面，即使有贤名，也不给他赏赐。〕

——汉·董仲舒《春秋繁露·考功名》

□为善者天报以福，为非者天报以殃。〔行善的人苍天以幸福报答他，作恶的人苍天以祸害报应他。〕

——汉·刘启·摘自《汉书·吴王濞传》

□农夫去草，嘉谷必茂；忠臣除奸，王道以清。〔农夫锄去田间杂草，庄稼必然长势丰茂；忠臣铲除朝廷奸邪，国家才会政治清明。〕

——汉·范滂·摘自《后汉书·范滂传》

□有功必赏，有罪必罚，则为善者日进，为恶者日少。〔有功一定要奖赏，有罪一定要惩罚，那么做好事的就会一天比一天多，做坏事的就会一天比一天少。〕

——宋·司马光《资治通鉴·陈纪》

□先王以三者为不足，故舍已能而因法数，审赏罚。先王之所守要，故法省而不侵。独制四海之内，聪智不得用其诈，险躁不得关其佞，奸邪无所依。远在千里外，不敢易其辞；势在郎中，不敢蔽善饰非。朝廷群下，直凑单微，不敢相逾越。故治不足而日有余，上之任势使然也。〔先王掌握着关键，所以法令简明而君权不受侵害。独自控制四海之内，聪明多智的人不能使用欺诈手段，阴险浮躁的人不能使用花言巧语，奸邪的人就没有什么可依赖。臣子远在千里之外，不敢改变说辞；处郎中之职，不敢隐善饰非；朝廷的群臣，集中的或单独的，不敢相互逾越职守。所以政事不多而时间有余，是君主运用权势所得来的。〕

——秦·韩非《韩非子·有度》

□有德者必有言，有言者不必有德。〔有道德的人一定会有好的言论，有好的言论的人则不一定有好的道德。〕

——春秋·孔子《论语·宪问》

□不可以一言之中，一事之善，而兼取其次体也。〔不能因为某个人说对了一句话，做好了一件事，就说这个人的所有言行是可取的。〕

——宋·杨时《二程粹言·论道篇》

□毋以日月为功，实试贤能为上。〔不要以年龄资历作为升迁的资本，而应当把通过实践检验所显示的才能放在首位。〕

——宋·司马光《资治通鉴·汉纪》

□器必试而后知其利钝，马必驾而后知其驽良。〔工具一定要经过试验，然后才知道它是锋利还是不锋利；马一定要拉车，然后才知道它究竟是劣马还是良马。〕

——明·张居正《陈六事疏》

□夫物者有所宜，材者有所施。各处其宜，故上下无为。使鸡司夜，令狸执鼠，皆用其能，上乃无事。上有所长，事乃不方。矜而好能，下之所欺。辩惠好生，下因其材。上下易用，国故不治。〔事物有它适宜的用处，才能有它施展的地方。各得其所，所以上下无为而治。让公鸡掌夜报晓，让猫来捕捉老鼠，如果都像这样各展其才，君主就能无为而治了。君主显示自己的特长，政事就不能办成。君主喜欢自夸逞能，正是臣下进行欺骗的凭借。君主喜欢惹是生非，卖弄口才和智力，正是臣下加以利用的依托。君臣职能颠倒着使用，国家因此得不到治理。〕

——秦·韩非《韩非子·扬权》

□厚其爵禄以尽贤能，重其刑罚以禁奸邪。〔加厚爵位俸禄以使

496

贤能尽力，加重刑罚以禁止奸邪的行为。〕

——秦·韩非《韩非子·六反》

□贤才者，处厚禄任大官；功大者，有尊爵受重赏。〔才能出众的人，享受优厚的俸禄，担任重要的官职；功劳卓著的人，拥有尊贵的爵位，领取巨大的奖赏。〕

——秦·韩非《韩非子·八奸》

□申之以宪令，劝之以庆赏，振之以刑罚。〔用法令进行告诫，用奖赏加以鼓励，用惩罚加以威慑。〕

——春秋·管仲《管子·权修》

□非号令无以使下，非斧钺无以畏众，非禄赏无以劝民。〔没有号令就无法使役臣下，没有刑杀就无法威服民众，没有禄赏就无法鼓励人民。〕

——春秋·管仲《管子·版法解》

□德必核其真，然后授其位；能必核其真，然后授其事；功必核其真，然后授其赏；罪必核其真，然后授其刑；行必核其真，然后贵之；言必核其真，然后信之。〔对于品德，必须经过考核是真实的，才能授予他爵位；对于能力，必须经过考核是真实的，才能分配他工作；对于功劳，必须经过考核是真实的，才能给予他奖赏；对于罪过，必须经过考核是真实的，才能对他施加刑罚；对于好的行为，必须经过考核是真实的，才能够提倡；对于言论，必须经过核实是真实的，才能相信。〕

——宋·司马光《资治通鉴·汉纪》

□人轻而权重，则人多不服，或至侮慢以兴事。事少而员多，则无以为公，必须生事以塞责。〔人能力差而权力大，那么人多不服，

或者会侮辱慢待滋惹事非。事情少而人力多，就会失去公正，一定会生事敷衍塞责。〕

——宋·苏轼《上神宗皇帝书》

□**赏罚者，利器也。君操之以制臣，臣得之以拥主。**〔赏罚是治国的精良工具，国君用它来统制大臣，大臣用它来拥戴君主。〕

——秦·韩非《韩非子·内储说》

□**设礼以待之，执法以御之，为善者蒙赏，为恶者受罚，安敢不企及乎？安敢不尽力乎？**〔用礼遇对待他们，用法律控制他们，做好事的受赏，做坏事的受罚，这样，谁还敢不跟上来呢？谁还敢不尽心尽力呢？〕

——唐·吴兢《贞观政要·择官》

□**赏刑明则民尽死，民尽死则兵强主尊。**〔奖赏和刑罚明确，那么老百姓就会尽死效命，百姓尽死效命就会使军队强大而君主尊贵。〕

——秦·韩非《韩非子·饰邪》

□**夫为人主而身察百官，则日不足，力不给。且上用目，则下饰观；上用耳，则下饰声；上用虑，则下繁辞。**〔做君主的亲自考察百官，就会时间不够，精力不足。而且君主用眼睛看，臣子就修饰外表；君主用耳朵听，臣子就修饰言辞；君主用脑子想，臣子就夸夸其谈。（先王认为这三种器官不够，所以放弃的自己才能而依赖法术，严明赏罚。）〕

——秦·韩非《韩非子·有度》

□**亡功者受赏，有罪者不杀，百官废乱。**〔无功的人受到奖赏，有罪的人不处以重刑，那么百官就会衰败混乱。〕

——汉·班固《汉书·五行志》

□有功而不赏，则善不劝；有过而不诛，则恶不惧。〔有功劳而不奖赏，好人就得不到鼓励；有过错而不惩罚，恶人就不害怕。〕

——汉·刘向《说苑·政理》

□善为刑罚则圣人自来，尚贤使能则官府治。〔正确地使用刑罚，圣人就能主动到你这边来；尊敬贤者，使用能人，官府就能治理好。〕

——汉·刘向《说苑·政理》

□劳臣不赏，不可劝功，死士不赏，不可励勇。〔有功之臣不奖赏，就不能鼓励人们争建功业；勇武之士不奖赏，就不能激励人们树立勇敢精神。〕

——唐·陈子昂《劝赏科》

□淑好之人，戚施之所妒也。贤知之士，阘茸之所恶也。〔美好的人，常被丑陋驼背的人所嫉妒。有道德有才能的人，常受到卑贱无能之人的憎恶。〕

——汉·桓宽《盐铁论·非鞅》

□庆赏以劝善，刑罚以惩恶，先王执此之政，坚如金石；行此之令，信如四时；据此之公，无私如天地。〔实行奖赏以鼓励好事，施行刑罚以惩治坏事，古代君王这样治理朝政，使国家坚如金石；实行这样的法令，使朝廷的信用像四季一样准确可信；遵循这样公正的原则就像天地对待万物一样没有私情。〕

——汉·贾谊《治安策》

□惩劝不明，则风俗污浊。〔惩罚和奖励不能做到明白公正，那么，社会风气必然是污秽混浊的。〕

——唐·令狐德棻《晋书·刘毅传》

□揽名考质，以参其实。〔根据名声再考察其实质，从而检验其实际情况。〕

——汉·董仲舒《春秋繁露·保位权》

□重御史按察之权，严纠弹考核之任，使贤者日进，不肖者日退。〔加重御史审验考察官吏的大权，严明他们督察、弹劾、考核的责任，使贤能的人不断被进用，不贤的人不断被黜退。〕

——元·许衡《论生民利害疏》

□严考课之法，审名实之归，用人必考其终，授任必求其当。〔严明考核督察的制度，审验官员的名声和实绩是否相称，用人必须考察他的全部历史，授人职位一定要求能力与职位相适应。〕

——明·张居正《张太岳集》

□治乱之道，在于刑赏，不在于人君。〔大治和大乱的道理就在于刑罚和奖赏，而不在于君主。〕

——唐·李筌《太白阴经·刑赏篇》

□主失其神，虎随其后；主上不知，虎将为狗。主施其法，大虎将怯；主施其刑，大虎自宁。法刑苟信，虎化为人，复反其真。〔君主失去神秘莫测，老虎就会跟随其后；君主仍不察觉，老虎就会伪装成狗。君主施行他的法令，大虎就会害怕；君主施行他的刑罚，大虎自会服帖。法令刑罚如果坚决执行，老虎就会重新变成人，恢复他的本来面目。〕

——秦·韩非《韩非子·扬权》

□有功不赏，有罪不诛，虽唐虞犹不能以化天下。〔有功的不赏，有罪的不罚，即使是尧舜这样的明君也不能教化天下。〕

——汉·刘询·摘自《汉书·宣帝纪》

□列官置吏，必以其能。〔安排职位，任用官吏，必须根据他们的才能。〕

——汉·董仲舒《春秋繁露·天地阴阳》

□庸主赏所爱而罚所恶；明主则不然，赏必加于有功，而刑必断于有罪。〔昏庸的君主奖赏他所喜爱的人，而惩罚他所厌恶的人；英明的君主却不这样，奖赏一定落在有功劳的人身上，而刑罚一定判给有罪的人。〕

——战国·范雎·摘自《史记·范雎蔡泽列传》

□不知来，视诸往。〔不了解他的将来，可以观察他的过去。〕

——汉·董仲舒《春秋繁露·精华》

□国之大纲，唯刑与政。刑之不中，其政乃亏。〔国家的大纲节要，主要是刑罚和政策方针。刑罚运用不当，必损害国家的大政方针。〕

——唐·吴兢《旧唐书·来俊臣传》

□大人不考功，则子孙惰而家破穷；官长不考功，则吏怠傲而奸宄兴；帝王不考功，则直贤抑而诈伪胜。〔家长对家人不考核功绩，子孙就会懒惰而家庭逐渐破败贫穷；官长对下级不考核功绩，那么官吏就会消极狂傲，奸诈违法之人就会产生；帝王对大臣不考核功绩，那么正直贤能的人就会受到压抑，奸诈虚伪的人就会得势。〕

——汉·王符《潜夫论·考绩》

□道远知骥，世伪知贤。〔道路遥远，才能识别出千里马；世道伪诈，才能识别贤良的人。〕

——三国·曹植《矫志诗》

□邪正者治乱之本，赏罚者治乱之具。〔邪曲和公正，这是国家

安定还是混乱的根源；奖赏和惩罚，这是国家安定还是混乱所依托的工具。〕

——宋·林逋《省心录》

□路不险则无以知马之良，任不重则无以知人之德。〔道路不艰险，就识别不出是好马；责任不重大，就无法了解人的德行。〕

——汉·徐干《中论·修本》

□不用干将，奚以知其锐也？不引乌号，奚以知其劲也？〔不使用干将这样的宝剑，怎么能知道它的锋利？不张开乌号这样的良弓，怎么能知道它的强劲？〕

——北齐·刘昼《刘子·大质》

□不临难，不见忠臣之心；不临才，不见义士之节。〔不临危难，就无法识辨出忠臣的心迹；不面对着钱财，就无法看清义士的节操。〕

——宋·林逋《省心录》

□循名而督实，按实而定名。名实相生，反相为情。名实当则治，不当则乱。〔根据官员的职务名分来考察其实际才能，又根据实际才能来确定他的职务名分。职务名分与实际才能互相对应而产生，反过来又互为证明。职务名分与实际才能相符，国家就能治理好，不相符就会出现祸乱。〕

——春秋·管仲《管子·九守》

□罚不及于有罪，赏不加于有功，则危亡之期，或未可保。〔有罪者受不到惩罚，有功者得不到奖赏，那么灭亡的时刻说不上什么时候就会到来。〕

——唐·吴兢《贞观政要·诚信》

□任人当审其贤不贤，未可贵其胜不胜。〔任用人应当看他是否德才兼备，不应当苛求他是不是每战必胜。〕

——宋·李觏《强兵策》

□好恶赏罚，治乱之枢机。〔执政者的喜好与厌恶、奖励与惩罚，是治与乱的关键。〕

——清·王夫之《读通鉴论》

□赏所以存功，罚所以示惩。〔奖赏是用来鼓励有功的人，处罚是用来惩办作恶的人。〕

——周·吕尚《六韬·赏罚》

□无爵禄则主无以劝民，无刑罚则主无以威众。〔没有爵禄，君主就没办法鼓励人民；没有刑罚，君主就没办法威慑人民。〕

——春秋·管仲《管子·明法解》

□贵则观其所举，富则观其所施，穷则观其所不受，贱则观其所不为，贫则观其所不取。视其更难以知其勇，动以喜乐以观其守，委以财货以论其仁，振以恐惧以知其节。〔在他尊贵时看他荐举的人，富裕时看他施舍的人，困窘时看他不接受什么，低贱时看他不愿意做什么，贫苦时看他不索取什么。观察他在变故和苦难中的表现，了解他是否勇敢，用喜庆和安乐动摇他，看他操守如何，把钱财货物委托给他看他是否仁义廉洁，用吓人的事来震动他，从而了解他的气节。〕

——汉·刘安《淮南子·氾论训》

□勉之以庆赏，惩之以刑罚。〔用奖赏对人们进行勉励，用刑罚对人们进行惩处。〕

——战国·荀子《荀子·王制》

503

□赏之以功，旌之以能，绥之以德，束之以法。〔奖励有功的，表彰有能力的，用恩惠进行安抚，用法律进行约束。〕

——清·王夫之《读通鉴论》

□赏善而不罚恶则乱，罚恶而不赏善亦乱。〔只奖赏好的而不惩罚坏的就会混乱，只惩罚坏的而不奖赏好的也会混乱。〕

——唐·元结《辨惑》

□因民之所善而劝善，因民之所恶而禁奸，故赏一人而天下誉之，罚一人而天下畏之。〔根据民众所喜欢的而鼓励善行，根据民众所憎恶的来禁止奸邪，所以奖励一个人天下人都称颂，惩罚一个人天下人都害怕。〕

——汉·刘安《淮南子·氾论训》

□刑多而赏少，则无刑；赏多而刑少，则无赏。〔刑罚多而奖赏少，就不会有被刑罚处治的；奖赏多而刑罚少，会使奖赏失去作用。〕

——唐·李筌《太白阴经·刑赏篇》

□君子与人共事，当公人己而不私。苟事之成，不必功之出之我也；不幸而败，不必咎之归诸人也。〔君子与别人共事，应该公平地对待别人和自己，而不是偏私地对待自己。如果共事成功，不要说功劳都归于我自己；如果不幸而失败，也不能将过失都推到别人身上。〕

——明·吕坤《呻吟语》

□取其道不取其人，务其实不务其名。〔选用人才要看他的主张而不看他是何人，注重他的真实本领而不注重他的名气。〕

——宋·司马光《资治通鉴·汉纪》

□赏一人而人勉，惟恐其不若也；罚一人而人惧，惟恐其似之也。

〔奖赏一个人，其他人就得到勉励，唯恐自己赶不上受奖的人；惩罚一个人，其他人就感到害怕，唯恐自己和受惩罚的人一样。〕

———宋·张耒《书韩退之传后》

□赏赐不加予无功，刑罚不施于无罪。〔赏赐不施恩于无功之人，刑罚不施加于无罪之人。〕

———周·吕尚《六韬·文韬》

□恩赏明则贤者劝，刑罚当则奸人消。二者既举，天下不劳而治。〔如果恩赏明确，贤明的人就会努力工作；如果刑罚得当，奸猾人的就会悄然消失。只要赏罚明确、得当，天下就会不劳而治。〕

———辽·石柳·摘自《辽史·列传》

□考其行，论其世，察其志，辨其方，则其高不可行而睹矣。〔考核其行为，研究其身世阅历，考察其志向，辨别其方略，那么他的水平高低就能够看得很清楚了。〕

———清·王夫之《读通鉴论》

□大丈夫处事，论是非不论祸福；士君子立言，贵平正不贵精详。〔有志气的人在处理事情时，只问如何做是对的，不问这样做为自己带来的究竟是福是祸；读书人在写文章或是著书立说的时候，最重要的是立论要公平公正，若能更进一步去要求精要详尽，那就更可贵了。〕

———清·王永彬《围炉夜话》

□通则观其所举，穷则视其所不为，富则视其所不取。〔通达显贵时看他荐举什么样的人和做什么样的事，穷困失意时看他在做什么样的事情，富有时看他不索取什么东西。〕

———战国·晏婴《晏子春秋·内篇问上》

□察其好恶以参忠佞，考其往行验之于今。〔对部下通过了解其喜好什么、憎恶什么以来检验他是忠臣还是奸佞，考察其过去的言行来验证他今天的表现。〕

——汉·董仲舒《春秋繁露·立元神》

□公赏不遗远，罚不阿近，爵不可以无功取，刑不可以贵势免，此贤愚之所以佥忘其身者也。〔公平的奖赏不遗忘疏远的人，处罚不偏袒亲近的人，官爵不能无功获取，刑罚不能因权势免除。这样贤者愚人都忘记了自己身份了。〕

——三国·张裔·摘自《三国志·霍王向张杨费传》

□刑以惩恶，赏以酬功，古今通道也。且刑赏天下之刑赏，非陛下之刑赏，岂得以喜怒专之？〔刑罚是用以惩处作恶的，奖赏是用以酬报立功的，这是古今相通的道理。而且刑赏是为天下的刑赏，不是皇帝个人的刑赏，哪能因为个人的喜怒而专断独行呢？〕

——宋·赵普·摘自《宋史·赵普传》

□贤人之用于世，无籍地，无贵宗，无奇状，无智勇，或贤或愚，乍醉乍醒，不可以事迹求，不可以人物得。〔贤良之才被任用，没有一定的籍贯和地域，也不一定出身于显贵宗族，外貌没有奇异之处，表面看不出有才智和勇敢，有时表现得似贤似愚、忽醉忽醒。因此，不能只根据他们的事迹来求得，也不可以只凭别人的推荐而得到。〕

——唐·李筌《太白阴经·贤有遭时篇》

□以劳受禄，则民不幸生。刑罚不颇，则下无怨心。〔按劳绩授予俸禄，人民就不会侥幸偷生。刑罚不偏不倚，下面就不会抱怨。〕

——春秋·管仲《管子·君臣》

□有功不赏，为善失其望；奸回不诘，为恶肆其凶。〔有功劳的

506

人不被赏赐，做善事的人就会大失所望；奸邪的人不被责罚，做坏事的人就会更加猖狂。〕

——南朝·范晔《后汉书·杜乔传》

　　□罚不讳强大，赏不私亲近。〔在实行惩罚时，不避讳有势力有地位的人；在实行奖赏时，不偏私与自己亲近的人。〕

——汉·刘向《战国策·秦策》

　　□人君者，察美恶，辨是非，赏以劝善，罚以惩奸，所以为治也。〔作为君主，应当明察善恶，分辨是非，用奖励来鼓励好人，用刑罚来惩处奸人，这样才能使国家大治。〕

——宋·司马光《资治通鉴·汉纪》

　　□治国有二柄，一曰赏，二曰罚。赏者，政之大德也；罚者，政之大威也。〔治理国家有两个权柄，第一是赏，第二是罚。赏，体现当政者的大德；罚，体现当政者的权威。〕

——晋·傅玄《傅子·治体》

　　□必见其阳，又见其阴，乃知其心；必见其外，又见其内，乃知其意；必见其疏，又见其亲，乃知其情。〔既看到他公开的一面，又看到他隐蔽的一面，才能知道他的思想；既看到他的外在表现，又看到他的内心活动，才能知道他的用意；既看到他疏远什么人，还看到他亲近什么人，才能知道他的真情。〕

——周·吕尚《六韬·发启》

　　□杀一人而三军震者，杀之；赏一人而万人悦者，赏之。〔如果杀了一个人足以使三军震惧，就杀了他；赏一人足以使三军欢悦，就奖赏他。〕

——周·吕尚《六韬·将威》

□赏不行，则贤者不可得而进也；罚不行，则不肖者不可得而退也。〔不实行奖赏，那么贤者就不能够得到任用；不实行惩罚，那么不贤的人就不能够被清除和罢免。〕

　　　　　　　　　　　　　　　　——战国·荀子《荀子·富国》

□张重利以诱民，操大威以驱之，则举世之人，可令冒白刃而不恨，赴汤火而不难。〔设立丰厚的利禄来引诱百姓，掌握至高无上的威严来驱使百姓，这样可以命令举世之人出入枪林刀丛而无怨恨，赴汤蹈火而不为难。〕

　　　　　　　　　　　　　　　　——汉·王符《潜夫论·明忠》

□选士以赏，赏惟其进；用士以刑，刑惟其退。〔选拔士卒要用奖赏的方法，奖励那些奋进的人；使用士卒要伴以刑罚，惩治那些后退的人。〕

　　　　　　　　　　　　　　——唐·李筌《太白阴经·选士篇》

□事或同而观其道，道或异而观其德，或权变而观其谋，或攻取而观其勇，或货财而观其利，或捭阖而观其间隙，或恐惧而观其安危。〔表现相同就要看他们的思想，思想不同就要看他们的德行，或者随机应变看他们的智谋，或者用攻战的办法看他们的勇气，或者给他们财货而看他们在利益面前的态度，或者通过控制与放松来看他们在有机会时的表现，或者恐吓他们而看他们的状态是镇静还是恐慌。〕

　　　　　　　　　　　　　　——唐·李筌《太白阴经·鉴才篇》

□怯人使之以刑，则勇；勇人使之以赏，则死。能移人之怯、变人心者，在刑赏之间。〔对懦弱的人使用刑法，就会使他变得勇敢；对勇敢的人使用奖赏，就会使他更加拼死效力。能够去掉人的胆怯、改变人性的办法，就在于刑法和奖赏之间。〕

　　　　　　　　　　　　——唐·李筌《太白阴经·人无勇怯篇》

□官达者，才未必当其位；誉美者，实未必副其名。〔官运亨通的人，才能未必和他的地位相当；声誉很高的人，实际情况未必和他的声望一致。〕

——晋·葛洪《抱朴子·博喻》

□实愚而似智，实智而似愚者，实贤而似不肖，实不肖而似贤者。〔有的人本来很愚昧却像是很聪明，有的人很聪明但看起来像是很愚昧；有的人确实贤能却像是不贤之人，有的人不贤却很像是贤人。〕

——宋·秦观《淮海集·主术》

□孔子之言可以知贤，不知誉此人者，贤也，毁此人者，恶也，或时称者恶而毁者善也。〔孔子的说法可以识别贤者，但不能知道称赞这个人的人是否是贤者，毁谤这个人的人是否是坏人，有时候也许称赞者是坏人，而毁谤者却是好人。〕

——汉·王充《论衡·定贤篇》

□择圣以德，择贤以道，择智以谋，择身以力，择贪以利，择奸以隙，择愚以危。〔选择圣人要看其德行，选择贤人要看其道义，选择智人要看其计谋，选择勇者要看其力量，考察贪人要看其在利益面前的态度，考察奸人要看他在有机会时的表现，考察愚人要看他在危急面前的作为。〕

——唐·李筌《太白阴经·鉴才篇》

□善恶要于功罪而不淫于毁誉，听其言而责其事，举其名而指其实。〔鉴别人的好坏的关键在于他的功劳或罪过，而不能过分听信诽谤或赞誉。听到议论，应当要求拿事实来对照，荐举他的名声应当推究其实际。〕

——宋·司马光《资治通鉴·汉纪》

□问之以言，以观其辞；穷之以辞，以观其变；与之间谍，以观其诚；明白显问，以观其德。〔用话问他，观察他的言辞谈吐；讲话时穷追到底，看他应变是否敏捷；秘密地考察他，看他是否诚实；直截了当地问他，看他德行如何。〕

——周·吕尚《六韬·选将》

□人有言肆而目骇视者，心怀异图也；言枝蔓而不经者，必有隐也；矜大人善唯恐不至者，党人也；言错综而无所归者，心躁竞也；方言而他视者，心不诚也；言卑而色下者，心有所屈也；方言频回顾者，其辞妄也；言人之短而视不定者，诬罔人也；言多以私事为忧者，顾妻子人也；言大而理不精者，其学虚也；色悦而徐徐顺人意者，佞媚人也；矜己善而斥人不善者，崛强人也；言欲发而却缩者，含蓄人也；言无公私必及利者，贪人也；色卑而言多诮者，志下劣人也；事由而言直，气悖而言顺，鄙而言大事，不详而强能，理矫而强正，此皆奸诈人也。是十有六者，人有其一，不可使也。〔出言放肆、看人眼神惊慌的是心怀鬼胎的人；说话只讲皮毛而不涉及原则的，是心有隐秘的人；喜欢夸耀自己上司的好处，唯恐有说不到的地方，这是爱拉帮结派的人；语言混乱不着头绪，是性急好抢先的人；一说话就看别人的，是心里不诚实的人；语言卑恭、脸色恭敬，这是心里有委屈的人；一开口说话眼睛就频频地四处看，这种人的话是胡言乱语；说别人的短处时神色不定，这是诬陷欺骗别人的人；说话很多但都是挂念个人小事的，是只顾妻子儿女的人；说话口气大但道理却不深，这是学问不扎实的人；神色喜悦、言辞总是顺着别人的话，这是巧言谄媚的人；以自己的长处为骄傲而斥责别人短处的，是格外争强的人；开口欲言却又把话咽回去的，是含蓄的人；开口讲话不论是公事还是私事，总要涉及利益的，是贪婪的人；脸色卑贱、言语又多，且总爱奉承别人的，是品行低下的人；事情错了偏要说对，神情不对头但言辞却柔顺，才识浅陋却议论大事，对事情了解不细却偏要逞能，没有理却偏要强辩的，这都是奸诈之人。以上共是十六种人，其中任何一

种人，都不能使用。〕

——宋·许洞《虎钤经·辨将》

□知虑取舍，稽之以成；日月积久，校之以功。〔对官员的见解和谋略是采用还是舍弃，要以实际成效来定夺；天长日久之后，用他们作出的实际功绩来考核。〕

——战国·荀子《荀子·君道》

□言大而意精至者，有识度人也；言希而出必中者，志节人也；言动而必及国家者，忠孝人也；言奋而不污者，壮直人也；辞寡而意思者，公正人也；言多及军吏之私者，善抚恤人也；言及阵敌，喜动色者，好勇人也；言及细微，而能剖析是非者，有智人也；言迂阔，而卒近于理者，识深见远人也；言少而事详者，大度人也；语气和，而神色相称者，善纳众人也；言徐徐而事备者，性缓而有德人也；言速而事当，性急而不暴，有识人也。是十三者，人有其一，皆可使之也。〔说大道理而且精深透彻的，是有见识的人；说话虽少但出言必切中要害的，是有志向有节度的人；话一出口必涉及国家的，是忠诚孝义的人；语言激奋而不粗俗的，是正直爽快的人；说话很少但意思诚恳的，是公道正直的人；说话多是涉及军士官吏事务的，是善于关怀抚恤别人的人；一说到临阵对敌就喜形于色的，是勇敢的人；谈及细微之处又能剖析是非曲直的，是有智谋的人；语言似乎迂远不切实际而后来终于近理的，是见识广博深远的人；说话虽少但对事情了解得周密详尽的，是豁达大度的人；语气和蔼而神色与语言相符的，是善于团结人的人；说话不急但很完整的，是性情缓慢但有道德的人；说话很快但叙事恰当，性急但不暴躁，是有学问的人。以上这十三种情形，具有其中任何一种的人都可以使用。〕

——宋·许洞《虎钤经·辨将》

□上操其名，以责其实，臣守其业，以效其功。言不得过其实，

行不得逾其法。〔君主掌握群臣官职的标准，以此来考察他们的实际表现；臣子们对本职工作尽职尽责，以功绩为君主效力。他们的言论不得超过实际表现，行动不得逾越法律。〕

——汉·刘安《淮南子·主术训》

□有人行事先己后人者，好私人也；事繁多而用事不当者，无智人也；作事不急于用者，无益人也；作事有首无尾者，伪人也；先急而后慢者，卒众庸人也；事不求详而辄为者，粗疏人也；巧妙而无裨急用者，浮艳人也；所措舍鲁钝而不适用者，愚人也；利害章章而不能析之者，无识人也；临事而惧者，懦弱人也；进退不诀者，无断人也；记一而忘二者，神昧人也；事虚而构架广大，以善为恶，以恶为善者，奸人也；善候人之颜色，随所欲而言者，佞人也。是十四者，人有其一，不可使也。〔办事时先己后人的，这是私心重的人；事情繁多但办事不当的，是没有才智的人；办事不分轻重缓急的，是不讲效益的人；做事有头无尾的，是虚伪的人；办事先着急后又迟缓下来，是士卒平民一样的庸人；对事情没有了解清楚就急着动手做的，是粗心大意的人；办事巧妙但对眼前并无用处，是华而不实的人；办事方法笨拙而且事出无功的，是愚蠢的人；事情的利弊历历清晰却分析不出的人，是没有见识的人；遇事就恐慌的人，是懦弱的人；事情当头却进退犹豫不决，是没有主意优柔寡断的人；记一忘二，是心神不定的人；办事不实在，虚张声势，把善当做恶，把恶当做善的，是奸险的人；善于窥探别人的脸色，说话投其所好的，是谄佞之人。以上表现十四种，其中任何一种人都不能使用。〕

——宋·许洞《虎钤经·辨将》

□**赏必加于有功，刑必断于有罪。**〔赏赐，一定施予有功劳人；刑罚，一定断决给有罪行的人。〕

——汉·刘向《战国策·秦策》

□无功不赏，无罪不罚。〔没有功劳就不能给予奖赏，没有罪过就不能给予惩罚。〕

——战国·荀子《荀子·王制》

□虽心之所爱而无功者不赏也，虽心之所憎而无罪者弗罚也。〔虽然是自己心爱的人，但无功也不赏；虽然是自己所憎恶的人，无罪也不罚。〕

——春秋·管仲《管子·明法解》

□使之以财，以观其廉；试之以色，以观其贞；告之以难，以观其勇；醉之以酒，以观其态。〔让他管理财物，看他是否廉洁；送他美女，看他是否守贞操；给他分派困难的任务，看他是否有勇气；让他畅饮美酒，看他酒后的容态。〕

——周·吕尚《六韬·选将》

□左右前后之人，进忧危恐惧之言者，是纳忠于上也；进燕安逸乐之言者，是不忠于上也；凡有水旱贼盗之奏者，必忠臣也；有诌谀蒙蔽之言者，必佞臣也。〔皇上前后左右的人，平时向皇上报告国家忧患、危难等令人恐惧情况的人，是向皇上献出忠心的表现；而总向皇上讲怎样贪安享乐言论的人，是不忠于皇上的表现。凡有报告水旱、盗贼情况的人，必是忠正之臣；凡有阿谀诌媚、蒙蔽皇上言论的人，必是奸佞之臣。〕

——元·欧阳玄《宋史·谢方叔传》

□世之治乱，在赏当其功，罚当其罪，即无不治。〔治理乱世，在进行赏罚时，所受的赏赐和他所立的功劳相等，所受的刑罚与他所犯的罪行相当，就没有不能治理的。〕

——元·欧阳玄《宋史·宋琪传》

□所憎者，有功必赏；所爱者，有罪必罚。〔即便对于所憎恨的人，如果有功劳也一定要奖赏；对于所喜爱的人，如果犯罪也一定要加以惩罚。〕

——周·吕尚《六韬·盈虚》

□论功劳，行赏罚，不敢蔽贤有私。〔评论功绩，实行赏罚，不敢有私心埋没贤才。〕

——春秋·管仲《管子·地图》

□诛不避贵，赏不遗贱。〔惩处罪人时不回避权贵，赏赐有功时不遗弃身份低下的人。〕

——战国·晏婴《晏子春秋·内篇问上》

□施不失人，亲不弃劳。〔赏赐时不遗漏该奖励的人，亲近人时不遗弃有功劳的人。〕

——春秋·左丘明《左传·哀公元年》

□日观其德，月课其艺。贤邪非一时之贤，久居而不变，乃其贤也。能邪非一时之能，历试而如一，乃其能也。〔每天观察他的德行，累月考核他的才干。贤良并非一时的贤良，经历时间长久而始终不变，才证明他贤良。才能并非一时的才能，多次试验而始终如一，才证明他真有才能。〕

——宋·李觏《直讲李先生文集·安民策》

□明主之吏，宰相必起于州部，猛将必发于卒伍。〔英明君主所任用的官员，宰相一定从地方州郡中起用，猛将一定从士兵队伍中发现选拔。〕

——秦·韩非《韩非子·显学》

□刑不过罪，爵不逾德。〔刑罚不能超过其罪行，爵位不能超过其德行。〕

——战国·荀子《荀子·君子》

□观容服，听辞言，仲尼不能以必士；试之官职，课其功伐，则庸人不疑于愚智。〔只看容貌服装，只听言语说话，就是孔子也不一定能识别贤士；用职事官位去试验他，考核他的功绩，就是庸人也能辨明愚蠢和聪明之别。〕

——秦·韩非《韩非子·显学》

□察实者不留声，观行者不讥辞。〔考察人的实际的人，不留意其名声如何；观察人的行为的人，不考虑其言辞怎样。〕

——秦·吕不韦《吕氏春秋·观世》

□有事简而用当者，有喜怒之事不露于色者，临大事而神气自若者，此谓神有余人也。有微而不弃、大而不烦者，凶事不惧、美事不喜事，事有众惑而独断之者，事有众危而独安之者，事有难动而独动之者，事有难安而能安之者，此谓志有余人也。是十者，人有其一，皆可使之也。〔办事简便但又得体的人，喜怒哀乐不露声色的人，每临大事而神色自若的人，这些都是神奇过人的人。小事不嫌弃，大事不厌烦；对凶险的事不惧怕，对好事不喜形于色；众人疑惑的事情能独自决断；众人感到有危险的事情而自己能安然处之；众人难以解决的事情而自己能独立解决；遇到难以平定的事情而能使它平定，这些人都是志向过人的人。以上十种人（似应为九种人），只要是其中之一都可以使用。〕

——宋·许洞《虎钤经·辨将》

□犯令者不讳其亲，有功者不忌其仇。〔对违犯军令者进行惩罚，就是亲属也不避讳，对有功的人进行奖赏，就是仇人也不忌讳。〕

——宋·许洞《虎钤经·论将》

□功当其事，事当其言，则赏；功不当其事，事不当其言，则罚。〔功绩符合他所做的事，所做的事符合他所说的话，就奖励他；功绩不符合他做的事，所做的事不符合他所说的话，就惩罚他。〕

——秦·韩非《韩非子·二柄》

□有过不罪，无功受赏，虽亡不亦可乎？〔有过失不追究罪责，没有功劳也受奖赏，灭亡不也是可能的吗？〕

——秦·韩非《韩非子·内储说》

□赏于无功者离，罚加无罪者怨，喜怒不当者灭。〔奖赏无功的人，众人就会离心。惩罚无罪的人，众人就会怨恨。喜怒无常就会招致灭亡。〕

——三国·诸葛亮《将苑·自勉》

□用舍进退，一以功实为准，毋徒眩于声名，毋尽拘于资格，毋摇之以毁誉，毋杂之以爱憎，毋以一事概其平生，毋以一眚掩其大节。〔官员的选用或舍弃，晋升或罢免，一律以功劳实绩为标准，不要被他的名声所迷惑，不要总被资格所限制，不要被众人的攻击和赞扬所动摇，不要掺杂私人的爱憎，不要以一件事来说明他的全部历史，不要用一点儿小毛病而掩盖他的大节。〕

——明·张居正《张太岳文集》

□观之以其游，说之以其行，君无以靡曼辩辞定其行，无以毁誉非议定其身。〔从他所结交的人去观察他，根据他的言行去评说他；不要凭华丽的辩论词采去审定他德行的优劣，不要凭他人的赞誉和诽谤去论定他的品节。〕

——战国·晏婴《晏子春秋·内篇问上》

□尽忠益时者虽仇必赏，犯法怠慢者虽亲必罚。〔竭尽忠诚而有益于时世的人，即使是自己的仇人也要奖赏；违反了法纪而又不服气的人，即使是自己亲近的人也要处罚。〕

　　　　　　　　　　　　——晋·陈寿《三国志·诸葛亮传》

□诚有功，则虽疏贱必赏；诚有过，则虽近爱必诛。〔确实有功劳，那么即使是疏远卑贱的人也一定要赏赐他；确实有过错，那么即使是亲近喜爱的人也一定要惩处他。〕

　　　　　　　　　　　　——秦·韩非《韩非子·主道》

□不以禄私其亲，功多者授之；不以官随其爱，能当者处之。〔不把爵禄私自赐给亲近的人，而只把它授给功劳多的人；不拿官爵赐给所爱的人，而只把它安排给能胜任的人。〕

　　　　　　　　　　　　——汉·刘向《战国策·燕策》

□乱主不察臣之功劳，誉众者，则赏之；不审其罪过，毁众者，则罚之。如此者，则邪臣无功而得赏，忠正无罪而有罚。故功多而无赏，则臣不务尽力；行正而有罚，则贤圣无从竭能。〔昏君不明察臣下的实际功劳，只看赞扬的人多就进行奖励；也不详察臣下的实际罪过，只看攻击的人多就进行处罚。这样一来就容易形成奸邪之臣无功而受赏，忠直之臣无罪而受罚。功多而无赏，臣下就不再致力于为国尽忠效力；行为忠正而受罚，圣贤就无法竭尽全部才能报效国家。〕

　　　　　　　　　　　　——春秋·管仲《管子·明法解》

□赏赐知其所施，则勇士知其所死；刑罚知其所加，则邪恶知其所畏。〔奖赏的规定明确，而且付诸实施，勇士作战就能出生入死；惩罚的条文明确，邪恶之人就会有所畏惧。〕

　　　　　　　　　　　　——三国·诸葛亮《赏罚》

□赏以兴功，罚以禁奸，赏不可不平，罚不可不均。〔奖励是为了鼓励将士建立功业，惩罚是为了禁止邪恶的行为。因此奖励必须公平，惩罚必须合理。〕

——三国·诸葛亮《赏罚》

□赏不失劳，亦无滥受；罚不漏罪，亦无冤人。〔奖赏，不漏掉有功的人，但也不要授赏过滥；刑罚，不漏掉有罪的人，但也不应使人蒙受冤枉。〕

——唐·张说《论神兵军大总管功状》

□奖远臣以忠鲠，而化近臣于公坦。〔对于离自己较远的臣子忠诚正直的表现，要给予奖励；对于与自己亲近的臣子，则教化他们要公正坦诚，不阿谀曲从。〕

——清·王夫之《读通鉴论》

□居，视其所安；达，视其所举；富，视其所与；穷，视其所为；贫，视其所取。〔从其所处的地位，看他是否安心于现状；在他通达显赫时，看他荐举些什么人；在他富贵时，看他是否肯于帮助别人；在他处于逆境时，看他如何做人行事；在他贫困时，看他所要求的是什么。〕

——三国·刘劭《人物志·效难》

□爵不可以无功取，刑不可以贵势免。〔官职不能无功而获得，刑罚不能因权贵而免除。〕

——晋·陈寿《三国志》

□上多喜善赏，不随其功，则士不为用；数出重法，而不克其罪，则奸不为止。〔君主因宠爱而多行赏，不看功绩大小，士人就不肯效力；君主多用苛重刑法，不审核罪行轻重，恶人就不能被禁止。〕

——春秋·管仲《管子·七臣七主》

□授官予爵不以其劳，则忠臣不进，行赏赋禄不称其功，则战士不用。〔如果在授予官职爵位时不根据劳绩，忠臣就不肯尽力了；施行禄赏时，与人的功绩大小不相称，士兵就不肯效力了。〕

——战国·商鞅《商君书·修权》

□言有节，稽其实，信诞以分赏罚必。下不欺上，皆以情言明若日。〔说话有法度，遇事要考虑实际，真假分清了，赏罚就能严明。这样，下级就不敢欺骗上级，都说实话，政事就像太阳一样明朗。〕

——战国·荀子《荀子·成相》

□刑赏予夺一归之公道，而不必曲徇乎私情。〔治罪与奖赏，给予与剥夺，都统一归于公正之道，而不偏心眼徇私情。〕

——明·张居正《张太岳集·陈六事疏》

□人主，不妄赏，非徒爱其财也，赏妄行则善不劝矣；不妄罚，非徒慎其刑也，罚妄行则恶不惩矣。〔国君不乱加赏赐，不仅仅是为了受惜钱财，而是因为乱赏就不能使善行得到奖励；国君也不乱加惩罚，不仅仅是用刑谨慎，而是因为乱罚就不能使罪恶行径受到惩办。〕

——汉·荀悦《申鉴·政体》

□罚当罪，则奸邪止；赏当贤，则臣下劝。〔惩罚与其罪过相称，那么奸邪就会停止；奖励与其贤能相称，那么臣子们就会受到鼓励。〕

——宋·司马光《资治通鉴·汉纪》

□赏不以劝善，罚不以惩恶，而望邪正不惑，其可得乎？〔奖赏不能鼓励人做好事，刑罚不能惩戒坏人坏事，却希望邪正分明，那是可能的吗？〕

——唐·吴兢《贞观政要·择官》

□赏不当功，诛不应罪，上下离心而君臣相怨也。〔奖赏与功劳不相称，惩罚与罪行不一致，上上下下就会离心离德，君臣之间就会互相怨恨。〕

——汉·刘安《淮南子·主术训》

□赏不当功，则不如无赏；罚不当罪，则不如无罚。〔奖赏如果与功劳不相称，还不如没有奖赏；惩罚如果与罪行不相符，还不如没有惩罚。〕

——宋·张孝祥《缴驳成闵按劾部将奏》

□君之赏不可以无功求，君之罚不可以有罪免。〔国君的奖赏不能以无功而求得，国君的刑罚不能对有罪之人进行赦免。〕

——唐·吴兢《贞观政要·择官》

□执法而操柄，据罪而制刑，按功而设赏。赏一人而千万人悦，刑一罪而千万人惧。〔执行法律，掌握治国的权柄，根据犯罪情况而制定刑法，按照立功情况而设置奖赏。奖赏一个有功的人而使千万人高兴，惩治一个罪犯而使千万人畏惧。〕

——唐·李筌《太白阴经·刑赏篇》

□赏罚无度，国虽大兵弱者，地非其地，民非其民也。〔赏罚没有尺度，国家即使很大但军队力量疲弱，土地不是自己的土地，人民不是自己的人民。〕

——秦·韩非《韩非子·饰邪》

□不因喜以赏，不因怒以诛。〔不因为一时高兴就不该赏也赏，不因为一时发怒而不该惩也惩。〕

——周·吕尚《六韬·文韬》

□善赏者，费少而劝众；善罚者，刑省而奸禁。〔善于奖励的人，花费得很少而鼓励的人却很多；善于惩处的人，刑罚很少而奸邪却被禁止了。〕

——汉·刘安《淮南子·氾论训》

□赏告而奸不生，明法而治不烦。〔奖赏的有关规定遍告百姓，奸邪的行为就不会发生；法令明确，政治就不会烦琐。〕

——秦·韩非《韩非子·心度》

□诛赏不可缪，诛赏缪，则善恶乱矣。〔惩罚和奖赏不可发生差错，惩罚和奖赏出现差错，好人和坏人就混乱不分了。〕

——汉·刘向《说苑·政理》

□明主之择贤人也，言勇者试之以军，言智者试之以官。试于军而有功者则举之，试于官而事治者则用之。〔明君选拔贤能之士，对于号称有勇的人，让其作战来考验他；对于号称有智慧的人，使其做官来考验他。经过战斗试用，有功者就提拔他；在官府里试用，办事称职者就任用他。〕

——春秋·管仲《管子·明法解》

□无德而官，则官不足以功有德；无功而赏，则赏不足以功有功。〔没有德行却使之做官，那么官职便不会对有德之人起到劝勉作用；没有功劳却予以奖赏，那么奖赏就不能够对有功之人产生激励作用。〕

——宋·李觏《强兵策》

□功盛者赏显，罪多者罚重。〔功劳大的奖赏要厚，罪过多的处罚要重。〕

——汉·董仲舒《春秋繁露·考功名》

□赏及无功则恩不足劝，罚失有罪则威无所惧。〔奖赏无功之人，恩泽再厚也不能起到劝勉众人的作用；惩罚时漏掉有罪之人，再有威严也不能使人害怕。〕

———宋·欧阳修《准诏言事上书》

□赏不可虚施，罚不可妄加，赏虚施则劳臣怨，罚妄加则直士恨。〔奖赏不能随便施与，刑罚不能胡乱施加；奖赏随便施与那么有功之臣就会有怨气，刑罚胡乱施加那么正直之士就会产生怨恨。〕

———三国·诸葛亮《诸葛亮集·赏罚》

□刑过则无善，赏过则多奸。〔刑罚使用过滥，就会没有善行；奖赏过度，就会使邪恶增多。〕

———唐·李筌《太白阴经·刑赏篇》

□凡官民，材必先论之；论辨，然后使之；任事，然后爵之；位定，然后禄之。〔凡是为民选官，必须首先衡量他的才能；衡量他具备条件后，才能使用他；实践证明他胜任其事，然后给予其爵位；爵位定了，然后才能让其享受俸禄。〕

———汉·戴圣《礼记·王制》

□罚慎其滥，惠诫其偏。罚滥则无以为罚，惠偏则不如无惠。〔惩罚应谨慎而不要滥施，施行恩惠应力戒偏心。乱施惩罚，就失去了惩罚的意义，施行恩惠偏心就没有了施恩的必要。〕

———南朝·颜延之《庭诰》

□赏重而信，罚痛而必，群臣畏劝，竞思其职。〔奖赏一定要丰厚而且守信用，惩罚要使其感到痛苦而且说到做到。这样群臣敬服，受到鼓励，就会争着去考虑如何做好本职工作。〕

———汉·王符《潜夫论·三式》

□赏厚可令廉士动心，罚重可令凶人丧魄。〔奖励丰厚能够使廉洁之士动心，处罚很重足以使凶悍之人丧魂落魄。〕

——唐·韩愈《论淮西事宜状》

□赏不足劝善，刑不足禁非，而政不成。〔奖赏不足以使人们为善，刑罚不足以禁绝邪恶之事，那么政事就不能够成功。〕

——宋·欧阳修《武成王庙问进士策》

□诱以重赏，赏且信；威以重罚，罚且必。〔用重赏来吸引人们，而且讲信用；用重罚来威慑人们，而且说到做到。〕

——明·徐光启《徐光启集》

□闻善为国者，赏不过而刑不慢。赏过则惧及淫人，刑慢则惧及君子，与其不幸而过，宁过而赏淫人，毋过而刑君子。〔听说善于治国的人，行赏不过度，施刑不轻忽。行赏过度，恐怕会赏到奸人；施刑轻忽，恐怕会处罚到君子。如果不得已做过了头，那么宁可赏过度而赏赐了奸人，也不要施刑过度而处罚了君子。〕

——秦·吕不韦《吕氏春秋·开春》

□赏少，则听者无利也；威薄，则犯者无害也。〔奖赏太少，听从命令的人就得不到什么利益；刑罚太轻，违犯法令的人就受不到什么损害。〕

——战国·商鞅《商君书·外内》

□怒不过夺，喜不过予。〔发怒时，也不过分使用刑罚；高兴时，也不过分给予赏赐。〕

——战国·荀子《荀子·修身》

□赏无私功，刑无私罪，是谓军国之法，生杀之柄。〔施行奖赏不以个人愿望私自给人，施用刑罚也不按个人愿望私自治罪。这是国家或军队的法规，是或生或杀的权柄。〕

——唐·李筌《太白阴经·刑赏篇》

□赏罚不曲，则人死服。〔赏罚时不行私偏，人们就会以死相报。〕

——三国·诸葛亮《诸葛亮集·赏罚》

□不荣则民不急列位，不显则民不事爵。〔如果给予的爵禄不荣耀，民众就不急于得到爵禄；如果给予的爵位不显贵，民众就不会追求那些爵位。〕

——战国·商鞅《商君书·错法》

□若赏一无功，则天下饰诈矣；罚一无罪，则天下怀疑矣。是以明德慎罚，而不肯轻之。〔如果奖励了一个没有功劳的人，那么天下的人就要弄虚作假进行欺诈了；惩罚了一个没有罪过的人，那么天下人就要心怀疑虑了。所以执政者都要表彰好的德行，谨慎地进行惩罚，而不肯草率从事。〕

——晋·傅玄《傅子·治体》

□喜乐无羡赏，忿怒无羡刑。〔高兴时不滥加奖赏，发怒时不滥施刑罚。〕

——战国·晏婴《晏子春秋·内篇问上》

□法术明而赏罚必者，虽无言语而势自治。〔法律严明，领导方法正确，赏罚有信用，即使不说话，局势也自然会安定。〕

——汉·王符《潜夫论·明忠》

□赏誉薄而谤者下不用，赏誉厚而信者下轻死。〔奖赏和荣誉少

并且带有欺骗的行为，对于下级就不会发挥什么作用；奖赏和荣誉多并且讲信用，下级就会轻视生命而拼死相求。〕

——秦·韩非《韩非子·内储说上》

□不和不可以发庆赏之德，不平不可以发刑罚之威。〔不是在心平气和的情况下，就不能通过奖赏来发布德惠；不是在心平气和的情况下，就不能通过刑罚来表达权威。〕

——汉·董仲舒《春秋繁露·威德所生》

□赏虽由己，勿因喜而行；罚虽在我，勿因怒而刑。〔奖赏虽然是自己说了算，也不可一高兴就施行；惩罚虽然是自己做主，也不可因心有怒气就加以治罪。〕

——宋·王禹偁《端拱箴》

□无功而厚赏，无劳而高爵，则守职者懈于官，而游居者亟于进矣。〔没有功绩而得到厚赏，没有勋劳而得到高的爵位，这样忠于职守的官员对于工作就不努力了，而那些不务正业的人就迫不及待地想钻营进来。〕

——汉·刘安《淮南子·主术训》

□有善者不留其赏，故民不私其利；有过者不宿其罚，故民不疾其威。〔对做好事的人，不拖延对他的奖赏，人民就不会考虑私利；对有过失者，不拖延对他的惩罚，人民就不会憎恨刑威。〕

——春秋·管仲《管子·君臣》

□德莫若博厚，使民死之；赏罚莫若成必，使民信之。〔施德必须博厚，使人民能够以死报效；赏罚必须信实，使人民能够坚信不疑。〕

——春秋·管仲《管子·禁藏》

□察吏乃可安民，除害乃可以兴利。〔考察官吏才能使百姓安心，除掉有害的东西才可以使有益的事情兴起。〕

——清·赵尔巽《清史稿·蒋赫德传》

□陈之以德义而民兴行，示之以好恶而民知禁。〔建立了道德礼义方面的规范，民众就乐于去实行；把什么是好事什么是坏事昭示给人们，民众就懂得了什么不可以违反。〕

——汉·王符《潜夫论·断讼》

□凡用民，太上以义，其次以赏罚。〔大凡使用人民，最上等的是用礼义进行引导，其次才是用赏罚。〕

——秦·吕不韦《吕氏春秋·用民》

□可以赏，可以无赏，赏之过乎仁；可以罚，可以无罚，罚之过乎义。过乎仁，不失为君子；过乎义，则流而入于忍人。〔可以奖赏，可以不奖赏，奖赏他是过分宽厚。可以处罚，可以不处罚，处罚他是过分严厉。过分宽厚，不失为品德高尚的人；过分严厉，就会成为残忍的人。〕

——宋·苏轼《刑赏忠厚之至论》

□威厉而不试，刑措而不用。〔权威虽然非常猛厉，但可以不用时就不用它；刑罚尽管设置了，能不用时也最好不用它。〕

——汉·司马迁《史记·礼书》

□过时而赏与无赏同，后事而罚与不罚同。〔错过了时机奖赏，与不奖赏相同；事过之后再处罚，与不处罚一样。〕

——明·王守仁《申明赏罚以励人心疏》

□至治之国，有赏罚，而无喜怒，故圣人极；有刑法而死，无螫毒，故奸人服。〔治理好的国家，有赏有罚，却没有因喜怒而滥施的，所以就用不着圣人了；有因受刑而死的，却没有遭受震怒之毒的，所以奸诈的人都服从。〕

——秦·韩非《韩非子·用人》

□不去庆父，鲁难未已。〔不去掉庆父，鲁国的灾难没个完。〕

——春秋·左丘明《左传·闵公元年》

□刑罚不时，则民伤；教令不节，则俗弊。〔刑罚如果不及时施行，那么人民就会受到伤害；教令如果不严加节制，那么社会风气就会流于败坏。〕

——北齐·刘昼《刘子·爱民》

□赏莫如厚，使民利之；誉莫如美，使民荣之；诛莫如重，使民畏之；毁莫如恶，使民耻之。〔奖赏没有比优厚更重要的了，这样可以使百姓觉得它有利可图；声誉没有比美名更好的了，这可以使百姓觉得光荣；惩罚没有比严厉更有必要了，这样可以使百姓产生畏惧；伤害没有比恶名更重的了，这可以使人觉得耻辱。〕

——秦·韩非《韩非子·八经》

□言赏则不与，言罚则不行，赏罚不信，故士民不死也。〔说要奖赏却不给予，说要惩罚却不实行，赏罚如此不讲信用，所以兵士百姓就不肯效死命。〕

——秦·韩非《韩非子·初见秦》

□芳饵之下必有悬鱼，重赏之下必有死夫。〔芳香的鱼饵下面必有上钩的鱼，重金悬赏下面必有不怕死的人。〕

——南朝·范晔《后汉书·耿纯传》

□喜无以赏，怒无以杀。喜以赏，怒以杀，怨乃起，令乃废。〔不可因个人喜悦而行赏，不可因个人恼怒而擅杀。如果因喜而赏，因怒而杀，人民就会生怨，政令就会废弛。〕

——春秋·管仲《管子·版法》

□为国之本，在于明赏罚，辨邪正。〔治理国家的根本，在于明确赏罚，辨别邪正。〕

——宋·苏轼《论周擅议配享自刻札子二首》

□禄贤不爱财，赏功不逾时，则下力并而敌国削。〔给贤才薪俸不要吝惜财物，奖励有功人员要不失时机。这样，就能使下属同心协力，共同削弱敌国。〕

——秦·黄石公《黄石公三略·上略》

□凡用赏者贵信，用罚者贵必。赏信罚必于耳目之所闻见，则所不闻见者，莫不阴化矣。〔奖赏贵在守信，惩罚贵在必行。奖赏守信，惩罚必行，是人们耳朵能听到、眼睛能看见的。即使是没有听到和看见，也都会因此而潜移默化了。〕

——周·吕尚《六韬·文韬·赏罚》

□必行其赏，则好功者不爱死；必行其罚，则有过者不归咎。〔一定要执行奖赏制度，这样愿意建立功业的人就不吝惜死；一定要执行惩罚制度，这样有过失的人便不会推卸责任。〕

——宋·许洞《虎钤经·先胜》

□赏罚信明，施与有节，记人之功，忽于小过。〔奖励与惩罚应做到信实、明确，不滥施，有节制，对人的功劳不要遗漏，对人的小过失则应持宽厚的态度。〕

——汉·班固《汉书·王嘉传》

528

□刑用于将过，则大邪不生；赏施于告奸，则细过不失。〔把刑罚用在刚刚出现犯罪苗头的时候，这样，大的奸邪才不会产生；把奖赏用在揭发坏人坏事方面，那么小的罪过也不会漏掉。〕

——战国·商鞅《商君书·开塞》

□惩之甚者改必速，畜之久者发必肆。〔惩戒深刻的，改正必定迅速；蓄积过久的，迸发出来一定很猛。〕

——明·方孝孺《汉章帝》

□计功而行赏，程能而授事。〔计算功绩的大小而实行奖赏，衡量才能的高低而授予职务。〕

——秦·韩非《韩非子·八说》

□见罚者，宠习之臣；受赏者，仇仇之士。戮一人而万国惧，赏匹夫而四海悦。〔被惩罚的，是皇帝周围的宠臣亲信；受奖赏的，是与君主有隔阂的人。像这样，杀一个人就可以使全天下的人都害怕，赏赐一个普通人就使全国都心悦诚服。〕

——南朝·萧子显《南齐书·崔祖思传》

□举不失德，赏不失劳。〔选拔时不遗漏有品德的人，奖赏时不遗漏有功劳的人。〕

——春秋·左丘明《左传·宣公十二年》

□刺恶讥微，不遗大小；善无细而不举，恶无细而不去。〔斥责邪恶，抨击腐败，不管大小都不能漏掉。好事不因为小就不表彰，坏事不因为小就不去清除。〕

——汉·董仲舒《春秋繁露·王道》

□饶之以财，约之以礼，裁之以法。〔用物质待遇使官员富裕，

用礼义制度对官员进行约束，用法律对官员的违法行为进行制裁。〕

——宋·王安石《临川先生文集》

□为政之本，莫若得人；褒贤显善，圣制所先。〔治国的根本，没有比得民心更重要的了；奖励贤者，显扬善人，应放在国家法令的首要位置。〕

——南朝·范晔《后汉书·孝安帝纪》

□稂莠不锄，嘉禾不茂；冤愤不泄，戾气不销。〔害草不铲除，好庄稼就不能茂盛生长；人们的愤恨之情不能发泄，罪恶现象就不能消除。〕

——明·张居正《论决重囚疏》

□刑滥，则小人道长；赏谬，则君子道消。小人之恶不惩，君子之善不劝，而望治安刑措，非所闻也。〔刑罚滥施，小人的气焰就更嚣张；奖赏谬行，君子的正气就会消退。对小人之恶不予惩罚，对君子之善不予奖励，而希望社会安定刑无所用，这是没听说过的。〕

——唐·吴兢《贞观政要·刑法》

□凡赏者，文也；刑者，武也。文武者，法之约也。〔奖赏，是文的一手；刑罚，是武的一手。这一文一武，是法治的纲要。〕

——战国·商鞅《商君书·修权》

□进者重赏，退者重刑。行之以信，审能达此，胜之主也。〔勇敢前进就一定要给予重赏，怯懦后退就要处以重刑。实施这些原则要讲究信用，如果确实能做到这样，那就是胜利之主了。〕

——战国·吴起《吴子兵法·治兵》

□赏罚不可轻行，用人弥须慎择。〔赏罚不可轻易进行，用人更

须慎重选择。〕

——唐·吴兢《贞观政要·择官》

□上多惠言而不克其赏，则下不用；数加严令而不致其刑，则民傲死。〔如果执政者多用口头许愿而不兑现奖赏，民众就不肯效力；如果一再发布严令而不执行刑罚，民众就连死刑这样的刑法也会毫不在乎。〕

——战国·商鞅《商君书·修权》

□是非随名实，赏罚随是非。〔是与非是看名实相副与否来判断的，赏与罚是随是与非而施行的。〕

——秦·尸佼《尸子·发蒙》

□一赏不可不信也，一罚不可不明也。赏而不信，虽赏不功；罚而不明，虽刑不禁。〔每次奖赏都不应不守信用，每次惩罚都不应不严明。奖赏不守信用，即使有奖赏也起不到鼓励作用；惩罚不严明，虽然有刑罚也禁止不了邪恶。〕

——北齐·刘昼《刘子·赏罚》

□喜则誉小人，贤不肖俱赏；怒则毁君子，使伯夷与盗跖俱辱，故臣有叛主。〔高兴时就赞誉小人，有才能的和没有才能的人一同奖赏；发怒的时候就伤害君子，使伯夷那样的好人和盗跖那样的恶人同受侮辱，所以大臣有背叛君子的。〕

——秦·韩非《韩非子·用人》

□赏不逾日，罚不还面。〔奖赏不超过当天，惩罚不待转过脸。〕
——战国·孙膑《孙膑兵法·将德》

□丰赏厚赐以竭藏，赦奸纵过伤法。藏竭则主权衰，法伤则奸民

531

阎。故曰："泰则反败矣。"〔赏赐过于丰厚以致使国库枯竭，刑罚过于宽大以致损害国法。国库枯竭则君权衰败，损害国法则奸民高兴。所以说："凡事做过头了反而会失败。"〕

——春秋·管仲《管子·七臣七主》

□刑上极，赏下通，是将威之所行也。〔刑罚及于最上层，奖赏达到最下层，这就是将帅的威信得以树立、命令能够执行的原因所在。〕

——周·吕尚《六韬·文韬·将威》

□香饵引泉鱼，重币购勇士。〔钓饵芳香才能引来泉鱼，重赏之下才能招致勇士。〕

——晋·陈寿《三国志·宗室传》

□是非不能混，喜怒不能倾，奸宄不能弄，万物各得其冥，则百官劝职，争进其功。〔是非不能混淆，不能因领导者的喜怒而丧失公平，奸宄之人无法从中玩弄手段，万物都各得其所，这样百官都受到鼓励而尽心尽责，争先恐后为国家建功立业。〕

——汉·董仲舒《春秋繁露·考功名》

□若号令烦而不信，赏罚行而不当，则天下不服。〔如果号令烦多又不守信用，施行赏罚又不适当，则天下人就不会服气。〕

——宋·欧阳修《准诏言事上书》

□诛恶及本，本诛则恶消；振裘持领，领正则毛理。〔惩处邪恶要从根本上着手，根本受到了惩治，邪恶自然就消除了；这就像抖动皮袄一样，把握住了衣领，皮袄的毛就自然理顺了。〕

——汉·杨伦《上书案坐任嘉举主罪》

□赏则必多，威则必严。〔奖赏一定要丰厚，刑罚一定要严厉。〕

——战国·商鞅《商君书·外内》

□重刑少赏，上爱民，民死赏；重赏轻刑，上不爱民，民不死赏。
〔刑罚重而赏赐的途径少，这实际上是国君爱护人民，人民也肯为赏
赐而不惜生命；赏赐的途径多而刑罚轻，这实际上是国君不爱护人民，
人民也不会为赏赐而拼命。〕

——战国·商鞅《商君书·靳令》

□杀一人则千人恐，滥一罪则百夫愁。〔乱杀一人则千人恐惧，
滥治一罪则百人愁怨。〕

——唐·陈子昂《答制问事·请措刑科》

□人君不畜恶民，农夫不畜无用之苗。无用之苗，苗之害也；无
用之民，民之贼也。锄一害而众苗成，刑一恶而万民悦。〔君主不养
育邪恶的百姓，农夫不培植无用的野草。无用的野草是禾苗的祸害，
无用的刁民是危害百姓的败类，除掉一棵有害的野草，使更多的禾苗
苗壮；惩罚一个邪恶之人，而使万民高兴。〕

——汉·桓宽《盐铁论·后刑》

□赏莫如厚而信，使民利之；罚莫如重而必，使民畏之；法莫如
一而固，使民知之。〔奖赏最好是丰厚而守信，使民众对它感到有利
可图；惩罚最好是严厉而且坚决，使民众对它望而生畏；法律最好是
统一而固定，使民众对它有深入的了解。〕

——秦·韩非《韩非子·五蠹》

□原其小罪，决其大过。〔原谅别人的小过失，而惩处其大过错。〕

——宋·许洞《虎钤经·论将》

□凡赏罚之必者，劝禁也。赏厚，则所欲之得也疾；罚重，则所

惠之禁也急。〔凡赏罚所以必要，是为了劝勉人们不做坏事。赏赐优厚，那么人们想得到它的心情也迫切；惩罚严厉，那么人们想从遵守禁令中获得好处的心情也急迫。〕

——秦·韩非《韩非子·六反》

□刑罚明而奸宄息，贤能用则功绩著。〔刑罚严明，坏人坏事就止息了；贤明能干的人得到重用，功效业绩就显著了。〕

——北朝·王睿《疾笃上疏》

□至赏不费，至刑不滥。〔最恰当的奖赏是不靡费的，最恰当的刑罚是不滥施的。〕

——汉·刘安《淮南子·氾论训》

□刑加于罪所终，则奸不去；赏施于民所义，则过不止。刑不能去奸而赏不能止过者，必乱。〔如果刑罚用在人们犯了罪之后，奸邪就不会根除；如果奖赏用在人们应该做到的事情上，罪过就不能制止。刑罚不能铲除奸邪，奖赏不能制止过错，国家一定混乱。〕

——战国·商鞅《商君书·开塞》

□勋劳宜赏，不吝千金；无功望施，分毫不与。〔建立功勋应该奖赏的，不吝惜千两黄金；没有功劳而希望得到给予的，则一分一毫不给。〕

——晋·陈寿《三国志·武帝纪》

□有功于国家，即千金之赏、通侯之印，亦不宜吝；无功于国家，虽颦笑之微、敝裤之贱，亦勿轻予。〔对国家有功的人，即使给予一千斤黄金的重赏和通侯金印，也不应当吝惜；对国家没有功劳，即使一点儿眉目表情、一件破衣烂裤，也不要轻易给予。〕

——明·张居正《陈六事疏》

□施赏不迁，行诛无赦；誉辅其赏，毁随其罚，则贤不肖俱尽其力矣。〔施行奖赏不随意变更，执行刑罚不随意赦免；用荣誉辅助物资奖赏的不足，受到惩罚的人也必然就得到恶名，那么有才能的人和没有才能的人都尽力向前了。〕

——秦·韩非《韩非子·五蠹》

□赏及淫人，则善者不以赏为荣；罚及善人，则恶人不以罚为辱。是故君子不轻施恩，施恩则劝；不轻动罚，动罚则惩。〔如果奖赏了坏人，那么好人也就不把受赏看做荣耀了；如果惩罚了好人，那么恶人也就不认为受罚是一种耻辱。所以君子轻易不施恩给人，一旦施恩就要起到鼓励作用；轻易不惩罚他人，一旦惩罚就要收到惩戒的效果。〕

——明·吕坤《呻吟语》

谋略决策

　　□天下之事，虑之贵详，行之贵力。〔天下的事情，斟酌计议贵在详备，具体去做的时候贵在竭尽全力。〕

——明·张居正《陈六事疏》

　　□锐始者必图其终，成功者先计于始。〔急于开始的一定要考虑其结尾，能成就功业的总在开始的时候就精心设计。〕

——明·张居正《答中丞孙槐溪》

　　□知彼知己，百战不殆。〔既了解敌人的情况，又了解自己的情况，任何一次战争都不会有危险。〕

——春秋·孙武《孙子·谋攻》

　　□先机失所豫，临事徒嗟叹。〔如果对事情发生的先兆没有觉察和防备，一旦出现事情，就只会叹息悔恨。〕

——明·何景明《种麻篇》

　　□凡谋物之成也，必由广大、众多、长久，信也。〔凡是谋划事情取得成功的，必定是着眼于广大、众多、长久，这是确定无疑的。〕

——秦·吕不韦《吕氏春秋·谕大》

　　□知胜有五：知可以战与不可以战者胜，识众寡之用者胜，上下同欲者胜，以虞待不虞者胜，将能而君不御者胜。〔能预见胜利有五

536

种情况：知道什么情况下可以打和什么情况下不可以打，能胜利；懂得兵多兵少的用兵方法，能胜利；上下的要求和愿望相同，能胜利；以自己有准备等待敌人的无准备，能胜利；将帅有才能而国君不加牵制，能胜利。〕

——春秋·孙武《孙子·谋攻》

□偷安者后危，虑近者忧迩。〔苟且偷安的人，以后的处境必然危难；只考虑眼前利益的，忧患会很快到来。〕

——汉·桓宽《盐铁论·结和》

□善渔者不泄泽，善田者不竭卉。〔会打鱼的人不把水全部排干，会种田的人不把草全部拔除。〕

——明·王廷相《慎言·保傅篇》

□事绝四：毋意，毋必，毋固，毋我。〔孔子杜绝了四种毛病：他不凭空猜测，不绝对肯定，不拘泥固执，不自以为是。〕

——春秋·孔子《论语·子罕》

□无以小害大，无以贱害贵。〔不要因为小的事情妨害了大的事情，不要因为不重要的东西而妨害了重要的东西。〕

——战国·孟子《孟子·告子》

□贵轻重，慎权衡。〔重视区分事情的轻重缓急，审慎地权衡得失利弊。〕

——汉·司马迁《史记·管晏列传》

□五善者，所谓善知敌之形势，善知进退之道，善知国之虚实，善知天时人事，善知山川险阻。〔所说的五种"善"是：善于了解掌握敌军的形势，善于掌握进攻和退却的规律，善于了解国家的虚实，

善于了解天时人事，善于了解山川地势险阻情况。〕

——三国·诸葛亮《将苑·将善》

□事未至而预图，则处之常有余；事既至而后计，则应之常不足。〔事情没到就考虑对策，事情到来时处理起来就非常从容；事情到来才开始考虑对策，应付起来就力不从心。〕

——宋·辛弃疾《美芹十论》

□不安于小成，然后足以成大器；不诱于小利，然后可以立远功。〔不满足于小的成功，才有可能成为出类拔萃的人物；不被微小的利益所诱惑，才可能建树远大的功业。〕

——明·方孝孺《曾林公辅序》

□败不可处，时不可失，忠不可弃，怀不可从。〔易毁的地方不可以居住，有利时机不可丢失，忠诚的人不可以抛弃，眷恋私欲的情绪不可以依顺。〕

——春秋·左丘明《国语·晋语》

□举所美必观其所终，废所恶必计其所穷。〔兴办所喜欢的事，一定要看到事情的结局；废止所厌恶的事，一定要考虑到事情的后果。〕

——春秋·管仲《管子·版法》

□渴而后穿井，饥而后殖种，可以图远，难以应卒也。〔渴了以后去挖井，饿了以后去种植，这样可以作为长远的考虑，但难以应付突然情况。〕

——三国·曹植《谏伐辽东表》

□凡持国，太上知始，其次知终，其次知中。三者不能，国必危，身必穷。〔大凡治理好国家的方法，最上等的是洞察事情的开端，其

538

次是预见到事情的结局，再次是掌握事情的发展过程。这三样都做不到，国家一定危险，自身一定困窘。〕

——秦·吕不韦《吕氏春秋·察微》

□智者先胜而后求战，暗者先战而后求胜。〔聪明的人有了胜利的把握以后才去向敌人挑战，愚笨的人则是先向人挑战后才希望取胜。〕

——三国·诸葛亮《便宜十六策·治军》

□事无全利，亦无全害。〔事情没有全是有利的，也没有全是有害的。〕

——明·张居正《陈六事疏》

□立策决胜之术，其要有三：一曰形，二曰势，三曰情。〔确定作战计划，决定最后胜负的办法，主要依据三个要点：一是地形地势，二是双方形势，三是心情意志。〕

——宋·司马光《资治通鉴·汉纪》

□千钧之弩，不为鼷鼠发机；万石之钟，不以莛撞起音。〔有千钧之力的弓弩，决不会为了射击小老鼠而开动弩机；万石之重的大钟，不会因为小草茎的撞击而发声。〕

——晋·陈寿《三国志·杜袭传》

□逐鹿者不顾兔，决千金之货者不争铢两之价。〔追赶野鹿的猎手，是不会顾及兔子那样的小猎物的；决意成交价值千金货物的人，是不会在一铢一两的价格上计较不休的。〕

——汉·刘安《淮南子·说林训》

□全则必缺，极则必反，盈则必亏。先王知物之不可两大，故择物，当而处之。〔完美就会转向缺损，极端就会走向反面，满盈就会转向欠缺。先王知道不能两方面同时发展壮大，所以对于事物要加以选择，适宜做的才做。〕

——秦·吕不韦《吕氏春秋·博志》

□营大者，不计小名；图远者，弗拘近利。〔经营伟大事业的人，绝不在小名声上斤斤计较；筹划远大目标的人，绝不把自己束缚在眼前利益上。〕

——唐·李延寿《北史·太武五王传》

□君子务知大者远者，小人务知小者近者。〔高瞻远瞩的君子，总是注意着远大的事情；而鼠目寸光的小人，只注意眼前的小事。〕

——春秋·左丘明《左传·襄公三十一年》

□利一而害百，君子不趋其利；害一而利百，君子不辞其害。〔只有一个好处却有上百个害处，君子不求取这样的好处；只有一个害处却有上百个好处，君子不推辞这样的害处。〕

——清·陈确《葬书·深葬说》

□进有退之义，存有亡之机，得有丧之理。〔进中包含着退的含义，存中包含着亡的可能，得中包含着丧的道理。〕

——唐·吴兢《贞观政要·征伐》

□有道之士，贵以近知远，以今知古，以所见知所不见。〔有道德有才干的人，他们的可贵之处在于由近的可以推知远的，由现在的可以推知古代的，由见到的可以推知未见到的。

——秦·吕不韦《吕氏春秋·察今》

□不去小利，则大利不得；不去小忠，则大忠不至。故小利，大利之残也；小忠，大忠之贼也。圣人去小取大。〔不抛弃小利，大利就不能得到；不抛弃小忠，大忠就不能实现。所以说，小利是大利的祸害，小忠是大忠的祸害。圣人抛弃小者，选取大者。〕

——秦·吕不韦《吕氏春秋·权勋》

□今有人于此，以随侯之珠弹千仞之雀，世必笑之。是何也？所用重，所要轻也。〔假如有这样一个人，用随侯之珠去弹千仞高的飞鸟，世人肯定会嘲笑他。这是为什么呢？因为他所耗费的太贵重，所追求的太轻微了。〕

——秦·吕不韦《吕氏春秋·贵生》

□凡人之患，蔽于一曲，而暗于大理。〔人们认识上的通病，是被事物的一个片面所局限，而不明白全面的道理。〕

——战国·荀子《荀子·解蔽》

□天下之事，不可尽知，而以臆断之，不可任也。〔天下的事情，不可能全部了解，所以凭主观断定它是不可取的。〕

——晋·葛洪《抱朴子·论仙》

□金刚则折，革刚则裂，人君刚则国家灭。〔金属太坚硬就容易折断，皮革太硬就容易裂开，国君刚愎自用就会使国家灭亡。〕

——汉·刘向《说苑·敬慎》

□明主任计不信怒，暗主信怒不任计。计胜怒则强，怒胜计则亡。〔明智的君主在决定问题时凭谋略不凭个人感情，昏庸的君主凭个人感情不凭谋略。谋略胜过感情就强大，感情胜过谋略就灭亡。〕

——战国·荀子《荀子·哀公》

□善为天下者，计大而不计小，务德而不务刑，居安恶危，值利思害。〔善于治理国家的人，应该是谋划大事而不考虑细枝末节，致力于德政而不致力于刑罚，处在平安的环境中想着可能出现的危险，遇到有利可图时要想到是否会因此而受害。〕

——宋·宋祁《新唐书·陈子昂传》

□利可共而不可独，谋可寡而不可众。〔好处可以和大家一起享受，而不能自己独占；计谋可以和少数人商议，而不能和众多的人商议。〕

——宋·林逋《省心录》

□小人有欲，轻虑浅谋，徒见其利，不顾其害，难必不久矣。〔小人有了欲望，考虑谋划时总是很轻率肤浅，只看到它的好处，不顾其害处，这样，灾难一定很快就来到了。〕

——宋·司马光《资治通鉴·周纪》

□迷者不问路，溺者不问遂，亡人好独。〔迷路的人是因为他不问路，溺水的人是因为他不打听可以涉水而过的道，亡国的君主是因为他好独断专行，不能用人。〕

——战国·荀子《荀子·大略》

□违时任意，则祸必及。〔违背时间条件，完全按主观意志办事，那么祸患必将来到。〕

——清·王夫之《读通鉴论》

□浅不足与测深，愚不足与谋知，坎井之蛙不可与语东海之乐。〔短的工具不足以用来测量深水的，愚蠢的人是不足以与他谋划事情的，井里的青蛙是不足以与它谈论东海里的乐趣的。〕

——战国·荀子《荀子·正论》

□知者见祸福远，其知利害蚤，物动而知其化，事兴而知其归，见始而知其终。〔有智慧的人能够预见很长时间里的吉凶祸福，早就知道事情的成败利害。事物刚有动静，他就知道向哪个方面演化；事情刚刚兴起，他就知道最后的归宿；看到事物的开头就知道它的结果。〕

——汉·董仲舒《春秋繁露·必仁且智》

□兴一世之功，不当恤流俗之议。〔要想建立划时代的功业，就不应该把一般没有远见的人的议论放在心上。〕

——明·归有光《寄王太守书》

□蜚蓬之问，明主不听也。无度之言，明主不许也。〔没有根据的言论，英明的君主是不听的；没有法度的言论，英明的君主是不能赞同的。〕

——春秋·管仲《管子·形势解》

□与死者同病，难为良医；与亡国同道，难与为谋。〔与死者患同样病症的人，难以成为良医；与亡国者有相同思想主张的人，难以与他谋划事情。〕

——汉·刘安《淮南子·说林训》

□虽有智慧，不如乘势；虽有镃基，不如待时。〔纵然有智慧，不如及时利用客观形势；虽然有很大的锄头，不如等待锄地的季节（再来锄草）。〕

——战国·孟子《孟子·公孙丑上》

□顺理而举易为力，背时而动难为功。〔按照客观规律去办事，就能事半功倍；逆时势而动，就难以成功。〕

——唐·令狐德棻《晋书·宣帝纪》

□细之安必待大，大之安必待小，细大贵贱交相为赞，然后皆得其所乐。〔局部的安定，一定要依靠全局的安定；全局的安定，也一定要依靠局部的安定。全局和局部、贵重和轻贱相互依赖支持，然后才能各得其所。〕

——秦·吕不韦《吕氏春秋·务大》

□制人之术，避人之长，攻人之短，见己之所长，蔽己之所短。〔制服敌人的办法是避开别人的长处，攻击别人的短处；看到自己的长处，隐蔽自己的短处。〕

——唐·李筌《太白阴经·智有探心篇》

□多听乱视，多言乱听。〔顺从许多人的指点，自己的视觉就会混乱；信从许多人的言论，自己的听觉就会混乱。〕

——明·张居正《陈六事疏》

□善用人者不恃人。〔善于使用人才的人并不完全依赖所使用的人。〕

——清·王夫之《读通鉴论》

□不为不可成，不求不可得，不处不可久，不行不可复。〔不强干办不到的事情，不追求得不到的利益，不立足于不能持久的地位，不去做不可再行的事情。〕

——春秋·管仲《管子·牧民》

□见善而怠，时至而疑，知非而处，此三者道之所止也。〔见了好事情懒怠而不向人家学习，遇到时机疑惑而不能立即行动，知道是坏事还置身其中，这三条是治国之道废止的原因。〕

——周·吕尚《六韬·明传》

□见小利不动，见小患不避，小利小患，不足以辱吾技也，夫然后可以支大利大患。〔见到小的利益不行动，遇到小的灾祸不退避，因为小的利益和小的灾祸是不值得耗费我的本事的。这样，才有可能承受大的利益，应付大的灾祸。〕

——宋·苏洵《心术》

□度德而处之，量力而行之，相迸而动。〔忖度德行如何，从而决定怎样处理事情；估量力量大小，从而决定是否实行；观察时机是否适宜，然后采取行动。〕

——春秋·左丘明《左传·隐公十一年》

□料敌势强弱，而知师之胜负，此将帅之能也。〔估计敌人兵力的强弱，从而判断自己的部队能否打胜仗，这是担任将帅的人应具有的能力。〕

——宋·苏过《士燮变》

□行事在审己，不必恤浮议。〔做什么事一定要由自己弄明白，没有必要为那些纷杂的议论而忧虑。〕

——宋·杨时《程氏粹言·论事篇》

□见可而进，知难而退，军之善政也。〔看到可能胜利就进攻，知道进兵有困难就后退，这是治军的上策。〕

——春秋·左丘明《左传·宣公二十年》

□度功而行，仁也；择任而往，知也。〔衡量能成功的事去做，符合仁义；选择能胜任的事前往，叫做明智。〕

——春秋·左丘明《左传·昭公二十年》

□事机作而不能应，非智也；势机动而不能制，非贤也；情机发而不能行，非勇也。善将者，必因机而立胜。〔事情成功的机会到了却不能把握它，是不明智的表现；形势提供了机会而不能掌握，是不贤能的表现；在人心向我，可以采取行动时而不行动，是不勇敢的表现。善于用兵打仗的人，一定要充分利用有利时机去取得胜利。〕

——三国·诸葛亮《将苑·机形》

□广开耳目，以察万方，不涸溺于流俗，不拘系于左右，廓然远见，踔然独立。〔多听多看，借以了解各方面的意见，自己不能沉溺于一般习俗，也不要被身边的人控制，胸襟开阔有远见，超然独立于众人之外。〕

——汉·刘向《说苑·君道》

□凡举事无逆天数，必顺其时，乃因其类。〔做事情不要违背自然规律，一定要顺应时势，按照各类事物的固有属性去做。〕

——秦·吕不韦《吕氏春秋·仲秋》

□总揽权纲，量时度力，举无过事。〔把握朝廷的纲要，审时度势，量力而行，不去做那些办不到的过头事。〕

——宋·司马光《资治通鉴·汉纪》

□取人以己，成事以质。审用财，慎施报，察称量。〔取用于人要比照一下自己，办事要根据实际力量。要谨慎地使用国家财力，慎重处理施与与报酬，明察事物的分量和限度。〕

——春秋·管仲《管子·版法》

□度德、量力、相时者，道也。〔权衡自己的德才任职，量力而行地做事，决策善于把握时机，这是为政之道。〕

——清·王夫之《读通鉴论》

□喜怒肆志，高下在心，是则舍准绳以正曲直，弃权衡而定轻重者也，不亦惑哉？〔感情上放纵自己的心意，处理事情随心所欲，这就等于是扔掉了准绳而校正曲直，抛开了权衡而确定轻重，这怎能不使人感到迷惑不解呢？〕

——唐·吴兢《贞观政要·公平》

□尽己之所可为，尽己之所宜为。〔尽力做自己可能做到的事，尽力做自己所适宜做的事。〕

——清·王夫之《读通鉴论》

□量力而行则不竭，量智而谋则不困。〔根据自己的力量去做，力量就不会衰竭；根据自己的智能谋划，就不会陷入困境。〕

——清·唐甄《潜书·审知》

□前虑不定，后有大患。〔不事先考虑好对策，以后必有大祸患。〕

——汉·刘向《战国策·对策》

□因则功，专则拙。〔善于凭借外物，就能成功，只凭个人力量，就会失败。〕

——秦·吕不韦《吕氏春秋·贵因》

□政善治，事善能，动善时。〔处理政事要井井有条，办理事务要很内行，采取行动要善于捕捉时机。〕

——春秋·老子《道德经》

□凡得时者昌，失时者亡。〔凡事及时而做就昌盛，错过时机就败亡。〕

——春秋·列御寇《列子·天符篇》

□亡国之主似智，亡国之臣似忠。相似之物，此愚者之所大惑，而圣人之所加虑也。〔亡国的君主好像很聪明，亡国的臣子好像很忠诚。对相似的事物，愚昧无知的人深感迷惑，而且也是圣人最伤脑筋、需要用心思索的。〕

——秦·吕不韦《吕氏春秋·疑似》

□当时则动，物至而应，事起而辨。〔抓住时机及时行动，事物来了就立刻去对付，情况发生了就马上去处理。〕

——战国·荀子《荀子·解蔽》

□事至而后虑者谓之后，后则事不举；患至而后虑者谓之困，困则祸不可御。〔事情已经发生了才考虑就叫做被动，被动则事情就不会成功；灾祸已经到了才考虑就叫做困窘，困窘则无法抵御灾祸。〕

——战国·荀子《荀子·大略》

□先发制人，后发制于人。〔主动发动进攻，就可以制服对方；被动发动进攻，就会被别人所制服。〕

——汉·班固《汉书·项籍传》

□遍知天下，而不明于机数，不能正天下。故明于机数者，用兵之势也。〔普遍了解天下情况，而不能明察战机和策略，还是不能征服天下的。所以，明察战机和策略是用兵的关键。〕

——春秋·管仲《管子·七法》

□经略大事，固非常情所及，智者了于胸中，不必待众言皆合也。〔筹划大事，本来不是平常人力所能及的，有智慧的人心里明白就可以了，不必等众人的意见完全一致。〕

——宋·司马光《资治通鉴·晋纪》

□圣王制世御俗，独化于陶钧之上，而不牵于卑乱之语，不夺于众人之口。〔圣明的君主治理社会统御众人，要独立地管理、教化天下，就像制陶器的人转动圆轮一样自有法度，不为卑琐邪乱的议论牵制，不因纷杂众多的口舌丧失独立见解。〕

———汉·司马迁《史记·鲁仲连邹阳列传》

□用莫大于玄默，动莫大于不意，谋莫善于不识。〔用兵上最要紧的莫过于神秘无言，行动上最要紧的莫过于出其不意，谋划时最要紧的莫过于使人捉摸不透。〕

———周·吕尚《六韬·军势》

□天与弗取，反受其咎；时至不行，反受其殃。〔上天赐予的东西不接受，反而会受到惩罚；时机到了不行动，反而会遭受灾祸。〕

———汉·司马迁《史记·淮阴侯列传》

□见利不失，遭时不疑。失利涉时，反受其害。〔看到有利的条件就不能失去，碰到好的机会就不能迟疑。失掉有利条件，错过大好时机，就会反受其害。〕

———唐·李筌《太白阴经·作战篇》

□仁者不穷约，智者不失时。〔仁义的人是不会坐守贫困的，聪明的人是不会坐失良机的。〕

———汉·司马迁《史记·仲尼弟子列传》

□道在不可见，事在不可闻，胜在不可知。〔用兵之道的神妙在于众人都看不见，谋划事情的奥妙在于众人都听不见，出奇制胜的诀窍在于众人都不知道。〕

———周·吕尚《六韬·发启》

549

□天不为人之恶寒也辍冬，地不为人之恶辽远也辍广，君子不为小人之匈匈也辍行。〔自然界并不由于人们厌恶寒冷而废除冬季，大地并不由于人们厌恶遥远而缩小本来广大的面积，君子并不由于小人的吵吵嚷嚷而改变自己的正确行动。〕

——战国·荀子《荀子·天论》

□智者不逆天，亦不逆时，亦不逆人也。〔凡是有才智的人，不会背逆天时条件，不会丧失时机，也不会违背人们的意志。〕

——三国·诸葛亮《将苑·智用》

□以疑决疑，决必不当。夫苟不当，安能无过乎？〔用糊涂的认识来决断不清楚的事情，他的决断必定失误。如果决断失误，哪能不犯错误呢？〕

——战国·荀子《荀子·解蔽》

□料敌在心，察机在目。〔熟知敌情判断正确，取决于指挥员的敏锐思考；决策及时不失良机，则取决于指挥员的见识。〕

——三国·曹操《孙子注》

□政教积德，必致安泰之福；举措数失，必致危亡之祸。〔国家的政治和教化长久积下德惠，必然得到安定太平之福；国家在重大举动的决策上屡屡失误，必然导致倾危灭亡之祸。〕

——汉·王符《潜夫论·慎微》

□功者，难成而易败；时者，难得而易失也。时乎时，不再来。〔功业难于成功却容易失败，时机难于得到却容易丧失。时机啊时机，失去了就不会再来。〕

——汉·司马迁《史记·淮阴侯列传》

□下将之用兵也，博闻而自乱，多知而自疑，居则恐惧，发则犹豫，是以动为人禽矣。〔下等的将军用兵打仗，见闻广博却无主见，反把自己的思想搞乱了，懂得的很多却不会用，常常怀疑自己，平时恐惧紧张，发起行动时却又犹犹豫豫，所以在军事行动时必然为敌人所擒。〕

——汉·刘安《淮南子·兵略训》

□时未至而为之，谓之躁；时至而不为之，谓之陋。〔时机还不成熟就急着去做，这叫急躁；时机已经成熟但还不去做，这叫愚陋。〕

——明·刘基《郁离子·井田可复》

□动静顺然后和也，不失其时然后富，不失其法然后治。〔举措得宜国事才能协调，办事不失时机国家才能富裕，不失法度国家才能治理好。〕

——春秋·管仲《管子·禁藏》

□宗原应变，曲得其宜。〔既遵守根本原则，又能顺应情况的变化，使各方面都处理得很得当。〕

——战国·荀子《荀子·非十二子》

□谋泄者事无功，计不决者名不成。〔计谋泄露出去，事情就不会成功；对计谋不能决断，功名就难以成就。〕

——汉·刘向《战国策·齐策》

□安静则治，暴疾则乱。〔将帅冷静沉着，军队就治理得好；急躁易怒，就容易造成部队的混乱。〕

——战国·尉缭《尉缭子·兵令》

□听者，事之候也；计者，事之机也；听过计失而能久安者鲜矣！

故知者，决之断也；疑者，事之害也。〔听取意见，是为了取得决定事情的情况；计谋，是决定事情的关键。听取意见过分，计谋失误，而能长久安定者是极少的。所以智慧是用来决断事情的，而犹疑不决是事情的大害。〕

——宋·司马光《资治通鉴·汉纪》

□审计重举，明画深图。〔周密地制订计划，慎重地采取行动，在谋划时头脑要清醒，考虑问题要有远见。〕

——三国·曹操《孙子注》

□将者，必独见独知。独见者，见人所不见也；独知者，知人所不知也。〔将领必须有自己的独到见解和知识。所谓独到的见解，就是能洞察别人所看不到的东西；所谓独到的知识，就是知道别人所不知道的事物。〕

——汉·刘安《淮南子·兵略训》

□小谨者无成功，訾行者不容于众。〔谨小慎微的人做事难以成功，行为放纵的人不为众人所容。〕

——汉·刘安《淮南子·氾论训》

□计者，事之本也；听者，存亡之机。计失而听过，能有国者寡也。〔出谋划策，是大事成功的根本；考察情况，是举措成败的关键。既失算又失察，而能保全国家的，真是太少了。〕

——汉·刘向《战国策·秦策》

□轻虑者不可以治国，独智者不可以存君。〔决断问题轻率的人不能治理国家，自以为是、刚愎自用的人不能保全君位。〕

——汉·司马迁《史记·蒙恬传》

□任一人之能，不足以治三亩之宅也；循道理之数，因天地之自然，则六合不足均也。〔靠一个人的能力，不足以治理好三亩大的宅院；而遵循客观道理，依照大自然的变化规律行事，那么协调整个天下也是有余的。〕

——汉·刘安《淮南子·原道训》

□力贵突，智贵卒。得之同则速为上，胜之同则湿为下。〔用力贵在突发，用智贵在敏捷。同样获得一物，速度快的为优；同样战胜对手，拖延久的为劣。〕

——秦·吕不韦《吕氏春秋·贵卒》

□速成则疾亡，晚就则善终。〔完成得快，丧亡得也快；成就得慢，则会长保完好。〕

——晋·陈寿《三国志·王昶传》

□仰高者不可忽其下，瞻前者不可忽其后。〔仰望高空的人不能忽视他的下方，往前方观看的人不能忽视他的背后。〕

——三国·诸葛亮《便宜十六策·思虑》

□兵无常势，水无常形，能因敌变化而取胜者，谓之神。〔军队打仗没有固定不变的战法，水没有固定不变的形态，能根据敌情变换战法而取胜的，叫做用兵如神。〕

——春秋·孙武《孙子·虚实》

□善出奇者，无穷如天地，不竭如江河。〔善于出奇制胜的人，其战略战术就像天和地一样善于变化，就像奔流不息的江河一样无穷无尽。〕

——春秋·孙武《孙子·兵势》

□造父者，天下之善御者也，无舆马则无所见其能；羿者，天下之善射者也，无弓矢则无所见其巧。〔造父，是天下最善于驾驶车马的人，但没有车马也就显不出他的才能；羿，是天下最善于射箭的人，但没有弓箭也就无从表现他射箭的技巧。〕

——战国·荀子《荀子·儒效》

□事有便宜，而不拘常制；谋有奇诡，而不循众情。〔处置一件事，应采取最有利的方式，而不要拘泥于某种固定的成规；计谋应出人意料、变化难测，不应迎合和曲从于一般人的见解。〕

——唐·吴兢《旧唐书·陆贽传》

□见微以知萌，见端以知末。〔察觉事物尚属隐微的迹象，就知道它昭显之后的情景；看到事情的开端就知道它的结局。〕

——秦·韩非《韩非子·说林上》

□举失而国危，形过而权倒，谋易而祸及，计得而强信。〔举措失当国家就会危险，过分暴露权谋就会失败，谋事轻率则招祸，计划得宜则发挥强力。〕

——春秋·管仲《管子·霸言》

□将欲败之，必姑辅之；将欲取之，必姑与之。〔将要败坏他，必先协助他；将要夺取他，必先送给他。〕

——汉·刘向《战国策·魏策》

□谋藏于心，事见于迹，心与迹同者败，心与迹异者胜。〔计谋藏于心中，事情表现在外边，心里想的和外表流露的一致时，就失败了；心里想的和外表流露的相反时，就胜利。〕

——唐·李筌《太白阴经·沈谋篇》

□上智不处危以侥幸，中智能因危以为功，下愚安于危以自亡。〔最有智慧的人，不会在面临危险时抱着侥幸心理，而是依靠自己的努力去改善处境；具有中等智慧的人，能够因势利导，把危险变为成功的机会；最愚蠢的人，则是苟安于危险环境而自取灭亡。〕

——南朝·范晔《后汉书·吴汉传》

□权不可豫设，变不可先图；与时迁移，应物变化，设策之机也。〔权谋不能在情况未发生时就预先设计周全，对于变化的事物不能事先就谋划妥当；随着形势而转移，顺应事物而变化，这是确定策略的关键。〕

——宋·司马光《资治通鉴·汉纪》

□将欲毁之，必重累之；将欲踣之，必高举之。〔将要毁掉它，一定先把它堆叠起来；将要摔破它，一定先把它举得高高的。〕

——秦·吕不韦《吕氏春秋·行论》

□虑于民也深，则谋其始也精。〔如果对人民的疾苦关心深厚，那么谋划事情从一开始就细致周到。〕

——宋·欧阳修《偃虹堤记》

□轻用其兵者，其国易危；易用其计者，其身易穷。〔轻率动用军队打仗的君主，他的国家容易遭到危险；轻易采用某项计谋而不深思熟虑的君主，他自身容易陷入困境。〕

——汉·刘向《战国策·魏策》

□满则思谦，平则思险，安则思危。〔满足时就要想到欠缺，平易时就要想到险阻，安定时就要想到危急。〕

——战国·荀子《荀子·仲尼》

□将欲歙之，必固张之；将欲弱之，必固强之；将欲废之，必固兴之；将欲夺之，必固与之。〔将要收敛它，必须暂且扩张它；将要削弱它，必须暂且增强它；将要废弃它，必须暂且兴起它；将要夺取它，必须暂且给予它。〕

——春秋·老子《道德经》

□预备不虞，军之善政。〔随时准备应付可能发生的意外事件，这是行军打仗的最好措施。〕

——唐·令狐德棻《晋书·桓彝传附桓冲》

□临大事，决大议，垂绅正笏，不动声色，而措天下于泰山之安，可谓社稷之臣矣。〔面对大事，决定大策，从容镇定，不动声色，却把天下处置得好比泰山那样稳固，这就可以称为是国家的重臣了。〕

——宋·欧阳修《相州昼锦堂记》

□非计策无以决嫌定疑，非谲奇无以破奸息寇，非阴谋无以成功。〔不用心筹划就无法决定疑难，不出奇制胜就无法破奸灭寇，不秘密计谋就不能成功。〕

——秦·黄石公《黄石公三略·中略》

□无恐惧，无犹豫。用兵之害，犹豫最大。三军之灾，莫过狐疑。〔无所恐惧，无所犹豫。用兵的危害，以犹豫为最大；三军的灾难，就在于多疑无决断。〕

——周·吕尚《六韬·军事》

□智者举事，因祸为福，转败为功。〔聪明人做事情，能变不利因素为有利因素，从而使祸转化为福，使失败转化为成功。〕

——汉·司马迁《史记·苏秦列传》

□与时变而不化，从物迁而不移。能正能静，然后能定。定心在中，耳目聪明。〔顺应时势而不随波逐流，顺从客观世界的变迁而不随便动摇。能端正能安静，然后才能够坚定。有一颗坚定的心在里面，就可以耳聪目明。〕

——春秋·管仲《管子·内业》

□有因则成，无因则败。〔有条件就能成功，没有条件就会失败。〕

——宋·司马光《资治通鉴·晋孝武帝》

□静而后能安，安而后能虑，虑而后能得。〔心静不乱而后才能安稳泰然，安稳泰然而后才能思虑精详，思虑精详而后才能有所收获。〕

——战国·曾参《礼记·大学》

□军以粮食为本，兵以奇正为始。〔军队要把粮食作为根本，用兵要把懂得何时对阵交锋、何时设伏掩袭作为基础。〕

——三国·诸葛亮《治军》

□先计而后动，知胜而始战。〔先制订周密的计划而后行动，有了获胜的把握再开始作战。〕

——三国·诸葛亮《将苑·将戒》

□凡谋之道，周密为宝。〔凡是谋划攻敌的计策，周到细密是最可贵的。〕

——周·吕尚《六韬·三疑》

□大行不顾细谨，大礼不辞小让。〔干大事时，不必太顾虑细末小节；大礼当前时，无须拘执细小的谦让。〕

——汉·司马迁《史记·项羽本纪》

557

□乱主不量人力，令于人之所不能为，故其令废；便于人之所不能为，故其事败。〔昏乱的君主不衡量人民的能力，命令人民做力所不及的事情，所以命令不能推行；役使人民去做那些做不到的事情，所以事业就失败。〕

——春秋·管仲《管子·形势解》

□小谨者不大立，餐食者不肥体。〔谨小慎微的人成不了大事，就好比过分挑拣食物就不会使身体胖起来一样。〕

——春秋·管仲《管子·形势》

□十里断者，国弱；五里断者，国强。〔一个事件发生，由十里之内的地方组织才能判明是非进行决断的，这样的国家就弱；由五里之内较小的地方组织就能决断的，这样的国家就强。〕

——战国·商鞅《商君书·去强》

□欲思其利，必虑其害；欲思其成，必虑其败。〔考虑一件事情既要想到它的好处，也要考虑到它有害的一面；想到事情的成功，必须同时考虑到招致失败的可能。〕

——三国·诸葛亮《便宜十六策》

□先谋后事者逸，先事后图者失。〔先定计谋而后行事就安逸，先行事而后谋划就失败。〕

——唐·陈子昂《谏灵驾入京书》

□勇怯在谋，强弱在势，谋能势成，谋拙势失。〔勇猛和怯懦在于将帅的运筹谋划，强大和弱小在于所处的态势。谋略很高明，有利的态势就会形成；谋略笨拙，有利的态势就会失去。〕

——唐·李筌《太白阴经·人无勇怯篇》

□兵贵谋之不测也，形之隐匿也，出于不意，不可以设备也。谋见则穷，形见则制。〔用兵贵在谋划时他人难以测度，形迹善于隐蔽，这样，常常出其不意，使对方无法防备。如果密谋暴露就会陷入困境，形迹暴露就会被人所制。〕

——汉·刘安《淮南子·兵略训》

□谋莫难于周密，说莫难于奚听，事莫难于必成。〔计谋，没有什么比周详严密更难的；言论，没有什么比全部听从更难的；事业，没有什么比必定成功更难的。〕

——春秋·王诩《鬼谷子·摩》

□有所取必有所舍，有所禁必有所宽。〔有取得的一定有放弃的，有禁止的一定有宽纵的。〕

——宋·苏轼《策别第十》

□狐疑犹豫，后必有悔；断而敢行，鬼神避之，后有成功。〔凡事疑虑太多，犹豫不决，后来一定要后悔；如果能决事果断，敢于行动，连鬼神也会畏惧逃避，以后必定成功。〕

——汉·司马迁《史记·李斯传》

□事以密成，语以泄败。〔事情因为谋划周密而成功，机密的话因为泄露而失败。〕

——秦·韩非《韩非子·说难》

□决胜料势，决战料情。情势已定，断在不疑。〔决定胜负，在于正确地估计形势；决定战斗，在于正确地了解敌情。形势和敌情都已经掌握了，决断时就不要迟疑。〕

——宋·卢多逊《旧五代史·阎宝传》

口事虽易，而以难处之，未有不治之变；患虽远，而以近处之，未有不及之谋。〔事情虽然很简单，而如果用对待难事的态度和办法来对待，就没有解决不了的事变；祸患虽然很遥远，而如果用对待眼前的祸患的态度和办法对待，就没有会考虑不到的计策。〕

——明·王廷相《慎言·小宗篇》

口心谋大，迹示小；心谋取，迹示与；惑其真，疑其诈。〔内心里策划着大的作战计划，而行动上表现为较小的行动；心里谋划着攻取，表面上表现为给予；以假乱真，使其迷惑，诡诈难料，使其迟疑不决。〕

——唐·李筌《太白阴经·沈谋篇》

口谋度于义者必得，事因于民者必成。〔计谋，经得起道义标准衡量的就一定正确；事情，凭借民众支持的就一定成功。〕

——秦·晏婴《晏子春秋·内篇》

口君子慎始，差若毫厘，缪以千里。〔君子对事情的开始很谨慎，因为开始产生了毫厘之小的偏差，其后果的差错就会有千里之遥。〕

——汉·戴圣《礼记·经解》

口不识庐山真面目，只缘身在此山中。〔无法看清庐山的真面目，是因为自己身在庐山之中。〕

——宋·苏轼《题西林壁》

口计疑无定事，事疑无成功。〔谋划事情的时候疑虑重重，就没有能够确定下来的事情；做事情的时候疑虑重重，就没有能够建成的功业。〕

——三国·诸葛亮《便宜十六策·察疑》

□愚者暗于成事，知者见于未萌。民不可与虑始，而可与乐成。〔愚昧的人在事情已经做成之后还看不明白，而聪明的人在事情萌芽之前就能够发现苗头。不能和一般的民众去探讨创新的大事，只能在事成之后和他们欢庆成功。〕

——战国·商鞅《商君书·更法》

□事前而恐惧则畏，畏可以免祸；事后而恐惧则悔，悔可以改过。〔做事之前心里不踏实就会有所戒备，有戒备就可避免发生灾祸；事情做完之后心里不踏实就会反复悔思，悔思就可以把错误改正过来。〕

——宋·林逋《省心录》

□谋贵众，断贵独。〔谋略贵在广开言路，决断贵在独立思考。〕

——宋·辛弃疾《美芹十论·自治》

□当危乱之世，镇之以静，虑之以密，守之以大正，而后可以为社稷之臣。〔处于危乱之世，要保持镇静，缜密地考虑问题，坚守住根本原则，这样才可能成为安国治邦的重臣。〕

——清·王夫之《读通鉴论》

□民之从事，常于几成而败之。慎终如始，则无败事。〔人们所做的事，总是在快成功的时候失败的。如果在结束时都能像开始那样慎重，就不会失败。〕

——春秋·老子《道德经》

□虑必先事而申之以敬，慎终如始，终始如一，夫是之谓大吉。〔在行动之前一定要周密地考虑并且要告诫自己慎之又慎，从开始到结束，一直都要谨慎从事，这就叫非常吉利。〕

——战国·荀子《荀子·议兵》

□物新则壮，旧则老；新则鲜，旧则腐；新则活，旧则板；新则通，旧则滞，物之理也。〔事物新生时强壮，陈旧时就衰老；新生时鲜洁，陈旧时就腐朽；新生时活跃，陈旧时就死板；新生时通畅，陈旧时就凝滞，这是事物的共同规律。〕

——清·康有为《上清帝第六书》

□善游者溺，善骑者堕，各以其所好，反自为祸。〔善于游泳的人往往被淹死，善于骑马的人往往从马上摔下来，他们所做的都是自己所擅长的事，反过来却自成灾祸。〕

——汉·刘安《淮南子·原道训》

□轻则失根，躁则失君。〔轻举必然丧失基础，妄动必然丧失主宰。〕

——春秋·老子《道德经》

□论学则观其身，论政则考其时。〔议论学术，应该看看他的实践；议论政事，应该考察它是否符合当前现实。〕

——明·方孝孺《杂铭·书签》

□心欲小而志欲大，智欲员而行欲方，能欲多而事欲鲜。〔考虑问题要谨慎小心，但志向要远大；思想要灵活，但行为要方正；才能要多，但不要大小事都做。〕

——汉·刘安《淮南子·主术训》

□苟兢其步，虽履险能安；轻易其足，虽夷路亦踬。〔如果举步谨慎，即使十分危险的地方也能平安走过；随便迈步，即使在平坦的大道上行走也会跌倒。〕

——北齐·刘昼《刘子·慎隙》

□制法之民，不可与远举；拘礼之人，不可使应变。〔因循于旧的章法的人，不能与他们一起开创目标远大的事业；拘泥于陈腐礼教的人，不能让他们去处理变化了的情况。〕

　　　　　　　　　　　　——汉·刘安《淮南子·氾论训》

□理生于危心，乱生于肆志。〔国家治理得好，是由于当政的人随时都兢兢业业，小心谨慎；国家出现祸乱，则是因为当权者随心所欲，恣意妄为。〕

　　　　　　　　　　　　——唐·吴兢《旧唐书·李绛传》

□惧则思，思则通微；惧则慎，慎则不败。〔敬畏就会思考，思考就会通晓一切；敬畏就会谨慎，谨慎就会事事成功。〕

　　　　　　　　　　　——明·张居正《赠毕石庵先生宰朝邑叙》

□安危之本在人情，治乱之机系事始。〔国家安危的根源在于世情人心，国家治乱的关键取决于行事之始。〕

　　　　　　　　　　　　——宋·杨时《程氏粹言·论政篇》

□事必要其所终，虑必防其所至。〔做事情一定要善终，想问题一定要全面。〕

　　　　　　　　　　　　　　——明·吕坤《呻吟语》

资治药言

（下）

主　编　王开堂

副主编　武赞智　张国梁　张浩海

兰州大学出版社

图书在版编目(CIP)数据

资治药言:全2册/王开堂主编.—兰州:
兰州大学出版社,2011.12
　ISBN 978-7-311-03781-9

　Ⅰ.①资… Ⅱ.①王… Ⅲ.①政治思想史—
中国—古代 Ⅳ.①D092.2

　中国版本图书馆 CIP 数据核字(2011)第 261177 号

责任编辑　钟　静
封面设计　管军伟

书　　名　资治药言(上、下)
主　　编　王开堂
副 主 编　武赞智　张国梁　张浩海
出版发行　兰州大学出版社　(地址:兰州市天水南路 222 号　730000)
电　　话　0931 - 8912613(总编办公室)　　0931 - 8617156(营销中心)
　　　　　0931 - 8914298(读者服务部)
网　　址　http://www.onbook.com.cn
电子信箱　press@lzu.edu.cn
印　　刷　兰州新华印刷厂
开　　本　710mm×1020mm　1/16
总 印 张　73
总 字 数　834 千
版　　次　2011 年 12 月第 1 版
印　　次　2011 年 12 月第 1 次印刷
书　　号　ISBN 978-7-311-03781-9
定　　价　110.00 元(上、下)

(图书若有破损、缺页、掉页可随时与本社联系)

序

王开堂

　　司马光编《资治通鉴》，目的在于总结经验教训，供后人借鉴。书名取"鉴于往事，资于治道"之意，就是把历史的得失作为鉴诚来安邦定国。书中记录的一些明君贤臣的事迹，也体现出清廉、正直、刚强、宽厚、忠诚、信义、执著等修身做人的品质。一千多年来，仍然闪烁着智慧的光芒，这是古人留下的宝贵财富。今天的人很忙，几乎没有时间翻阅系统性太强的大书，所以有微博体文字的诞生，也就是说，手机短信所限制的一百四十个字以内的文字体式，已进入当代人的视野。看来，短小而隽永、有意趣、有思想、有学术、有情怀的短语，适合今天人们的生活。而汉代学者刘向也说："书犹药也，善读之可以医愚。"意思是讲，书如同治病的医药，通过读书，人能够使自己愚昧的思想得到治疗。于是，有了《资治药言》的编写。

大学时期，我学的是历史。后来在教育界工作，更长的时间在做行政工作。但是，学生时代留下的读书习性，却没有多少改变。多年来，白天处理政务，晚上灯下读书，已成为我的一种生活习惯，也可以说是我对人生的一种态度，是我追寻的一个生活境界。曾国藩的人生，有一半办公、一半读书的成例，常人自然不能比。然而，读书致用是一境界，读书的更好境界则在于养心，在于悟道，在于达到对人性的了悟与同情，达到对宇宙的洞察与皈依，达成个人人生的丰富、人格的崇高。这些认知，形成了我人生观中要紧的一部分。

社会发展到今天，物质文明的极大丰富让人民享受着前所未有的幸福生活，这是令我们由衷高兴的。居庙堂之高则忧其民，处江湖之远则忧其君，范仲淹进退俱忧、先忧后乐的思想，一直是中国为政者心里的一个楷则。万家忧乐，心系苍生，我们一刻也未能忘怀。为了更好地为人民服务，我们就需要更好的精神营养。我们的良知，也需要呵护和鼓励。这是我和赞智等同志属意前人智慧，编写《资治药言》的主要命意。于是十数年日积月累，终于积少成多，聚沙成塔，结成了这部书。

大部头的书，今天我们要读，说得上应有尽有。但适合为政者在繁忙工作中选读的格言励志性的读物，却不多见，这不能不说是一种缺憾。有了手上的这册书，这一缺憾或可稍补一二。《资治药言》不能说就是经典，但其精粹来自经典，和前人的滔滔文略相比，《资治药言》中的现代语译不是很精彩。不过，好的文字，前人的话就是；现代语译，不过只是帮助理解的一个参考。

"以铜为鉴可以正衣冠，以古为鉴可以知兴衰，以人为鉴可明得失，以史为鉴可以知兴替"。《资治药言》以国家、民生、政治、政德、人生、学识、修养为题，勒为七篇，涉及为政的诸多面。那都是前人行政爱民、选贤任能、文德武略、创业守成、纳谏改过、为人处世、和谐社会、居安思危、精忠报国、开放招商诸方面的文明思想和兴衰治乱的语句，称得上言简意赅、道理深远；是实实在在的精华，其中蕴含的道理对我们来说，一点儿也没有过时。由于是结合着工作实践选录的，如果有一言半辞在我们的工作、生活中发挥了作用，在我们检束身心的过程中有了帮助，在我们执政为民的行为中添加了分量，那这书就功德无量了。不过，我们的初衷是尽可能地把不足减少到最低程度，然而因编写中所受的种种制约，究竟造成了多大的不妥，也还没有把握。如语言文字的校对、语句出处的核实等，和专业学者相比，也有明显的差距。这些都是需要说明的。

我们的民族精神和传统美德，源远流长，一脉相承。我们的文明史，是炎黄子孙一代一代地拼搏、一代一代地奋斗、一代一代地传承，用血汗和生命谱写出来的。世界上没有哪个民族的文明如我们这般博大崇高。我们收录的就是祖先的文明成果，亲切中满含祝福，睿智里充盈磅礴。前人创造出多少灿烂的文化，"五四"以来置之死地而后生，今天我们终于跻身于世界民族的前列，兴盛衰亡的中华历史，留给后人的经验与教训是深刻的，是引人深思的。我们案头摆放的，是涅槃后的凤凰，是大浪淘沙、历久弥新的中华文明的精华。我们在工作之余，轻松阅读，细细品尝，哪怕受到一点点的感染，对于我们推动科学发展、构建和谐社会、坚持对外开放和改革创新，推进各方面工作都应该有一些好处。倘若进一步，能引发出探索阅读，促使我们思想境界升华，则更有益处。愿《资治药言》能够让更多的治学为师、治世理政、修身齐家者读到，从中汲取到营养。

是为序。

二〇一〇年十二月

目 录（下册）

政德篇……………………………………………1

　奉公尽责……………………………………3

　自警自律……………………………………30

　存恕谦让……………………………………79

　诚信中正……………………………………102

　谏言纳言……………………………………122

　清正廉洁……………………………………151

人生篇……………………………………………187

　理想事业……………………………………189

　功过是非……………………………………213

　操守品德……………………………………232

交际友谊……………………………………266

修身养性……………………………………305

学识篇…………………………………337

博览群书……………………………………339

践行致用……………………………………385

经验体会……………………………………407

见识才智……………………………………423

修养篇…………………………………459

仁爱厚道……………………………………461

勇敢坚毅……………………………………479

惜时进取……………………………………492

高远雅静……………………………………522

旷达乐观……………………………………554

勤俭朴素……………………………………573

政德篇

奉公尽责
自警自律
存恕谦让
诚信中正
谏言纳言
清正廉洁

奉公尽责

□国耳忘家，公耳忘私。利不苟就，害不苟去。〔为国事而忘掉家事，为公事而忘掉私事。见私利不随便攫取，临危难不苟且逃避。〕

——汉·贾谊·摘自《汉书·贾谊传》

□奉公如法，则上下平。〔办事公平就像执法，从上到下的人都信服。〕

——汉·刘安《淮南子·兵略训》

□尽心则无愧，平心则无偏。〔做事尽心竭力即使做不好也无愧于良心，处理事情心要公平，公平了才不会有偏私。〕

——元·欧阳玄《宋史·詹体仁传》

□身劳而心安，为之；利少而为多，为之。〔身体劳累但使心灵安宁的事去做，利益少但道义多的事也要去做。〕

——战国·荀子《荀子·修身》

□利居从后，责在人先。〔有好处则退居众人之后，有责任则站在众人之先。〕

——唐·韩愈《送穷文》

□公私两字，是宇宙的人鬼关。若自朝堂以至闾里只把持得公字定，便自天清地宁。〔公与私这两个字是人世间分辨谁是人、谁是鬼

的把门关，只要一试便分得清楚。只要上自朝廷下至百姓家里行得公正，天下就清静了。〕

——明·吕坤《呻吟语·治道》

□**农夫比粟，商贾比财，烈士比义。**〔农民之间互相比的是谷物收成，商人之间互相比的是财富的多少，有节操的人互相比的是名节高低。〕

——战国·尸佼《尸子·劝学》

□**天下惟公，足以服人。**〔天下事只有公正无私地去做，才能使人心悦诚服。〕

——清·万斯同《明史·王汝训传》

□**人主，有公赐无私惠，有公怒无私怨。**〔一国之主，只能坚持公正地赏赐，不能出于个人偏爱给予恩惠；只能因国家利益受到损害而愤怒，不能纠缠个人的怨恨。〕

——汉·荀悦《申鉴·政体》

□**公义不亏于上，私行不失于下。**〔做公义之事不损坏国家利益，干私人之事不损坏百姓利益。〕

——宋·王安石《辞集贤校理状》

□**天无私，四时行；地无私，万物生；人无私，大亨贞。**〔天地无私，春夏秋冬才能循序运行，万物按照自然规律生生不息；人要无私，自然百事亨通，吉祥如意。〕

——汉·马融《忠经·天地神明章》

□**古之君子，以其所难者，先身而后民；以其所利者，先民而后身。**〔古代的君子，对于难以做到的事情，首先自己做到而后要求百姓

4

做到；对于能够获得利益的事情，首先想到百姓，而后想到自己。〕

　　　　　　　　　　　　　　　——宋·杨万里《见执政书》

　　□无偏无私，王道荡荡。〔不偏袒不挟私，国家倡导的事就会顺利地推行。〕

　　　　　　　　　　　　　　——春秋·孔子《尚书·洪范》

　　□心无私欲，自然会刚；心无邪曲，自然会正。〔心底无私自然就会坚强，心中没有邪念自然就正直。〕

　　　　　　　　　　　　　　——清·张伯行《困学录集粹》

　　□公则一致，私则万殊。〔出于公心就协调一致，出于私心就会各有打算。〕

　　　　　　　　　　　　　——宋·魏了翁《论士大夫风俗》

　　□公则生明，廉则生威。〔公正就会形成社会清明，廉洁就会产生威信。〕

　　　　　　　　　　　　　　——清·朱舜水《伯养说》

　　□有公心必有公道，有公道必有公制。〔有公正的心就有公道，有公道必然会建立公正的制度。〕

　　　　　　　　　　　　　　——晋·傅玄《傅子·通志》

　　□人有公私，故言有邪正。〔人分两类，不为公就为私；从而进言也分两类，为公的是正言，为私的是邪言。〕

　　　　　　　　　　　　　——清·万斯同《明史·唐铎传》

　　□不耻身之贱，而愧道之不行；不忧命之短，而忧百姓之穷。〔不以自身卑贱为耻辱，而因道义不能推行感到羞愧；不以生命短促为忧

5

愁，而因百姓的贫穷感到焦虑。〕

——汉·刘安《淮南子·修务训》

□公生明，偏生暗。端悫生通，伪诈生塞。〔公正自然就清明，偏心自然就黑暗。行为端正、为人老实，办事自然通畅，虚伪奸诈、欺世盗名，道路就闭塞。〕

——战国·荀子《荀子·不苟》

□居上者，不以至公理物；为下者，必以私路期荣。〔身居上位的人，不能大公无私地处理事务，他的下属就必然会通过私人渠道来谋求荣誉。〕

——唐·令狐德棻《晋书·袁宏传》

□大明无偏照，至公无私亲。〔日月的光明不会偏照一隅，秉公办事而不私自照顾亲属。〕

——唐·吴兢《贞观政要·刑法》

□贤者以公为公，以爱为心，不为利回，不为势屈。〔品德高尚的人以公正和仁爱作为自己的行为准则，不为私利而改变志向，也不为权势所屈服。〕

——明·宋濂《元史·许衡传》

□我之出而仕也，为天下，非为君也；为万民，非为一姓也。〔我之所以出来做官，是为了天下，而不是为了君主；是为了万千民众，而不只是为了皇帝一家。〕

——清·黄宗羲《明夷待访录·原臣》

□公与私不并行，恩与法不两立。以公灭私，以法夺恩者治；以私害公，以恩挠法者乱，此古今不易之道也。〔公私不能同时实行，恩法不能两样并存。用公消灭私，用法代替恩，国家就治理得好；用私危害公，用恩歪曲法，国家就混乱。这是古往今来不可改变的规律。〕

——宋·汪藻《秦论邢焕》

□大其牖，天光入；公其心，万善出。〔把窗户打开，阳光就会照进来；树立公心，许多好事就会出现。〕

——明·方孝孺《杂铭·牖》

□厚于财物，必薄于德。〔把钱财看得很重，必定轻视品德。〕

——秦·孔鲋《孔子丛子·抗志》

□治官事当如家事，惜官物当如己物。〔办理公事要像办理家事一样当心，爱惜公物要像爱护私物一样留心。〕

——元·欧阳玄《宋史·冷应澄传》

□欲多则心散，心散则志衰。〔欲望多心就分散，心分散意志就衰败。〕

——春秋·王诩《鬼谷子·本经阴符》

□公与私不两胜，利与害不两能。〔公与私不可两全，利与害不可并行。〕

——宋·杨万里《代肖岳英上宰相书》

□徇族党好恶之私，己虽正而必陷于邪。〔根据亲族朋党的意愿而为他们徇私，这样即使自己是清正的，也必然陷于邪恶而不能自拔。〕

——清·王夫之《读通鉴论》

□洁己无可羡之赀，谋国无偏私之党。以君命而接之以礼，秉素志而持之以正。〔自己廉洁就没有旁人可羡慕的钱财，一心考虑国家

7

大事，就没有私人关系结成的帮伙。遵照君主的命令，待人处世依礼仪；坚守自己的志向，行为举止端正。〕

——清·王夫之《读通鉴论》

□人只有一个公私，天下只有一个邪正。〔辨识人，只有一个标准，看是大公还是自私；辨识国家当权者，也只有一个标准，看是正道还是邪佞。〕

——宋·朱熹《学四·理欲义利》

□人一生大罪过，只在"自私自利"四字。〔人一生中最大的罪过，只在"自私自利"四个字。〕

——明·吕坤《呻吟语》

□事同众则公，公则百美基；专则私，私则百弊生。〔办的事与公众的利益一致，则公正，公正是各种美德的根基；独自占有则自私，自私是各种弊端的源头。〕

——清·万斯同《明史·徐阶传》

□君子以公义胜私欲，故多爱；小人以私心蔽公道，故多害。〔君子用公心战胜私欲，因此受人尊重；小人以私心蒙蔽公道，因而危害多。〕

——元·许名奎《劝忍百箴·妒之忍》

□存正莫重乎无心，无利莫深乎寡欲。〔保持公正在于无私，要做到无私必须清心寡欲。〕

——晋·潘尼《安身论》

□利虽倍于今，而不便于后，弗为也；安虽长久，而以私其子孙，弗行也。〔即使眼前的利益能增加一倍，但对后来不利，这样的事情

不能去做；虽然能得到长久的安乐，但因为只是有利于自己的子孙，这样的事情也不能去做。〕

——秦·吕不韦《吕氏春秋·长利》

□任理则公，任情则私。〔按原则办理公务就公平，按人情办理公务就偏私。〕

——明·唐伯虎《制义》

□私意一萌，则是非易位。欲事之当，理不可得也。〔私心一旦萌生，处理问题就会颠倒是非。要想把事做妥当，不可没有公理。〕

——宋·真德秀《西山政训》

□私意一萌，断无平允。〔公众的事一旦生私意，绝无公允可言。〕

——清·郑端《政学录》

□利不在身，谋事则智；虑不私己，断义必厉。〔利益不在自身，谋事就明智而有远见；考虑问题不为自己，处事就必定果断而不犹豫。〕

——南朝·范晔《后汉书·马援传》

□吏多私智者其法乱，民多私利者其国贫。〔官吏私心杂念太多，国法必乱；百姓都损公利己，国家必穷。〕

——春秋·管仲《管子·禁藏》

□带兵之道，勤、恕、廉、明，缺一不可。〔带兵的原则是勤政、忠恕、廉洁、贤明，缺一不可。〕

——清·蔡锷《曾胡治兵语录》

□利在一身勿谋也，利在天下者谋之；利在一时勿谋也，利在万世者谋之。〔只对个人有利的事不要去打算，要谋求对天下人有利的

事情；只在一时看来是有利的事不要去打算，要谋求万世对人民有利的事情。〕

——清·金缨《格言联璧·从政》

□为政之道，莫若至公。〔从事政治事务的道理，最重要的是为公至上。〕

——宋·司马光《上皇太后疏》

□有一分利欲，便蔽一分天理。利欲长一分，大本便亏一分。〔如果有了一分私欲，就会掩蔽一分公理。利欲增长有多高，品德损坏的程度就有多大。〕

——明·胡居仁《居业录·学问》

□政在私门，其可久乎？〔国家政事如果出在私家门下，国家命运岂可长久？〕

——汉·司马迁《史记·晋世家》

□至公者，天之经也，地之义也，理之要也，人之用也。〔大公无私是天之常规，地之常理，理之关键，人之需要。〕

——三国·曹羲《至公论》

□一心可以兴邦，一心可以丧邦，只在公私之间尔。〔一个念头可以振兴国家，一个念头可以丧失国家，只在公私之间罢了。〕

——宋·朱熹《四书集注·论语集注》

□一曰清心，谓平心待物，不为喜怒爱憎之所迁，则廉事自正。二曰奉公，谓公直洁己，则民自畏服。三曰修德，谓以德化人，不必专尚威猛。四曰贵实，谓专求实效，勿竞虚誉。五曰明察，谓勤察民情，勿使赋役不均，刑罚不中。六曰劝课，谓劝谕下民勤于孝悌之行，

10

农桑之务。七曰革弊，谓求民疾苦，而厘革之。〔一说清心，即平心静气待人处世，不为喜、怒、爱、憎所牵扯，廉洁而身正。二说奉公，即公平正直洁身自好，百姓心悦诚服。三说修德，即以德感化人，不能靠权力压服人。四说贵实，即要讲求实效，不图虚名。五说明察，即经常体察百姓情况，不要赋税过重，执法不平。六说劝课，即引导百姓尊老爱幼，勤于农事。七说革弊，即对引发百姓疾苦的弊端，坚决改革。〕

——宋·山西新绛县古州石碑《文臣七条》

□学者为人，天下无实学；仕者为己，天下无善政。〔做学问的只是为了给别人看，天下就没有真正的学问；当官的只是为自己谋私，天下就不会有善政。〕

——明·钱琦《钱公良测语·规世》

□大臣谋国，当身任利害，岂得远怨，市恩为自全？〔大臣为国家谋利，应当不顾个人得失，敢于承担责任，怎么能逃避怨恨、讨取欢心以保全自己呢？〕

——清·万斯同《明史》

□公正无私，一言而万民齐。〔做到公正无私，说一句话就能得到百姓的一致响应。〕

——汉·刘安《淮南子·修务训》

□尽公者，政之本也；树私者，乱之源也。〔尽心为公，是治理国家的根本；培植亲信，是国家混乱的根源。〕

——晋·刘颂《除淮南相在郡上疏》

□不以一己之利为利，而使天下受其利；不以一己之害为害，而使天下释其害。〔不要把个人的利益当做利益去追求，而要使天下人

11

都获得利益；不把个人的祸害当做祸害去避免，而要让天下人都能消除祸害。〕

——清·黄宗羲《原君》

□先去私心，而后可以治公事；先平己见，而后可以听人言。〔先去掉私心，然后才可以治理公事；先打消成见，然后才能听取别人的意见。〕

——清·金缨《格言联璧·接物》

□先国家之急而后私仇。〔把国家的急难置于首位，把个人的恩怨放在后面。〕

——汉·司马迁《史记·廉颇蔺相如列传》

□无论作何等人，总不可有势利气；无论习何等业，总不可有粗浮心。〔无论做什么人，都不可有势利气息；无论做什么事，都不可有粗浮心。〕

——清·汪永彬《围炉夜话》

□利居众后，责在人先。〔谋求利益走在众人后面，承担责任走在别人前面。〕

——唐·韩愈《送穷父》

□充无欲害人心，不忧不惑不惧；行可以告天下，曰清曰慎曰勤。〔本来没有害人之心，就不担忧、不迷惑、不畏惧；行为正大见得天下，是因为坚持清廉、谨慎勤政。〕

——清·广东官衙对联

□上好礼，则民莫敢不敬；上好义，则民莫敢不服；上好信，则民莫敢不用情。〔君主讲究礼节，百姓就没有人敢不尊敬；君主行为

正当，百姓就没有人敢不服从；君主诚恳信实，百姓就没有人敢不说
真话。〕

——春秋·孔子《论语·子路》

□选用以公，赏刑以信，则谁不尽力？〔选用人才依据公心，奖
赏刑罚讲求信用，那么谁会不尽心竭力去做事呢？〕

——宋·司马光《资治通鉴·唐纪》

□人生在勤，不索何获？〔人生在于勤奋，不追求怎么能有收
获？〕

——南朝·范晔《后汉书·张衡传》

□为一身谋则愚，而为天下则智。〔只为个人考虑就是愚昧，能
为天下考虑就聪明。〕

——宋·苏洵《审敌》

□治身莫先于孝，治国莫先于公。〔个人修养没有比孝敬父母更
重要的了，治理国家没有比大公无私更重要的了。〕

——宋·苏轼《司马温公行状》

□人心公则如烛，四方上下，无所不照。〔人心公道就如同烛光
一样，四方上下，没有照不到的地方。〕

——明·薛瑄《读书录》

□则如烛之心，是立人达人之障。〔自私自利的思想，是一个人
建功立业、兴旺发达的障碍。〕

——明·吕坤《日用说寄杨启昧门人》

□圣人非不好利也，利在于利万人；非不好富也，富在于富天下。

13

〔圣人并非不好利，好的是大家的利，而不是一己之利；圣人也并非不好富，好的是普天下皆富，而不是一家之独富。〕

——唐·白居易《不夺人利对》

□一事私，百事之私随之。〔一件事谋私，很多件谋私的事就会相随而来。〕

——明·海瑞《复华松坡》

□公则四通八达，私则一偏向隅。〔办事公道，就能四面八方畅通无阻；私心作怪，就会偏向一隅处处碰壁。〕

——明·薛瑄《读书录》

□匈奴未灭，无以家为也。〔匈奴没有被消灭，不能考虑家事。〕

——汉·司马迁《史记·卫将军骠骑列传》

□得时无怠，时不再来；天予不取，反为之灾。〔得到机遇不要有所顾忌，机遇不会二次再来；上天给予的时候不获取，反而会招致灾祸。〕

——春秋·左丘明《国语·越语》

□人人好公，则天下太平；人人营私，则天下大乱。〔人人喜欢为大家着想，天下就太平了；人人只为自己打算，天下就会大乱。〕

——清·刘鹗《老残游记》

□所计一身肥，岂望天下活？〔所考虑的只是自己的私利，还怎么关心天下百姓的死活？〕

——清·顾炎武《双雁》

□愚而好自用，贱而好自专，生乎今之世，反古之道。如此者，

灾及其身也者。〔愚蠢而又刚愎自用，卑贱而又独断专行，生活在当今社会却偏要去恢复古代的制度，这样的人，灾祸就会降临到他身上。〕

——战国·子思《礼记·中庸》

□**智者不惑，仁者不忧，勇者不惧。**〔有智慧的人不会迷惑，有仁德的人不会忧愁，勇敢的人不会畏惧。〕

——春秋·孔子《论语·子罕》

□**鞠躬尽瘁，死而后已。**〔恭恭敬敬，尽心竭力地工作，一直到死为止。〕

——三国·诸葛亮《出师表》

□**尧舜之道，不以仁政，不能平治天下。**〔尧舜的治国之道，不实行仁政，就不能平定治理天下。〕

——战国·孟子《孟子·离娄上》

□**良将不怯死以苟免，烈士不毁节以求生。**〔优秀的将军不会怕死以求得苟活，刚烈的官员不会损毁气节以求得生存。〕

——晋·陈寿《三国志·庞德传》

□**为政当有张弛，张而不弛则过于严，弛而不张则流于废。**〔执政应当有张有弛，张而不弛管理就太严酷，弛而不张则政务就会荒废。〕

——明·薛瑄《从政名言》

□**天下事以难而废者十之一，以惰而废者十之九。**〔天下事情因为困难而放弃的占十分之一，因为懒惰而放弃的占十分之九。〕

——北朝·颜之推《颜氏家训·勉学》

□**不可死而死，是轻其身，非孝也；可死而不死，是重其死，非**

15

忠也。〔不可以死可是死了，是轻视自己的生命，是不孝的表现；应该死可是不去死，是太重视自己的生命，是不忠的表现。〕

——唐·李白《比干碑》

□为政之要，曰公与清；成家之道，曰俭与勤。〔执政的关键，说起来只是公道与清廉；持家的方法，说起来只是节俭与勤劳。〕

——宋·林逋《省心录》

□君臣体合，则功业可兴；上下猜惧，则治道替矣。〔君臣团结一致，国家才能昌盛富强；如果上下互相猜忌，则国家将会混乱不堪。〕

——北朝·薛琡·摘自《魏书·薛野猪传》

□辞不忘国，忠信也；先国后己，卑让也。〔言辞不忘记国家，这是忠信；先国家后自己，这是谦让。〕

——春秋·左丘明《左传·昭公二年》

□但愿苍生俱饱暖，不辞辛苦出山林。〔只要能够让天下的百姓都吃饱穿暖，煤炭就会不辞辛苦地走出山林。〕

——明·于谦《咏煤炭》

□但愿天下人，家家足稻粱！我命浑小事，我死庸何伤？〔只要天下百姓家家都能丰衣足食，即使我死了，又有什么可悲伤的呢？〕

——宋·文天祥《五月十七日夜大雨歌》

□愿移灾咎及予躬，免使苍生受憔悴。〔我愿意将全部灾祸都转移到我一个人的身上，而让天下的百姓免受困苦。〕

——明·于谦《入春狂风大作加以久无雨雪因以自咎》

□将受命之日则忘其家，临军约束则忘其亲，援枹鼓之急则忘其

16

身。〔身为将领从接受任命之日起，就应忘掉自己的家庭；亲临军营申明号令后，就得忘掉私人的亲情；在擂鼓进军的紧急时刻，就该不顾个人的生命安危。〕

——汉·司马迁《史记·司马穰苴列传》

□但得众生皆得饱，不辞羸病卧残阳。〔只要让人们都能吃饱饭，就算是耕地累得病倒在残阳之下，也在所不辞。〕

——宋·李纲《病牛》

□善治病者，必医其受病之处；善救弊者，必塞其起弊之原。〔善于医治病人的，必定医治生病的地方；善于挽救时弊的，必定杜绝时弊的源头。〕

——宋·欧阳修《准诏言事上书》

□无参验而必之者，愚也；弗能必而据之者，诬也。〔没有经过检验就认为必定如此，是愚蠢；没有能够确证就作为依据，是虚妄。〕

——战国·子思《礼记·中庸》

□风声雨声读书声，声声入耳；家事国事天下事，事事关心。〔刮风声下雨声读书声，各种声音都入耳内；家庭事国家事天下事，各种事都要关心。〕

——明·顾宪成《顾端文公遗书》

□天下有道，以道殉身；天下无道，以身殉道。〔如果世间有真正的道义，我将用一生来遵从它；如果世间没有真正的道义，我将用一生来探求道义。〕

——战国·孟子《孟子·尽心上》

□宽则得众，信则民任。治天下以宽为本，若吹毛求疵，天下人安得全无过错者？〔宽厚则能得到群众，诚信则能得到群众拥护。治理天下以宽厚为本，如果吹毛求疵，天下人怎么能全部没有过错呢？〕

——清·阮葵生《茶余客话》

□入帷幄之中，参堂庙之上，不能为主尽规以谋社稷，君子所耻也。〔在军帐中谋事，在朝廷上参政，不能尽心规劝君主，为国家出谋划策，这是君子认为耻辱的事情。〕

——北齐·颜之推《颜氏家训·诫兵》

□身虽烬于红焰，言则耀乎青编。〔身体虽然化为红焰，言行却光照青史。〕

——宋·薛居正《旧五代史·宗室列传》

□崇党近名，实为害政之本；黜华云薄，方启至公之路。〔热衷于结党营私，追求浮名，实在是危害政治的本源；废黜浮华，提倡淡泊，才是开启大公无私的措施。〕

——唐·李亨·摘自《旧唐书·房琯传》

□古之从仕者养人，今之从仕者养己。〔过去的人做官是为了奉养别人，而现在的人做官为的是奉养自己。〕

——隋·王通《中说·事君篇》

□禹思天下有溺者，由己溺之也；稷思天下有饥者，由己之饥也。〔禹心想着天下有被洪水淹没的人，就像自己被淹一样；稷心想着天下有饥饿的人，就像自己挨饿一样。〕

——战国·孟子《孟子·离娄下》

□在世一日，要做一日好人。为官一日，要行一日好事。贫贱人栉风沐雨，万苦千辛；自家血汗自家消受，天之鉴察犹恕。富贵人衣税食租，担爵受禄，万民血汗一个消受，天之督责更严。〔活着一天就要做一天的好人，做官一天就要做一天的好事。贫苦人辛勤劳作，自给自足，上天看得很清楚也可宽恕；富贵人穿衣吃饭，全靠税费，百姓用血汗供养一人，上天监督更加严厉。〕

——清·金缨《格言联璧·从政》

□以欲从人者昌，以人乐己者亡。〔让自己的欲望服从别人的就会昌盛，而让别人服从自己之乐的就会灭亡。〕

——唐·吴兢《贞观政要·俭约》

□繁称文辞，天下不治；舌敝耳聋，不见成功。〔说教和辞令过于烦琐，国家就治理不好；执政者说得口干舌燥，老百姓听得昏昏生厌，也不会有什么成效。〕

——汉·刘向《战国策·秦策》

□不忧一家寒，所忧四海饥。〔不为自己一家饥寒而担忧，忧虑的是广大人民的饥寒。〕

——清·魏源《偶然吟》

□明主，举实事，去无用。〔英明的君主多办实事，不做那些无用的事情。〕

——秦·韩非《韩非子·显学》

□视君之失，若疢疾之攻于心；视民之病，若水火之迫于肌。〔看到君主有过失，就像疾病攻心那样痛苦；看到百姓有毛病，就像水与火侵迫自己肌体那样难受。〕

——清·王夫之《读通鉴论》

□忠臣不和，和臣不忠，履正奉公，臣子之节；上下雷同，非陛

19

下之福。〔真正的忠臣不片面追求与君主的和睦协调，只知道与君主和睦协调的人就不是忠臣；坚持正确原则，奉行国家大义，这才是做臣子的节操。上下之间不该相同而相同，对于君主来说并不是好事。〕

——宋·司马光《资治通鉴·汉纪》

□以一人劳天下，不以天下奉一人。〔以自己一个人为全天下的人忧劳，而不以全天下的人奉养自己一人。〕

——清·朱舜水《伯养说》

□不能救人患，不合食天粟。〔没有能力解救人民的苦难，就不配受禄做官。〕

——唐·元结《喻常吾直》

□人之情，心服于德，不服于力。〔人之常情，心里服从于道德，不会服从于威力。〕

——春秋·文子《文子·符言》

□坐将赤热忧天下，安得清风借我曹？〔身处烈日高照的天气里，心里很为天下的老百姓担忧，怎样才能借得清风一去酷热呢？〕

——宋·王令《暑热思风》

□归罪于己，推恩于民。〔把罪过归于自己，把恩泽施于万民。〕

——唐·吴兢《贞观政要·刑法》

□观乡而顺宜，因事而制礼。〔观察那个地方的实际情况而因地制宜，根据事情的具体情况而制定礼制。〕

——汉·司马迁《史记·赵世家》

□役己以利天下，尧舜之心也；利己以及万物，中主之志也；尽

20

民命以自养，桀纣之行也。〔役使自己而使天下人受利，是尧舜的心愿；有利自己的同时也能利及万物，是一般君主的志向；剥削人民来全力为自己，是桀纣的行为。〕

——南朝·沈约《宋书·孝武帝纪》

□上不能匡主，下无以益民，皆尸位素餐。〔作为朝廷官员，对上不能辅助君主，对下没有做什么对人民有益的事，那就全是占有职位不做事情的饭桶。〕

——汉·班固《汉书·朱云传》

□天子之所是未必是，天子之所非未必非。〔皇帝认为正确的未必正确，皇帝认为错误的未必错误。〕

——清·黄宗羲《明夷待访录·学校》

□善治天下者，必明于天下之情，而后得御天下之术。〔善于治理天下的人，必须先了解天下的真实情况，然后才能找到治理天下的策略和方法。〕

——宋·苏辙《栾城应诏集·君术》

□奉遵礼法，竭精思职，推诚辅君，效功百姓。〔官员应该遵守国家的礼制和法律，竭尽全部精力考虑如何做到尽职尽责，诚心诚意地辅助君主，为百姓效力。〕

——汉·王符《潜夫论·忠贵》

□居其位，安其职，尽其诚，而不逾其度。〔居于其位，安于其职，竭尽忠诚地做事而又不超过应有的限度。〕

——清·王夫之《读通鉴论》

□为人臣，当进思尽忠，退思补过，将顺其美，匡救其恶，所以共为治也。〔作为国家的重臣，应当是在朝则想着为国尽忠，退朝则想着为君补过，顺势助成国君的美德，匡正国君的过错，以此来共同治理国家。〕

——唐·吴兢《贞观政要·君道》

□能上尽言于主，下致力于民，而足以修义从令者，忠臣也。〔能向上对君主尽言，向下为人民出力，又能够遵循义理、服从命令的，那就是忠臣。〕

——春秋·管仲《管子·君臣》

□其待上也，忠顺而不懈；其使下也，均遍而不偏。〔对待上级，忠诚、服从而不松懈；使用下级，一视同仁而不偏倚。〕

——战国·荀子《荀子·君道》

□贤人在野，我将进之；佞人立朝，我将斥之。〔贤能的人在民间未得朝廷重用，我要推荐他们；奸佞的人在朝廷掌权做事，我要清除他们。〕

——宋·王禹偁《待漏院记》

□上以纠君德之愆，下以达万方之隐。〔对上，要纠正君主在德行上的过失；对下，要反映四面八方民众的隐情疾苦。〕

——清·王夫之《读通鉴论》

□卑色贵人，所以保终；去私循公，所以存国。〔不看脸色而尊重人格，是能够保持终节的原因；去掉私欲秉公办事，是国家得以保存的原因。〕

——宋·许洞《虎钤经·出将》

□为政不在言多，须息息从省身克己而出；当官务持大体，思事

事皆民生国计所关。〔执政不在于对百姓许多少愿，应当以时时反省克服自己的欲望作为出发点；做官务必识大体把握全局，自己常思考的事应每件都与国计民生有关。〕

□**无其德而当之，为不智；有其材而辞之，为不仁。**〔没有那样的品德而担当那个职务，是不聪明的；具有那样的才能而推辞那个职务，是不仁义的。〕

——宋·苏轼《苏东坡文集》

□**去小人以除民患，惜名器以待有功。**〔罢斥奸臣来消除对百姓的危害，珍惜爵位和车服仪制来等待有功之臣。〕

——宋·苏轼《乞校正陆贽奏议进御札子》

□**享天下之利者，任天下之患；居天下之乐者，同天下之忧。**〔享受了社会给你的利益，就要承担治理社会弊端的责任；同世上的百姓共享安居乐业，就要同百姓共同承担世上的忧患。〕

——宋·苏轼《苏东坡文集》

□**人主之道清平，则任人不失其才，六官各守其职。**〔若君主治国之道清廉公平，那么用人就不会丧失其才能，官员也都能各司其职。〕

——唐·李筌《太白阴经·主有道德篇》

□**论材、量能、谋德而举之，上之道也；专意一心，守职而不劳，下之事也。**〔考察才干，衡量能力，考虑德行，然后加以举用，这是为君之道；一心一意，谨守职务而不以为劳苦，这是人臣之责。〕

——春秋·管仲《管子·君臣》

□**有道之君，以乐乐民；无道之君，以乐乐身。乐民者，其乐弥**

长；乐身者，不乐而亡。〔贤明的君主，以礼乐与民同乐；昏庸的君主，用礼乐愉悦自身。使百姓愉悦的，他的欢乐会长久存在；图自身欢乐的，自身不会快乐而且将会灭亡。〕

——三国·陆凯·摘自《三国志·潘睿陆凯传》

□行之无私，则足以容众矣；出言必信，则令不穷矣。此使民之道也。〔行事无私心，就能团结众人；说话一定算数，政令就不失灵。〕

——春秋·管仲《管子·小匡》

□贤臣之事君也，苟有可以安国家，利民人者，不避其难，不惮其劳。〔贤良之臣在服务于君主时，倘若有能够安定国家，有利于百姓的事，就不回避艰难，不害怕劳苦地去做。〕

——春秋·左丘明《左传·桓公六年》

□凡举事，无为亲原者所痛，而为见仇者所快。〔做任何事情，不要使亲近的人感到痛心，而使仇视自己的人感到快意。〕

——汉·朱浮《与彭宠书》

□官肯着意一分，民受十分之惠。上能吃苦一点，民沾万点之恩。〔做官的人对百姓有一分心意，百姓即能受到十分实惠。做官的吃一点儿苦，百姓即能受到万分恩惠。〕

——清·金缨《格言联璧·从政》

□志忍私然后能公，行忍情性然后能修。〔思想上能克制私欲而后才能一心为公，行动上能克制感情而后才能有好的品德。〕

——战国·荀子《荀子·儒效》

□川流溃决，必问为防之人；比户延烧，必累失火之主。至于国破家亡，流毒无穷，孰为之而孰主之？非君其谁乎？〔河堤崩坏，洪

24

水泛滥，必须责问负责河防的人；挨着的住户依次着火，必须向失火的那家主人问罪。至于国破家亡，为害不止，是谁造成？该谁负责？除了君主还能是谁呢？〕

——清·唐甄《潜书·远谏》

□容乃公，公乃王。〔宽容大度，才能坦然为公；坦然为公，才能称王天下。〕

——春秋·老子《道德经》

□忠臣不私，私臣不忠。〔忠臣不会徇私，徇私不是忠臣。〕

——清·王夫之《读通鉴论》

□地也，你不分好歹何为地？天也，你错勘贤愚枉为天。〔地呀，你连好歹都分不清还凭什么为地？天呀，你连贤愚都判断错误真白白地称作个天！〕

——元·关汉卿《感天动地窦娥冤》

□称物平施，为政以公。〔称物要持之以公平，为政要处之以公心。〕

——唐·姚崇《执秤诫》

□有私视也，故有不见也；有私听也，故有不闻也；有私虑也，故有不知也。夫私者，壅蔽失位之道也。〔用私心来看事物，所以就有看不见的地方；用私心来听情况，所以就有听不到的地方；用私心来考虑问题，所以就有认识不到的地方。这私心正是遭受蒙蔽、造成失败的原因。〕

——春秋·管仲《管子·任法》

□行不正则民不服。是故圣人若天然，无私覆也；若地然，无私

25

载也。私者，乱天下者也。〔行为不正则民众不服。所以圣人总像天一样，不为私而覆盖万物；像大地一样，不为私而载置万物。私，是乱天下的根源。〕

——春秋·管仲《管子·心术》

□苟利国家，不求富贵。〔假如有利于国家，决不贪求个人富贵。〕

——汉·戴圣《礼记·儒行》

□智而用私，不若愚而用公。日醉而饰服，私利而立公，贪戾而求王，舜弗能为。〔如果聪明但却把精力都用在谋私上，不如愚昧却把精力用在为公上。天天醉醺醺的却要整饬法纪，自私自利却要树立公正，贪婪残暴却要称王天下，即使舜也办不到。〕

——秦·吕不韦《吕氏春秋·贵公》

□贵不能威，富不能禄，贱不能事，近不能亲，美不能淫也。植固而不动，奇邪乃恐。〔（执法的人应该做到）权贵不能威胁他，富人不能贿赂他，贱者不能讨好他，近人不能亲昵他，美色不能迷惑他。执法之心坚定不动，搞歪门邪道的人自然就害怕。〕

——春秋·管仲《管子·任法》

□仁者爱人，义者政理。爱人以除残为务，政理以去乱为心。〔仁的核心是人与人之间相亲相爱，义的核心是政治清明社会安定。人与人之间相亲相爱就要以清除残酷刑罚作为自己的职责，政治清明社会安定就要以清除致乱的根源作为自己的主旨。〕

——南朝·范晔《后汉书·梁统传》

□故利天下者，天下启之；害天下者，天下闭之；生天下者，天下德之；杀天下者，天下贼之；彻天下者，天下通之；穷天下者，天下仇之；安天下者，天下恃之；危天下者，天下灾之。天下者，非一人之天下，惟有道者处之。〔所以为天下人谋利益的，天下人就欢迎他；使天下人受祸害的，天下人就反对他；使天下人遭到杀戮的，天下人就仇视他；顺应天下人意愿的，天下人就归附他；造成天下人贫困的，天下人就憎恶他；使天下人安居乐业的，天下人就把他当做依靠；给天下人带来危难的，天下人就把他看成灾星。天下不是一个人的天下，只有道德高尚的人才能占有这治理天下的君主位置。〕

——周·吕尚《六韬·武韬·顺启》

□天之道，损有馀而补不足；人之道则不然，损不足以奉有馀。孰能有馀以奉天下，唯有道者。〔自然的规律，是减损有余来弥补不足；人世的法则却不是这样，是减损不足去供奉有余。谁能用人类与自然的和谐发展产生的勃勃生机（有余）来供奉天下呢？只有了解天地运行发展规律的人。〕

——春秋·老子《道德经》

□公道达而私门塞矣，公义明而私事息矣。如是，则德厚者进而佞说者止，贪利者退而廉节者起。〔为公之道畅通了，为私的门路就堵塞了；为公的原则树立了，各种为私的事情也就停止了。这样一来，德行高尚者得到任用，花言巧语取媚于人者就行不通了；贪图财利者被斥退，廉洁正派的人就当政了。〕

——战国·荀子《荀子·君道》

□祸福是气运，善恶是人事，理常相应，类亦相求。气运只是偶然，故善获福、淫获祸者半，善获祸、淫获福者亦半，不善不淫，而获祸获福者亦半。人事只是个当然，善者获福，吾非为福而修善；淫者获祸，吾非为祸而改淫。善获祸而淫获福，吾宁善而处祸，不肯淫而是福。是故君子论天道，不言祸福；论人事，不言利害。自吾性分当为之外，皆不庸心。其言祸福利害，为世教发也。〔人的灾祸福泽，完全是一种机运；而行善还是作恶，却是人的主观行为。这两方面相互对应，被人们相提并论。所谓机运，就是一种有很大偶然性的东西，所以既有因行善获福、因作恶得祸的，也有行善获祸、作恶得福的，还有既不行善也不作恶却获福遭祸的。而人的主观行为才是必然性的东西，虽然有的人行善获福，而我行善却并非为了获福；虽然有的人作恶得祸，我却并不因为惧怕遭祸而改善从恶。虽然有行善遭祸、作恶得福的可能，我却宁愿行善而得祸，也不愿作恶而得福。所以君子只讲究顺应天道，而不在乎祸福；只注重尽责，而不在乎利害。对于自己本分以外的事，一概不放在心上。至于有时也讲祸福利害，不过是为了教化世人而已。〕

——明·吕坤《呻吟语》

□士大夫不贪官，不受钱，一无所利济以及人，毕竟非天生圣贤之意。盖洁己好修，德也；济人利物，功也。有德而无功，可乎？〔士大夫不贪恋做官，不贪取金钱，这是好品德，但如果一点儿都不帮助别人，也不是圣贤所希望的。洁身自好，修身养性，这是德；帮助别人，有益于社会，这是功。只积德而不建功，能行吗？〕

——明·陈继儒《安得长者言》

□吴苊云："与其得罪百姓，不如得罪上官。"李衡云："与其进而负于君，不若退而合于道。"二公南宋人也，合之可作出处铭。〔吴苊说："与其得罪平民百姓，不如得罪上级长官。"李衡说："与其出仕而辜负君恩，不如退隐而合乎大道。"这两位先生都是南宋人，他们的话合起来可作为居官或退隐时的座右铭。〕

——明·陈继儒《安得长者言》

□进贤举才而自以为恩，退不肖之怨，谁其当之？公私两字，是宇宙内人鬼关，若自朝堂以至闾里，只把持得公字定，便自天清地宁，政清讼息。〔选拔和荐举了有才能的人，便认为对方应该感激自己的恩德，那么贬黜了无能的人所引起的怨恨，由谁来承受呢？公正和偏私，是天地之间的生死罚限，如果上自朝廷官署、下至乡间闾里，都能坚定地奉行公正的原则，就能够出现政通人和、吏治清明、诉讼不兴的好局面。〕

——明·吕坤《呻吟语》

□古之居官也，在下民身上做工夫；今之居官也，在上官眼底做工夫。古之居也尚正真，今之居官也尚婉阿。〔古时候的官吏，主要关心的是民众的疾苦；当今的官吏，主要是做样子给上司看。古时候的官吏崇尚正直清廉，当今的官吏竞相阿谀媚上。〕

——明·吕坤《呻吟语》

□君子与人共事，当公而不私。苟事之成，不必动之出自我也；不幸而败，不必咎之归诸人也。〔君子与人做事，应当公道而不自私。如果事业成功，不能把功劳全归于自己；如果事业失败，不能把过错全归于别人。〕

——明·吕坤《呻吟语》

自警自律

□高飞之鸟，死于美食；深泉之鱼，死于芳饵。〔翱翔在高空的鸟，丧命于贪图美味食物；生活在泉水深处的鱼，死于芳香的诱饵。〕

——汉·赵晔《吴越春秋·勾践外传》

□贪色为淫，淫为大罚。〔贪恋美色称为淫，淫乱就会受到大的惩罚。〕

——春秋·左丘明《左传·成公二年》

□一念之差，百身莫赎。〔一个错误的念头造成的后果，往往一辈子都无法弥补。〕

——清·汪辉祖《学治臆说·志趣宜正》

□不自重者致辱，不自畏者招祸。〔不自重的人会引来羞辱，不知道敬畏的人会招致祸害。〕

——清·申涵煜《省心短语》

□香饵之下，必有死鱼。〔在很香的诱饵下面，必定就有送命的鱼儿。〕

——汉·黄石公《黄石公三略·上略》

□迷于酒者，不知其伐吾性也；迷于色者，不知其伐吾命也；迷于利者，不知其伐吾志也。〔喜欢喝酒的人，不懂得喝酒可以损害性

情；喜欢女色的人，不懂得女色可以缩短寿命；喜欢财物的人，不懂得财物可以磨灭人的意志。〕

——汉·黄石公《素书·遵义》

□见人不正，虽贵不敬也；见人有污，虽尊不下也。〔见到品行不正的人，纵然权重势大也不敬重他；见到作风卑劣的人，纵然地位尊贵也不顺从他。〕

——汉·司马迁《史记·日者列传》

□不怕来浓艳，只怕去沾恋。〔不怕浓妆艳抹的女色来引诱，只怕自己动了心。〕

——明·吕坤《呻吟语》

□见色而忘义，处富贵而失伦，谓之逆道。〔看见女色而忘却道义，身居富贵而不顾人伦，这叫做违背天理。〕

——秦·晏婴《晏子春秋·外篇》

□好胜者灭理，肆欲者乱常。〔争强好胜者常常会不顾情理，肆欲纵情者会破坏伦理道德。〕

——宋·程颢，程颐《程氏遗书》

□欲败度，纵败礼。〔贪欲败坏法度，放纵败坏礼仪。〕

——春秋·孔子《尚书·商书·太甲》

□罔游于逸，罔淫于乐。〔不要贪图享受，不要荒淫无度。〕

——春秋·孔子《尚书·虞书·大禹谟》

□心犹水也，水清则挠而不浊，浊则不清；心犹镜也，镜明则尘埃不止，止则不明。〔心如水一样，清水不论怎样搅动也搅不浑浊，

31

混浊了则不清；心如镜子一样，灰尘落在明镜上面总停留不住，沾满了灰尘则不清。〕

——唐·皇甫湜《寿颜子辨》

□欲因利炽，利令智昏。人为利诱，生入鬼门。〔贪求利益能助长人的炽热欲望，利益令人昏庸失去智能。人被利益所引诱，如在鬼门关生活。〕

——清·李西沤《老学究语》

□悖入悖出，自作之愆。〔违反规定地收进付出，只是白白给自己造成罪过。〕

——清·纪昀《阅微草堂笔记》

□行生于己，名生于人。〔品行只能通过自己的行为表现出来，名声则是需要别人认可才能树立。〕

——唐·李延寿《北史·甄琛传》

□谒而得位，道士不居；争而得财，廉士不受。〔靠走后门要来的官，品德正派的人不会去干；争来的不义之财，廉洁之士不会要。〕

——汉·刘向《新序·节士》

□善不由外来兮，名不可虚作。〔一个人的优秀品德不可能由别人给他，好的声誉也不可能通过弄虚作假得来。〕

——战国·屈原《楚辞·九章·抽思》

□爱利，则聚敛之臣求之；爱武，则谈兵之士求之；爱勇，则乐伤之士求之；爱仙，则方术之士求之；爱符瑞，则矫诬之士求之。〔追求财利，搜刮民脂民膏的臣子就会找上门来；喜欢打仗，谈兵用武的人就会找上门来；盛行勇敢，以寻衅为乐事的人就会找上门来；爱好

神仙，懂得神术的人就会找上门来；希望吉祥的征兆，以曲为直、以假为真的人就会找上门来。〕

——汉·黄石公《素书·安礼》

□**顺理则裕，从欲惟危。**〔顺从事理做起事来就觉得从容，顺从私欲就危险。〕

——宋·程颐《动箴》

□**要得人不知，除非己莫为。**〔要使别人不知道，除非自己不去做。〕

——汉·班固《汉书·枚乘传》

□**仕于朝者，以馈送及门者为耻；仕于外者，以苟且入都者为羞。**〔在朝廷做官，以在家中接受馈赠物品为耻辱；在外地做官，以没有建树业绩而进京感到羞耻。〕

——明·王恕《官衙大门联》

□**祸难生于邪心，邪心诱于可欲。**〔灾祸产生于邪恶的思想，邪恶的思想可以诱发私欲。〕

——秦·韩非《韩非子·解老》

□**非其道而行之，虽劳不至；非其有而求之，虽强不得。**〔不符合正道的事，干了也是劳而无功；不属于自己的东西，虽然强求还是不能得到。〕

——汉·韩婴《韩诗外传》

□**朝有变色之言，则下有争斗之患；上有自专之士，则下有不让之人；上有克胜之佐，则下有伤害之心；上有好利之臣，则下有盗窃之民；此其本也。治天下者，审所上而已。**〔朝廷上有愤怒争吵的言

33

行，民间就有争夺械斗的祸患；朝廷上有专权自恣的官员，社会就有不知礼让的黎民百姓；朝廷上有倾轧好胜的官员，民间就有相互伤害的邪念；朝廷上有贪图财利的臣僚，民间就有从事盗窃的百姓。所以，上面是下面的本源。治理天下的人，必须把上层官员的事情审察明白。〕

——宋·司马光《资治通鉴·汉纪》

□心地干净，自然宽平。〔心地如能保持干净，不受名利物欲侵扰，自然就心宽气平。〕

——明·薛瑄《读书录》

□立节者见难不苟免，贪禄者见利不顾身，而好名者非义不苟得。〔树立节操的人面临患难绝不丢失名节，贪求官禄的人见到财利会连命都不要，而注重名声的人不会贪图不义之财。〕

——汉·刘安《淮南子·齐俗训》

□但令名节不堕地，身外区区安用求？〔只要能让名誉节操不失落于地，其他东西都不足挂齿，哪还用得去追求？〕

——明·于谦《静夜思》

□名节一亏，终身不复。〔名节一旦丧失，终身都无法恢复。〕

——元·张养浩《牧民忠告》

□爱名之世忘名客，多事之时无事身。〔在普遍追逐名利的社会风气中，做淡泊名利的人；在熙熙攘攘的多事环境中，做摆脱俗事缠身的人。〕

——唐·刘禹锡《同白二十二赠王山人》

□树曲木者，恶得直影？人君不直其行，不敬其言者，未有能保帝王之号，垂显令名者也。〔种植弯曲树木的人，怎么能得到直的树

34

影呢？国君行为不正直，讲话不慎重，就不能保住帝王的称号，也不能垂名青史、流芳百世。〕

——汉·刘向《说苑·君道》

□上不可以不正，下不可以不端。上枉下曲，上乱下逆。〔上面不可以不正派，下面不可以不端正。上面不直，下面就弯曲，上面胡来下面就叛逆。〕

——三国·诸葛亮《便宜十六策·君臣》

□名之所在，则利归之。苟不求利，亦何慕名？〔名声有了利益也会有，如果不求利，何必去追慕名声？〕

——清·顾炎武《日知录》

□上有一点黑，下便有一扑黑；上有一毫差，下便有寻丈差。〔上面有一点儿黑，下面就有一抹黑；上面有一根头发那样的差错，下面就有一丈长的差错。〕

——宋·黎靖德《朱子语类》

□不听窕言，不受窕货。〔不听道听途说的言论，不接受来路不明的货物。〕

——秦·韩非《韩非子·难二》

□要道之本，正己而已矣。平直真实者，正之主也。〔治国之道最基本的一点，就是端正执政者自己。公平、正直、真实、诚实，是端正自己的核心内容。〕

——宋·司马光《资治通鉴·汉纪》

□上有毫发之意，则下有丘山之取；上有滂沛之泽，则下有涓滴之施。〔上级想取头发那么小的一点儿东西，下面的官吏就要占有山

丘那么大的东西。上级对下级有滂沱大雨一样的恩泽,下面的官吏就有小雨点儿一样的施舍。〕

——宋·苏辙《久旱乞放民间积欠》

□齐桓好服紫,而合境无异色;楚王好细腰,而后宫多饿死。〔齐桓公喜欢穿紫色衣服,因而全国人民都不穿别的颜色的衣服;楚王喜欢细腰的宫女,因而后宫之女为求细腰饿死了许多。〕

——唐·吴兢《贞观政要·公平》

□安能以身之察察,受物之汶汶者乎?〔怎么能一边要洁身自好,一边又收受贿赂使自己浑浊呢?〕

——战国·屈原《渔父》

□上好德则下修行,上好言则下饰辩。〔君主推崇德行,下面的人就会整饬自己的品行;君主喜欢夸夸其谈,下面的人就会巧言令色,热衷于用漂亮的辞藻来点缀自己。〕

——晋·傅玄《傅子·戒言》

□将欲治人,必先治己。〔要去治理别人,一定要首先把自己治理好。〕

——宋·杨时《河南程氏经说·中庸解》

□上好紫则下皆女服,上好剑则士皆曼胡。〔上司喜欢华贵的衣服,人们就个个穿漂亮的女装;上司喜欢挂刀佩剑,人们就个个佩带长戟。〕

——清·魏源《默觚下·治篇》

□上苟好奢,则天下贪冒之吏将肆心焉;上苟好利,则天下聚敛之臣将置力焉。〔君主如果喜欢奢侈,那么天下贪图钱财的官吏将

36

肆意妄为；君主如果追逐私利，那么天下搜刮钱财的官吏就会竭尽全力去剥削老百姓。〕

——唐·白居易《人之困穷由君之奢欲》

□将纳谀则正人离，将好赂则士卒盗，将内顾则士卒淫。〔将领喜听谀言，那么正直的人就会离去；将领喜欢收受贿赂，官兵就会偷盗；将领贪恋妻妾，官兵就会淫乱。〕

——宋·许洞《虎钤经·出将》

□夫楚王好小腰而美人省食，吴王好剑而国士轻死。〔楚王好细腰美人，美人就减食；吴王好击剑比武，国人就轻视死亡。〕

——春秋·管仲《管子·七臣七主》

□已为而悔，莫若早戒；患至而忧，不如预谋。〔已经做错事才感到后悔，不如开始就戒惧谨慎；灾祸来临时才忧虑，不如事先考虑好办法。〕

——明·方孝孺《杂铭·户》

□宠利毋居人前，德业毋落人后。〔荣宠利禄不要争先，进德修业不要落后。〕

——明·洪应明《菜根谭》

□舟必漏也而后水入焉，土必湿也而后苔生焉。〔船一定是自身有了漏洞，然后水才会进来；土一定是本来就很湿润，然后苔藓才会长出来。〕

——明·刘基《郁离子·自讳自矜》

□见金钱财帛不惧刑网，径自受纳，乃是不惜性命。明珠是身外之物，尚不可弹雀，何况性命之重，乃以博财物耶？〔看见钱财就不

怕犯法，因而受贿，这就叫不珍惜性命。明珠是身外之物，尚不可用来打鸟，何况比明珠要贵重得多的性命，倒可以去换取财物吗？〕

——唐·吴兢《贞观政要·贪鄙》

□城中好高髻，四方高一尺。〔京城中的人喜欢挽高发，其他地方的人就会挽得有一尺高。〕

——宋·郭茂倩《乐府诗集·杂谣歌辞》

□浊其源而望流清，曲其形而欲景直，不可得也。〔水源浑浊而希望水流清洁，物体形状弯曲而妄想它的影子端正，那是办不到的。〕

——南朝·范晔《后汉书·刘殷传附刘恺》

□上之所好，下必有甚，竞为无限，遂至灭亡。〔皇上有所爱好，臣下必定争相效仿，这种争逐无限制发展下去，就导致了国家的灭亡。〕

——唐·吴兢《贞观政要·俭约》

□祸患常积于忽微，而智勇多困于所溺。〔灾祸常常是由细小的事故积累而成的，而一个人的才智勇气则大多由于沉溺于某些癖好而发挥不出来。〕

——宋·欧阳修《新五代史·伶官传序》

□怨无大小，生于所爱；物无美恶，过则成灾。〔仇怨不管大小都是由于贪恋才产生的；事物本来并无好坏之分，假若对其嗜好过度，就成了祸害。〕

——宋·辛弃疾《沁园春》

□君子不谓小善不足为也而舍之，小善积而为大善；不谓小不善为无伤也而为之，小不善积而为大不善。〔君子对好的行为不认为它小得不值得做而舍弃它，因为"小善"积累起来就是"大善"；对于不好

的行为，君子不认为它小得没什么损害作用就去干，因为"小不善"积累起来就是"大不善"。〕

——汉·刘安《淮南子·缪称训》

□君好则臣为，上行则下效。〔君主喜欢什么，臣下就做什么；上面的人怎么做，下面的人也就怎样做。〕

——唐·白居易《白氏长庆集》

□君圣则臣忠，上明则下直。〔君王圣明臣子就会忠诚，上级通达下级就会刚直。〕

——唐·白居易《论制科人状》

□立身以不妄语为本，治家以不晏起为本，居官以不要钱为本，行军以不扰民为本。〔为人处世以诚实为根本，持家度日以勤快为根本，当官要以清廉为根本，行军要以不骚扰老百姓为根本。〕

——清·曾国藩《曾文正公家训》

□无为其所不为，无欲其所不欲。〔不做那些自己不该做的事，不要贪图那些自己不该要的东西。〕

——战国·孟子《孟子·尽心上》

□非理之财莫取，非理之事莫为。〔不义之财不去拿，没有道理的事情不去做。〕

——明·冯梦龙《喻世明言》

□善不积，不足以成名；恶不积，不足以灭身。小人以小善为无益，而弗为也，以小恶为无伤，而弗去也，故恶积而不可掩，罪大而不可解。〔不积累大量好的行为就不足以使人声誉卓著，不积累大量坏的行为就不足以使人毁灭。品德不好的人认为小的善事对自己没有

好处而不去做，认为小的坏事对自己没有多大损害而去做，所以坏事积累多了就无法掩盖，罪恶大了就无法得到解脱。〕

——周·姬昌《周易·系辞》

□**上邪下难正，众枉不可矫。**〔居上位的人奸邪，居下位的人就难于端正；走歪门邪道的人多了，就不容易纠正。〕

——南朝·何承天《上邪篇》

□**瓜田不纳履，李下不正冠。**〔在瓜地里行走不要提鞋子，在李树下行走不要整理帽子。〕

——宋·郭茂倩《乐府诗集·君子行》

□**苟正其身矣，于从政乎何有？有能正其身，如正人何？**〔如果能够端正自己的行为，对于从政这件事还有什么困难呢？如果不能端正自己，又怎么去端正别人呢？〕

——春秋·孔子《论语·子路》

□**去谗远色，贱货而贵德。**〔摒除谗言远离女色，看淡财富而重视道德。〕

——战国·子思《礼记·中庸》

□**尘羽之积，沉舟折轴。**〔轻如尘土羽毛的东西不断堆积，也可以压沉大船，压断大车的车轴。〕

——晋·葛洪《抱朴子·嘉遁》

□**一丝一粒，我之名节；一厘一毫，民之脂膏。宽一分，民受赐不止一分；取一文，我为人不值一文。谁云交际之常，廉耻实伤，倘非不义之财，此物何来？**〔送我一根丝一粒米，都关系到我的名节；哪怕是一厘米长一毫重，都是百姓身上的油脂；我对百姓宽容一点儿，百姓受益的不止是一分；我从百姓身上攫取一分，我的品质便一钱不值了。谁说这是官场的正常行为，这样做廉洁名声都会受到伤害，如果不是不义之财，那财物又是从什么地方来的？〕

——清·张伯行《正谊堂文集》

□**绵绵不绝，必有乱结；纤纤不伐，必成妖孽。**〔连绵不尽的东西不剪断，一定会出现死结；细小的苗头不铲除，一定会长出怪物。〕

——三国·诸葛亮《便宜十六策·治乱》

□**山陵之祸，起于豪芒。**〔像高山那样大的灾祸，往往是从如同细毛和麦芒尖端那样微小的事情发展而成的。〕

——汉·李尤《戟铭》

□**慎微防萌，以断其邪。**〔对于不良倾向在细小的萌芽状态时就应当重视和预防，从而断绝邪恶事物的滋长。〕

——汉·王符《潜夫论·浮侈》

□**制欲于未萌，除害于未兆。**〔制止欲望要在它未曾萌发的时候，铲除祸害要在它没有露头的时候。〕

——唐·白居易《才识兼茂明于体用策》

□**我以不贪为宝，尔以玉为宝，若以与我，皆丧宝也，不若人有其宝。**〔我把不贪婪这种品质作为珍宝，你把玉石当做珍宝，如果你把玉石给了我，我们就都丧失了珍宝，不如各自保存自己的珍宝。〕

——春秋·左丘明《左传·襄公十五年》

□**君子戒慎乎其所不睹，恐惧乎其所不闻。莫见乎隐，莫显乎微，故君子慎其独也。**〔君子就是在别人看不见的地方，也处处谨慎小心；在别人听不到的地方，也常怀畏惧心理而事事注意。要晓得哪怕隐藏

得再好，也没有不被人发现的；尽管极其细微，也没有不显露出来的，因此君子在个人独处时仍十分谨慎。〕

——战国·子思《礼记·中庸》

□不妄受人一钱，不虚诳人一语。〔不无故接受人家一文钱，不无故诳骗人家一句话。〕

——清·赵尔巽《清史稿·儒林》

□一钱亦分明，谁能肆谗毁？〔用一文钱也记得清楚分明，谁还能胡乱讲你的坏话、毁谤你呢？〕

——宋·陆游《送子龙赴吉州掾》

□政者，正也。子帅以正，孰敢不正？〔"政"字的意思就是端正。您带头端正自己，谁敢不端正呢？〕

——春秋·孔子《论语·颜渊》

□公廉约己，明达政事。〔公正廉洁地约束自己，才能通达事理地处理公务。〕

——南朝·范晔《后汉书·应奉传》

□为政之务，务在正身。〔处理国家政务，一定要端正自身。〕

——三国·桓范《世要论·政务》

□善为国者必先治其身，治其身者慎其所习。〔善于治理国家的人首先要加强自身修养，加强自身修养要谨慎培养习惯。〕

——晋·陈寿《三国志·三少帝纪》

□以铜为镜，可以正衣冠；以古为镜，可以知兴替；以人为镜，可以明得失，常保此三镜，以防己之过。〔以铜为镜，可以端正衣帽；

以史为镜，可以知道国家兴亡；以他人为镜，可以知道自己言行得失。经常保持这三面镜子，以防止自己犯错误。〕

——唐·吴兢《旧唐书》

□古之圣人，将欲以礼治天下之民，故先自治其身，使天下皆信其言。〔古代的圣贤，想以礼来治理天下的百姓，首先就要用礼来加强自身修养，这样才能使天下人都能相信他们的话。〕

——宋·苏洵《六经论·礼论》

□以正己为先，教禁为次。〔从政者要把端正自己的思想行为放在首位，把教育别人、规范别人的行为放在第二位。〕

——三国·桓范《世要论·政务》

□其身正，不令而行；其身不正，虽令不从。〔自身正派，不用发号施令，百姓也会照办；自身不正派，即使发号施令，百姓也不会听从。〕

——春秋·孔子《论语·子路》

□立身一败，万事瓦裂。〔一个人立身的根本一破败，所有的事情就像瓦一样，一碰就要碎裂。〕

——唐·柳宗元《寄许京兆孟容书》

□能自治然后可以治人，能治人然后人为之用。〔能自己管理好自己然后可以管理别人，能够管理别人然后别人才能愿意为其所用。〕

——宋·王安石《洪范传》

□君子有三戒：少之时，血气未定，戒之在色；及其壮也，血气方刚，戒之在斗；及其老也，血气既衰，戒之在得。〔君子有三件事情要警惕戒备：年少时，血气还不成熟，要戒除对女色的贪恋；到壮

43

年，血气方刚，要戒除与人争斗；到老年，血气已经衰弱了，要戒除贪得无厌。〕

——春秋·孔子《论语·季氏》

□君子以其身正，知人之不正；以人之不正，知其身之有所未正也。〔君子因为自己的行为正派得体，所以知道别人的行为不正确；用别人不正确的行为来对照自己，知道自己还有些行为不得体。〕

——宋·苏轼《私试策问》

□自律不严，何以服众？〔自我要求不严格，怎么能使众人信服？〕

——元·张养浩《风宪忠告》

□欲人勿恶，必先自美；欲人勿疑，必先自信。〔希望别人不做坏事，必须先使自己完美起来；希望别人不要怀疑自己，必须先要自己言而有信。〕

——明·冯梦龙《东周列国志》

□责人者，必先自责；成人者，必先自成。〔批评别人，必须首先做自我批评；成就别人，必须首先成就自己。〕

——明·钱琦《规世》

□惟正己可以化人，惟尽己可以服人。〔只有自己行为端正，才能感化别人；只有自己尽职尽责，才能使人信服。〕

——清·申居郧《西岩赘语》

□古之欲明德于天下者，先治其国；欲治其国者，先齐其家；欲齐其家者，先修其身；欲修其身者，先正其心；欲正其心者，先诚其意；欲诚其意者，先致其知；致知在格物。〔古代想在天下彰明德性的圣王，首先要治理好自己国家；治理好国家，首先要搞好自己家庭；搞好家庭，首先要修养心性；要修养心性，首先要使自己心正；要使自己的心正，首先要使自己的心意诚实无欺；要诚实无欺，首先要使知识丰富起来；要知识丰富，就要深究世上各种事物的道理。〕

——战国·曾参《礼记·大学》

□自责之外，无胜人之术；自强之外，无上人之术。〔严于律己之外，没有可以胜过别人的办法；自强不息之外，没有可以超过别人的办法。〕

——清·金缨《格言联璧·持躬》

□身无道德，虽吐辞为经，不可以信世；主无道德，虽袭法古制，不足以劝民。〔自己没有道德，即使出言就引经据典，也不足取信于世；君主没有道德，即使遵依古制办事，也难于导民为善。〕

——清·魏源《默觚·治篇》

□政不正，君位危。〔国家的政治风气不好，国君的统治地位就危险。〕

——汉·戴圣《礼记·礼运》

□处逸乐而欲不放，居贫苦而志不倦。〔处舒适欢乐之境不放纵欲望，处贫困艰苦之时不懈怠斗志。〕

——汉·王充《论衡·自纪篇》

□渴不饮盗泉水，热不息恶木阴。〔口渴了不饮盗泉的水解渴，热了不到丑树下歇凉。〕

——晋·陆机《猛虎行》

□身已贵而骄人者民去之，位已高而擅权者君恶之，禄已厚而不知足者患处之。〔一个人出身显贵而待人骄横，老百姓就会离开他；官职高又独揽大权，国君就会忌讳他；薪俸多了却不知足，祸患就会降临到他头上。〕

——汉·刘向《说苑·敬慎》

□睹松竹则思贞操之贤，临清流则贵廉洁之行。〔看到松竹就思念坚持操守的贤才，面对清流就尊崇廉洁无私的品德。〕

——唐·令狐德棻《晋书·张天锡传》

□上有所好，下必甚焉。〔上面有所喜好，下面必定更厉害。〕

——宋·司马光《资治通鉴》

□言非法度不出于口，行非公道不萌于心。〔凡不合法度的话不讲，不合公道的行为心里不想。〕

——唐·杨炯《杜袁州墓志铭》

□目失镜则无以正须眉，身失道则无以知迷惑。〔眼睛离开镜子就无法端正自己胡子眉毛，身心失去道义就无法知道真相与是非。〕

——秦·韩非《韩非子·观行》

□言出而为民信，事行而为世法。〔讲话要为人民所相信，行为要为世人所效法。〕

——宋·欧阳修《章望之字序》

□天下之本在国，国之本在家，家之本在身。〔天下安定的根本在于国家，国家兴盛的根本在于家庭，家庭幸福的根本在于自身。〕

——战国·孟子《孟子·离娄上》

□凡民之行，以身先之，则不令而行。凡民之事，以身劳之，则

虽勤不怨。〔凡是要百姓去做的，自己先去做，那么不发布命令百姓就会实行；凡是有关百姓的事情，都不辞劳苦去做，那么百姓虽辛苦而无怨言。〕

——宋·朱熹《四书集注》

□**天下者，非一家之有也，唯有道者理之，唯有道者纪之。**〔天下不是一家的天下，唯有有道义的人才能治理好，唯有有道义的人才能领导好。〕

——汉·贾谊《新书·修语》

□**表曲者景必邪，源清者流必洁。**〔目标弯曲的影子必定倾斜，水源清澈的河流必定干净。〕

——宋·司马光《资治通鉴·汉顺帝阳嘉》

□**我不希荣，何忧利禄之香饵；我不竞进，何畏乎仕宦之危机。**〔我不追求荣华富贵，为何担忧利禄之多少；我不想升官发财，为何惧怕职位之得失。〕

——明·洪应明《菜根谭》

□**行不充于内，德不备于人，虽盛其服，文其容，民不尊也。**〔如果本身缺乏修养，品德不及于人，即使外表修饰得再华丽，人民也不会尊敬他。〕

——宋·欧阳修《章望之字序》

□**匹夫而为百世师，一言而为天下法。**〔只要合乎道义，平民可为百世师表，一言可为天下人效法。〕

——宋·苏轼《潮州韩文公庙碑》

□**安民者何？无求于民，则民安矣。察吏者何？无求于吏，则吏**

47

察矣。〔使黎民百姓安居乐业的方法是什么？就是对百姓没有苛求，这样百姓就安心。我们如何监督官吏呢？就是不向他们索取，则自然可以明察秋毫。〕

——清·金缨《格言联璧·从政》

□言为世范，行成士则。〔言论要做时代的典范，行为要做众人的榜样。〕

——唐·欧阳询《艺文类聚》

□古之君人者，以得为在民，以失为在己；以正为在民，以枉为在己。〔古代的君主，把功劳归于人民，把过错归于自己；把正确归于人民，把偏差归于自己。〕

——战国·庄子《庄子·则阳》

□善罪身者，民不得罪也；不能罪身者，民罪之。〔善于自责的人，人民不会责备他；不能自责的人，人民就会谴责他。〕

——春秋·管仲《管子·小称》

□有善于己，然后可以责人之善；无恶于己，然后可以正人之恶。〔自己有善行，然后可以以善行要求别人；自己无恶行，然后可以纠正别人的恶行。〕

——宋·朱熹《四书集注·大学章句》

□知所以修身，则知所以治人；知所以治人，则知所以治天下国家矣。〔知道了修身的方法，也就会知道治人的方法；知道了治人的方法，也就知道治理天下国家的方法。〕

——战国·子思《礼记·中庸》

□君子有诸己，而后求诸人，无诸己，而后非诸人。所藏乎身不怨，而能喻诸人者，未之有也。〔君子自己有美德，然后要求别人有美德。自己没有恶行，然后再责难别人行恶。若对自身存在的品行不能推己及人，反而能对别人解释说明善恶之理，从来没听说过。〕

——战国·曾参《礼记·大学》

□枉己者，未有能直人者也。〔自己心术不正，没有能使别人心术正直的。〕

——战国·孟子《孟子·滕文公下》

□酌人之言，补己之过。〔斟酌别人的评论，补救自己的过失。〕

——唐·白居易《策林四·采诗》

□行必先人，言必后人。〔为人处世，行动应当先于人，言论应当后于人。〕

——汉·戴德《礼记·曾子立事》

□帝身且不德，能帝天下乎？能主国家乎？〔君主自身无德，能统率国家吗？能主持国家政务吗？〕

——唐·皮日休《六箴序》

□身正，则家齐；国治，而天下平。〔自身端正，就能整治好家庭；国家治理好了，天下才能太平。〕

——宋·朱熹《四书集注·孟子集注》

□大德之人，正己而物正者也。〔有大功德的人，首先自己做好，然后才要求别人做好。〕

——宋·朱熹《四书集注·孟子集注》

□老吾老，以及人之老；幼吾幼，以及人之幼，天下可运于掌。

〔尊敬自家的长辈，从而推广到尊敬人家的长辈；爱护自家的儿女，从而推广到爱护人家的儿女。一切措施都由这一原则出发，统一天下就像在手心里转动物体那么容易。〕

——战国·孟子《孟子·梁惠王上》

□尽己而不以尤人，求身而不以责下。〔事情做不好要尽量在自己身上找原因，不要埋怨他人和责怪下属。〕

——唐·吴兢《贞观政要·公平》

□执虚器，如执盈；入虚室，如有人。〔手里拿着空的器皿要像拿着装满东西的器皿一样小心翼翼；进入无人的房间要像进入有人的房间一样约束自己。〕

——汉·戴圣《礼记·少仪》

□以令率人，不若身先。〔用命令统率百姓，不如自己先做示范。〕

——宋·欧阳修《陈公神道碑铭》

□人不率，则不从；身不正，则不信。〔自己不作出表率，人家就不会服从你；自己不公正，人家就不会相信你。〕

——元·欧阳玄《宋史·宋庠传附宋祁》

□求仁之方，无过克己。〔求得仁这种品德的方法，最好不过的是克制自己的私欲。〕

——清·陈确《陈确集·不乱说》

□多行不义必自毙。〔坏事干多了，一定会自己垮台的。〕

——春秋·左丘明《左传·隐公元年》

□言出乎身，加乎民；行发乎迩，见乎远。言行，君子之枢机。

50

枢机之发，荣辱之主也。〔言语出于自身，影响于民众，行动发生在近处，而显现于远处。言行，这是君子的门枢和弩机。枢机在发动时，主宰着荣辱的变化。〕

——周·姬昌《周易·系辞》

□非礼勿视，非礼勿听，非礼勿言，非礼勿动。〔不合乎礼的事不看，不合乎礼的话不听，不合乎礼的话不说，不合乎礼的事不做。〕

——春秋·孔子《论语·颜渊》

□夫有尤物，足以移人，苟非德义，则必有祸。〔若有美女，足以改变一个人，若是她没有德义，早晚会带来灾祸。〕

——春秋·左丘明《左传·昭公二十八年》

□狎甚则相简，庄甚则不亲，是故君子之狎足以交欢，其庄足以成礼。〔过分亲昵就相互轻视，过分庄重就没有亲切感，因此君子亲昵到足以快乐交往的程度就行，君子庄重到足以成礼的程度即可。〕

——三国·王肃《孔子家语·三恕》

□欲人勿闻，莫若勿言；欲人勿知，莫若勿为。〔想要人没听说，没有比不说更好的；想让人不知道，没有比不做更好的。〕

——汉·枚乘《上书谏吴王》

□饮酒病我性，思虑害我神，美色伐我命，利欲乱我真。〔饮酒损害我的心性，思虑伤害我的精神，美色减损我的生命，利欲惑乱我的真纯。〕

——汉·高义方《清诫》

□人虽至愚，责人则明；虽有聪明，恕己则昏。但常以责人之心责己，恕己之心恕人，不患不到圣贤地位也。〔人即使很笨，指责别

51

人时却很精明；即使聪明，在宽纵自己时却总是不清醒。只要常以指责别人的心来责备自己，以宽恕自己的心来宽恕别人，就不愁到不了圣贤的地步。〕

——元·许明奎，吴亮《忍经》

□君子之修身也，内正其心，外正其容。〔君子修身，里面端正自身心志，外面端正自身仪表。〕

——宋·欧阳修《左氏辨》

□作德，心逸日休；作伪，心劳日拙。〔做好事，心里安逸，天天自然；做坏事，心里劳累，天天窘迫。〕

——汉·孔安国《尚书·周官》

□可爱之物，勿以求人；易犯之愆，勿以禁人；难行之事，勿以令人。〔看到喜欢的东西，不要乞求别人；容易违犯的过失，不要禁止别人；难以实行的事情，不要强迫别人。〕

——明·袁衷《庭帏杂录》

□无多言，多言多败；无多事，多事多患。〔遇事少说话，说话太多招致失败多；无事少惹事，惹事太多招惹祸患多。〕

——北齐·颜之推《颜氏家训·省事》

□事穷势蹙之人，当原其初心；功成行满之士，要观末路。〔对遭遇困厄、形势窘迫的人，应体察他当初的本心如何；对功成名就、事业圆满的人，要观察他晚年的气节如何。〕

——明·陈继儒《小窗幽记》

□君子有九思：视思明，听思聪，色思温，貌思恭，言思忠，事思敬，疑思问，忿思难，见得思义。〔君子有九个方面要多用心考虑：

看，考虑是否看得清楚；听，考虑是否听得明白；脸色，考虑是否温和；态度，考虑是否庄重恭敬；说话，考虑是否忠诚老实；做事，考虑是否认真谨慎；有疑难，考虑是否应该请教别人；发火发怒，考虑是否会产生后患；见到财利，考虑是否合于仁义。〕

——春秋·孔子《论语·季氏》

□微不可不防，远不可不虑。〔细微的失误不能不防备，深远的目标不能不忧虑。〕

——唐·辛替否·摘自《旧唐书·辛替否传》

□惟尽知己之所短，而后能去人之短；惟不待己之所长，而后能收人之长。〔只有完全知道自己的短处，而后才能纠正别人的短处；唯有不只看到自己的长处，而后才能吸收别人的长处。〕

——清·魏源《默觚·治篇》

□欲治身，先治心；欲责人，先责己。〔要修身，应先修养心性；要想要求别人，首先要求自己〕

——元·铁木真·摘自《元史·裕宗传》

□幼而不肯事长，贱而不肯事贵，不肖不肯事贤，是人之三不祥也。〔年幼的不肯侍奉年长的，卑贱的不肯侍奉尊贵的，不贤的不肯侍奉贤能的，是人的三种不良行为。〕

——战国·荀子《荀子·非相》

□积善三年，知之者少；为恶一日，闻于天下。〔三年做好事，知道的人很少；一天做坏事，天下人都会知晓。〕

——唐·令狐德棻《晋书·宣帝纪》

□日月欲明，浮云盖之；河水欲清，沙石秽之；人性欲平，嗜欲

53

害之。惟圣人能遗物而反己。〔日月想要长空映辉，有浮云会遮盖它；河水想要清澈透底，有沙石会污染它；人心想要得到平净，贪欲却会妨害它。只有圣人，能抛开外物的诱惑而归回到原本平和的本性。〕

——汉·刘安《淮南子·齐俗训》

口欲胜人者，必先自胜；欲论人者，必先自论；欲知人者，必先自知。〔想要战胜别人，一定要先战胜自己；想要评定别人，一定要先评定自己；想要了解别人，一定要先了解自己。〕

——秦·吕不韦《吕氏春秋·先己》

口上能同甘苦，下必同安危。〔上级能与下属同甘共苦，那么下属也会与上级同安共危。〕

——宋·梅尧臣《送周介之学士通判定州》

口好誉者，常谤人；市恩者，常夺人，其倾危一也。〔喜欢恭维别人的人，常常诽谤人；喜欢给别人小恩小惠的人，常常从别人那里取得好处。这两种人同样是危险的。〕

——明·彭汝让《木几冗谈》

口枉己者不能直人，忘亲者不能忠君。〔自己行为不端的人就难以要求别人行为端正，不孝顺父母的人亦不能忠于君主。〕

——明·罗伦·摘自《明史·罗伦传》

口积羽沉舟，群轻折轴；众口铄金，积毁销骨。〔把羽毛堆积起来，可以沉船；把很轻的东西聚集在一起，可以压断车轴；众多的诽谤可以把金石熔化，把骨头销毁。〕

——汉·司马迁《史记·张仪传》

口上及下之事，谓之矫；下及上之事，谓之胜。为上而矫，悖也；

为下而胜，逆也。〔上面干预下面的职务，叫做扰乱；下面干预上面的职务，叫做欺凌。在上面的人扰乱下面，就是违背原则；在下面的人欺凌上面，就是反叛逆上。〕

——春秋·管仲《管子·君臣》

□**吏者，民之师也，车驾衣服宜称。**〔大小官吏，应该为万民的师表。他们的衣食住行都应该有一定标准，与自己的职位相称。〕

——汉·刘启·摘自《汉书·景帝纪》

□**人君，患在自骄，不患骄人；失在自任，不在任人。**〔君主的忧患在于自我放纵，不在于臣下放纵；君主的过错在于自己任意妄为，不在办事的臣下。〕

——汉·陈元·摘自《后汉书·陈元传》

□**人不自爱则无所不为，过于自爱则一无所为。**〔人不懂得自尊自爱，什么违法乱纪的事情都会干出来；人过于自爱，谨小慎微，就一事无成。〕

——明·吕坤《呻吟语》

□**一念常惺，才避得去神弓鬼矢；纤尘不染，方解得开地网天罗。**〔头脑经常清醒，才能避开如神弓鬼矢的攻击；坚持洁身自好，才能解得开天罗地网的羁绊。〕

——清·周希陶《增广贤文》

□**责人之心责己，爱己之心爱人。**〔用指责别人的心来指责自己，用爱自己的心去爱别人。〕

——清·周希陶《增广贤文》

□**君语及之，即危言；语不及之，即危行。国有道，即顺命；无**

道，即衡命。〔国君对臣子说到的事，臣子就慎言不居功；没对他说到的事，就慎行不趋同。国家政治清明时，他就服从命令；政治昏暗时，他就斟酌考虑，可行就行。〕

——汉·司马迁《史记·管晏列传》

□日勤三省，夜惕四知。〔每日反省自己，审视自己的是非好坏；每夜警惕自己，还有天知、神知、你知、我知。〕

——清·周希陶《增广贤文》

□不尽于己而责尽于人，不诚于前而望诚于后，必给而不信矣。〔自己不能尽力实行而完全责备他人未行，自己不守诚信在先而希望他人诚信，必定将危败再无诚信。〕

——唐·陆贽·摘自《新唐书·陆贽传》

□人无衅焉，妖不自作。〔人要是没有缝隙可乘，妖就不会自己作祟。〕

——春秋·左丘明《左传·庄公十四年》

□山有朽坏，虽大必亏；木有蠹虫，其荣易落。〔高山如果有了朽坏的地方，即使它再高大，也要坍塌；树木如果有了蛀虫，即使它再茂盛，也将枯萎。〕

——唐·吴兢《旧唐书·玄宗纪》

□求人之失，虽小而可恕，谓重如泰山；身行不义，虽入大恶，谓轻于鸿毛。〔寻找别人的过错，即使细小但可以原谅，却认为比泰山还重；自己去做不义之事，即使大恶不赦，却认为比鸿毛还轻。〕

——辽·阿保机·摘自《辽史·太祖纪》

□轻者重之端，小者大之源，故堤溃蚁孔，气泄针芒。是以明者慎微，智者识几。〔轻是重的开端，小是大的根源。所以千里之堤溃于蚁穴，一室之气泄于针孔。因此明智的人善于注意细小的情节，聪慧的人善于识别变化的征兆。〕

——汉·陈宠·摘自《后汉书·陈宠传》

□欲人不闻，莫若不言；欲人不知，莫若不为。〔想要人不知晓，最好自己不说；想要人不知道，最好自己不做。〕

——汉·枚乘《上书谏吴王》

□人有过失，己必知之；人有过失，岂不自知？〔别人有了过错，自己肯定会知道；自己有了过错，自己怎么能不知道呢？〕

——宋·林逋《省心录》

□目短于自见，故以镜观面；知短于自知，故以道正己。〔人的眼睛无法看到自己，所以要用镜子来观看自己的面容；人的智慧常常无法认识到自己，所以要用法则来纠正自己。〕

——秦·韩非《韩非子·观行》

□不知而言，不智；知而不言，不忠。〔自己不知道而信口开河，这是不明智；自己知道却故意不讲，这是不忠实。〕

——秦·韩非《韩非子·初见秦》

□但攻吾过，毋议人非。〔一心只想克服自己的缺点，不要对别人的是非妄加评论。〕

——清·陈确《陈确集·不乱说》

□治天下者惟君，乱天下者惟君。治乱非他人能为也，君也。个人乱天下，用小人者谁也？女人寺人乱天下，宠女人寺人者谁也？奸雄盗贼乱天下，致奸雄盗贼之乱者谁也？〔能治理天下的人只有君主，能搞乱天下的人也是君主。治与乱不是其他人所能做到的，唯有君主才行。小人作乱天下，那么重用小人的人是谁呢？女人和宦官作乱天下，那么宠幸女人和宦官的人是谁呢？奸雄和盗贼作乱天下，那么导致奸雄和盗贼之乱的又是谁呢？〕

——清·唐甄《潜书·鲜君》

□人知粪其田，莫知粪其心。〔人们只知道培育自己的田地，却不知道修养自己的心性。〕

——汉·刘向《说苑·建本》

□自知而不自见，自爱而不自贵。〔有自知之明，但却不自我显露；能自爱自尊，但却不自命清高。〕

——春秋·老子《道德经》

□君子不器，不以一能而盈诸身；及其使人也，器之，不以众能而责诸人。〔君子不像一件器物一样，不能因为有了一技之长就满足；而用人的时候，就要像使用器物一样，不能苛求其各方面都完美。〕

——宋·杨万里《庸言》

□江海不与坎井争之清，雷霆不与蛙蚓斗其声。〔大江大河不会与废井争比清浊，响雷不会与青蛙蚯蚓比斗声响。〕

——明·刘基《郁离子·韩垣干齐王》

□小善虽无大益，而不可不为；细恶虽无近祸，而不可不去。〔小的好事虽然没有什么大的好处，但不可以不做；小的坏事虽然不会立刻招致灾祸，但却不可以不改掉。〕

——晋·葛洪《抱朴子·君道》

□积善在身，犹长日加益，而人不知也；积恶在身，犹火之销膏，而人不见也。〔积善在身，就好像白昼的时间在加长，尽管白昼在加长但人们却不易察觉；积恶在身，就好像用火来销蚀油膏，尽管油膏在减少，人们却不易发现。〕

——汉·班固《汉书·董仲舒传》

□庸言必信之，庸行必慎之。〔日常的言论一定要守信用，日常的行为一定要谨慎。〕

——战国·荀子《荀子·不苟》

□一字不可轻与人，一言不可轻许人，一笑不可轻假人。〔不可以轻易对人讲一个字，不可以轻易对人许诺一句话，不可以轻易对人施与一个笑容。〕

——清·王豫《蕉窗日记》

□闻荣誉而不欢，遭忧难而不变。〔不因为听到了别人的赞扬就欣喜若狂，不因为遭受了忧患和困难就改变自己的操守。〕

——晋·葛洪《抱朴子·行品》

□世治则以义卫身，世乱则以身卫义。〔在天下太平时，就用大义来防止自身腐化堕落；国家动乱之时，就用自身来卫护大义。〕

——汉·刘安《淮南子·缪称训》

□与多疑人共事，事必不成；与好利人共事，己必受累。〔和疑心重的人共事，事情肯定不能成功；和贪婪的人共事，自己必然会受到连累。〕

——清·申居郧《西岩赘语》

□官之得民，要在清、勤、慈、惠，故苛细者与冗交饥；幕之自爱，要在廉、慎、公、勤，故依回者与刚愎同病。〔为官者要得民心，

59

关键在于清廉、勤政、爱民和使百姓得到实惠,因此,为人处世苛刻烦琐的人和品格卑贱的人都会受到讥刺。要做到自爱,关键在于廉洁、谨慎、公道、勤奋,因此,优柔寡断的人和刚愎自用的人有着相同的坏毛病。〕

——清·汪辉祖《佐治散言》

□声无小而不闻,行无阴而不形。〔声音再小,也不会不被人听到;行动再隐秘,也总会被人知道。〕

——战国·荀子《荀子·劝学》

□上之所为,下必从矣;上之所教,人亦效矣。心苟至公,人将大同。〔上行而下效,上级倡导的下级会遵从;上级如果能够秉公办事,社会就会清明大同。〕

——唐·姚崇《五诫·持秤诫》

□上乐施,则下益宽;上亲贤,则下择友。〔国君乐善好施,臣下则会更加宽厚;国君能亲近贤才,则臣下交友都会审慎。〕

——三国·王肃《孔子家语》

□须知香饵下,触口是铦钩。〔要知道香甜的饵食下面,就是锋利的钓鱼钩。〕

——唐·李群玉《放鱼》

□行私而无祸,纵欲而不穷,则民心奋而不可说也。〔在上位的人谋取私利却不受到惩罚,放纵贪欲而毫无节制,那么下面的民众都将群起仿效,互相争夺而无法劝说。〕

——战国·荀子《荀子·富国》

□今乱世之君臣,区区然皆擅一国之利而管一官之重,以便其私,此国之所以危也。故公私之交，存亡之本也。〔当今乱世的君臣，都满足于独占一国的利益，掌管一个官职的权力，从而便于谋私，这就是国家危亡的原因。所以公与私的界限，是国家存亡的根本。〕

——战国·商鞅《商君书·修权》

□渔利者害多，务名者毁至。〔用狡诈的手段取得利益，后患无穷；绞尽脑汁去求得虚名，必然要被别人所唾弃。〕

——清·申涵光《荆园小语》

□正己心以正朝廷，正朝廷以正百官，正百官以正万民。〔执政者要通过端正自己的思想来肃正朝廷，通过肃正朝廷来肃正百官，通过肃正百官来肃正万千民众。〕

——宋·朱熹《朱子大全·戊申封事》

□屋漏在上，知之在下。〔房屋漏了情形在上面，知道它漏的情况在下面。〕

——南朝·萧衍·摘自《梁书·武帝纪》

□上求材，臣残木；上求鱼，臣干谷。〔君王如果寻求木材，臣子们就会去毁坏树林；君王如果喜好捕鱼，臣子们就会去抽干河谷。〕

——汉·刘安《淮南子·说山训》

□谗不自来，因疑而来；间不自入，乘隙而入。〔谗言不会自己来，而是因为心中有了疑惑才来；离间的话不会自己钻入，而是因为有了矛盾和隔阂才乘机而入。〕

——明·刘基《郁离子·畏鬼》

□凡民从上也，不从口之所言，从情之所好者也。上好勇则民轻死，上好仁则民轻财，故上之所好，民必甚焉。〔凡人民趋从上面，不是趋从他口里说的什么，而是趋从于他性情所喜好的是什么。上面喜好勇武则百姓不怕死，上面好行仁义则百姓不吝啬财物。所以说，上面喜好什么，下面就一定喜好什么，而且更厉害。〕

——春秋·管仲《管子·法法》

口大吏不正而责小吏，法略于上而详于下。天下之不服，固也。〔大官吏不端正却苛求小官吏，上面疏于守法却对下面要求很严。全国的百姓就不会心悦诚服，那是很自然的事。〕

——宋·杨万里《驭吏》

口民之不善，吏之罪也；吏之不善，君之过也。〔民众的过失，责任在官吏；官吏的过错，责任在国君身上。〕

——汉·贾谊《新书·大政》

口人庶之贫困者，由官吏之纵欲也；官吏之纵欲者，由君上之不能节俭也。〔庶民百姓的贫困，是由官吏的放纵贪欲造成的；官吏的放纵贪欲，是因国君的奢侈浪费造成的。〕

——唐·白居易《人之困穷由君之奢欲》

口人主不能正于上，大臣不能持于下。〔君主在上面不能端正自己，大臣在下面就不能保持好的德行。〕

——清·王夫之《读通鉴论》

口夫霸天下者有三戒：毋贪，毋忿，毋急。贪则多失，忿则多难，急则多蹶。〔独霸天下的人要有三戒：不要贪占，不要愤怒，不要急躁。贪占往往会反受损失，愤怒往往多受磨难，急躁往往招致失败。〕

——明·冯梦龙《东周列国志》

口上者下之本也：上宣明则下治辨矣，上端诚则下愿悫矣，上公

正则下易直矣。〔当政者是下面的本原：当政者政事公开，无所隐瞒，那么下面就知道怎样治理了；当政者正直诚实，下面就谨慎忠厚；当政者公正无私，下面就平易正直。〕

——战国·荀子《荀子·正论》

□**导师失路，则迷途者众。**〔领头人都迷失了方向，跟着走错路的人就一定很多。〕

——南朝·朱昭之《难顾道士夷夏论并书》

□**所立于下者，不废于上；所禁于民者，不行于身。**〔为下级制定的法纪，不能由上面的人带头破坏；禁止老百姓做的事，执政者自己绝不去做。〕

——汉·刘安《淮南子·主术训》

□**君子之居民上，若以腐索御奔马；若碾薄冰，蛟在其下。**〔统治者位居百姓之上，就好比用腐烂了的绳套来驾驭飞奔的车马；又好比车辆在薄冰上碾过，吃人的蛟龙就在薄冰下面。〕

——汉·刘安《淮南子·说林训》

□**无从下之政上，必从上之政下。**〔没有办法让下级端正上级，必须由上级才能端正下级。〕

——战国·墨子《墨子·天志》

□**赇吏兴，上下蔽，天子大臣弗能廉察，激民之重怨。**〔行贿受贿的官吏猖獗，上下互相蒙蔽，天子和大臣也不能廉正地去考察他们，这样就会激起民众的严重怨恨。〕

——清·王夫之《读通鉴沦》

□**知存亡之所在，节嗜欲以从人，省游畋之娱，息靡丽之作，罢**

不急之务，慎偏听之怒。〔弄清存亡的关键所在，听从规劝，节制嗜好和欲望，省却游猎之乐，停止豪华的建造，取消不急之务，谨防偏听偏信所引发的恼怒。〕

——唐·吴兢《贞观政要·刑法》

□上为之，下效之。〔上级做什么，下面就仿效什么。〕

——汉·班固《白虎通·三教》

□沉于乐者治于忧，厚于味者薄于行，慢于朝者缓于政，害于国家者危于社稷。〔沉溺于宴乐的其治乱就会令人忧患，厚享于口味的就薄于德行，怠慢于朝廷的就懒荒于政事，有害于诸国家的就危于百姓。〕

——春秋·管仲《管子·中匡》

□惩其未犯，防其未然。〔严惩那些还没有犯罪的，从而在罪行还没有发生以前就加以预防。〕

——唐·长孙无忌《律唐疏仪·名例》

□治天下国家，必本诸身。其身不正，而能治天下国家者，无之。〔治理天下国家的人，一定把治理自身作为根本。自身不端正，而能把国家治理好，这样的事是不会有的。〕

——宋·杨时《程氏粹言·论学篇》

□其行公正而无邪，故谗人不得入；不阿党，不私色，故群徒之卒不得容。〔执政者行为公正而无邪恶，所以，小人就无法进谗言；不屈从私党，不偏爱女色，所以各类邪恶之人终究没有容身之处。〕

——战国·晏婴《晏子春秋·内篇问上》

□为人臣者，非有功劳于国也，家富而国贫，为人臣者之大罪也；为人臣者，非有功劳于国也，爵尊而主卑，为人臣者之大罪也。〔身

64

为人臣的人，对于国家无功却家室豪富，而国家却很贫穷，这是作为人臣的极大罪过；对于国家无功却爵尊位高，而君主则显得卑下，这也是作为人臣的极大罪过。〕

——春秋·管仲《管子·枢言》

□非能使人弗欲，而能止之；非能使人勿乐，而能禁之。〔执政者不能使人没有欲望，但能使他们适可而止；不能使人不追求吃喝玩乐，但能使他们控之有度。〕

——汉·刘安《淮南子·精神训》

□毋访于佞，毋蓄于谄，毋育于凶，毋监于谗。〔不要访询奸佞之人，不要保护谄媚的行为，不要培植凶恶行为，不可听信谗言。〕

——春秋·管仲《管子·宙合》

□有欲则不刚，刚者不屈于欲。〔有物欲就不会刚直，刚直之人不会在物欲下面屈服。〕

——宋·杨时《程氏粹言·论学篇》

□贪欲者，众恶之本；寡欲者，众善之基。〔贪得无厌，这是一切罪恶的本源；少所企求，这是一世善事的根基。〕

——明·王廷相《慎言·见闻篇》

□与人当宽，自处当严。〔对待别人应当宽宏大量，对待自己应当严格要求。〕

——清·唐甄《潜书·取善》

□治天下，身处污而放情，怠民事而急酒乐，近顽童而远贤才，亲谄谀而疏正直，重赋税以赏无功，妄加喜怒以伤无辜，故能乱其政以败其民，弊其身以丧其国。〔治理天下的人，身处污浊之中而放纵自己的性情，荒废民众事务而耽于酒宴声乐，亲近御前侏儒和谄谀之人，而疏远正直之士和贤才，加重百姓的赋税用来奖赏无功之人，胡乱高兴或发怒以伤害无辜，这样必然使政治混乱，民生凋敝，身体受损，国家灭亡。〕

——汉·王符《潜夫论·德化》

□取诚信，去诈伪，禁暴乱，止奢侈。〔取用忠诚守信用的人，除去奸诈虚伪的人；禁暴乱之行，止奢侈之事。〕

——周·吕尚《六韬·上贤》

□上以为政，下以为俗，为而不已，操而不择。〔上面以什么为法则，下面就以什么为风俗，行动起来就不会停止，做起来就不加选择。〕

——战国·墨子《墨子·节葬》

□进不由道，位过其任，莫能有终。〔通过不正当的途径和手段得到提拔，而职务和地位又超过了自己的能力所及，这样的人是不可能有好结果的。〕

——汉·班固《汉书·佞幸传》

□为上能自爱，群属必畏钳。〔地位在上的如果能做到端端正正，其手下的人一定会敬畏自律。〕

——清·爱新觉罗·玄烨《示江南浙江守土请臣》

□非其位而居之曰贪位，非莫名而有之曰贪名。〔占据了不该占据的职位，叫做贪位；享有了不该享有的名誉，叫做贪名。〕

——汉·司马迁《史记·商君列传》

□爱人不亲，反其仁；治人不治，反其智；礼人不答，反其敬。行有不得者皆反求诸己，其身正而天下归之。〔自己爱别人，别人却

66

不亲近自己，自己便应该反躬自问：是否对别人的仁爱不够；管理和领导别人，别人却不服从，便应该反躬自问：是否自己智慧不够；自己对别人很有礼貌，别人却不理睬，就应该反躬自问：是否自己对人家不够恭敬。凡是自己的行为没有达到预期效果，都要反过来从自己身上找原因。自身行为端正，天下的人自然会归向自己。〕

——战国·孟子《孟子·离娄上》

□**萌芽不伐，将折斧柯。**〔该砍去的树木枝条在萌芽时不砍掉，等长大后再去砍伐，就很费事，甚至会折断斧柄。〕

——明·李梦阳《空同子集》

□**君，根本也；臣，枝叶也。根本不美，枝叶茂者，未之闻也。**〔君主好比树的根茎，群臣好比树的枝叶。根茎不健康而枝叶却很繁茂，这样的事没有听说过。〕

——汉·刘安《淮南子·缪称训》

□**橘生淮南则为橘，生于淮北则为枳。**〔橘树长在淮河以南，结出来的是橘子；如果生长在淮河以北，结出来的就变成了枳。〕

——春秋·晏婴《晏子春秋》

□**功高而居之以让，势尊而守之以卑。**〔功劳高时，要以礼让的态度保有功劳；权力大时，要以谦卑的态度保持权力。〕

——晋·习凿齿《曹操不存录张松》

□**骄、奢、淫、逸，所自邪也。**〔骄傲专横、无礼僭上、嗜欲过度、放荡无忌，是走上邪路的缘故。〕

——春秋·左丘明《左传·隐公三年》

□**上有好者，下必有甚焉者矣。君子之德，风也；小人之德，草**

67

也。草上之风，必偃。〔在上位的人有所爱好，下面的人便一定会较上位的人更厉害。君子的德行像风，小人的德行像草。风吹到草上面，草一定会随风而倒。〕

——战国·孟子《孟子·滕文公上》

□小处不渗漏，暗处不欺隐，末路不怠荒，才是个真正英雄。〔在细微处要防微杜渐，在没人处能洁身自好，在穷困时不懈怠虚度，这才是真正的英雄好汉。〕

——明·洪应明《菜根谭》

□君不密则失臣，臣不密则失身。〔君主不保守机密，就会失去臣下；臣下不保守机密，就会失去自身。〕

——周·姬昌《周易·系辞》

□善积者昌，恶积者丧。〔善事善行积累多了的就会昌盛，恶事恶行积累多了的就会灭亡。〕

——晋·陈寿《三国志·后主传》

□傲不可长，欲不可纵，志不可满，乐不可极。〔傲气不可助长，贪欲不可放纵，志向不可自满，娱乐不可尽极。〕

——唐·魏徵·引自《贞观政要》

□无责人以如己，无誉己以如人。〔不要像责求自己一样责求别人，不要像赞扬别人那样赞扬自己。〕

——宋·董晞《聱隅子·生学篇》

□居处不守其度则奇文诡制攻之，视听不守其度则奸声艳色攻之，喜怒不守其度则僭赏淫刑攻之，玩好不守其度则妨行之货、荡心之器攻之，献纳不守其度则谗谄之言、聚敛之计攻之。〔在自己的地位职务方面不遵守正确的准则，奇谈怪论和诡异的制度就会来侵蚀你；在看和听方面不遵守正确的准则，奸人之言美女之色就会来侵蚀你；在喜怒方面不遵守正确的准则，滥施刑赏的事情就会来影响你；在玩赏和嗜好方面不遵守正确的准则，妨碍德行动摇思想的器物就会来影响你；在向上奉献和对下接纳方面不遵守正确的准则，诡计谗言和巧取豪夺的阴谋就会来侵害你。〕

——唐·白居易《白氏长庆集》

□不耽逸豫，天下无不可进之善；不喜谀悦，天下无不可纳之忠。〔不沉溺于安逸享乐，天下就没有不可以采纳的善言；不喜欢阿谀取悦行为，天下就没有不可容纳的忠诚。〕

——清·王夫之《读通鉴论》

□酒可好不可骂座，色可好不可伤生，财可好不可昧心，气可好不可越理。〔喜好饮酒但不能辱骂客人，喜爱美色但不能伤害生命，贪爱钱财但不可违背良心，喜好斗气但不能违越理义。〕

——清·张潮《幽梦影》

□面一旦不修饰，则尘垢秽之；心一朝不思善，则邪恶入之。〔人的脸一天不修饰，就会被灰尘弄脏；人的心一天不思善念，邪念就会乘虚而入。〕

——汉·蔡邕《女训》

□函牛之鼎沸而蝇蚋弗敢入，昆山之玉瑱而尘垢弗能污。〔能装进牛的大鼎烧开水，苍蝇蚋虫不敢飞入；用昆仑美玉做成的充耳，灰尘泥垢不能玷污。〕

——汉·刘安《淮南子·诠言训》

□上周密则下疑玄矣，上幽险则下渐诈矣，上偏曲则下比周矣。

〔当政者隐瞒实情，那么下面就猜疑迷惑了；当政者隐晦难测，那么下面就渐渐学会欺诈了；当政者偏私不公，那么下面就互相勾结、结党营私了。〕

——战国·荀子《荀子·正论》

□不思而立言，不知而定交，吾其惮也。〔不思考就著书立说，不了解就交朋友，我认为这是很可怕的。〕

——唐·皮日休《鹿门隐书六十篇》

□禄过其功者，削；名过其实者，损。〔一个人的物质待遇超过了他所作出的贡献，最终将会受损；名声超出了一个人德才的实际水平，最终将会丧失。〕

——汉·韩婴《韩诗外传》

□邪秽在身，怨之所构。〔有恶行劣迹在身，就会成为怨恨集中的人。〕

——战国·荀子《荀子·劝学》

□知道者，必达于理；达于理者，必明于权；明于权者，不以物害己。〔懂得规律的人，必定通达事理；通达事理的人必定懂得应变；懂得应变的人，不致因外物而伤害自己。〕

——战国·庄子《庄子·秋水》

□虎狼堕井，仁者见之而不怜；枳棘当道，行者过之而必诘。〔虎狼掉到井里，仁义者见了而不怜悯；枳棘挡在道上，走路人经过而必然责骂。〕

——明·刘基《拟连珠》

□为之而欲人不知，言之而欲人不闻，此犹捕雀而掩目，盗钟而

70

掩耳者，只以取诮，将何益乎？〔做了而想让人不知道，说了而想让人听不见，这就好比蒙住眼睛捉麻雀，堵住耳朵偷响器，只能被人讥笑，有什么好处？〕

——唐·吴兢《贞观政要·公平》

□涓流虽寡，浸成江河；熠火虽微，卒能燎野。〔涓涓细流虽少，逐渐汇成江河；星星之火虽微，终能烧遍原野。〕

——南朝·范晔《后汉书·酷吏传》

□功冠天下者不安，威震人主者不全。〔功劳在天下最高的人，地位难以安稳；威名震撼君主的人，自身难以保全。〕

——南朝·范晔《后汉书·申屠刚传》

□用人惟己，改过不吝。〔用人如用自己，改正错误无所顾惜。〕

——春秋·孔子《尚书·仲虺之诰》

□君子之为言也，度可行于己，然后可责于人。〔君子自己发表的意见，是估量自己可以做到，然后才可以去要求别人。〕

——宋·欧阳修《濮议卷》

□天下之祸，不由于外，皆兴于内。〔国家的祸乱，不是由于外部原因引起，都是产生于内部。〕

——南朝·范晔《后汉书·傅燮传》

□口无择言，驷不及舌；笔之过误，愆尤不灭。〔说话随随便便，四匹马都追不上舌头；笔下造成的失误，其危害难以消除。〕

——汉·李尤《笔铭》

□勿吐无益身心之语，勿为无益身心之事，勿近无益身心之人，勿入无益身心之境，勿展无益身心之书。〔不要说无益于身心的话，不要做无益于身心的事，不要和无益于身心发展的人交往，不要到无益于身心的地方去，不要看无益于身心的书。〕

——清·金缨《格言联璧》

□古之哲王，尽己而不以尤人，求身而不以责下。〔古代贤明的君王，都是自己尽到最大努力但不以这个条件来指责别人，严格要求自己但不以同样标准要求部下。〕

——唐·吴兢《贞观政要·公平》

□无目者不可示以五色，无耳者不可告以五音。〔对没有视力的人，不可以给他看五色；对没有听力的人，不可以让他听五音。〕

——春秋·王诩《鬼谷子·权》

□恶诸人则去诸己，欲诸人则求诸己。〔憎恶别人有某些缺点，就得除掉自己的那些缺点；要求别人有某些优点，就得让自己具有那些优点。〕

——秦·尸佼《尸子·恕》

□与人不求备，检身若不及。〔与人交往，不对人家求全责备；检点自己，好像唯恐不如别人。〕

——春秋·孔子《尚书·伊训》

□衣缺不补，则日以甚；防漏不塞，则日益滋。〔衣服破了不及时补上，就会渐渐破得更加厉害；堤岸漏处不及时堵塞，漏处就会日益增多。〕

——汉·桓宽《盐铁论·申韩》

□无其实而喜其名者削，无德而望其福者约，无功而受其禄者辱。

〔没有那样的实际能力却喜欢那样的名声，必定遭受损失；没有那样的德行却企望得到那样的福分，无异于自缚绳索；没有那样的功绩却享受那样的爵禄，肯定蒙受耻辱。〕

——汉·刘向《战国策·齐策》

□**珠玉买歌笑，糟糠养贤才。**〔用珍珠美玉买来清歌笑脸，用酒糟糠皮养活人才圣贤。〕

——唐·李白《古风五十九首》

□**人生惟酒色机关，须百炼此身成钢铁。世上有是非门户，要三缄其口学金人。**〔人生的道路上布满着酒色陷阱，要练就自己成为不被其诱惑的钢铁之身。社会上有许多是是非非，要学那金人一般保持沉默。〕

——清·金缨《格言联璧》

□**以言责人甚易，以义持己实难。**〔用言语要求别人非常容易，用道义把持自己确实困难。〕

——宋·苏辙《刘挚右丞》

□**有一言而伤天地之和，一事而折终身之福者，切须检点。**〔有的人因为一句话不当就伤害了和气，有的人因一件事不当就折耗了终身的福气，所以说话做事必须注意检点。〕

——明·陈继儒《安得长者言》

□**上好则下必甚，矫枉故直必过。**〔上面有所喜好，下面就效法并且必然更厉害，纠正偏差太过僵直必然过头。〕

——南朝·范晔《后汉书·党锢传》

□**天下有三危：少德而多宠，一危也；才下而位高，二危也；身**

73

无大功而受厚禄，三危也。〔世上的人有三种危险：自己缺少德行却很受统治者宠幸，这是其一；才能低下而官位却很高，这是其二；自己没有大的功绩却享受着丰厚的俸禄，这是其三。〕

——汉·刘安《淮南子·人间训》

□一日行善，天下归仁；终朝为恶，四海倾覆。〔一天做好事，天下人就会来归服；一个早晨做坏事，就会丧失整个天下。〕

——南朝·范晔《后汉书·朱穆传》

□兴国之君乐闻其过，荒乱之主乐闻其誉。〔振兴国家的君主喜欢听别人指斥自己失误，荒淫无道的昏君喜欢听别人阿谀奉承。〕

——晋·陈寿《三国志·贺邵传》

□勿轻小事，小隙沉舟；勿轻小物，小虫毒身。〔不要忽视小事，细小的缝隙能让船只沉没；不要轻视小物，微小的虫子会使人体中毒。〕

——春秋·关尹《关尹子·九药》

□古之为人上者，不虐人以示威，而道法自可畏也；不卑人以示尊，而德容自看敬也。脱势分于当阶，而居尊之体未尝衮；见腹心于辞色，而防检之法未尝疏。〔古时那些地位尊贵的人，从不通过虐待他人来显示自己的权威，可他们的才智却受人敬畏；不通过贬低他人来显示自己尊贵，可他们的品德却令人肃然起敬。尽管一举一动十分随便，可是人格的尊严却凛然不可冒犯；尽管言语神态十分率真，可是对自己意念的约束却从不疏忽大意。〕

——明·吕坤《呻吟语》

□刘念台曰："讦似直，佞似忠，谄似恭，曲似慎，刻似公，巧似智。"又曰："薛河东二十年治一怒字不去，常见得治不去，便是他过人处。"〔明代学者刘宗周说："攻讦别人容易被当做正直，奸巧媚

74

主容易被当做忠诚，阿谀逢迎容易被当做恭敬，曲意隐瞒容易被当做谨慎，待人刻薄容易被当做秉公持正，奸猾取巧容易被当做聪明睿智。"又说："薛瑄二十年致力于克服自己容易发怒的毛病，却没有如愿。不过能够意识到身上的毛病没有戒除，这也是他过人之处。"〕

——清·陈遇夫《迂言百则》

　　□周喦与何胤书云："变之大者莫过生死，生之重者之逾性命。性命于彼甚切，滋味在我可轻。故酒肉之事莫谈，酒肉之品莫多，酒肉之友莫亲，酒肉之僧莫接。"〔周喦给何胤的信中写道："人生最大的变化莫过于由生变死，人生最贵重的莫过于生命。生命对别人来说非常重要，美味对我来说微不足道。所以说有关酒肉的事情不要谈论，酒肉的名目不可过多，酒肉朋友不可亲近，酒肉和尚不可结交。"〕

——明·陈继儒《安得长者言》

　　□人臣有二慝：曰私曰伪。私则利己徇人，而公法坏；伪则弥缝粉饰，而实政隳。〔做臣子的有两个毛病一定要戒除：私心和虚伪。私心重是为了私利而屈从他人，会导致法度的弛坏；虚伪则喜欢做表面文章，使得实际的政事遭到荒废。〕

——明·吕坤《呻吟语》

　　□除肤疡，不除症治者，其人必死；称君圣，谪百过者，其国必亡。〔只除去皮肤上的疮疡，而不除去疮疡生长的病根，得病的人一定会死亡；只知一味颂扬君王圣明，每有错误总要斥责他人，这个国家一定会衰亡。〕

——清·唐甄《潜书·抑尊》

　　□文中子曰："罪莫大于好进，祸莫大于多言，痛莫大于不闻过，辱莫大于不知耻。闻谤而怒者，谗之囮也；见誉而起者，佞之媒也。绝囮去谋，谗佞远矣。"〔隋代人王通说："导致犯罪没有比急功近利更大的，招致灾祸没有比言语不慎更多的，痛苦没有比不听自己的过失更大的，耻辱没有比不知羞耻更大的。听到别人指责就发怒，最容易招来进谗的人；听到夸奖就高兴，最容易结交佞邪小人。只有克服这两种弊病，才可以远离谗言和佞邪。"〕

——清·陈遇夫《迂言百则》

□众恶之必察焉，众好之必察焉，易；自恶之必察焉，自好之必察焉，难。〔对于大家都表示厌恶的人或事去做认真考察，以及对于大家都很喜好的人或事去做认真考察，这样做很容易；对于自己所厌恶的人或事要做到认真考察，以及对于自己所喜好的人或事要做到认真考察，这样做很困难。〕

——明·吕坤《呻吟语》

□刘公恕自讼平生有二十失：佻易卞急，遇事辄发；狷介酬直，忿不思难；泥古非今，不达时变；疑滞少断，劳而无功；高自标置，拟伦胜己；疾恶太甚，不恤怨怒；事上方简，御下苛察；直语自信，不远嫌疑；执守小节，坚确不移；求备于人，不恤咎怨；多言不中节，高谈无畔岸。品藻不掩人过恶，立事违众好更革，应事不揣己度德，过望无纪，交浅而言深，戏谑不知止，任性不避祸，论议多讽刺，临事无机械，行己无规矩。人不怍己而随众毁誉，事多祸患而忧虞太过，以君子行义责望小人。非惟二十失，又有十八蔽：言大而智小，好谋而阔论，剧谈而不辨，慎密而漏言，尚风义而龌龊，乐善而不能行，与人和而好异议，不畏强御而无勇，不贪权利而好躁，俭啬而徒费，欲速而迟钝，闇识而强料事，非法家而深刻，乐放纵而拘小礼，易乐而多忧，畏动而恶静，多思而处事乖忤，多疑而数为人所欺，事往未尝不悔，它日复然。自咎自笑，亦不自知其所以然也。〔宋代大臣刘恕检讨自己平生有二十条过失：轻浮卞急，遇事不能冷静。过于直率，盛怒之下很少考虑后果。尊崇上古非议当今，不适应时代的变化。优柔寡断，碌碌无为。自命清高，轻视同僚。对邪恶太过仇视，

76

树敌过多。对君上不拘礼节,对下属过于严苛。言语不节,惹人多生疑心。斤斤计较,不够豁达。求全责备,令人生厌。一时高兴,便口出狂言。好评论他人,揭人短处。喜好标新立异,朝三暮四,过高估计自己。对别人期望太多,交情很浅却吐露内心隐秘,开玩笑没有分寸,不惜冒着大祸临头的风险,尖刻地讥讽时政。遇到事情缺乏应变的谋略,又不能严于律己。尽管别人没有触犯自己,却随波逐流与众人一起诋毁别人。遇到危难就忧心忡忡,以君子的标准来要求小人。除了二十条过失外,又有十八个方面的弊病:言语豪迈而见识短浅,喜欢谋划却又发一些不着边际的议论,喜好夸夸其谈而又不加分析,自奉谋慎却又经常说错话,崇尚道义而又行事委琐,称扬善举而自己却不能力行,与别人共事却又经常发生争执,不畏强暴却又不敢除奸,不贪荣华富贵而又心浮气躁,为人吝啬而又暴殄天物,心情急迫而又动作迟缓,见识不高而又喜好预言,反对严刑峻法而又待人尖刻,喜欢热闹却又拘泥细节,性情反复喜怒无常,害怕扰乱却又厌恶寂静,思虑过度而又行为乖张,疑心很重而又屡屡上当,每件事过后都懊悔不迭,时间一长便又忘得干干净净。自己经常责备自己,又为自己开脱,连自己也不明白为何会成这样。〕

——清·陈遇夫《迂言百则》

□徐伟长曰:"闻过而不改,谓之丧心;思过而不改,谓之失体。"〔三国时人徐干说:"听到自己的过错却不改正,这样的人简直就是心理反常;意识到自己做错了却不改正,这样的人不识大体。"〕

——清·陈遇夫《迂言百则》

□称人之善,我有一善,又何妒焉;称人之恶,我有一恶,又何毁焉。〔称道别人的好处,我就具备了一种美德,又何必忌妒别人?宣扬别人的缺点,我就增加了一种恶行,何必要去诋毁别人?〕

——明·吕坤《呻吟语》

□人不自重，斯召侮矣；不自强，斯召辱矣。自重自强，而侮辱犹是焉，其斯为无妄之灾也已。〔人如果不自尊自重，就会招来别人的欺侮；如果不自强自立，就会招来别人的羞辱。假如在做到了自重自强之后，仍然受到别人的侮辱，那就纯粹是意想不到的灾祸了。〕

——明·薛应旂《薛方山纪述》

□吾本薄福人，宜行厚德事；吾本薄德人，宜行惜福事。〔我本来命里薄福，应当广积德；我本来德行浅薄，应当珍惜福缘。〕

——明·陈继儒《安得长者言》

存恕谦让

□闻誉我而喜，闻毁我而怒，只是量不足。〔听到说自己好话就高兴，听到说自己坏话就生气，这说明自己气量不够大。〕

　　　　　　　　　　　——明·吕坤《呻吟语·识见》

□小利害信，小怒伤义。〔贪小利会损害信誉，发小怒则伤害道义。〕

　　　　　　　　　　　——春秋·管仲《管子·问》

□大其心容天下之物，虚其心受天下之善。〔放开自己的胸怀包容天下万事万物，虚下心来接受天下有益之言。〕

　　　　　　　　　　　——明·吕坤《呻吟语·补遗》

□惟宽可以怀远人，惟廉可以服殊俗。〔只有宽容才能使远方的人归向，只有廉洁才能使各族悦服。〕

　　　　　　　　　　——宋·苏辙《胡田知诚州邢浩知钦州》

□度量如海涵春育，应接如流水流云。〔度量要像大海包容一切，像春天孕育万物；应对难题、处理矛盾，要像行云流水一样自如。〕

　　　　　　　　　　　——清·金缨《格言联璧·持躬》

□容得几个小人，耐得几桩逆事，过后颇觉心胃开豁，眉目扬清；正如人咬橄榄，当下不无酸涩，然回味，满口清凉。〔心里容得下几

个小人，装得下几件不顺心的事，事后就觉得心胸开阔，精神愉快；正如人们吃橄榄，当时觉得有些苦涩，但一回味，却满口清凉。〕

——清·史晋臣《李文公集》

□君子在下位则多谤，在上位则多誉；小人在下位则多誉，在上位则多谤。〔君子处在下位的时候受的诽谤多，在上位的时候受的赞誉多；小人在下位的时候受的赞誉多，在上位的时候受的诽谤多。〕

——唐·柳宗元《谤誉》

□大着肚皮容物，立定脚跟做人。〔放大肚皮包容万物，站稳脚跟学会做人。〕

——清·金缨《格言联璧·持躬》

□不自见故明，不自是故彰，不自伐故有功，不自矜故长。〔不自我显示，反而能彰明自己；不自以为是，反而能显现自己；不自我吹嘘，反而能见功劳；不自以为贤能，反而能够进步。〕

——春秋·老子《道德经》

□救寒莫如重裘，此谤莫如自修。〔解救严寒没有比多穿厚衣更好的，制止诽谤没有比加强自修更好的。〕

——晋·陈寿《三国志·王昶传》

□彼之理是，我之理非，我让之；彼之理非，我之理是，我容之。〔别人的道理正确，我的道理不正确，我就让着他；别人的道理不正确，我的道理正确，我就宽容他。〕

——清·金缨《格言联璧·接物》

□正主御邪臣，不能致理；正臣事邪主，亦不能致理。唯君臣相遇，有同鱼水，则海内可安也。〔正派的君主驾驭奸邪的臣子，国家

得不到有效的治理；正派的臣子侍奉奸邪的君主，国家也得不到有效的治理。只有君臣志同道合，如同鱼水，四海之内才可以安定。〕

——唐·吴兢《旧唐书·王珪传》

□名高闲不得，到处人争识。谁知冰雪颜，已杂风尘色。〔名声大了不得清闲，所到之处人人争相求见。谁能知道冰雪般高洁的颜面，已经蒙上风尘了。〕

——唐·卢纶《送吉中孚归梦州旧山》

□谤议不足怨，宠辱讵须惊？〔听到诽谤的话不值得怨怼，受宠受辱哪里值得震惊？〕

——唐·陈子昂《座右铭》

□闻毁勿戚戚，闻誉铁欣欣。自顾行何如，毁誉安足论？〔听到别人诋毁的时候，不要忧愁悲伤；听到别人赞扬的时候，不要得意洋洋。关键是自己的行为怎么样，别人的毁誉哪里值得放在心上？〕

——唐·白居易《续座右铭》

□此道废兴吾命在，世间腾口任云云。〔为这种道义的兴废而奋斗是我的使命，任凭世上的人们去议论吧。〕

——宋·王安石《和平甫寄陈正叔》

□违众之罪小，负国之罪大；一时之谤轻，异日之谴重。〔违背众人意愿的罪小，辜负国家的罪大；一时的诽谤是轻微的，日后的谴责就严重了。〕

——明·张居正《答上师相徐存斋》

□容貌、态度、进退、趋行，由礼则雅，不由礼则夷固僻违，庸众而野。故人无礼则不生，事无礼则不成，国家无礼则不宁。〔人的容貌、态度、进退、趋行，从礼节出发，就显得文雅，不从礼节出发，就倨傲野蛮，庸俗粗野。所以做人没有礼节就不能生活，做事没有礼节就不能成功，治国没有礼节就不能安宁。〕

——战国·荀子《荀子·修身》

□记人之善，忘人之过。〔要记住别人的好处，应忘记别人的过失。〕

——晋·陈寿《三国志·秦密传》

□量大福也大，机深祸亦深。〔度量大福气也大，算计深灾祸也深。〕

——明·施耐庵《水浒传》

□建大事者，不忌小怨。〔成就大事业的人，是不会顾忌小的恩怨的。〕

——南朝·范晔《后汉书·岑彭传》

□必有容，德乃大。必有忍，事乃济。〔一定有所包容，德行才能光大。一定有所忍耐，事情才能成功。〕

——明·高濂《遵生八笺》

□爱人多容，可以得众。〔热爱他人，多加宽容，就会得到众人的拥护。〕

——晋·陈寿《三国志·孙皓传》

□天道亏盈而益谦，地道变盈而流谦，鬼神害盈而福谦，人道恶盈而好谦。故谦之一卦，六爻皆吉。是故满招损，谦受益。谦则受教有地，取善无穷；不谦则自狭其量，自拒其福。〔天的法则，使满盈亏损，使谦虚增益；地的法则，改变满盈，使其流入谦卑；鬼神的法

82

则，加害满盈，降福谦虚；人的法则，厌恶满盈，喜好谦虚。所以谦卦，六爻位置纯正全部吉祥。因此，骄傲自满会招来损失，谦逊虚心能得到好处。谦虚是接受教育的最佳环境，能够获得无边的利益。如果没有谦逊虚心的态度，就是自己心胸、气量狭窄，自己拒绝幸福。〕

——周·姬昌《周易·谦》

□长恨人心不如水，等闲平地起波澜。〔每每遗憾人心不如池水那么平静，往往像在平地上掀起轩然大波一样引起纷争。〕

——唐·刘禹锡《竹枝词》

□劝人不可指其过，须先美人其长，喜则语言易入，怒则语言难入。〔劝人不可一味指责他的过失，必须首先赞扬他的长处。人的心情好，规劝的话容易听得进去，生气时就难听得进去。〕

——宋·吴曾《李逢吉裴度谏穆宗》

□惟宽可以容人，惟厚可以载物。〔唯有宽大可以团结人，唯有忠厚可以容纳万物。〕

——明·薛瑄《器量》

□容人之过，却非顺人之非。〔原谅别人的过失，但不等于赞同他的错误。〕

——清·陈弘谋《训俗遗规》

□谤议之言，难用褒贬。〔诽谤的言论，难以用来评定一个人的好坏。〕

——三国·曹操《为徐宣议陈矫下令》

□知臣莫若君，知子莫若父。父不能知其子，则无以睦一家；君不能知其臣，则无以齐万国。〔了解大臣谁也不如国君，了解儿子谁

也不如父亲。父亲不了解儿子，就不能使家庭和睦；国君不了解大臣，就不能治理好全国。〕

——唐·吴兢《贞观政要·择官》

□凡人为善，不自誉而誉之；为恶，不自毁而人毁之。〔凡是做了好事，自己不自夸，别人也会赞扬；做了坏事，自己不自责，别人也会指责。〕

——宋·苏轼《拟进士对御试策》

□事修而谤兴，德高而毁来。〔事业成功，诽谤就产生了；品德高尚，诋毁就来临了。〕

——唐·韩愈《原毁》

□闻人之谤当自修，闻人之誉当自惧。〔听到别人说自己的坏话，应当努力加强自身的道德修养；听到别人说自己的好话，应当感到畏惧，提高警惕。〕

——明·胡居仁《学问》

□功高后毁易，德薄人存难。〔立了大功之后，就容易遭受诽谤，缺少道德的人，难以立足于世。〕

——宋·王安石《寓言》

□毁誉从来不可听，是非终久自分明。〔一时的毁誉不可以听取，是非最后总会弄清楚的。〕

——明·冯梦龙《警世通言》

□夫刚则不和，不和则不可用。是故四马不和，取道不长；父子不和，其世破亡；兄弟不和，不能久同；夫妻不和，家室大凶。〔太刚硬了就不和顺，不和顺就不能用。所以拉车的四匹马不和谐，就跑

不了长路；父子不和睦，他们的家世就要破亡；兄弟不和睦，就不能长久相处；夫妻不和睦，家庭就有大祸。〕

——汉·刘向《说苑·敬慎》

□勿谓峣峣，人将缺焉；勿谓皑皑，不将污焉。〔不要自高自大，不然将会遭人损害；不要自命清高，不然将会遭人玷污。〕

——明·李梦阳《平阳府经历司知事康长公墓碑》

□不可以一时之誉，断其为君子；不可以一时之谤，断其为小人。〔不能以一时的赞誉，就断定一个人是君子；也不能以一时的诽谤，就断定一个人是小人。〕

——明·冯梦龙《警世通言》

□人之谤我也，与其能辩，不如能容；人之侮我也，与其能防，不如能化。〔别人诽谤自己，与其善于辩解，不如能够宽容；别人侮辱自己，与其小心提防，不如感化对方。〕

——清·金缨《格言联璧》

□宁有求全之毁，不可有过情之誉。〔宁可得到别人求全责备的毁谤，不可得到别人过分的赞誉。〕

——清·李惺《药言剩稿》

□我自讳过，安得有直友？我自喜谀，安得无佞人？〔自己隐瞒缺点，怎么会有敢于直言的朋友？自己喜欢恭维，怎么会没有奸佞的小人？〕

——清·申居郧《西岩赘语》

□以真道教人，人即不从，而自反无愧，切勿曲以求容也。以诚心待人，人或不谅，而历久自明，不必急于求白也。〔用真理教导人，人即使不遵从，可是自己反省没有愧疚，切莫屈从以求得宽大。以诚心对待人，人或许不谅解，可是时间长了自然会明白，不必着急于求得到明白。〕

——清·王永彬《围炉夜话》

□物必先腐也，而后虫生之；人必先疑也，而后谗入之。〔东西一定是自己先腐烂，蛀虫才能生出来。人一定是先产生疑心，而后谗言才产生。〕

——宋·苏轼《范增论》

□退一步乾坤大，饶一着万虑休。〔后退一步，眼前天地就广大了；放过一次，各种想法都没有了。〕

——元·王实《集贤宾·退隐》

□躬自厚而薄责于人，则远怨矣。〔多责备自己，而少责备别人，怨恨就不会来了。〕

——春秋·孔子《论语·卫灵公》

□巧言乱德，小不忍则乱大谋。〔花言巧语惑乱道德，小事情上不能忍耐，就会扰乱大的计谋。〕

——春秋·孔子《论语·卫灵公》

□休存猜忌之心，休听离间之语，休作生忿之事，休专公共之利。〔不存猜忌他人的心，不听离间他人的话，不去做令人生气的事情，不霸占大家共有的利益。〕

——明·吕坤《孝睦房训辞》

□贤者任重而行恭，知者动大而辞顺，故民不恶其尊，而世不妒其业。〔贤明的官员虽然职务很重要，但是举止却很恭敬有礼；有智

慧的官员虽然功劳很大，但言论却谦和温顺，所以老百姓对于他们的尊贵地位并不憎恨，世人对于他们建立的功业并不嫉妒。〕

——汉·刘向《战国策·赵策》

□顺爱不懈，可以使百姓；强暴不忠，不可以使一人。〔和顺关爱不停，就能够使役百姓；强横暴戾不止，不能使役一人。〕

——秦·晏婴《晏子春秋·问下》

□鄙吝者，必非大器。〔庸俗吝啬的人，必定成不了大人物。〕

——清·蒲松龄《聊斋志异·僧术》

□君子，不自大其事，不自尚其功。〔君子，不自己吹嘘自己的事业，不自己夸耀自己的功劳。〕

——汉·戴圣《礼记·表记上》

□人之不幸，莫过于自足。〔人生最大的不幸，没有比自我满足更过分的。〕

——明·方孝孺《侯域杂说》

□谤之无实者，付之勿辩可矣。谤之有因者，非自修弗能止。〔诽谤的事如果不是真实的，放置一边不去辩论就行了。诽谤的事如果是有缘由的，不加强自身修养不能制止。〕

——清·钱大昕《十驾斋养新录·止谤》

□人生大病，只是一"傲"字。〔人最大的毛病，就是一个"傲"字。〕

——明·王守仁《传习录》

□兼服天下之心：高上尊贵不以骄人，聪明圣智不以穷人，齐给速通不以先人，则毅勇敢不以伤人。〔要使天下人民都心悦诚服，必须做到：不因为自己职位高贵身份显赫而傲视别人；不因为自己有圣人般的智慧而使人难堪；不因为自己思想敏锐口才流利而与人争先；不因为自己刚毅勇敢而伤害别人。〕

——战国·荀子《荀子·非十二事》

□谄媚之言甘，贤良之言直。甘则易悦，直则难入。〔谄媚的语言甜美，正确的语言正直。甜美的语言容易让人高兴，正直的语言难以让人接受。〕

——唐·张九龄《亲贤》

□宽以爱人则得众，悦以使人则下附。〔用宽厚仁德之心去关爱别人，便能得到众人的真心拥戴；和颜悦色毫无架子地去对待他人，他人必定会心甘情愿地依附于你。〕

——晋·葛洪《抱朴子·用刑》

□泰山不让土壤，故能成其大；河海不择细流，故能就其深。〔泰山不拒绝土壤，所以能成就它的高大；河海不拣择细流，所以能成就它的深广。〕

——汉·司马迁《史记·李斯传》

□满而不损则益，盈而不持则倾。〔水满了若是不减少一些就会溢出来，容器装满了若不加以扶持就会倾倒。〕

——汉·司马迁《史记·礼书》

□能克己者，必能克敌。〔能够克制自己的人，一定能攻克敌人。〕
——清·左宗棠《答王璞山》

□聪明圣知，守之以愚；功被天下，守之以让；勇力抚世，守之以怯；富有四海，守之以谦。〔虽然自己智慧超群，但仍然要保持谦虚的样子；虽然自己的功劳覆盖天下，但仍然要保持谦让的态度；虽然自己勇猛盖世，但仍然要保持怯弱的样子；虽然自己是天下最富有的人，但仍然要保持谦逊的作风。〕

——战国·荀子《荀子·宥坐》

□崇宽大，长和睦，凡事恕己，毋行苛刻。〔崇尚仁爱,培养和睦风气，遇事严于律己宽以待人，不行残暴刻毒之事情。〕

——汉·刘骜·摘自《汉书·成帝纪》

□取人以己，内恕及人。〔以自己的切身感受来要求别人，原谅自己的同时也要原谅别人。〕

——汉·班固《汉书·晁错传》

□师臣者帝，宾臣者霸。〔以臣下为师的人能够南面称帝，把臣下当宾客的人能够成就霸业。〕

——汉·陈元·摘自《后汉书·陈元传》

□患人知进而不知退，知欲而不知足，故有困辱之累，悔吝之咎。〔担心人们只知进不知退，只知索取不知满足，所以会有受辱受困的劳累，会有后悔吝啬的错误。〕

——三国·王昶·摘自《三国志·徐胡二王传》

□自损者有余，自益者弥昏。〔自我贬损者做事有余力，自高自大者做事总是糊涂。〕

——晋·司马攸·摘自《晋书·文六王传》

□君臣亲，上下和，万民辑，故主有令则民行之，上有禁则民不犯。君臣不亲，上下不和，万民不辑，故令则不行，禁则不止。〔君巨相亲，上下协调，万民和睦，所以国君有命令，人民就会实行；上面有禁律，人民就不违犯。君臣不亲，上下不协调，万民不和睦，所以令不能行、禁不能止。〕

——战国·管仲《管子·形势解》

□不自贵于物而物宗焉，不自重于人而人敬焉。〔不把自己看得很高才能驾驭外物，不把自己看得很重才会得到人们的敬仰。〕

——晋·潘尼·摘自《晋书·潘岳传》

□凡人官爵，莫若处中。〔大凡人做官受爵，不如处在中位。〕

——北朝·张琼·摘自《北齐书·帝纪》

□既开改过之路，必多迁善之人。〔既然有允许改正过错的政策，必然有许多改过从善之人。〕

——明·李文祥·摘自《明史·李文祥传》

□对忧人勿乐，对哭泣人勿笑，对失意人勿矜。〔对忧愁的人不要欢乐，对哭的人不要欢笑，对失意的人不要自夸得意。〕

——明·吕坤《呻吟语》

□傲为凶德，骄为败征。〔傲慢是可怕的品德，骄横是失败的征兆。〕

——清·曾国藩《曾国藩全集·日记》

□福善之门，莫美于和睦；患咎之首，莫大于内离。〔幸福和善的家庭，没有比和睦更好的；祸患过失的严重，没有比内部分离更大的。〕

——汉·班固《汉书·东平思王刘宇传》

□位在十人之上者，必处十人之下；位在百人之上者，必处百人之下；位在天下之上者，必处天下之下。〔要做十个人的领袖，必须向十个人虚心求教；要做百人的领袖，必须向一百个人虚心求教；要做天下人的领袖，必须向天下人虚心求教。〕

——清·唐甄《潜书·任相》

□怀重宝者，不以夜行；任大功者，不以轻敌。〔怀揣贵重宝物的人，不在夜间贸然行走；承担大功业的人，不对敌人掉以轻心。〕

——汉·刘向《战国策·赵策》

□良贾深藏若虚，君子盛德，容貌若愚。〔善于经营的商人总是将自己的财富隐藏起来，好像什么都没有；修养深厚的君子总是谦虚忍让，看起来就像愚鲁的人一样。〕

——汉·司马迁《史记·老子韩非列传》

□闻善言则拜，告有过则喜。〔听到别人的善言规劝，就表示感谢；听到有人指出自己的过失，就感到欣喜。〕

——宋·林逋《省心录》

□风雨极知鸡自晓，雪霜宁与菌争年？〔就算风雨再大，相信雄鸡还是会准时报晓的；霜雪都已经降下了，又何必同那些只能活一天的菌类争年月呢？〕

——宋·黄庭坚《再次韵寄子由》

□和以处众，宽以接下，恕以待人，君子人也。〔与众人相处要和气，对待下属要厚道，对待他人要宽容，这样的人才是君子。〕

——宋·林逋《省心录》

□君之视臣如手足，则臣视君如腹心；君之视臣如犬马，则臣视君如国人；君之视臣如土芥，则臣视君如寇仇。〔君主把臣下看得如同自己的手足，臣下就会把君主看得如同自己的腹心；君主把臣下看得如同狗马，臣下就会把君主看得如同一般老百姓；君主把臣下看得如同土块草芥，臣下就会把君主看得如同仇敌。〕

——战国·孟子《孟子·离娄》

□天不称高而体尊，地不矜厚而形大，厚无不载，高无不覆。〔上天不自称高远而天体尊贵，大地不夸耀自己厚重而地形博大。由于厚重没有什么不能承载，由于高远没有什么不能覆盖。〕

——宋·薛居正《旧五代史·明宗纪》

□事上之道莫若忠，待下之道莫若恕。〔服侍君王的办法，最好莫过于忠心耿耿；对待下臣的方法，最好莫过于虚怀大度。〕

——宋·晁说之《晁氏客语》

□君有一德，臣无二心，上播忠厚之诚，下竭股肱之力。〔君主对臣下的德惠始终如一，臣下就绝不会三心二意；君主施以忠厚的诚意，大臣就会竭尽全身心的力量。〕

——唐·吴兢《贞观政要·刑法》

□所谓和者，君甘则臣酸，君淡则臣咸。〔所谓君臣和谐，就是君主如果是甜的，臣子就应是酸的；君主是淡的，臣子就应是咸的。〕

——春秋·晏婴《晏子春秋·内篇谏上》

□狂夫有可择之言，愚者有一得之虑。〔愚钝之人也有可加选择的好意见，愚笨的人也有可取的好想法。〕

——唐·白居易《代论伐剑南更发兵表》

□汤之于伊尹，学焉而后臣之，故不劳而王；桓公之于管仲，学焉而后臣之，故不劳而霸。〔商汤王对于伊尹，先向他学习，然后用他为臣子，因此能够做到不过于操劳而王道行于天下；齐桓公对于管仲，也是先向他学习，然后用他为臣，因此能够做到不过分操劳而成为霸主。〕

——战国·孟子《孟子·公孙丑下》

□舆马不调，王良不足以取道；君臣不和，唐虞不能以为治。〔车子与马不协调，即使像王良那样的驭手也无法使车子跑快；君主与臣下不和睦，即使是唐尧、虞舜那样的君主也不能把国家治理好。〕

——汉·刘安《淮南子·主术训》

□不必其贤于我，可师者，皆师也。〔不一定非要求提意见的人都比自己贤能，而应当做到凡是值得自己学习的人，都要向他学习。〕

——清·王夫之《读通鉴论》

□大智不智，大谋不谋，大勇不勇。〔有大智慧的人，人们往往看不见他的智慧；有大谋略的人，人们往往看不见他的谋略；有大勇的人，人们往往看不见他的勇敢。〕

——周·吕尚《六韬·发启》

□言无不听，行无见疑，君臣两与，终身无患。〔（君臣之间如果互相都能做到）对对方的任何话都听得进去，对对方做的事绝不胡乱猜疑，这样互相帮助，君臣就都能确保终身没有灾祸。〕

——汉·刘向《说苑·杂言》

□上含淳德以遇其下，下怀忠信以事其上。〔上面的人怀着淳朴的德惠来对待下面，下面的人怀着忠诚来侍奉上面。〕

——汉·司马迁《史记·秦本纪》

□矜功伐能，好以陵人，是以在前者人害之，有功者人毁之，毁败者人幸之。〔把功劳当成骄傲的资本，夸耀自己的能干，并以此来欺侮别人，他的地位在大家的前头，别人就会寻找机会损害他；他有功劳，别人就会诋毁他；他遭到失败，别人就会幸灾乐祸，谁也不同情他。〕

——三国·刘劭《人物志·释争》

□虚心以待下，庶下情之达上，上下无私，君臣合德者也。〔虚心对待臣民，使下情通达于上，从而达到上下无私，君臣同心同德。〕

——唐·吴兢《贞观政要·公平》

□视卒若婴儿，可与之赴深溪；视卒若爱子，可与之俱死。〔将帅把士卒当做婴儿看待，士兵就可以同将帅一起涉过深溪；将帅把士兵看做心爱的儿子，士卒就能与将帅同生死。〕

——唐·李筌《太白阴经·子卒篇》

□上疑下欺，君臣乃离。〔君主不信任臣属，大臣也欺骗君主，君主和臣属就离心离德了。〕

——宋·柳开《默书》

□天地交，而后能成化有之功；上下交，而后能成和同之冶。〔天与地接合，然后就能成就生长万物的事功；上与下通气，然后就能成就和睦同心的政治。〕

——明·张居正《论时政疏》

□宽则众懈，暴则众怨。〔过于宽容就会使人懈怠，作风粗暴就会使众人怨恨。〕

——宋·许洞《虎钤经·出将》

□贵而不骄，富而不奢，行理而不惰，故能长守贵富，久有天下

而不失也。〔地位高贵而不骄横，家室富裕而不奢华，做事遵循正理而不松懈，所以能与富贵长相厮守，长久地拥有天下而不丧失。〕

——春秋·管仲《管子·形势解》

□上下一心，君臣同志，与之守社稷，死而民弗离。〔上下一心，君主与群臣志同道合，与这样的君臣一起保护国家，你就是告诉老百姓有死的危险，他们也不会离开。〕

——汉·刘安《淮南子·诠言训》

□不傲才以骄人，不以宠而作威。〔不以才能自傲而对人趾高气扬，不因受宠而对人耍威风。〕

——三国·诸葛亮《将苑·将戒》

□伐矜好专，举事之祸也。〔骄傲自大，自以为是，乃是行事的祸患。〕

——春秋·管仲《管子·形势》

□其得之者，在明君之心，道同而志合，信符而言顺。〔要想得到贤才，关键在于明君的心性。其标准应该是理想相同、志趣相投、信念一致，又有共同语言。〕

——唐·李筌《太白阴经·贤有遭时篇》

□将不可骄，骄则失礼，失礼则人离，人离则众叛。〔将帅不能骄傲，骄傲就会丧失礼节，失去礼节就会人心离散，人心离散部众就会叛变。〕

——三国·诸葛亮《将苑·将骄吝》

□德行宽裕者，守之以恭；土地广大者，守之以俭；禄位尊盛者，守之以卑；人众兵强者，守之以畏；聪明睿智者，守之以愚；博闻强记者，守之以浅。夫是之谓抑而损之。〔德高望重的人，要用谦恭来保持它；土地广大的人，要用节俭来保持它；人众兵强的人，要以谨慎来保持它；聪明有远见的人，要以拙朴来保持它；知识广学问深的人，要以浅易来保持它。〕

——汉·韩婴《韩诗外传》

□富贵而骄，自遗其咎。〔富贵之后便骄奢起来，那是自降灾害。〕

——春秋·老子《道德经》

□位益高而意益下，官益大而心益小，禄益厚而慎不敢取。〔地位越高而态度越谦卑，官位越高而行事越小心，俸禄增多了而更谨慎得不敢领取。〕

——汉·刘向《说苑·敬慎》

□骄溢之君无忠臣，口慧之人无必信。〔骄傲自满的君主没有忠臣，花言巧语的人没有信用。〕

——汉·刘安《淮南子·缪称训》

□贵而不骄，胜而不恃，贤而能下，刚而能忍，此谓礼将。〔尊贵而不骄傲，取胜而不自恃有功，有才能且能不耻下问，性格刚强且能控制感情，这样的将才叫礼将。〕

——三国·诸葛亮《将苑·将材》

□贵不专权，罔惑上下；贱能守分，不苟求取。〔职位高不专权跋扈，不欺骗上级和下级；身份低能守住职分，不苟且地去获取一官半职。〕

——唐·元结《喻友》

□人君之患，莫大于自尊；自尊则无臣，无臣则无民；无民则为

独夫。〔君主的祸患，没有比妄自尊大更严重的了；妄自尊大就不会有臣子拥戴,没有臣子拥戴也就没有百姓;没有百姓就成了孤家寡人。〕

——清·唐甄《潜书·任相》

□**不以富贵而骄之，寒贱而忽之。**〔不因为自己地位高而傲视他人，不因为他人贫贱而轻视他们。〕

——唐·李白《与韩荆州书》

□**自足者不足，自明者不明。**〔自以为丰足的人其实并不丰足，自以为精明的人其实并不精明。〕

——唐·魏徵《群书治要·刘别传》

□**自喜者不进，自大者道远。**〔沾沾自喜的人不会有长进，自高自大的人越走离正道越远。〕

——宋·晁说之《晁氏客语》

□**国君而骄人则失其国，大夫而骄人则失其家。**〔国君对人骄横，就会失去国家；官员对人骄横，就会使他的家庭败亡。〕

——宋·司马光《资治通鉴·周纪》

□**下不以傲接，上不以意迎。**〔对地位低于自己的人，不傲慢相待；对地位高于自己的人，不特别逢迎其意。〕

——宋·梅尧臣《依韵和达观禅师赠别》

□**自高则必危，自满则必溢。**〔自以为高大，就会十分危险；自以为满足，就会使自己不能保持住已有的成绩。〕

——宋·胡宏《胡子知言·大学》

□**为人君而侮其臣者，智者不为谋，辩者不为使，勇者不为斗。**

〔当君主不敬重臣子，有智慧的人不为他出谋划策，善辩的人不为他充当使节，勇敢的人不为他去战斗。〕

——汉·刘向《新序·杂事》

口正躬严恪，临众之仪也；嘉惠和说，饗下之颜也。〔端正自己，谨慎严格，这是统御文武百官的准则；而施惠于人，和颜悦色，是对待下级的正确态度。〕

——宋·司马光《资治通鉴·汉纪》

口人之患，在好为人师。〔人的毛病，在于喜欢做别人的老师。〕
——战国·孟子《孟子·离娄上》

口勿以身贵而贱人，勿以独见而违众。〔不要因自己出身高贵而鄙视他人，不要以个人的意见违背众人的意愿。〕

——三国·诸葛亮《将苑·出师》

口水下流而广大，君下臣而聪明。〔水越往下游去，地域越广阔；君主越能礼下于臣，越能耳聪目明。〕

——汉·刘安《淮南子·缪称训》

口不可以己所能而责人所不能。〔不能因为自己对某一件事擅长，就要求别人也去做好那件事。〕

——晋·陈寿《三国志·王修传》

口不以人之坏自成，不以人之卑自高。〔不趁别人的失败来显示自己的成功，不借别人的低贱来显示自己的高贵。〕

——晋·陈寿《三国志·文帝纪》

口日不常中，月盈有亏。履道者固，杖势者危。〔太阳不会长久

停留天中，月亮盈满了就要亏缺。遵循圣人之道的人地位巩固，仗势欺人、为非作歹的人处境危险。〕

——南朝·范晔《后汉书·崔琦传》

□**己之虽有，其状若无；己之虽实，其容若虚。**〔自己虽然很富有，却表现出好像什么也没有的样子；自己虽然很充实，却表现出好像空虚不足的样子。〕

——唐·吴兢《贞观政要·谦让》

□**知者不博，博者不知。**〔聪明人不显示博学，博学者不炫耀聪明。〕

——春秋·老子《道德经》

□**金以刚折，水以柔全；山以高移，谷以卑安。**〔金因为刚直而折断，水因为柔和而保全；山因为峻高而坠落，谷因为低下而平安。〕

——晋·葛洪《抱朴子·广譬》

□**政在必信，不在必苛。**〔为政在于一定要讲信用，不在于一定要苛刻。〕

——唐·张说《对词文苑科策》

□**勿以功高古人而自矜大，勿以太平渐久而自骄逸。**〔不要以为功高于前人而自吹自擂，不要以为太平已久而骄奢淫逸。〕

——唐·吴兢《贞观政要·灾详》

□**人不可自恕，亦不可使人恕我。**〔做人要严格要求自己，不能处处都自我原谅；做人更要体谅别人，不能事事都让别人原谅自己。〕

——明·陈继儒《安得长者言》

□**自多其名，其名不足；自多其富，其富不足；自多其能，其能**

不足。**良贾深藏若虚，谅哉！**〔自夸其名的人，往往没有什么名气；自夸富裕的人，往往不算太富；自夸其能的人，往往能力有限。常言道精明的商人决不轻易亮底，这话一点儿不假！〕

——明·彭汝让《木几冗谈》

□**情之所恶，不以强人；情之所欲，不以禁民。**〔自己感情上所厌恶的事，不用来强加于别人；自己感情上所喜好的事，不用来禁止别人。〕

——汉·晁错《贤良文学对策》

□**器满则倾，志满则覆。**〔容器装得太满就要翻倒，人过分得意就要栽跟头。〕

——汉·戴圣《礼记·曲礼》

□**自高无卑，无卑则危；自大无众，无众则孤。**〔自以为很高，就不会把低者放在眼里，这就很危险；自以为很伟大，就不会把众人放在眼里，这就很孤立。〕

——明·李梦阳《空同子·论学》

□**穷而穷者，穷于贪；穷而不穷者，不穷于义。不穷而穷者，穷于蠢；不穷而不穷者，不穷于礼。是故君子贫而知谅，富而知礼。**〔穷人之所以贫穷，是因为内心有太多的贪欲；穷人之所以不贫穷，是因为内心充满义理。不穷的人有其贫穷的一面，是因为其愚蠢无知；不穷的人有其不贫穷的一天，是因为其待人礼节周到。所以君子在贫穷时要深明大义，在富贵时要礼贤下士。〕

——明·彭汝让《木几冗谈》

□**委罪掠功，此小人事；掩罪夸功，此众人事；让美归功，此君子事；分怨共过，此盛德事。**〔推脱罪责，贪揽功劳，这是卑鄙小人的作为；掩盖罪过，夸大功劳，这是普通百姓易犯的毛病；把美名让给别人，把功劳归于别人，这是品行高尚的君子作为；与别人分担怨恨，共同承担罪责，这是圣人才能做到的事情。〕

——明·吕坤《呻吟语》

□恕之一字是个好道理，看那推心者是什么念头。好色者恕人之淫，好货者恕人之贪，好饮者恕人之醉，好安逸者恕人之惰慢。未尝不以己度人，未尝不视人犹己，而道之贼也，故行恕者不可以不审也。〔以宽恕之心待人本来是好的，不过也应考察有忠恕之心的人究竟是出于什么考虑。好色的人会宽恕别人的淫乱之罪，喜好财货的人会宽恕别人的贪婪之罪，嗜酒如命的人会宽恕别人的酩酊大醉，喜好安逸的人会宽恕别人的懒惰怠慢。这些人未尝不是以己心揣度人心，未尝不是看别人就联想到自身，可是由于出发点是错误的，所以严重地损害了忠恕之道的纯洁性。由此可见，在推行忠恕之道时也不能不谨慎从事。〕

——明·吕坤《呻吟语》

□恕人有六：或彼识见有不到处，或彼听闻有未真处，或彼力量有不及处，或彼心事有所苦处，或彼精神有所忽处，或彼微意有所在处。〔宽恕别人要从六个方面考虑：可能是其见识不够高明，也可能是其所见所闻不够真切，也可能是其力量过于薄弱，也可能是其心中有某些苦衷，也可能是其一时疏忽大意，也可能是其出于某种不便明说的目的。〕

——明·吕坤《呻吟语》

诚信中正

□自古驱民在信诚，一语为重百金轻。〔自古以来驾驭百姓在于诚实不欺，说了一句话就应看得比百两黄金还贵重。〕

——宋·王安石《商鞅》

□众声嚣然，互有臧否，十人举之未信，一人毁之可疑。〔众说纷纭，褒贬不一，十人推荐一人未必相信，一人毁谤一人却横加猜忌。〕

——唐·赵憬·摘自《旧唐书·赵憬传》

□信可以使守约，廉可以使分财。〔诚信者可以使他遵守诺言，廉洁者可以使他不贪财。〕

——汉·黄石公《素书·正道章》

□动天地者莫若精诚，致和平者莫若修政。〔感动天地的，没有比诚心诚意更好的；实现和平的，没有比改革政治更好的。〕

——唐·吴兢《旧唐书·懿宗纪》

□虚华盛而忠信微，刻薄稠而纯笃稀。〔虚荣浮华之风日盛，忠诚信义就会衰微；奸诈刻薄风行，纯朴笃实之风就会稀少。〕

——汉·朱穆《崇厚论》

□凡人所以立身行己，应事接物，莫大乎诚敬。诚者何？不自欺、不妄称之谓也。敬者何？不怠慢，不放荡之谓也。〔一般人要立身处世，接应事物，没有比诚敬更大的了。诚的意思是什么？不自欺，不说谎的说法罢了。敬的意思是什么？不怠慢，不放荡的说法罢了。〕

——宋·朱熹《朱子语类》

□无实之名，祸之门也；无名之实，福之基也。〔不能务实而获得的名声，是灾祸的门径；没有声名的务实作风，是幸福的基础。〕

——明·潘府《素言》

□势得容奸，伯夷可疑。苟曰无猜，盗跖可信。〔如果客观形势可行奸邪，即使是伯夷这样的圣贤之人也值得怀疑。如果心无猜忌，即使是盗跖这样的奸恶之人也可以信赖。〕

——汉·冯绲·摘自《后汉书·冯绲传》

□言不得过实，实不得延名。〔言语不能超过所述事物的实际，事物的实际不得夸大谋求名声。〕

——春秋·管仲《管子·心术》

□为国之道，食不如信。立人之要，先质后文。〔治国的方法，给民以食物，不如给民以信义。做人的要义，先要有良好的品德，后有好的仪表。〕

——南朝·沈约《宋书》

□诚者，不欺者也；不欺者，心无私者也；无私者，至虚者也。〔诚实的意思是不欺瞒；不欺瞒的意思是心中没有私念；没有私念的意思就是无所贪求了。〕

——清·曾国藩《求阙斋日记类钞》

□临患不忘国，忠也；思难不越官，信也；图国忘死，贞也。谋主三者，义也。〔面临祸患不忘记国家，这是忠心；想到危难不越过

职守，这是讲信用；为国家打算不惜牺牲，这是有操守。为君主谋划考虑到这三个方面，这就是义。〕

——春秋·左丘明《左传·昭公元年》

□诚，五常之本，百行之源也。〔诚信是仁、义、礼、智信的根本，也是各种行为的源泉。〕

——宋·周敦颐《通书·诚下》

□诚是自然底实，信是做人底实。〔诚实是自然的基础，守信是做人的基础。〕

——宋·朱熹《朱子语类》

□欲当大任，须是笃实。〔想要担当重任，必须诚实淳厚。〕

——宋·程颐《河南程氏遗书》

□天之所助者，顺也；人之所助者，信也。〔天所帮助的，是顺从正道的人；人所帮助的，是笃守诚信的人。〕

——周·姬昌《周易·系辞》

□丈夫开口即见胆。〔大丈夫开口说话就能看见其肝胆。〕

——宋·文天祥《文天祥集》

□信，国之宝也，民之所庇也。〔信义，是国家最宝贵、人民所依赖的东西。〕

——春秋·左丘明《左传·僖公二十五年》

□人主常势，患在不能推诚；人臣之弊，患在不能自竭。由是上疑下诈，礼貌或亏，欲求致理，自然难致。〔君主一般情况的失误常常在于不能推心置腹地对待臣下；臣子的过失往往在于不能竭尽全力

为国家排扰。因此君主对臣下怀疑，臣下对君主欺诈。礼仪虚亏，想求得好的政治，自然很难。〕

——唐·杜黄裳·摘自《旧唐书·宪宗纪》

□人主必信，信而又信，谁人不亲？〔君主一定要守信用，一贯守信用，谁不亲近你呢？〕

——秦·吕不韦《吕氏春秋·贵信》

□惠而无实，怨及尔身。〔说得好听而无实际行动，就会给自己招来怨恨。〕

——汉·冯衍《杖铭》

□才过德者不祥，名过实者有殃。〔才能超过德性的，不是好兆头；名声超过实际的，必有灾祸。〕

——宋·程颐《河南程氏遗书》

□以信接人，天下信之；不以信接人，妻子疑之。〔以诚信结交人，天下人都信任他；不以诚信结交人，妻子儿女都怀疑他。〕

——晋·杨泉《物理论》

□巧伪不如拙诚。〔巧妙虚假，不如厚道诚实。〕

——汉·刘向《说苑·贵德》

□精诚所加，金石为开。〔真诚所到之处，坚硬的金石也会为之裂开。〕

——南朝·范晔《后汉书·广陵思王荆传》

□欺罔盗窃，人之至恶。一为欺罔，则后虽出善言，人终弗信。一为盗窃，则事是未觉，心常惴惴，若捕者将至。〔欺骗、蒙蔽和盗

105

窃，是最坏的事情。一旦欺瞒发生，则以后虽所说为善言，人们也不会相信；而一旦盗窃后，虽然事情未被发觉，而心里却惴惴不安，好像抓捕者不久将至。〕

——元·伯颜·摘自《元史·裕宗传》

□养其心，莫善于诚。〔培养自己的心灵，没有比培养诚实的品德更好的了。〕

——唐·魏徵《群书治要·体论》

□有败诈，无败诚。〔有因欺诈而失败的，没有因真诚而失败的。〕

——清·黄宗羲《宋元学案》

□假作真时真亦假，无为有处有还无。〔以假当真时，真也就成了假；把无当有时，有也就成了无。〕

——清·曹雪芹《红楼梦》

□大丈夫一言许人，千金不易。〔大丈夫只要一句话答应别人，就是千金也不能改变。〕

——宋·司马光《资治通鉴·唐纪》

□受人之托，忠人之事。〔接受别人的托付，就要忠诚地为人家办事。〕

——明·冯梦龙《警世通言·王娇鸾百年长恨》

□不患不巧，独患不诚。〔不怕不灵巧，只怕不真诚。〕

——明·朱之瑜《诚斋》

□君子常行胜言，小人常言胜行。故世治则笃实之士多，世乱则缘饰之士众。笃实鲜不成事，缘饰鲜不败事。成多国兴，败多国亡。家亦由是而兴亡也。〔君子常以身作则胜过空话连篇，小人常空话连篇胜过实际行动。所以盛世之时诚实的人多，乱世之时奸诈的人多。诚实容易成事，奸诈容易败事，成事则国兴，败事则国亡。〕

——宋·邵雍《渔樵问答》

□信言不美，美言不信。〔有诚信的话不一定就是好听的，好听的话不一定是有诚信的。〕

——春秋·老子《道德经》

□忠信谨慎，此德义之基也；虚无诡谲，此乱道之根也。〔为人真诚、守信、谨慎，这是德义的根本；夸夸其谈，危言耸听，这是乱道的根由。〕

——汉·王符《潜夫论·务本》

□竭诚，则吴越为一体；傲物，则骨肉人行路。〔若能竭尽诚心待人接物，就是像春秋时吴国越国这样世代为敌的国家也能结为一体；而若傲慢自满地对待他人，即使是骨肉亲人见了面也会形同陌路。〕

——唐·魏徵《谏太宗十思疏》

□轻诺必寡信，多易必多难。〔轻易许下的诺言必然缺乏信用，事情看得太容易了做时必然会困难重重。〕

——春秋·老子《道德经》

□君子所以感人者，其惟诚乎！欺人者，不旋踵人必知之；感人者，益久而人益信之。〔君子能感动人的原因，唯有诚实罢了！欺瞒人的，没有转身人必定就知道他；感动人的，时间愈久人愈信任他。〕

——宋·司马光《迂书·三欺》

□儒有不宝金玉，而忠信以为宝；不祈土地，立义以为土地；不

107

祈多积，多文以为富。〔儒者不把黄金美玉看成宝贝，而把忠诚信用看做是珍宝；不祈望土地，而把建立道义当做土地；不祈望多积财富，而把多学文化知识作为财富。〕

——汉·戴圣《礼记·儒行》

□忠者不饰行以徼荣，信者不食言以从利。〔忠诚的人不用装点自己的行为来得到荣耀，守信的人不会说话不算数用来得到好处。〕

——宋·王安石《辞同修起居注状》

□"勤"字所以医惰，"慎"字所以医骄；此二字之先，须有一"诚"字以立之本。〔"勤"字可以医治懒惰，"慎"字可以医治骄傲；这二字的前面，必须有一个"诚"字，用以确立"勤"和"慎"的根本。〕

——清·曾国藩《与李申夫》

□信者行之基，行者人之本。人非行无以成，行非信无以立。〔诚信是做事的基础，做事是人们的根本。人们不做事便没有成就，做事没诚信就没法存在。〕

——北齐·刘昼《刘子·履信》

□推人以诚，则不言而信。〔只要能够推心置腹，以诚相待，不用言说也会相互信任。〕

——隋·王通《文中子·周公篇》

□人有识真之明者，不可欺以伪也；有揣深之志者，不可诳以浅也。〔人有认识真实情况的能力，不能以虚假的情况欺骗他人；人有探讨深刻事物的意愿，不能以浅薄的事物欺骗他人。〕

——晋·葛洪《抱朴子·广譬》

□吾日三省吾身：为人谋而不忠乎？与朋友交而不信乎？传不习

乎？〔我每天都要在三个方面反省自己：替别人办事，有没有不尽心竭力的地方？与朋友交往，有没有不讲信用的地方？老师传授的学业，是否认真复习过了？〕

——春秋·孔子《论语·学而》

□善欲人见，不是真善；恶恐人知，便是大恶。〔做善事却想要人都知道，就不是真做善事；做坏事却害怕人知道，那才是做大坏事。〕

——清·朱柏庐《治家格言》

□夫信者，人君之大宝也。国保于民，民保于信。非信无以使民，非民无以守国。〔信誉，是君主至高无上的法宝。国家靠人民来保卫，人民靠信誉来保护；不讲信誉无法使人民服从，没有人民便无法维持国家。〕

——宋·司马光《资治通鉴·周纪》

□尽诚可以绝嫌猜，徇公可以弭谗诉。〔竭诚可以杜绝嫌疑猜忌，为公可以消除谗言诉讼。〕

——唐·刘禹锡《上杜司徒书》

□推心置腹，开诚布公。〔把赤诚的心交给人家，敞开胸怀显示诚意。〕

——唐·张九龄《亲贤第一章》

□成事在理不在势，服人以诚不以言。〔成就事业在事理不在权势，让人信服在诚信不在言论。〕

——宋·苏轼《拟进士对御试策》

□天地为大矣，不诚则不能化万物；圣人为知矣，不诚则不能化万民；父子为亲矣，不诚则疏；君上为尊矣，不诚则卑。夫诚者，君子之所宁也，而政事之本也。〔天地要算大了，不真诚就不能化育万物；圣人算是明智了，不真诚就不能感化万民；父子之间要算亲密的了，不真诚就会疏远；君主要算尊贵的了，不真诚就会受到鄙视。真诚，是君子的操守，政治的根本。〕

              ——战国·荀子《荀子·不苟》

□言忠信，行笃敬，虽蛮貊之邦行矣。言不忠信，行不笃敬，虽州里行乎哉？〔说话要诚信，行事要虔诚，即使到了蛮貊地区也行得通；说话不诚信，行事不虔诚，即使在本地能行得通吗？〕

              ——春秋·孔子《论语·卫灵公》

□君曰可，臣亦以为可，君曰否，臣亦以为否，非善政也。〔君王说可以，大臣也就认为可以，君王说不可以，大臣也就说不可以，这不是好的政治局面。〕

              ——明·宋濂《元史》

□未一观于能鄙，则贵贱之情立；非忘怀于彼我，则私己之累存。〔不能同等地看待贤能的人和浅陋的人，则心中便有贵贱之分；不能忘记彼此的差别，则偏私自己的想法已经存在。〕

              ——晋·习凿齿·摘自《晋书·韩伯传》

□见贤而进之，不同君所欲；见不善则废之，不辟君所爱。〔发现贤能的人就立即荐进，不一定与君主想法一样；看见不好的就废弃远离，即使是君主喜爱的也不避讳。〕

              ——春秋·晏婴《晏子春秋·外篇》

□真者，精诚之至也。不精不诚，不能动人。故强哭者，虽悲不哀；强怒者，虽严不威；强亲者，虽笑不和。真悲无声而哀，真怒未发而威，直亲未笑而和。真在内者，神动于外，是所以贵真也。〔所谓真，就是精诚的极点。不精不诚，不能感动人。所以，勉强啼哭的人虽然外表悲痛其实并不哀伤，勉强发怒的人虽然外表严厉其实并不威严，勉强亲热的人虽然笑容满面其实并不和善。真正的悲痛没有哭声而哀伤，真正的怒气未曾发作而威严，真正的亲热未曾含笑而和善。自然的真性存在于内心，神情的表露流于外在，这就是看重真情本性的原因。〕

————战国·庄子《庄子·渔夫》

□统天下者当与天下同心，治一国者当与一国推实。〔统治天下的人一定要与全天下的人民同心同德，治理一个国家的人应当与一国之人以诚相待。〕

————三国·刘弘·摘自《三国志·刘馥传》

□有所许诺，纤毫必偿；有所期约，时刻不易。〔有了许诺，大小都得兑现；有了期约，时刻都不能改变。〕

————宋·袁采《袁氏世范》

□赏善罚暴者，政令也；其所以能行者，精诚也。〔能够起到赏善罚暴作用的，是国家的政令；政令之所以能够推行，靠的是执政者对人民的真诚。〕

————汉·刘安《淮南子·泰族训》

□众疑无定国，众惑无治民。疑定惑还，国乃可安。〔众人怀疑，就没有安定的国家；众人惶惑，就没有守秩序的民众。疑心消失，惶惑平息，国家就可以安宁。〕

————秦·黄石公《黄石公三略·下略》

□上有过，则微之以谏；已有善，则访之上，而无敢以告外；匡其邪而入其善，尚同而无下比。〔执政者有过失，则寻找合适的机会

111

进行劝谏；自己有好的见解，则无保留地贡献给执政者，而不去告诉别人；匡正执政者的偏邪而接纳其于正道，是非都统一于上级，不在下面结党营私。〕

——战国·墨子《墨子·鲁问》

□厚赏重刑，未足以劝善而禁非，必信而已矣。〔丰厚的奖励、苛重的刑罚，都不足以勉励人民向善和禁止人民做坏事，必须对人民讲信用才行。〕

——汉·公孙弘·摘自《资治通鉴·汉纪》

□信是立身之本，恕乃接物之要。〔诚心是人生的根本，宽恕是处世的要诀。〕

——清·王永彬《围炉夜话》

□口惠而实不至，怨灾及其身。〔嘴上许诺给别人好处，实际上又不兑现，抱怨和灾祸就会降临到身上。〕

——汉·戴圣《礼记·表记》

□自疑者必疑人，信人者必自信也。〔总是对自己怀疑的人必然容易怀疑别人，能够信任人的人必定有自信心。〕

——清·王夫之《读通鉴论》

□信也者，民信之；仁也者，民怀之；严也者，民畏之；礼也者，民美之。〔你对人民讲信用，人民就信任你；你对人民施仁政，人民就归向你；你严肃端正，人民就敬畏你；你行之有礼，人民就赞美你。〕

——春秋·管仲《管子·小问》

□君臣不信，则百姓诽谤，社稷不宁。处官不信，则士不畏长，贵贱相轻。赏罚不信，则民易犯法，不可使令。〔君臣不诚信，那么百姓就会批评指责，国家就不得安宁。当官不诚信，那么年轻的就不敬畏年长的，地位尊贵的和地位低下的就会互相轻视。赏罚不诚信，那么百姓就会轻易地犯法，不可以役使。〕

——秦·吕不韦《吕氏春秋·贵信》

□言而不信则民不附，行而贼暴则天下怨。〔出言无信，人民就不会归附；行事残暴，天下就怨声载道。〕

——春秋·管仲《管子·形势解》

□言顾行，行顾言。〔说话应该考虑自己能否做得到，或已经做得怎么样；做事又应该想想自己事先是怎么说的。〕

——战国·子思《礼记·中庸》

□以信待人，不信思信；不信待人，信思不信。〔用诚信的态度对待人，即使是缺乏信用的人也会向往恪守信用；以欺诈的态度对待人，即使是信用卓著的人也会变得寡信。〕

——晋·傅玄《傅子·义信》

□上诈其下，下诈其上，则是上下析也。〔上面欺诈下面，下面欺诈上面，这样上下之间就会离心离德。〕

——战国·荀子《荀子·王霸》

□今功伐甚薄而所望厚，诬也；无功伐而求荣富，诈也。诈诬之道，君子不由。〔现在有些人功劳很少而企望很大，这是欺骗；没有功劳而谋求荣华富贵，这是诈取。欺骗诈取的方法，君子是不采用的。〕

——秦·吕不韦《吕氏春秋·务本》

□同言而民信，信在言前也。同令而民化，诚在令外也。圣人在上，民迁而化，情以先之也。〔一样的话，老百姓却相信，这是因为在讲话之前执政者就取得了信任。一样的命令，老百姓却听从，这是因为在命令之外，老百姓感受到了执政者的诚意。圣明的君主在上面，老百姓逐渐受到影响而发生变化，这是因为在此之前就建立了感情。〕

——汉·刘安《淮南子·缪称训》

□欲有所为，而无可信之人，必危；有可信之人，而固不敢信，必败。〔要想有所作为，而没有可以信用依靠的人，必定危险；有可以信用依靠的人，却一直不敢信任，必然失败。〕

——清·王夫之《读通鉴论》

□和而不同，事君之常道。〔关系和谐融洽，但又不唯命是从，这是侍奉君主应遵守的法则。〕

——唐·魏徵《隋书·宇文述传》

□尊贤而以疑，则贤非其贤；爱众而以疑，则众非其众。〔尊崇贤人而又怀疑他们，那么贤人就不是他的贤人了；爱护民众而又怀疑他们，那么民众也就不是他的民众了。〕

——清·王夫之《读通鉴论》

□谏父母易，而谏君难。〔规劝父母容易，而规劝君主则比较难。〕

——清·王夫之《读通鉴论》

□有顺而导之者，有徐而导之者，有正而折之者，有曲而匡之者。〔臣下对于君主，有顺其意志进行引导的，有不慌不忙慢慢引导的，有义正词严当面驳斥的，有婉转地进行匡正规劝的。〕

——清·王夫之《读通鉴论》

□言而不信，言无信也；令而不从，令无诚也。不信之言，无诚之令，为上则败德，为下则危身。〔说出的话人们不信任，就是说话早已失去信用；发出的命令下面不能贯彻执行，就是发出的命令根本没有诚意。不守信用的话，没有诚意的命令，对于执政者来说是败坏政德，对于居下位者来说则危及自身。〕

——唐·吴兢《贞观政要·诚信》

□忠正以事君，信法以理下，所以居官也。〔以忠诚正派来为君主服务，以信用和法度来治理百姓，这是做官必须坚持的原则。〕

——汉·王符《潜夫论·务本》

□马先驯而后求良，人先信而后求能。〔对于马，要先进行驯服，然后才能要求它素质优良；对于人，要首先使他忠诚守信，然后再要求他具备其他能力。〕

——汉·刘安《淮南子·说林训》

□一夕信竖儿，文明永沦歇。〔一旦信用小人，好的政治局面就要被断送了。〕

——唐·李贺《感讽》

□私仇不及公，好不废过，恶不去善，义之经也。〔私仇不涉及公事，喜欢谁但不忘记他的过失，厌恶谁但不掩盖他的善行，这是义理的常道。〕

——春秋·左丘明《左传·哀公五年》

□君子养心莫善于诚，致诚则无它事矣。惟仁之为守，惟义之为行。〔君子养心最好的办法是诚实，而要达到诚实的最好办法，就是坚守仁义的操守和行为准则。〕

——战国·荀子《荀子·不苟》

□以真实肝胆待人，事虽未必成功，日后人必见我之肝胆。以诈

115

伪心肠处事，人即一时受感，日后人见我之心肠。〔以真诚待人，事情即使不成功，日后他人必定知道我的真心诚意。用虚伪之心处世，别人也许一时被迷惑，但日久必见其狡诈心肠。〕

——清·金缨《格言联璧》

□ 谄谀苟免其身者，国之贼也；直言不避重诛者，国之福也。〔谄媚取宠只图自身免遭祸患的人，是国家的奸贼；直言敢谏甘冒杀头之罪的人，是国家的福分。〕

——北朝·周·王明广《上书宣帝请重兴佛法》

□ 诚为做人之本，奋乃成才之魂。〔诚信是做人的根本，勤奋是成才的关键。〕

——俗语

□ 妄誉，仁之贼也；妄毁，义之贼也。贼仁近乡原，贼义近乡讪。〔胡乱地赞誉，是对仁的祸害；胡乱地毁谤，是对义的祸害。祸害仁的人貌似忠厚老实，实际上是与恶俗同流合污的人，祸害义的人在乡里处处讪谤别人、抬高自己。〕

——汉·扬雄《法言·渊骞》

□ 中正无邪，礼之质也；庄敬恭顺，礼之制也。〔中正无邪，是礼的本质；庄敬恭顺，是礼的制度。〕

——汉·戴圣《礼记·乐记》

□ 伪诈不可长，空虚不可守，朽木不可雕，情亡不可久。〔虚伪欺诈不能长久，空虚的事物不能保守，腐朽的木块不可雕刻，情感丧失了无法长久相处。〕

——汉·韩婴《韩诗外传》

□违上顺道，谓之忠臣，违道顺上，谓之谀臣。忠，所以为上也；谀，所以为自也。〔违背君主意志，顺从正确原则，这样的人叫做忠臣；违背正确原则，屈从君主旨意，这样的人则是佞臣。其所以忠信，是因为他是为君主着想；其所以阿谀，是因为他为了自己。〕

———汉·荀悦《申鉴·杂言》

□忠信以为甲胄，礼义以为干橹。〔儒者用忠信作为护身的盔甲，用礼义作为抵御的盾牌。〕

———战国·孔伋《礼记·儒行》

□忠信谨慎，此德义之基也；虚无谲诡，此乱道之根也。〔忠信谨慎，这是德义的基础；虚无谲诡，这是乱道之根本。〕

———汉·王符《潜夫论》

□悬牛头，卖马脯；盗跖行，孔子语。〔挂的是牛头，卖的是马肉；干的是强盗勾当，说的是圣人言辞。〕

———汉·刘秀《原丁邯诏》

□智者以有余为疑，朴者以不足取信。〔聪明的人，因为聪明过分，常常引起别人的怀疑；朴实的人，因为聪明不足，反而能获得别人的信任。〕

———南朝·范晔《后汉书·吴汉传》

□辨而不当理则伪，知而不当理则诈。〔明察而不在理就近乎取巧，聪敏而不在理就等于骗人。〕

———秦·吕不韦《吕氏春秋·审应·离谓》

□见贤而不能举，举而不能先，命也。见不善而不能退，退而不能远，过也。好人之所恶，恶人之所好，是谓拂人之性，灾必逮夫身。

是故君子有大道，必忠信以得之，骄泰以失之。〔看到贤能的人不能举荐任用，举荐任用而不能放到首位，这就是机遇了。看到不善的人不能辞退，辞退了而不能远离，这就是过错了。喜欢大家所不喜欢的，讨厌大家所爱好的，这叫违反人性，这样灾祸必然要加到自己身上来。所以君子处世要有大原则：凡事必须依据忠信来求得，骄横跋扈就要失败。〕

——战国·曾参《礼记·大学》

□**夫轻诺者必寡信，多易者必多难。**〔那些轻易许诺的，守信用的必定不多；把事情看得过分容易的，必定会遇到很多困难。〕

——春秋·老子《道德经》

□**褒贬无一词，岂得为良史？**〔只知机械地复述历史事件，没有一点自己的褒贬意见，这样的人怎么能成为好的史官？〕

——宋·王禹偁《对雪》

□**忠者不饰行以侥荣，信者不食言以从利。**〔忠诚之人不因侥幸取得荣誉而掩饰自己的行为；信义之人不因追求某种利益而违背自己的诺言。〕

——宋·王安石《辞同修起居注状》

□**玉卮无当，虽宝非用；侈言无验，虽丽非经。**〔玉做的酒器没有底，虽然贵重但不切实用；夸张的言辞无法验证，虽然漂亮但不符合经义。〕

——晋·左思《三都赋序》

□**善为国者不欺其民，善为家者不欺其宗。**〔善于治理国家的人，不欺骗他的人民；善于治理家庭的人，不欺骗他的亲人。〕

——宋·司马光《资治通鉴·周纪》

□治国之要有三：一曰食，二曰兵，三曰信。三者国之急务，存亡之机，明主之所重也。〔治理国家的纲要有三：第一是粮食，第二是军事，第三是信用。这三件事情是治理国家急需解决的首要任务，是关于一个国家生死存亡的关键，是圣明的皇帝所重视的大事。〕

——清·严可均《全晋文》

□君愈疑，臣愈诈。〔君王对下面愈是怀疑，臣子就会愈加伪诈。〕

——清·王夫之《读通鉴论》

□上有过则规谏之，下有善则傍荐之。上同而下不比者，此上之所赏而下之所誉者也。〔君主有过失就批评规劝，下面有贤才善事就广泛地荐举上来，上面同国君保持一致，而不在下面与坏人勾结，这是国君所赞赏、百姓所称誉的。〕

——战国·墨子《墨子·尚同》

□任而不信，其才无由展；信而不终，其业无由成；终而不赏，其功无由别。〔任用而不信任，他的才能便没办法施展；信任而不信任到底，他的事业便没办法成功；信任到底而不奖赏，他的功绩便没办法特别优异。〕

——唐·陈子昂《答制问事·重任贤科》

□阳春之曲，和者必寡；盛名之下，其实难副。〔像阳春白雪这样高雅的乐曲，能够随之唱和的人一定极少；在显赫的声名下面，其实际才干很难相符。〕

——汉·李固·摘自《后汉书·黄琼传》

□王阳明曰："树木者必培其根，种德者必养其心。欲树之长，必于始生时删其繁枝；欲德之盛，必于始学时云夫外好。"昔人有言："何以止谤，曰无辩。"故有其事不可辩也，无其事不必辩也。无其事而辩之，是自谤也；有其事而辩之，是增己之恶，则甚人之怒也。〔明代学者王守仁说："护理树木必须保护树木的根系，培养美德必须培养美好的心灵。要想树木茁壮成长，必须在树木幼小时砍去多余的枝叶；要想人的品德高尚，必须在初学时戒除各种不良的习惯嗜好。"前人曾经说过："怎样防止人的诽谤呢？答案是不加辩驳。"所以假如真有其事，那么辩解也没有用；如果自己是清白无辜的，那么也不必去辩解。本来是清白的，一辩解反而说不清了，等于自寻烦恼；如果别人说的有事实根据，那么你一辩解，只能使自己错上加错，还会令指责自己的人更加气恼。〕

——清·陈遇夫《迂言百则》

□率真者无心过，殊多躁言轻举之失；慎密者无口过，不免厚貌深情之累。心事如青天白日，言动如履薄临深，其惟君子乎！〔内心坦率、心直口快的人心里不会有邪念，却容易犯言语随便、轻举妄动的过失；处事谨慎、考虑周全的人不会因言语轻率而犯过失，却难免受到忠厚外表下各种情感的拖累。既能使心事如青天白日一样光明坦荡，而言语行动又能做到谨慎小心的，恐怕只有君子了。〕

——明·吕坤《呻吟语》

□学者处事处人，先要识个礼义之中正。这个中正处，要析之无毫厘之差，处之无过不及之谬，便是圣人。〔学者无论处理事情还是与他人交往，首先必须掌握礼节和道义上的适中和端正。这个适中和端正的程度，要达到无论从哪方面衡量都不差分毫，无论对待何人何事都能做到既不过分又不欠缺，这才算得上是持守中道的圣贤。〕

——明·吕坤《呻吟语》

□好义者，往往曰义愤、曰义激、曰义烈、曰义侠，则中则为正气，太过则为客气。正气则事成，客气则事败。故曰："大直若屈。"又曰："君子义以为质，礼以行之，逊以出之。"〔崇尚道义的人，往往表现为义愤、义激、义烈、义侠，恰到好处的义就是浩然正气，而过分做作就不是出自真诚了。浩然正气就会成就大事，虚伪做作就会败坏大事。所以老子说："最正直的人外表反似委曲随和。"孔子也说："君子以道义为根本，依照礼节行事，对外处世要谦虚谨慎。"〕

——明·陈继儒《安得长者言》

□孔子畏大人，孟子藐大人。畏则不骄，藐则不谄，中道也。〔孔子敬畏大人物，孟子藐视大人物。敬畏大人物就不会产生骄傲的念头，藐视大人物就不会谄媚奉承，这就是中庸之道。〕

——明·陈继儒《安得长者言》

□天行健，斯悬日月而不坠；地行顺，斯振河海而不泄；人行诚，斯备万物而不遗。〔天道昼夜更替，运行不息，所以日月才得以高悬其上而不下坠；大地卑下而顺畅，所以江河湖海才得以各行其道而不泛溢；人心纯笃诚实，所以万物的良好品性都能在其中得到体现。〕

——明·薛应旂《薛方山纪述》

□以举世皆可信者，终君子也；以举世皆可疑者，终小人也。〔令世人都信任的人，终究是君子；令世人都怀疑的人，终究是小人。〕

——明·陈继儒《安得长者言》

谏言纳言

□举刺不避乎权势，犯颜不畏乎逆鳞。〔公开指责不回避有权有势的人，直言进谏不怕冒犯君王的威严。〕

——明·胡俨《孝肃包公奏议序》

□众人言未必得，一人言未必非。〔多数人坚持的未必正确，只有一个人坚持的未必不对。〕

——明·骆问礼·摘自《明史·骆问礼传》

□言君臣邪，固当谏诤；语朋友邪，应有切磋。〔君臣之间的言谈，理当直言相谏；朋友之间的建议，应当互相切磋。〕

——汉·马援·摘自《后汉书·马援传》

□忠言逆耳利于行，毒药苦口利于病。〔忠言尽管刺耳难听却有利于立身行事，猛狠的药剂尽管苦口难咽却有利于祛病。〕

——汉·班固《汉书·张良传》

□众心成城，众口铄金。〔万众一心，就像坚固的城堡；众口一词，能熔化坚硬的金属。〕

——春秋·左丘明《国语·周语》

□君子不以言废人，不以人废言。大开言路，所以成天下，安兆民也。〔君子不应该仅仅是根据某些言语而否定某个人，更不应该因

为厌恶这个人，而不去接受他好的谏言。君子应该做到广开言路，善于纳谏，这样国家才能安定，百姓也才能富足。〕

——元·刘秉忠·摘自《元史·刘秉忠传》

□**谤近忠，谀近爱，不为所眩，则谗佞自远。**〔诽谤诋毁之语有时听上去近似忠言直谏，阿谀奉承会被误认为是关心爱护，只要耳聪目明，不为假象所迷惑，那么自然会远离奸人邪语。〕

——明·唐铎·摘自《明史·唐铎传》

□**大猎而后见善射，集议而后知能言。**〔一次规模宏大的打猎后，就可以知道谁是善射之人；在一次集体争论之后，就可以知道谁是善辩的人。〕

——元·张雄飞·摘自《元史·张雄飞传》

□**自古人臣不谏则国危，谏则身危。**〔自古以来，作为人臣，看到君主的过失如果不谏诤，就会危及国家；如果看见君主过失而去谏诤，就会招来杀身大祸。〕

——唐·吴兢·摘自《新唐书·吴兢传》

□**纳语昌，拒谏亡。**〔善于纳言的昌盛，拒绝谏箴的败亡。〕

——唐·李绛·摘自《新唐书·李绛传》

□**专已者孤，拒谏者塞。孤塞之政，亡国之风也。**〔独断专行的君主会孤立无援，拒绝纳谏的君主会耳塞目闭。独断闭塞之政治，是毁灭国家之作为。〕

——汉·申屠刚·摘自《后汉书·申屠刚传》

□**侍于君子有三愆：言未及之而言谓之躁，言及之而不言谓之隐，未见颜色而言谓之瞽。**〔陪着君子说话容易犯三种过失：没轮到他说

123

话却先说，叫做急躁；该说话了却不说，叫做隐瞒；不看看君子的脸色便贸然开口，叫做盲目。〕

——春秋·孔子《论语·季氏》

□**盘圆则水圆，孟方则水方。有太宗纳谏之君，则有魏徵敢谏之臣。**〔盘是圆的水也是圆的，孟是方的水也是方的，有太宗这样能纳谏如流的皇帝，就有魏徵这样敢于谏诤的臣下。〕

——元·拜住·摘自《元史·拜住传》

□**为国之道，不可独任。**〔治理国家的方法，不能独断专行。〕

——唐·李延寿《南史·梁本纪》

□**良药苦口，惟疾者能甘之，忠言逆耳，唯达者能受之。**〔喝良药会苦口，只有得病的人能甘愿喝掉它；听忠言不顺耳，唯有贤达的人能够接受它。〕

——三国·诸葛恪·摘自《三国志·吴主五子传》

□**凡听之谓聪，内视之谓明，自胜之谓强。**〔善于听取反面意见叫做聪，能反省自己叫做明，能战胜自己叫做强。〕

——秦·赵良·摘自《史记·商君列传》

□**千羊之皮，不如一狐之掖；千人之诺诺，不如一士之谔谔。**〔一千张羊皮，也不如一只狐狸腋皮珍贵；一千人随声附和，抵不上一个人的直言争辩。〕

——秦·赵良·摘自《史记·商君列传》

□**善操理者不能有全功，善处身不能无过失，虽尧舜禹汤之上圣，文武成康之至明，尚犹思逆耳之言，求苦口之药，何况后人之不逮哉。**〔善于评理的人不能有完全的功名，善于处世的人不能没有过失。虽

124

然尧舜禹汤、文武成康这样圣明的人，还要考虑逆耳的忠言、苦口的良药，何况不及这些人的后人。〕

——五代·柴荣·摘自《旧五代史·世宗纪》

□言之者无罪，闻之者足以诫。〔提意见的人只要是善意的，即使说得不正确，也是无罪的；听取意见的人，即使没有批评者提出的缺点错误，也应引以为鉴。〕

——北朝·韩麒麟·摘自《魏书·韩麒麟传》

□貌言华也，至言实也，苦言药也，甘言疾也。〔花言巧语好比花朵，直言不讳好比果实，刺耳良言好比药石，甜言蜜语好比疾病。〕

——秦·商鞅·摘自《史记·商君列传》

□圣王乐闻其缺，故有箴规之道；忠臣愿竭其节，故有匪躬之义也。〔圣明的君主乐于知道自己的缺点，所以才有谏箴规劝之道；忠诚的臣下愿意尽其操守，所以有正直的义举。〕

——三国·高堂隆·摘自《三国志·辛毗杨阜高堂隆传》

□君子之言，寡而实；小人之言，多而虚。〔君子的话虽少却实在，小人的话虽多却虚妄。〕

——汉·刘向《说苑·说丛》

□知者不言，言者不知。〔有智慧的人，不主观臆断妄作妄言；主观臆断妄作妄言者，可谓不聪明。〕

——春秋·老子《道德经》

□恃一人之聪明，而使臣下不得尽其忠，则耳目有时壅；赁一人之英断，而使诸大夫国人不得衰其是，则意见有时移。〔仅凭一个人的聪明才智，而让臣子不能表露他们的忠心，那么耳目有时就会受到

阻塞；仅凭一个人去裁决判断事物，而让臣民百姓不能畅快表达内心的想法，那么意见有时就会产生分歧。〕

——明·刘忠周·摘自《明史·刘忠周传》

□闻谤而怒者，谗之隙；见誉而喜者，佞之媒。〔听到诽谤的言语就发怒的人，进谗言的人就有机可乘；听到赞美恭维的话就沾沾自喜的人，谄媚的人就会乘虚而入。〕

——隋·王通《中说·魏相》

□炫才则嫉来，矜名则毁集。〔炫耀才能则招来嫉妒，自夸名声则招来诋毁。〕

——明·薛应旂《薛方山纪述》

□明君不恶切愫之言，以测幽明之论；忠臣不顾争引之患，以达万机之变。〔贤明的君主不恶听切中时弊的实话，以懂得深刻的道理；忠臣不顾犯上直言招致灾祸，来达到通达万物的变化。〕

——汉·冯衍·摘自《后汉书·冯衍传》

□聪以知远，明以察微。〔耳聪心静的人能听到远处的动静，眼明心亮的人能看到微小的变化。〕

——汉·司马迁《史记·五帝纪》

□多见者博，多闻者知，拒谏者塞，专己者孤。〔见得多的人知识广博，听得多的人头脑智慧，拒绝接受别人意见的人视听闭塞，自己独断专行的人遭到孤立。〕

——汉·桓宽《盐铁论·刺议》

□书不尽言，言不尽意。然则意非言不宣，言非笔不尽。〔书写创作不能充分表达言语的意思，而言语又不能充分表达人的思想。然

126

而人们的思想，如果没有语言就得不到表达，而语言不通过写作也不能呈现。〕

——南朝·侯景·摘自《梁书·侯景传》

□有过是一过，不肯认过又是一过。一认则两过都无，一不认则两过不免。〔人有过失是一过错，不肯承认又是一过错。一旦承认则两个过错都没有了，不承认则两个过错都不能免除。〕

——明·吕坤《呻吟语》

□从善如不及，纳谏如转圜。〔采纳正确的意见唯恐来之不及，听取谏言就像转环一样顺畅自然。〕

——汉·班固《汉书·梅福传》

□耳中常闻逆耳之言，心中常有拂心之事，才是进德修行之砥石。〔耳中能够经常听到一些不顺耳的话，心里常常遇到一些不顺心的事，这样才是修身养性、提高道行的磨砺方法。〕

——明·洪应明《菜根谭》

□痛莫大于不闻过，辱莫大于不知耻。〔最痛心的事没有比听不进别人对自己过错的批评更大的，最羞辱的事没有比不知道羞耻更大的。〕

——隋·王通《中说·关朗》

□人欲自见其形，必资明镜；君欲自知其过，必待忠臣。〔人们要想看到自己的样子，必须用明镜来自照；君王要想知道自己的过失，一定要听取忠臣的进谏。〕

——宋·司马光《资治通鉴》

□口如扃，言有恒；口如注，言无据。〔一个人的嘴巴如果像门一样能够关得紧，那么他说的话就能经得起考验，就真实可信；如果一个人说话像流水一样滔滔不绝，那么他的话就是无所凭据的，就不可信。〕

——明·文皇后《内训》

□节食则无疾，择言则无祸。〔能够节制食欲，就不会生病；谨慎自己的言语，就不会招致灾患。〕

——宋·何坦《西畴老人常言》

□谏者，所以安主也；食者，所以肥体也。主恶谏则不安，人鬐食则不肥。〔进谏，是为了保全君主；吃东西，是为了强身体。君主不喜欢别人进谏，君位就不安定；吃饭挑食，身体就不强壮。〕

——春秋·管仲《管子·形势解》

□从善则有誉，改过则无咎。〔听从善言则会有赞誉，改正过错则没有灾祸。〕

——唐·吴兢《贞观政要》

□汤武以谔谔而昌，桀纣以唯唯而亡。〔成汤和武王因为能倾听大胆的批评，所以国家得以繁荣昌盛；夏桀和殷纣因为只听阿谀逢迎的话，所以身死国灭。〕

——三国·王肃《孔子家语·六本》

□广直言之路，启进善之门。〔拓宽发表直言的道路，开启选拔贤才的门径。〕

——唐·柳宗元《贺赦表》

□未可言而言谓之傲，可与言而不言谓之隐，不观气色而言谓之瞽。故君子不傲、不隐、不瞽，谨顺其身。〔对那些不可与之交谈的人，你和他谈了，这叫做浮躁；对那些可以与之交谈的人，你又不和他交谈，这叫做隐瞒；不观察对方的表情而与他交谈，这叫做盲目。所以君子不浮躁、不隐瞒、不盲目，谨慎地对待来请教的人。〕

——战国·荀子《荀子·劝学》

□非莫非于饰非，过莫过于文过。〔错误没有超过掩饰错误的错误，过错没有超过粉饰过错的过错。〕

——唐·贯休《续姚梁公座右铭》

□从善如流，尚恐不逮；饰非拒谏，必是招损。〔接受善意的批评建议像流水般毫无阻碍，尚且怕做得不到家；掩饰过失拒绝规劝，必定招致祸损。〕

——唐·吴兢《贞观政要·规谏太子》

□良药生人，不能生不饮者。〔对症的好药能把重病人救活，但不能救活不食良药的人。〕

——清·唐甄《潜书·鲜君》

□人君之待谏以正，犹人之待食以生也。绝食则死，拒谏则亡。〔君主依靠批评规劝得以端正，就好比人依靠食物才能生存一样。拒绝进食就会死去，拒绝批评规劝就会灭亡。〕

——清·王夫之《读通鉴论》

□立法非难，守法为难；听谏非难，乐谏为难。〔立法不难，难就难在守法；听臣下进谏不难，难的是乐于听取进谏。〕

——清·万斯同《明史·顾济传》

□有兼听之明，而无奋矜之容；有兼覆之厚，而无伐德之色。说行，则天下正；说不行，则白道而冥穷。是圣人之辨说也。〔有同时听取各方意见的明智，而没有趾高气扬、骄傲自大的容貌；有兼容并包的宽宏大量，而没有自夸美德的神色。自己的学说得到认可施行，那么天下就能治理好；自己的学说不能认可施行，那就彰明正道而让自己默默无闻。这就是圣人的辩论与解说。〕

——战国·荀子《荀子·正名》

□直言者，国之良药也；直言之臣，国之良医也。〔正直的言论，是国家的良药；直言的大臣，是国家的良医。〕

——清·唐甄《潜书·抑尊》

□见贤若不及，从谏如顺流，宽而能刚，勇而多计，此之谓大将。〔见到贤能的人自知不如，能够虚心请教，采纳别人的正确意见像流水那样顺畅，宽厚而刚强，智勇双全，这样的将才叫大将。〕

——三国·诸葛亮《将苑·将材》

□无稽之言，不见之行，不闻之谋，君子慎之。〔不足凭信的言论，不曾见过的行为，没有听到过的谋划，君子对它采取谨慎的态度。〕

——战国·荀子《荀子·正名》

□主察异言，乃观其萌。主聘儒贤，奸雄乃遁。〔君主能明察不同的意见，才能看清即将发生的事情；君主能任用有德才的人，奸雄才能逃避。〕

——秦·黄石公《黄石公三略·上略》

□得万人之兵，不如闻一言之当。〔得到上万人的军队，不如听到一句恰当的意见。〕

——汉·刘安《淮南子·说山训》

□君无谔谔之臣，父无谔谔之子，兄无谔谔之弟，夫无谔谔之妇，士无谔谔之友，其亡可立而待。〔国君没有敢于直言进谏的臣子，父亲没有直言争辩的儿子，哥哥没有直言争辩的弟弟，丈夫没有直言争辩的妻子，士人没有直言争辩的朋友，他们的失败马上就会到来。〕

——汉·刘向《说苑·正谏》

□观于明镜，则疵瑕不滞于躯；听于直言，则过行不累乎身。〔用明亮的镜子照自己，污垢斑渍就不会留在身上；倾听坦率正直的批评，错误的行为就不会使自己遭受牵累。〕

——三国·王粲《仿连珠》

□忠言逆耳而利于行，有国有家者深所要急，纳之则世治，杜之则政乱。〔忠言虽然逆耳却有利于修养品行，做国君的应深感它的重要和急迫，采纳了国家就会得以安宁，拒绝了朝政就会发生混乱。〕

——唐·吴兢《贞观政要·公平》

□君恶闻其过，则忠化为佞；君乐闻直言，则佞化为忠。〔君主讨厌听到自己的过失，忠臣就会变成谄媚逢迎的人；君主乐于听到自己的过失，谄媚逢迎的人也会变成忠臣。〕

——宋·司马光《资治通鉴·唐纪》

□将拒谏则英雄散，策不从则谋者去。〔将领拒绝劝诫，那么英雄豪杰就会离去；不采用好的计谋，那么出谋划策者也不会久留。〕

——宋·许洞《虎钤经·出将》

□乐闻警戒，不喜导谀，则听言用人之要也。〔高兴听忠实的话，厌恶听奉迎的话，这是听取意见和任用人才的关键。〕

——清·郑端辑《朱子学归》

□言而见用，终身无难，臣何死焉？谏而见纳，终身不亡，臣何送焉？〔忠臣的建议若被采纳，君主就会终身没有灾难，那么忠臣还为谁而死呢？忠臣的规劝若被采纳，君主就会帝位长久，那么忠臣又去陪送谁呢？〕

——唐·吴兢《贞观政要·君臣鉴戒》

□从谏兴，从佞亡。〔听从规劝，国家就兴旺；听取谄言，国家就灭亡。〕

——唐·白居易《去谄佞·从说直》

□天下之足以丧德亡身者，耽酒嗜色不与焉，而好谀为最。〔天下事物中足以使人丧失德行灭亡自身的，沉溺于酒嗜好于色还不算重要的，喜欢别人的阿谀谄媚才是最致命的。〕

——清·王夫之《读通鉴论》

□下无直辞，上有隐君；民多讳言，君有骄行。〔下面没有敢于直言的臣子，上面就会有被蒙蔽的国君；人民隐讳不讲真话，是由于君主有骄横的言行。〕

——战国·晏婴《晏子春秋·内篇杂上》

□明君在上，下多直辞；君上好善，民无讳言。〔贤明之君在位，下面敢于直言的就多；君主喜欢好的意见，人民就没有不可以讲的话。〕

——战国·晏婴《晏子春秋·内篇杂上》

□苟以细过自恕而轻蹈之，则不至于大恶不止。〔如果因为是细小的过失原谅自己并轻易去做,那么不到形成罪恶就不会停止。〕

——清·方苞《原过》

□国之所以治者君明也，其所以乱者君暗也。君之所以明者兼听也，其所以暗者偏信也。是故人君通必兼听，则圣日广矣；庸说偏信，则愚日甚矣。〔国家之所以安定，是因为君主贤明，国家之所以动乱，是因为君主昏庸。君主之所以贤明是因为善于纳谏，君主之所以昏庸是因为偏听偏信。因此君主开通必定善于纳谏，那么圣明就一天天广了，偏听偏信谗言，那么愚闇一天天就大了。〕

——汉·王符《潜夫论·明暗》

□拒谏者，古今之所谓大恶也。〔拒绝批评规劝，是古往今来所说的大罪恶。〕

——清·王夫之《读通鉴论》

□处士不得直其行，朝臣不得直其言，此俗化之所以败，暗君之所以孤也。〔隐居而未做官的，无法正派地做事，朝中大臣无法说正直的话，这就是风气所以败坏，昏庸的君主所以孤立的原因。〕

——汉·王符《潜夫论·贤难》

□德薄者，恶闻美行；政乱者，恶闻直言。〔缺乏德行之人，不愿意听到别人的善行；朝政昏乱的君主，不愿听到臣民的直言。〕

——汉·王符《潜夫论·贤难》

□忠臣不敢谏，智士不敢谋，天下已乱，奸不上闻，岂不哀哉？〔忠臣不敢出言规谏，智士不敢出谋划策，全国已经大乱，奸邪之事君主还不知道，难道不是很可悲吗？〕

——汉·司马迁《史记·秦始皇帝本纪》

□开天下之口，广箴谏之路。〔让天下开口说话，扩大人们规劝、进谏的渠道。〕

——汉·路温舒《尚德缓刑书》

□良药苦于口，而智者劝而饮之，知其入而已己疾也。忠言拂于耳，而明主听之，知其可以致功也。〔良药苦口，而聪明人受到鼓励喝下它，知道它可以治好自己的病。忠言逆耳，而贤明的君主喜欢听它，知道它可以帮助自己达到成功。〕

——秦·韩非《韩非子·外储说左上》

□将兴之主，唯恐人之无言；将亡之主，唯恐人之有言。〔将要兴旺发达的君主，唯恐人们不大胆提批评建议；将要灭亡的君主，唯恐人们大胆地发表意见。〕

——明·方孝孺《杂著·娄敬》

□勿谓我尊而傲贤侮士，勿谓我智而拒谏矜已。〔不要以为自己尊贵而傲视和轻侮贤能之士，不要以为自己聪明而拒绝别人规劝，夸耀自己。〕

——唐·吴兢《贞观政要·刑法》

□此木虽曲，得绳则正；为人君，虽无道，受谏则圣。〔这个木料虽然是弯曲的，只要经过墨线校正再加工就直了；做国君的虽然德行不高，但只要接受别人的规劝就可以成为圣人。〕

——唐·吴兢《贞观政要·教戒太子诸王》

□广言路，杜谗口。〔广开进言之路，堵塞谗言之口。〕

——宋·宋祁《新唐书·皇后武氏传》

□君不受谏，则令焉而臣民不从；臣不受谏，则言焉而天子不信。〔国君不接受批评规劝，那么臣民就不会服从他的命令；臣子不接受批评规劝，那么天子就不会相信他的话。〕

——清·王夫之《读通鉴论》

□宫妇左右，莫不私王；朝廷之臣，莫不畏王；四境之内，莫不

134

有求于王。由此观之，王之蔽甚矣。〔后宫的夫人姬妾及左右仆从，没有不偏爱君主的；朝廷的大臣，没有不惧怕君主的；全国上下，没有一个不有求于君主的。由此看来,君主所受的蒙蔽可是够严重的了。〕

——汉·刘向《战国策·齐策》

□听言不求其能，举功不考其素。〔听取意见时，只看意见对不对，不要求提意见的人非得有什么才能；评定功劳时，有功即赏，不考察他平时是否有缺点。〕

——宋·司马光《资治通鉴·汉纪》

□虑壅蔽则思虚心以纳下，想谗邪则思正身以黜恶。〔担心被蒙蔽而想到虚心听取臣民的意见，担心奸佞小人在侧而想到要端正自身以罢黜邪恶。〕

——唐·吴兢《贞观政要·君道》

□赏之使谏，尚恐不言；罪其敢言，孰敢献纳？〔奖励部下大胆批评，尚且担心他们不敢直言；对敢于说话的却给以惩罚，谁还敢于进献忠言呢？〕

——宋·苏舜卿《乞纳谏书》

□正言不赏，妄言不罚，则谗佞终不去矣。〔对正直的话不加奖励，对荒谬的话不加惩治，恶意诬告、巧言谄媚的人就始终除不掉。〕

——宋·宋祁《直言对》

□求贤如饥渴，受谏而不厌。〔访求贤能，如饥似渴；倾听规谏，永不厌倦。〕

——三国·张纮《临困授子靖笺》

□世昌则言昌，言昌则才愈昌；世幽则言幽，言幽则才愈幽。〔时

135

世昌盛，人们的思想就会活跃，畅所欲言；思想活跃畅所欲言，人才就会大量地涌现出来。世道昏暗，人们的思想就会受压抑不敢讲话，思想压抑不敢讲话，人才就将很少出现。〕

——清·魏源《默觚下·治篇》

□毋曰不同生，远者不听；毋曰不同乡，远者不行；毋曰不同国，远者不从。〔不要因为姓氏不同，不听取外姓人的意见；不要因为不同乡，不采纳外乡人的办法；不要因为不同国，不听从别国好的主张。〕

——春秋·管仲《管子·牧民》

□农夫劳而君子养焉，愚者言而智者择焉。〔农夫劳作国君要关怀他们，愚昧的人说的话聪明人要择善而从。〕

——唐·吴兢《贞观政要·灾祥》

□治国之道，劝之使谏，宣之使言，然后君明察而治情通矣。〔治国的方法应该是：鼓励人们提批评意见，公开让人们讲话，然后君主才能明察真情，使治理的各方面情况上下通达。〕

——汉·王符《潜夫论·明暗》

□攻我之过者，未必皆无过之人；苟求无过之人攻我，则终生不得闻过矣！〔批评我的错误的人，不一定都是没有错误的人；假设要找没有错误的人批评我，就一辈子听不到自己的错误了。〕

——清·李惺《药言》

□能容敢言者非难，而能安敢言者为难也。〔能容纳敢于直言的人并不算很难，而能够安抚保护敢于直言的人则是很难的。〕

——清·王夫之《读通鉴论》

□听之术曰：勿望而距，勿望而许。许之则失宁，距之则闭塞。

高山仰之，不可极也；仰之度之，不可测也；神明之德，正静其极也。〔听取情况的方法：不可一听就拒绝，不可一听就赞许。赞许可能会失控，拒绝可能会闭塞。高山仰视就看不到顶，深渊度量则测不到底；神明的德行，就在其端正冷静之极。〕

——春秋·管仲《管子·九守》

□博询众庶，则才能者进矣；不有忌讳，则说直之路开矣。〔广泛地向人民征求意见，那么有才能的人就会进入官府；讲话没有什么忌讳，忠直敢谏的言路就开通了。〕

——宋·王安石《临川集·兴贤》

□言路者，国之命也。言路芜绝而能不乱者，未之有也。〔言路，是国家的生命。言路荒芜阻绝而能够大局不乱的，是从来没有的。〕

——清·王夫之《读通鉴论》

□言室满室，言堂满堂，是谓圣王。〔在室内讲话，要使全室的人都知道；在堂上讲话，要使满堂的人都知道。这样开诚布公，才称得上是圣明的君主。〕

——春秋·管仲《管子·牧民》

□臣贵有词，主贵能改。〔臣子贵在善于进言，君主贵在能改正自己的缺点。〕

——唐·吴兢《贞观政要·败猎》

□闻过即改，从谏如流。〔听到别人指出自己的过错就马上改正，听从别人的规劝就像流水一样顺畅听从。〕

——唐·吴兢《贞观政要·灾祥》

□明主者有三惧：一曰，处尊位而恐不闻其过；二曰，得意而恐骄；三曰，闻天下之至言而恐不能行。〔贤明的君主有三件事感到忧愁：第一件是，自己处在尊贵的地位，担心听不到对他错误的批评；第二件是，得意的时候，担心自己骄傲；第三件是，听到天下最好的意见，担心自己不能实行。〕

——汉·刘向《说苑·君道》

□乌鸢之卵不毁，而后凤凰集；诽谤之罪不诛，而后良言进。〔乌鸦老鹰的卵不被毁坏，然后才能招引凤凰来聚集；犯有诽谤之罪的人不被惩罚，然后才能有人敢进良言。〕

——汉·班固《汉书·路温舒传》

□知无不言，言无不尽。〔知道什么就说什么，毫不顾虑；有多少就说多少，毫无保留。〕

——宋·苏洵《衡论·远虑》

□偏听生奸，独任成乱。〔偏听偏言，就会产生奸佞；独断专行，就会酿成祸乱。〕

——汉·邹阳《狱中上梁王书》

□事考功，言考用。〔事情是好还是坏，应该考察它的效果；议论是否有意义，应该考察它的作用。〕

——汉·荀悦《申鉴·时事》

□善言进，则不善无由入矣；不进善言，则善无由入矣。〔听得进好的意见，不好的话就无从进入；听不进好的意见，好话进入的门路就堵死了。〕

——汉·刘向《说苑·政理》

□忠良切言皆郁于胸，誉谀之声日满于耳，虚美熏心，实祸蔽塞，此乃秦之所以亡天下也。〔忠良恳切的言辞都郁积在忠臣的胸中，称颂阿谀的声音天天塞满了君主的耳朵，他们被虚伪的赞美迷住了心窍，而实际上存在的祸患却被掩盖住了，这就是秦朝之所以失去天下的原因。〕

——汉·路温舒《尚德缓刑书》

□**咨诹善道，察纳雅言。**〔随时向臣下询问求取治理国家的好方法，分辨并采纳正确的意见。〕

——三国·诸葛亮《出师表》

□**听言之道，必以其事观之，则言者莫敢妄言。**〔听取意见的办法，必须用事实来检验其是否可行，这样发言的人就不敢不负责任地信口开河了。〕

——汉·贾谊《治安策》

□**君子弗患乎人之议也，而患其无可议也。**〔君子不应该忧虑有人议论自己，而忧虑自己没有什么可以使人议论的。〕

——清·王夫之《读通鉴论》

□**仁贤之智，王明之虑，负薪之言，廊庙之语，兴衰之事，将所宜闻。**〔仁人贤才的智谋，圣君明主的思虑，人民大众的舆论，朝廷官员的意见，成功失败的事迹，都是将帅应当听闻的。〕

——秦·黄石公《黄石公三略·上略》

□**佞言似忠，奸言似信。**〔逢迎谄媚的花言巧语，听起来给人以忠心耿耿的假象；包藏奸诈的话，有时也给人诚实的错觉。〕

——元·欧阳玄《宋史·李沆传》

□**有德之君乐闻逆耳之言，犯颜之诤。亲忠臣，厚谏士，斥谗慝，**

远佞人者，诚欲全身保国，远避灭亡者也。〔贤德的国君愿意听不顺耳的话，接受触犯自己尊严的直言劝告。亲近忠臣，厚待谏士，斥责谗言和邪恶，疏远花言巧语、阿谀奉承的人，确实是为了保全自身和国家，远远地避开灭亡者的命运。〕

——唐·吴兢《贞观政要·公平》

□慢贱信贵，则朝廷谠言无以至，而洁士奉身伏罪于野矣。〔君主不理会地位低下的人的意见，只听信身边权贵之言，那么朝廷就听不到正直的言论，而廉洁正派的人士就只能在民间恭敬小心地随时等人治罪了。〕

——代·王符《潜夫论·明暗》

□天下之务，当与天下共之，岂一人之智所能独了？〔整个国家的事务，应当和全国的人民一起商量管理，难道一个人的智力能单独做得好吗？〕

——南朝·沈约《宋书·颜延之传》

□闻恶必信则小人之道长矣，闻善或疑则君子之道消矣。〔听到不好的意见就相信，会助长小人的气焰；听到好的意见却疑惑而不信，就会使君子受到压抑。〕

——唐·吴兢《贞观政要·公平》

□人君兼听纳下，则贵臣不得诬，而远人不得欺也。〔君主全面地听取下面的意见并认真采纳，那么君主身边的权臣就无法进行欺骗和捏造，远离君主的人也就不会受到欺压陷害。〕

——汉·王符《潜夫论·明暗》

□既恶其异我，则逆耳之言难至；既喜其同我，则迎合之佞日亲。以至真伪莫知，贤愚倒置，国家之患，率由此也。〔既然厌恶和自己想法不同的人，那么，带有批评性的逆耳之言就很难听到；既然喜欢和自己想法相同的人，那么对善于迎合人意的阿谀谄媚之徒就会日益亲近。这样下去，就会弄到真假不辨，好坏颠倒的地步，国家的祸患就是从这里产生出来的。〕

——元·欧阳玄《宋史》

□恶言不出口，苟语不留耳。〔带有恶意的话不说，不负责任的话不听。〕

——春秋·邓析《邓析子·转辞》

□谗言巧，佞言甘，忠言直，信言寡。〔毁谤人的话总是很巧妙，谄媚人的话总是很甜美，诚恳劝告的话总是很率直，真实可信的话总是很稀少。〕

——宋·林逋《省心录》

□柱以直木为坚，辅以直士为贤。〔柱子以直木为坚固，辅佐以正直之士为贤能。〕

——三国·诸葛亮《诸葛亮集·自勉》

□善佞者，必以信行佞；善诈者，必以信行诈。〔善于用花言巧语谄媚的人，一定是用表面上的诚实谄媚人；善于用奸诈手段欺骗人的人，一定是用表面上的诚实欺骗人。〕

——清·唐甄《潜书·善施》

□凡人之谈，常誉成毁败，扶高抑下。〔一般人的议论，往往是称赞成功的，毁谤失败的；褒扬在上的，贬低在下的。〕

——晋·陈寿《三国志·姜维传》

□若人主所行不当，臣下又无匡谏，苟在阿顺，事皆称美，则君为暗主，臣为谀臣，君暗臣谀，危亡不远。〔如果国君的行为和推行的政策不得当，大臣们又不规劝纠正，而是曲意逢迎，凡事都说好，那么君是昏君，臣是奸臣，昏君奸臣立朝，国家离灭亡就没有多远了。〕

——唐·吴兢《贞观政要·求谏》

□丰而不余一言，约而不失一辞。〔语言丰富而不多说一句话，文辞简约而不缺失一个字。〕

——唐·韩愈《上襄阳于相公书》

□人欲自照，必须明镜；主欲知过，必藉忠臣。〔一个人要看清自己的面目，必须借助明亮的镜子；一国之君要想知道自己的过错，必须借助于忠臣的指点。〕

——唐·吴兢《贞观政要·求谏》

□无稽之言勿听，弗询之谋无庸。〔不经过考察的言论不要听信，不经过征询的计谋不能使用。〕

——春秋·孔子《尚书·大禹谟》

□烈士不避铁钺而进谏，明君不讳过失而纳忠。〔坚贞不屈的刚强之士，不怕杀身之祸而向君主提意见；圣明的君主，也不隐讳自己的过失而接受忠告。〕

——宋·苏舜卿《火疏》

□言而当，知也；默而当，亦知也。〔发言而恰当，是聪明；沉默而恰当，也是聪明。〕

——战国·荀子《荀子·非十二子》

□群臣吏民能面刺寡人之过者，受上赏；上书谏寡人者，受中赏；能谤议于市朝，闻于寡人之耳者，受下赏。〔朝中群臣和地方官吏及

142

老百姓能当面指责我的过失的，授给上等奖赏；能上奏章规劝我的，授给中等奖赏；能在众人汇集的地方批评我的过失，传到我耳朵中，授给下等奖赏。〕

——汉·刘向《战国策·齐策》

□言贵称情，不在夸大。〔说话可贵之处在于符合实情，而不在于夸大其词。〕

——南朝·宋·佚名《移答魏宜勒库莫提》

□薄我货者，欲与我市者也；訾我行者，欲与我友者也。〔贬我货物不好的人，是只想与我做生意人的人；批评我有缺点的人，是想和我交朋友的人。〕

——宋·崔敦礼《刍言》

□言过其实，不可大用。〔说话夸张超出了实际情况，这样的人不能重用。〕

——晋·陈寿《三国志·马良传》

□明主不恶危切之言以立名，志士不避犯颜之诛以直谏。〔贤明的君主不厌听令人忧惧的言论而树立名声，有志之士不逃避因冒犯君主威严所面临着的杀头的危险而直言规劝。〕

——明·张居正《论时政疏》

□语微婉而多切，言流靡而不淫。〔语言既应微妙婉转又须切中本旨，既应流利美好又不过于华丽。〕

——唐·刘知几《史通·言语》

□懦弱之人，怀忠直而不能言；疏远之人，恐不信而不得言；怀禄之人，虑不便身而不敢言，所以相互缄默，俯仰过日。〔胆小怕事的人，心里包藏着忠诚正直的思想但不能规谏；关系疏远的人，怕得不到信任而不愿规谏；贪恋高官厚禄的人，担心对自己不利而不敢规谏。所以大家都沉默无言，稀里糊涂地混日子。〕

——唐·吴兢《贞观政要·求谏》

□平居无极言敢谏之臣，则临难无敌忾致命之士。〔平时没有敢于尽力劝谏君主的臣子，到了国难临头的时候，就绝不会有舍命抗敌的人物。〕

——清·万斯同《明史·黄凤翔传》

□有官守者，不得其职则去；有言责者，不得其言则去。〔有官职的人，不能尽职就应当辞去；有进言责任的人，不能提出规劝意见也应当辞去。〕

——唐·韩愈《争臣论》

□一言之善，贵于千金。〔一句话说得好，比千金还贵重。〕

——晋·葛洪《抱朴子·释滞》

□直言正谏，以相匡弼。若惟扬美隐恶，共进谀言，则国之危亡，可立而待也。〔臣子应用直言规劝来辅助、纠正国君。如果只讲好的而不讲坏的，都来阿谀奉承，那么国家的危亡马上就会出现。〕

——唐·吴兢《贞观政要·贡赋》

□疗饥者半菽可以充腹，为政者一言可以兴邦。〔止住饥饿的东西，一点儿粗茶淡饭就可以填饱肚子；从事政治的人，一句话就可以振兴一个国家。〕

——唐·骆宾王《钓矶应诰文》

□朋党比周之誉，君子不听；残贼加累之谮，君子不用；隐忌雍

144

蔽之人，君子不近；货财禽犊之请，君子不许。〔结党营私之徒的互相吹捧，领导者不听；残害、加罪于别人的诬陷之词，领导者不采纳；嫉妒和阻塞人才的人，领导者不同他亲近；用贿赂求私情的事，领导者不允许。〕

——战国·荀子《荀子·致士》

□意无是非，赞之如流；言无可否，应之如响。〔权贵的主意，不管正确不正确，都像流水一样赞不绝口；权贵的言论，不管合理不合理，都像回响一样随声附和。〕

——三国·李康《运命论》

□迂险之言，则欲反之；循常之说，则必信之。〔不符合实际的惊人言论，就要反对它；符合常理的说法，就要相信它。〕

——唐·杜牧《与人论谏书》

□人朝夕退而游焉，以议执政之善否，其所以善者吾则行之，其所恶者吾则改之，是吾师也。〔人们在早晚闲暇出来走走，谈论谈论执政者的好坏，人们所欢迎的方面我们就做下去，人们所反对的方面我们就改过来。这些民众就是我们执政者的老师啊！〕

——春秋·左丘明《左传·襄公三十一年》

□病从口入，祸从口出。〔疾病因饮食不当引起，灾祸因言谈不慎招致。〕

——晋·傅玄《傅子》

□言之大甘，其中必苦。〔言辞如果太甜蜜，其居心一定险恶。〕

——春秋·左丘明《国语·晋语》

□人臣欲谏，辄惧死亡之祸，与夫赴鼎镬冒白刃，亦何异哉？故忠贞之臣，非不欲竭诚。竭诚者，乃是极难。〔大臣们想有所规劝，但总怕遭杀身之祸，心情和下油锅、上刑场有什么不同呢？所以说忠贞的大臣并不是不想竭诚尽忠，而是竭诚尽忠是难以做到的。〕

——唐·吴兢《贞观政要·求谏》

□正义之臣设，则朝廷不颇；谏争辅拂之人信，则君过不远。〔正义之臣受到任用，那么朝廷就不会偏邪不正；敢于坚持原则的人受到信任，那么君主的过错就不会延续很久。〕

——战国·荀子《荀子·臣道》

□见过忘罚，故能谏；见贤忘贱，故能让。〔看见君主的过失，就忘记了自己会受惩罚，所以能够直言规劝；看见贤人，就忘记了自己会因此而地位低贱，所以能够让贤。〕

——汉·刘安《淮南子·缪称训》

□明主不恶切谏以博观，忠臣不敢避重诛以直谏。〔圣明的君主为增广见识不厌恶恳切的规劝，忠臣为了对君主直言批评而不逃避严厉的惩罚。〕

——汉·司马迁《史记·平津侯主父列传》

□赠人以言，重于金石珠玉；观人以言，美于黼黻文章；听人以言，乐于钟鼓琴瑟。故君子之于言，无厌。〔用善良的言论赠给别人，就比金石珠宝还要宝贵；用善良言论指导别人，就比五彩文章还要华美；用善良的言论赞许别人，就比音乐还要动听。所以君子对于发表言论，并不表示厌倦。〕

——战国·荀子《荀子·非相》

□谏、争、辅、拂之人，社稷之臣也，国君之宝也，明君之所尊厚也，而暗主惑君以为己贼也。〔敢于向君主直言进谏的人，敢于为

146

了正义而与君主据理力争的人，能尽心尽力辅佐君主的人，敢于冒着危险、帮助君主矫正过失的人，都是国家真正的忠臣，是国君的至宝，明智的君主尊敬厚待这些人，而昏庸的君主却认为他们是祸害。〕

——战国·荀子《荀子·臣道》

□吾有小善，必将顺而成之；吾有小失，必犯颜而谏之。〔我若有小的优点，你们一定要帮助我发扬它使它确立起来；我若有小的过失，你们一定要敢于冒犯我的威严而批评我。〕

——唐·吴兢《贞观政要·任贤》

□佞色不能悦尧目，忠言不能入桀耳。色非不美，尧识之；言非不至，桀厌之。〔谄媚和女色，尧是不喜欢的；忠心耿耿的劝谏，桀是听不进去的。女色并非不美，但尧知道她的危害；忠言不是不恳切，但桀厌恶它。〕

——宋·宋祁《杂说》

□闻一善若惊，得一士若赏，有过必悛，有不善必惧，是故得民以济其志。〔听到一句善言善事感到万分惊喜，得到一个贤士就像受到奖励那样兴奋，有了过错一定改正，有不善的地方一定很不安，因此能够得民心而完成其抱负〕

——春秋·左丘明《国语·楚语》

□大臣重禄不极谏，小臣畏罪不敢言，下情不上通，此患之大者。〔高级官吏害怕丢掉禄位，不愿尽力提出批评意见；小官吏则怕受到惩罚，该说的话也闭口不说。下面的情况无法达到上面，这是祸患中的最大的祸患。〕

——南朝·范晔《后汉书·陈宠传》

□兼听独断，多其门户。群臣之道，下得明上，贱得言贵。故奸人不敢欺。〔明智的君主，广泛征求反映，独立作出决断，听取意见的渠道是很多的。对群臣的政策，允许下级提醒上级，低贱者可以评议高贵者，所以奸臣不敢欺骗君主。〕

——春秋·管仲《管子·明法解》

□有过而讳言，适量其过；因言而遽改，适彰其美。〔有过失而忌讳别人说，这恰恰加重了过失；听到了人们的言论后马上改正，这刚好显示了美德。〕

——宋·何坦《西畴老人常言》

□凡听言，先要知言者人品，又要知言者意向，又要知言者识见，又要知言者气质，则听不爽矣。〔听取别人的言论，首先要了解说话人的品行，然后要了解说话人的目的，又要了解说话人的认识水平，还要了解说话人的性情，这样综合判断，才不会偏听偏信。〕

——明·吕坤《呻吟语》

□民别而听之则愚，合而听之则圣。虽有汤武之德，复合于市人之言。〔对于民众的意见，只个别地听取，就是愚蠢的；全面综合地听取，才是圣明的。即使有商汤、周武王那样的道德，也还要多方搜集众人的言论。〕

——春秋·管仲《管子·君臣》

□上易知则下亲上矣，上难知则下畏上矣。下亲上则上安，下畏上则上危。〔当政者易于被人们了解，民众就会亲近他们；当政者难于被人们了解，民众就会惧怕他们。民众亲近当政者，当政者就安全；民众畏惧当政者，当政者就危险。〕

——战国·荀子《荀子·正论》

□博览兼听，谋及疏贱，令深者不隐，远者不塞。〔广泛阅览治

148

国典籍，全面听取各方意见，在谋划事情时要征询关系不亲密的人和小官平民的看法，使那些不出头露面的人出来献计献策，使那些不在近处的人的意见不致受到堵塞。〕

——宋·司马光《资治通鉴·汉纪》

□有谔谔争臣者，其国昌；有默默谀臣者，其国亡。〔有言语正直、敢于谏诤的臣子，这个国家就昌盛；有默不作声、阿谀奉承的臣子，这个国家就将灭亡。〕

——汉·韩婴《韩诗外传》

□一节之士，难与语中庸之道也；好名之人，难与语切实之事也。〔执著于节义的豪侠之士，很难听得进去有关中庸之道的说教；喜好名誉的虚伪之人，很难听得进去有关社会现实的话题。〕

——明·薛应旂《薛方山纪述》

□未信而谏，圣人不与；交浅言深，君子所戒。〔没有得到信任就进行直言劝谏，圣人是不会赞许的；交情浅薄就推心置腹地交谈，君子是注意防止的。〕

——宋·苏轼《上神宗皇帝书》

□陈幾亭曰："立言有六禁，不本至诚勿言，无益于世勿言，损益相兼勿言，后有流弊勿言，往哲已言勿袭言，非吾力所及勿轻言。"〔明代学者陈龙正说："向朝廷建议有六方面的禁忌，不是发自内心的话坚决不说，对天下百姓不利的话坚决不说，利害相互抵清的话坚决不说，将对以后造成长期危害的话坚决不说，前人说过的话不再重说，自己做不到的话不可信口开河。"〕

——清·陈遇夫《迂言百则》

□不可乘喜而多言，不可乘快而易事。多言最使人心志荡流，而气亦损，少言不惟养得德深，又养得气充，寤寐亦安。慎言语养德之大，节饮食养生之大。〔不可凭着一时高兴而信口开河地乱说一气，不可只图一时痛快而轻率地挑起事端。夸夸其谈最容易使人内心滋生杂念，而且人的真气也会受到损伤。沉默少言不但有助于养成敦厚深沉的品德，又能使人真气充足，无论白天夜间都心安理得。谨慎言语是培养品德的关键，节制饮食是养生保身的关键。〕

——清·陈遇夫《迂言百则》

□简而当事，曲而当情，精而当理，确而当时。一言而济事，一言而服人，一言而明道，是谓修辞善者。其要有二：曰澄心，曰定气。〔在处理事情时言语要简洁有效，在表达疏通感情时言语要含蓄婉转，在阐述道理时语言要精辟深刻，在分析时势时言语要明白无误。能够用几句话就办妥事情，用几句话就使人心服口服，用几句话就阐明道理，这就是所谓善于言辞的人。其诀窍就在于两个方面：一是要心情平静，二是要神态镇定。〕

——明·吕坤《呻吟语》

□自视之则见，借人视之则不见。自视，明也，视于无形，至明也；自听之则闻，借人听之则不闻。自听，聪也，听于无声，至聪也。〔自己认真观察就能发现问题，通过他人观察就看不到问题。自己观察，是一种明智之举。如果能预见到尚未发生的事情，就是目光远大的人。自己细心去听就能听到正确的意见和建议，通过他人去听就可能什么也听不到。自己乐于倾听，听觉就不会被蒙蔽。如果能听到无声的东西，就是听觉最敏锐的人。〕

——明·彭汝让《木几冗谈》

□能受善言，如市人求利，寸积铢累，自成富翁。〔能够接受好的意见，就像商人赚钱，一点一滴地积累，到最后自然成为富翁。〕

——明·陈继儒《安得长者言》

150

清正廉洁

□祸莫憯于欲利，悲莫痛于伤心。〔贪图私利造成的灾祸是最惨重的，内心受到的伤害是最大的悲痛。〕

——汉·司马迁《报任安书》

□利欲熏心，随人翕张。〔被利益贪欲迷住心窍的人，会仰人鼻息、受人牵制。〕

——宋·黄庭坚《赠别李次翁》

□身后有余忘缩手，眼前无路想回头。〔身后贪占的东西太多仍不想收手，到了走投无路的时候，想回头也已经晚了。〕

——清·曹雪芹《红楼梦》

□蜗牛升壁，涎不干不止；贪人求利，身不死不休。〔蜗牛爬墙，口液不干不会停止；贪婪的小人追求私利，生命不止不会罢休。〕

——清·申居郧《西岩赘语》

□因嫌纱帽小，致使锁枷杠。〔因嫌官职小野心又太大，最后终是触犯法网。〕

——清·曹雪芹《红楼梦》

□主身者，正德之本也；官治者，耳目之制也。身立而民化，德正而官治。〔君主自身的行为，是规正德行的根本；官吏管理的职能，

好比耳目的作用。君主立身清正，人民就受到教化；君主品德端正，官吏就能够管好。〕

——春秋·管仲《管子·君臣》

□为子孙作富贵计者，十败其九。〔为子孙将来的钱财和地位考虑的人，十人有九人要失败。〕

——宋·林逋《省心录》

□屋漏在下，止之在上；上漏不止，下不可居。〔雨水透过屋顶漏在地下，要制止住它，就得在屋顶上堵塞漏洞；屋顶雨水滴漏不止，屋下就不能够居住。〕

——三国·诸葛亮《便宜十六策·纳言》

□知足者贫贱亦乐，不知足者富贵亦忧。〔知道满足的人就是家境贫寒、地位低微也很快乐；贪得无厌的人就是富有、地位高也不免忧愁。〕

——宋·林逋《省心录》

□猛兽处山林，藜藿为之不采；直臣立朝廷，奸邪为之寝谋。〔山林里有凶猛的野兽，野菜就没人敢采；朝廷里有正直的大臣，奸佞之人就不敢轻举妄动。〕

——唐·吴兢《贞观政要·杜谗邪》

□乐不可极，极乐成哀；欲不可纵，纵欲成灾。〔寻欢作乐不能达到极限，极乐就会酿成坏事；欲望不可以放纵，放纵就会造成灾祸。〕

——唐·吴兢《贞观政要·刑法》

□流水清浊，在其源也。君者政源，人庶犹水，君自为诈，欲臣下行直，是犹源浊而望水清，理不可得。〔水流的清浊决定于源泉。

国君就是朝政之源，人民就如同水流，君主自己狡诈，要求臣子正直，这犹如流水源头浑浊而希望流水清澈一样，道理上是行不通的。〕

——唐·吴兢《贞观政要·诚信》

□利剑不可近，美人不可亲；利剑近伤手，美人近伤身。〔利剑不可以随便乱舞，美人不可恣意亲近；乱舞剑要伤手，贪图美色要损害品德。〕

——唐·孟郊《偶作》

□淫逸酒色，取败之媒。〔淫荡逸乐贪酒恋色，这是事业败亡的媒介。〕

——近代·蔡锷《曾胡治兵语录》

□富贵使心惑，嗜欲致行妨，宴安损性灵，美疢生膏肓。〔追求富贵会使人心中迷惑，贪欲会妨碍人的常规行为，沉溺于逸乐中会使人精神受到损伤，以恶为好最终会病入膏肓。〕

——明·薛蕙《杂诗》

□游逸过乐，败德之源。〔贪图玩耍追求安逸和享乐是败坏道德的根源。〕

——唐·魏徵《群书治要·尚书》

□骄淫矜侉，将由恶终。〔骄傲淫荡自尊自大，终将以败亡收场。〕

——春秋·孔子《尚书·毕命》

□山林不能给野火，江海不能灌漏厄。孝文皇帝躬衣弋绨，足履革舄，以韦带剑，集上书囊以为殿帷。盛夏苦暑，欲起一台，计直百万，认为奢费而不作也。〔山上森林中的树木再多也不能满足野火烧山，江海的水量再大也不能用来灌注漏水的容器。汉文帝刘恒身上穿

153

的是黑色粗布，脚上穿的是牛皮鞋子，用牛皮佩带宝剑，积攒上奏书信袋子制作官殿的帷布。盛夏酷暑，想建造一座高台乘凉，核算需要黄金百万，他认为太奢侈而未建造。〕

——汉·王符《潜夫论·浮侈》

□惟"廉勤"二字，人人可至。廉勤可以处己，和顺可以接物。〔只有"廉勤"二字，是人人都应该做到的。以廉洁、勤奋要求自己，待人接物要和气谦逊。〕

——宋·赵鼎《家训笔录》

□美味腐腹，好色惑心，勇夫招祸，辩口致殃。〔贪食美味会坏肚子，贪念美色会迷惑心智，勇猛容易招来伤害，善辩容易招致祸殃。〕

——汉·王充《论衡·言毒篇》

□纵欲之乐，忧患随焉。〔放荡纵欲的短暂快乐之后，灾祸忧患便会紧随而来。〕

——清·申居郧《西岩赘语》

□贪廉者治理之大纲，奢俭者贪廉之根柢。欲教以廉，先使之俭。〔贪和廉是治理的关键，奢侈和俭朴是形成贪与廉的根本原因。想使官吏廉洁，必须先使他们俭朴。〕

——清·陈康祺《陈文贞公廷敬事略》

□欲心难厌如溪壑，财物易尽若漏卮。〔难以满足的贪欲之心就像深沟，财物容易丧尽就像漏斗。〕

——清·程允升《幼学琼林·人事》

□不廉则无所不取，不耻则无所不为。人而如此，则祸败乱亡亦无所不至。〔不廉洁就没有什么不敢索取的，不知羞耻就没有什么不

敢干的。人要到了这种地步，灾祸、失败、混乱、灭亡便都会降临到他的身上了。〕

——宋·欧阳修《五代史·冯道论》

□好名好利，均为失德。好名者犹有所畏，好利者无所不为。〔不论追求名还是追求利都是失德。喜好名誉的人还有点顾及名声，贪婪的人则什么都不顾。〕

——宋·俞文豹《吹剑录》

□嗜欲死病，利欲死刑。〔贪恋享受最终死在疾病上，贪图财利最终死在刑法上。〕

——春秋·文子《文子·符言》

□贪夫徇财兮，烈士徇名；夸者死权兮，品庶冯生。〔贪婪的人为财而死，贞烈之士为追求理想而死；贪图权势的人死于权力之下，大多数人珍惜生命而能安详地生存。〕

——汉·贾谊《鵩鸟赋》

□败于功者，贪功者也；死于利者，穷利者也。〔在功业面前失败，是由于贪功心切；在利益面前毁灭，是由于贪利过甚。〕

——宋·崔敦礼《刍言》

□直绳者，枉木之所憎也；清公者，奸慝之所仇也。〔量取直木的绳墨，是弯曲木材所憎恶的；清廉公正的君子，是奸佞邪恶之徒所仇恨的。〕

——晋·葛洪《抱朴子·名实》

□多欲者必放于利，放于利必重贿。贿聚于公，则国弊；聚于私，则家危。〔追求金钱欲望较重的人，为追求利益必然会用重金贿赂。

155

向公家贿赂，国家会弊端丛生；贿赂在私人间盛行，则危及家族。〕

——清·吕宫《资政要览·窒欲章》

□知足天地宽，贪得宇宙隘。〔能够知道满足就会感到天高地阔，贪得无厌即使拥有整个宇宙也感到狭窄。〕

——清·曾国藩《曾文正公家训》

□透得名利关，方是小歇处。〔通过了名利关的引诱，才能够稍稍喘口气。〕

——明·陈继儒《读书镜》

□贪吏不可为者，污且卑；廉吏可以为者，高且洁。〔贪官污吏不能当，当了既污秽又卑鄙；廉洁官员能当，当了既高尚又纯洁。〕

——明·冯梦龙《东周列国志》

□溺爱者不明，贪得者无厌。〔过分溺爱会使人不明事理，过分贪求会使人不知满足。〕

——宋·朱熹《四书集注·大学》

□义动君子，利动贪人。〔道义能打动的是君子，利益能打动的是贪婪的人。〕

——南朝·范晔《后汉书·班固传》

□多权者害诚，好功者害义。〔贪权的人会损害诚信，贪名的人会损害道义。〕

——宋·杨时《二程粹言·人物》

□故牛马待人而饱，安为人用；若虎豹猿猱能自食其力，则远遁而不使于人，其势然也。〔牛马由人喂饱而被人使用，虎豹猿猴则靠

156

自己捕食，远远避开人群不被人驱使，因此自由自在。〕

——明·庄无臣《叔苴子·外篇》

□珍奇既积，仁义必损。〔看重积存奇珍异宝的人，必定是损伤仁义的人。〕

——唐·王方庆《魏郑公谏录》

□得便宜事不可再作，得便宜处不可再去。〔能得便宜的事不能再做第二次，能得便宜的地方不能再去第二次。〕

——宋·邵伯温《邵氏闻见录》

□货贿为贤所贱，德行为贤所贵。〔贤德的人不看重钱财，贤德的人看重品德。〕

——唐·张九龄《亲贤》

□茫茫九衢中，百祸起一贪。〔在大千社会中，种种祸患都源于一个"贪"字。〕

——宋·陆游《剑南诗稿》

□患生于多欲，害生于弗备。〔祸患常常是从贪欲中产生的，灾害常常是在毫无戒备中出现的。〕

——汉·刘安《淮南子·缪称训》

□祸生于欲得，福生于自禁。〔祸是从贪欲中来，福是从自我节制中来。〕

——汉·刘向《说苑·说丛》

□货财行于国，则法令毁于官；请谒得于上，则党与成于下；乡官毋法制，百姓群徒不从。〔贿赂风行于国内，法度就会毁坏于官府；

157

请托办事之风通行在上面，结党营私就发生在下边；地方官不实行法制，百姓就不会听从他们的命令。〕

——春秋·管仲《管子·八观》

□食能止饥，饮能止渴；畏能止祸，足能止贪。〔吃饭能止饥饿，饮水能止口渴；对危险有戒心可防止灾祸，能知足就可以制止贪欲。〕

——明·宋纁《古今药石》

□位不期骄，禄不期侈。恭俭惟德，无载尔伪。〔官位高了，不想傲慢也会傲慢；钱财多了，不想奢侈也会奢侈起来。只有俭朴崇尚道德，才没有充满伪假的东西。〕

——春秋·孔子·摘自《尚书·周官》

□居官之所恃者，在廉。其所以能廉者，在俭。〔做官所凭借的应当是廉洁，而能够保持廉洁的原因在于节俭。〕

——清·张圻《答周仲和书》

□欲而不知足，失其所以欲；有而不知止，失其所以有。〔欲望不知道满足，最终会失去所有的欲望；已经有了还不知道止住，就会失去已经拥有的一切。〕

——汉·司马迁《史记·范雎蔡泽列传》

□川源不能实漏卮，山海不能澹溪壑。〔源源不断的山川河流也供不了无休止的浪费，浩渺的海洋也填不满流淌的沟壑。〕

——汉·桓宽《盐铁论·本议》

□后世子孙仕宦，有犯赃滥者，不得放归本家，亡殁之后不得葬于大茔之中。不从吾志非吾子孙，仰工刊石竖于堂屋东壁，以诏后世！〔后代子孙中有担任官职者只要贪赃枉法，不得让他再回包家，死后

也不得安葬在家族坟地。不遵从我的遗志的人就不是我的子孙，请工匠将我的遗训刻石竖于堂屋的东壁，以告诫后代。〕

——宋·包拯《包公祠堂石刻》

□**防奸以正，救奢以俭。**〔用正直来对付奸佞，用俭朴来对付奢侈。〕

——三国·诸葛亮《孔明心书·赏罚》

□**燕安溺人，甚于洪波。身溺可济，心溺奈何。**〔安闲舒适的生活给人造成的祸害，比洪水还厉害。身体被水淹没了，还可以得到他人的帮助，人的意志沉溺在享乐中就没有办法了。〕

——明·方孝孺《杂铭·席》

□**富者，怨之府；利者，祸之胎。**〔财富是招致怨恨的地方，贪利是招致灾祸的根源。〕

——明·张居正《答应天巡抚胡雅斋言严治为善爱》

□**得合而欲多者危，善欲而意骄者困。**〔所获取的东西已经够多了，还想获取更多的，这样必然带来危险；贪欲十足且又骄横放纵，必然遭到困厄。〕

——秦·晏婴《晏子春秋·问上》

□**处贵而骄，败之端也；处富而奢，衰之始也。**〔身居高位而以此傲视别人恣意妄为，这是垮台的开始；生活富足而奢侈无度，这是破落的开始。〕

——明·钱琦《钱子语测·巽语篇》

□**天子好利则诸侯贪，诸侯贪则大夫鄙，大夫鄙则庶人盗。上之变下，犹风之靡草也。**〔天子喜好财利那么诸侯就贪财，诸侯贪财那

159

么大夫们就作风庸俗，大夫作风庸俗那么平民就去做贼。上面对于下面的影响，就像大风吹倒荒草那样快、那样明显。〕

———汉·刘向《说苑·贵德》

口烈士恶苟得，俊杰思自致。〔有志之士厌弃不劳而获，杰出人士常想自食其力。〕

———唐·杜甫《送顾八分文学适洪吉州》

口水本至清，以泥沙淆之则不清；镜本至明，以尘垢蔽之则不明。〔水原来极为清澈，但若将泥沙掺和进去，它就不会清澈了；镜子原来极为明亮，但若以灰尘污垢加以蒙蔽，它就不会明亮了。〕

———明·张居正《送起居馆讲大宝箴记事》

口蹈危如平，嗜粝如精。〔登高要像如履平地，喜欢吃粗粮就像吃细食。〕

———唐·刘禹锡《鉴药》

口私求则下烦而无度，是谓伤清；私费则官耗而无限，是谓伤制。〔个人私下要求多，下级必然感到烦恼，又伤害自己的清廉；个人私自花费多，官府必然消耗无度，也就破坏了制度。〕

———汉·荀悦《申鉴·政体》

口洁其流者清其源，理其末者正其本。〔如果想要流水清洁，就要先清洁水的源头，如果想要理清事情的末端，就要先端正它的根本。〕

———北朝·袁翻·摘自《北史·列传》

口人君一心当谨嗜好，不为物诱，则如明镜止水，可以鉴照万物。一为物诱，则如镜受垢，水之有滓，昏翳泊浊，岂能照物？〔作为君主应当把持好自己的爱好，不要轻易被物欲所引诱，心里应当如同镜

子明亮得像不动的水，可以照出任何事物。一旦被物欲所诱惑，就像镜子被弄脏了，水被污染了，昏暗污浊，难道还能照出事物？〕

——明·朱元璋《明太祖实录》

□一指之穴，能涸千里之河；一脔之味，能败十世之德。〔一个指头粗的洞穴，能使千里长河的水漏干；一小块儿美味肉食，能败坏十辈子渐积形成的美德。〕

——清·唐甄《潜书·贞隐》

□廉洁而不为异众之行，勇敢而不为过物之操。〔廉洁不是为了与众不同，见义勇为不是过分的行为。〕

——宋·苏轼《上富丞相书》

□尺蚓穿堤，能漂一邑；寸烟泄突，致灰千室。〔一尺来长的蚯蚓钻透河堤，河水就会冲决而淹没一个城市；丝丝烟尘从烟囱里冒出来，久而久之就会把成百上千洁净的房子弄脏。〕

——北齐·刘昼《刘子·慎隙》

□官清书吏瘦，神灵庙祝肥。〔为官的清正廉洁，属下也就不敢舞弊；庙里的菩萨灵验，香火也就兴旺养肥了管香火的人。〕

——清·周希陶《增广贤文》

□威不可立也，惟公则威；明不可作也，惟虚则明。〔威信不是靠自己吹出来的，而是公正无私自然产生的；光明正大的形象不是装出来的，而是谦虚谨慎生成的。〕

——宋·苏轼《东坡七集》

□所贵于天下之士者，为人排患释难，解纷乱，而无所取也。即有所取者，是商贾之人也。〔天下之士最为可贵的地方，是能帮助别

人排解忧患，消除困难，解决纠纷，而不要求任何报酬。如果要求报酬，那就是商人了。〕

——汉·刘向《战国策·赵策》

□**官能清则冤抑渐消，吏能廉则风俗自厚。**〔官场风气清正廉明，冤案自然就会减少；官吏如能廉洁自守，社会风气自然就会淳厚。〕

——清·钱泳《履园丛话·杂记》

□**清如水，明如镜。**〔官吏清廉自守，断事明智无误。〕

——清·李绿园《歧路灯》

□**上清浊而无欲，则下正而民朴。**〔上面廉洁没有贪心，那么下面就端正，老百姓就朴实敦厚。〕

——汉·刘向《说苑·谈丛》

□**上好功则国贫，上好利则国贫。**〔统治者好大喜功，那么国家一定贫穷；统治者唯利是图，那么国家也一定贫穷。〕

——战国·荀子《荀子·富国》

□**人臣之欺君误国，必自其贪于货赂也。**〔做臣子的之所以能欺骗君主，贻误国事，必定起自于他贪于贿赂。〕

——清·顾炎武《大臣》

□**物苦不知足，得陇又望蜀。**〔世间万物最可怕的是从不知道满足，得到了陇地又盯上了蜀州，贪得无厌。〕

——唐·李白《古风诗》

□**鸟栖于林，犹恐其不高，复巢于森末；鱼藏于水，犹恐其不深，复穴于窟下。然而为人所获者，皆由贪饵故也。**〔鸟栖息在树林里，

162

还恐怕不够高，再把巢筑在树梢上；鱼藏在水里，还恐怕不够深，又把穴选在石洞下面。但还是被人捉住，都是贪图诱饵的原因。〕

——唐·吴兢《贞观政要·贪鄙》

□受鱼失禄，无以食鱼；不受得禄，终身食鱼。〔接受别人馈赠的鱼就会因此而丢掉俸禄，再也没有钱买鱼吃了；不接受馈赠而保住了俸禄，就会终身有鱼吃。〕

——汉·刘向《新序·节士》

□财贿不以动其心，爵禄不以移其志。〔为人做官要做到贿赂钱财都不动心，高官厚禄也不能转移意志。〕

——清·孔尚任《桃花扇》

□勿谓微过，当绝芽蘗；勿谓小患，当窒孔穴。〔不要说是细微的过错就放过它，应当把它消除在萌芽之中；不要说是微小的灾患就忽视它，应当把它窒息在形成之前。〕

——宋·陈亮《上光宗皇帝鉴成箴》

□酒中不语真君子，财上分明大丈夫。〔酒醉后不胡言乱语的人是真正的君子，对钱财始终清醒的人是大丈夫。〕

——清·周希陶《增广贤文》

□作法于俭，犹恐其奢；作法于奢，何以制后？〔办事着眼于节俭，还唯恐其后过于奢侈；办事立足于奢侈，那将如何控制更为严重的后果？〕

——唐·吴兢《贞观政要·征伐》

□严下吏之贪，而不问上官，法益峻，贪益甚，政益乱。〔对于下级官吏的贪赃枉法行为处置得严厉，而对上面官吏的同样行为却不

163

究不问。这样下去，法令愈严峻，贪赃枉法的行为反而愈厉害，国家政治就愈加混乱。〕

——清·王夫之《读通鉴论》

□祸之所生，必由积怨；过之所始，多因忽小。〔灾祸的酿成，一定是由于怨苦的积聚；错误的肇始，大都因为在细微方面有所疏忽。〕

——北齐·刘昼《刘子·慎隙》

□私欲弘侈，则德义鲜少。〔人的私欲要是膨胀无度，那身上的品德正义成分就极少。〕

——春秋·左丘明《国语·楚语》

□廉者常乐无求，贪者常忧不足。〔清廉的人终日为无所求取而快乐，贪婪的人总是为物欲不能满足而忧伤。〕

——隋·王通《文中子·王道篇》

□如不知足，则失所欲。〔如果贪得无厌，就要丧失他所希望得到的。〕

——晋·陈寿《三国志·王昶传》

□一兴嗜欲念，遂为矰缴牵。〔一旦有了贪图吃的欲望，便要被射飞鸟的断箭所捕获。〕

——唐·白居易《感鹤》

□受不得穷，立不得品。〔忍受不了贫穷，就树立不起品德。〕

——清·申居郧《西岩赘语》

□为恶而畏人知，恶中犹有善路；为善而急人知，善处却是恶根。〔一个人做了坏事而怕人知道，可见在恶性之中还保留一点儿改过向

164

善的良知;一个人做了一点儿善事而就急着让人知道,在他做善事时已经种下了可怕的伪善祸根。〕

——明·洪应明《菜根谭》

□蝎盛则木折,欲炽则身亡。〔蝎子多了,树木就会朽折;欲望太强烈了,身心就会丧亡。〕

——北齐·刘昼《刘子·防欲》

□尽小者大,慎微者着。〔在许多小的事情上努力,才能干出大事业;能够在小事上谨慎,德行才能显耀。〕

——宋·司马光《资治通鉴·汉纪》

□神存富贵,始轻黄金。〔精神世界丰富,才能轻视金钱。〕

——唐·司空图《二十四诗品·绮丽》

□小善渐而大德生,小恶滋而大怼作。〔小的善行逐渐积累,就会形成极大的美德;小的恶行慢慢滋长,最终势必导致极大的凶险。〕

——宋·黄晞《聱隅子·道德篇》

□难违一官之小情,顿为万人之大弊。〔不好意思违背一个同僚的微薄情面,就会给百姓造成极大的危害。〕

——唐·吴兢《贞观政要·政体》

□晋之失政,贿赂已耳,交游已耳。〔晋朝的政事之所以失败,原因不过就在于贿赂风行、官员相互勾结罢了。〕

——清·王夫之《读通鉴论》

□仁之法,在爱人不在爱我;义之法,在正我不在正人。我不自正,虽能正人,弗予为义。人不被其爱,虽厚自爱,不予为仁。〔仁

165

的法则是爱人不是爱我；义的法则是正我不是正人。自己不正，即使能正人，也是不义；不能爱人，即使很爱自己，也是不仁。〕

——汉·董仲舒《春秋繁露》

□清者莅职之本，俭者持身之基。〔清廉是当官的根本，俭朴是生活的基础。〕

——唐·令狐德棻《周书·裴侠传》

□宁渴而死，不饮盗泉。〔宁愿渴死，也不喝盗泉的水。〕

——明·王廷陈《矫志篇》

□国正天心顺，官清民自安。〔国家风气正了民心也就顺从，官员清廉，黎民百姓自然就会安居乐业。〕

——明·冯梦龙《警世通言》

□玩人丧德，玩物丧志。〔戏弄他人会丧失道德，沉湎声色会丧失志向。〕

——春秋·孔子《尚书·旅獒》

□临财毋苟得，临难毋苟免。〔遇到财物，不可随便取得；遇到危难，不可随便逃脱。〕

——战国·曾参《礼记·曲礼》

□身处膏脂，不能以自润。〔即使身在财宝堆中，也不能拿来自肥。〕

——南朝·范晔《后汉书·孔奋传》

□物类之起，必有所始。荣辱之来，必象其德。肉腐出虫，鱼生枯蠹。〔事物的产生，必有它的根源。一个人是获得荣誉，还是蒙受

耻辱，必定反映他德行的好坏。肉腐烂了必定生虫，鱼腐败了，必定长蛆。〕

——战国·荀子《荀子·劝学》

□好货，天下贱士也。〔喜欢聚敛财物者，是天下人格最为卑下的人。〕

——宋·苏轼《志林》

□古来芳饵下，谁是不吞钩？〔自古以来，在利益的诱惑面前，有谁能抵挡得住呢？〕

——唐·张继《题严陵钓台》

□人心贵乎光明洁净。〔人心贵在光明正大，高洁清净。〕

——明·薛瑄《薛文清公读书录》

□廉者，民之表也；贪者，民之贼也。〔廉洁的官吏，是百姓的表率；贪婪的官吏，是百姓的盗贼。〕

——宋·包拯《乞不用脏吏》

□清泉绝无一尘染，长松自是拔俗枝。〔清清的泉水丝毫没有受到污染，高高的松树自然挺着脱俗的长枝。〕

——宋·苏舜钦《无锡惠山寺》

□勿贪意外之财，勿饮过量之酒。〔不要贪占意想不到的钱财，不要喝超过自己限量的酒。〕

——明·朱柏庐《治家格言》

□论政者不察所由，以为法令之不利于行者，皆柅于民之不良，释官而罪民。此所以难与言治也。〔评论政事的人不考察事情的原因，

167

以为国家法令所以不便于施行,都是由于老百姓素质差起了阻碍作用,抛开官员而怪罪老百姓。这就很难与这些人讨论治国了。〕

——清·唐甄《潜书·权政》

□非礼之事勿行,非义之货勿入。〔不合礼制的事情不要去做,不合道义的财货不能进门。〕

——明·方孝孺《门格》

□正以处心,廉以律己。〔存心要公正,律己要廉洁。〕

——明·薛瑄《从政录》

□清风两袖朝天去,免得闾阎话短长。〔两手空空去朝见天子,免得老百姓对我说长道短。〕

——明·于谦《入京》

□临官莫如平,临财莫如廉。〔做官最好是公平无私,管钱最好是廉洁不苟。〕

——汉·刘向《说苑·政理》

□当官之法,惟有三事,曰清、曰慎、曰勤。〔当官的准则只有三件事,即廉洁、谨慎、勤劳。〕

——宋·吕祖谦《官箴》

□在官惟明,莅事惟平,立身惟清。〔为官要明察,办事要公平,立身要清廉。〕

——汉·马融《忠经·守宰章》

□宽之为失,非民之害,驭吏以宽,而民之残也乃甚。〔如果说施政过于宽厚属于失误的话,那么对于老百姓倒也没有什么伤害,但

168

是如果在使用和管理官吏方面不严格要求，那么老百姓所受到的毒害可就严重了。〕

——清·王夫之《读通鉴论》

□为政者，廉以洁己，慈以爱民。〔为官者就要廉正奉公，纯洁守己，慈善为怀，爱惜百姓。〕

——清·王夫之《读通鉴论》

□为政者，莫善于清其吏也。〔为官者，最重要的莫过于使其吏治廉洁。〕

——唐·魏徵《群书治要·刘广别传》

□省事之本，在于节欲。〔节省的根本在于节制各种贪欲。〕

——汉·刘安《淮南子·诠言训》

□去海暑如酷吏，邀清风似故人。〔清除虐害百姓的官吏就像去掉夏天的酷暑一样，盼望旧友到来就像盼望清爽的风一样。〕

——元·胡祗《扇铭》

□蠲浊而流清，废贪而立廉。〔除去污物杂质使水流清澈，废除贪鄙行为而树立廉洁之风。〕

——唐·柳宗元《永州韦使君新堂记》

□养稗者伤禾稼，惠奸宄者贼良民。〔养稗子会伤害庄稼，容忍奸诈会伤害善良的百姓。〕

——汉·王符《潜夫论·述赦》

□明王不喜宫窒，非喜小也；不听钟鼓，非恶乐也。尤其伤于本事，而妨于教也。〔明主不建造华丽的宫殿，不是因为他喜欢矮小简

陋的房屋；不听钟鼓之音，也不是因为他讨厌音乐。而是因为这样做会伤害正业，妨碍政教推行。〕

——春秋·管仲《管子·禁藏》

□官仓老鼠大如斗，见人开仓亦不走。〔官府粮仓里的老鼠体大如斗，看到有人来开仓门也不遁逃。〕

——唐·曹邺《官仓鼠》

□上无朽蠹之藏，下无冻馁之民。〔上层没有蛀虫，下边就不会有饥寒交迫的百姓。〕

——秦·晏婴《晏子春秋·问上》

□三年清知府，十万雪花银。〔当上三年所谓的清廉知府，也能得到数十万两的白银。〕

——清·吴敬梓《儒林外史》

□廉者，政之本也。〔清廉，是治理国家的根本。〕

——战国·晏婴《晏子春秋·内篇杂下》

□安得天下之吏廉且循，庶政如水无冤民。〔怎么才能使天下的官吏清廉守法，行政像水一样平正，不再有蒙冤受屈的人呢？〕

——元·揭傒斯《燕氏救兄》

□大臣家事之丰约，关于政化之隆污。〔大臣家庭生活的奢华或俭朴，关系到政治教化的兴衰。〕

——清·顾炎武《大臣》

□内不足使一民，外不足使距难；百姓不亲，诸侯不信；然而巧敏佞说，善取宠乎上，是态臣者也。〔对内不能团结统一人民，对外

不能抵御敌人入侵；百姓不亲近，诸侯不信任；然而却善于花言巧语、阿谀奉承，很会博得君主的宠爱，这种臣子就是谄媚之臣。〕

——战国·荀子《荀子·臣道》

□狡吏不畏刑，贪官不避赃。〔狡诈的官吏不怕刑罚，贪婪的官吏不避赃物。〕

——唐·皮日休《橡媪叹》

□知足常足，终身不辱；知止常止，终身不耻。〔知道满足的人可以长期保持快乐，一生都不会觉得羞辱；懂得廉耻的人可以马上停止，一生都不会觉得羞耻。〕

——春秋·老子《道德经》

□廉能清正，奉公守法。〔不贪污受贿，清明公正，奉公行事，遵守法令。〕

——元·曾瑞《留鞋记》

□罪莫大于可欲，祸莫大于不知足，咎莫大于欲得。故知足之足，常足矣。〔罪过莫大于欲望膨胀，祸害莫大于不知满足，凶险莫大于放纵欲望。所以知道满足的富足，是永远的富足。〕

——春秋·老子《道德经》

□见利思义，见危授命。〔看到钱财要想到大义，见到危险应勇于献身。〕

——春秋·孔子《论语·宪问》

□廉所以戒贪，我果不贪，又何必标一廉名以来贪夫之侧目？让所以戒争，我果不争，又何必立一让的以致暴客之弯弓。〔廉洁所以制止贪占，我果真无贪欲，又何必标注一个清廉的名声来让贪婪的人

侧目而视？谦让所以杜绝争斗，我果真不争斗，又何必坚持一个谦让的原则来让暴徒弯弓争斗。〕

——明·洪应明《菜根谭》

□智者不为非其事，廉者不求非其有。〔聪明的人不做他不应做的事，廉洁的人不追求他不应得的东西。〕

——汉·韩婴《韩诗外传》

□无功之赏，无力之礼，不可不察也。〔没有功劳得到的赏赐，没有出力而得到礼物，不能不深省。〕

——汉·刘向《战国策·宋策》

□千丈之堤，以蝼蚁之穴溃；百尺之室，以突隙之烟焚。〔千里大堤，因为有蝼蚁在打洞，可能会因此而决堤；百尺高楼，因为烟囱的缝隙冒出火星可能引起火灾而焚毁。〕

——秦·韩非《韩非子·喻老》

□币厚言甘，古人所畏也。〔送来的礼物很多，说的话又非常入耳，这是古人所最警惕的事。〕

——宋·司马光《资治通鉴·晋纪》

□廉慎传家政，流芳合古今。〔以廉洁谨慎的风尚把家政相传下去，使美好的名声与古今并存。〕

——唐·崔颢《澄水如鉴》

□身不善之患，毋患人莫己知。丹青在山，民知而取之；美珠在渊，民知而取之。是以我有过为，而民毋过命。民之观也察矣，不可遁逃，故先王畏民。〔自身患有毛病，不怕别人不了解。丹青在深山，人们了解并把它取出来；美珠在深渊，人们也能了解并把它取出来。所以，

172

我个人可以有错误的行为，人民却不会有错误的评价。人民看问题是太清楚了，谁也不能瞒过他们而为非作歹。所以，先王总是敬畏人民的。〕

——春秋·管仲《管子·小称》

□进不失廉，退不失行。〔升官时要保持廉洁，退位后要坚守节操。〕

——秦·晏婴《晏子春秋·问上》

□见客但倾酒，为官不爱钱。〔待人要热情有礼，做官要清正廉洁。〕

——唐·李白《赠崔秋浦三首》

□天地之间，物各有主；苟非吾之所有，虽一毫而莫取。〔天地之间，万物各有它的主人；假如不是属于我的，即使一丝一毫也不能去取。〕

——宋·苏轼《前赤壁赋》

□两袖清风身欲飘，杖藜随月步长桥。〔除两袖清风之外，一无所有，拄着拐杖随月而行步入长桥。〕

——元·陈基《次韵吴江道中》

□终年帝城里，不识五侯门。〔整年都在皇城里，但不识权贵人家。〕

——唐·张继《感怀》

□夫人必自侮，然后人侮之；家必自毁，而后人毁之；国必自伐，而后人伐之。太甲曰："天作孽，犹可违；自作孽，不可活。"此之谓也。〔人必先有自取侮辱的行为，别人才侮辱他；家必先有自取败亡的

173

因素，别人才毁灭它；国必先有自取讨伐的原因，别人才讨伐他。《尚书·太甲篇》说："天造的罪孽还可以逃开，人造的罪孽难以逃脱。"正是这个意思。〕

——战国·孟子《孟子·离娄上》

□论亲情不索疑猜，交财帛需要分明。〔对自己人要充分信任，但财物往来一定要分明。〕

——明·冯惟敏《海浮山堂祠稿·十劣》

□恭者不侮人，俭者不夺人。〔恭敬别人的人不会侮辱别人，自己节俭的人不会掠夺别人。〕

——战国·孟子《孟子·离娄上》

□人必其自爱也，然后人爱诸；人必其自敬也，然后人敬诸。〔人一定要自爱，而后才能被他人所爱；人一定要自尊，而后才能被他人尊敬。〕

——汉·扬雄《法言·君子》

□嗜好深则天机浅，名利集则纯白离。〔如果一味沉溺于感官享受，那么这种人的智慧一定很浅薄；过分追求名利，就会丢掉纯洁和朴素的品质。〕

——晋·戴逵《申三复赞》

□宇宙可臻其极，性情不知其穷。〔天地万物可达到极点，人的性情不知穷尽。〕

——北朝·颜之推《颜氏家训·止足》

□刑不可为治也，而亦有时乎为之者，以刑狐鼠之官，以刑豺狼之官，而重以刑匿狐鼠、养豺狼之官。〔单纯运用刑罚是不能治理好

174

国家的，然而有时也要实行它，是用它来惩治那些如同狐鼠、豺狼一样的奸臣贪官，尤其要重重地惩治那些包庇豢养奸臣贪官的大官僚。〕

——清·唐甄《潜书·权实》

□受禄不过其功，服位不侈其能，不以毋实虚受者，朝之经臣也。〔受禄不超过自己的功劳，当官不超过自己的才能，不以不实之功平白无故领受待遇的，就是朝廷的正派之臣。〕

——春秋·管仲《管子·重令》

□知足而不贪，知节而不淫。〔知道满足就不贪婪，知道节俭就不奢侈。〕

——宋·林逋《省心录》

□居官所以不能清白者，率由家人喜奢好侈使然也。〔做官的人之所以不能守住清廉的节操，大多数是由于家人喜好奢华的生活迫使他这样做的。〕

——元·张养浩《权力忠告》

□蔬食足充饥，何必膏粱珍？缯絮足御寒，何必锦绣文？〔粗茶淡饭也足可以填饱肚子，何必非要山珍海味呢？粗糙的丝绵也能够抵御寒冷，何必非要锦衣华裳呢？〕

——唐·白居易《赠内》

□祸莫大于无足，福莫厚于知止。〔无厌的贪求是最大的祸，懂得适可而止是最大的福。〕

——晋·葛洪《抱朴子·知止》

□以法相裁，以义相制，以廉相帅，自天子始而天下咸受裁焉。君子正而小人安。〔用法律相抑止，以礼仪相约束，以廉洁相率领，

从天子开始，天下人全都受到了抑止和约束。上面国君端正了，下面的小民百姓也就安分了。〕

——清·王夫之《读通鉴论》

□事能知足心常泰，人到无求品自高。〔凡事能以知足的态度处之就能保持心境平静自适，一个人达到无所求的境界品格自然高尚。〕

——清·陈伯崖《古联》

□权之所在，利之所归也。圣人以权行道，小人以权济私。〔权力所在的地方，就是利益所集中的地方。高尚的人以权实行仁道，卑鄙的人以权图谋私利。〕

——明·吕坤《呻吟语》

□妄得之福，灾亦随焉；妄得之得，失亦继焉。〔靠胡作非为得来的幸福，灾祸也随之而来；凭胡作非为得来的财物，必然会很快地失去。〕

——宋·杨时《二程粹言·论学篇》

□吏肃惟遵法，官清不爱钱。〔严肃吏治，在于遵守法纪；为官清廉，不应贪图钱财。〕

——明·冯梦龙《古今小说》

□欲而不知止，失其所以欲；有而不知足，失其所以有。〔有欲望而贪婪不止，终会失掉一切欲望；富有而不知满足，终会失去一切财富。〕

——汉·司马迁《史记·范睢蔡泽列传》

□身恒居善，则内无忧虑，外无畏恐。独立不惭影，独寝不愧衾。〔自身经常保持良善，那么内部没有忧患，外面没有畏惧。独自站着，

176

无愧于自己的影子；独自睡着，无愧于盖着的被子。〕

——北朝·刘昼《新论·慎独》

□心无染者，欲境是仙境；心有系恶，乐境成苦海。〔心没有沾染贪欲的人，向往的是仙境；心拴着恶念，快乐就成了巨大的痛苦。〕

——明·洪应明《菜根谭》

□洁常自污出，明每从晦生。〔洁净常常从污秽中诞生，光明每每从晦暗中出现。〕

——明·洪应明《菜根谭》

□嗜欲之原灭，廉正之心生。〔贪欲的根源已消灭，廉正的心性就生成。〕

——南朝·范晔《后汉书·班彪传》

□清者，福之所集也；奢者，祸之所赴也。〔清廉无贪，是众福所归；奢侈无度，是众祸所附。〕

——晋·葛洪《抱朴子·嘉遁》

□豪华尽出成功后，逸乐安在与祸双。〔追求豪华富贵的享受大都是在成功之后，人们贪图逸乐又怎知这里面包含着祸殃呢？〕

——宋·王安石《金陵怀古》

□大丈夫处其厚，不居其薄；处其实，不居其华。〔大丈夫处身淳厚，不做不厚道的事，处事诚实而不浮华。〕

——春秋·老子《道德经》

□真廉无名，立名者所以为贪；大巧无术，用术者所以无拙。〔真正廉洁的人没有清廉名声，树立名声的人正是为了贪图虚名；大巧之

177

人没有可寻的技术方法，使用技术的人正是为了掩饰笨拙。〕

——明·陈继儒《小窗幽记》

口禄饵可以钩天下之中材，而不可以啖天下之豪杰。〔利禄只能引诱天下中才，而不能使天下豪杰上钩。〕

——元·欧阳玄《宋史》

口自信者，不可以诽誉迁也；知足者，不可以势利诱也。〔自信的人，不为诽谤和赞扬所改变；知足的人，不为权势和钱财所诱惑。〕

——汉·刘安《淮南子·诠言训》

口世家子弟，最易犯一奢、傲字。〔官宦人家的孩子，最容易犯奢华和骄傲的毛病。〕

——清·曾国藩《家书·谕纪泽》

口俭，美德也；禁奢崇俭，美政也。〔厉行节约，生活俭朴，是一个人美好的品德；禁止奢侈，崇尚节俭，是一项美好的政事。〕

——清·魏源《默觚·治篇》

口人不可以无耻，无耻之耻，无耻矣。〔人不能没有羞耻心，不知羞耻的那种羞耻心，真是不知道羞耻了。〕

——战国·孟子《孟子·尽心上》

口君子不失足于人，不失色于人，不失口于人。〔君子在众人面前的举止要不失体统，仪表要保持庄重，言语要谨慎。〕

——汉·戴圣《礼记·表记》

口贪污者，必以廉者为不是；趋竞者，必以恬退者为不是。〔贪污的人，必定认为廉洁的人不对；为官位而奔波趋走的人，必定认为

闲适退隐的人不对。〕

——清·张伯行《朱子语类辑略》

□盛饰入朝者不以私污义，砥厉名号者不以利伤行。〔穿着礼服入朝的人，不因私情而伤正义；注重名节的人，不因私利而败坏品德。〕

——汉·邹阳《狱中上梁王书》

□君子行德以全其身，小人行贪以亡其身。〔品格高贵的人用道德行动来保全本身；品质不好的人贪求个人私利而断送自己。〕

——汉·刘向《说苑·谈丛》

□大臣之廉耻，即天下之风尚。〔大臣的廉操与知耻，就是社会的风貌与时尚。〕

——明·史可法《辞加衔疏》

□为政者，廉以洁己，慈以爱民。〔当政的人，应该用廉洁来使自己高尚，用仁慈来爱护自己的百姓。〕

——清·王夫之《读通鉴论》

□好说己长便是短，自知己短便是长。〔经常说自己优点就是自己的短处，而知道自己的短处就是自己的长处。〕

——清·申居郧《西岩赘语》

□弊政之大，莫若贿赂行而征赋乱。〔政治的最大弊端，没有比贿赂公行而且税费混乱更严重的。〕

——唐·柳宗元《答元饶州论政理书》

□坏崖破岩之水，原自涓涓；干云蔽日之木，起于青葱。禁微则易，救末则难。〔冲破悬崖岩石的流水，起初都是涓涓细流；遮天蔽

179

日的树木，起初原是青葱的幼苗。小了禁止容易，大了挽救困难。〕

——宋·王安石《风俗》

□作法于凉，其弊犹贪；作法于贪，弊将安救？〔君子很诚信地制定法律，弊害仍然很多；要是贪图小便宜制定法律，弊害又该有多少呢？〕

——唐·陆贽《奉天请罢琼林大盈二库状》

□一失脚为千古恨，再回头是百年人。〔一时不慎而犯下的错误会造成终身的遗憾，等到发觉后悔时，已是事过年衰，无可挽回了。〕

——明·陈继儒《小窗幽记》

□非其道，则一箪食不可受于人；如其道，则舜受尧之天下，不以为泰。〔要是不合正道，哪怕是一篮子饭也不可以接受别人的；要是合于正道，就是舜接受尧让给他的天下，也不算过分。〕

——战国·孟子《孟子·滕文公下》

□一念收敛，则万善来同；一念放恣，则百邪乘衅。〔收敛一个欲念，就会带来众多善行；放纵一个欲念，各种邪恶就会乘虚而入。〕

——明·吕坤《呻吟语》

□天下之患，莫大于举朝无公论，空国无君子。〔国家的祸患，没有比整个朝廷没有一句公正的言论再大了，没有比找遍全国没有一个才德兼备的人再大了。〕

——宋·刘敝《率太学诸生上书》

□居官廉，人以为百姓受福，予以为赐福于子孙不浅也。曾见有约己裕民者，后代不昌大耶？居官浊，人以为百姓受害，予以为贻害子孙者不浅也。曾见有瘠众肥家者，历世得久长耶？〔做官的人清廉，

180

别人都觉得百姓有福，但我认为他的子孙受福最多。可曾见过对待自己节俭而厚待百姓的官，他的后代有不昌盛的吗？做官不清廉的人，都以为百姓受害，但我认为他的子孙受害不浅，可曾见过压榨百姓而厚待自家人的官，他的后代能长久吗？〕

——清·金缨《格言联璧·从政》

□君子之德风，小人之德草。草上之风，必偃。〔君子的作风好比风，百姓的作风好比草。风向哪边吹，草向哪边倒。〕

——春秋·孔子《论语·颜渊》

□贪于政者，不能分人以事；厚于货者，不能分人以禄。〔贪于权位的，不能把政事分给别人；重视财货的，不能把俸禄分给别人。〕

——战国·墨子《墨子·尚贤》

□骄奢起于亲贵，纲纪乱于宠幸。〔骄纵奢侈都从皇亲贵族之中兴起，纲常法纪多由宠信关爱的人败坏。〕

——唐·柳亨·摘自《旧唐书·柳亨传》

□大臣污则小臣悉效，京官贪则外臣无畏。〔大官僚贪污腐化，小官吏也全都效仿；中央官员贪污，地方官员也就无所畏惧。〕

——明·王廷相·摘自《明史·王廷相传》

□恶木之阴，不可暂息；盗泉之水，无容误饮。〔恶木的阴凉，不可有片刻的停歇；盗泉的水，容不得误饮。〕

——北朝·寇儁·摘自《周书·列传》

□人不患其不知，患其为诈也；不患其不勇，患其为暴也；不患其不富，患其亡厌也。其唯廉士，寡欲易定。〔对于官吏，不怕他不聪明，就怕他奸诈狡猾；不怕他不勇猛，就怕他暴虐待民；不怕他不

181

富有，就怕他贪得无厌。只有两袖青风，一生廉洁的贤士，才是易于知足的。〕

——汉·刘启·摘自《汉书·景帝纪》

□人皆因禄富，我独以官贫，所遗子孙，在于清白耳。〔别人都因俸禄而富有，我单因做官而贫穷，我留给子孙后代的只有清白啊。〕

——北朝·房彦谦·摘自《北史·列传》

□势不可使尽，福不可享尽，便宜不可占尽，聪明不可用尽。〔权势不可以使用尽，福分不可以享用完，便宜不可以全部占有，聪明不可以使用完。〕

——明·冯梦龙《警世通言》

□官厨少一双之箸，民间宽一分之力。〔政府接待少一双筷子，民间百姓就增加一分财力。〕

——清·曾国藩《曾文正公全集》

□罪莫大于淫，祸莫大于贪，咎莫大于僭。〔再没有比荒淫无度更大的罪恶；再没有比贪婪更大的祸患；再没有比超越自己的本分更大的过错。〕

——明·郑瑄《昨非庵日纂·内省》

□无处而馈之，是货之也。焉有君子可以货取乎？〔不说明用途却要送钱给我，这无疑是想收买我。哪有君子能用贿赂收买的呢？〕

——战国·孟子《孟子·公孙丑下》

□吏不畏吾严而畏吾廉，民不服吾能而服吾公。廉则吏不敢欺，公则民不敢慢。公生明，廉生威。〔下属敬畏我，不在于我是否严厉而在于我是否廉洁；百姓信服我，不在于我是否有管理才能而在于我

办事是否公正。廉洁则下属不敢欺蒙，公正则百姓不敢轻慢。办事公正才能使自己的形象变得鲜明，廉洁才能树立自己的权威。〕

——清·张聪贤《官箴》

□能有其有者安，贪人之有者残。〔能保持自己所应有的，就会安宁；贪图别人所有的，就会受害。〕

——秦·黄石公《黄石公三略·下略》

□贪而弃义，必为祸阶。〔贪求物质利益而背弃了正义，这一定是招致灾祸的阶梯。〕

——晋·陈寿《三国志·鲁肃传》

□百姓大害，莫甚于贪官蠹吏。〔对百姓危害最大的事情，没有比贪官污吏更厉害的了。〕

——清·赵尔巽《清史稿·蒋赫德传》

□爱人无异术，至论不如清。〔爱护老百姓没有特殊的办法，最好的道理莫过于为官清明廉正。〕

——唐·杜荀鹤《送人宰吴县》

□清也，慎也，勤也，而清其本矣。〔官员要清正、谨慎、勤奋，而清正是其根本。〕

——清·王夫之《读通鉴论》

□唐之乱，贿赂充塞于天下为之耳。〔唐朝的衰乱，是因为贿赂充塞于天下而造成的。〕

——清·王夫之《读通鉴论》

□郡守廉，县令不敢贪；郡守慈，县令不敢虐；郡守精明，县令

183

不敢丛胠。〔郡守廉洁，则县官不敢贪污；郡守以仁慈礼义治民，则县官不敢以暴虐治民；郡守治事精明，则县官办事也不拖沓马虎。〕

——明·吴麟徵·摘自《明史·吴麟徵传》

□才不称不可居其位，职不称不可食其禄。〔才能不相称，就不要占据那个职位；既然不称职，就不要享受那种俸禄〕

——清·王豫《蕉窗日记》

□掩己过而过弥著，损彼名而名益彰。〔掩饰自己的错误，错误会更加明显；损害别人的名声，名声将更加显著〕

——清·王夫之《读通鉴论》

□以智文其过，此君子之贼也。〔用狡猾的手段来掩饰自己的过错，这是君子中的败类。〕

——宋·欧阳修《与高司谏书》

□上者，民之表也。表正，则何物不正？〔国君是百姓的榜样，榜样端正了，还有什么不能端正呢？〕

——三国·王肃《孔子家语·王言解》

□廉者长乐无求，贪者常忧不足。〔清廉的人长期快乐没有过分的贪求，贪婪的人常常忧虑私欲永远不能满足。〕

——宋·司马光《资治通鉴》

□清者不必慎，慎者必自清。〔廉洁的人不需要谨小慎微，谨慎的人必定自求清廉。〕

——晋·陈寿《三国志·李通传》

□行世者必真，悦俗者必媚。真久必见，媚久必厌。〔流行于世

上的必定是真实的，取悦于俗人的必定是妩媚的。真实的长久下去必定显现出来，妩媚的长久下去必定使人厌弃。〕

——明·袁宏道《行素园存稿引》

□上无骄行，下无谄德。〔居高位的人没有骄慢的行为，居下位的人就没有谄媚的作风。〕

——春秋·晏婴《晏子春秋·问上》

□圣人不以智轻俗，王者不以人废言。〔圣哲不因为自己聪慧而轻视一般的人，君王不因为臣子品格不高而废弃他的言论。〕

——晋·陈寿《三国志·刘虞传》

□邪正之人不宜共国，亦犹冰炭不可同器。〔奸邪和正直的人不宜共同管理国政，就像冰炭不可同放在一个器皿里一样。〕

——南朝·范晔《后汉书·傅燮传》

□为官长当清，当慎，当勤。〔做官长的人，应当清廉、应当谨慎、应当勤恳。〕

——晋·陈寿《三国志·李通传》

□畜池鱼者必去獭，养禽兽者必去豺狼。〔在池塘养鱼的人一定要先除去獭，饲养鸟兽的人一定要先除去豺狼。〕

——汉·刘安《淮南子·兵略训》

□治天下之要，存乎除奸；除奸之要，在乎治官。〔治理天下的关键，在于除掉奸邪；除掉奸邪的关键，在于整治官吏。〕

——秦·吕不韦《吕氏春秋·审分》

□鹰巢林，鸟雀为之不栖；松柏在冈，蒿艾为不植。〔鹰筑巢在

185

树林中,鸟雀为此不敢栖息;松柏耸立在山冈上,蒿艾为此不得生长。〕

——明·宋濂《演连珠》

□**取人者必畏,与人者必骄。**〔拿了人家东西的,必怀畏惧的心情;给过人家东西的,必有骄矜的态度。〕

——秦·尸佼《尸子·明堂》

□**心如水之源,源清则流清,心正则事正。**〔人心就好比水源,水源清水流自然就清,心公正做事自然就公正。〕

——明·薛瑄《读书续录》

□**欲影正者端其表,欲下廉者先之身。**〔想要影子正,就必须端正标杆本身;想要使下级廉洁,当权者必须自身首先廉洁。〕

——汉·桓宽《盐铁论·疾贪》

□**正身直行,众邪自息。**〔一身正气品行端正,各种邪恶就会自行熄灭。〕

——汉·刘安《淮南子·缪称训》

□**吏不廉平,则治道衰。**〔国家官员不廉正公平,那么国之道就要衰败。〕

——宋·司马光《资治通鉴》

□**朝露贪名利,夕阳忧子孙。**〔少时贪图名利,老时担忧子孙。〕

——唐·白居易《不致壮》

□**贪痴无底蛇吞象,祸福难明螳捕蝉。**〔贪婪不知足如同蟒蛇吞象,祸福相随难以看清就如螳螂捕蝉。〕

——明·冯梦龙《古今小说》

人生篇

理想事业
功过是非
操守品德
交际友谊
修身养性

理想事业

□亦余心之所善兮，虽九死其犹未悔。〔只要自己心里认定是正确的，我就要为之奋斗，纵然九死一生也不后悔。〕

——战国·屈原《楚辞·离骚》

□小人殉财，君子殉名。〔品德卑下的人，为金钱而丧命；有德行的人，则为清白声誉而付出生命。〕

——战国·庄子《庄子·盗跖》

□住世一日，则做一日好人；居官一日，则行一日好事。〔活着一天，就做一天好人；当官一天，就做一天好事。〕

——宋·彭执中·摘自《鹤林玉露》

□君子志于泽天下，小人志于荣其身。〔君子的志向是让天下人受到恩泽，小人的志向是只顾自己得到荣耀。〕

——宋·刘炎《迩言》

□众人重利，廉士重名，贤士尚志，圣人贵精。〔一般的人看重利益，廉洁的人看重名声，贤良的人崇尚志向，高尚的人贵在精神。〕

——战国·庄子《庄子·刻意》

□士不可以不弘毅，任重而道远。仁以为己任，不亦重乎？死而后已，不亦远乎？〔读书人不能不刚强而坚毅，因为他负担沉重，路

189

程遥远。以实现仁德于天下为己任，不也沉重吗？到死方休，不也遥远吗？〕

——春秋·孔子《论语·泰伯》

□路漫漫其修远兮，吾将上下而求索。〔通往理想的道路是多么遥远啊，我将上上下下去寻找它。〕

——战国·屈原《离骚》

□君子谋道不谋富。〔君子追求的是道义不是财富。〕

——唐·柳宗元《柳河东集·吏商》

□苦莫苦于多愿，悲莫悲于精散。〔没有比愿望太多更使人苦累的了，没有比精力过于分散更使人悲哀的了。〕

——汉·黄石公《素书·本德宗道章》

□立德之基有常，而建功之路不一。〔品德修养是有常规可循的，而建功立业的途径却各有不同。〕

——晋·陆机《豪士赋序》

□自笑平生为口忙，老来事业转荒唐。〔自笑一生为了糊口而奔忙，人已老了，事业却变得有些荒唐起来。〕

——宋·苏轼《初到黄州》

□悠悠万世功，矻矻当年苦。〔流芳万世的不朽功业，是当年勤苦不懈、艰苦奋斗的结果。〕

——宋·辛弃疾《题京口郡治尘表亭》

□三十功名尘与土，八千里路云和月。莫等闲，白了少年头，空悲切。〔年近三十，可为祖国所作的贡献还是那样微不足道，为了收

复疆土，还要披星戴月，转战千里。千万不要虚度年华，不然，到老时，就只有徒然悲叹了。〕

——宋·岳飞《满江红》

□君子不患位之不尊，而患德之不崇；不耻禄之不伙，而耻智之不博。〔君子不担心地位不显贵，而担心品德不够；不以俸禄不多为耻辱，而以见识不渊博为耻辱。〕

——汉·张衡《应问》

□男儿欲画凌烟阁，第一功名不爱钱。〔男儿要想流芳百世，首先是建立功名而不爱钱财。〕

——明·杨继盛《言志诗》

□古人大业成，皆自忧患始。〔古人成就伟大的事业，都是从经历忧患开始的。〕

——清·刘岩《赠人》

□建永世之业，流金石之功。〔建立长久的功业，留下不可磨灭的功绩。〕

——三国·曹植《与杨德祖书》

□志行万里者，不中道而辍足；图四海者，匪怀细以害大。〔立志远行万里的，不会在中途而停止不前；图谋拥有四海的，不会惦念小惠而妨害大业。〕

——晋·陈寿《三国志·陆逊传》

□古今之成大事业大学问者，必经三种之境界："昨夜西风凋碧树，独上高楼，望尽天涯路"，此第一境也；"衣带渐宽终不悔，为伊消得人憔悴"，此第二境也；"众里寻他千百度，蓦然回首，那人却在

191

灯火阑珊处"，此第三境也。〔古今有大作为、成大学问的人，必须经过三种境界，一是身处逆境，志存高远；二是不怕吃苦，勇于奉献；三是功到自然成。〕

——清·王国维《人间词话》

□**天行健，君子以自强不息；地势坤，君子以厚德载物。**〔自然的运动刚劲强健，相应于此，君子应刚毅坚卓，发愤图强；大地的气势厚实和顺，相应于此，君子应增厚美德，容载万物。〕

——周·姬昌《周易》

□**古之立大事者，不惟有超世之才，亦必有坚忍不拔之志。**〔古代那些成就大事业的人物，不是只有超群过世的才能，也有坚忍不拔的志向。〕

——宋·苏轼《晁错论》

□**出身事主，得位遭时，功不可以不图，名不可以不立。**〔出来为君主服务，得到职位需要等待时机。功业不能不图谋，声名不能不建立。〕

——宋·薛居正《旧五代史·唐书》

□**争目前之事，则忘远大之图；深儿女之怀，便短英雄之气。**〔计较眼前的事情，那么远大的理想就忘了；贪念儿女的情爱，那么英雄的志气就短了。〕

——明·吴麟徵《家诫要言》

□**居天下之广居，立天下之正位，行天下之大道；得志，与由之；不得志，独行其道。富贵不能淫，贫贱不能移，威武不能屈，此谓之大丈夫。**〔男子应住在天下最宽广的住宅——仁里，站在天下最正确的位置——礼上，走在天下最光明的大路——义中；得志的时候，偕同百姓循着大道前进；不得志的时候，也独自坚持自己的原则。富贵不能乱我之心，贫贱不能变我之志，威武不能屈我之节，这样才叫大丈夫。〕

——战国·孟子《孟子·滕文公下》

□做大事人，要三资具备；曰识、曰才、曰力。〔做大事业的人要具备三种资质，就是学识、才气与能力。〕

——清·魏禧《日录里言》

□志之难也，不在胜人，在自胜。〔立志的困难，不在于战胜别人，而在于战胜自己。〕

——秦·韩非《韩非子·喻老》

□立志欲坚不欲锐，成功在久不在速。〔立志要坚定不要特异，成功在坚持不在迅速。〕

——宋·张孝祥《论治体札子》

□周乎志者，穷踬不能变其操；周乎艺者，居抑不能贬其名。〔志向坚定的人，穷困不能改变他的节操；技艺精通的人，环境压抑不能贬低他的才名。〕

——唐·柳宗元《送元秀才下第东归序》

□弃燕雀之毛羽，慕鸿鹄以高翔。〔抛弃燕子麻雀羽毛般的小利，追慕鸿鹄高翔的远大志向。〕

——南朝·丘迟·摘自《南史·列传》

□鱼，我所欲也；熊掌，亦我所欲也。二者不可得兼，舍鱼而取熊掌也。生，亦我所欲也；义，亦我所欲也。二者不可得兼，舍生而取义者也。〔鱼是我所喜欢的，熊掌也是我所喜欢的，如果两者不能

并有，便舍去鱼而要熊掌。生命是我所喜欢的，道义也是我所喜欢的，如果两者不能并有，便牺牲生命而要道义。〕

———战国·孟子《孟子·告子》

□铅刀有干将之志，萤烛有日月之光。〔软钝的铅刀也希望像宝剑干将一样发挥作用，微弱的萤火烛光也想像日月那样辉映一切。〕

———晋·张轨·摘自《晋书·张轨传》

□燕雀安知鸿鹄之志哉？〔燕子、麻雀怎么能了解大雁、天鹅的志向呢？〕

———汉·司马迁《史记·陈涉世家》

□陨节苟合其宜，义夫岂吝其没；捐躯若得其所，烈士不爱其存。〔损害名节如果符合他应干的事业，正义之人哪会吝惜自己的损害；牺牲自己如果死得其所，刚烈之人不会爱惜他生命的存在。〕

———唐·令狐德棻《晋书·忠义》

□世必有非常之人，然后有非常之事；有非常之事，然后有非常之功。〔世上一定有不同寻常的人，才能有不同寻常的事；有不同寻常的事，才能建立不同寻常的功业。〕

———汉·司马相如《难蜀父老》

□随厮养之役者，失万乘之权；守儋石之禄者，阙卿相之位。〔安于做劈柴喂马差事的人，就会失去争取大国权柄的机会；留恋于微薄俸禄的人，就得不到公卿宰相的地位。〕

———汉·司马迁《史记·淮阴侯列传》

□丹可磨而不可夺其色，兰可燔而不可灭其馨，玉可碎而不可改其白，金可销而不可易其刚。〔丹砂可以磨损可是不能磨去它的红色，

兰草可以焚烧可是不能消灭它的馨香，白玉可以破碎而不能改变它的白色，铁器可以销毁而不能变更它的刚硬。〕

——北朝·刘昼《刘子·夫质》

□丈夫为志，穷当益坚，老当益壮。〔大丈夫立志，应当穷困更坚毅，年老更雄壮。〕

——汉·马援·摘自《后汉书·马援传》

□死有重于泰山，贵其理全也；生有轻于鸿毛，重其义全也。〔死有比泰山还重的，贵在杀身殉道，使理得全；生有比鸿毛还轻的，重在捐躯而践，使义得全。〕

——唐·李延寿《北史》

□大丈夫当建立功名，以取富贵，安能久处贫贱邪？〔大丈夫应当建功立业，以取得名位、富贵，怎么能长久地处于贫贱的境地呢？〕

——北朝·蔡佑·摘自《周书·列传》

□垂髫之儿，皆知礼让；戴白之老，不识兵戈。虏不敢乘月犯边，士不敢弯弓报怨。〔黄发幼儿，都懂得礼仪和谦让；耄耋老人从未见过戈矛；外敌不敢兴兵犯境，将士也不抱怨朝廷。〕

——唐·吴兢《旧唐书·玄宗纪》

□男儿要当死于边野，以马革裹尸还葬耳。〔好男儿当死于保卫边疆的沙场，用马革裹尸还葬故土。〕

——汉·马援·摘自《后汉书·马援传》

□有志者，事竟成，破釜沉舟，百二秦关终属楚；苦心人，天不负，卧薪尝胆，三千越甲可吞吴。〔有志气的人，事业终究能够成功，像霸王项羽破釜沉舟，终使有一百二十关隘的秦国归属了楚国；有苦

195

心的人，苍天最终不会辜负，像越王勾践卧薪尝胆，终领仅为数三千的越军消灭了吴国。〕

——清·蒲松龄《自勉》

□太上立德，不可庶几；其次立功，遂行当代；其次立言，见志后学。〔最上是确立德行让人敬仰，但是不能期望达到；其次是建立功勋，彰显功名于当代；再次是著书立说，开一代学风。〕

——唐·杜佑·摘自《旧唐书·杜佑传》

□做第一等人，干第一等事，说第一等话，抱第一等识。〔要做第一流的人，干第一流的事业，说第一流的话，怀有第一流的见识。〕

——明·吕坤《续小儿语》

□文为士范，行为士则。〔文章是君子的典范，行为是君子的准则。〕

——晋·陈寿《三国志·王毌丘诸葛邓钟传》

□匹夫者，饰小行，竞小廉，以取名誉；人主者，定天下，发社稷，以成大功。〔匹夫，掩饰小的行为，争取小的廉洁，以取得好的名誉；人主，稳定天下，安抚国家，以成就大的功业。〕

——北朝·尹德毅·摘自《北史·列传》

□大丈夫富贵何必故乡？若以妻子经怀，岂不沮人雄志。〔大丈夫要富贵何必眷恋故乡？如果以妻子儿子为寄，岂不是使人的雄心壮志颓丧。〕

——北朝·杨篡·摘自《北史·列传》

□志者，学之师也；才者，学之徒也。学者不患才不赡，而患志之不立。是以为之者亿兆，而成之者无几，故君子必立其志。〔志气，是学习的老师；才能，是学习的徒弟。学习的人不怕才能不充裕，而是担忧志向不定。这样认为的人有很多，可是成就事业的人没几个，所以君子必须确立自己的志向。〕

——汉·徐干《中论·论学》

□保初节易，保晚节难。〔保持起初的节操容易，保持最终的节操困难。〕

——宋·朱熹《名臣言行录》

□明大节于当时，立青风于身后。〔生前深明大义，死后青史垂名。〕

——唐·李世民·摘自《旧唐书·太宗上》

□太上有立德，其次立功，其次立言，虽久不废，此之谓不朽。〔最高的是德行上有建树，其次是功业上有成就，再次是思想上有创造。这三种价值虽经久远不会废弃，可以说是不朽。〕

——春秋·左丘明《左传·襄公二十四年》

□豹死留皮，人死留名。〔豹死了会留下豹皮，人死了应留下声名。〕

——五代·王彦章·摘自《新五代史·死节传》

□浩气还太虚，丹心照千古。〔浩然正气反赠给天地，赤胆忠心照耀着千古。〕

——明·杨继盛《就义》

□立业建功，事事要从实地着脚，若少慕名闻，便成伪果；讲道修德，念念要从虚处立基，若稍计功效，便落尘情。〔建功立业，事事都要从脚踏实地着手，如果稍有贪慕名望的心思，便会形成虚假的

197

业绩；修身养性，时时要从虚弱处做起，如果稍有图谋功效的打算，便会落入世俗的情调。〕

——明·洪应明《菜根谭》

□志士仁人，无求生以害仁，有杀身以成仁。〔志士仁人，不会贪生怕死去损害仁德，只有勇于牺牲来成全仁德。〕

——春秋·孔子《论语·卫灵公》

□只解沙场为国死，何须马革裹尸还？〔我只知道在战场上为国捐躯，何必一定要用马皮裹尸回家安葬呢？〕

——清·徐锡林《出塞诗》

□功崇惟志，业广惟勤。〔功高由于有志，业大由于勤劳。〕

——春秋·孔子《尚书·周官》

□将治大者不治细，成大功者不成小。〔要治理大事业的人不处理芝麻绿豆般的小事，建成大功业的人不计较细小的成绩。〕

——战国·列御寇《列子·杨朱》

□丈夫所志在经国，期使四海皆衽席。〔大丈夫的志向是要为国家的治理作贡献，希望天下的黎民百姓都能够安居乐业。〕

——明·海瑞《樵溪行送郑一鹏给内》

□平生铁石心，忘家思报国。〔我平生的意志如铁石般坚硬，就是要将家庭置之脑后，一心建功报国。〕

——宋·陆游《太息》

□一身之利无谋也，而利天下者则谋之；一时之利无谋也，而利万世者则谋之。〔对个人有利的事情不要谋求，而应当谋求对天下有

利的事情；对一时有利的事情不要谋求，而应当谋求造福千秋万代的事情。〕

——宋·胡宏《胡子之言·纷华》

□金瓯已缺总须补，为国牺牲敢惜身？〔祖国的部分领土已被别人霸占，山河破碎，总要将它收复回来；为了祖国的事业，我甘愿牺牲自己的生命，还怎么敢吝惜自己呢？〕

——清·秋瑾《鹧鸪天》

□僵卧孤村不自哀，尚思为国戍轮台。〔僵卧在荒凉孤寂的小村庄也不感到悲伤，心里想的依然是要到祖国的边塞守卫国家的安全。〕

——宋·陆游《陆游诗选》

□我愿平东海，身沉心不改；大海无平期，我心无绝时。〔我立定志向要填平东海，就算是身体被海水淹没，我的志向也不会改变。只要东海填不平，我的心志就永远不会终止。〕

——清·顾炎武《精卫》

□秋风不用吹华发，沧海横流要此身。〔秋风不要吹动我花白的头发，国家这种危难的局势还需要我去尽心挽救。〕

——金·元好问《壬辰十二月车驾东狩后即事》

□将相本无种，男儿当自强。〔王侯将相本来就没有固定的种族，好男儿只要能发奋图强，就一定会有所作为。〕

——宋·汪洙《神童》

□士之品，大概有三：志于道德者，功名不足以累其心；志于功名者，富贵不足以累其心；志于富贵者而已者，则亦无所不至矣。〔读书人的品行，大概有三种：立志在道德上有所建树的，功名不能成为

199

他思想的负担；立志在功名上有所成就的，富贵不能成为他思想的负担；立志在富贵上有所获取的，那么没有什么不会成为他的负担。〕

——宋·朱熹《与黄诚甫书》

□大鹏一日同风起，扶摇直上九万里。假令风歇时下来，犹能簸却沧溟水。〔有朝一日，大鹏鸟随风飞起，乘着旋风直飞上九万里的高空。就算风停下来，大鹏落下，也会掀起巨大的波浪。〕

——唐·李白《上李邕》

□捐躯赴国难，视死忽如归。〔为了国难而牺牲自己，把死看得和回家一样从容。〕

——三国·曹植《白马篇》

□壮心未与年俱老，死去犹能作鬼雄。〔我报国的雄心壮志并没有随着我年龄的变老而衰减，就算是死去了，也要做鬼中的雄杰与敌人搏斗。〕

——宋·陆游《书愤》

□远路不须愁日暮，老年终自望河清。〔路途遥远，也不必为天色将晚而犯愁；老人还每天企盼着哪一天能看到黄河之水变得澄清。〕

——清·顾炎武《五十初度时在昌平》

□封侯非我意，但愿海波平。〔我的意愿并不是封侯拜相、获取功名，我一心想的是早日让海上的倭患平息下来。〕

——明·戚继光《韬钤深处》

□老当益壮，宁知白首之心。穷且益坚，不附青云之志。酌贪泉而觉爽，处涸辙以犹欢。北海虽赊，扶摇可接。东隅已逝，桑榆非晚。〔年纪越老，志气应越加旺盛，岂能有衰老之心；生活穷困，意志应

200

更加坚强，不能丧失高尚的节操。喝了不洁的贪泉，心里依然清爽，处于干涸的车辙，心情依然乐观。北海虽然遥远，乘飙风还能到达，清晨虽然已去，黄昏努力仍不算晚。〕

——唐·王勃《滕王阁序》

□人生一死浑闲事，裂眦穿胸不汝忘。〔死是非常平常的事，就算是被挖去了双眼，剖开了胸膛，也不会忘记自己的国家。〕

——宋·宇文虚中《在金日作》

□带长剑兮挟秦弓，首身离兮心不惩。〔身佩长剑，手持强弓，奔赴沙场，就算身首异处也毫不畏惧。〕

——战国·屈原《九歌·国殇》

□业无高卑志当坚，男儿有求安得闲？〔职业并没有高低贵贱之分，重要的是男儿应有所追求，怎么能够安闲地虚度一生呢？〕

——宋·张耒《示秬秸》

□双鬓多年作雪，寸心至死如丹。〔我的头发早在多年以前就白了，但我的心却至死都是赤诚的。〕

——宋·陆游《感事六言》

□丈夫贵兼济，岂独善一身？〔大丈夫贵在以天下人的利益为重，怎么能够仅仅满足自己而不顾别人呢？〕

——唐·白居易《新制布裘》

□夫志，气之帅也，人之命也，木之根也，水之源也。源不浚则流息，根不植则木枯，命不续则人死，志不立则气昏。是以君子之学，无时无处而不以立志为事。〔志向，是一个人气节的统帅，是人类的生命，是树木的根基，是水流的源头。源头不疏通水流就会断，不培

植树根树木就会枯死，生命不延续人就会死亡，不树立志向人就会气质昏浊。所以君子治学立身，无时无刻不以树立志向为要事。〕

——明·王守仁《示弟立志说》

□万钟一品不足论，时来出乎苏元元。〔高官厚禄并不足念，重要的是有了机会要接济苍生，为人民造福。〕

——宋·陆游《五更读书示子》

□男儿生身自有役，那得误我少年时？〔男儿生下来就是要有一番作为的，怎么可以虚度了自己的青春年华呢？〕

——唐·张籍《乐府诗·别离曲》

□吞舟之鱼，不游支流；鸿鹄高飞，不集污池。〔能将船吞下的大鱼，不会在江河的支流中游泳；翱翔万里的鸿鹄，不会栖息在污浊的池塘边。〕

——战国·列御寇《列子·杨朱》

□力不胜于胆，逢人空泪垂。一心中国梦，万古下泉诗。〔力量不能满足胆量，对人只能空流泪。一颗心只有统一中国的梦想，人世间可以留下清新的诗篇。〕

——宋·郑思肖《德祐二年岁旦》

□岁老根弥壮，阳骄叶更阴。〔年岁越久，桐树的根就越壮；阳光越强烈，桐树的叶子就越繁茂。〕

——宋·王安石《孤桐》

□坚志者，功名之主也；不惰者，众善之师也。登山不以艰险而止，则必臻乎峻岭矣；积善不以穷否而怨，而必永其令问矣。〔坚定的志向，是成就功名的主干；勤勉的劳作，是一切善行的老师。登山

不因艰险而停止，必将到达高峻的山岭；积善不因为穷困而怨难，必将有好的声望传世。〕

——晋·葛洪《抱朴子·广譬》

□丈夫生世会几时，安能蹀躞垂羽翼？〔大丈夫一生能有多长时间，怎么能迈着小步、耷拉着翅膀走呢？〕

——南朝·鲍照《拟行路难》

□安得万里裘，盖裹周四垠；稳暖皆如我，天下无寒人。〔怎么能得到万里之大的衣服，把四面八方都能盖满裹住，像我一样平安温暖，使天下再没有受冻的人。〕

——唐·白居易《新制布裘》

□枥骥不忘千里志，病鸿终有赤霄心。〔伏在马厩里的千里马时刻都没有忘记自己要驰骋千里的志向，疾病中的鸿鹄一直都盼望着能再度冲上九霄。〕

——明·张居正《尉刘生卧病苦吟》

□不须浪饮丁都护，世上英雄本无主。〔不要在哀伤的乐曲中狂饮作乐，世界上的英雄本来就不属于特定的人。〕

——唐·李贺《浩歌》

□少年心事当拏云，睡念幽寒坐呜呃。〔年轻人应当有凌云的壮志，而不应老是顾念着暂时的困苦而空自哀叹。〕

——唐·李贺《致酒歌》

□君子之为君子也，一人死而万人寿，一人痛而万人愈，一人忧而万人乐，一人劳而万人逸。〔君子之所以称为君子，是因为他所企求的是牺牲他一个人，而让万人得以长存；病倒他一个人，而使万人

203

痊愈；烦劳他一个人，而让万人得以快乐；辛苦他一个人，而让万人得以安逸。〕

□心不清则无以见道，志不确则无以立功。〔心里不洁净就不能发现真理，志向不够坚定就不能建功立业。〕

——宋·林逋《省心录》

□丈夫不逆旅，何以及苍生？〔大丈夫如果不转战南北，四海为家，怎么能够为百姓出力呢？〕

——明·俞大猷《秋日山行》

□但令毛羽在，何处不翻飞？〔只要有毛羽在，在哪里不能高飞？〕

——唐·吕温《赋得失群鹤》

□民安足遂心中愿，年壮何妨到处家？〔百姓能够安居乐业就是我最大的心愿了，我现在正值年壮，四海为家，又有什么关系呢？〕

——明·于谦《连日灯花鹊噪漫成》

□男儿无英标，焉用读书博？〔如果男儿没有远大的目标，就算读再多的书又有什么用呢？〕

——宋·刘过《宋诗选》

□男儿何不带吴钩，收取关山五十州？〔男子汉为何不提上战刀，将五十州的失地收回呢？〕

——唐·李贺《南国十三首》

□君子谋道不谋食。耕也，馁在其中矣；学也，禄在其中矣。君

204

子忧道不忧贫。〔君子用心力于学术，不用心力于衣食。耕田，也常常饿着肚皮；学习，常常得到俸禄。君子只着急得不到道，不着急得不到财。〕

——春秋·孔子《论语·卫灵公》

□**男子千年志，吾生未有涯。**〔好男儿有着远大的志向，就算奋斗一辈子也不算完。〕

——宋·文天祥《南海》

□**物情大忌不自量，立志亦复嘉专精。**〔做事最忌讳的就是不自量力，所以确立志向也应该勉励自己要专精。〕

——宋·刘过《呈陈总领》

□**为世忧乐者，君子之志也；不为世忧乐者，小人之志也。**〔为世人的忧愁而忧愁，为世人的快乐而快乐，这是君子的志向；不为世人的忧愁而忧愁，不为世人的快乐而快乐，这是小人的意愿。〕

——汉·荀悦《申鉴·杂言上》

□**力胜者可以举大器，智胜者可以断大事，志胜者可以适大愿。**〔力气大的人可以举重大器物，智慧高的人可以决断重大事情，志向大的人可以实现远大理想。〕

——宋·晁迥《昭德新编》

□**受屈不改心，然后知君子。**〔受到挫折和打击后仍然能够不改变自己的志向，这样的人才是大丈夫。〕

——唐·李白《赠韦侍御黄裳》

□**安得广厦千万间，大庇天下寒士俱欢颜，风雨不动安如山！呜呼！何时眼前突兀见此屋，吾庐独破受冻死亦足。**〔怎么才能得到成千上万间高大的房子，能够遮蔽天下所有贫寒的人，使他们都笑逐颜开地住在那里，无论刮风下雨，都安然不动稳如泰山呢?如果真能有那一天，就算只让我一个人的房子破陋，受冻致死，我也心满意足了。〕

——唐·杜甫《茅屋为秋风所破歌》

□哀莫大于心死，而人死亦次之。〔人最大的悲哀莫过于心如死灰，而相比之下，生命的结束倒显得次要了。〕

——战国·庄子《庄子·田子方》

□壮士不死即已，死即举大名耳，王侯将相宁有种乎？〔英雄志士不死就算了，要死就要为大事而死，王侯将相难道是天生代代相传的吗？〕

——汉·司马迁《史记·陈涉世家》

□愿保金石志，勿令有夺移。〔但愿能够永远保持金石那样的坚定的志向，不要有任何动摇。〕

——唐·孟郊《同年春宴》

□幼习业，壮致身，上匡国，下泽民。〔一个人从小就要刻苦学习，长大后可以实现理想抱负，对上可报效国家、社稷，对下可以福泽百姓。〕

——宋·王应麟《三字经》

□愿将黄鹤翅，一借飞云空。〔希望能借助黄鹤的翅膀飞上九天，翱翔万里。〕

——唐·孟郊《上包祭酒》

□国者，天下之利势也。得道以持之，则大安也，大荣也，积美之源也。不得道以持之，则大危也，大累也，有之不如无之。〔国家，是天下最有利益和权势的东西。得到治国之道的人掌握了它，就会很安定，很荣耀，成为积累美名的根源。没有得到治国之道的人掌握了它，就会很危险，受到很大牵累，有了它还不如没有它。〕

——宋·司马光《资治通鉴·周纪》

□人生志气立，所贵功业昌。〔人生立下大志，最可贵的是建立宏大的功业。〕

——唐·陶瀚《赠郑员外》

□丈夫可为酒色死？战场横尸胜床笫。〔大丈夫怎么能为酒色而死呢？战死在沙场胜过死于床笫之间。〕

——宋·陆游《前有樽酒行》

□天下兴亡，匹夫有责。〔天下的兴衰存亡，普通百姓都有责任。〕

——清·梁启超《无聊消遣》

□丈夫贵功勋，不贵爵禄饶。〔大丈夫应注重建立功勋，而不必看重俸禄的多少。〕

——唐·姚合《送王归湘乡兼寄曾九弟》

□长风破浪会有时，直挂云帆济沧海。〔总有一天会扬起高高的风帆，乘风破浪，在沧海上自由航行。〕

——唐·李白《行路难》

□刑天舞干戚，猛志固常在。〔虽然刑天被砍掉了头颅，但他仍然挥舞着盾牌和大斧，他勇猛的斗志是永远存在的。〕

——晋·陶渊明《读山海经十三首》

□有补于天地曰功，有关于世教曰名，有学问为富，有廉耻曰贵，是谓功名富贵。无为曰道，无欲曰德，无习于鄙陋曰文，无近于暧昧曰章，是谓道德文章。〔有益于天地为功，有关于世间教化为名，学富五车叫富，知廉明耻为贵，这就是功名富贵。无所求为道，无私欲为德，无陋习为文，处世有原则为章，这就是道德文章。〕

——清·金缨《格言联璧》

□仰天大笑出门去，我辈岂是蓬蒿人？〔仰天大笑出门进京，我怎么可能是那种一辈子都默默无闻的乡野之人呢？〕

——唐·李白《南陵别儿童入京》

□沧海可填山可移，男儿志气当如斯。〔沧海能够填平，高山可以移走，但男儿的志向却应该总是坚定如初。〕

——宋·刘过《盱眙》

□画工须画云中龙，为人须为人中雄。〔画工既要作画，就要画云中的飞龙；人既要做人，就要做人中的豪杰。〕

——清·秋瑾《秋瑾诗词》

□桑弧未了男子事，何能局促甘囚山？〔男儿的桑弧之志还尚未完成，怎能够甘心就这样像囚禁似的隐居在狭小的山里？〕

——宋·文天祥《生日和谢爱山长句》

□志意修，德行厚，知虑明，生于今而志乎古，则是其在我者也。〔志向端正，品行高尚，思虑精明，生在今天却能有志于古代的正道，这就在他自身的努力了。〕

——战国·荀子《荀子·天论》

□壮怀不逐秋容变，一任潇潇雨满帘。〔我的壮志不会随着秋色的渐渐老去而衰减，任凭那潇潇的细雨打湿我的窗帘。〕

□人生孰无死，贵得死所耳？〔人生一世，谁能免于一死呢？重要的是应该死得有价值，有意义。〕

——明·夏完淳《狱中上母书》

□大地苍生被甘泽，成功依旧入山林。〔整个大地和民众都受到甜美的雨水滋润，功成名就的他依然回到不引人注目的山林中去。〕

——明·于谦《孤云》

□蚯蚓霸一穴，神龙行九天。〔蚯蚓占据了一个洞穴就感到满足，而神龙却要飞上九天翱翔。〕

——明·方孝孺《闲居感怀》

□人心无算处，国手有输时。〔任何人都会有考虑不周全的时候，即使是全国最好的棋手，也会偶尔输给别人。〕

——唐·裴说《棋》

□良马不念秣，烈士不苟营。〔好马不会贪恋马厩中的饲料，有抱负的志士也不会贪图眼前的利益。〕

——唐·张籍《西州》

□非才无以济其志，非志无以辅其才。〔没有才智就无法实现自己的远大志向，没有远大的志向就不能成就自己的才能。〕

——宋·朱熹《通鉴宝记》

□不期于远大，不期为圣贤，皆是志不立。〔凡不期望做大事业，不期望做圣贤的，都不算有大志向。〕

——清·张伯行《困学录集粹》

□不闻大论，则志不宏；不听至言，则心不固。〔不知道大道理，就不会有伟大的志向；不听深切中肯的言论，就不会有坚定的意志。〕

——汉·荀悦《申鉴·杂言》

□老者安之，朋友信之，少者怀之。〔我的志向是，老者使他安逸，朋友使他信任我，年轻人使他怀念我。〕

——春秋·孔子《论语·公冶长》

□君子之学，或施之事业，或见于文章。〔君子做学问，或者使用在事业方面，或者显现在文章方面。〕

——宋·欧阳修《薛简肃公文集序》

□生当为人杰，死亦为鬼雄。〔活着应该成为人中豪杰，死了也该成为鬼中英雄。〕

——宋·李清照《乌江》

□盖文章，经国之大业，不朽之盛事。〔著书立说，是治理国家的伟大业绩，永不腐朽的盛大事业。〕

——汉·曹丕《典论·论文》

□大丈夫处世，当扫除天下，安事一室乎？〔大丈夫活在世上，应当有志扫除天下污秽，怎能只顾及自己一家一室的洁净呢？〕

——南朝·范晔《后汉书·陈蕃传》

□丈夫志四海，万里犹比邻。〔大丈夫志在四方，即使彼此相隔万里，仍然如同近邻一样。〕

——三国·曹植《赠白马王彪》

□其志定者，其言简以重；其志俭者，其言质以实；其志刚者，其言果以断；其志直者，其言明以厉。〔志向坚定的人，他的言论简约而郑重；志向淡泊的人，他的言论质朴而务实；心志坚强的人，他的言语深沉而果断；内心率直的人，他的言论明确而严肃。〕

——明·薛应旂《薛方山纪述》

□以精到之识，用坚持之心，运精进之力，便是金石可穿，豚鱼可格，更有什么难做之事功、难造之圣神？士君子碌碌一生，百事无成，只是无志。〔人们如果能以精辟而独到的见识，下定坚忍不拔的决心，拿出勇猛精进的力量，那么金石就可以被穿破，豚鱼也可以被感化，世上还有什么事业做不成？还有什么圣贤的境界难以达到？君子终身碌碌无为，一事无成，完全是因为缺乏坚定的志向和顽强的毅力。〕

——明·吕坤《呻吟语》

□世道、人心、民生、国计，此是士君子四大责任，这里都有经略，都能张主，此是士君子四大功业。〔关心社会风气、人们的思想状况、民众的生活水平、国家的经济状况，是每位君子应尽的责任，每个方面都需要精心谋划，都可以施展自己的抱负。在这些方面作出成绩，就是士君子最大的功业。〕

——明·吕坤《呻吟语》

□尧舜事功，孔孟学术，此八字是君子终身急务。以天地万物为一体，此是孔孟学术；使天下万物各得其所，此是尧舜事功。〔尧舜的功绩、孔孟的学说，是君子终身仿效研习的榜样和理论精髓。把天地万物都看做一个统一和谐的整体，这是孔孟学说的核心；使天下万物都能得到妥善的安置，这是尧舜所建立的伟大功绩。〕

——明·吕坤《呻吟语》

□无才无学，士之羞也；有才有学，士之忧也。夫才学非有之难，而降伏之难。君子之贵才学，以成身也，非以矜己也；以济世也，非以夸人也。〔没有才能和学问，是士人的羞耻；有了才能和学识，又令士人担忧。才能和学识要掌握起来并不难，难的是如何降伏因拥有才学而滋长的骄矜之气。君子之所以看重才学，是为了安身立命，并不是为了炫耀自己；是为了经邦济世，不是为了自我表现。〕

——明·吕坤《呻吟语》

功过是非

□得失一时，荣辱千载。〔得与失只是一时的事，而是非荣辱的历史评价却会永远载入史册。〕

——明·陆树声《适园语录》

□若将世路比山路，世路更多千万盘。〔如果把人生比作山路，它的曲折艰险则更多。〕

——宋·范成大《四十八盘》

□死是征人死，功是将军功。〔征战中死的都是戍卒，但战功却全都是将军的。〕

——唐·刘湾《出塞曲》

□大道如青天，我独不得出。〔大道如同青天一样宽广，可是我偏偏没有出头之日。〕

——唐·李白《行路难》

□文章憎命达，魑魅喜人过。〔有文才的人总是薄命遭忌，山精水鬼在等着你经过。〕

——唐·杜甫《天末怀李白》

□君子进则能达，退则能静。岂贵其能达哉？贵其有功也。岂贵其能静哉？贵其能守也。〔君子进取则能够显达，退隐则能够宁静。使

213

他尊贵的难道是能够显达吗？使他尊贵的是他的功劳。使他尊贵的难道是能够宁静吗？使他尊贵的是他能安守。〕

——汉·戴德《礼记·曾子制言》

□时来天地皆同力，运去英雄不自由。〔时机好的时候，连天地都来相助；而运气不好的时候，即使是英雄也不能自主。〕

——唐·罗隐《筹笔驿》

□天之能，人固不能也；人之能，天亦有所不能也。〔天能做到的，人固然有做不到的；而人能做到的，天也有做不到的。〕

——唐·刘禹锡《天论》

□忠臣必待明君乃能显其节，良吏必得察主乃能成其功。〔忠臣只有遇到贤明的君主才能表现出他的高风亮节，好的官吏只有遇到善于明察的上级才能干出一番事业。〕

——汉·王符《潜夫论·明忠》

□盖人生历程，大抵逆境居十六七，顺境亦居十三四，而顺逆两境又常相间以迭乘。〔大凡人生历程，一般是逆境占十之六七，顺境亦占十之三四，顺境和逆境又往往互相穿插，交替出现。〕

——清·梁启超《新民说》

□象以齿焚身，蚌以珠剖体。〔大象因为有了珍贵的象牙而遭到了杀身之祸，河蚌因为长有珍珠而被剖开了身体。〕

——汉·王符《潜夫论·遏利》

□贫不足羞，可羞是贫而无志；贱不足恶，可恶是贱而无能；老不足叹，可叹是老而虚生；死不足悲，可悲是死而无补。〔贫穷不值得羞愧，羞愧的应该是贫穷而没有志气；卑贱不值得憎恶，憎恶的应

214

该是卑贱而没有能力；衰老不值得叹息，叹息的应该是年老而一生虚度；死亡不值得悲伤，悲伤的应该是死亡而没有价值。〕

——明·陈继儒《小窗幽记》

□世俗有险易，时运有盛衰。〔世俗有艰险有容易，时运有兴盛有衰败。〕

——三国·繁钦《杂诗》

□春风得意马蹄疾，一日看尽长安花。〔心情愉快，马也跑得快，一天的时间看遍了长安城的好花。〕

——唐·孟郊《登科后》

□出门即有碍，谁谓天地宽？〔出门就有障碍，谁说天地宽广？〕

——唐·孟郊《赠崔纯亮》

□万里悲秋常作客，百年多病独登台。〔在令人生悲的秋天里经常飘零为客，一生多病独自来此登台。〕

——唐·杜甫《登高》

□惜草茅者耗禾穗，惠盗贼者伤良民。〔爱惜草茅就会损害禾苗，给盗贼以宽容就会伤害良民。〕

——秦·韩非《韩非子》

□可以生而生，天福也；可以死而死，天福也。〔可以活着的就活着，是上天赐给的福祉；可以死去的就死去，是上天赐给的福祉。〕

——战国·列御寇《列子·力命》

□能扶天下之危者，则据天下之安。能除天下之忧者，则享天下

215

之乐。能救天下之祸者，则获天下之福。〔能挽救天下危亡的，就能得到天下的安定。能消除天下忧患的，就能享受天下的快乐。能拯救天下灾祸的，就能获得天下的幸福。〕

——秦·黄石公《黄石公三略·下略》

□猛虎处深山，百兽震恐；及其在阱槛之中，摇尾而求食。〔猛虎在深山的时候，百兽都很害怕，等到身在陷阱的时候，只能摇着尾巴乞求食物了。〕

——汉·司马迁《报任安书》

□丈夫患不遇，岂患长贱贫？〔大丈夫担心的是遇不到实现抱负的良机，哪里担心生活长久的贫贱？〕

——宋·欧阳修《送孔生再游河北》

□亲戚或余悲，他人亦已歌。死去何所道，托体同山阿。〔逝者的亲人或许过后还在悲哀，别人却已唱起歌来。人死了又有什么可说的呢？只是把身体托付给山陵罢了。〕

——晋·陶渊明《拟挽歌辞三首》

□讨贼，大顺也；拯时，大业也。〔讨伐逆贼，是顺应时代发展；拯救时政，是丰功伟业。〕

——北朝·高欢·摘自《北齐书·帝纪》

□生时自己啼，死时他人哭。我啼人则喜，人哭我当乐。〔出生的时候是自己哭，死去的时候是别人哭。我哭的时候他人就喜悦，他人哭的时候我应当高兴。〕

——清·袁枚《喜老》

□君虽尊，以白为黑，臣不能听；父虽亲，以黑为白，子不能从。

216

〔皇帝虽然尊贵，但若将白说成黑，臣下也不能听从他；父亲虽然亲近，但若将黑说成白，儿子也不能顺从他。〕

——秦·吕不韦《吕氏春秋·应同》

□无官一身轻，有子万事足。〔不做官时一身轻松，有了儿子就万事满足了。〕

——宋·苏轼《借前韵贺子由生第四孙斗老》

□死生，天地之常理，畏者不能苟免，贪者不可苟得也。〔生与死，都是自然规律，害怕的人不能因此幸免，贪心的人不能侥幸得到。〕

——宋·欧阳修《唐华阳颂》

□从来好事天生险，自古瓜儿苦后甜。〔从来好事总是经历许多艰险，自古以来瓜儿都是先苦后甜。〕

——元·白朴《阳春曲·题情》

□天堂地狱由人造，古人不肯分明道。〔天堂和地狱都是由人编造出来的，只是古人不肯明明白白地道破而已。〕

——元·邓玉宾《叨叨令·道情》

□人有逆天之时，天无绝人之路。〔人有违背天道的时候，而天没有绝断人的道路。〕

——明·冯梦龙《醒世恒言》

□天道无亲，常与善人。〔自然规律对于芸芸众生一视同仁，而又常常无意识地暗中帮助善良的人。〕

——春秋·老子《道德经》

□势固因乎守时，理固因乎守势。智者如此，非可一概以言成败

也。〔形势是否有利在于时机，道理能否正确在于形势。智慧的人就是这样观察问题，不能一律以成败论定英雄。〕

　　　　　　　　　　　　　　——清·王夫之《读通鉴论》

　　□非天道愦愦，人自愦愦。〔不是天道使人昏乱的，人的昏乱是自己造成的。〕

　　　　　　　　　　　　——清·蒲松龄《聊斋志异·高序》

　　□周公恐惧流言日，王莽谦恭未篡时。向使当初身便死，一生真伪复谁知？〔周公在流言面前惶恐不安，王莽在篡位之前伪装谦恭。假若当时他们死了，二人的真实面貌有谁知道呢？〕

　　　　　　　　　　　　　——唐·白居易《放言五首》

　　□才自清明志自高，生于末世运偏消。〔才智超群，志向也很高远，然而生在衰亡的时代，命运偏偏不好。〕

　　　　　　　　　　　　　——清·曹雪芹《红楼梦》

　　□身既死兮神以灵，子魂魄兮为鬼雄。〔身体已死啊神灵不灭，你的灵魂啊是鬼中的英雄。〕

　　　　　　　　　　——战国·屈原《九歌·国殇》

　　□人固有一死，或重于泰山，或轻于鸿毛。〔人本来都有一死，但有的比泰山还重，有的比鸿毛还轻。〕

　　　　　　　　　　　　　——汉·司马迁《报任安书》

　　□上士忘名，中士立名，下士窃名。忘名者，体道合德，享鬼神之福祐，非所以求名也；立名者，修身慎行，惧荣观之不显，非所以让名也；窃名者，厚貌深奸，于浮华之虚称，非所以得名也。〔道德高尚的人不谋声名，道德一般的人想立声名，道德低下的人想窃声名。

忘记声名的人，其思想行为本已合乎道德，将会受到鬼神的福荫庇护，不是为了获取声名；追求声名的人，修养身心，谨慎行事，惧怕家族不显耀，不是因为谦让声名；盗窃声名的人，面貌忠厚，内心奸诈，在浮华的行径下骗得一点儿虚名，不是真正有名声的人。〕

　　　　　　　　　　　　——北齐·颜之推《颜氏家训·名实》

　　□人所归者天所有与，人所畔者天所去也。〔民心所向，老天爷也会帮助他；民心背离，老天爷也会抛弃他。〕

　　　　　　　　　　　　——南朝·范晔《后汉书·申屠刚传》

　　□古来才命两相妨。〔自古以来人的才气、命运，便是互相妨碍的。〕

　　　　　　　　　　　　——唐·李商隐《有感》

　　□兴国之君，乐闻其过，荒乱之主，乐闻其誉。〔振兴国家的君主爱听从别人对他的批评，荒淫乱伦的君主爱听别人对他的赞誉。〕

　　　　　　　　　　　　——晋·陈寿《三国志·贺邵传》

　　□君子，不为苟存，不为苟亡。〔真正的君子，既不苟且偷生，也不随便去死。〕

　　　　　　　　　　　　——晋·陈寿《三国志·梁习传》

　　□死生由命，富贵在天。〔死生听从命运，富贵由天安排。〕

　　　　　　　　　　　　——春秋·子夏《论语·颜渊》

　　□勇不虚死，节不苟立。〔勇敢不表现在无意义地去死，气节也不是随随便便可以成就的。〕

　　　　　　　　　　　　——三国·陈琳《檄吴将校部曲文》

　　□事当难处之时，只让退一步，便容易处矣，功到将成之候，若

219

放松一着，便不成矣。〔当事情确实难以处理时，只要退后一步，就容易处理了；当事业将要成功之时，如果松懈一下，就难以成功。〕

——清·王永彬《围炉夜话》

□**民之所好莫甚于生，所恶莫甚于死。**〔百姓所看重的没有什么能超过生存，所厌恶的没有什么能超过死亡。〕

——晋·傅玄《治体》

□**若使人人祷辄遂，造物应须日千变。**〔假如每个人的祈祷都能如愿，造物主就必须每天变化千百次。〕

——宋·苏轼《泗州僧伽塔》

□**不畏义死，不荣幸生。**〔为正义而死不感到畏惧，因侥幸得生不感到光荣。〕

——唐·韩愈《清边郡王杨燕奇碑文》

□**生当作人杰，死亦为鬼雄。**〔活着应当做人中的豪杰，死了也要做鬼中的英雄。〕

——宋·李清照《绝句》

□**慷慨赴死易，从容就义难。**〔情绪激昂地去死是容易的，但从容不迫地为正义而死却很难。〕

——宋·谢枋得《却聘书》

□**大道本无生，视身如敝屣。**〔按照自然规律人本无所谓生与不生，所以我把身体看做破旧的鞋子随时可以抛弃。〕

——明·夏完淳《狱中上母书》

□**黄钟毁弃，瓦釜雷鸣；谗人高张，贤士无名。**〔黄钟这样有气

势的乐器毁坏了，而瓦锅却像雷鸣一样响亮；喜欢说人坏话的人趾高
气扬，品德高洁的人却默默无闻。〕

——战国·屈原《卜居》

□一败不足衄，后功掩前羞。〔一次失败并不算是失败，以后成
功了可以洗刷以前的羞辱。〕

——宋·欧阳修《送黎生下第还蜀》

□善作者不必善成，善始者不必善终。〔善于做事的人不一定会
取得成功，开头好的人不一定会圆满结束。〕

——汉·刘向《战国策·燕策》

□成也萧何，败也萧何。〔（韩信）成功是因为萧何，失败也是因
为萧何。〕

——宋·洪迈《容斋随笔》

□成败极知无定势，是非元自要徐观。〔事业成败都知道没特定
的态势，人生是非原本要慢慢观察。〕

——宋·陆游《次韵季长见示》

□酒能成事，酒能败事。〔酒能帮助人办成事情，也能使人把事
情办坏。〕

——明·施耐庵《水浒传》

□成则为王，败则为贼。〔成功的人就称为帝王，失败的人就被
称为贼寇。〕

——元·纪君祥《赵氏孤儿》

□与其有誉于前，孰若无毁于其后；与其有乐于身，孰若无忧于

221

其心。〔与其有人称赞在事前，不如没有人批评在事后；与其得到快活在身体上，哪如没有忧愁事在心里。〕

——唐·韩愈《送李愿归盘谷序》

□古来兴废事，大半误儒生。〔自古以来国家兴亡大事，大多数耽误在那些迂腐的书生手中。〕

——明·王世贞《故关》

□成德每在困穷，败身多因得志。〔成就自己的德行常常是在穷愁潦倒的时候，败坏自己的身家多数是因为得意而忘形。〕

——清·王豫《蕉窗日记》

□不贪花酒不贪财，一世无灾也无害。〔不贪恋酒色钱财，一生就没有什么灾祸。〕

——明·冯梦龙《警世通言》

□成败论古人，陋识殊未公。〔只凭成败来评价古人，这种浅陋的见识实在有欠公正。〕

——清·沈德潜《咏史》

□谋事在人，成事在天。〔谋求事情成功，在于人的主观努力，事情究竟能否取得成功，还要看天意如何了。〕

——明·罗贯中《三国演义》

□容易醉人红袖酒，最难名世白衣诗。〔红袖美女的酒是最容易醉人的，没有官位的人写的诗很难闻名于世。〕

——清·袁祖光《绿天香雪诗话》

□千锤万击出深山，烈火焚烧若等闲。粉骨碎身全不怕，要留清

白在人间。〔经过千锤万击从深山里开采出来，在烈火里焚烧也能像平时一样，粉身碎骨都不害怕，一定要把清白留给人间。〕

——明·于谦《石灰吟》

□莫言名与利，名利是身仇。〔不要说名和利这些东西，名利恰恰害了自己。〕

——唐·杜牧《不寝》

□纨绔不饿死，儒冠多误身。〔一无所能的纨绔子弟没有饿死的，而经纶满腹的儒生却有很多被耽误了一辈子。〕

——唐·杜甫《奉赠韦丞丈二十二韵》

□求名莫如自修，善誉不能掩恶也。〔追求名声没有比提高自己修养更好的，良好的声誉不能掩盖恶劣的行径。〕

——宋·欧阳修《唐王重荣德政碑》

□苟利国家生死以，岂因福祸趋避之？〔只要对国家有利，都可以牺牲自己，哪会因为自己可能受到祸害而躲开？〕

——清·林则徐《赴戍登程口占示家人》

□人生自古谁无死，留取丹心照汗青。〔自古以来，人终不免一死！但留下一颗为国尽忠红心永载史册。〕

——宋·文天祥《过零丁洋》

□苟纵心于物外，安知荣辱之所如。〔只要我置身于世人之外，哪管它荣耀与耻辱的所在。〕

——汉·张衡《归田赋》

□成业者系于所为，不系所藉；立功者言其所济，不言所起。〔成

223

就事业的人，在于他成就了什么，而不在他凭借的什么；建立功勋的人在于他的功绩怎么样，而不是他的出身怎么样。〕

　　　　　　　　　　　　——晋·习凿齿·摘自《晋书·习凿齿传》

　　□为善者，天报之以福；为恶者，天谴之以殃。〔做善事的人，老天用洪福回报他；做恶事的人，老天用祸殃谴责他。〕

　　　　　　　　　　　　——北朝·斛斯徵·摘自《北史·列传》

　　□女无美丑，入宫见妒；士无贤肖，入朝见嫉。〔女子无论美丑，只要一入宫门，便会遭人妒忌；士人无论贤与不贤，只要一进朝廷，就会遭人嫉恨。〕

　　　　　　　　　　　　——汉·司马迁《史记·鲁仲连邹阳列传》

　　□终日不见己过，便绝圣贤之路；终日喜言人过，便伤天地之和。〔终日不发现自己的过错，便堵绝了做圣贤的道路；终日喜欢宣传别人的过失，便会损伤天地的和气。〕。

　　　　　　　　　　　　——清·施闰章《国朝先正事略》

　　□好名是学者病，是不学者药。〔喜好名声是学者的毛病，是不学者的良药。〕

　　　　　　　　　　　　——清·王士禛《池北偶谈》

　　□人犯一"苟"字，便不能振；人犯一"俗"字，便不可医。〔人如果染上随便的毛病，这个人就不能振作；人如果陷入庸俗之流，这个人就不可救药。〕

　　　　　　　　　　　　——清·王永彬《围炉夜话》

　　□故良农不患疆场之不修，而患风雨之不节；君子不患道德之不建，而患时世之不遇。〔所以好的农民不怕边防不强大，而怕风雨无

节制；好的君子不怕道德不完善，而怕世上没知己。〕

——汉·徐干《中论·爵禄》

□惟德是辅，天道之常也；见机而作，人事之会也。〔只辅助有德行的人，是天道的常理；见机行事，是人办事的机遇。〕

——北朝·王悦·摘自《周书·列传》

□劝君不用镌顽石，路上行人口似碑。〔劝你不必镌刻顽石为自己树碑立传，路上行人的嘴就是活的记功碑。〕

——宋·普济《五灯会元·太平安禅师》

□不才明主弃，多病故人疏。〔没有才能，明主看不上我；身体多病，老朋友也很少来探望。〕

——唐·孟浩然《岁暮归终南山》

□政声人去后，民意闲谈中。〔执政者的声誉在人离去之后才有定论，民众的意愿大都反映在茶余饭后的闲谈之中。〕

——清·佚名《民间对联集》

□功全则誉显，业谢则衅生。〔功成名就就会声名鹊起，功业不成就会是非百出。〕

——南朝·范晔《后汉书·隗嚣传》

□平生德义人间诵，身后何劳更立碑？〔人活着的时候，品行高尚，被世人称颂，死去之后哪还用得着树碑立传呢？〕

——唐·徐寅《经故翰林杨左丞池亭》

□富贵是无情之物，看得它重，它害你越大；贫贱是耐久之交，处得它好，它益你反深。〔富贵是无情的事，把它看得过重，它祸害

你越大；贫贱是长久的朋友，和它相处越好，它对你的情谊越深。〕

——明·洪应明《菜根谭》

□天下不如意，恒十居七八。〔天下不如意的事，经常是十件中有七八件。〕

——唐·房玄龄《晋书·羊祜传》

□途穷天地窄，世乱死生微。〔路途穷尽时天地也显得狭窄，世道混乱时死生成了微小之事。〕

——明·沈钦圻《乱后哭友》

□无权则无以成天下之务，无机则无以济万世之功。〔没有权力，就不能完成天下的事业；没有时机，就不能成就万代的功绩。〕

——宋·苏洵《远虑》

□贤不贤，才也；遇不遇，时也。〔贤德不贤德，取决于有无才能；受赏识不受赏识，取决于逢不逢时运。〕

——汉·王充《论衡·逢遇篇》

□玉颜自古身为累，肉食何人与国谋。〔自古美女多因体貌姣好而命薄，那些吃肉当官的又有谁真心为国出谋划策。〕

——宋·欧阳修《唐崇徽公主手痕和韩内翰》

□智以险昌，愚以险亡。〔智者因遇到艰险而得以发展，愚者因遇到艰险而走向灭亡。〕

——唐·白居易《策林》

□有高世之功者，负遗俗之累；有独智之虑者，任骛民之怨。〔有成就的高出世人功业的人，就要敢于承受被世俗所摒弃的牵累；有独

226

到智慧和谋略的人，就要遭到傲慢之民的怨恨。〕

——周·赵雍·摘自《史记·赵世家》

□众口铄金，浮石沉木。〔在众口一致的贬抑下，足以使金属熔化，能让水中的石头浮上来、木头沉下去。〕

——晋·陈寿《三国志·孙礼传》

□有不虞之誉，有求全之毁。〔有出乎意料而获得的赞誉，有追求完满而遭到的诋毁。〕

——战国·孟子《孟子·离娄上》

□惟凭野老口，不立政声碑。〔执政者的声誉，唯有凭借民间老人力作定论，不需要去刻立政治声誉的石碑。〕

——唐·杜荀鹤《唐风集》

□出师未捷身先死，长使英雄泪满襟！〔领兵出征还没有全面获胜，自己却先死了，多少年来使得英雄们一想到此事就会泪满衣襟。〕

——唐·杜甫《杜甫诗集·蜀相》

□无功而食，雀鼠是已；肆害而食，虎狼是已。〔无功于百姓而食俸禄，是麻雀老鼠之类；放肆地危害百姓，则凶猛超过虎狼。〕

——清·金缨《格言联璧·从政》

□曲突徙薪亡恩泽，焦头烂额为上宾。〔事先建议将烟囱弄弯、把柴搬走的人没有受到奖赏，事后因救火被烧伤的人却被奉为上宾。〕

——汉·佚名《为徐福上书》

□材难矣，有蕴而不得其时；时逢矣，有用而不尽其施。〔人才实在是不容易呀，积聚多年却很可能得不到运用才智的时机；遇到时

227

机了又很可能得不到全部的施展。〕

——宋·欧阳修《欧阳修文集》

□爱恶亲疏，兴废穷达，皆可以成义。〔无论是受宠爱、亲近还是厌恶、疏远，不管是正兴盛、发达还是已衰微、穷困，这境遇都可以成就一个人的道义。〕

——秦·尸佼《尸子·劝学》

□良骏败于拙御，智士踬于暗世。〔良马因御者笨拙而难于奔腾，智士因世道昏暗而屡遭挫折。〕

——晋·葛洪《抱朴子·官理》

□申天下之乐故乐亦报之，屈天下之忧故忧亦及之。〔为天下人伸张快乐的，快乐也会报答他；迫使天下人忧愁的，忧愁也会降临到他的头上。〕

——汉·荀悦《申鉴·政体》

□有超世之功者，必应光大之宠；怀文武之才者，必荷社稷之重。〔建立卓越功业的人，必然受到荣耀的恩宠；具有文武全才的人，必然要担负国家的重任。〕

——晋·陈寿《三国志·陆逊传》

□世胄蹑高位，英俊沉下僚；地势使之然，由来非一朝。〔世家子弟纷纷登上高位，英才俊杰反倒官职卑微；这是所处地势使之如此，形成这悬殊的地势也绝非一朝一辈之事。〕

——晋·左思《咏史八首》

□先义而后利者荣，先利而后义者辱；荣者常通，辱者常穷；通者常制人，穷者常制于人。是荣辱之大分也。〔以道义为先而以利益

228

为次，这是荣耀；以利益为先而以道义为次，这是耻辱。荣耀者通行无碍，耻辱者常处困境。通行无碍者治理他人，穷困者为人所治。这就是荣与辱的最大区别。〕

——战国·荀子《荀子·荣辱》

□有天下之是非，有人人之是非；在此为美兮，在彼为蚩。〔有天下的是非，有个人的是非，从这个角度看是美好的，从另一个角度看是丑恶的。〕

——唐·刘禹锡《何卜赋》

□用尽身贱，功成祸归。〔用处没有了，身份也下贱了；事情成功了，灾祸也来了。〕

——唐·刘禹锡《因论·叹牛》

□以小善为无益，以小恶为无伤，凡此皆非所以安身崇德也。〔认为小的善举没有好处，认为小的恶行没有伤害，这都不是安身立命、崇尚道义之法。〕

——宋·王安石《致一论》

□闻人之善而掩覆之，或文致以诬其心；闻人之过而播扬之，或枝叶以多其罪。此皆得罪于鬼神者也，吾党戒之。〔听到别人的优点就百般掩盖，甚至歪曲事实诬陷别人别有用心；听到别人的过错就到处张扬，甚至添枝加叶以夸大错误的严重性。这两种做法都会伤天害理，我的同乡们要引以为戒。〕

——明·吕坤《呻吟语》

□赋奇特之器者，受抑于天；抱直遂之操者，见折于人。斯性命之理，造化之权也。〔人如果具有某一方面的特殊天赋，必然会处处受到命运之神的压制；人如果具有刚正直率的节操，必然会处处受到

229

邪恶小人的忌恨。这是性命之理的必然规律，也是自然造化的神秘操纵。〕

——明·薛应旂《薛方山纪述》

□有非常之君者，必有非常之臣；有非常之臣者，必有非常之绩。〔有杰出的君主，就一定会有杰出的大臣；有杰出的大臣，就一定会有杰出的政绩。〕

——唐·王勃《上降州上官司马书》

□婴儿有常病，贵臣有常祸，父母有常失，人君有常过。〔婴孩常因贪食而致病，权臣常因恃宠而招祸，父母常因溺爱子女而有过失，君主常因放纵佞臣而犯错误。〕

——汉·王符《潜夫论·忠贵》

□避嫌者，寻嫌者也；自辩者，自诬者也。心事重门洞达，略不会邪，行事八面玲珑，毫不遮障，则见者服，闻者信，稍有不白之诬，将家家为吾称冤，人人为吾置喙矣。此之谓洁品，洁品不洁。〔躲避嫌疑的人，最易令人生疑；为自己辩解的人，等于不打自招。只要心胸坦荡豁亮，行事光明磊落，则看到的人心悦诚服，听到的人毫无疑心。即使蒙受不白之冤，也会家家为其鸣冤，人人为其辩护。这才叫品行高洁，真正的品行高洁是不需要自我表白的。〕

——明·吕坤《呻吟语》

□毁我之言可闻，毁我之人不必问也，使我有此事也，彼虽不言，必有言之者。我闻而改之，是又得一不受业之师也，使我无此事也，我虽不辨，必有辨之者，若闻而怒之，是又多一不受言之过也。〔诋毁我的话可以听，而诋毁我的人却没必要问。假如我确有其事，即使这个人不说，别人也会说。我听了这些话以后认真加以改正，等于得到了一位不花钱的老师。假如我根本没这事，即使我不加申辩，别人

230

也会为我辩解。我听了诋毁的话以后如果勃然大怒，等于是又增加了一条不愿接受批评的过错。〕

——明·吕坤《呻吟语》

□君子有过不辞谤，无过不反谤，共过不推谤。谤无所损于君子也。〔君子有了过失决不回避别人的指责，即使没有犯下过失也不反驳别人的诽谤，与别人共同犯下过失时，决不把责任推给别人。诽谤根本不会对君子造成损害。〕

——明·吕坤《呻吟语》

操守品德

□忠信廉洁，立身之本，非钓名之具也。〔忠诚信义、廉洁奉公是做人的准则，不是沽名钓誉的工具。〕

——宋·林逋《省心录》

□功废于贪，行成于廉。〔功业的衰败常出于一个"贪"字，德行的养成在于一个"廉"字。〕

——宋·苏轼《六事廉为本赋》

□廉不蔽恶，耻不从枉。〔廉洁的人绝不会包容邪恶，知耻的人绝不会随从曲枉。〕

——春秋·管仲《管子·牧民》

□廉者憎贪，信者疾伪。〔廉洁的人憎恶贪污者，诚信的人嫉恨诈伪者。〕

——宋·宋祁《新唐书·陈子昂传》

□操守欲正，器局欲大，识见欲远。〔做人品德要正直，胸襟抱负要广大，要有远见卓识。〕

——元·张光祖《言行龟鉴·德行》

□志意修则骄富贵，道义重则轻王公，内省而外物轻矣。传曰："君子役物，小人役于物。"此之谓也。〔志向完美就能傲视富贵，看

232

重道义就能鄙薄王公；内心注重反省，外物就轻微了。书上说："君子役使外物，小人则被外物役使。"说的就是这意思。〕

——战国·荀子《荀子·修身》

□钱财不积则贪者忧，权势不尤则夸者悲。〔贪财者不积钱财就忧苦，争权者不争权势就悲伤。〕

——战国·庄子《庄子·徐无鬼》

□石可破也，而不可夺其坚；丹可磨也，而不可夺其赤。〔石头能破碎，但不能改变它坚硬的本质；朱丹能破损，但不能改变它赤红的原色。〕

——秦·吕不韦《吕氏春秋·诚廉》

□一日失节，寝寐不宁，疾病生矣；终身失节，后嗣无观，祸败作矣。〔一天失掉气节，睡觉就不安宁，疾病也就发生了；一生失掉气节，后代就没有仿效的榜样，祸乱就兴起了。〕

——宋·刘炎《迩言》

□真廉无廉名，立名者正所以为贪；大巧无巧术，用术者乃所以为拙。〔真正廉洁的人不会贪图虚名，标榜廉洁的人可能正是贪污的人；真正聪明的人不会投机取巧，投机取巧的人才是笨拙的人。〕

——明·洪应明《菜根谭》

□廉不贪，直不倚。〔清廉的人，不会贪污占有；正直的人，不会倚傍权势。〕

——唐·柳宗元《处士段弘古墓志》

□尚德行者，必恶凶险之类；务公正者，必无邪佞之朋；保廉洁者，必憎贪冒之党；有信义者，必疾苟且之徒。〔崇尚德行的人，必定讨厌凶险的人；做事公正的人，必定没有奸诈的朋友；保持廉洁的人，必定憎恨贪爱钱财之徒；讲信义的人，必定憎恨做事草率的人。〕

——唐·陈子昂《答制问事·明必得贤科》

□浅人好夸富，贪人好哭穷。〔浅薄的人喜欢夸富，贪婪的人喜欢哭穷。〕

——清·申居郧《西岩赘语》

□利为利役，势为势屈。〔追求财利的人被财利所奴役，追求权势的人为权势丧失人格。〕

——清·李西沤《老学究语》

□财不如义高，势不如德尊。〔钱财、权势都赶不上真理与道德的高尚。〕

——汉·刘向《说苑·说丛》

□见利不贪，见美不淫。〔见财利不贪占，见美色不淫意。〕

——三国·诸葛亮《将苑·将志》

□利不可以虚受，名不可以苟得。〔不该得到的利益不可平白接受；名不符实的名誉不应苟且得到。〕

——汉·挚峻《报司马子长书》

□在火辨玉性，经霜识松贞。〔经过长时间的火烧，才能辨认出美玉的本性；经过严冬的冰霜，才能识别出青松不怕严寒的节操。〕

——唐·白居易《和〈思归乐〉》

□可以取，可以无取，取伤廉；可以与，可以无与，与伤惠；可以死，可以无死，死伤勇。〔有些东西可以拿，可以不拿，如果拿了对廉洁就有损害；有些东西可以施与，可以不施与，如果施与了就对恩惠有损害；可以死，可以不死，如果选择死，就是对勇敢的亵渎。〕

——战国·孟子《孟子·离娄下》

□直不近祸，廉不沽名。〔正直处世远离祸乱，立身廉洁不图浮名。〕

——宋·吕祖谦《少仪外传》

□道丧则性倾，利重则身轻。〔人的道德沦丧则品性倾失，把利看得过重，身价就轻贱不值钱。〕

——北齐·魏收《魏书·常景传》

□勿叹蹉跎白发新，应须守道勿羞贫。〔不要感叹光阴又使人长了白发，应坚守道德不要以自己贫穷为耻。〕

——唐·岑参《送费子归武昌》

□男儿到死心如铁。〔男子汉到将死之时心志仍坚硬如铁。〕
——宋·辛弃疾《贺新郎·同父见和》

□石生而坚，兰生而香。〔石头生来就是坚硬的，兰草生来就是芳香的。〕

——唐·马总《意林·论衡》

□轩冕失之，有时而复来；节行失之，终身不可得。〔高官厚爵丧失了，还有时间重新获得；节操德行丧失了，一辈子都不会再回来。〕

——明·刘元卿《贤奕编·家闲》

□咬定青山不放松，立根原在破岩中。千磨万击还坚劲，任尔东西南北风。〔竹子咬住青山毫不松劲，是因为根牢牢地扎在岩石缝中，

235

经过千百次锤打仍很坚强挺劲，不管狂风来自南北西东。〕

——清·郑板桥《竹石》

□孤松宜晚岁，众木爱芳春。〔苍松喜欢岁末的严寒，杂树则爱恋春日的和暖。〕

——唐·陈子昂《送东莱王学士无竞》

□松柏寒仍翠，琼瑶涅不淄。〔松柏在天寒地冻的时节依然翠绿，美玉就是用黑色颜料涂染也不会变黑。〕

——宋·王禹偁《谪居感事》

□迎风桃李颜难驻，耐雪松篁味转长。〔桃花和李花追逐春风，但艳色难以久存；青松和翠竹冒寒斗雪，却韵味长盛不衰。〕

——明·瞿式耜《咏梅呈牧师》

□泰山不为飘风动，盘石不为疾流移。〔狂风再大，泰山不会动摇；水流再猛，磐石不为转移。〕

——汉·牟融《牟子》

□不假贵而取宠，不比誉而取食。〔不凭借别人的权贵苟求宠幸，也不依靠自己的声誉就白拿俸禄。〕

——汉·戴德《礼记·曾子制言》

□时穷乃节见，一一垂丹青。〔人在贫穷时的言行最容易反映出节操，人穷志坚青史留名。〕

——宋·文天祥《正气歌》

□防欲如挽逆水之舟，才遏力便下流。从善如缘无枝之木，才住脚便下坠。〔防止私欲膨胀如同撑篙在逆水行舟，一休息就倒退。践

行好事如同攀缘没有枝条的树木，稍歇脚就下滑。〕

———清·林则徐《中堂》

□志适不期贵，道存岂偷生？〔志向要适当，不要期盼过高的地位；为真理而生存岂能偷生？〕

———唐·柳宗元《游石角过小岭至长乌村》

□贫贱不移易，富贵不浮难。〔身处贫贱不改变志向比较容易，身处富贵不轻浮傲慢就比较难。〕

———清·张大复《梅花草堂集·笔谈》

□荣辱无心易，艰危抗操难。〔对功名富贵能无意追求容易做到，在艰苦危难中仍能保持节操就难。〕

———唐·王烈《酬崔峒》

□险易不革其心，安危不变其志。〔面临危险，坚定的志向不会改变；身处安逸，坚定的志向也不会改变。〕

———唐·武则天《臣轨·至忠章》

□见嫌而不苟免，见利而不苟得。〔见到麻烦事决不回避，面对眼前利益决不非法取得。〕

———汉·黄石公《素书·正道章》

□宁为小人之所骂，毋为君子之所鄙。〔宁肯被小人咒骂，也不愿被君子鄙弃。〕

———清·张潮《幽梦影》

□君子和而不同，小人同而不和。〔君子用自己的正确意见来纠正别人的错误意见，使一切都做到恰到好处，却不盲从附和。小人只

是盲从附和，却不肯表达自己的不同意见。〕

——春秋·孔子《论语·子路》

□假金方用真金镀，若是真金不镀金。〔只有假金才用真金来镀膜装饰，是真金自然就不用镀金了。〕

——唐·李绅《答章孝标》

□贱不害智，贫不妨行。〔地位低下并不影响一个人的才智，贫寒潦倒不应影响自己的德行。〕

——汉·桓宽《盐铁论·地广》

□尔以金玉为宝，吾以廉慎为师。〔你以金子玉石为宝贝，我以廉洁谨慎为老师。〕

——唐·姚崇《辞金诫》

□三生不改冰霜操，万死常留社稷身。〔永远也不改变纯洁清白的操守，死上一万次都要保持捍卫国家的身心。〕

——明·于谦《谒先师顾洞阳公祠》

□为善者不云利，逐利者不见善。〔做好事的人不计较利益，追逐利益的人不做好事。〕

——宋·林逋《省心录》

□以人为戏弄，则丧其德；以器为戏弄，则丧其志。〔戏弄人就丧失品德，戏弄器物就丧失志气。〕

——宋·司马光《稽古录》

□人誉我谦，又增一美；自夸自败，还增一毁。〔别人称赞你，能够表示谦虚，等于增加了一种美德；如果自我吹嘘，就会归于失

败，还会受到人家的诋毁。〕

——明·吕坤《续小儿语》

□办天下之大事者，有天下之大节者也。〔能办天下大事的人，必定有超过天下人的大节操。〕

——宋·苏轼·摘自《鹤林玉露》

□贫贱时，眼中不着富贵；富贵时，意中不忘贫贱。〔穷困时，眼中并不盯着财富；富贵时，心中仍记贫穷岁月。〕

——清·申涵光《荆园小语》

□遭事不惑则知其节，临财不私则知其廉。〔遇到疑难之事不迷惑，就知道他的气节；面临钱财不图私利，就知道他的廉洁。〕

——宋·刘攽《送焦千之序》

□勿谄富，勿骄贫；勿厌故，勿喜新。〔对富人不要谄谀，对穷人不要骄横；不要厌弃故友，不要贪求新交。〕

——清·贾存仁《弟子规》

□君子不为穷变节，不为贱易志。〔君子不会因为贫穷而丧失气节，不会因为地位低贱而改变志向。〕

——明·李豫亨《三事溯真·标贤章》

□临难有不屈挠之节，临财有不沾染之廉。〔面对危难能保持不屈不挠的节操，面对钱财能保持清廉不贪的品格。〕

——清·蔡锷《曾胡治兵语录》

□远不忘君，近不逼同，居利思义，在约思纯，有守心而无淫行。〔远不忘记国君，近不威逼同僚，处在有利地位想到道义，处在穷困

境地想到纯朴，有守业的心志而没有放荡的行为。〕

——春秋·左丘明《左传·昭公二十八年》

□**贪满者多损，谦卑者多福。**〔贪婪不知满足的人容易受损害，谦逊而知足的人多有福分。〕

——宋·欧阳修《易或问》

□**无敌者根于义，自败者本于贪。**〔无敌于天下是因为持有正义，而败坏自己是因为贪利忘义。〕

——唐·白居易《策林·议兵》

□**受人者，常畏人；与人者，常骄人。**〔接受馈赠的人，常常害怕别人；给别人财物的人，则常常盛气凌人。〕

——晋·皇甫谧《高士传·曾参》

□**贫贱不可苟免，富贵不可苟取。**〔贫贱不能通过不正当的手段免除，富贵不能通过不正当的手段获取。〕

——唐·元结《述居》

□**欲得于身吉，无过莫作非。**〔要想求得自身的吉利，最好的办法是不做坏事。〕

——唐·王梵志《欲得于身吉》

□**智者见利而思难，暗者见利而忘患。**〔聪明的人看到好处就会考虑到危难，昏愚的人看到好处却忘记了灾患。〕

——北朝·刘昼《刘子·利害》

□**权利不能倾也，群众不能移也，天下不能荡也。生乎由是，死乎由是，夫是之谓德操。**〔权利不能倾覆，群众不能流失，天下不能

动荡。生要遵循它，死要遵循它，这就是德操。〕

———战国·荀子《荀子·劝学》

□岁寒，然后知松柏之后凋也。〔到了最寒冷的季节，才知道松柏的叶子是不落的。〕

———春秋·孔子《论语·子罕》

□吾不能变心而从俗兮，固将愁苦而终穷。〔我不能改变立场而随波逐流，本来就应当忧愁困苦而潦倒一生。〕

———战国·屈原《九章·涉江》

□天有常度，地有常形，君子有常行。〔天体有恒久不改的尺度，大地有永远不变的形状，君子有固定不变的操守。〕

———汉·东方朔《答客难》

□不学桃李花，乱向春风落。〔不要学那桃花李花，被春风吹拂随地飘落。〕

———唐·张文姬《双槿树》

□足其家，不以非道；进其身，不以苟得。〔使家庭富足，不能靠邪门歪道；使自己晋升，不能靠苟且获得。〕

———唐·柳宗元《送从弟谋归江陵序》

□人之大节一亏，百事涂地。〔人的大节一旦缺损，所有的事情都会一败涂地。〕

———唐·刘因《辋川图记》

□无义而生，不若有义而死；邪曲而得，不若正直而失。〔没有道义而活着，不如为道义而殉死；通过不正当手段去取得名利，不如

241

公正耿直而无所得。〕

——五代·王定保《唐摭言》

□不羞老圃秋容淡，且看寒花晚节香。〔不要因为园中花谢而羞惭，请看经霜的菊花香气更浓。〕

——宋·韩琦《重阳诗》

□失身取高位，爵禄反为耻。〔失掉了做人的尊严而取得高的地位，官职俸禄反而成为一种耻辱。〕

——清·沈德潜《咏史》

□一点浩然气，千里快哉风。〔只要有一点吞天地的浩然气，就能如千里快风一样排解一切。〕

——宋·苏轼《水调歌头·快哉亭作》

□出淤泥而不染，濯清涟而不妖。〔植根于污泥之中而不被污染，置身于清月之中美丽而不妖艳。〕

——宋·周敦颐《爱莲说》

□天地有正气，杂然赋流形。〔天地间有一种浩然正气，它普遍地赋予各种事物。〕

——宋·文天祥《正气歌》

□子不能治子之身，焉能治国政？〔你自己都不能治理好自己，怎么能治理好国家的政务？〕

——战国·墨子《墨子·公孟》

□明智之士，据重位而不倾，执大节而不失，岂惑于浮辞哉？〔明智的人，占据重要的职位而不倾覆，把握大的节操而不失去，怎么能

被浮夸之辞迷惑呢？〕

——南朝·虞寄·摘自《南史·列传》

□小人好恶以己，君子好恶以道。〔小人的好恶，以个人心态为标准，君子的好恶以道义为标准。〕

——清·黄宗羲《宋元学案》

□宠位不足以尊我，而卑贱不足以卑己。〔尊崇的地位不能使我尊贵，而卑贱的地位不能使我卑下。〕

——汉·王符《潜夫论·论荣》

□人见利而不见害，鱼见食而不见钩。〔人们很容易只看到利益而看不到祸害，鱼儿很容易只看到食饵而看不到鱼钩。〕

——清·李汝珍《镜花缘》

□处浊世而显荣兮，非余心之所乐。〔处在混浊的世上而得到显要与荣耀的地位，并不是我心里所喜欢的。〕

——战国·宋玉《九辩》

□耻辱者，勇之决也；立名者，行之极也。〔对待耻辱的态度，是衡量一个人是否勇敢的标准；树立良好的名声，是行为最高的准则。〕

——汉·司马迁《报任安书》

□荣必为天下荣，耻必为天下耻。〔荣耀，一定是为了国家民族的兴盛而感到荣耀；耻辱，一定是为了国家民族的衰败而感到耻辱。〕

——唐·齐己《君子行》

□君子任职则思利人，达上则思进贤，故居上而下不怨，在前而后不恨也。〔君子任职就应该为别人谋福利，事主就须举荐贤能，所

243

以他身居高位而不被下级报怨，官至极尊而不为百姓唾骂。〕

——汉·王符《贵忠篇》

□好名则立异，立异则身危。〔喜好虚名就一定追求与众不同，过分追求与众不同自己就危险。〕

——宋·林逋《省心录》

□恶小耻者，不能立荣名。〔不能忍受小耻辱的人，是不能得到大荣誉的。〕

——汉·刘向《战国策·齐策》

□以富贵有人易，以贫贱有人难。〔因为富贵身边有人容易，因为贫贱身边有人困难。〕

——秦·吕不韦《吕氏春秋·介立》

□贫而无怨难，富而无骄易。〔贫穷却没有怨恨，确实很难；富贵却不骄傲，倒容易做到。〕

——春秋·孔子《论语·宪问》

□树德务滋，除恶务本。〔向百姓施行德惠，务须力求普遍；铲除恶势力，必须杜绝根本。〕

——汉·孔安国《伪古文尚书·泰誓》

□择福莫若重，择祸莫若轻。〔如果要在幸福的事情里加以选择，不如选重大的；如果在祸事里加以选择，不如选择轻微的。〕

——春秋·左丘明《国语·晋语》

□广车不能胁其辙以苟通于狭路，高士不能榷其节以同尘于隘俗。〔宽大的车子不能为了适应狭窄的道路就将自己的车轮收起来，有

高尚品德的人也不会屈抑自己的节操来与狭隘的世俗同流合污。〕

——晋·葛洪《抱朴子·广譬》

□宁作沉泥玉，无为媚渚兰。〔我宁愿做一块埋在泥里的美玉，也不愿做取悦沙洲的兰草。〕

——宋·梅尧臣《闻尹师鲁谪富水》

□草木有本心，何求美人折？〔春兰秋桂本来就有欣欣向荣的本性，哪里是为了求得别人的赏识和折取呢？〕

——唐·张九龄《感遇》

□芝兰生于深林，不以无人而不芳。〔芝兰生长在森林的深处，但它并不因为没人观赏就不散发自己迷人的香气。〕

——三国·王肃《孔子家语·在厄》

□死犹未肯输心志，贫亦其能奈我何？〔就是死都不能让我出卖我的良心，穷困又能把我怎么样呢？〕

——清·黄宗羲《山居杂咏》

□君子固穷，小人穷斯滥矣。〔君子不因为贫穷而改变自己的节操，小人则因为贫困就胡作非为。〕

——春秋·孔子《论语·卫灵公》

□不陨获于贫贱，不充诎于富贵。〔不因为贫贱而失意，不因为富贵而得意。〕

——汉·戴圣《礼记·儒行》

□千年成败俱尘土，消得人间说丈夫。〔千年万年的历史上，一时的成败得失都不过像尘土一样的无足轻重，只要能够坚持自己的操

守和正义,世人仍旧会称你为大丈夫。〕

——宋·文天祥《金陵驿》

□君子直言直行,不宛言而取富,不屈行而取位。〔君子说话坦率,做事公允,不以花言巧语去谋取财富,不屈节做事而谋取地位。〕

——汉·戴德《礼记·曾子制言》

□誉人不增其美,毁人不益其恶。〔赞美人好,不夸大他好的方面;说人不好,不说大他不好的方面。〕

——汉·王充《论衡·艺增篇》

□身世者,万事之所由立,百行之所由举。〔人自身经历,是建立各项事业的根本,是发展各类事业的基础。〕

——唐·张九龄《修身》

□风霜以别草木之性,危乱而见贞良之节。〔历经风霜,才能见出草木的生命力;国君危难,方能显出忠臣的贞良之节。〕

——南朝·范晔《后汉书·卢植传》

□仁义岂有常哉,行之则为君子,违之则为小人。〔仁义哪有永远不变的,行仁义就是君子,违背仁义就是小人。〕

——北朝·赵贵·摘自《周书·列传》

□英睿当乱而不移,忠贤临危而尽节。〔英勇睿智之人面对丧乱而毫不动摇,忠臣贤士面临危险而能保持节操。〕

——南朝·王俭·摘自《南齐书·高帝纪》

□我自横刀向天笑,去留肝胆两昆仑。〔我自己选择了殉国之路,就是刀横在脖子上,我依然仰天长笑,不管是生是死,我的忠肝义胆

都会像昆仑山一样的高大雄伟。〕

——清·谭嗣同《狱中题壁》

□云山苍苍，江水泱泱。先生之风，山高水长。〔云中的山郁郁苍苍，江中的水滔滔流淌。先生的高风亮节啊，像山一样高，如水一样长。〕

——宋·范仲淹《严先生祠堂记》

□得人者，先得之于己者也；失人者，先失之于己者也。〔要想得人心，必须自己先对自己赤诚；之所以失去人心，因为自己先失去对自己的信心。〕

——晋·葛洪《抱朴子·广譬》

□玉以洁润，丹紫莫难渝其质；松表岁寒，霜雪莫难凋其采。〔玉洁净温润，丹紫不能改变它的本质；松树经历寒冬，霜雪也不能使它的颜色凋落。〕

——隋·杨广·摘自《北史·列传》

□非温柔无以成其仁，非贞烈无以显其义。〔没有温柔不能成就仁德，没有贞烈不能显示忠义。〕

——唐·李延寿《北史》

□居官不忘亲，居家不忘君。〔做官不忘向父母尽孝，居家不忘向国尽忠。〕

——明·王彰·摘自《明史·王彰传》

□人情得足，苦于放纵，快须臾之欲，忘慎罚之义。惟诸将业远功大，诚欲传于无穷，宜如临深渊，如履薄冰，战战栗栗，日慎一日。〔人的欲望得到满足后，最怕的是放纵；追求片刻的快活，忘了小心

刑罚的告诫。只是诸将功业远大，真想永远传下去，应当如临深渊，如履薄冰，小心翼翼，一天比一天谨慎。〕

——南朝·范晔《后汉书·光武帝纪》

□为人君，当举先王之礼教其臣；为人臣，当守先王之礼事其君。〔作为君主，应当用先朝礼制来教育他的臣子；作为臣子，应当遵守先代礼制侍奉君主。〕

——明·罗伦·摘自《明史·罗伦传》

□忠臣不顺时而取宠，烈士不惜死而偷生。〔忠臣决不迎合世俗，媚颜谄上，哗众取宠；烈士决不怕舍生取义，杀身成仁，苟且偷生。〕

——唐·苏安恒·摘自《旧唐书·文苑》

□势利压山岳，难屈志士肠。男儿自有守，可杀不可苟。〔势利可以压倒山岳，很难屈服有志之士的心灵。男儿有着自己的操守，可以杀害但不可委曲求全。〕

——宋·梅尧臣《古意》

□竹死不变节，花落有余香。〔竹子死了，竹节依然存在；鲜花落了，芳香依旧飘荡。〕

——唐·邵谒《金谷园怀古》

□有德矣，动无不利，为无不成。〔有道德的人，行动没有不顺利的，做事没有不成功的。〕

——宋·杨时《二程萃言·论学篇》

□富与贵，是人之所欲也；不以其道得之，不处也。贫与贱，是人之所恶也；不以其道得之，不去也。君子去仁，恶乎成名？〔富足与显贵，是人人所期盼的；不用正当方法去得到它，君子不接受。穷

248

困和下贱，这是人人所厌恶的；不用正当方法抛掉它，君子不摆脱。君子抛弃了仁德，怎样成就他的声名呢？〕

——春秋·孔子《论语·里仁》

□恃德者昌，恃力者亡。〔依赖德行国家才能长治久安，凭借暴力国家必将走向灭亡。〕

——秦·赵良·摘自《史记·商君列传》

□木槿争春荣，松柏弥见贞。〔木槿花只能争得一时的荣耀，而松柏却能经冬不凋，越久越能显示出它的坚贞。〕

——清·郑世云《感怀杂诗》

□土能浊河，而不能浊海；风能拔木，而不能拔山。〔土能够让河水变得污浊，但却不能让大海变得污浊；风能将树木拔起，但却不能将大山拔起。〕

——唐·罗隐《两同书·厚薄》

□小人自龌龊，安知旷士怀？〔小人本自钻营好利、心胸狭隘，怎么可能了解旷士宽广豁达、蔑视权贵的胸怀呢？〕

——南朝·鲍照《代放歌行》

□天意怜幽草，人间重晚晴。〔上天也爱怜那些偏僻幽静处的野草，所以云散日出，使其不致腐烂；斜阳衔山，尽管短暂，但人们依旧很珍视那晴朗的黄昏。〕

——唐·李商隐《晚晴》

□仁者，君之操也；义者，君之行也；忠者，君之政也；信者，君之教也；圣人者，君之师傅也。君道知人，臣术知事。〔仁，是君主操守的要求；义，是君主践行的要求；忠，是君主执政的要求；信，

是君主训诲的要求；圣人，是君主的老师。君主的责任是了解人，臣子的职责是处理事。〕

——春秋·鹖冠子《鹖冠子·道瑞》

□与其忍耻贪生，遗臭万年，何如含笑就死，流芳百世。〔与其蒙受羞辱苟且偷生，恶名遗臭万年，倒不如面带笑容从容就义，让美名世世流传。〕

——清·李汝珍《镜花缘》

□仁者不以盛衰改节，义者不以存亡易心。〔仁义之士不会因为形势的盛衰而改变自己的气节，志士不会因为失败或者成功而改变自己的心志。〕

——宋·司马光《资治通鉴·魏志》

□持国是，规君过，述民情，达时变。〔操持国家大计，规谏君主的过失，如实报告民情，通达时势变化〕

——清·王夫之《读通鉴论》

□富以能施为德，贫以无求为德，贵以下人为德，贱以忘势为德。〔富能济世扶贫，贫能乐道无求，贵能礼贤下士，贱能保持人格尊严，这才是德行所在。〕

——明·吕坤《呻吟语》

□宁可正而不足，不可斜而有余。〔宁可守正道而贫穷，不可走邪道而富有。〕

——清·周希陶《增广贤文》

□德比于上，欲比于下。德比于上故知耻，欲比于下故知足。〔在道德上，要与比自己高的人比；在欲望上，要和比自己低的人比。和

德行比自己高的人相比，就会知道羞愧；和欲望比自己低的人相比，就会知道满足。〕

——汉·荀悦《申鉴·杂言》

□根深不怕风摇动，表正何愁日影斜。〔树根扎得深，不怕大风摇动，标柱立得正何惧日影倾斜。〕

——清·周希陶《增广贤文》

□见势不趋，见威不惕。〔看到权势不趋附，看到威压不畏惧。〕

——明·冯梦龙《东周列国志》

□荐贤当惟恐后，论功当惟恐先。〔举荐贤才应该做到奋力争先唯恐落在别人后面，论功行赏应当谦虚退让只恐抢在别人前头。〕

——明·潘府·摘自《明史·儒林列传》

□嫉恶如仇雠，见善若饥渴。〔痛恨坏人坏事像仇敌，看见好人好事像饿而求食、渴而思饮。〕

——唐·韩愈《举张正甫自代状》

□人无刚骨，安身不牢。〔人没有刚强的性格、坚强的骨气，就无法坚定地立身。〕

——明·施耐庵《水浒传》

□生当为凤友，死不作雁奴。〔活着，就要与凤鸟一样高尚的人为友，宁可死去也不做为雁群放哨的雁奴。〕

——明·张煌言《秦吉了》

□君子小人，智计不同。君子志于道，小人谋于利。志于道者安国济人，志于利者损物图己。〔君子和小人，谋划不同。君子的志向

是在于仁道，小人的计谋在于利益。志向在仁道的治国安民，志向在
私利的人损人利己。〕

——南朝·郭祖深·摘自《南史·列传》

□宁为宇宙闲吟客，怕作乾坤窃禄人。〔我宁可做一个吟诗作赋
的闲人，也不愿空拿着俸禄充当一个庸碌的官吏。〕

——唐·杜荀鹤《自叙》

□严霜降处，难伤夫翠松青竹；烈火焚时，不损其良金璞玉。〔严
霜来临，也难以损伤青松翠竹；烈火焚烧，也难以损伤良金美玉。〕

——唐·徐夤《钓玑文集·避世金马门赋》

□宁直见伐，无为曲全。宁渴而死，不饮盗泉。〔宁可正直不阿
而丧生，也不愿阿谀奉承而苟活；宁可无水干渴而死掉，也不饮盗泉
之水而求生。〕

——明·王廷陈《矫志篇》

□君子之于道也，犹农夫之耕，虽不获年，优之无以易也。〔君
子对真理的追求就好比农民对于耕种一样，虽然有时会歉收，但却从
未动摇过耕种的信念。〕

——汉·韩婴《韩诗外传》

□举世皆浊我独清，众人皆醉我独醒。〔整个世上的人都浑浑浊
浊，只有我一个人是清白的；所有的人都喝醉了，只有我一个人是清
醒的。〕

——战国·屈原《楚辞·渔父》

□儒有可亲而不可劫也，可近而不可迫也，可杀而不可辱也。其
居处不淫，其饮食不溽，其过失可微辩而不可面数也。〔读书人可以

252

亲近而不可胁迫，可以接近而不可逼迫，可以杀害而不可侮辱。他的住所不荒淫，他的饮食不丰美，他的过失可以委婉地批评，却不可当面指责。〕

——春秋·孔子·引自《礼记·儒行》

□君子喻于义，小人喻于利。〔君子懂道义，小人只懂利益。〕

——春秋·孔子《论语·里仁》

□爱惜芳心莫轻吐，且教桃李闹春风。〔海棠花爱惜自己的花蕊，不肯轻易露出来，暂且让那些妖媚的桃李在春风里嬉笑喧闹吧。〕

——金·元好问《同儿辈赋未开海棠》

□安能摧眉折腰事权贵，使我不得开心颜。〔我怎么能够低眉弯腰、卑躬屈膝地侍奉那些权贵，让我心里不痛快呢？〕

——唐·李白《梦游天姥吟留别》

□大名之下，难以久居。〔名气大的人是难以长期维持的。〕

——汉·司马迁《史记·越王勾践世家》

□但教方寸无诸恶，狼虎从中也立身。〔只要心中没有邪念，就算是在豺狼虎豹之中，也能立身。〕

——唐·冯道《偶作》

□平地把手笑，乘崖拨足挤。〔平坦的道路上，彼此之间握手欢笑，但等登上了悬崖，就会挪动脚步，试图将对方挤落到悬崖下面。〕

——宋·王令《交难赠杜渐》

□气象要高旷而不要疏狂，心思要慎细而不可琐屑，趣味要冲淡而不可偏枯，操守要严明而不可激烈。〔一个人的气度要高远，但不要

253

流于狂放不勒;心思要细密,但不要琐碎繁杂;情趣要淡泊,但不要枯燥单调;节操要严谨,但不要太激烈。〕

——明·洪应明《菜根谭》

□野夫怒见不平处,磨损胸中万古刀。〔我这个草野匹夫一见到不平的事就怒不可遏,就连胸中的宝刀也被磨损了。〕

——唐·刘叉《偶书》

□凶人得志,莫提贫贱之时;宕子成名,必弃糟糠之妇。〔凶恶的人一旦得志,就决不再提起他当年贫贱的时候;放荡的人一旦成名,就会抛弃与他共度患难的妻子。〕

——明·徐学谟《归有园麈谈》

□成功非难,处成功尤难。〔一个人要成功并不难,难的是处身于成功当中。〕

——明·张居正《答中丞孙槐溪》

□学者第一要看德器,德器深厚,所就必大;德器浅薄,虽成亦小。〔学者第一要看他道德才能,道德才能深厚,成就必定大,道德才能浅薄,虽有成就也显得小。〕

——清·张履祥《备忘二》

□名节重泰山,利欲轻鸿毛。〔名声气节比泰山还重,私利欲望比鸿毛还轻。〕

——明·于谦《无题》

□君父,人伦之大本;忠孝,臣子之大节。岂其不相为用,而又相害者乎?抑私与义而已耳。盖以其私则两害,以其义则两得。〔君臣父子,人间伦理最大的根本;忠信孝义,臣下子女的主要节操。怎

254

么会不相互作用，而又相互伤害呢？只是自私与道义罢了。为其私利则两者都受妨害，为其道义则两者都能达到。〕

——宋·欧阳修《新五代史·唐明宗家人传》

□君子思义而不虑利，小人贪利而不顾义。〔君子思考的是道义而不忧虑私利，小人贪图的是私利而不顾及道义。〕

——汉·刘安《淮南子·缪称训》

□方其中，圆其外。〔人自身要方正，对外要灵活。〕

——唐·柳宗元《柳河东集》

□宁可抱香枝上老，不随黄叶舞秋风。〔我宁愿守着香气枯萎在枝头，也不愿随着枯黄的叶子在秋风中舞动。〕

——宋·朱淑真《黄花》

□看取莲花净，方知不染心。〔看到了洁净的莲花，才知道它虽出淤泥，但却不染半点儿污垢。〕

——唐·孟浩然《题义公禅房》

□饥不从猛虎食，暮不从野雀栖。〔饥饿也不吃依靠强取得来的饭食，夜晚睡觉也不会寄宿于野雀的巢下。〕

——宋·郭茂倩《乐府诗集·猛虎行》

□上山擒虎易，开口告人难。〔上山捕捉老虎容易，开口求人却很难。〕

——元·高则诚《琵琶记》

□官本是臭腐，所以将得而梦棺尸；财本是粪土，所以将得而梦秽污。〔官职本来就是腐臭的，所以即将得到它的时候，就会梦到棺

材和尸体；钱财本来就是粪土一样的，所以即将得到它的时候，就会梦到污秽肮脏的东西。〕

———南朝·刘义庆《世说新语·文学》

□江山易改，本性难移。〔江河山川的容貌容易改换，而人的脾气性格却难以改变。〕

———元·无名氏《谢金吾》

□暗里算人者，算的是自家儿孙。凭空毁谤者，毁的是本身名声。〔凡暗地里算计别人的人，算计的终是自己的儿孙。无中生有毁谤他人的人，终会弄得自己身败名裂。〕

———清·金缨《格言联璧》

□德有余而为不足者谦，财有余而为不足者鄙。〔品德很高尚，还认为不足的人，是谦虚；而财富很多，还觉得不足的人，是贪鄙。〕

———宋·林逋《省心录》

□知者乐水，仁者乐山；知者动，仁者静；知者乐，仁者寿。〔聪明的人喜爱水，仁爱的人喜爱山；聪明的人活动，仁爱的人沉静；聪明的人快乐，仁爱的人长寿。〕

———春秋·孔子《论语·雍也》

□智者不为非其所为，廉者不为非其所有。〔聪明的人不会去做他不应该做的事情，廉洁的人不会去占有他不该占有的东西。〕

———汉·韩婴《韩诗外传》

□贵而不为夸，信而不处谦，任重而不敢专；财利至，则善而不及也，必将尽辟让之义，然后受。福事至，则和而理；祸事至，则静而理。富则施广，贫则用节。〔富贵却不夸耀，守信却不骄横，担任重任却不专断；财务利益到来，善良之心还没体现，一定要完全符合道义，然后接受。好事到来，就平和地处理；灾祸到来，就冷静地处理。富裕了就要施舍广泛，贫穷了就要用度节约。〕

——战国·荀子《荀子·仲尼》

口上为天子而不骄，下为匹夫而不惛，此之谓全德之人。〔高至皇帝不骄傲，低至百姓也不烦闷，这才是道德完备之人。〕

——秦·吕不韦《吕氏春秋·本生》

口凡为人臣，上欲要君之恩，下欲干民之誉，必亏忠节，卿宜戒之。〔凡是做臣下的，上要求得皇帝的恩宠，下要博取民众的称誉，一定会有亏忠节，你们应该加以注意。〕

——金·完颜雍·摘自《金史·世宗纪》

口仕无出位之思，臣无越境之交。〔做官员的没有超越职责以外的念头，做臣子的没有与敌国结交的行为。〕

——晋·李重·摘自《晋书·李重传》

口主忧臣辱，主辱臣死。〔君主忧患，人臣受辱；君主耻辱，人臣死命。〕

——北朝·高翼·摘自《北齐书·帝纪》

口君子道者三，我无能焉：仁者不忧，知者不惑，勇者不惧。〔君子所行的三件事，我一件也没能做到：仁德的人不忧虑，智慧的人不迷惑，勇敢的人不惧怕。〕

——春秋·孔子《论语·宪问》

口夫贤者之为人臣，不损君以奉佞，不阿众以取容，不堕公以听私，不挠法以吐刚。〔贤良的人做臣下，不以奉承谄媚去损害君主，

不以随俗取悦去迎合众人，不因听信私议而放弃公论，不以讨好强暴而去践踏法律。〕

——汉·王符《潜夫论·潜叹》

□举善从谏，在上之明规；进贤竭言，为臣之令范。〔任用善士，接受进谏，这是为君的规范；举荐贤人，忠心进言，这是为臣的典范。〕

——南朝·陈玹·摘自《陈书·宣帝纪》

□众木尽摇落，始见竹色真。〔在万木都凋落之时，才显示出竹子青色纯真的本色。〕

——唐·孟郊《献汉南樊尚书》

□义之所在，不倾于权，不顾于利，举国而与之，不为改视。〔为了道义，不倾向权势，不顾惜私利，即使把全国的一切送给他，他也不会为此改变一下眼神。〕

——战国·荀子《荀子·荣辱》

□清、慎、勤，居官三字符也。〔清廉、谨慎、勤勉，是做官的要诀。〕

——明·梁寅·摘自《明史·儒林列传》

□清能有容，仁能善断，明不伤察，直不过矫，才是懿德。〔清廉而有雅量，仁慈而有断才，聪明而蒙昧，正直而且矫饰，这样才算是有处世的美德。〕

——明·洪应明《菜根谭》

□且夫贱妨贵，少凌长，远间亲，新间旧，小加大，淫破义，所谓六逆也；君义，臣行，父慈，子孝，兄爱，弟敬，所谓六顺也。去顺效逆，所以速祸也。〔况且低贱妨害尊贵，年少凌驾年长，疏远离间亲近，新人离间旧人，弱小加害强大，淫乱破坏道义，这就是所说的六逆；国君仁义，臣下勤勉，父亲慈祥，儿子孝顺，兄长友爱，兄弟恭敬，这就是所说的六顺。远离六顺而仿效六逆，很快就有祸患。〕

——春秋·左丘明《左传·隐公三年》

□人之立身，所贵者，惟在德行。〔人安身立命，最可贵的只在人的德行。〕

——唐·吴兢《贞观政要》

□不诱于誉，不恐于诽，率道而行，端然正己，不为物倾侧。夫是之谓诚君子。〔不被荣誉所诱惑，不被诽谤所恐惧，奉行仁道行事，端正自己行为，不被利益所倾倒。这就是真正的君子。〕

——战国·荀子《荀子·非十二子》

□君子以远小人，不恶而严。〔君子为了远离小人，不表现出厌恶而严格与之划清界线。〕

——周·姬昌《周易》

□杨子取为我，拔一毛而利天下，不为也。墨子兼爱，摩顶放踵利天下，为之。〔杨子主张为我，拔一根毛而有利于天下，都不肯干。墨子主张兼爱，磨秃头顶，走破脚跟，只要对天下有利，一切都干。〕

——战国·孟子《孟子·尽心上》

□好名则多树私恩，惧谤则执法不坚。〔喜好名声就会多搞些私人的恩惠，惧怕诽谤就会执法不坚决。〕

——宋·苏洵《上韩枢密书》

□下臣事君以货，中臣事君以身，上臣事君以人。〔下等臣子侍奉君主，是搜刮财物和珍宝献给国君；中等臣子侍奉君主是拿出自己

的一切能力为其献身；上等臣子侍奉君主是为君主荐举贤人。〕

——战国·荀子《荀子·大略》

□丹漆不文，白玉不雕，宝珠不饰。〔丹漆、白玉、宝珠各有其自然之美，用不着人为地加以雕琢、粉饰。〕

——汉·刘向《说苑·反质》

□和氏之璧，不饰以五采；隋侯之珠，不饰以银黄。〔和氏之璧，不用涂抹各种色彩去装饰；隋侯之珠，不用镶嵌金银去装饰。〕

——秦·韩非《韩非子·解老》

□君子得时如水，小人得时如火。〔君子得志平静如水，小人得志暴烈如火。〕

——汉·刘向《说苑·谈丛》

□君子乐得其道，小人乐得其欲。〔君子以实现了自己的主张为乐事，小人以满足了自己的私欲为乐事。〕

——汉·戴圣《礼记·乐记》

□直而温，宽而栗，刚而无虐，简而无傲。〔正直却温和，宽容却严肃，刚强却不横暴，简略却不傲慢。〕

——春秋·孔子《尚书·舜典》

□孝敬、忠信为吉德；盗贼、藏奸为凶德。〔孝敬、忠信是吉祥的道德，盗贼、藏奸是凶邪的道德。〕

——春秋·左丘明《左传》

□善小人之小善，谓之善恶，恶君子之小过，谓之恶善，此则蒿兰同臭，玉石不分。〔称赞小人的小优点，叫做称赞坏人；憎恶君子

的小过错，叫做憎恶好人。这就是把蒿草与兰花味道混到了一起，宝玉与石头分辨不清。〕

——唐·吴兢《贞观政要·公平》

□附小人者，必小人；附君子者，未必君子。蝇之附骥，即千里犹蝇耳。〔依附小人的，必定是小人；趋附君子的，则不一定是君子。附着在千里马身上的蝇虻，即使日驰千里，始终还是蝇虻而已。〕

——清·万斯同《明史·梅之焕传》

□与求生而害义，宁抗节以埋魂。〔与其求生而损害大义，宁可坚守高尚节操而死去。〕

——唐·高适《还京次睢阳祭张巡许远文》

□心为人之主，如树之根，如果之蒂，最不可先坏了。〔心是人的主宰，如树木的根，像果实的蒂，最不能先坏了。〕

——明·杨继盛《椒山临刑著遗训》

□名节，道之藩篱；藩篱不守，其中未有能独存者也。〔声名和气节，是道德的篱笆；篱笆不牢固，里面就没有能独自存在的。〕

——清·陈献章《白沙子全集》

□君子直而不挺，曲而不诎。〔君子说话行事耿直但不生硬，委婉但不屈从。〕

——汉·班固《汉书·盖宽饶传》

□孝子所以不从命有三：从命，则亲危，不从命，则亲安，孝子不从命，乃衷；从命，则亲辱，不从命，则亲荣，孝子不从命，乃义；从命，则禽兽，不从命，则修饰，孝子不从命，乃敬。〔孝子不服从命令的原因有三种：服从命令，亲人就危险，不服从命令，亲人就安

261

全，那么不服从命令就是本分的；服从命令，亲人会受到耻辱，不服从命令，亲人就荣耀，那么不服从命令就是道义的；服从命令，就像禽兽，不服从命令，就有修养，那么不服从命令就是恭敬的。〕

——战国·荀子《荀子·子道》

□君子扬人之善，小人讦人之恶。〔君子宣扬人的好处，小人攻击人的坏处。〕

——唐·吴兢《贞观政要·公平》

□吾心如秤，不能为人作轻重。〔我的心像秤一样公平，不会压低这个，抬高那个。〕

——三国·诸葛亮《杂言》

□平居不堕其业，穷困不易其素。〔平常生活时不懈怠自己的职业，穷困潦倒时不改变自己一贯的操守。〕

——晋·陈寿《三国志·韦曜传》

□以廉沽名者贪，以洁沽名者污。〔打着廉洁招牌沽名钓誉的人，很可能是贪污犯；说自己很干净的人，品德可能就不端正。〕

——宋·李邦献《省心杂言》

□君子乐其道，小人乐其欲。以道制欲，则乐而不乱；以欲忘道，则惑而不乐。〔君子乐于得到自己所追求的道义，小人乐于得到自己所追求的欲望。用道义来制止欲望，就愉快而不混乱；因欲望而忘却道义，就会迷惑而不愉快。〕

——战国·荀子《荀子·乐论》

□恭为德首，慎为行基。言则忠信，行则笃敬。无口许人以财，无传不经之谈，无听毁誉之语。〔谦恭是首要的品德，谨慎是行为的

根本。说话要忠实可靠，做事要诚信恭敬。不空口许诺给人钱财，不传播无根据的言论，不轻信别人赞扬或诽谤的传言。〕

——晋·羊祜《诫子书》

□陵贫者谀富，傲贱者谄贵。〔对贫贱者欺凌骄傲的人，对富贵者就必定谄媚奉承。〕

——宋·刘炎《迩言·人道》

□奔死免父，孝也；度功而行，仁也；择任而往，知也；知死不辟，勇也。〔奔走而免父于死难，这是孝；度量功效而后行动，这是仁；选择能够胜任的而前往，这是智；明知一死而不回避，这是勇。〕

——春秋·左丘明《左传·昭公二十年》

□居官之本有三：薄奉养，廉之本也；远声色，勤之本也；去谗私，明之本也。〔做官的关键有三点：衣食起居要简朴，这是廉洁的根本；远离声色，这是勤政的本源；不听谗言，不图私利，这是贤明的根本。〕

——明·潘府《素音》

□就利避害，小人之常。〔见利就钻营，遇害就躲避，不讲道义不顾情理，这是小人的常态。〕

——宋·范祖禹《唐鉴·玄宗》

□先师有遗训，忧道不忧贫。〔先师孔子有遗训：忧患道义不能实行而不担心自身贫困。〕

——晋·陶渊明《癸卯岁始春怀古田舍》

□德者事业之基，未有基不固而栋宇坚久者。心者后裔之根，未有根不植而枝叶荣茂者。〔品德是事业的根基，没有基础不牢固而高

楼大厦坚实耐久的。良心是后代的根本,没有根须不培植而花草树木枝叶茂盛的。〕

——明·洪应明《菜根谭》

□仁者天下之表也,义者天下之制也,报者天下之利也。〔仁爱是天下的楷模准则,道义是天下的制约规则,报答是天下的正当利益。〕

——汉·戴圣《礼记·表记》

□违强陵弱,非勇也;乘人之约,非仁也。〔躲避强者、欺凌弱者,这不是果敢;乘人之危而加害于人,这不是仁德。〕

——春秋·左丘明《左传·定公四年》

□天不变,道亦不变。〔天的意志不改变,人间的道德法规也不会改变。〕

——汉·班固《汉书·董仲舒传》

□事业文章随身销毁,而精神万古如新;功名富贵随世转移,而气节千载一日。〔事业文章都会随着人的死亡而消失,只有高尚的精神万古不朽;功名富贵随着时代的变化而转变,只有做人的气节永留人间。〕

——明·洪应明《菜根谭》

□直而不倨,曲而不屈。〔正直却不骄傲,委婉却不屈挠。〕

——春秋·左丘明《左传·襄公二十九年》

□仁厚刻薄是修短关,行止语默是祸福关,勤惰俭奢是成败关,饮食男女是生死关。〔为人宽仁忠厚还是刻薄寡恩,是长寿和短命的分界;举止得当、谨慎言语还是肆行无忌、夸夸其谈,是福星高照和大祸临头的分界;勤劳节俭还是懒惰奢侈,是事业成功和身败名裂的

分界；饮食有节、清心寡欲还是暴饮暴食、纵情声色，是珍爱生命和戕害生命的分界。〕

——明·吕坤《呻吟语》

□时穷节乃见，一一垂丹青。〔形势危急的关头就能表现出做人的气节，他们将一个一个载入史册永不磨灭。〕

——宋·文天祥《正气歌》

□促狭偏窄，浅率浮躁，非有德之气象。只观气象，便知涵养之浅深。〔褊狭而又匆忙，浅薄而又轻浮，都不是具有高尚道德的神态。只要看人的仪态举止，便知人的知识道德涵养的深浅。〕

——清·陈遇夫《迂言百则》

交际友谊

□志道者少友，逐俗者多俦。〔坚守道义的人往往朋友很少，追逐世俗的人常常同类较多。〕

——汉·王符《潜夫论·实贡》

□盛德之士，乱世所疏也；正直之行，邪枉所憎也。〔道德高尚的君子，被混乱的世道疏远；正直的行径，被邪恶的人们憎恶。〕

——汉·刘向《说苑·尊贤》

□营于利者多患，轻于诺者寡信。〔钻营财利的人祸患较多，轻易许诺的人说话无信。〕

——汉·刘向《说苑·说丛》

□君子上交不谄，下交不渎。〔君子结交地位高的人，不谄媚讨好；结交地位低的人，不轻视怠慢。〕

——周·姬昌《周易·系辞》

□善全臣者不狎，善全友者不昵。〔善于保护臣子名节的君主，对臣僚不过分亲近；善于成全朋友的君子，对朋友不亲昵。〕

——唐·皮日休《鹿门隐书》

□君在敬而无失，与人恭而有礼。四海之内，皆兄弟也，君子何患乎无兄弟也？〔君子只是对待工作严肃认真，不出差错，对待别人

266

言辞恭敬，合乎礼节，天下之大，到处都是兄弟，君子又何必担忧没有好兄弟呢？〕

——春秋·子夏《论语·颜渊》

□以势交者，势倾难解难分；以利交者，利穷则散。〔以权势交往的人，权势失掉交情就会断绝；以利益交往的人，利益到尽头彼此也就分手。〕

——隋·王通《文中子·礼乐》

□敬他人，即是敬自己；靠自己，胜于靠他人。〔尊敬他人，便是尊敬自己；依靠自己，胜过依靠他人。〕

——清·王永彬《围炉夜话》

□大凡以色事人者，色衰而爱弛，爱弛则恩绝。〔大凡靠姿色来侍奉人的女人，一旦姿色衰老，他人的宠爱就会失去；宠爱失去了，彼此之间的情义就断绝了。〕

——汉·司马迁《史记·吕不韦传》

□海内存知己，天涯若比邻。〔只要四海之内有知心的朋友存在，就是远在天涯海角也像近邻一样。〕

——唐·王勃《杜少府之任蜀州》

□以财交者，财尽而绝；以色交者，华落而爱渝。〔用钱财与别人结交，钱财花完了，交情也就断绝了；用美色与别人结交，美色衰退了，爱情也就改变了。〕

——汉·刘向《战国策·楚策》

□镜破不改光，兰死不改香。始知君子心，交久道益彰。〔镜子破裂了，仍然不改变它的明亮；兰花萎谢了，仍然不改变它的香味。

267

由此知道君子的品德就是这样，相交的时间越长就会越发感到他的道德日益彰显。〕

——唐·孟郊《赠崔纯亮》

□同声相应，同气相求。〔相同的声音彼此呼应，相同的气息相互感知。〕

——周·姬昌《周易·乾》

□求逞于人，不可；与人同欲，尽济。〔企图把自己的意志强加于人是不行的，与国人的愿望相一致，则什么事情都能办成。〕

——春秋·左丘明《左传·昭公四年》

□人贵旧，器贵新。〔人所贵重的是旧交情，器物所贵重的是新产品。〕

——清·谭嗣同《学篇》

□莫愁前路无知己，天下谁人不识君？〔不要为未来没有知己而忧愁，天下人有谁不知道您的大名呢？〕

——唐·高适《别董大二首》

□责善，朋友之道也。〔相互鞭策做好事，这是做朋友的原则。〕

——战国·孟子《孟子·离娄下》

□谈笑有鸿儒，往来无白丁。〔在一起聊天说笑的都是很有学问的大儒，来来往往的没有一般人。〕

——唐·刘禹锡《陋室铭》

□天下以市道交。君有势，我则从君；君无势，则去。此固其理也，有何怨乎？〔天下是按市场上的原则交往的。你有势力时，我们

就依附于你；你没有势力时，我们就离开你。本来就是这个道理，又有什么值得怨恨的呢？〕

——汉·司马迁《史记·廉颇蔺相如列传》

□君子忌苟合，择交如求师。〔君子忌讳不讲道义的交往，选择朋友应当像求师一样严肃。〕

——唐·贾岛《送沈秀才不第东归》

□人由意合，物以类同。〔人靠意趣聚合，物以类别趋同。〕

——汉·王褒《四子讲德论》

□同是天涯沦落人，相逢何必曾相识？〔彼此都是流落在外的人，相聚在一起（就应当互相同情），何必一定是曾经认识的呢？〕

——唐·白居易《琵琶行》

□君子赠人以财，不若以言。〔君子赠送他人钱财，不如赠送有益的话。〕

——秦·晏婴《晏子春秋·内篇杂上》

□门内有君子，门外君子至。〔房门之内有君子居住，房门之外就会有君子来访。〕

——明·冯梦龙《警世通言》

□路遥知马力，日久见人心。〔路途遥远，才知道马的力气大小；交往长久，才看出人心的好坏。〕

——元·佚名《争报恩》

□自信者，不疑人，人亦信之，吴越皆可同胞；自疑者，不信人，人亦疑之，骨肉皆成敌国。〔自己能相信人，不怀疑人，人也相信他，

269

吴越这样的敌国也可以成为同胞；自己不相信人，人也怀疑他，亲骨肉也可以成为仇敌。〕

——清·史典《愿体集》

□无事时埋藏着许多小人，多事时识破了许多君子。〔太平无事之时，难以发现隐藏的小人；国家多事之秋，就能识破许多伪君子。〕

——清·金缨《格言联璧·接物》

□人情厌故而喜新，重难而轻易。〔人的感情一般是讨厌旧的而喜欢新的，重视难以得到的而轻视容易得到的。〕

——清·蒲松龄《聊斋志异·恒娘》

□君子交绝，不出恶声。〔君子之间交情断绝，不说难听的话。〕

——汉·刘向《战国策·燕策》

□江头未见风波恶，别有人间行路难。〔江上的风波还不算最险恶，更有人世上的路途比这还艰难。〕

——宋·辛弃疾《鹧鸪天·送人》

□世态炎凉甚，交情贵贱分。〔世间的人情冷暖太严重了，人们的交情是由地位尊卑来区分的。〕

——宋·文天祥《杜架阁二首》

□善气迎人，亲如弟兄；恶气迎人，害于戈兵。〔和气待人，像兄弟一样亲近；恶气待人，像战争一样有害。〕

——春秋·管仲《管子·心术》

□人当意气相得时，以身相许，若无难事；至事变势穷，不能蹈其所言而背去者多矣。〔人们在意气相投时信誓旦旦，不惜献出生命，

270

似乎没有什么困难；而一旦遇到事情突变、局势恶化时，不能实践自己的诺言而背叛朋友的人可就多了。〕

——明·宋濂《杜环小传》

□君子成人之美，不成人之恶。小人反是。〔君子成全别人的好事，不促成别人的坏事。小人却和这相反。〕

——春秋·孔子《论语·颜渊》

□君子，矜而不争，群而不党。〔君子，庄重而不与别人争执，合群而不结党营私。〕

——春秋·孔子《论语·卫灵公》

□衣莫若新，人莫若故。〔衣服没有比新的好，人没有比旧交好。〕

——秦·晏婴《晏子春秋·内篇杂上》

□友正直者日益，友邪柔者日损。〔交正直朋友的人，时间越长好处越多；交邪恶朋友的人，时间越长坏处越多。〕

——明·薛瑄《薛文清公读书录·交友》

□时危见臣节，世乱识忠良。〔在时势危急的时候，才能显出臣子的气节；在天下混乱的时候，才能识别出忠贤。〕

——南朝·鲍照《代出自蓟北门行》

□试玉要烧三日满，辨材须待七年期。〔要验证宝玉是真是假，就得火烧三天；要分辨枕木和樟木，必须等它们长上七年。〕

——唐·白居易《放言》

□君子所贵乎道者三：动容貌，斯远暴慢矣；正颜色，斯近信矣；出辞气，斯远鄙倍矣。〔君子待人接物可贵的方面有三：严肃自己的

面容，就可以避免别人的粗暴懈怠；端正自己的脸色，就容易使人相信；说话时多考虑自己的言辞声调，就可避免鄙陋粗野和错误。〕

——战国·曾参·摘自《论语·泰伯》

□要做好人，须寻好友。引酵若酸，那得甜酒。〔要做好人，必须寻找好友。酵子如果要酸，那就得用甜酒。〕

——明·高攀龙《家训》

□君子之交淡如水，小人之交甘若醴；君子淡以亲，小人甘以绝。〔君子的交情淡薄得像白水一样，小人的交情甜美的像美酒一样；君子之间淡薄却亲切，小人甘甜却容易断绝。〕

——战国·庄子《庄子·山木》

□上交不谄，下交不骄，则可以有为矣。〔与地位高的人交往不谄媚，与地位低的人交往不傲慢，那就可以有所作为了。〕

——汉·扬雄《法言·修身》

□人用财试，金用火试。〔人的德行要用钱财来试验，金的真假要用火来试验。〕

——清·宋纁《古今药石·杂录》

□入竟而问禁，入国而问俗，入门而问讳。〔进入一个地区要问问有何禁忌；进入一个国家要问问有何风俗；进入一个家庭要问问有何避讳。〕

——汉·戴圣《礼记·曲礼》

□共患易，共利难。患者人之所同畏也，利者人之所同欲也。同其畏心，其势必合；同其欲心，其势必争。〔世人共同承受患难容易，共同享受利益就困难了。患难是人们都畏惧的，利益是人们都想得到

的。都有畏惧患难之心，这种情势就使大家一定能聚合起来；都有贪求利益之心，这种情势就使大家要发生纷争。〕

——宋·吕祖谦《东莱博义·齐鲁郑入许》

□入其国者从其俗，入其家者避其讳。〔进入人家的国家要遵从他们的习俗，进入人家的家庭要回避他们的忌讳。〕

——汉·刘安《淮南子·齐俗训》

□师以质疑，友以析疑。师友者，学问之资也。〔老师是回答疑难问题的，朋友是共同分析疑难问题的。老师和朋友，对做学问都是有帮助的。〕

——清·李西沤《西沤外集·冰言补》

□天可度，地可量，惟有人心不可防。〔长天可以测度，大地可以丈量，只有人心防不胜防。〕

——唐·白居易《天可度》

□君子淡如水，岁久情愈真，小人口如蜜，转眼如仇人。〔君子间的交往清淡如水，可是时间越久情谊越真。小人间的交往口甜如蜜，转眼之间就会变为仇人。〕

——明·方孝孺《朋友》

□行路难，不在水，不在山，只在人情反复间。〔人世间行路之艰难，不在于水深；也不在于山高，只在于人情的反复之间。〕

——唐·白居易《新乐府·太行路》

□遇君，则修臣下之义；遇乡，则修长幼之义；遇长，则修子弟之义；遇友，则修礼节辞让之义；遇贱而少者，则修告导宽容之义。〔遇到君上，就讲究臣子之道；遇到同乡，就讲究长幼之道；遇

到长者，就讲究子弟之道；遇到朋友，就讲究礼节辞让之道；遇到卑贱而又年少的人，就讲究劝导宽容之道。〕

——战国·荀子《荀子·非十二子》

□类同则志合，志合则力并，力并则事可行、功可成。〔水平相同的人则志向相同，志向相同的人则齐心协力，齐心协力则事情得以推行、功名可以成就。〕

——宋·李觏《与章秘校书》

□人生以择友为第一事。〔人生要把选择朋友作为第一件重要的事情。〕

——清·张英《聪训斋语》

□好尚或殊，富贵不求合；情趣苟同，贫贱不易意。〔如果爱好不同，即使富贵也不愿与他同流合污；如果志趣相投，即使贫贱也不会改变自己的意愿。〕

——南朝·范晔《后汉书·刘陶传》

□先淡后浓，先疏后亲，先远后近，交友之道也。〔先冷淡后浓烈，先生疏后亲近，先远离后亲近，这就是交往朋友的方法。〕

——明·陈继儒《小窗幽记》

□扬人之善，德之大者也。……知善不扬，是蔽其善；蔽善之人，天命不祐。〔宣扬人的好处，是人品德方面最大的。……知道他人的长处不宣扬，是掩蔽他的长处；掩蔽人的长处的人，老天不保佑他。〕

——清·唐甄《潜书·善施》

□与邪佞人交，如雪入墨池，虽融为水，其色愈污；与端方人处，如炭入薰炉，虽化为灰，其香不灭。〔与奸邪之人交往，就像是白雪进到墨池，虽然融化成了水，但其颜色却更加肮脏；与正直之人相处，就像是木炭进到了熏炉，虽然燃烧成了灰，但其香气依然可闻。〕

——宋·许棨《樵谈》

□交友者，识人不可不真，疑心不可不去，小嫌不可不略。〔交友的人，认识人不能不真诚，怀疑心不能不排除，小嫌隙不可不忽略。〕

——清·魏禧《魏叔子日录》

□画虎画皮难画骨，知人知面不知心。〔画老虎可以画皮但很难画骨，知晓人可以知晓脸可是很难知心。〕

——元·孟汉卿《魔合罗》

□君子求诸己，小人求诸人。〔君子严格要求自己，小人特别苛求别人。〕

——春秋·孔子《论语·卫灵公》

□道不同，不相为谋。〔思想主张不同，就不能互相切磋。〕

——春秋·孔子《论语·卫灵公》

□不爱其亲，岂能及物？〔一个连父母双亲都不爱惜的人，怎么能爱惜他物呢？〕

——南朝·虞寄·摘自《陈书·虞荔传》

□动莫若敬，居莫若俭，德莫若让，事莫若咨。〔举止要有礼貌，家居应简朴，德行最好谦让谨慎，遇事最好经常请教。〕

——春秋·左丘明《国语·周语》

□待人而留有余不尽之恩礼，则可以维系无厌之人心；御事而留有余不尽之才智，则可以提防不测之事变。〔对待他人留有不会穷尽

275

的恩惠礼遇，就可以维持没有厌恶的人的内心；治理事务留有不会穷尽的才能智慧，就可以提醒防备不可预测的事态变化。〕

——明·洪应明《菜根谭》

□鱼欲异群鱼，舍水跃岸则死；虎欲异群虎，舍山入市即擒。〔鱼想脱离鱼群，离开水跳上河岸则会死去；虎想离开虎群，舍弃山进入市区就会被擒获。〕

——春秋·关尹《关尹子·三极》

□单丝不线，孤掌难鸣。〔一根蚕丝不能纺成线，一个巴掌难以拍响。〕

——明·吴承恩《西游记》

□非我而当者，吾师也；是我而当者，吾友也；谄谀我者，吾贼也。〔指出我的缺点而又中肯的人，就是我的老师；肯定我而又恰当的人，就是我的朋友；巴结奉承我的人，就是害我的敌人。〕

——战国·荀子《荀子·修身》

□白头如新，倾盖如故。〔相识到白头，还是形同陌路；路途偶相逢，却是一见如故。〕

——汉·班固《汉书·邹阳传》

□详交者不失人，而泛交者多后悔。故先哲先择而后交，不先交而后择也。〔审慎交往的人不会失去人，可是粗泛交往的人大多后悔。所以此前明智的人先选择而后交往，不是先交往而后选择。〕

——晋·葛洪《抱朴子·交际》

□使人有面前之誉，不若使人无背后之毁；使人有暂交之欢，不若使人无久处之厌。〔让人当面夸赞自己，不如让别人不在背后批评诋

毁自己;让人在初相交时就产生好感,不如让别人与自己长久相处而不产生厌烦情绪。〕

——明·陈继儒《小窗幽记》

□知人者智,自知者明。〔能了解别人的人很聪明,能了解自己的人很明智。〕

——春秋·老子《道德经》

□同恶相助,同好相留,同情相求,同欲相趋,同利相死。〔有共同的恨仇则能互相帮助,有共同的爱好则能相互留存,有共同的情意就会相互需求,有共同的欲望就会相互前趋,有共同的利益就会相互献身。〕

——汉·应高·摘自《汉书·吴王濞传》

□苟富贵,无相忘!〔假如有一天我们中间谁富贵了,可别忘了其他兄弟们啊!〕

——秦·陈胜·摘自《汉书·陈胜传》

□朋友之道,誉其美,规其过。专誉而不规,路人而聚处,饮酒于市道者耳。〔交朋友的方法,赞誉他的美德,规劝他的过失。只赞誉而不规劝,就像过路相聚在一起,在市场路边饮酒的人罢了。〕

——宋·司马光《送李揆之序》

□与人善言,暖于布帛;伤人以言,深于矛戟。〔和人说善意的话,比送衣服给他穿还要温暖;用恶语伤人,比用矛戟刺人还要深痛。〕

——战国·荀子《荀子·荣辱》

□天下之人皆相爱,强不执弱,众不劫寡,富不侮贫,贵不敖贱,诈不欺愚。凡天下祸患怨恨可使毋起者,以相爱生也。〔天下的人都

277

相爱，强大者就不会控制弱小者，人多者就不会强迫人少者，富足者就不会欺侮贫困者，尊贵者就不会傲视卑贱者，狡诈者就不会欺骗愚笨者。凡天下的祸患、掠夺、埋怨、愤恨可以不产生的原因，是因为相爱。〕

——战国·墨子《墨子·兼爱》

□**与人以实，虽疏必密；与人以虚，虽戚必疏。**〔真诚待人，即使表面上看起来疏远，但实际上还是亲密的；待人虚伪，即使表面上看起来亲近，而实际上也是疏远的。〕

——汉·韩婴《韩诗外传》

□**闻人过失，如闻父母之名，耳可得闻，口不得言。**〔听到别人的过失，就像听到父母的名字，耳可以听，口不能说。〕

——汉·马援·摘自《后汉书·马援传》

□**与不期众少，其于当厄；怨不期深浅，其于伤心。**〔给人东西，不在多少，而应当在别人正困难的时候给予；结怨不在深浅，而在于是否恰恰伤了人家的心。〕

——汉·刘向《战国策·中山策》

□**不知其君视其所使，不知其子视其所友。**〔不了解一国的君主可以看他重用什么人；不了解一人的儿子，就看他结交的朋友。〕

——汉·司马迁《史记·田叔传》

□**富贵者送人以财，仁人者送人以言。**〔富贵的人送行时赠与的是钱财，品德高尚的人送行时赠与的是嘉言。〕

——周·老聃·摘自《史记·孔子世家》

□**何者为益友？凡事肯规我之过者是也。何者为小人？凡事必徇**

已之私者是也。〔哪一种朋友才算是益友呢？凡遇到我做事有不对的地方肯规劝我的便是益友。哪一种人算是小人呢？凡遇到自己做错事，只会一味地因私利而偏袒自己过失的便是小人。〕

　　　　　　　　　　　　　　　　——清·王永彬《围炉夜话》

　　□待已当从无过中求有过，待人当于有过中求无过。〔对待自己，要从没有过失中发现过失；对待别人，即使其有过错，也要从中找到可取之处。〕

　　　　　　　　　　　　　　　——清·金缨《格言联璧·接物》

　　□士为知已者死，女为悦已者容。〔壮士应当为了解自己的人奉献生命，女子应当为爱慕自己的人修饰打扮。〕

　　　　　　　　　　　　　　——汉·司马迁《史记·刺客列传》

　　□或誉之，而适足以败之；或毁人，而乃反以成之。〔有的时候，赞美别人，却反而坏了他的事；有的时候，诽谤别人，却恰恰又促成了他的成功。〕

　　　　　　　　　　　　　　——汉·刘安《淮南子·人间训》

　　□力田不如逢年，善仕不如遇合。〔努力耕田，不如遇上丰年；善于做官，不如得到君王的赏识。〕

　　　　　　　　　　　　　　——汉·司马迁《史记·佞幸列传》

　　□小人之未得志也，尾尾焉；一朝而得志也，岸岸焉。〔小人没得志的时候，总是像个尾巴似的跟在别人后头，一副垂头丧气的样子；一旦有朝一日得志了，便立刻变得趾高气扬，不可一世。〕

　　　　　　　　　　　　　　——明·刘基《郁离子·小人犹膏》

　　□王者赏人必酬其功，爵人心甄其德。善人同处，则日闻嘉训，恶人从游，则日生邪情。〔君主赏赐臣下必须论功行赏，封爵必须以德为鉴。与德行完满的人相处，可以天天受益；与邪恶人的相处，则会心生恶念。〕

——汉·爰延·摘自《后汉书·爰延传》

□羽善待卒伍而骄于士大夫，飞爱敬君子而不恤小人。〔关羽善待兵士而对士大夫傲慢，张飞敬重君子却不体恤小人。〕

——晋·陈寿《三国志·关张马黄赵传》

□外合不由中，虽固终必离。〔朋友之间的交情，如果不是发自内心，而只是因为外部原因而结成，虽然看起来牢固，但终有一天会分道而行。〕

——晋·傅玄《何当行》

□人之所以贵于禽兽，以有仁爱，知相尊事也。〔人之所以比禽兽要高贵，是因为人有仁爱之心，知书识礼，懂得互相尊重。〕

——汉·卓茂·摘自《后汉书·卓茂传》

□当局虽工，而蔽于求胜之心；旁观虽拙，而灼于虚公之见。〔下棋的人虽技艺高超，但却因为求胜之心而易受蒙蔽；旁观的人虽技艺拙劣，但因为其无所牵挂和偏私，反倒常有真知灼见。〕

——明·陈确《陈确集·瞽言》

□贫贱之知不可忘，糟糠之妻不下堂。〔在贫贱时结交的朋友是决不能忘掉的；同甘苦共患难的结发妻子是不能休掉的。〕

——汉·宋弘·摘自《后汉书·宋弘传》

□益者三友，损者三友。友直，友谅，友多闻，益矣。友便辟，友善柔，友便佞，损矣。〔有益的朋友有三种，有害的朋友也有三种。

与正直诚信的人交友，与宽容大度的人交友，与见闻学识广博的人交友，是有益的。与习于歪门邪道的人交友，与善于阿谀奉承的人交友，与惯于花言巧语的人交友，是有害的。〕

——春秋·孔子《论语·季氏》

□乘人之车者载人之患，衣人之衣者怀人之忧，食人之食者死人之事。〔坐人家车子的，要与人家共患难；穿人家衣服的，要替人家的事担忧；靠人家养活的，要为人家的事拼命。〕

——汉·司马迁《史记·淮阴侯列传》

□凡做好人、做好官、做名将，俱要好师、好友、好榜样。〔凡是做好人、做好官、做名将，都要有好老师、好朋友、好榜样。〕

——清·曾国藩《曾文正公全集》

□朋而不心，面朋也；友而不心，面友也。〔是同志却不能诚心相待，只是表面上的同志；是朋友却不能推心置腹，也仅是表面上的朋友。〕

——汉·扬雄《法言·学行》

□礼尚往来。往而不来，非礼也；来而不往，亦非礼也。〔礼节崇尚的是互相往来。往而不来，不是合礼节的做法；来而不往，也不是合礼节的做法。〕

——战国·曾参《礼记·曲礼》

□君子之爱人也以德，细人之爱人也以姑息。〔君子是用道德为标准来爱护人，小人用姑息纵容来爱护人。〕

——春秋·曾参《礼记·檀弓》

□与善人居，如入芝兰之室，久而自芳也；与恶人居，如入鲍鱼之肆，久而自臭也。〔和善良的人居住，像进入养着白芝和兰花的房子，时间久了自己也变得芳香了；跟邪恶的人居住，像进入到了销售鲍鱼的店铺，时间久了自己也有臭味了。〕

——北齐·颜之推《颜氏家训》

□君子周而不比，小人比而不周。〔君子团结人，但是不搞帮派；小人搞帮派，但不团结人。〕

——春秋·孔子《论语·为政》

□千人同心，则得千人之力；万人异心，则无一人之用。〔大家齐心，就能得到大家的力量；大家异心，就没有一个人的作用。〕

——汉·刘安《淮南子·兵略训》

□人之有德于我者，不可忘也；吾有德于人也，不可不忘也。〔别人有恩德于我的事，不能忘记；我有恩德于别人的事，不能不忘记。〕

——汉·刘向《战国策·魏策》

□同德则同心，同心则同志。〔德性相同的人则心思相同，心思相同的人则志向相同。〕

——春秋·左丘明《国语·晋语》

□凡交，近则必相靡以信，远则必忠之以言。〔凡交朋友，邻近的朋友应以信用相互来往，远方的朋友应以忠诚的言语来结交。〕

——战国·庄子《庄子·人世间》

□请问为人君？曰：以礼分施，均遍而不偏。请问为人臣？曰：以礼待君，忠顺而不懈。请问为人父？曰：宽惠而有礼。请问为人子？曰：敬爱而致恭。请问为人兄？曰：慈爱而见友。请问为人弟？曰：敬诎而不苟。请问为人夫？曰：致功而不流，致临而有辨。请问为人妻？曰：夫有礼则柔从听侍，夫无礼则恐惧而自竦也。〔请问怎样做君主？说：用礼义治理国家，公平而不偏私。请问怎样做臣子？说：用礼义侍奉君主，忠诚顺服而不懈怠。请问怎样做父亲？说：宽厚慈爱而有礼节。请问怎样做儿子？说：尊敬热爱而十分恭敬。请问怎样做兄长？说：仁慈关爱而友善。请问怎样做弟弟？说：恭敬顺从而不马虎。请问怎样做丈夫？说：努力获取功名而不放荡淫乱，尽力亲近妻子而又夫妇有别。请问怎样做妻子？说：丈夫懂得礼义就柔和顺从他，听从侍候他；丈夫不懂得礼义，就为之恐慌而担心。〕

——战国·荀子《荀子·君道》

□耳不闻人之非，目不视人之短，口不言人之过。〔耳朵不要探听别人的错误，眼睛不要盯着别人的短处，嘴不要说道别人的过失。〕

——宋·林逋《省心录》

□吾荣时招之始来，吾患时不招自来，真友哉。〔在我荣耀显赫时请他来才来，在我患难时不叫他反而主动来的，才是我真正的朋友。〕

——明·王肯堂《交友》

□世有雷同之誉而未必贤也，俗有欢哗之毁而未必恶也。〔受到众人一致称颂的未必就是贤德之人，而受到众人一致攻击的也未必就是顽恶之人。〕

——晋·葛洪《抱朴子·广譬》

□同于我者，何必可爱；异于我者，何必可憎。〔与自己态度一致的，不一定就值得喜爱；与自己态度相悖的，不一定就要憎恨。〕

——汉·仲长统《昌言》

□夫爱人者，人必从而爱之；利人者，人必从而利之；恶人者，为必从而恶之；害人者，人必从而害之。〔爱别人的，别人也必然爱

他；利于别人的，别人也必然利于他；憎恶别人的，别人也必然憎恶他；残害别人的，别人也必然残害他。〕

——战国·墨子《墨子·兼爱》

□古之善将者，养人如养己子。有难，则以身先之；有功，则以身后之。〔古代善于带兵的将帅，养兵就像养自己的亲生儿女一样，遇到危难，自己首先迎难而上；有了功劳，自己则退到后面。〕

——三国·诸葛亮《将苑·哀死》

□不苟訾，不苟笑。〔不随随便便诋毁别人，也不随随便便讥笑别人。〕

——汉·戴圣《礼记·曲礼》

□士有妒友，则贤交不亲；君有妒臣，则贤人不至。〔士大夫有嫉妒心强的朋友，那么贤良的朋友就不来亲近；君主有嫉妒心强的大臣，那么贤能之人就不到朝廷来。〕

——战国·荀子《荀子·大略》

□人生结交在终始，莫为升沉中路分。〔人的一生，结交朋友应当善始善终，不要因为地位有所变化、际遇有所不同就半途而终。〕

——唐·贺兰进明《行路难》

□都蔗虽甘，杖之必折；巧言虽美，用之必灭。〔甘蔗虽然甜，但用它做手杖，一定会折断；花言巧语听起来虽然漂亮，但听信必遭失败。〕

——三国·曹植《矫志诗》

□同道者相爱，同艺者相嫉；同与者相爱，同取者相嫉；同病者相爱，同壮者相嫉。〔有相同志趣的人互相亲爱，有相同技术的人互

相嫉妒；能共同分享者互相敬爱，要相互索取者互相嫉妒；有相同疾病的人互相怜爱，同样强壮的人互相嫉妒。〕

——唐·王士元《亢仓子用道篇》

□乐人之乐，人亦乐其乐；**忧人之忧，人亦忧其忧。**〔为别人的快乐而高兴，别人也会为你的快乐而高兴；为别人的忧愁而担忧，别人也会为你的忧愁而担忧。〕

——唐·白居易《辩兴亡之由策》

□**当着矮人，别说短话。**〔在矮人的面前，不要说别人个子矮小之类的话。〕

——清·曹雪芹《红楼梦》

□**人未己知，不可急求其知；人未己合，不可急求之合。**〔别人还没有了解你的时候，不要急着让人了解你；别人还不能与你融洽相处时，不要急着与其相处。〕

——明·薛瑄《从政遗规》

□**责己要厚，责人要薄。**〔对待自己要要求严格，对待别人则要多加宽容。〕

——清·陈宏谋《养正遗规》

□**君子千言有一失，小人千言有一当。**〔有学问的人说上千句话也难免会有一句不恰当，平庸之辈说上千句话也可能会有一句是得当的。〕

——元·无名氏《录齐郎》

□**一死一生，乃知交情；一贫一富，乃知交态；一贵一贱，交情乃见。**〔看看生前怎样，死后怎样，才能知道交情真相。看看贫时怎

样，富时怎样，才能知道交情真相。一时尊贵，一时卑贱，结交的真情于是显现。〕

——汉·翟公·摘自《史记·汲郑传》

□贫居闹市无人问，富在深山有远亲。〔家境如果贫寒，即使住在热闹的街道也没有人探访；家境如果富有，就算住在幽深的山谷也同样有远房的亲戚去拜访。〕

——明·罗贯中《三遂平妖传》

□一解市头语，便无邻里情。〔一懂得了如何做买卖，就连邻里之间的情分都不管了，只管一味赚钱。〕

——唐·元稹《估客乐》

□人有悲欢离合，月有阴晴圆缺，此事古难全。〔人生一世，总会或悲或欢，或离或合，月亮也有其阴晴和圆缺。自古以来，这种事都很难周全。〕

——宋·苏轼《水调歌头》

□不面誉以求亲，不愉悦以苟合。〔不当面吹捧人，以求得别人对自己的欢心，不随意取悦人，以求得无原则的团结。〕

——唐·魏徵《群书治要·体论》

□煮豆燃豆萁，豆在釜中泣；本自同根生，相煎何太急？〔燃烧豆萁来熬煮豆子，豆子在锅中伤心流泪；豆子和豆萁本是同根所生，这样的煎煮何必太急呢？〕

——三国·曹植《七步诗》

□人之爱我，我度于义，义则为朋，否则为利；人之恶我，我思其由，过宁不改，否又何仇。〔人要喜欢我，我就用道义衡量，合乎

道义就是为了交朋友，否则就是为了谋利益；人要厌恶我，我就要思考缘由；有过错为何不改正，否则有何冤仇。〕

——唐·李翱《行己》

□人无害虎心，虎有伤人意。〔人虽然没有害虎的想法，但是老虎却有伤人的心思。〕

——元·纪君祥《赵氏孤儿》

□狎昵恶少，久必受其累；屈志老成，急则可相依。〔与那些无德恶少交往，长久了必会被其所累；与老成有德的人交往，危急的时候可以依靠。〕

——清·朱伯庐《治家格言》

□友如作画须求淡，山似论文不喜平。〔友情应当像作画一样追求清淡，而写文章则要像大山一样要追求一些跌宕起伏。〕

——元·翁朗夫《尚湖晚步》

□共舆而驰，同舟而济，舆倾舟覆，患实共之。〔同车共驰，同舟共济，即使是车倒了船翻了，仍然在一起，这才是患难与共的真正友谊。〕

——南北朝·范晔《后汉书·朱穆传》

□文情不厌新，交情不厌陈。〔写文章作诗，其内容和立意越新越好，但朋友之间的交情则是越久远越好。〕

——明·汤显祖《得吉水刘年侄同升书喟然》

□势利之交，难以经远。士之相知，温不增华，寒不改弃，贯四时而不衰，历险夷而益固。〔建立在权势和名利之上的交往，是难以持久的。有修养的人之间彼此深交而心息相通时，就好比花木，温暖

287

时也不会多开花，寒冷时也不会改变叶子的颜色，能够经历一年四季而不衰败，经历艰险日益牢固。〕

——三国·诸葛亮《论交》

□落地为兄弟，何必骨肉亲？〔人一生下来，本来就像兄弟一般，又何必非要骨肉相连才算亲呢？〕

——晋·陶渊明《杂诗十二首》

□交接者，人道之本始，纪纲之大要。名由之成，事由之立。〔交际，是做人道德的根本表现，道德要求的主要内容。名声从这里形成，事业从这里建立。〕

——汉·刘歆《新议》

□父母之年，不可不知也。一则以喜，一则以惧。〔父母的年岁不能不被记在心里。一方面为其高寿而高兴，另一方面为其年老而恐惧。〕

——春秋·孔子《论语·里仁》

□结交须胜己，似我不如无。〔结交的朋友，其道德品行、文化素质必须胜过自己，其道德品行、文化素质像自己一样，不如不交。〕

——清·周希陶《增广贤文》

□以责人之心责己，则寡过；以恕人己之心恕人，则全交。〔用责备别人的心来责备自己，这样就会很少有过失；用宽恕自己的心来宽恕别人，就没有交不到的朋友。〕

——宋·林逋《省心录》

□知人之性，莫难察焉。美恶既殊，情貌不一，有温良而为诈者，有外恭而内欺者，有外勇而内怯者，有尽力而不忠者。〔了解一个人的品德才智，是不容易考察的。美和丑虽然在本质上有根本的区别，但外貌和内心的表现却是不一致的。有的人看起来纯朴忠厚，实际上却是奸诈的；有的人表面上恭恭敬敬，而背地里却干骗人的勾当；有的人貌似勇敢而实际是个胆小鬼；有的人虽尽力工作，心底却不忠诚。〕

——三国·诸葛亮《将苑·知人性》

□自奉必须俭约，宴客切勿留连。〔自己的日常生活用品必须节俭，接受别人宴请时切莫流连忘返。〕

——清·周希陶《增广贤文》

□道吾好者是吾贼，道吾恶者是吾师。〔吹捧我的人是对我有害的人，批评我的人是对我有益的人。〕

——清·周希陶《增广贤文》

□不吹毛而求小疵，不洗垢而察难知。〔不去吹开兽皮上的毛以寻找细小的毛病，不洗掉污垢以查找难以知道的东西。〕

——秦·韩非《韩非子·大体》

□圣人先忤而后合，众人先合而后忤。〔圣人总是先有争执和不合，然后才结交成朋友；而一般人总是先交好，然后又不合、起争执。〕

——汉·刘安《淮南子·人间训》

□邪人必微，邪谋必阴。阴则难明，微则易信。〔奸邪的人必定手段乖巧，奸邪的计谋必定很隐蔽。隐蔽就难以被发觉，乖巧就容易被信任。〕

——唐·刘禹锡《上杜司徒书》

□誉而危之，故人不知；厚而害之，故人不疑。是故佞人危人，人危而不怨；害人，人败而不仇，隐情匿意为之功也。〔有时赞美人就是危害人，但被赞美的人不知道；厚待人就是危害人，但受厚待的人不怀疑。因此，巧言谄媚的人，危害别人，别人被他毁害了却不怨恨他；伤害别人，别人遭到灾祸而却不恨他，隐真情藏实意是他们的巧妙本领。〕

——汉·王充《论衡·答佞篇》

□多言不可与远谋，多动不可与久处。〔对于喜欢说道的人，不可以与他商量重大的事情；对于轻举妄动的人，不可以与他长期相处。〕

——隋·王通《中说·魏相》

□人不可貌相，海水不可斗量。〔评判一个人不能光看他的相貌，测量海水多少不可以用斗称量。〕

——元·佚名《小尉迟》

□白石似玉，奸佞似贤。〔白色的石头看起来和玉十分相似，而邪恶谄媚之徒也常将自己伪装得和贤德之人一样。〕

——晋·葛洪《抱朴子·祛惑》

□兼相爱，交相利。〔若能互相都爱护，就能互相都得益。〕

——战国·墨子《墨子·兼爱》

□上智者必不自智，下愚者必不自愚。〔最具智慧的人一定不会自以为智慧，最愚笨的人也一定不会自以为愚笨。〕

——明·陈确《陈确集·瞽言》

□天下皆知取之为取，而莫知与之为取。〔天下人都知道从别人那里得到东西是"取"，却不知道给予别人东西也是"取"。〕

——南朝·范晔《后汉书·桓谭冯衍列传》

□君子贤而能容罢，知而能容愚，博而能容浅，粹而能容杂，夫是之谓兼术。〔有才德的人贤能，却能容纳才能低下的人；其很有智慧，却能容纳愚钝的人；其胸襟和知识广博，却能容纳浅薄的人；其道德高尚纯洁，却能容纳品行不纯的人。这就是容纳各种人的方法。〕

——战国·荀子《荀子·非相》

□君子如嘉禾也，封殖之甚难，而去之甚易；小人如恶草也，不种而生，去之复蕃。〔君子就像好庄稼，培植它很困难而除去它却很容易；小人就像恶草，不必耕种就能生长蔓延并且除去它又繁殖起来。〕

——宋·苏轼《续欧阳子朋党论》

□心无结怨，口无烦言。〔心里不结下怨仇，嘴上就不会说出愤懑的话。〕

——秦·韩非《韩非子·大体》

□论人当节取其长，曲谅其短。做事必先审其害，后计其利。〔评价一个人应当肯定他的优点，原谅他的不足。做事应先审视它的弊害，然后再思谋它的利益。〕

——清·金缨《格言联璧》

□冰炭不同器，日月不并明。〔冰和炭不能放在同一个容器之中，太阳和月亮也不会同时照耀大地。〕

——汉·桓宽《盐铁论·刺赋》

□君子避三端：避文士之笔端，避武士之锋端，避辩士之舌端。〔品德高尚的人会设法避开三个方面：一是避开文士的笔端，二是避开武士的锋端，三是避开辩士的舌端。〕

——汉·韩婴《韩诗外传》

□将叛者其辞惭，中心疑者其辞枝；吉人辞寡，躁人辞多，诬善之人辞游，失守之人辞屈。〔将要叛变的人，言辞羞惭；心存疑虑的人，言辞啰唆；好人言语少，急躁的人说话多，陷害好人的人说话漫无边际，失去操守的人说话缺乏道理。〕

——周·姬昌《周易·系辞》

□二人同心，其利断金；同心之言，其臭如兰。〔同心协力的人，他们的力量足以把坚硬的金属弄断；同心同德的人发表一致的意见，说服力强，人们就像嗅到芬芳的兰花香味，容易接受。〕

——周·姬昌《周易·系辞》

□好称人恶，人亦道其恶；好憎人者，亦为人所憎。〔爱讲别人坏话的人，别人也讲他的坏话；喜欢憎恶别人的人，别人也憎恶他。〕

——汉·刘向《说苑·说丛》

□君子好人之好，而忘己之好；小人好己之恶，而忘人之好。〔君子记着别人所喜欢的，却忘记了自己喜欢的；小人记着自己所厌恶的，却忘记了别人厌恶的。〕

——汉·扬雄《法言·君子》

□刺我行者，欲与我交；贬我货者，欲与我市。〔贬斥我的品行的人，是想和我交朋友；贬低我的货物的人，是想和我做生意。〕

——汉·刘安《淮南子·说林训》

□虎尾不附狸身，象牙不出鼠口。〔老虎的尾巴不会长到狸猫身上，宝贵的象牙也不会长到老鼠的口里。〕

——晋·葛洪《抱朴子·清鉴》

□夫乘时以侥利者，市井之志也；酬功而报德者，士君子之心也。

信以市井之志利其身，而以士君子之心望于人，不亦难哉？〔抓住机会去谋取利益，是市井小人的志向；建立大功以报答恩德，是有志操有学问的君子的胸怀。韩信用市井小人的志向为自己谋取利益，而要求他人用君子的胸怀回报，不是太难了吗？〕

——宋·司马光《资治通鉴·汉纪》

□一饭之德必偿，睚眦之怨必报。〔受人一顿饭的恩惠也要报答，被人瞪一眼的怨恨也要报复。〕

——汉·司马迁《史记·范睢蔡泽列传》

□人生交契无老少，论交何必先同调。〔人生在世，交朋友不必区分老和少，也不必一开始就要求志趣相投。〕

——唐·杜甫《徒步归行》

□谏者福也，谀者贼也。人主听谀，是愚惑也。〔谏诤过失的，是国家之福；阿谀奉承的，是国家之害。君主听信谄媚之词，那就是愚蠢糊涂。〕

——汉·司马迁《史记·龟策列传》

□不让古人，是谓有志；不让今人，是谓无量。〔有超越古人的决心，这叫有志气；遇事和人斤斤计较，这是没有度量。〕

——清·金缨《格言联璧》

□路径窄处，留一步与人行；滋味浓处，减三分让人尝。〔在狭窄的路上行走，要留一点儿余地给别人走；遇到美味佳肴，要余出几分给别人吃。〕

——明·洪应明《菜根谭》

□交游之间，尤当审择。虽是同学，亦不可无亲疏之辨。大凡敦厚忠信，能攻吾过者，益友也；其谄谀轻薄，傲慢亵狎，导人为恶者，损友也。〔交往处世一定要慎重选择。尽管是同学，也不能没有亲疏的区别。凡是敦厚忠信，能纠正自己错误的人，就是益友；凡是谄媚阿谀，为人轻薄，轻慢不庄重，引导人干坏事的就是有害的朋友。〕

——宋·朱熹《与长子受之》

□人生贵相知，何必金与钱？〔人生最难能可贵的是找到知己，金钱又算得了什么呢？〕

——唐·李白《赠友人》

□相形不如论心，论心不如择术。〔了解一个人，观察他的外表不如了解他的思想，了解他的思想不如看他的实际行为。〕

——战国·荀子《荀子·非相》

□天时不如地利，地利不如人和。〔有利的天气时令条件不如有利的地形地势条件，有利的地形地势条件不如上下团结、人心所向。〕

——战国·孟子《孟子·公孙丑下》

□投我以桃，报之以李。〔他把桃儿给我，我拿李子回报他。〕

——汉·毛亨《毛诗·大雅·抑》

□水至清则无鱼，人至察则无徒。〔水过于清澈就没有鱼，人过于苛求就没有人愿与他在一起。〕

——汉·班固《汉书·东方朔传》

□积爱成福，积怨成祸。〔积累友爱能得到幸福，积累怨恨能造成祸害。〕

——汉·刘安《淮南子·人间训》

□对渊博友,如读异书;对风雅友,如读名人诗文;对谨饬友,如读圣贤经传;对滑稽友,如阅传奇小说。〔面对知识渊博的朋友,就像读人间奇书;面对风雅倜傥的朋友,就像读名人诗文;面对谨慎严肃的朋友,就像读圣贤经传;面对滑稽幽默的朋友,就像读传奇小说。〕

——清·张潮《幽梦影》

□交之于人也,犹唇齿之相济。〔交际对于人来说,犹如唇齿相互依存。〕
——汉·刘歆《新议》

□才非交不用,名非交不发,义非交不立。〔才能不结交就不会被任用,名声不结交就不会显达,道义不结交就不会确立。〕
——汉·刘歆《新议》

□君子不以色亲人。〔君子不装模作样地亲近别人。〕
——汉·戴圣《礼记·表记》

□结交在相得,骨肉何必亲。〔结交朋友在于相知,自己的骨肉未必就亲近。〕
——南朝·刘孝威《箜篌谣》

□不贿贵者之权势,不利便辟者之辞。〔不用财物去买通富贵者的权势,不喜爱身边的人讨好的言辞。〕
——战国·荀子《荀子·正名》

□好而知其恶,恶而知其美。〔喜欢一个人,但又了解他的缺点;厌恶一个人,但又知道他的优点。〕
——战国·曾参《礼记·大学》

□当与人同过,不当与人同功,同功则相忌;可与人共患难,不可与人共安乐，安乐则相仇。〔应当与别人共同承担过失，而不要去和别人共享功劳，因为共享功劳会造成彼此猜忌；应当和人共同承担困难和责任，不可以与人共享安乐，因为共享安乐容易造成相互仇视。〕

——明·洪应明《菜根谭》

□人非尧舜，谁能尽善？〔人们不都是尧、舜那样的圣人，谁能够那么尽善尽美呢？〕

——唐·李白《与韩荆州书》

□君子先择而后交，小人先交而后择。〔君子先选择后交往，小人先交往后选择。〕

——隋·王通《中说·魏相篇》

□衣不如新，人不如故。〔旧衣不如新衣，新人不如旧人。〕

——汉·无名氏《古艳歌》

□丛兰欲茂，秋风败之；王者欲明，谗人蔽之。〔丛兰想长得茂盛，秋风却想将它摧败；君主想耳聪目明，谗人却要蒙蔽他。〕

——唐·吴兢《贞观政要·杜谗邪》

□度量放宽宏，见识休局促。〔交往度量要宽宏，处世见识不要短浅。〕

——明·王世贞《正家箴》

□慢人亲者，不敬其亲者也。〔不尊敬别人父母的人，肯定也不会敬重自己的父母。〕

——三国·司马朗·引自《三国志·魏书》

□君子能则人荣学焉，不能则人乐告之；小人能则人贱学焉，不能则人羞告之。〔君子有才能，人们就推崇学习他；没有才能，人们则乐意告诉他。小人有才能，人们则轻视不学他；没有才能，人们则耻于告诉他。〕

——战国·荀子《荀子·不苟》

□太行之路能摧车，若比人心是坦途；巫峡之水能覆舟，若比人心是安流。〔太行山的道路能摧毁车辆，如若和人心相比仍算坦荡；巫峡的水能颠覆舟楫，如若和人心相比仍算平常。〕

——唐·白居易《太行路》

□安其身而后动，易其心而后语，定其交而后求。〔安定自身然后再行动，平心静气然后再讲话，确立交情然后再有所求取。〕

——周·姬昌《周易·系辞》

□君子之接如水，小人之接如醴；君子淡以成，小人甘以坏。〔君子之间的交往如水一样清淡，小人之间的交往像甜酒一样浓厚。君子清淡能够成事，小人浓厚能够坏事。〕

——春秋·孔子·引自《礼记·表记》

□君人者不可以不慎取臣，匹夫不可以不慎取友。〔作为一国的君主，不可以不慎重地选取臣下；（即使是）一般人也不可以不慎重地选取朋友。〕

——战国·荀子《荀子·大略》

□怨于心者，哀声可以应木石；感于情者，至性可以通神明。〔发于内心的哀怨，悲痛的哭声可以感应树木山石；出于肺腑的情感，淳厚的性情可以感动天地神灵。〕

——唐·骆宾王《上吏部裴侍郎书》

□智如泉源，行可以为表仪者，人之师也。智可以砥砺，行可以为辅弼者，人之友也。〔智慧如泉水般永不枯竭，言行能做人表率的人，可以做人的老师。智慧可以互相磨砺，言行可以辅助人的人，可以做人的益友。〕

——汉·韩婴《韩诗外传》

□明主绝疑去谗，屏流言之迹，塞朋党之门。〔英明的君主杜绝猜忌，消除谗言，排除流言蜚语，堵塞结党营私的途径。〕

——汉·刘向《战国策·赵策》

□我恶人，人亦恶我；我慢人，人亦慢我。〔我对别人不友好，人家对我也不友好；我轻视别人，人家也轻视我。〕

——明·高攀龙《忠宪公家训》

□取友善人，不可不慎，是德之基也。〔选择朋友，结交他人，不可以不慎重，这是德性的基础。〕

——战国·荀子《荀子·大略》

□勿以小恶弃大美，勿以小怨忘大德。〔不要因有小错误而抛弃有大优点的人，不要因有小嫌隙而忘记有大恩德的人。〕

——清·申居郧《西岩赘语》

□学非师而功益劳，友非人而过益滋。〔求学而没有好的教师会疲于用功；交友而没有好的朋友只能增添过错。〕

——宋·黄晞《聱隅子·生学篇》

□赠人玫瑰，手留余香。〔赠送给人一朵玫瑰花，手上也会留下玫瑰的花香。〕

——佚名·古谚

□君子与君子以同道为朋，小人与小人以同利不朋。〔君子交友是因为有共同的志向，小人交友是为共同的利益。〕

——宋·欧阳修《朋党论》

□君子以文会友，以友辅仁。〔君子以文章学问来结交朋友，依靠朋友帮助自己培养仁德。〕

——战国·曾参·引自《论语·颜渊》

□权之所在，虽疏必重；势之所去，虽亲必轻。〔权力在握的时候，虽是关系疏远的人也很看重；势力失去的时候，虽是关系亲近的人也变得轻慢。〕

——晋·陈寿《三国志·陈思王传》

□昵近小人，非致理之道；疏远君子，岂兴邦之义？〔亲近小人，绝不是国家大治之道；疏远君子，难道是国家兴盛的正理？〕

——唐·吴兢《贞观政要·慎终》

□知人不易，人不易知。〔了解一个人是不容易的，因为人是不容易被了解的。〕

——唐·骆宾王《自叙状》

□君子相送以言，小人相送以财。〔君子送别以言相赠，小人送别以财相赠。〕

——汉·司马迁《史记·滑稽列传》

□君子以义相褒，小人以利相欺。〔君子用仁义互相鼓励，小人用利益彼此欺诈。〕

——汉·陆贾《新语·道基》

□食其食者，不毁其器；荫其树者，不折其枝。〔吃人家饭的，不要毁坏人家的食具；在人家树下歇凉的，不要折断人家的树枝。〕

　　　　　　　　　　——汉·刘向《新序·杂事》

□朋友之道，有义则合，无义则离。〔交朋友的道理就是：有情谊就在一起，没有情谊就分离。〕

　　　　　　　　　——南朝·范晔《后汉书·朱穆传》

□仁不轻绝，智不轻怨。〔仁爱之士不轻易与人断绝交往，明智之士不轻易怨恨别人。〕

　　　　　　　　　　——汉·刘向《战国策·燕策》

□同欲者相憎，同忧者相亲。〔欲望相同的人彼此憎恶，忧患相同的人互相亲近。〕

　　　　　　　　　——汉·刘向《战国策·中山策》

□弦断犹可续，心去最难留。〔弦断了还可以续补，心离开则最难留住。〕

　　　　　　　　　——南朝·王僧孺《为姬人自伤》

□鉴物于肇不于成，赏士于穷不于达。〔鉴别器物，要在创始时而不在完成之时；赏识士人，要在穷困时而不在显达之时。〕

　　　　　　　　——唐·王勃《为人与蜀城父老书》

□陷人于危，必同其难。〔由于自己的失误，使别人陷入困境，自己就一定要与那人共赴患难。〕

　　　　　　　——南朝·范晔《后汉书·公孙瓒传》

□以财事人者，财尽而交疏；以色事人者，华落而爱衰。〔用钱

财侍奉他人的，钱财用尽而交情也疏远了；用姿色侍奉他人的，容貌衰老而宠爱也消失了。〕

——汉·刘向《说苑·权谋》

□泛交则多费，多费则多营，多营则多求，多求则多辱。语不云乎"以约失之者鲜"。当三复斯言。〔广泛结交关系就需要很多花费，花费过多就要多方经营，多方经营就会有求于人，有求于人就会多遭侮辱。《论语》里不是说："因为严格约束自己而犯错误的几乎没有。"这句话值得我们去反复思考。〕

——明·陈继儒《安得长者言》

□人之交友，不出趣味两字。有以趣胜者，有以味胜者，有趣味俱乏者，有趣味俱全者，然宁饶于味，而无宁饶于趣。〔人们结交朋友，不外乎交有风趣的和有意味的两种。有人以风趣见长，有人以意味见长，有人既无趣又无味，有人既有趣又有味，然而意味深长的朋友更胜过谈吐风趣的朋友。〕

——明·陈继儒《安得长者言》

□小人专望人恩，恩过于感；君子不轻受人恩，受则难忘。〔小人一心只希望别人施恩与他，得到恩惠后却不领情不感激；君子不轻易接受别人的恩惠，一旦接受则终生难忘。〕

——明·陈继儒《安得长者言》

□用人宜多，择友宜少。〔任用人才应该多多益善，选择良友应该少而且精。〕

——明·陈继儒《安得长者言》

□嗜欲者，语之富贵利达则悦，语之贫贱忧戚，则拂衣而去；好名者，语之夸大奢靡则悦，语之恬淡隐约，则拂衣而去。故曰："鱼相忘乎江河，人相忘乎道术。"〔贪图物欲的人，与他谈论荣华富贵、高官厚禄则眉飞色舞；与他谈论安贫乐道、忍受苦难的话题，他就会拂袖而去。喜好虚名的人，与他谈论盛大奢华、恣意挥霍的情形就眉飞色舞；与他谈论淡泊宁静、隐居山野的话题，他就会拂袖而去。难怪说："鱼儿在江河中才能彼此相忘，自由自在；人们只有领会了道术的真谛，才能够抛开世俗的名缰利锁，忘记彼此的身份地位和贫富贵贱差别。"〕

——明·彭汝让《木几冗谈》

□非子卿之暴少卿，不得为知己；非蔡泽之说范雎，不得为知几。〔如果不能像苏武斥责李陵那样直言不讳、苦口婆心，就不能算是知心朋友；如果不能像蔡泽那样劝说范雎功成身退而后自己也身体力行、急流勇退，终得善终，就不算是富有远见卓识。〕

——明·彭汝让《木几冗谈》

□两君子无争，相让故也；一君子一小人无争，有容故也；争者两小人也。〔两个君子相处，不会发生争执，是由于彼此都能做到谦让；一君子和一小人相处，不会发生争执，因为君子会宽容小人；两个小人相处，必定会争个没完没了。〕

——明·吕坤《呻吟语》

□仕途上只应酬无益人事，我尝自喜行三种方便，甚于先达有益：不面谒人，省其疲于应接；不轻寄书，省其困于裁答；不乞求人看顾，省其难以区处。〔对官场中的一些无休止、无意义的应酬，我曾经奉行三条准则，给那些饱受应酬之苦的名臣显宦省去了不少麻烦：不当面拜见人，省得人家接待，疲于应接；不轻易投寄书信，省得人家专门回信答复；不请求别人关照，省得人家为难。〕

——明·吕坤《呻吟语》

□无谓人惟惟，遂以为是我也；无谓人默默，遂以为服我也；无谓人煦煦，遂以为爱我也；无谓人卑卑，遂以为恭我也。〔不要看到别人唯唯诺诺，就认为别人赞同自己的意见；不要看到别人默默不语，就以为别人对自己心服口服；不要看到别人和乐友善，就以为别人对自己真心爱戴；不要看到别人毕恭毕敬，就以为别人对自己十分尊敬。〕

——明·吕坤《呻吟语》

□金帛多，只是博得垂死时子孙眼泪少，不知其他，知有争而已；金帛少，只是博得垂死时子孙眼泪多，亦不知有他，知有亲而已。〔财产多，只会博得临终时儿孙们的眼泪少，因为儿孙们不知道别的，只知道争夺遗产；财产少，就会博得临终时儿孙们的眼泪多，因为儿孙们不知道别的，只知道伤悼亲人。〕

——明·陈继儒《安得长者言》

□只见得眼前都不可意，便是个碍世之人。人不可我意，我必不可人意。不可人意者我一人，不可我意者千万人。呜呼！未有不可千万人意而不危者也。是故智者能与世宜，至人不与世碍。〔整天觉得身边的人和事都不顺眼，那么这个人就是个不合时宜的人。别人不顺我的心意，我必然也不顺别人的心意。不顺别人心意的只有我一个，而不顺我心意的则有成千上万人。哎呀！如果被千万个人所厌弃，那就很危险了。所以聪明人总是能够与世人和谐相处，十全十美的人决不逆历史潮流而动。〕

——明·吕坤《呻吟语》

□情不可过，会不可数，抑情以止慢，疏会以增敬，终身守此，然后故旧可保。〔朋友之间，感情不可过于亲密，会面不可过于频繁，平抑情感以防止滋生侮慢的心思，减少会面以增加互敬的气氛。终身这样坚持，朋友故旧的友谊就可长存。〕

——清·陈遇夫《迂言百则》

□责人要含蓄，忌太尽；要委婉，忌太直；要疑似，忌太真。今子弟受父兄之责，尚有所不堪，而况他人乎？孔子曰："忠告而善道之，不可则止。"此语不止全交，亦可养气。〔责备别人时应含蓄一些，不要把话说得太绝；要委婉一些，不要过于率直；要点到为止，不要过于严肃认真。当今社会，子弟对父兄的指责，尚且难以忍受，何况是对他人呢？孔子说："诚心诚意地劝导他，他不听从，也就罢了。"这句话不仅可以维持朋友之间的友情，也可以培养人的宽容敦厚的气质。〕

——明·吕坤《呻吟语》

修身养性

□**多欲则窄，寡欲则宽。**〔人的欲望多了就会心胸狭窄，欲望少了心胸就宽广。〕

——清·金缨《格言联璧·存养》

□**放荡功不遂，满盈身必灾。**〔放荡不羁事业就不会成功，骄傲自满必然招来灾祸。〕

——宋·张咏《劝学篇》

□**性清者荣，性浊者辱。**〔性情清高的人受人尊重，灵魂卑劣的人遭人唾弃。〕

——晋·左思《啄木鸟》

□**多欲亏义，多忧害智，多惧害勇。**〔贪心多了必然损害道义，忧虑多了必然妨碍智谋，恐惧多了妨害勇气。〕

——汉·刘安《淮南子·缪称训》

□**养气要使完，处身要使端。**〔修身养性要追求完美，为人处世要行为端正。〕

——宋·陆游《自勉》

□**人体欲得劳动，但不当使极耳。动摇则谷气得销，血脉流通，病不得生，譬犹户枢，终不朽也。**〔人的身体需要劳动，只是不应使

305

它太劳累了。活动就能消除秽气，身脉流通，不会生病，就像门枢不断转动，始终不会腐烂。〕

——南朝·范晔《后汉书·华佗传》

□淡泊养性，奢靡伐德。〔淡泊朴素可以修身养性，奢侈淫乐只能损德败行。〕

——明·仁孝文皇后《内训·逃俭章》

□养心者义理，累心者物欲。〔讲求义理可以养心，贪图物欲只能累心。〕

——清·张伯行《困学录集粹》

□不知耻者，无所不为。〔不知道羞耻的人，没有啥坏事不敢做。〕

——宋·欧阳修《魏公卿上尊号表》

□酒以成礼，过则败德。〔以酒待客为礼仪，但饮酒过度会败坏德行。〕

——晋·陈寿《三国志·陆凯传》

□志正则众邪不生，心静则众事不躁。〔心志正直，各种邪念就不会产生；心态平和，做任何事情都不会浮躁。〕

——晋·陈寿《三国志·王基传》

□人瘦尚可肥，士俗不可医。〔身体瘦了还可以长胖，人庸俗了就不可医治了。〕

——宋·苏轼《于潜僧绿筠轩》

□心安静则神策生，虑深远则计谋成；神策生则志不可乱，计谋成则功不可间。〔心情宁静，好计策才能产生；思虑深远，好计谋才能

306

形成；有了好的计谋,意志就不会慌乱；好的计谋形成了,功业就不可能不成。〕

——春秋·王诩《鬼谷子·本经阴符》

□夫妇之道，有义则合，无义则离。〔夫妻相处的原则，若有情义就在一起，没有情义就分开。〕

——汉·班固《汉书·孔光传》

□贫非人患，惟和为贵。〔贫穷并不值得人忧虑，只有和睦是最可贵的。〕

——三国·向朗《遗言戒子》

□善养身者，使之能逸而能劳。〔善于保养身体的人，能够使之有劳有逸。〕

——宋·苏轼《策别》

□婚姻，祸福之阶也。〔婚姻，是人生祸患与幸福的阶梯。〕

——春秋·左丘明《国语·周语》

□做买卖不着，只一时；讨老婆不着，是一世。〔做买卖做不好，只是一时赔钱；讨老婆讨不好，是一生倒霉。〕

——明·冯梦龙《古今小说》

□起居时，饮食节，寒暑适，则身利而寿命益。〔起居要按时，饮食有节制，冬夏穿衣要适宜，身体就会得益，寿命也能久远。〕

——春秋·管仲《管子·形势解》

□善治外者，物未必治，而身交苦；善治内者，物未必乱，而性交逸。〔善于治理外部事物的，外部事物未必能治理好，自己却是身

心交瘁了；善于治理内心的，外物未必因我们而乱，我们自己的生性却很逸畅。〕

——战国·列御寇《列子·杨朱》

□纵耳目之欲，恣支体之安者，伤血脉之和。〔放纵于歌舞娱乐和贪恋于身体安逸的人，容易伤害健康。〕

——汉·枚乘《七发》

□神虑澹则血气和，嗜欲胜则疾疹作。和则必臻于寿考，作则必致于伤残。〔精神思虑淡泊，就会使血气和畅；嗜好欲望强烈，就会使疾病发作。血气和畅就一定达到长寿，疾病发作就一定导致伤残。〕

——唐·吴兢《旧唐书·裴潾传》

□欢娱之耽，害于清爽。神太用则竭，形太劳则弊。〔沉溺于享乐，对人的精神有害。精神过度使用就会枯竭，身体过度劳累就会受损害。〕

——晋·陈寿《三国志·蒋济传》

□多忿害物，多欲害己，多逸害性，多忧害志。〔愤怒过多就会伤害他人，欲望过多就会伤害自己，安逸过多就会伤害性情，忧虑过多就会削弱意志。〕

——宋·崔敦礼《刍言》

□自静其心延寿命，无求地物长精神。〔心性清静就会延长寿命，不贪求外物就会精神健爽。〕

——唐·白居易《不出门》

□神越者，其言华；德荡者，其行伪。至精亡于中，而言行观于外，此不免以身役物矣。〔神志飞散的人言语浮华，德性放纵的人行

308

为虚伪。至精至诚的精神一旦从心中流散，浮辞伪行就会显露在人们的眼前，这样难免不受外界物质世界的驱使。〕

——汉·刘安《淮南子·俶真训》

□无湎于酒，无沉于色；色能荒人心，酒能败人之德。〔不要沉醉于美酒，不要沉溺于女色；女色能腐蚀人的心灵，美酒能败坏人的品德。〕

——宋·陈亮《陈亮集》

□喜不应喜无喜之事，怒不应怒无怒之物。〔如果高兴，不应该对不值得高兴的事情高兴；如果愤怒，不应该对不该愤怒的东西愤怒。〕

——三国·诸葛亮《兵法·喜怒》

□君子之所取者远，则必有所待；所就者大，则必有所忍。〔君子所追求的目标高远，就一定要有所等待；所从事的事业伟大，就一定要有所忍耐。〕

——宋·苏轼《贾谊论》

□性静情逸，心动神疲。〔本性宁静，情趣就会安逸恬淡；心生俗念，精神就会疲倦委靡。〕

——南朝·周兴嗣《千字文》

□一忍可以支百勇，一静可以制百动。〔忍耐一下可以抵得住种种急躁和鲁莽，沉着冷静可以克制种种冲动。〕

——宋·苏洵《心术》

□养性之道莫久行久坐、久卧久听，莫强食饮，莫大醉，莫大愁忧，莫大哀思。此所谓能中和，能中和者久必寿也。〔养生的方法是不要长久行走、长久坐着、长久躺着、长久倾听，不要勉强饮食，不

309

要喝醉酒，不要太忧愁，不要太哀思。这就是所谓的中和，能够中和的人时间久了必定长寿。〕

——南朝·陶弘景《养性延命录》

□饮食所以资身也，过则生患；衣服所以称德也，侈则生慢。〔饮食是用来供养身体的，吃得过多就会生病；衣服是用来衬托德行的，奢侈就会产生懈怠。〕

——唐·吴兢《旧唐书·柳公绰传》

□水清则见毫毛，心清则见天理。〔水清净了，就能看见里面的细微之物；心清静了，就能发现真理与良知。〕

——明·薛瑄《体验》

□性躁心粗者一事无成，心和气平者百福自集。〔性情急躁粗心大意的人，做任何事都不容易成功以至一事无成；性格温和心绪平静的人，由于做事思考周详而易成功，往往各种福分就会自然到来。〕

——明·洪应明《菜根谭》

□大怒不怒，大喜不喜，可以养心。〔可能大怒的时候不怒，可能大喜的时候不喜，这样可以怡养性情。〕

——明·钱琦《钱公良测语》

□人好刚，我以柔胜之。人用术，我以诚感之。人使气，我以理屈之。〔别人好刚强，我用柔顺战胜他。别人要权术，我诚心感化他。别人使性子，我用道理使他屈服。〕

——清·金缨《格言联璧·接物》

□久视伤血，久卧伤气，久坐伤肉，久立伤骨，久行伤筋。〔看的时间长了就会损伤血液，躺的时间长了就会损伤元气，坐的时间长

了就会损伤肌肉，站的时间长了就会损伤骨骼，走的时间长了就会损伤筋节。〕

□不能胜寸心，安能胜苍穹？〔不能抑制自己的心，怎么能战胜天下万物？〕

——清·龚自珍《龚自珍诗选》

□酒极则乱，乐极则悲，万事尽然，言不可极，极之而衰。〔酒喝得过多就容易出乱子，快乐到了极点就会发生悲剧。一切事情都是如此，说的是什么事情都不要走上极端，如果到了极端就必然衰亡。〕

——汉·淳于髡·摘自《史记·滑稽列传》

□身详不如心安，心宽强如屋宽。〔身体安适不如内心安宁，心里宽广比屋子宽绰更好。〕

——清·石成金《传家宝》

□气忌盛，心忌满，才忌露。〔血气最忌讳的是盛大，心胸最忌讳的是满足，才华最忌讳的是显露。〕

——明·吕坤《呻吟语》

□行一件好事，心中泰然；行一件歹事，衾影抱愧。〔做一件好事，心中泰然；做一件坏事，内心感到惭愧。〕

——清·申涵光《荆园小语》

□凡人之生也，必以平正。所以失之，必以喜怒忧患。是故止怒莫若诗，去忧莫若乐，节乐莫若礼，守礼莫若敬，守敬莫若静。内静外敬，能反其性，性将大定。〔人的生命，一定要依靠平和中正。生命有失，一定是因为喜怒忧患。可以说，制止愤怒什么都比不上诗歌，

311

消除忧闷什么都比不上音乐，控制享乐什么都比不上守礼，遵守礼仪什么都比不上保持敬慎，保持敬慎什么都比不上虚静。内心虚静，外表敬慎，就能恢复精气，精气也将大大地得到稳定。〕

——春秋·管仲《管子·内业》

□忧时勿纵酒，怒时勿作札。〔忧愁的时候不要过度喝酒，发怒的时候不要给人写信。〕

——清·朱锡绶《幽梦续影》

□盛喜之下勿许人物，盛怒之下勿詈人言。〔非常高兴的时候不要许诺给人家东西，非常生气的时候，不要批评别人的言论。〕

——清·金缨《格言联璧·接物》

□臣子之节，无如尽忠；士人之风，宜当远耻。〔臣子的节操，没有比为国尽忠更好的；文人的风范，没有比远离耻辱更好的。〕

——唐·吴兢《旧唐书·懿宗纪》

□力不足者，老则更衰；心无主者，疾而尤发。〔力量不足的人，年纪大了更衰弱；心里无主见的人，疾病尤频发。〕

——唐·宋璟·摘自《旧唐书·宋璟传》

□言附正直，迹在恭敬，悦目会心，无施不可。〔言辞正直，行为恭敬，心领神会，无事不成。〕

——唐·李延寿《南史·列传》

□夫精神气志者，静而日充者以壮，躁而日耗者以老。是故圣人将养其神，和弱其气，平夷其形，而与道沈浮俯仰，恬然而纵之，迫则用之。其纵之也若委衣，其用之也若发机。〔精神恬静平和而日益充实，人的身体就强壮；反之，精神躁动烦恼而日益耗损，人的身体就衰老。因此，圣人注重调养自己的精神，柔和气志，平稳身体，和大道一起运转变化，该恬静时就放松它，该急迫时就使用它；放松它就如同垂放衣服那样轻便，使用它就如同击发弓弩那样迅疾。〕

——汉·刘安《淮南子·原道训》

□**性明者欲简，嗜繁者气昏。**〔心性清明的欲望俭朴，嗜好繁杂的心气昏庸。〕

——南朝·颜延之·摘自《宋书·颜延之传》

□**戒尔勿嗜酒，狂药非美味；能移谨厚性，化作凶顽类。**〔我劝你不要总是喜欢喝酒，酒是让你发疯的狂药，而不是美味。它能改变你谨慎敦厚的性格，让你变成凶恶顽劣的人。〕

——宋·范质《戒子》

□**君子独处，守正不挠。**〔君子就在独自居住的时候，也能坚守正道不会走错路。〕

——汉·班固《汉书·刘向传》

□**德厚者流光，德薄者流卑。**〔道德高尚的人，影响广大久远；道德浅薄的人，影响微弱狭小。〕

——春秋·榖梁赤《春秋榖梁传》

□**过则无惮改，独则毋自欺。**〔犯了错误就不要怕丢脸而不去改正；独处时犯了过错，不可自己欺骗自己而掩饰过错。〕

——清·周希陶《增广贤文》

□**观朝荣，则敬才秀之士；玩芝兰，则爱德行之臣；睹松竹，则思贞操之贤；临清流，则贵廉洁之行。**〔看到早上万物的繁荣，则敬慕才能卓越之人；侍弄欣赏兰花芝草，则喜爱德行高尚之人；观赏青

松翠竹，则思念忠贞节操的贤良；面临清澈流水，则崇尚清廉纯洁的品行。〕

——晋·张轨·摘自《晋书·张轨传》

□夫令名，德之舆也；德，国家之基也。〔美好的名声，是装载德行的车子；人们的德行，是维护国家的基础。〕

——春秋·左丘明《左传·襄公二十四年》

□驹隙百年，谁保无恙？治之弗失，危者安矣。〔人生百年匆匆而过，有谁能保证不生病呢？一旦生了病就要及时治疗，这样就能转危为安了。〕

——明·张介宾《类经·序》

□口腹不节，致病之因；念虑不正，杀身之本。〔饮食不节制，是导致生病的原因；心术不端正，是引来杀身之祸的原因。〕

——宋·林逋《省心录》

□内尽其心以事其亲，外崇礼让以接天下。〔在家中尽心尽力地侍奉双亲，对外交往崇尚礼让，广交朋友。〕

——晋·何曾·摘自《晋书·何曾传》

□嗜酒则腐肠，恋色则伐性，贪财则丧志，尚气则戕生。〔过度饮酒会使肠胃受损，沉溺女色会使本性迷乱，贪婪金钱会使人格沦丧，易怒尚气则会杀戮生灵。〕

——明·雒于仁·摘自《明史·雒于仁传》

□益者三乐，损者三乐。乐节礼乐，乐道人之善，乐多贤友，益矣。乐骄乐，乐佚游，乐宴乐，损矣。〔有益的快乐有三种，有损的快乐也有三种。以得到礼乐的调节陶冶为快乐，以称道别人的优点好

314

处为快乐，以多交贤德的朋友为快乐，这些是有益处的。以骄奢放肆为快乐，以闲逸放荡为快乐，以宴饮纵欲为快乐，这些是有损害的。〕

——春秋·孔子《论语·季氏》

□不患无位，而患德之不修也；不忧其贱，而忧道之不笃也。〔不担心没有职位，而担心品德不够完美；不忧虑地位低贱，而忧虑道德修养不够厚实。〕

——唐·罗隐《两同书·贵贱》

□富润屋，德润身。〔富有的人，必然使其家中金碧辉煌；而有德行的人，却可以使自身的行为更加美好。〕

——战国·曾参《礼记·大学》

□贵之而不骄，委之而不专，扶之而不隐，危之而不惧。〔地位显赫却不骄傲，担当重任却不专断，有人辅助仍能发挥自己的才能，遇到危难能毫不畏惧。〕

——三国·诸葛亮《兵要》

□不乐损年，长愁养病。〔总是闷闷不乐会让寿命减少，整日愁眉不展会让疾病滋生。〕

——北周·庾信《闲居赋》

□居住齐则色姝，食饮齐则气珍。〔生活能够有规律，气色就会好；饮食有规律，精神就会好。〕

——汉·韩婴《韩诗外传》

□物格而后知至，知至而后意诚；意诚而后心正，心正而后身修；身修而后家齐，家齐而后国治，国治而后天下平。〔摒除物欲的蒙蔽而后良知苏觉，良知苏觉而后意念真诚；意念真诚而后内心端正，内心端正而后才能修养自身道德；修养自身道德而后才能整治自己的家族，整治自己的家族而后才能治理好自己的国家，自己的国家治理好才能天下太平。〕

——战国·曾参《礼记·大学》

□恼一恼，老一老；笑一笑，少一少。〔烦恼一次，就衰老一些；欢笑一次，就年轻一些。〕

——清·钱大昕《恒言录》

□自天子以至于庶人，壹是皆以修身为本。其本乱而末治者，否矣。〔从天子到百姓，都要以提高自身品德修养为根本。品德修养这个根本破坏了，却要齐家治国平天下，那是不可能的。〕

——战国·曾参《礼记·大学》

□病从口入，祸从口出。〔疾病都是因为饮食不慎引起的，灾祸都是因为说话不慎而招致的。〕

——晋·傅玄《傅子》

□乐太盛则阳溢，哀太甚则隐损。〔过于高兴就会散溢阳气，过于哀伤就会减损阴气。〕

——汉·班固《汉书·东方朔传》

□乐易者常寿长，忧险者常夭折。〔乐观泰然的人总是容易长寿，而多愁多虑的人往往短命。〕

——战国·荀子《荀子·荣辱》

□大盖天下，然后能容天下；信盖天下，然后能约天下；仁盖天下，然后能怀天下；恩盖天下，然后能保天下。〔度量足以覆盖天下，然后才能包容天下；诚信足以覆盖天下，然后才能约束天下；仁德足

以覆盖天下，然后才能胸怀天下；恩惠足以覆盖天下，然后才能保住天下。〕

——周·吕尚《六韬·顺启》

□沉忧损性灵，服药亦枯槁。〔太过忧虑就会损伤人的健康，即使服药也还会让人形容憔悴。〕

——唐·孟郊《怨别》

□善治国者，不尤斯民而罪诸己，无责诸下而求诸身。〔善于治理国家的人，不归咎于众人而问罪于自己，不苛责于下属而细求于自身。〕

——唐·魏徵《群书治要·政要论》

□纳爽耳目变，玩奇筋骨轻。〔呼吸清爽的空气，可以让人耳聪目明，玩赏奇特的景观可以让人筋骨轻松。〕

——唐·刘禹锡《秋江早发》

□酒能祛百虑，菊解制颓龄。〔喝酒能够让人消除忧愁，服用菊花可以防止衰老。〕

——晋·陶渊明《九日闲居》

□智以折敌，仁以附众，敬以招贤，信以必赏，勇以益气，严以一令。〔智慧用以挫败敌人，仁慈用以团结部众，恭敬用以招纳贤人，诚信用以实行赏罚，勇敢用以增长士气，严厉用以统一号令。〕

——汉·王符《潜夫论·劝将》

□人君正己以莅下，节嗜欲、远宦寺、勤学问、公好恶，则小人之利病、国家之得失，触之而自知。〔君主端正自己以统治臣下，要节制嗜好欲望、远离宦官、勤于学问，从天下大公的角度规范自己的

好恶，那么劳动人民的幸福与疾苦、国家大事的得与失，一接触，自己就会知道。〕

——清·王夫之《读通鉴论》

□上足仰则下可用也，德足慕则威可立也。〔执政者足以使人敬仰，下面的臣民才能为他所用；执政者的品德足以使人敬慕，他的威望才能树立起来。〕

——汉·刘安《淮南子·兵略训》

□仁而威，惠而信，修身而天下服。〔仁厚而有威严，慈爱而有信义，严格要求自己而天下归服。〕

——汉·司马迁《史记·五帝本纪》

□近忠厚，远便邪。杜悦耳之邪说，甘苦口之忠言。〔亲近忠良，远离奸佞，杜绝悦耳的邪说，乐于采纳苦口的忠言。〕

——唐·吴兢《贞观政要·刑法》

□人之善恶，诚由近习。〔人的善恶，确实是由经常接近效仿什么人决定的。〕

——唐·吴兢《贞观政要·杜谗邪》

□君子至德，嘿然而喻，未施而亲，不怒而威。〔君子的才德达到一定程度，即使他不说话，人们也明白他的意思；即使他不给予恩惠，人们也同他亲近；即使他不发怒，也有很高的权威。〕

——战国·荀子《荀子·不苟》

□重君子也，敬而远之；轻小人也，狎而近之。近之则不见其非，远之则莫知其是。莫知其是，则不间而自疏；不见其非，则有时而自昵。〔礼重君子却敬而远之，轻视小人却狎而近之。近之就看不见他的

318

过错，远之则不知道他的长处。不知他的长处则不用别人离间自然就会疏远，不见他的过错则有时自然就会亲昵。〕

　　　　　　　　　　　　　——唐·吴兢《贞观政要·慎终》

□**近贤则聪，近愚则聩。**〔亲近贤明的人，听觉就灵敏；接近愚昧的人，耳朵就会闭塞。〕

　　　　　　　　　　　　　　　　——唐·皮日休《耳箴》

□**智者昵之，谗者远之。**〔对有才智的人亲近他，对喜欢进谗言的人疏远他。〕

　　　　　　　　　　　　——宋·许洞《虎钤经·论将》

□**山有猛兽，藜藿为之不采；国有忠臣，奸邪为之不起。**〔山中有凶猛的野兽，人们就不敢去采山菜；国家有忠臣，奸邪之辈就成不了气候。〕

　　　　　　　　　　——宋·司马光《资治通鉴·汉纪》

□**得天下者，先自得者也。能胜强敌者，先自胜者也。**〔能得到天下的人，首先自己要具备治天下的能力。能战胜强敌的人，首先自己要具备取胜的条件。〕

　　　　　　　　　　——战国·商鞅《商君书·画策》

□**名不可简而成也，誉不可巧而立也。**〔好的名声不是轻易形成的，好的称誉是不能通过投机取巧的办法建立的。〕

　　　　　　　　　　　——战国·墨子《墨子·修身》

□**城郭不完，兵甲不多，非国之灾也；田野不辟，货财不聚，非国之害也。上无礼，下无学，贼民兴，丧无日矣。**〔城墙不坚牢，武器装备不足，不是国家的灾难；农田没有开垦，财富没有收聚，不是

国家的祸害。如果在上位的人不讲礼义,居下位的臣民又不愿学习,造反的老百姓多起来了,那亡国的日子便没有多久了。〕

——战国·孟子《孟子·离娄上》

□晚饭少吃口,活到九十九。〔晚饭适当地少吃一点儿,会有利于健康和长寿。〕

——清·钱大昕《恒言录》

□善养身者,慎起居,节饮食,导引关节,吐故纳新。〔善于养生的人,谨慎生活起居,注意饮食茶饭,活动身体的各处关节,吐出二氧化碳废气,吸收新鲜氧气。〕

——宋·苏轼《上神宗皇帝书》

□惩病克寿,矜壮死暴。〔知道警惕和防治疾病就能长寿,自恃身强力壮却会突然死去。〕

——唐·柳宗元《敌戒》

□生,人之始也;死,人之终也。终始俱善,人道毕矣。〔出生,是人生的开始;死亡,是人生的终结。从始到终做的都是好事,那么为人之道就算完成了。〕

——战国·荀子《荀子·礼论》

□德厚足以安世,行广足以容众。〔执政者道德深厚,才足以安定社会;做事时胸怀广阔,才足以容纳更多的人才。〕

——战国·晏婴《晏子春秋·内篇谏上》

□为人君者,在乎善善而恶恶,近君子而远小人。善善明,则君子进矣;恶恶著,则小人退矣。近君子,则朝无秕政;远小人,则听不私邪。〔做国君的,应当称赞善行而憎恶恶行,亲近君子而疏远小人。称赞善行态度明确，君子就会前来辅佐；憎恶恶行态度坚决，小人就会畏惧退避。亲近君子，朝政就不会有失误；疏远小人，视听就不会出现偏差。〕

——唐·吴兢《贞观政要·公平》

□盈缩之期，不但在天，养怡之福，可得永年。〔人的寿命长短有期限，但这决定权不光在上天，加强身心修养自有好处，也可以使人益寿延年。〕

——三国·曹操《步出夏门行·龟虽寿》

□善为人者能自为者也，善治人者能自治者也。〔善于为别人办事的人，能够做好自己的事；善于统治别人的人，能够管理好自己。〕

——汉·桓宽《盐铁论·贫官》

□义理不先尽，则多听而易惑；志意不先定，则守善而或移。〔如果义理不先彻底弄清楚，那么当听到许多言论时就容易迷惑；如果意志不先坚定起来，那么保持正确的方向时就可能动摇。〕

——宋·程颢《上殿札子》

□务广地者荒，务广德者强。〔追求过多耕种土地的，就会造成土地荒芜；追求广泛提高品德修养的，则可以成为强者。〕

——南朝·范晔《后汉书·臧官传》

□行违于道，则愧生于心。〔在行动上违背圣人的教导就应在心中产生愧疚。〕

——南朝·范晔《后汉书·朱穆传》

□臣未尝闻身治而国乱者也，又未尝闻身乱而国治者也。故本在身。〔我从来没有听说过（国君）自身修养很好而国家却混乱的，也从

来没有听说（国君）自身管不好而国家却治理得好的。所以治国的根本在于自身。〕

——春秋·列御寇《列子·说符篇》

□以仁心说，以学心听，以公心辨。〔以仁爱之心说服别人，以好学之心倾听意见，以公正之心辨析问题。〕

——战国·荀子《荀子·正名》

□非德之威，虽猛而人不畏；非德之明，虽察而人不服。〔没有道德的威势，即使凶猛，别人也不会畏惧；没有道德的明智，即使精细，别人也不会心服。〕

——宋·苏轼《德威堂铭》

□弓调而后求劲焉，马服而后求良焉，士信悫而后求知能焉。〔弓经过调整以后才要求它强劲，马经过驯服以后才要求它良骏，士守信忠诚以后才要求他聪明能干。〕

——战国·荀子《荀子·哀公》

□鱼失水则亡，人失道则丧。〔鱼儿离开了水就会死亡，人丧失了道义就会衰亡。〕

——唐·张弧《素履子·履道》

□为政以德，譬如北辰，居其所而众星拱之。〔用仁德来治理国家，就如同北斗星，居于一定的位置，众多的星辰都环绕在它的周围。〕

——春秋·孔子《论语·为政》

□所谓十过者：有勇而轻死者，有急而心速者，有贪而好利者，有仁而不忍者，有智而心怯者，有信而喜信人者，有廉洁而不爱人者，有智而心缓者，有刚毅而自用者，有懦而喜任人者。〔所谓将帅的十种缺点：勇敢而轻于赴死，急躁而急于求成，贪婪而好利，仁慈而流于姑息，聪明而胆小怕事，诚信而轻信别人，廉洁而刻薄部下，多谋而优柔寡断，坚强而刚愎自用，懦弱而依赖别人。〕

——周·吕尚《六韬·文韬·论将》

□虎之跃也，必伏乃厉；鹄之举也，必拊乃高。〔老虎要腾跃，必须伏下身去才能凶猛；天鹅要飞翔，必须拍打双翅才能高飞。〕

——明·刘基《拟连珠》

□君子之求利也略，其远害也早，其避辱也惧，其行道理也勇。〔君子不精心求取利益，及早远离灾祸，怀着恐惧之心躲避耻辱，勇敢地实践正确的主张。〕

——战国·荀子《荀子·修身》

□丽容虽丽，犹待镜以端形；明德虽明，终假言而荣行。〔漂亮的容颜虽然美丽，仍然期待照镜子来使外形更端正；美好的品德虽然高洁，终究需要借助言论来使行为更光荣。〕

——唐·武则天《臣轨序》

□知己曰明，自胜曰强。〔知道自己的缺点与过失的人是明白人，能自我克制和战胜自己的人是坚强人。〕

——汉·王符《潜夫论·慎微》

□习俗移志，安久移质。〔习俗可以改变人的志趣，长久安于那种习俗又可以改变人的品质。〕

——战国·荀子《荀子·儒效》

□为善如负重登山，志虽已确，而力犹恐不及；为恶如乘马走坡，虽不鞭策，而足亦不能制。〔做善事就好比是身背着重物登山，尽管

323

志向已经明确，但还是担心力量不够；做坏事就好比是骑着马走下坡路，尽管不用抽打，但马还是收不住脚步。〕

——宋·林逋《省心录》

□君子之所贵于智者，自知也，知人也，知天也。〔君子之所以重视智慧和知识，是因为第一能正确认识自己，第二能客观地认识别人，第三能了解客观世界的规律。〕

——清·王夫之《读通鉴论》

□导其性、广其志、养其才、鼓其气、攻其病，废一不可。〔（教育孩子有五条）开导他的性情、开阔他的志向、培养他的才能、鼓励他的气势、纠正他的过失，五者缺一不可。〕

——宋·家颐《教子语》

□父母爱之，喜而弗忘；父母恶之，惧而无怨。父母有过错，谏而不逆。〔父母喜爱我，我应当高兴而不忘怀；父母不喜爱我，我应当戒惧而不怨恨。父母有了过错，劝谏而不反抗。〕

——汉·戴圣《礼记·祭义》

□好法而行，士也；笃志而体，君子也；齐明而不竭，圣人也。〔遵循法度而见之于行动，便是学士；意志坚定而且努力去实行，便是君子；中正明智而又力行不歇，就是圣人。〕

——战国·荀子《荀子·修身》

□无恻隐之心，非人也；无羞恶之心，非人也；无辞让之心，非人也；无是非之心，非人也。恻隐之心，仁之端也；羞恶之心，义之端也；辞让之心，礼之端也；是非之心，智之端也。〔一个人，如果没有同情之心，简直不是个人；如果没有羞耻之心，简直不是个人；如果没有推让之心，简直不是个人；如果没有是非之心，简直不是个

324

人。同情之心是仁爱的萌芽，羞耻之心是正义的萌芽，推让之心是礼仪的萌芽，是非之心是智慧的萌芽。〕

——战国·孟子《孟子·公孙丑上》

□君子动而世为天下道，行而世为天下法，言而世为天下则。〔君主的举止往往被世人当做天下共行的道理，君主的行为往往被世人当做天下遵循的法度，君主的言论往往被世人当做天下必守的准则。〕

——战国·子思《礼记·中庸》

□宝剑未砥，犹乏切玉之功；美箭缺羽，尚无冲石之势。〔宝剑没有经过砥砺，就没有切割白玉的功能；好箭缺乏剑羽，就没有射穿石头的力量。〕

——后魏·温子升《为安丰王延明让国子祭表》

□病已成而后药之，乱已成而后治之，譬犹渴而穿井，斗而铸锥，不亦晚乎。〔人的疾病已经形成了，才去治疗，国家的祸乱已经形成了，才去治理，就好像觉得口渴了才掘井，就要战斗了，才去制造兵器，不是晚了吗？〕

——五帝·黄帝《内经·四气调神大论》

□治身养性，务谨其细，不可以小益为不平而不修，不可以小损为无伤而不防。〔修身养性，即使是极其微小的地方，也务必要谨慎，不能因为小的进步微不足道就不再修养，也不能因为小的损害对大体没有影响就不加以提防。〕

——晋·葛洪《抱朴子·极言》

□吾十有五而志于学，三十而立，四十而不惑，五十而知天命，六十而耳顺，七十而随心所欲，不逾矩。〔我十五岁，有志于学问；三十岁，懂礼仪，说话做事都有把握；四十岁，掌握了各种知识，不

致迷惑；五十岁，得知天命；六十岁，一听别人言语，便可以分别真假，判明是非；到了七十岁，便随心所欲，任何念头不越规矩。〕

——春秋·孔子《论语·为政》

□父母有过，柔声以谏；谏而不入，说则复谏。〔父母有了过错，要和颜悦色地劝谏；如果劝谏不被接纳，要等到父母高兴时再劝谏。〕

——汉·戴圣《礼记·内则》

□纯朴不残，孰为牺樽。白圭不毁，孰为珪璋。道德不毁，安取仁义？〔完整的大树不经刀工雕刻，怎么做成美好的酒器。白色的璞玉不去雕琢，怎能形成精美的珪璋。道德不经过修炼，哪里会选取仁义？〕

——战国·庄子《庄子·马蹄》

□礼仪之始，在正容体、齐颜色、顺辞令。〔礼仪之始在于，端正仪表，集中精力，顺从辞令。〕

——汉·戴圣《礼记》

□人有礼则安，无礼则危。故曰："礼者，不可不学也。"〔人有礼仪就平安，没礼仪就危乱。所以说："礼仪不能不学。"〕

——汉·戴圣《礼记·曲礼》

□不窥密，不旁狎，不道旧，故不戏色。〔不要窥探别人的秘密与隐私，陪长者不要与其他侍者相狎昵，不要讲以前的旧事，所以待人接物要严肃庄重。〕

——汉·戴圣《礼记·少仪》

□君子之容舒迟，见所尊者齐遫，足容重，手容恭，目容端，口容止，声容静，头容直，气容肃，立容德，色容庄，坐如尸。〔君子的举止要从容，遇尊长马上肃敬，举足要稳重，手势要恭敬。目光不斜视，说话面颊不动，声音温和，头要端正，气度要严肃，站立要得体，态度要庄严，坐势要端庄。〕

——汉·戴圣《礼记·玉藻》

□廉士可以律贪夫，贤臣不能辅孱主。〔品行廉洁的官吏可以管束住有贪污行为的人，贤良的忠臣却不能辅佐昏庸无能的君主。〕

——唐·吴兢《旧唐书·高祖本纪》

□君子耳不听淫声，目不视女色，口不出恶言。此三者，君子慎之。〔君子耳朵不听淫乱的声音，眼睛不看女人的美色，口中不吐出丑恶的言词，这三点，君子是很谨慎地对待的。〕

——战国·荀子《荀子·乐论》

□本深而末茂，形大而声宏，行峻而言厉，心醇而气和。〔树根深扎树梢就茂盛，形体高大声音就宏远，品行峭直言语就严厉，心地淳厚气色就温和。〕

——唐·韩愈《答尉迟生书》

□德积者昌，殃积者亡；观其所积，乃知祸福之乡。〔积累道德的就昌盛，积累灾殃的就灭亡；观察他所积累的东西，就知道他那地方是有福还是有祸了。〕

——战国·黄帝《黄帝四经·十大经·雌雄节》

□德无常师，主善为师。〔品德进修方面是没有固定的老师的，以善为重的人都可以当做自己的榜样。〕

——春秋·孔子《尚书·咸有一德》

□君子小人本无常，行善事而为君子，行恶事则为小人。当须自

327

克励，使善事日闻，勿纵欲肆情，自陷刑戮。〔君子小人并非永远不变，行善事就成为君子，做恶事就成为小人。所以一定要善于克制，自勉自励，每天都听到好事的消息，切勿放纵情欲，自陷于法。〕

——唐·吴兢《贞观政要·教戒太子诸王》

□目有眛则视白为黑，心有蔽则以薄为厚。〔眼睛不明就会把白的看成黑的，心被蒙蔽就会拿薄的当做厚的。〕

——宋·苏轼《明君可与为忠言赋》

□朴其身躬，恶其衣服，语无为以求名，言无欲以求利，此伪人也。〔把外表扮得朴实，把衣服穿得简陋，谈清静无为却求取名声，说没有欲望却追求功利，这就是虚伪乔装的人啊！〕

——周·吕尚《六韬·文韬·上贤》

□人无贵贱，道在者尊。〔人不论其社会地位高低，只要他掌握真理，就应得到尊重。〕

——汉·蔡邕《劝学篇》

□博闻强识而让，敦善行而不怠，谓之君子。〔博闻强识而能谦让，常做善事而不怠慢，才可以称为君子。〕

——汉·戴圣《礼记》

□不得已而谀之者，宁以口，毋以笔；不可耐而骂之者，亦宁以口，毋以笔。〔不能自主而奉承人时，宁可用口，不能用笔；不能忍耐而骂人时，也宁可用口，不能用笔。〕

——清·张潮《幽梦影》

□修身者智之府也，爱施者仁之端也，取予者义之符也，耻辱者勇之决也，立名者行之极也。士有此五者，然后可以讬于世，列于君子之林矣。〔善于自修，是智慧的基础；乐于助人，是获取"仁"的起点；正当取予，是推行"义"的依据；懂得耻辱，是勇敢的标志；树立美名，是品行的目标。志士有这五种品德，然后就能立足于社会，排在君子之中了。〕

——汉·司马迁《报任安书》

□仁则人亲之，义则人尊之。〔仁慈博爱，人们就亲近他；公正无私，人们就尊重他。〕

——秦·尸佼《尸子·君治》

□形相虽恶而心术善，无害为君子也；形相虽善而心术恶，无害为小人也。〔相貌虽坏但心地好，不影响他成为君子；相貌虽好但心地坏，不妨碍他是个小人。〕

——战国·荀子《荀子·非相》

□礼者，身之舆；敬者，行之本。〔礼仪，是做人的基础；诚敬，是处世的根本。〕

——北朝·李顺·摘自《魏书·李顺传》

□无礼之人，难为其上。〔没有礼仪的人，很难在社会上立足。〕

——北朝·陆俟·摘自《魏书·陆俟传》

□以清俭自律，以恩信待人，以夷坦去群疑，以礼让汰惨急。〔以清廉节俭要求自己，以诚信对待他人，以坦诚消除大家的疑虑，以谦让缓解性急。〕

——唐·刘禹锡《唐故相国赠司空令狐公集记》

□君子务修其内，而让之于外；务积德于身，而处之以遵道，如是，则贵名起如日月，天下应之如雷霆。〔君子一定要加强修养，而且使它表现在外；必须要积养德行，并且在行为处世上遵循它。如果能这样做，高贵的名声就会像日月一样升起，天下人响应的声音就会像雷霆一样。〕

——战国·荀子《荀子·儒效》

□求木之长者，必固者根本；欲流之远者，必浚其泉源；思国之安者，必积其德义。〔要求树木长得牢固，必然要巩固他的根本；要河水流得长远，必然要疏通他的源泉；图谋国家安定的，必然要聚集他的德义。〕

——唐·魏徵·摘自《旧唐书·魏徵传》

□一为不善，众美皆亡。〔只做一件坏事，其他优点就都丧失了。〕

——晋·陈寿《三国志·吴主五子传》

□立身成败，在于所染，兰芷鲍鱼，与之俱化，慎乎所学，不可不思。〔一个人立身的成败在于环境的熏染，接近兰草和白芷，就熏染上了香气；接近鲍鱼，就沾染了腥臭。所以，亲近什么要慎重，不能不仔细考虑。〕

——唐·吴兢《贞观政要·慎终》

□言必虑其所终，行必稽其所敝，民谨于言而慎于行。〔说话必须考虑它的后果，行为必须考察它的弊病，这样百姓在言行上就会谨慎。〕

——春秋·孔子·引自《礼记·缁衣》

□士君子之容：其冠进，其衣逢，其容良。俨然，壮然，祺然，蕼然，恢恢然，广广然，昭昭然，荡荡然，是父兄之容也。其冠进，其衣逢，其容悫。俭然，恀然，辅然，端然，訾然，洞然，缀缀然，瞀瞀然，是子弟之容也。〔官员君子的容貌：他的帽子端正，衣服合

330

身，容貌和善。庄重、威严、安详、洒脱、宽厚、豪放、坦诚、开朗，这是做父兄的仪态；他的帽子端正，衣服合体，为人诚实、谦逊温顺，亲近端正、勤勉恭敬，规规矩矩，垂目下视，这是做子弟的仪态。〕

——战国·荀子《荀子》

□才者，德之资也；德者，才之帅也。〔才，是德的凭借；德，是才的统帅。〕

——宋·司马光《资治通鉴·周纪》

□君行不能自修，而欲百姓修行者，是犹天的而贵射中也。故为人君者，必心如清水，形如白玉。〔君主不能修养自身的德行，却想让老百姓把德行修养好，那就好比没有靶子而要求射中目标一样。所以当君主的人，一定要心像清水一样澄沏，身像白玉一样纯洁。〕

——唐·令狐德棻《周书·苏绰传》

□君任德，则下不忍欺；君任察，则下不能欺；君任刑，则下不敢欺。〔君主凭借高尚品德行事，那么臣下就不忍心欺骗他；君主凭借明察秋毫来行事，那么臣下就没法欺骗他；君主凭借法律来治国，那么臣下就不敢欺骗他。〕

——宋·王安石《三不欺》

□夫君子之行，静以修身，俭以养德。非淡泊无以明志，非宁静无以致远。〔君子的品行，以静心努力提高自己的修养，以节俭努力培养自己的品德。不恬淡寡欲就不能显现出自己的志向，不宁静沉稳就不能达到远大的目标。〕

——三国·诸葛亮《诫子书》

□人之患，有私有蔽，私出于情欲，蔽出于心知。无私，仁也；不蔽，知也。非绝情欲以为仁，去心知以为智也。〔人的毛病，有私欲，有愚昧，私欲来源于人的私情欲望，愚昧来源于人的心灵认识。没有私欲，就仁道了；除去愚昧，就聪慧了。不是断绝情感欲望就认为是仁道，离开心灵认识就认为是聪慧。〕

——清·戴震《孟子字义疏证》

□天地者，生之始也；礼义者，治之始也；君子者，礼义之始也。为之，贯之，重之，致好之者，君子之始也。〔天地是万物生存的根本，礼义是治理天下的根本，君子是礼仪的创始者。实行礼义，贯彻礼义，积累礼义，使礼义达到完美的境地，这是君子的根本。〕

——战国·荀子《荀子·王制》

□融得性情上偏私，便是一大学问；消得家庭内嫌隙，便是一大经纶。〔能消融性情上的偏私，就是一门大学问；能消除家庭内的矛盾，就是一项大才能。〕

——明·洪应明《菜根谭》

□所谓五材者：勇、智、仁、信、忠也。勇则不可犯，智则不可乱，仁则爱人，信则不欺，忠则无二心。〔所谓将帅的五种美德：勇敢、明智、仁慈、诚信和忠贞。勇敢就不会被侵犯，明智就不会被扰乱，仁慈就会爱护士卒，诚信就不会欺骗别人，忠贞就不会怀有二心。〕

——周·吕尚《六韬·文韬·论将》

□非澹薄无以明德，非宁静无以致远，非宽大无以兼覆，非慈厚无以怀众，非平正无以制断。〔只有淡泊才能显示美德，只有宁静才能维持久远，只有宽大才能容纳一切，只有仁慈才能怀拥民众，只有公正才能明断是非。〕

——汉·刘安《淮南子·主术训》

□少而不学，长无能也；老而不教，死无思也；有而不施，穷无与也。是故，君子少思长则学，老思死则教，有思穷则施也。〔年轻的时候不想学习，长大了就没有处世的能力；年老的时候不想实施教育，死后就没有人去思念；富有的时候不想到施舍，贫穷的时候就没有人给予帮助。因此，君子年轻的时候就应该想到长大的事情就要学习，年老的时候就应该想到死后的事情就要善于实施教育，富有时就要想到贫穷时的状况就应该善于施舍。〕

——春秋·孔子·引自《荀子·法行》

□大盖天下，然后能容天下；信盖天下，然后能约天下；仁盖天下，然后能怀天下；恩盖天下，然后能保天下；权盖天下，然后能不失天下。〔器量盖过天下，然后才能包容天下；诚信盖过天下，然后才能约束天下；仁爱盖过天下，然后才能怀柔天下；恩惠盖过天下，然后才能保有天下；权势盖过天下，然后才能不失天下〕

——周·吕尚《六韬·武韬·顺启》

□天有时，地有财，能与人共之者，仁也。仁之所在，天下归之。免人之死，解人之难，救人之患，济人之急者，德也。德之所在，天下归之。与人同忧同乐，同好同恶者，义也。义之所在，天下赴之。凡人恶死而乐生，好德而归利，能生利者，道也。道之所在，天下归之。〔天有四时，地有财富，能和人们共同享用的，就是仁爱。仁爱所在，天下之人就会归附。免除人们的死亡，解决人们的苦难，消除人们的祸患，解救人们的危急，就是恩德。恩德所在，天下之人就会归附。和人们同忧同乐，同好同恶的，就是道义。道义所在，天下之人就会争相归附。人们无不厌恶死亡而乐于生存，欢迎恩德而追求利益，能为天下人谋求利益的，就是王道。王道所在，天下之人就会归附。〕

——周·吕尚《六韬·文韬·文师》

□俗语近于市，纤语近于娼，诨语近于优。士君子一涉此，不独损威，亦难迓福。〔粗俗的话近乎市井小人的语言，讨好奉承的话近

乎娼妓的语言，开玩笑的话近乎戏子的语言。士君子如果喜谈这类话，不仅有损威仪，而且难得福气。〕

——明·陈继儒《安得长者言》

□名利坏人，三尺童子皆知之。但好利之弊，使人不复顾名；而好名之过，又使人不复顾君父。世有妨亲命以洁身，讪朝廷以卖直者，是可忍也，孰不可忍也？〔名利害人，这是小孩子都明白的道理。但是为了追逐功利，让人不再顾及名声；而为了追求虚名，又让人不再顾及君臣父子的关系。世间就有以害双亲性命来假充高洁的人，还有以讥讽朝廷来显示耿直的人，这种事如果能容忍，那还有什么事不能容忍的呢？〕

——明·陈继儒《安得长者言》

□执盈玉者弗失，以纵步失之；驰峻阪者弗失，以康衢失之。敬与不敬固如此。〔手里捧着宝玉的人不会失足跌倒，而随意散步的人却常常会绊倒；骑马走在陡峻山坡上不会有闪失，而走在宽广平坦的大道上却有可能出现闪失。人的精神是不是专注，结果大不一样。〕

——明·彭汝让《木几冗谈》

□李公至续座右铭："短不可护，护则终短；长不可矜，矜则不长。尤人不如尤己，好圆不如好方。用晦则天下莫与汝争智，为谦则天下莫与汝争强。多言者老氏所戒，欲讷者仲尼所臧。妄动有悔，何如静而勿动；太刚则折，何如柔而勿刚。吾见进而不已者败，未见退而自足者亡。为善则游君子之域，为恶则入小人之乡。吾将书绅带以自警，刻盘盂而思防，岂若长存于座右，庶夙夜之不忘。"〔宋代人李至有篇座右铭说：自家的缺点不可袒护，不论你怎样护短，缺点终究没有改正；自家的优点不可夸耀，假如热衷于夸耀，优点就有可能消失。埋怨别人不如检讨自己，圆滑善变不如端方正真。敛藏聪明，韬光养晦，则天下无人能够与你钩心斗角，较量心智；举止谦逊，事事

334

退让，则天下无人能够与你争强斗狠，一争高下。夸夸其谈、信口开河是老子最忌讳的事情。言语谨慎、近于木讷被孔子看做优秀的品行。做事轻率、轻举妄动必然会招致灾祸，哪里比得上清静无为、以逸待劳；性情刚烈、宁折不弯必然容易遭受挫折，哪里比得上柔韧处世、万事随缘。我只看到过争强好胜、贪心不足者身败名裂，从未见过审时度势、急流勇退、知足常乐者会招致灭亡。乐施好善、济世助人者堪称高洁君子；居心叵测、作恶多端者必是无耻小人。我有心想将这些格言书写在绅带上用以自警，又想刻在盘盂上作为箴铭，可是都不如将它置之座右，这样无论昼夜都会牢记不忘。〕

——清·陈遇夫《迂言百则》

口君子之事亲也，显亲为上，其次悦亲，其次养亲，其次荣亲，其次逸亲。逸者力可能也，荣者贵可能也，养者富可能也，悦者贤可能也，非德能圣人，其孰能显亲哉？〔人们侍奉双亲，以彰显亲人的美德为最高境界，其次是使亲人心情愉快，其次是赡养亲人，其次是使亲人感到荣耀，其次是使亲人悠闲安适。要使亲人安逸，只要有力气的人都能做到；要使亲人感到荣耀，地位显贵的人都能做到；要使亲人的到赡养，家境富裕的人都能做到；要使亲人心情舒畅，贤能的人都能做到。如果不是德能双全的圣人，谁能够彰显亲人的功德呢？〕

——明·薛应旂《薛方山纪述》

口人子之事亲也，事心为上，事身次之，最下事身而不恤其心，又其下事之以文而不恤其身。〔做儿子的赡养父母，要把使父母心情愉悦放在第一位，生活上的衣食起居尚在其次，最不好的是只照顾饮食起居而不体谅父母的心理，比这更糟的是只讲形式而不关心父母的生活。〕

——明·吕坤《呻吟语》

口心要实，又要虚。无物之谓虚，无妄之谓实。惟虚故实，惟实故虚。心要小,又要大。大其心能体天下之物,小其心不偾天下之事。〔人心既要实在,又要空虚。对世间事物都不执著,就叫做空虚;没有一点邪妄的念头,就叫做实在。只有清虚空灵,才能诚实无欺;只有纯真无妄,才能虚己待人。人心既要谨小慎微,又要博大宽广。博大宽广才能包容天下万物,谨小慎微才不至于败坏天下之事。〕

——明·吕坤《呻吟语》

□流水之声,可以养耳;青禾绿草,可以养目;观书绎理,可以养心;弹琴学字,可以养指;逍遥杖履,可以养足;静坐调息,可以养筋骸。〔流水的声音,可以保养听力;禾苗青草的翠绿,可以保养人的视力;读儒家经典,领会其中义理,可以保养心志;弹琴写字,可以锻炼手指;扶着拐杖散步,可以锻炼双足;静坐养神,调理呼吸,可以使人体魄强健,百病不生。〕

——清·陈遇夫《迂言百则》

□《洞灵经》曰:“导筋骨则形全,蠲情欲则神全,靖言语则福全。克保三全,是谓上贤。道德顺则鬼神助,信义敦则君子合,礼义备则小人怀。”〔《洞灵经》中说:“经常活动筋骨则肢体强健,经常节制欲念则精神健全,经常沉默寡言则远离祸患。能做到这三方面,就可算是修行高深的贤人了。为人处世符合道德规范,那么鬼神都会鼎力相助;能够恪守信义,那么正人君子就会归附;言行能礼教道义,那么即使是德行卑下的小人也会心服口服。”〕

——清·陈遇夫《迂言百则》

学识篇

博览群书
践行致用
经验体会
见识才智

博览群书

□学者非必为仕，而仕者必如学。〔求学的人不一定要做官，而做官的人一定要学习。〕

——战国·荀子《荀子·大略》

□不学问，无正义，以富利为隆，是俗人者也。〔不学习就没有正义感，把财物看得比什么都重要，这是庸俗的人。〕

——战国·荀子《荀子·儒效》

□有品不贱，有学不贫。〔有品格的人即使无权无势也是高贵的，有学识的人即使无财无钱也是富有的。〕

——清·李西沤《老学究语》

□学立而仕，不以政学。〔学业完成后可以而去做官，但绝不应为了做官才去学习。〕

——晋·葛洪《抱朴子·外篇》

□人皆知涤其器，而莫知洗其心。〔人人都知道洗涤器物，而不知道洗涤自己的心灵。〕

——晋·傅玄《傅子·附录》

□物固莫不有长，莫不有短，人亦然。善学者，假人之长以补其短，故假人者遂有天下。〔事物本来就没有毫无长处的，也没有毫无

339

短处的，人也如此。所以善于学习的人，能利用别人的长处来弥补自己的短处。因此，善于利用众人长处的人，便能统治天下。〕

——秦·吕不韦《吕氏春秋·用众》

□强学博览，足以通古今。〔努力学习，广泛阅读，就足以通古知今。〕

——宋·欧阳修《欧阳修文集》

□学者，不可不通世务。〔做学问的人，不能不了解社会的世俗人情。〕

——清·魏裔介《政术》

□学者之病，最忌自高与自狭。〔学者的毛病，最忌讳自高自大与心胸狭窄。〕

——明·方孝孺·摘自《随园诗话·补遗》

□莫言大道人难得，自是功夫不到头。〔不要以为人们难于把握事情发展的规律，这是因为功夫还不到家的缘故。〕

——唐·吕岩《绝句》

□君子之学，死而后已。〔君子求学，直到死时才肯罢休。〕

——清·顾炎武《与人书》

□腹中贮书一万卷，不肯低头在草莽。〔肚子里藏着万卷诗书，不肯埋没在草野之间。〕

——唐·李颀《送陈章甫》

□人之为学，不日进则日退。独学无友，则孤陋而难成；久处一方，则习染而不自觉。〔人们学知识，不能一天天进步就会一天天后

340

退。单独学习而没有朋友共同切磋，就会孤陋寡闻而难以成功；长久住在一地，就会沾染上该地的坏习气而自己察觉不到。〕

——清·顾炎武《与友人书》

□讲之功有限，习之功无已。〔教授的功效是有限的，练习的功效是无穷的。〕

——清·颜元《总论诸儒讲学》

□多闻，择其善而从之，多见而识之。〔多听取别人的意见，选择其中合理的部分加以采纳，多观察各类事情并一定要记在心里。〕

——春秋·孔子《论语·述而》

□中浅外易者，不足以当大事。〔头脑中学识浅薄而态度轻慢的人，是不能担当大事的。〕

——清·魏源《默觚·学篇》

□学者应自树其帜。〔做学问的人应当树立自己的旗帜。〕

——清·郑燮《与江宾谷江禹九书》

□知古不知今，谓之陆沉……知今不知古，谓之盲瞽。〔了解古代而不了解现在，叫做愚昧。……了解现在而不了解古代，叫做瞎子。〕

——汉·王充《论衡·谢短篇》

□经书括根本，史书阅兴亡。〔阅读经典可以把握做人的根本，研究历史可以了解历代的兴亡。〕

——唐·杜牧《冬至日寄小侄阿宣诗》

□不登高山，不知天之高也；不临深溪，不知地之厚也；不闻先王之遗言，不知学问之大也。〔不登上高山，就不知道天的高度；不

来到深的山洞，就不知道地的厚度；没有听到过古代圣王的遗言，就不知道学问的博大。〕

——战国·荀子《荀子·劝学》

□至博而约于精，深思而敏于行。〔有渊博学识的人，应当用精来约束自己；深入思考之后，就要尽快付诸行动。〕

——明·方孝孺《书签》

□读万卷书，行万里路。〔青年人应该：读许许多多的书，走许许多多的路。〕

——清·梁绍壬《两般秋雨庵随笔》

□人贵知足，惟学不然。人功不竭，天巧不传。〔人贵在知足，唯独学习不是这样。人的功夫若不能用尽，自然的工巧就不会传给你。〕

——清·袁枚《续诗品注·勇敢》

□学莫先于立志。〔学习，没有比先确立自己志向更为重要的。〕

——清·陈确《学谱》

□博学而详说之，将以反说约也。〔广泛地学习而且详细地解说它，又回过来简略说明主要内容与道理。〕

——战国·孟子《孟子·离娄下》

□温故而知新，可以为师矣。〔温习学过的知识，并不断探求新的知识，这样的人就可以当老师了。〕

——春秋·孔子《论语·为政》

□读书有三到，谓心到、眼到、口到。三到之中，心到最急。心既到矣，眼品岂不到乎？〔读书要做到三到：叫做心要用到、眼要看

到、口要读到。三到之中，心要用到最为重要。心既然用到了，眼和口怎么会不到呢？〕

——宋·朱熹《训学斋夫·读书写文字》

□有才无学，如巧匠无术，不能运斤；有学无才，如愚贾操金，不能屯货。〔有才气而无学问，如同工巧的木匠没有技术，不能运用斧子；有学问而无才气，如同愚蠢的商人拿着钱，却不能囤积货物。〕

——唐·刘知几《史通》

□诗，可以兴，可以观，可以群，可以怨。〔读《诗经》，可以感发心志，可以观察世态，可以联系民众，可以讽刺不良政治。〕

——春秋·孔子《论语·阳货》

□半亩方塘一鉴开，天光云影共徘徊。问渠那得清如许，为有源头活水来。〔一块半亩的方塘像一面镜子打开，天光和云影一起在水中荡来荡去。要问它怎么会这样清澈，因为有活水从源头上不断流来。〕

——宋·朱熹《观书有感》

□积财千万，无过读书。〔积累成千上万的钱财，也不能超过读书对人的意义。〕

——北齐·颜之推《颜氏家训·勉学》

□常玉不琢，不成文章；君子不学，不成其德。〔寻常的玉不经雕琢，就不会有美丽的花纹与色彩；君子不通过学习，就不会有高尚的品德。〕

——汉·班固《汉书·董仲舒传》

□木受绳则直，金就砺则利，君子博学而参省乎己，则知明而行无过矣。〔木料经过墨绳比量后就能取直，刀剑放到磨刀石上磨过就

会变得锋利，君子学识渊博并且经常用以参考省察自身，那么他就会头脑聪明，行动上就不会犯错误了。〕

——战国·荀子《荀子·劝学》

□学以明理，文以述志，思以通其学，气以达其文。〔通过学习来洞明事理，撰写文章来表达志向，用思考把学到的东西融会贯通，用气势使写出的文章更加流畅。〕

——宋·苏轼《送人序》

□著述须待老，积勤宜少时。〔学术写作要到年老时再着手进行，但勤奋学习积累知识应当从年少时就开始。〕

——宋·欧阳修《获麟赠姚辟先辈》

□无学术则无人才，无人才则无政事，无政事则无治平，无民命。〔不钻研学问就造就不出人才，没有人才就办不好政事，办不好政事就不会有天下的太平，也不会有百姓的好日子。〕

——清·颜元《习斋记余》

□故书不厌百回读，熟读深思子自知。〔旧书要不厌其烦地读它百回，熟读之后还要深思它，其中的意思自然就会明白。〕

——宋·苏轼《送安惇落第诗》

□圣凡之分，学与俗而已。习于学而曰圣，习于俗而曰凡。〔圣贤与凡人的差别，就在于求学上进和混于流俗而已。习惯于学习就是圣贤，习惯于流俗就是凡人。〕

——清·陈确《瞽言》

□人不博览者，不闻古今，不见事类，不知然否，犹目盲、耳聋、鼻痈者也。〔一个人如果不博览群书，不了解古今演变，不能识别事

物性质，不能认识是非，就好像眼睛瞎了、耳朵聋了、鼻子生了痈失去嗅觉一样。〕

——汉·王充《论衡·别通篇》

□击石乃有火，不击元无烟。人学始知道，不学非自然。〔撞击石头才会发出火花，不去撞击连烟也不会冒。人通过学习会懂得道理，不学自然不会得到知识。〕

——唐·孟郊《劝学》

□归志宁无五亩园，读书本意在元元。〔归老隐居的志向就算没有那五亩田园也依然如故，读书的目的本来就是为了百姓的生计。〕

——宋·陆游《读书二首》

□为学务日益，此言当自程；为道贵日损，此理在戒盈。〔学习应当每天有所进步，这话应当成为对自己的要求；道德修养贵在每天都能发觉自己不足，这道理在于提醒人们力戒骄傲。〕

——宋·苏轼《张寺丞益斋》

□读未见书，如得良友；读已见书，如逢故人。〔阅读没读过的书，如同得到一位好朋友；阅读已读过的书，如同与老朋友重逢。〕

——清·金缨《格言联璧·学问》

□博学而笃志，切问而近思，仁在其中矣。〔广泛地学习而且坚守自己的志向，恳切地发问而且对当前的实际问题多加思考，那么，仁德自然就在其中了。〕

——春秋·孔子《论语·子张》

□读书惟在牢记，则日见进益。陈晋之一日只读一百二十字，遂无书不读。所谓日计不足，岁计有余者。〔读书的关键在牢记，就能

一天天都在进步。陈晋之一天只读一百二十个字，于是读遍了所有的书。这就是人们所说的按天计算好像不够，按年计算就有余了。〕

——宋·陈善《扪虱新语》

□多闻博识，无顽鄙之訾；深知道术，无浅暗之毁也。〔见闻多知识面广，就不会被人指责为愚昧无知；深通道德学术，就不会被人指责为浅陋愚昧。〕

——汉·王充《论衡·别通篇》

□读有字书，却要识没字理。〔要读有字的书，还要认识没有写在书中的道理。〕

——明·鹿善继《四书说约》

□非尽百家之美，不能成一人之奇；非取法至高境，不能开独造之域。〔不把众家之长全部学到手，就不能造就自己的奇妙；不借鉴最高境界的作品，就不能开创独特的领域。〕

——清·刘开《与阮芸台官保论文书》

□到老始知气质驳，寻思只是读书粗。〔到了年老才知道自己的气质不够淳厚，想来是由于自己年轻时读书太粗心的缘故。〕

——清·王豫《蕉窗日记》

□不愿玉液餐，不愿蓬莱游；人间有字处，读尽吾无求。〔不愿享用人间最珍贵的食物，不想到蓬莱那样的仙山去云游；凡是人间有文字的地方，我都能读遍也就别无所求了。〕

——清·袁枚《读书十二首》

□国之政事，尚问及庶人；是故贵可以问贱，贤可以问不肖，而老可以问幼，惟道之所成而已矣。〔国家的政务大事，尚且能请教老百姓，所以显贵的人可以请教卑贱的人，贤德的人可以请教不贤的人，而年老的人也可以请教年轻的人，只求对道德学问有所帮助罢了。〕

——清·刘开《问说》

□读书须知出入法，始当求所以入，终当求所以出。〔读书要懂得出入的方法。开始要研究如何进得去，最后要研究如何出得来（指不受其局限）。〕

——宋·陈善《扪虱新语》

□读书不向自家身心做工夫，虽读尽天下书无益也。〔读书如果不联系自己的思想实际，即使读遍天下的书也不会获得什么好处。〕

——清·魏裔介《为学》

□古人之书，不可不多读，但靠书不得，靠读不得，靠古不得。〔古人的书不能不多读，但只靠书是要不得的，只靠读是要不得的，只依靠古人的道理是要不得的。〕

——明·曹于汴《工发编》

□读书以过目成诵为能，最是不济事。〔读书以看遍即能背诵为能事，是最没有用的。〕

——清·郑燮《潍县署中寄舍弟墨一书》

□凡学问之法，不为无才，难于距师，核道实义，证实是非也。〔一般做学问的法则，不在于有没有才华，难就难在敢于反问老师，核实道理，确定是非。〕

——汉·王充《论衡·问孔篇》

□仁，宅也；义，路也；礼，服也；知，烛也；信，符也。处宅，由路，正服，明烛，执符。君子不动，动斯得矣。〔仁如住宅，义如

道路，礼如衣服，智如灯烛，信如符契。处身宅中，行在路上，端正衣服，点明灯烛，手持符契。君子不动，动就能成。〕

——汉·扬雄《法言·修身》

□年年为恨读书累，处处逢人劝读书。〔尽管年年因被诗书所累而苦恨，还是处处劝人读书。〕

——清·郑燮《绝句二十三首》

□凡读书须识货，方不错用功夫。〔凡是读书的人必须鉴别书的好坏，才不至于枉费工夫。〕

——清·陆世仪《思辨录》

□非读书，不明理。要知事，须读史。〔不读书，就不明白道理。要了解世间之事，就必须读史书。〕

——清·李光庭《乡言解颐》

□不读诗书形体陋。〔不读诗书连人的形体都觉得丑陋。〕

——清·吴嘉纪《赠里人吴秀芝》

□为善最乐，读书更佳。〔做好事是最大的快乐，读书是更大的快乐。〕

——清·阮葵生《茶余客话》

□学而不思则罔，思而不学则殆。〔只读书而不善于思考，就会茫然不知所措；只是冥思苦想而不认真读书，就会使人疑惑不解。〕

——春秋·孔子《论语·为政》

□君子食无求饱，居无求安，敏于事而慎于言，就有道而正焉，可谓好学也已。〔君子吃食不要求饱足，居住不要求舒适，对工作勤

348

劳敏捷，说话却谨慎，到有道的人那里去匡正自己，这样，可以说是
好学了。〕

——春秋·孔子《论语·学而》

□敏而好学，不耻下问。〔聪慧敏捷而又爱好学习，虚心向下面
的人请教而不感到可耻。〕

——春秋·孔子《论语·公冶长》

□业精于勤，荒于嬉；行成于思，毁于随。〔学业由于勤奋而精
进，由于嬉戏而荒废；行为由于深思熟虑而成功，由于随随便便而
失败。〕

——唐·韩愈《进学解》

□不学自知，不问自晓，古今行事，未之有也。〔不学习就知道，
不请教就明白，古往今来是没有这种事的。〕

——汉·王充《论衡·实知篇》

□其问之不切，则其听之不专；其思之不深，则其取之不固。〔问
题提得不贴切，听的时候就不会专心；思考问题不深入，取得的知识
就难以巩固。〕

——宋·王安石《书洪范传后》

□不思，故有惑；不求，故无得；不问，故不知。〔不思考，所
以有困惑；不探求，所以无收获；不提问，所以不知道。〕

——宋·晁说之《晁氏客语》

□君子尊德行而道问学，致广大而尽精微，极高明而道中庸，温
故而知新，敦厚以崇礼。〔君子推崇德行，遵循问学，使自己的德行
达到既广大无所不包而又极其细致精微，既达到极高明的境界而又践

349

履中庸之道；要从温习仁义礼智等先天固有的德行出发，推出新的道德境界来；要做到既敦厚朴实而又崇尚礼仪。〕

——战国·子思《礼记·中庸》

□为学之道，必本于思。思则得知，不思则不得也。〔学习的方法必须以思考为根本。善于思考就能得到知识，不思考就得不到知识。〕

——宋·晁说之《晁氏客语》

□不学问者，学必不进。〔学习而不能请教别人，学业一定不会进步。〕

——清·唐彪《父师善诱法》

□古人学问并称，明均重也；不能问者，学必不进。〔古人把学和问相提并论，指明二者是同样重要的。只能提出问题，学业必定不能进步。〕

——清·陈宏谋《五种遗规》

□学非有碍于思，而学愈博则思愈远。〔学习并不妨碍思考，而且学识愈渊博思考愈深远。〕

——清·王夫之《四书训义》

□学贵知疑，小疑则小进，大疑则大进。〔学习贵在懂得提出疑问，小疑问得到解决就有小进步，大疑问得到解决就有大进步。〕

——清·金缨《格言联璧·学问》

□不学操缦，不能安弦；不学博依，不能安诗；不学杂服，不能安礼；不兴其艺，不能乐学。故君子之于学也，藏焉修焉，息焉游焉。夫然后安其学而亲其师，乐其友而信其道，是以虽离师辅而不反也。〔不习杂曲，就学不好琴瑟；不习歌吟，就学不好诗文；不习

350

洒扫、应对、进退等杂事，就学不好礼仪；如果不提倡课外的技艺，学生就没有兴趣学好正课。所以，善于学习的人，学习的时候努力进修，休息的时候尽兴玩弄杂艺。这样，他们才能搞好学习，亲近师长，乐于交友，坚持信念，日后离开师友也就不会违反师友的教诲了。〕

——汉·戴圣《礼记·学记》

□古今来许多世家，无非积德；天地间第一人品，还是读书。〔古往今来许多不败落的家族，无非靠的是积累恩德；天地之间第一流的人品，还是刻苦读书。〕

——清·金缨《格言联璧》

□大匠诲人必以规矩，学者亦必以规矩。〔有名的木匠教导人，一定依循规矩，学者也一定要依循学习的规矩。〕

——战国·孟子《孟子·告子上》

□知之为知之，不知为不知，是知也。〔知道的就是知道，不知道的就是不知道，这才是真正的智慧啊 。〕

——春秋·孔子《论语·为政》

□德之不修，学之不讲，闻义不能徙，不善不能改，是吾忧也。〔品德不培养，学问不讲习；听到道义在那里，却不能亲身接近；有缺点不能改正，这是我的忧虑！〕

——春秋·孔子《论语·述而》

□善学者，师逸而功倍，又从而庸之。不善学者，师勤而功半，又从而怨之。善问者如攻坚木：先其易者，后其节目；及其久也，相说（悦）以解；不善问者反此。善待问者如撞钟：叩之以小者则小鸣，叩之以大者则大鸣；待其从容，然后尽其声；不善答问者反此。此皆进学之道也。〔善于学习的人，使教师安逸而且功效显著，又因此拥

351

戴老师；不善于学习的人，使教师勤苦但功效减半，又因此埋怨老师。善于提问的人，好像砍伐木头，先从容易的地方着手，逐步砍向坚硬的节疤，慢慢地木头就自然分解了；不善发问的人，却与此相反。会对待提问的人，像撞钟一样，用力小钟声则小，用力大钟声则大，从容不迫地敲打，钟声就悠扬回声久远；不善于回答问题的恰巧相反。这些都是增进学问的方法。〕

——汉·戴圣《礼记·学记》

□志于道，据于德，依于仁，游于艺。〔目标在道，根据在德，依靠在仁，而游憩于礼、乐、射、御、书、数六艺之中。〕

——春秋·孔子《论语·述而》

□有一疑义，反复参考，必归于至当；有一独见，援古证今，必畅其说而后止。〔有一处怀疑的意义，就反复研究考察，必须达到最恰当之处；有一独到的见解，就多方援古证今，必须达到说清楚为止。〕

——清·潘耒《日知录序》

□君子以多识前言往行，以畜其德。〔君子要多多研究过去圣贤的言行，用来培养丰富自己的道德学识。〕

——周·姬昌《周易·大畜》

□非识无以断其义，非才无以善其文，非学无以练其事。〔没有知识就不能判断它的意义，没有才能就不会善于作文，没有学问就不能熟练地处理世事。〕

——清·章学诚《文史通义·史德》

□盖为学之道，莫先于穷理；穷理之要，必在于读书；读书之法，莫贵于循序而致精；而致精之本，则又在于居敬而持志，此不易之理也。〔治学的方法，最首要的是穷究事理；穷究事理最重要的办法又在于读书；读书的方法，最重要的是按照一定的顺序而臻于精熟；而精熟学问的根本又在于心怀虔敬，守志不移，这是自古不变的道理。〕

　　　　　　　　　　　　　　　　　——宋·朱熹《性理精义》

　　□博学之，审问之，慎思之，明辨之，笃行之。〔广泛地学习，审慎地提问，慎重地思考，明确地辨别，坚定地执行。〕

　　　　　　　　　　　　　　　——战国·子思《礼记·中庸》

　　□百川学海而至于海，丘陵学山不至于山。〔百川学习大海，奔流不息而到达大海；丘陵羡慕高山，因停止不动而未到高山。〕

　　　　　　　　　　　　　　　　——汉·扬雄《法言·学行》

　　□学必求其心得，业必务于专精。〔读书必须取得心得，事业必须做得专心精细。〕

　　　　　　　　　　　　　　　　——清·章学诚《文史通义》

　　□博观而约取，厚积而薄发。〔多看书学习而要善于摄取其精华，多积累知识不要轻易地发表意见。〕

　　　　　　　　　　　　　　——宋·苏轼《杂说·送张琥》

　　□一日不读书，胸臆无佳想；一月不读书，耳目失精爽。〔一天不读书，头脑中就不会有好的念头；一月不读书，耳目中就会失去清爽的感觉。〕

　　　　　　　　　　　　　　——清·萧抡《读书有所见作》

　　□夫学须静也，才须学也。非学无以广才，非志无以成学，淫漫则不能励精，险躁则不能治性，年与时驰，意与日去，遂成枯落，多不接世，悲守穷庐，将复何及？〔治学必须内心安静精力集中，增长才智必须刻苦学习。不刻苦学习就不能增长才智，不明确志向就不能获得成就，荒淫散漫就不能振奋精神，轻浮暴躁就不能陶冶性情，年华随着时光流逝，意志随着岁月消磨，最后像枯枝败叶那样衰落，大多对社会没有作为，悲伤地守在自己穷困的处所，将来有何作为？〕

——三国·诸葛亮《诫子书》

□习见善则安于为善，习见恶则安于为恶。〔平常见惯了善行，则安心于行善；平常见惯了作恶，则安心于作恶。〕

——宋·欧阳修《新五代史·杂传》

□学以为己，勿求人知。〔学习是为了增加自己的知识与素养，不一定要为人所知，显名于世。〕

——明·胡居仁·摘自《明史·儒林列传》

□罪己不如正己，格事不如格心。〔与其一味怪罪埋怨自己，不如纠正错误，端正行为；纠正做错的事，不如纠正错误的思想行为。〕

——明·张养蒙·摘自《明史·张养蒙传》

□好书而不要诸仲尼，书肆也；好说而不要诸仲尼，说铃也。〔喜好著述却不以孔子学说为要领，就像书肆一样群书杂然乱陈；喜好立说却不以孔子学说为要领，就像小铃一样声音繁小琐屑。〕

——汉·扬雄《法言·吾子》

□循序而渐进，熟读而精思。〔遵循客观规律而逐步进取，熟练阅读而紧密思考。〕

——宋·朱熹《读书之要》

□悟处皆出于思，不思无由得悟；思处皆缘于学，不学则无可思。学者所以求悟也，悟者思而得通也。……古来圣贤，未有不重思者，思只是穷理二字。〔学问的顿悟领会全来于思考，不思考无从顿悟领会；引发思考全来于学习，不学习便没什么可思考的。学习是为了求得顿悟领会，而顿悟领会正使思考的问题得到了解决。……古往今来的圣贤，没有不注重独立思考的。其实思考的实质就在"穷理"二字。〕

——明·陆世仪《思辨录辑要》

□知不足者好学，耻下问者自满。〔知道自己不足的人喜好学习，羞耻于请教别人的人不思进取。〕

——宋·林逋《省心录》

□学，须是如饥之须食，寒之须衣始得。〔对于学习，应该像饥饿的人对饭食的需要，寒冷的人对衣物的需要一样才行。〕

——宋·朱熹《上蔡先生语录》

□不可怙者天，不可画者人。〔不可以依赖的是自己的天分，不可限量的是后天的努力。〕

——宋·杨万里《庸言》

□学者所以修性也，性所有也。视、听、言、貌、思，学则正，否则邪。〔学习，是用来修治心性的。视、听、言、貌、思，都是本性中所有，学习就使它们端正，不学就使它们邪辟。〕

——汉·扬雄《法言·学行》

□知美之恶，知恶之美，然后能知美恶。〔知道美中的丑恶，知道恶中的美丽，然后就真正知道美和恶了。〕

——秦·吕不韦《吕氏春秋·去尤》

□人若志趣不远，心不在焉，虽学无成。人惰于进通，无自得达，自非成德。君子必勉勉，至从心所欲不逾距方可放下，德薄者终学不成也。〔人如果志向和情趣不高远，心不在那里，虽然学习也没有成

355

就。人懒于进取，自己没有发展的欲望，自己不会修养好德行的。君子一定要勤勉努力，到达随心所欲不能逾越规矩处才要停下，德行浅薄的人终究学不出成就。〕

——宋·张载《经学理窟·义理》

□大人之学也为道，小人之学也为利，为道乎？为利乎？〔君子治学是为了追求仁道，小人学习是为了追逐私利，你追求仁道呢？还是追逐私利呢？〕

——汉·扬雄《法言·学行》

□能自得师者王，谓人莫己若者亡。好问则裕，自用则小。〔能自己求得老师的君主，就能够称王于天下；认为别人都不如自己的人败亡。遇到疑难就请教别人，学识就会渊博；自以为是，学识就会浅薄。〕

——汉·孔安国《伪古文尚书·仲虺之诰》

□多闻则守之以约，多见则守之以卓。寡闻则无约也，寡见则无卓也。〔博学多闻才能把握要领，博学多见才能远见卓识。浅学少闻则不得要领，浅学少见则无远见卓识。〕

——汉·扬雄《法言·吾子》

□人之学也，或失则多，或失则寡，或失则易，或失则止。〔有人学不好是因为读书贪多；有人学不好是因为读书太少；有人学不好是因为不够专注；有人学不好是因为浅尝辄止。〕

——汉·戴圣《礼记·学记》

□君子之学也，入乎耳，箸乎心，布乎四体，形乎动静；端而言，蠕而动，一可以为法则。小人之学也，入乎耳，出乎口耳之间则四寸耳，曷足以美七之躯哉？〔君子学习，把所学的东西听入耳中，记在心里，融会贯通到整个身心，并表现在举止上；哪怕是极细微的言行，

356

都可以成为别人效法的榜样。小人的学习，只是从耳中进去，从口里说出，嘴巴与耳朵间的距离不过四寸，又怎能使自己七尺之躯的品德得到修养从而使自己变得完美呢？〕

——战国·荀子《荀子·劝学》

□道也者，口之所不能言也，目之所不能视也，耳之所不能听也，所以修心而正形也。〔道，嘴里不能说，眼睛不能看，耳朵不能听，只是修养身心、端正行为罢了。〕

——春秋·管仲《管子·内业》

□史有三长，才、学、识，世罕兼之，故史者少。〔作为一个史学家必须具备三种特质：史才、史学与史识。因为自古很少有人能同时具备这三种特质，所以少有史才。〕

——唐·刘知几·摘自《新唐书·刘子玄传》

□六经注我，我注六经。〔六经诠释指导我的行为，我批注实践六经的内容。〕

——宋·陆九渊·摘自《宋史·陆九渊传》

□把念头沉潜得下，何理不可得？把志气奋发得起，何事不可做？〔使自己的心志纯净专一，还有什么样的义理不能领悟？树立崇高的理想，发奋努力，不断进取，还有什么事情不能做好呢？〕

——明·吕坤《呻吟语》

□夫明六经之指，涉百家之书，纵不能增益德行，敦厉风俗，犹为一艺，得以自资，父兄不可常依，乡国不可常保，一旦流离，无人庇荫，当自求诸身耳。谚曰："积财千万，不如薄伎在身。"伎之易习而可贵者，无过读书也。〔通晓六经旨意，涉猎百家著述，即使不能提高道德修养，劝勉世风习俗，也是一种技艺，可以自我谋生。父亲兄长不能长期依靠，家乡邦国不能常保无事，一旦流离失所，没有人来庇护资助，就该自己设法保护自己了。谚语说："积财千万，不如薄技在身。"技艺中容易学会而又值得推崇的，无过于读书。〕

——北齐·颜之推《颜氏家训·勉学》

□不学不成，不问不知。〔不学习就不会成功，不请教就不会知道。〕

——汉·王充《论衡·实知篇》

□将瞻才力，务在博见。〔若要丰富才学能力，务求广博见识，扩大视野。〕

——北朝·刘勰《文心雕龙》

□其为人也，发愤忘食，乐以忘忧，不知老之将至。〔他这个人啊，发愤时就忘记吃饭，高兴起来就忘记了忧愁，竟然连自己衰老了也不知道，如此而已。〕

——春秋·孔子《论语·述而》

□穷不忘道，老而能学。〔即使穷困也不会忘记道义，即使年老了也能够学习。〕

——宋·苏轼《黄州上文潞公书》

□人才有高下，知物由学。学之乃知，不问不识。〔人的才能有高有低，但认识事物必须通过学习；通过学习才能得到知识，不请教发问就不会有所认识。〕

——汉·王充《论衡·实知篇》

□玉之为物，有不变之常德，虽不琢以为器而犹不害为玉也。人之性，因物则迁，不学则舍君子而为小人。〔玉石作为物体，有不变的德性，即使不加雕琢而用它作为器皿，也不妨害它玉石的德性。人的本性则因环境而变迁，不学习则舍弃做君子的可能而沦落为小人。〕

——宋·欧阳修《诲学记》

□日习则学不忘，自勉则身不堕。〔每天练习则学问不会忘记，自身勤勉则身心不会堕落。〕

——汉·徐干《中论·治学》

□天地之所贵者人也，圣人之所尚者义也；德义之所成者智也，明智之所求者学问也。〔天地所宝贵的是人，圣人所崇尚的是义；德义形成的原因是懂事理，明智之人所求之物是做学问。〕

——汉·王符《潜夫论·赞学》

□修学好古，实事求是。〔努力研究学问，爱好古代文化，总是在掌握充分的事实根据后，才从中求得正确可靠的结论。〕

——汉·班固《汉书·河间献王传》

□有一时之暇，即一时可学也；有一日之暇，即一日可学也。〔有一时的闲暇，就可以用这一时的闲暇来学习；有一天的闲暇，就可以用这一天的闲暇来学习。〕

——明·薛瑄《论取友为学答周秉忠书》

□求之而后得，为之而后成，积之而后高，尽之而后圣。〔不断地追求，然后才能有所收获；不断地实践，然后才能有所成就；不断地积累，然后才能有所提高；不断地完善，然后才能成为圣人。〕

——战国·荀子《荀子·儒效》

□夫学者所以求益尔，见人读数十卷书，便自高大，凌忽长者，轻慢同列；人疾之如仇敌，恶之如鸱枭。如此以学自损，不如无学

359

也。〔学习的人是为了自己受益。我见有人读了几十卷书，就自高自大，冒犯长者，轻慢同辈；大家嫉恨他像对仇敌一般，厌恶他像对鸱枭一般。像这样用学习来损害自己，还不如不学。〕

——北齐·颜之推《颜氏家训·勉学》

□**刺股情方励，偷光思益深。**〔觉得困了，就用锥子刺自己的大腿，这样才能更加激发自己勤奋学习的精神；像匡衡那样穿壁引光来苦读，才能使学到的知识更加深刻扎实。〕

——唐·孟简《惜分阴》

□**文学之于人也，譬乎药。善服，有济；不善服，反为害。**〔文学对于人，就像是药。服用的对了，就有益处；服用的不对了，反倒有害处。〕

——唐·皮日休《鹿门隐书六十篇》

□**不广求，故得；不杂学，故明。**〔学习不贪多务广，所以能有所收获；不杂乱学习，所以能明了深刻。〕

——隋·王通《中说·魏相》

□**良冶之子，必学为裘；良弓之子，必学为箕。**〔优秀的冶匠的儿子，一定是先学习缝制皮衣；好的射手的儿子，一定是先学会用竹条编制器具。〕

——汉·戴圣《礼记·学记》

□**古之学者为己，以补不足也；今之学者为人，但能说之也。古之学者为人，行道以利世也；今之学者为己，修身以求进也。夫学者犹种树也：春玩其华，秋登其实。讲论文章，春华也；修身利行，秋实也。**〔古代求学的人是为了充实自己，以弥补自身的不足；现在求学的人是为了向别人炫耀，只能夸夸其谈。古代求学的人是为了服务社会，推行自己的主张以造福社会；现在求学的人是为了自身需要，修养身心以求做官。学习就像种树一样，春天可以赏玩它的花朵，秋天可以摘取它的果实。讲论文章，就好比赏玩春花；修身利行，就好比摘取秋果。〕

——北齐·颜之推《颜氏家训·勉学》

□学者工夫，须要极细密，越细密，越广大。〔学者的工夫在于能够极其缜密，越是缜密就越能广博。〕

——明·薛瑄《薛文清公读书录》

□学者有二病：积学未厚而用之遽，养德未足而谈有余。〔求学的人常有两种毛病：一个是知识积累还不够丰厚就急于应用，一个是品德修行还不够完善就妄加谈论。〕

——明·崔铣《松窗寤言》

□学莫大于知本末终始。〔为学之道，没有比能弄清事物的前因后果、来龙去脉更重要的了。〕

——宋·杨时《二程粹言·论学篇》

□闻见广则聪明辟，胜友多而学易成。〔听闻得多了，脑子就会聪明起来；有学识的朋友多了，做学问也就容易了。〕

——清·魏源《默觚·治篇》

□大道以多歧亡羊，学者以多方丧生。〔大的道路由于岔路太多而跑丢了羊，学习的人因为目标太多而荒废了年华。〕

——战国·列御寇《列子·说符》

□学者不长进，其病根只在护短，恐人笑己之不知也。一笑即耻，而终身之笑，顾不耻乎。〔为学之人之所以不能长进，根本原因就是

361

护短，恐怕别人笑话自己无知。被别人笑话一次就觉得耻辱，被别人笑话一辈子就不是耻辱了吗？〕

——清·金缨《格言联璧·学问类》

□广识未必皆当，而思之自得者真；泛讲未必吻合，而习之纯熟者妙。〔博览群书不一定都得当，只有善于思考，自己才有所体会；空泛地讲说不一定都合理，只有通过实践能熟练地掌握才算是高妙。〕

——明·王廷相《慎言·潜心篇》

□少则得，多则惑。〔学习知识，少一点儿反而能够有所收获，多了反而让人迷乱。〕

——春秋·老子《道德经》

□心不在焉，视而不见，听而不闻，食而不知其味。〔心思不在这里，即使大睁着眼睛也看不见，竖着耳朵也听不见，嘴里吃着也不知道是什么滋味。〕

——战国·曾参《礼记·大学》

□善学者穷于一物，不善学者穷于物物。〔善于学习的人抓住一个事物，探究到底；不善于学习的人则什么事物都想碰触和探究。〕

——明·庄元臣《叔苴子·内篇》

□善学者，当求其所以然之故，不当诵其文过目而已也。〔善于学习的人，应当求其甚解，了解其所以然，不能只求背诵文章，看看就算了。〕

——宋·杨时《二程粹言·论学》

□读书切戒在慌忙，涵泳工夫兴味长。未晓莫妨权放过，切身须要急思量。〔读书最忌讳马虎匆忙、急于求成，如果能够静下心来慢

慢体会，会发现里面有无穷的兴味。不能理解的地方不妨先放一放，但对自身急需的东西一定要立即动脑，抓紧时间思索。〕

——宋·陆九渊《读书》

□问讯者，知之本；念虑者，知之道也。〔询问是增长知识的根本，思考是增进智慧的途径。〕

——汉·刘向《说苑·谈丛》

□学不精勤，不如不学。〔学习不精细勤奋，不如不学习。〕

——唐·令狐德棻《周书》

□学不贵谈说，而贵躬行；不尚知解，而尚体验。〔治学不贵在谈论说议，而贵在亲自实践；不追求一知半解，而追求自身体验。〕

——明·许孚远《原学篇》

□学不博者，不能守约；志不笃者，不能力行。〔学识不够渊博，就无法得其要领；志向不够坚定，就不会努力实行。〕

——宋·杨时《二程粹言·论学篇》

□学不必博，要之有用。〔学识不一定要有多么渊博，最重要的是能够学以致用。〕

——宋·罗大经《鹤林玉露》

□学者不长进，只是好己胜。〔学习的人不能有所长进，只是因为太爱自以为是、骄傲自满了。〕

——宋·陆九渊《陆象山集·语录》

□道理书尽读，事务书多读，文章书少读，闲杂书休读，邪妄书焚之可也。〔揭示事物道理的书全都要读，阐述处理事务方法的书要

多读，说明文章章法词句的书尽量少读，只用来消遣的书不要去读，而那些宣讲歪门邪道的书烧了就行了。〕

——明·吕坤《问学》

□学如不及，犹恐失之。〔学习就好像是在追赶什么东西似的，总是怕追赶不上，等追赶上了，又害怕会失掉它。〕

——春秋·孔子《论语·泰伯》

□学而思则学因思而益精，思而学则思因学而有据。〔学习当中同时要注意多加思考，这样学习就会因为有了思考而更加精熟；思考当中同时也应注意学习，这样思考就会因为有了学习而更加有根据。〕

——明·孙应鳌《四书近语》

□学不进，率由于因循。〔学问之所以没有长进，大多都是因为拘泥于前人的窠臼。〕

——明·薛瑄《薛子道论·上篇》

□力学如力耕，勤惰尔自知。但使书种多，会有岁稔时。〔努力学习就如同努力耕种一样，该勤奋还是该懒惰，你自己知道。只要书读得多，总会有大获成功的时候。〕

——宋·刘过《书院》

□独是之语，高士不舍，俗夫不好；惑众之书，愚者欣颂，贤者逃顿。〔有独到见解的言论，高尚之人不舍得放弃，而庸人却不喜欢；迷惑众人的书本，愚钝的人欣然吟诵，而贤德之人却避而远之。〕

——汉·王充《论衡·自纪篇》

□学以治之，思以精之，朋友以磨之，名誉以崇之，不倦以终之，可谓好学也已矣。〔用博学来修身治性，用深思来抉择是非，凭广交

朋友来磨炼自己，借扩大声誉来提高自己，靠坚持不懈来完善自己，可称得上好学了。〕

——汉·扬雄《法言·学行》

□学者不患才之不赡，而患志之不立。〔为学之人不怕其才智不够丰富，而是怕他的志向不够坚定。〕

——汉·徐干《中论·治学》

□言之无文，行之不远。〔文章没有文采，就不能流传很久。〕

——春秋·左丘明《左传》

□不丑不能，不恶不知，尚矣。〔不因为自己有所不能而感到耻辱，不因为自己有所不知而觉得可怕，这是优点。〕

——秦·吕不韦《吕氏春秋·用众》

□学不足以修己治人，则为无用之学。〔如果所学的知识不能够提高自己的修养，不能够服务于社会，就是没有用处的学问。〕

——清·方苞《年谱序》

□玉屑满箧，不为有宝；诗书负笈，不为有道。〔碎玉满箱，算不得拥有财宝；读了几箱子的书，也不等于就掌握了其中的道理。〕

——汉·桓宽《盐铁论·相刺》

□但患不读书，不患读书无所用也。〔不担心读了书没有用，只怕不肯读书。〕

——清·朱舜水《送林道荣之东武序》

□读书如树木，不可求骤长。植诸空山中，日来而月往。露叶既畅茂，烟条渐苍莽。此理木不知，木乃遂其长。〔读书就像植树，不

求立刻长大。把树种在空山中，日来月往，树叶日渐茂盛，枝条日渐苍莽。这道理树木虽不知，但已成材。〕

——清·法式善《读书四首》

□读书百遍，其义自见。〔书能读到上百遍，书中的含义也就自然懂了。〕

——晋·陈寿《三国志·王肃传》

□居近识远，处今知古，惟学矣乎。〔要想住在近处而知道远处的事，生活在现代而了解古代的事，只有学习才能做到啊。〕

——隋·王通《文中子·礼乐篇》

□为学大病在好名。〔做学问最忌讳的就是贪图虚名。〕

——明·王阳明《传习录》

□要知天下事，须读古人书。〔要想了解天下的世事沧桑，只有读通古人的书才行。〕

——明·冯梦龙《醒世恒言》

□读书贵神解，无事守章句。〔读书贵在能够领会书中的主旨要领，而不必拘泥于它的章节和句子。〕

——清·徐洪钧《书怀》

□吾生也有涯，而知也无涯。〔我的生命是有限的，而知识却是无止境的。〕

——战国·庄子《庄子·养生主》

□少年读诗，如隙中窥月；中年读诗，如庭中望月；老年读诗，如庭上观月。皆以阅历之深浅，为所得之深浅耳。〔少年读诗，好像

366

在缝隙中偷看月亮；中年读诗，好像在院子中观看月亮；老年读诗，好像在厅堂上欣赏月亮。这都因为阅历深浅的不同，收获多少也不同。〕

——清·张潮《幽梦影》

□未得乎前，则不敢求其后；未通乎此，则不敢志乎彼。〔前面的东西还没有弄懂，就不要去看后面的东西；这里的东西还没有明白，就不要急着要记住那里的东西。〕

——宋·朱熹《读书之要》

□一字之褒宠逾华衮之赠，片言之贬辱过市朝之挞。〔对作品哪怕一个字的褒扬，比送给王公贵族的礼服还荣耀；对作品哪怕只言片语的贬抑，比在人群里遭鞭打还羞辱。〕

——晋·范宁《春秋穀梁传集解序》

□不薄今人爱古人，清词丽句必为邻。〔不轻视今人，同时也更推崇古人，只要有清词丽句、有长处就要学习借鉴。〕

——唐·杜甫《戏为六绝句》

□尔曹身与名俱灭，不废江河万古流。〔日后你的身名俱灭了，可"四杰"的那些诗文仍将像长江黄河那样永远流传下去。〕

——唐·杜甫《戏为六绝句》

□一日不作诗，心源如废井。〔一天不写诗，就觉得自己的心如同废弃的水井一样干枯。〕

——唐·贾岛《戏赠友人》

□夫圣人之书，所以设教，但明练经文，粗通注义，常使言行有得，亦足为人。何必仲尼居，即须两纸疏义，燕寝讲堂，亦复何在？以此得胜，宁有益乎？〔圣贤的书籍，是用来教育人的，只要能熟读经文，粗通注文的意思，经常使自己的言行有帮助，也就能立身做人了。何必对"仲尼居"这三字就用两张纸来解释呢，闲居也好，讲堂也罢，现今还存在吗？在这个问题上争输赢，有何好处呢？〕

——北朝·颜之推《颜氏家训·勉学》

□避席畏闻文字狱，著书都为稻粱谋。〔躲避聚会是害怕谈论到文字狱，著书立说不过是为了混口饭吃罢了。〕

——清·龚自珍《己亥杂诗·咏史》

□满纸荒唐言，一把辛酸泪。都云作者痴，谁解其中味？〔在别人看来满篇都是荒诞的言语，而实际上却饱含着作者的无限辛酸和苦涩。都说作者太过痴狂，可谁能真正了解个中的滋味呢？〕

——清·曹雪芹《红楼梦》

□君子不隐其短，不知则问，不能则学，取之玉也。〔有才德之人不隐瞒自己的短处，不懂的就问，不会的就学，效仿玉石那样"至清而不蔽"。〕

——汉·董仲舒《春秋繁露·执贽》

□观春秋以见王意，读诸子以睹相指。〔阅读史书《春秋》能够知道当君主的道理，阅读先秦诸子的著作能够看到当宰相的道理。〕

——汉·王充《论衡·超奇篇》

□人臣若无学业，不能识前言住行，岂堪大任？〔做臣子的如果没有学识，不能通晓前人的言行得失，怎么能够担负重任？〕

——唐·吴兢《贞观政要·崇儒学》

□礼以节人，乐以发和，书以导事，诗以达意，易以道化，春秋以道义。〔《礼》是节制人的言行的，《乐》是和谐人的心性的，《书》

是指导人叙事的,《诗经》是表达人情感的,《易经》是预测自然变化的,《春秋》是阐述道义的。〕

——唐·赵蕤《长短经·正论》

□不览古今,论事不实。〔不研究历史和现状,对问题的看法就不会准确。〕

——汉·王充《论衡·别通篇》

□读书有不解处,标出以问知者,慎勿轻自改窜,银根之误,贻笑千古。〔读书有不知道的地方,标出并请教知道的人,一定要谨慎,不要随意改动,像"银"字与"根"字这样的一字之误,永远是让人笑话的。〕

——清·申涵光《荆园小语》

□士有假书于人者,必熟复不厌;有陈书于几者,乃坐老岁月。〔读书人如果是从别人那里借来书读,一定多次阅读而不满足;若是把书摆在书桌上,就是老了也不去读。〕

——宋·何坦《西畴老人常言》

□读书全要勤精,懒惰游戏作辍,必无有成之理。〔读书要勤奋专心,若懒惰芜杂,用心不一,则没有成功的道理。〕

——明·朱舜水《朱舜水集》

□熟读唐诗三百首,不会吟诗也会吟。〔熟读唐诗三百首,即使不懂诗歌格律也会吟诗。〕

——清·孙洙《唐诗三百首序》

□父母教子,当于稍有知识时,见生动之物,必教勿伤,以养其仁;尊长亲朋,必教恭敬,以养其礼;然诺不爽,言笑不苟,以养其信。〔父母教育孩子，应当在其刚刚懂事时，看到有生命的东西，一定让其不要伤害，以便培养其仁爱之心；对长辈以及自家的亲朋好友，一定要让其恭敬对待，以便培养其谦恭有礼的作风；答应人的事情，就一定不要反悔，谈笑时不能信口开河，以便培养其稳重守信的品质。〕

——清·史典《愿体集》

□外物之味，久则可厌；读书之味，愈久愈深。〔身外之物的滋味，时间长了就觉得厌恶；读书的滋味，时间越久越醇香。〕

——宋·程颐《二程语录》

□洪钟未尝有声，由扣乃有声；圣人未尝有知，由问乃有知。〔洪钟原本是没有声音的，因为有人敲打才有了声音；圣人原本也并非是智慧的，因为常向人询问请教才有了智慧。〕

——宋·杨时《二程粹言·论学篇》

□惟书有色，艳于西子；惟文有华，秀于百卉。〔只有书是最有姿色的，甚至比西施还要艳美；只有文章是最华美的，甚至比百花还要秀丽。〕

——唐·皮日休《目箴》

□早岁读书不甚解，晚年省事有奇功。〔早年读书虽然没有深刻的理解，但在晚年审察事物时它却发挥了奇特的功效。〕

——宋·苏辙《事诗》

□学为易，知之为难，知之非难也，体而得之为难。〔学习是容易的，懂得它是困难的，懂得它并不难，领会而且有所收获才是真难。〕

——宋·程颐《二程语录》

□为人君而不知通鉴，则欲治而不知自治之源，恶乱而不知防乱之术。为人臣而不知通鉴，则上无以事君，下无以治民。〔作为君主不了解《资治通鉴》，那么即使想把国家治理好也找不到治理的根源，厌恶祸乱而不懂得防止祸乱的办法；作为臣子不懂得《资治通鉴》，那么对上就无法侍奉君主，对下无法治理民众。〕

——宋·司马光《资治通鉴·新注资治通鉴序》

□人之初生，不食则死；人之幼稚，不学则愚。〔人出生之后，不吃饭就会饿死；人在幼年时期，不学习就趋愚昧。〕

——清·戴震《孟子字义疏证》

□纸上之阅历多，则世事之阅历少；笔墨之精神多，则经济之精神少。〔纸上的阅历多，那么世事的阅历就少了；文字书画上费的精神多，那么经世济民上费的精神就少了。〕

——清·李塨《恕谷年谱》

□学贵得师，亦贵得友。〔学习的可贵在遇到良师，也可贵在得到挚友。〕

——明·唐甄《潜学·讲学》

□读书患不多，思义患不明；患足已不学，既学患不行。〔读书担忧的是读得不多，思考道理害怕的是想不明白。怕自以为足够了不再学，既然学了又怕不继续。〕

——唐·韩愈《赠别元十八协律》

□学不倦，所以治己也；教不厌，所以治人也。〔努力学习而不知厌倦，是为了自我完善；认真教学不满足，是为了完善他人。〕

——战国·尸佼《尸子·劝学》

□天下事恒利害相半；惟读书，则有全利而无少害。读书一卷，则有一卷之益；读书一日，则有一日之益。〔天下事常常利害相半，只有读书，有全利而无一点儿害处。读书一卷，就有一卷的好处；读书一日，就有一日的好处。〕

　　　　　　　　　　　　　　　　——明·陈继儒《小窗幽记》

　　□读书切戒在慌忙，涵泳工夫兴味长。未晓不妨权放过，切身须要急思量。〔读书克服的问题是慌忙，细细品读，反复揣摩才能领略到个中深意。不明白的地方暂且放过，关系到自己的内容要重视思考。〕

　　　　　　　　　　　　　　　　——宋·陆九渊《读书》

　　□君子之为学，以明道也，以救世也。徒以诗文而已，所谓雕虫篆刻，亦何益哉？〔君子治学，是阐明事物规律，为了挽救天下百姓。白白地以赋诗作文为能事，所说的雕词琢句，有什么益处呢？〕

　　　　　　　　　　　　　　　　——明·顾炎武《亭林文集》

　　□君子学以聚之，问以辩之，宽以居之，仁以行之。〔君子通过学习以积累知识，通过问难以辨明是非，宽厚地跟别人居住，仁爱地和别人共事。〕

　　　　　　　　　　　　　　　　——周·姬昌《周易·乾卦》

　　□读经传则根底厚，看史鉴则议论伟，观云物则眼界宽，去嗜欲则胸怀净。〔读经传则学问根底深厚，读史书则议论宏伟，观赏风景则眼界开阔，除去嗜欲则胸怀坦荡。〕

　　　　　　　　　　　　　　　　——清·金缨《格言联璧》

　　□古之欲明明德于天下者，先治其国。欲治其国者，先齐其家。欲齐其家者，先修其身；欲修齐身者，先正其心。欲正其心者，先诚其意。欲诚其意者，先致其知。致知在格物。〔古时想发扬光大圣明道德于天下的人，首先要治理好自己的国家；想治理好自己国家的人，

372

先要整治好自己的家族；想整治好自己家族的人，先要提高自身的道德修养；想提高自身道德修养的人，先要端正自己的心态；想端正自己心态的人，先要使自己意念真诚；想使自己意念真诚的人，先要招致自己的良知；招致自己良知在于摒除物欲的蒙蔽。〕

——战国·曾参《礼记·大学》

□奇文共欣赏，疑义相与析。〔有好文章大家一同欣赏，遇到疑难问题大家一同钻研。〕

——晋·陶渊明《移居》

□三人行，必有我师焉。择其善者而从之，其不善者而改之。〔几个人一起走路，其中便一定有可以为我所学习的人。我选取其优点而学习，看出其缺点而改正。〕

——春秋·孔子《论语·述而》

□书犹药也，善读之可以医愚。〔书就像药物，善于阅读就可以医治人的愚钝。〕

——汉·刘向《说苑》

□独有书，可医胸中俗气。〔只有诗书，可以医治人胸中的庸俗气习。〕

——明·钱琦《钱公良测语》

□文学也者，人伦之首，大教之本也。〔学习知识，是人们首要的处世准则，国家施行政教的根本。〕

——宋·李昉《太平御览》

□古之学者为己，今之学者为人。君子之学也，以美其身；小人之学也，以为禽犊（资本）。〔古时候的学者，学习是为了自己进德修业；现在的学者，学习是为了给别人看的。君子学习，是用它来完善自己的身心；小人学习，只是为了把学问当做家禽、牛犊之类的礼物去取悦人。〕

——战国·荀子《荀子·劝学》

□积学以储宝，酌理以富才。〔积累知识来储蓄资料，明辨道理来提高才能。〕

——南朝·刘勰《文心雕龙》

□欲读天下之奇书，须明天下之大道。〔想要读通天下的奇妙书籍，必须明白天下的重大道理。〕

——清·蒲松龄《聊斋志异·高序》

□砥砺琢磨非金也，而可以利金；诗书辟立非我也，而可以厉心。〔砥砺琢磨虽不是铁器，可是能够使铁器变得锋利；读的诗书尽管和我等高也不就是我，可是它却可以磨砺我的心志。〕

——汉·刘向《说苑·建本》

□凡读无益之书，皆是玩物丧志。〔凡是读没有教益的书，都是玩物丧志。〕

——清·王豫《蕉窗日记》

□书卷多情似故人，晨昏忧乐每相亲。眼前直下三千字，胸次全无一点尘。〔书卷多情就像老朋友，每日早到晚和自己形影相随、愁苦与共。每天阅读一些书，胸中则清澈通明。〕

——明·于谦《观书》

□学者大约有四样：一虽知学路而恣情纵欲不肯为；一畏其事大且难而不为者；一求而不得其路；一未知路而自谓能知。〔学者大致有四种类型：一是知道学习的方法和途径但放纵情欲，不肯踏实学习；一是怕多怕难不去学习；一是想求学可是不知治学的方法途径；一是不知道治学的门径但却自认为能够知道。〕

——宋·陆九渊《象山学案》

□看书求理，须令自家胸中点头。与人谈理，须令人家胸中点头。〔读书求明理，应从自己心里去理解明白。与人谈道理，必须让人家信服才行。〕

——清·金缨《格言联璧》

□生而知之者寡矣，学而知之者众矣。〔生下来就知道的人少，通过学习才知道的人多。〕

——汉·荀悦《申鉴·杂言》

□学问之道，其得之不难者，失之必易，惟艰难以得之者，斯能兢业以守之。〔学问的方法，你得到它不难，丢失它一定很容易，只有从艰难中得到的，才能够小心认真地守留着它。〕

——清·魏源《默觚·学篇》

□读书破万卷，下笔如有神。〔阅读了许多书以后，下笔写作就如同有神助一样。〕

——唐·杜甫《杜甫诗选》

□多知而无亲，博学而无方，好多而无定者，君子不与。〔知识丰富但没有师承，广泛学习但没有一定的方向，兴趣广泛但没有明确的方向，这些君子不赞成。〕

——战国·荀子《荀子·大略》

□今之学者有三弊：一溺于文章，二牵于训诂，三惑于异端。苟无此三者，则将何归，必趋于道也。〔现在学者有三种弊端：一是沉溺在文章的读写方面，二是牵强在字句的解释上面，三是迷惑在异端邪说之中。如果没有这三种弊端，要向何处去，必须趋向于道义了。〕

——宋·程颐《二程语录》

□骐骥虽疾，不遇伯乐不致千里；人才虽高，不务学问不能致圣。〔骐骥虽跑得快，但如果不被伯乐发现就不会成为千里马；人的才能虽高，但如果不研究学问就不会成圣人。〕

——汉·刘向《说苑·建本》

□正经为道义之渊海，子书为增深之川流。〔诗、书、礼、乐等书是道义的深渊大海，诸子百家之书是深渊大海的大江长河。〕

——晋·葛洪《抱朴子·尚博》

□读书无疑者，须教有疑，有疑者，须教无疑，到这里方是长进。〔读书没有疑问的学生，必须让他产生疑问，有疑问的学生，必须让他消除疑问，教学到这里才说是有进步。〕

——宋·朱熹《朱子语类》

□临大难，当大事，不可无学术。〔应付艰险，担当重任，不能没有学问。〕

——清·冯班《钝吟杂录·家戒》

□学人不疑，是谓大病。惟其疑而屡破，故破疑即是悟。〔读书人不善于提出疑问，这可以说大弊病。只有不断质疑而且不断解破，因为解破疑问就是觉悟。〕

——明·李贽《观音问》

□文章不难于巧而难于拙，不难于曲而难于直，不难于细而难于

粗，不难于华而难于质。〔文章不难于奇巧而难于拙实，不难于曲折而难于直切，不难于繁细而难于粗简，不难于华美而难于质朴。〕

——宋·李涂《文章精义》

□士人读书，第一要义，有志；第二要义，有识；第三要义，有恒。〔做官的人读书，第一要有志向，第二要有见识，第三要有恒心。〕

——清·曾国藩《曾国藩家书》

□眼界要阔，遍历名山大川。度量要宏，熟读五经诸史。〔要开阔眼界，就应游遍名山大川。要宽宏度量，就要熟读经史书籍。〕

——清·金缨《格言联璧》

□读书何所求，将以通事理。〔读书的目的是什么，是用来通达明白事理的。〕

——清·张维屏《读书》

□观书者当观其意，慕贤者当慕其心。〔看书要了解作者的意旨，向往贤人就要羡慕他的心志。〕

——唐·刘禹锡《辨迹论一首》

□读书不知味，不如束高阁。〔读书如果没有领会其中的意味，不如把它扔到一边不读。〕

——清·袁枚《随园诗话》

□善读书者，始乎博，终乎约。〔善于读书的人，开始时需要记得是很多的，到最后需要记得就很少了。〕

——清·汪琬《尧峰文钞》

□别裁伪体亲风雅，转益多师是汝师。〔区别和裁断那些徒有形

377

式没有内容的作品，努力与"国风""小雅"亲近；要多方学习，多方请教，这才是求师学道的根本精神。〕

——唐·杜甫《戏为六绝句》

□读书如吃饭，善吃者长精神，不善吃者生痰瘤。〔读书像吃饭，善吃者长精神，不善吃者生痰瘤。〕

——清·袁枚《随园诗话》

□自得、自成、自道，不倚师友载籍。〔追求自我收获、自我养成、自我著述，不依赖师友的学识和书本的定论。〕

——宋·陆九渊《象山全集》

□读书不向自家身心做功夫，虽读尽天下书无益也。〔读书自己不下工夫，即使读尽天下的书也没收益。〕

——清·魏裔介《琼琚佩语》

□读书好处心先觉，立雪深时道已传。〔读书的好处首先是心灵得到感悟，程门立雪虚心请教之时，道义就已经有所传授。〕

——清·袁枚《随园诗话》

□问学必有师，讲习必有友。〔请教和学习一定要有老师，讲解和温习也一定要有学友。〕

——宋·陆佃《省试策问》

□故立志者，为学之心也；为学者，立志之事也。〔立志，是学习的核心；治学，是立志的大事。〕

——明·王守仁《王文成公全书》

□少而不学，老无能也；老而不教，死无思也。〔少壮之时不学

习，到老也不会有什么本领；直到老年对别人仍不能有所教益，那么这种人死后也就没什么值得思念的地方了。〕

——战国·荀子《荀子·法行》

□诗言其志也，歌咏其声也，舞动其容也。〔诗是表达思想感情的，歌是把诗唱成曲子的，舞是把诗的内容用形体的活动显示出来的。〕

——汉·戴圣《礼记·乐记》

□观书贵要，观要贵博，博而知要，万流可一。〔读书以读要点为贵，读要点以涉猎广博为贵，既广博又深知要点，就可以把各种知识融会为一体了。〕

——南朝·颜延之《庭诰》

□博学而不穷，笃行而不倦。〔广泛地学习而没有休止，坚定地实践而不知疲倦。〕

——汉·戴圣《礼记·儒行》

□理胜者，文不期工而工；理诎者，巧为粉泽而隙间百出。〔文理佳妙的，文章不求工整而能工整；文理不通顺的，巧为粉饰也会漏洞百出。〕

——宋·张耒《答李推官书》

□善为文者，富于万篇，贫于一字。〔善于写文章的人，即使写上一万篇，才华仍绰绰有余；但有时却为一个字的使用思来想去，显得能力不足。〕

——南朝·刘勰《文心雕龙·练字》

□书不记，熟读可记；义不精，细思可精。唯有志不立，直是无着力处。〔诗书记不住，可以通过熟读记住；含义不精通，可以通过认真思索精通；只有志向不树立，简直是没有可以着力补救的办法。〕

——宋·朱熹《又谕学者》

□究天人之际，通古今之变，成一家之言。〔探索天象与人事的关系，通晓古今社会变化的规律，形成有独特见解、自成体系的论述。〕

——汉·司马迁《报任安书》

□记事者必提其要，纂言者必钩其玄。〔阅读史书必定要提出要点，阅读辑录言论的书一定要探索它的幽深旨意。〕

——唐·韩愈《进学解》

□仕而优则学，学而优则仕。〔做官的事情做好了，就更广泛地去学习以求更好；学习学好了，就可以去做官以便更好地推行仁道。〕

——春秋·孔子《论语·子张》

□书不千轴，不可以语化；文不百代，不可以语变。〔书不读千卷，不可说融会贯通；文不读百代，也不可说继承变化。〕

——唐·皇甫湜《谕业》

□文有余而质不足，流；才有余而雅不足则，荡。〔文采有余而内容不足，文章就浮滑不实；文才有余而典雅不足，文章就放荡轻浮。〕

——唐·柳冕《与徐给事论文书》

□文约而事丰，此述作之尤美者也。〔文字简洁而内容丰富，这才是著作中格外好的作品。〕

——唐·刘知几《史通·叙事》

□学为文章，先谋亲友，得其评裁，知可施行，然后出手。〔学

着写文章时，先将文章给亲友看看，根据他们的评论意见予以修改，自己感到满意了，然后再公之于世。〕

——北朝·颜之推《颜氏家训·文章》

□其问之不切，则其听之不专；其思之不深，则其取之不固。〔提出讨论的问题不是急切想知道的，他听讲就不会专心；思考不深入，他得到的就不能牢固。〕

——宋·王安石《书洪范传后》

□心之精微，口不能言也；言之微妙，书不能文也。〔心中精深微妙的感想，是嘴不能全说出来的；说出来的精深微妙的语言，是笔不能全写出来的。〕

——唐·王勃《上刘右相书》

□虽有良玉，不刻镂则不成器；虽有美质，不学则不成君子。〔即使有美玉，如果不经镂刻也成不了器物；即使有良好的素质，如果不学习也成不了君子。〕

——汉·韩婴《韩诗外传》

□所谓诗，所谓文，实国事、世事、家事、身事、心事系焉。〔所谓的诗和所谓的文，实际是把国事、世事、家事、身事和心事寄托在那上边。〕

——宋·郑思肖《心史总后叙》

□学不勤则不知道，耕不力则不得谷。〔不勤奋学习，就不能通晓圣贤的学说；不辛苦耕作，就不能得到五谷的收获。〕

——三国·桓范《世要论》

□学所以开人之蔽，而致其知；学而不知其方，则反以滋其蔽。

381

〔学习是为了解开令人迷惑不清的地方，从而让人开智；学习而不掌握的方法，那么反而会增加人的迷惑。〕

——宋·陆九渊《送杨通老》

□学贵心悟，守旧无功。〔学习贵在心领神会，一味沿袭旧说就不会有什么功效。〕

——宋·张载《经学理窟·义理篇》

□学尽百禽语，终无自己声。〔学会了百种禽鸟的语言，到头来却不会发自己的声、说自己的话了。〕

——宋·张舜民《百舌》

□学问不厌，好士不倦，是天府也。〔学习、询问不知满足，敬爱贤士不知疲倦，这是德才兼富的人啊！〕

——战国·荀子《荀子·大略》

□学以为耕，文以为获。〔把学习看做耕种，把写成文章视为收获。〕

——唐·韩愈《祭故陕府李司马文》

□言者，志之苗；行者，文之根。〔所说的是自己志趣的表露，所做的是自己文章的根基。〕

——唐·白居易《读张籍古乐府》

□欲知则问，欲能则学。〔要懂道理就得询问，要有本领就得学习。〕

——秦·尸佼《尸子·处道》

□为学无别法，只是知一字，行一字，知一句，行一句，便有益。〔学习没有什么别的方法，只要是能够知道一点，就做一点，知道一

382

些，就做一些，就会有所裨益。〕

——明·薛瑄《薛文清集》

□人皆知以食愈饥，莫知以学愈愚。〔人们都知道用吃食物来治好饥饿，却不知道通过学习来改变自己的愚昧。〕

——汉·刘向《说苑·建本》

□不以文害辞，不以辞害志。〔不要拘于文字而曲解词句，也不要拘于词句而误会《诗》的本意。〕

——战国·孟子《孟子·万章上》

□学匪疑不明，而疑恶乎凿，疑而能辨，斯为善学。〔学习没有疑问就不可能明辨，而有疑问又最忌讳穿凿附会。有疑问又能加以明辨，这才是善于学习。〕

——明·方孝孺《学箴》

□万般皆下品，惟有读书高。〔所有的行当都是没有出息的，只有读书最高尚。〕

——宋·汪洙《神童诗》

□君子之仕也，忧不崇其德，不忧官之不崇也。〔君子做官从政，只担心自己的德行不高尚，不担心得不到显赫的官位。〕

——明·薛应旂《薛方山纪述》

□虽有嘉肴，弗食不知其旨也；虽有至道，弗学不知其善也。是故，学然后知不足，教然后知困。知不足，然后能自反也；知困，然后能自强也。故曰："教学相长也。"〔虽然有好菜，如果不吃，也就不能知道它的美味；虽然有至善的道理，如果不去学习，也不知道它的美好可贵。所以说，学习之后才知道自己的学识不够，教人之后才

383

发现自己的学识不通达。知道不够，然后才能反省，努力向学；知道有困难不通达，然后才能自我勉励，发奋图强。所以说："教与学相辅相成、互相促进。"〕

——汉·戴圣《礼记·学记》

□君子不知《风》，不足以成俗；不知《雅》，不足以立政；不知《颂》，不足以敦化。〔君子应当熟读《诗经》。如果不熟悉《风》，就难以了解当时的民俗；如果不熟悉《雅》，就难以治理好民众；如果不熟悉《颂》，就难以培养淳厚的社会风气。〕

——明·薛应旂《薛方山纪述》

□罗百家者，多浩瀚之词；工一家者，有独诣之语。学者欲以有限之目力，而欲竟其津涯；以卤莽之心思，而欲控其蕴奥，岂不难哉？故学贵有择。〔涉猎百家的学说，可以学到丰富的知识；专攻一家的理论，可以获得独到的见解。学者想凭借有限的精力，读遍诸子百家的论著；怀着浮躁的心念，想要领会各家学说的精粹，岂不太难了？所以做学问最重要的一条就是要有所取舍，有所不为才能有所作为。〕

——明·吕坤《呻吟语》

□圣人不作无用文章，其论道则为有德之言，其论事则为有见之言，其叙述歌咏则为有益世教之言。〔圣人不发表没有作用的文章，他们谈论学术都是些德性深厚的言论，评论世事都是些具有真知灼见的言论，记叙人物或作诗填词则都是些有益于劝世化俗的作品。〕

——明·吕坤《呻吟语》

□读史要耐讹字，如登山耐歹路，踏雪耐危桥，闲居耐俗汉。〔读史书要能忍受讹误的错字，就像登山要能忍受坎坷的道路，踏雪要能忍受危险的桥梁，闲居要能忍受庸俗的小人。〕

——明·陈继儒《安得长者言》

践行致用

□作本色人，说根心话，干近情事。〔做人要做实在人，说话要说心里话，做事要近乎情理。〕

——明·吕坤《呻吟语》

□清心为治本，直道是身谋。〔心地清静是治事的根本，正道直行是谋身的准则。〕

——宋·包拯《书端州郡斋壁》

□不矜细行，终累大德。〔不注重保持端正细小品行，日积月累终究要损大德。〕

——春秋·孔子《尚书·周书·旅獒》

□亲履艰难者知下情，备经险易者达物伪。〔亲身经历过艰难的人，能了解世情；备尝过忧患的人，能辨明其伪。〕

——南朝·范晔《后汉书·张衡传》

□德为世表，行为士则。〔品德是世人的表率，行为是百官的模范。〕

——唐·李延寿《北史·卢昌衡传》

□微事不通，粗事不能者,必劳；大事不得，小事不为者,必贫；大者不能致人，小者不能至人之门者,必困。〔精细的事不会做，粗笨

385

的事做不好，必定劳累；大事做不了，小事不愿做，必定贫穷；能力大的不能号召别人，能力小的不能服从别人，必定窘困。〕

——秦·晏婴《晏子春秋·外篇》

□问以审之，学以证之，思以反求之。〔询问时要考察了解，学习时要加以验证，思考时要反复求索。〕

——清·王夫之《姜斋文选》

□政者，口言之，身必行之。〔执政的人口头上说的，自身必须做到。〕

——战国·墨子《墨子·公孟》

□寻丈之缪，实始毫厘；君子畜德，无忽细微。〔成尺累丈的差误，其实是从毫厘的小差错开始的；君子完善自己的品德，不应忽略任何细枝末节。〕

——明·方孝孺《杂铭·尺度》

□邦有道，危言危行；邦无道，危行言孙。〔国家政治清明，言语正直，行为正直；政治黑暗，行为正直，言语谦顺。〕

——春秋·孔子《论语·宪问》

□己欲立而立人，己欲达而达人。〔自己要想在社会上立得住，也要使别人立得住；自己要想通达发展，也要使别人通达发展。〕

——春秋·孔子《论语·雍也》

□战虽有陈，而勇为本焉；丧虽有礼，而哀为本焉；士虽有学，而行为本焉。是故置本不安者，无务丰末；近者不亲，无务来远；亲戚不附，无务外交；事无终始，无务多业；举物而暗，无务博闻。〔君子作战虽然有阵法，但是勇敢是其根本所在；治丧虽然有丧礼，但是哀悼是其根本；士人虽然有学问，但是品行是其根本。所以栽树时根基立得不稳，就不要求得枝叶繁茂；连左右的人都不亲近，就不要求远方的人了；连亲戚都不归附，就不要谈外交了；办事没有终与始，就不要求成就多种事业；列举事物不明确，就不要求广见博闻了。〕

——战国·墨子《墨子·修身》

□行百里者，半于九十。〔行百里路的人，到达九十里时才算走过一半。〕

——汉·刘向《战国策·秦策》

□行非常之事，乃有非常之功。〔做不平凡的事，才能建立不平凡的功业。〕

——晋·陈寿《三国志·董昭传》

□疑行无成，疑事无功。〔行动迟疑就办不成事，办事犹疑就没有功效。〕

——战国·商鞅《商君书·更法》

□择可言而后言，择可行而后行。〔选择能够说的话而后去说，选择能够做的事而后去做。〕

——春秋·管仲《管子·形势解》

□正则用之，邪则去之；是则行之，非则改之。〔正直的就任用，邪恶的就抛弃；正确的就实行，错误的就改正。〕

——宋·苏轼《论时政状》

□故知者作法，而愚者制焉；贤者更礼，而不肖者拘焉。拘礼之人，不足与言事；制法之人，不足与论变。〔所以有智慧的人能创立法度，而愚蠢的人只能受法度的约束。贤能的人变革礼制，而没有才

387

能的只能受礼制的束缚。受旧的礼制制约的人，不能够同他商讨国家大事；被旧法限制的人，不能同他讨论变法。〕

——战国·商鞅《商君书·更法》

□终日说善言，不如做出一件；终身行善事，须防错了一桩。〔整天说好听的话，不如做一件善事；一生都在做善事，还须谨慎防止做错一件事。〕

——清·金缨《格言联璧·惠言》

□不修其身，虽君子而为小人；能修其身，虽小人而为君子。〔不培养自身的情操，虽是出身名门仍是小人；能培养自身节操，虽出身卑微仍是君子。〕

——宋·欧阳修《答李诩书》

□汤武非一善而王也，桀纣非一恶而亡也。〔商汤和周武王并不是因为做了一件好事就成为了杰出的君主，夏桀和商纣王也不是因为只做了一件坏事就导致了灭亡。〕

——汉·王符《潜夫论·慎微》

□不涉太行险，谁知斯路难。真伪因事显，人情难豫观。〔不登太行山的路，谁能知道这条道路的艰难。真和假要通过事实才能彰显出来，人情是难以预测的。〕

——晋·欧阳建《临终诗》

□君子有三患：未之闻，患弗得闻也；既闻之，患弗得学也；既学之，患弗能行也。君子有五耻：居其位，无其言，君子耻之；有其言，无其行，君子耻之；既得之而又失之，君子耻之；地有余而人不足，君子耻之；众寡均而己倍焉，君子耻之。〔君子忧患的事有三件：未曾听说的事和知识担心不能听到；听到之后担心不能学到；学到之后担心

388

不能做到。君子感到可耻的事有五件：身居职位却不能发表应有的意见，君子感到可耻；发表了意见却不能实行，君子感到可耻；已得到的东西又失去了，君子感到可耻；土地有余而劳动力不足，君于感到可耻；大家平均而自己多得一倍，君子感到可耻。〕

——汉·戴圣《礼记·杂记》

□人之为善，百善而不足；人之为不善，一不善而足。〔人们做好事，做了一百件也不要满足；要是做坏事，就是一件也不应做。〕

——宋·杨万里《庸言》

□临渊羡鱼，不如退而结网。〔站在水边想得到鱼，不如回家去结网捕鱼。〕

——汉·班固《汉书·董仲舒传》

□万物皆有理，若不知穷理，如梦过一生。〔世间万物都有规律，如果不知道探究其规律，就会像做梦一样度过一生。〕

——宋·张载《语录》

□毋嗜利而宜嗜义，毋好货而宜好德。〔不要嗜好名利，而应该嗜好道义；不要喜好财物，而应该喜好德行。〕

——清·努尔哈赤·引自《满洲秘档》

□合抱之木，生于毫末。九层之台，起于垒土。千里之行，始于足下。〔合抱粗的大树，由细小的幼芽长成。多层的高台，从一抔土开始筑起。行千里远的路程，从脚下迈出的第一步开始。〕

——春秋·老子《道德经》

□见前面之千里，不若见背后之一寸。故达观非难而反观为难，见见非难而见不见为难。〔能看见前面千里，不如能看见后面一寸，

389

所以目光远大不算难，而要做到经常回顾总结就难了；能看到有目共睹的东西并不难，能看到别人都看不到的东西就难了。〕

——明·吕坤《呻吟语》

□井蛙不可以语于海者，拘于虚也；夏虫不可以语于冰者，笃于时也。〔井中的青蛙不能跟它谈论大海的，是因为局限一个地方；夏天的虫子不能与它谈论冰雪的，是因为笃信一个季节。〕

——战国·庄子《庄子·秋水》

□多闻曰博，少闻曰浅；多见曰闲，少见曰陋。〔听到的东西多叫做渊博，听到的东西少叫做浅薄；见到的东西多叫做开阔，见到的东西少叫做鄙陋。〕

——战国·荀子《荀子·修身》

□为者常成，行者常至。〔努力去做的人常常取得成功，坚持行走的人常常到达终点。〕

——秦·晏婴《晏子春秋·内篇杂下》

□传闻不如亲见，视景不如察形。〔传闻不如亲眼观看，观看影子不如查看实在形体。〕

——南朝·范晔《后汉书·马援传》

□君子之学，博于外而尤贵精于内，论诸理而尤贵达于事。〔君子治学，在面上博览群书，可是尤为可贵的是内心要求精通，在道理上展开讨论，可是尤为可贵的是在事情上要通达。〕

——明·王廷相《慎言·潜心》

□上士闻道，勤而行之；中士闻道，若存若亡；下士闻道，大笑之。不笑不足以为道。〔上士听了道的理论，努力去实行；中士听了

390

道的理论，将信将疑；下士听了道的理论，哈哈大笑。不被嘲笑，那就不足以称其为道了。〕

——春秋·老子《道德经》

□事不可易成，名不可易得，福不可易享。〔事业不可能轻易成功，名誉不可能轻易获得，富贵不可能轻易享受。〕

——明·徐祯稷《耻言》

□不闻不若闻之，闻之不若见之，见之不若知之，知之不若行之，学至于行之而止矣。〔不听不如听到的，听到的不如亲眼看到的，看到的不如知道的，知道的不如付诸实行的，知行一致就登上了顶峰。〕

——战国·荀子《荀子·儒效》

□眼见方为是，传闻未必真。〔亲眼看见才是正确的，传说的未必是真实的。〕

——明·冯梦龙《醒世恒言》

□作事必须踏实地，为人切莫务虚名。〔干事必须脚踏实地，做人莫要贪图虚名。〕

——明·冯梦龙《警世通言》

□知行只是一事，知者行之始，行者知之终，知者行之审，行者知之实。〔求知和践行是一件事，求知是践行的开始，践行是求知的结果，求知是践行的谋划，践行是求知的实践。〕

——明·刘宗周《改过说》

□务言而缓行，虽辩必不听；多力而伐功，虽劳必不图。慧者心辩而不繁说，多力而不伐功，此以名誉扬天下。〔只说而行动迟缓，虽然会说但没人听信。出力多而自夸功劳，虽劳苦而不可取。聪明人

心里明白而不多说，努力做事而不夸说自己的功劳，因此名誉扬于天下。〕

——战国·墨子《墨子·修身》

□好今而不知古则俗，知近而不及远则陋。〔喜好现代的而不知道古代的就显得粗俗，知道眼前的而不知道长远的就显得浅陋。〕

——清·冯班《钝吟杂录》

□心中醒，口中说，纸上作，不从身上习过皆无用也。〔心中明白，嘴上能说，纸上能写，但不去亲身实践，对自己是没有一点儿好处的。〕

——清·颜元《存学编》

□其所以为圣贤者，修之于身，施之于事，见之于言。是三者，所以能不朽而存也。〔他们所以成为圣人，是完善自身于修养，建立功业于努力，著述文章以传世。正是由于这三方面，所以能不朽永存。〕

——宋·欧阳修《送徐无南归序》

□学不期言也，正其行而已；行不期闻也，信其义而已。〔读书不是期望言表，修正自己的行为罢了；做事不是期望闻达，信守自己的道义罢了。〕

——宋·王安石《宝文阁待制常公墓表》

□要以我用书，勿为书所绊。〔要让我去用书，不要让书束缚我。〕

——清·彭兆荪《读书》

□吾见世中文学之士，品藻古今，若指诸掌；及有试用，多无所堪。居承平之世，不知有丧乱之祸；处廊堂之下，不知有战陈之急；保俸禄之资，不知有耕稼之苦；肆黎民之上，不知有劳役之勤，故难以应世经务也。〔我看世上读书人，分析评论古今人事，了如指掌；

等到需用之时，大多无能。生在太平年代，不知道有丧国动乱的祸患；坐在朝廷之中，不知道有战争的危急；保全俸禄的来源，不知道耕种的艰苦；妄为在百姓头上，不知道劳役的勤劳，所以难以让他们治理国家。〕

——北齐·颜之推《颜氏家训·涉务》

□动必三省，言必再思。〔行动之前一定要多次自我反省，说话之前一定要再三思考。〕

——唐·白居易《策林》

□以目而视，得形之粗者也；以智而视，得形之微者也。〔同一事物，如果用眼睛去看，得到的形象只能是表面的、粗略的；如果用心智去看，得到的形象则是精微的、深刻的。〕

——唐·刘禹锡《天论》

□自暴者，不可与有言也；自弃者，不可与有为也。〔自我残害的人，不能跟他一起说什么；自我抛弃的人，不能跟他一起做什么。〕

——战国·孟子《孟子·离娄上》

□学者贵于行之，而不贵于知之。〔学习的人，最可贵的在于作为，而不仅仅是知道。〕

——宋·司马光《答孔文仲司户书》

□传闻与指实不同，悬算与临事有异。〔传闻与实际往往不同，预料同现实常常有别。〕

——宋·司马光《资治通鉴·唐纪》

□言有辩而非务者，行有难而非善者。故言必中务，不苟为辩；行必思善，不苟为难。〔言谈有辩论之才，但不一定就是务实的人；

做事有危难之困，但不一定就是善良的人。所以说话必定要务实，不能随便因善辩而信；做事必定向善，不能随便因为有难而定。〕

——春秋·管仲《管子·法法》

□是故无冥冥之志者，无昭昭之明；无惛惛之事者，无赫赫之功。〔所以一个人要是没有潜心钻研的精神，就不能明辨事理，洞察一切；不专心致志地工作，就不可能有显赫的成绩。〕

——战国·荀子《荀子·劝学》

□君子欲讷于言而敏于行。〔君子说话小心谨慎，做事勤奋敏捷。〕

——春秋·孔子《论语·里仁》

□务外游不知务内观，外游者求备于物，内观者取足于身。〔思考外界事物不了解反思自身，思考外界事物者的目的是求全于外物，了解反思自身，是求全于自己。〕

——战国·列御寇《列子·仲尼》

□为贤之道将奈何？曰：有力者疾以助人，有财者勉以分人，有道者劝以教人。〔做贤人的方法是什么？说：有力气的赶快助人，有钱财的努力分人，有道的人勉力教人。〕

——战国·墨子《墨子·尚贤》

□大人者，言不必信，行不必果，惟义所在。〔通达的人说话不一定句句守信，做事不一定非有结果不可，只要合乎道义就行。〕

——战国·孟子《孟子·离娄上》

□披五岳之图，以为知山，不如樵夫之一足；谈沧溟之广，以为知海，不如估客之一瞥；疏八珍之谱，以为知味，不如庖丁之一啜。〔看遍了五岳的地图，以为了解了山，其实还不如砍柴的人一只脚了解得多；谈论大海的广阔，以为了解了海，其实还不如远航的商人看一眼了解得多；把八种名菜的菜谱说得头头是道，以为了解了菜的滋味，其实还不如厨师炒菜尝一口了解得多。〕

——清·魏源《默觚·治篇》

□善学者尽其理，善行者究其难。〔善于学习的人能透辟地认识事物的道理，善于实践的人能把事物中的疑难探究清楚。〕

——战国·荀子《荀子·大略》

□言轻则招忧，行轻则招辜，貌轻则招辱，好轻则招淫。〔出言轻佻就会招来忧患，行为轻佻就会招来罪罚，仪貌轻佻就会招来羞辱，嗜好轻佻就会招来淫邪。〕

——汉·扬雄《法言·修身》

□学易而好难，行易而力难，耻易而知难。〔学习知识容易但喜好知识就难，实践容易但认真去做就难，羞愧容易而知理就难。〕

——清·王夫之《俟解》

□言行君子之枢机，赏罚理国之纲纪。〔言行是君子立身处世的关键，赏罚分明是治理国家的纲纪。〕

——汉·袁安·摘自《后汉书·袁安传》

□耳闻之不如目见之，目见之不如足践之，足践之不如手辨之。〔耳朵听到的不如眼睛看到的，眼睛看到的不如亲自实践的，亲自实践的不如亲手辨别的。〕

——汉·刘向《说苑·政理》

□倚立而思远，不如速行之必至也；矫首而徇飞，不如修翼之必获也；孤居而愿智，不如务学之必达也。〔倚靠站立在那里而思虑远行，不如迅速行走必定能够到达；抬头观望着谋求飞行，不如修整羽翼必定能有收获；一人独居而希望有知识，不如务悉学问必定能够达到目的。〕

——汉·徐干《中论·治学》

□举大体而不论小事，务实效而不为虚名。〔办大事而不计较小事，求实效而不图谋虚名。〕

——宋·苏轼《贺杨龙国启》

□善之与名，其犹形影，影之有无视其形，名之有无视其善。〔善行与名声，犹如形体和影子，影子的有无看其形体，名声的有无看其善行。〕

——宋·杨万里《庸言》

□实言、实行、实心，无不孚人之理。〔说话实在、办事实在、为人实在，没有不被人信服的道理。〕

——明·吕坤《呻吟语·诚实》

□实胜，善也；名胜，耻也。故君子进德修业，孳孳不息，务实胜也。〔实绩超过名声，是好事；名声超过实绩，是耻辱。所以君子培养道德，进修学业，努力不息，追求的实绩超过已有的名声。〕

——宋·周敦颐《通书·务实》

□雨落不上天，水覆难再收。〔雨水从天上滴落后，就再也无法回到天上去了；水被泼出去以后，就再也收不回来了。〕

——唐·李白《妾薄命》

□企者不立，跨者不行。自见者不明，自是者不彰，自伐者无功，自矜者不长。〔踮着脚的人不能平稳站立久，跨大脚步之人不能远行，

396

主观固执之人不能认清事情，自以为是的人不能分清是非，自居自夸者反而是无功之人，自尊自大的人不能获得长进。〕

——春秋·老子《道德经》

□盖棺始能定士之贤愚，临事始能见人之操守。〔一个人是贤是愚，只有到他生命结束后才能最后下定论；一个人的品行气节如何，只有遇到事情的时候才能看出来。〕

——宋·林逋《省心录》

□学博而后可约，事历而后知要。〔学识渊博了，然后才能得到其要领；事情经历得多了，然后才能知道其重要。〕

——明·王廷相《慎言·见闻篇》

□人之足传，在有德不在有位；世所相信，在能行不在能言。〔一个人能否被人称道，不在于他地位、权势的高低，而在于他品德的好坏；世人所相信的，是那些遇事能踏踏实实去做的人，而不是那些夸夸其谈的人。〕

——清·王永彬《围炉夜话》

□不经一事，不长一智。〔不经历某一件事情，就不会增长某方面的知识。〕

——清·曹雪芹《红楼梦》

□行合趋同，千里相从；行不合，趋不从，对门不通。〔志同道合的人千里相随不分；志不同道不合的人即使互相住对门，也不往来。〕

——汉·刘安《淮南子·说山训》

□行无求数有名，事无求数有成。身言之，后人扬之。身行之，后人秉之，君子终身守此惮惮。〔行动不能谋求每次都能扬名，事情

不能谋求每次都能成功。亲身证明了是正确的，后人发扬它。亲身实践了是成功的，后人秉承它。君子终身坚守这个道理不敢违背。〕

——汉·戴德《礼记·曾子立事》

□君子之道，辟如行远必自迩，辟如登高必自卑。〔君子求道要从自身做起，譬如远行必须从近处起步，往上必须从低处开始。〕

——战国·子思《礼记·中庸》

□图功未晚，亡羊尚可补牢；浮慕无成，羡鱼何如结网。〔想要有所成就，任何时候都不嫌晚，因为就算羊跑掉了，及早修补羊圈，事情还是可以补救的。羡慕是没有用的，希望得到水中的鱼，不如尽快地结网。〕

——清·汪永彬《围炉夜话》

□大抵学问只有两途，致知力行而已。〔大概做学问只有两个途径，就是获取知识、努力实践罢了。〕

——宋·朱熹《答吕子约》

□文章合为时而著，歌诗合为事而作。〔写作文章应当反映时代的发展，创作诗歌应当描述现实生活。〕

——唐·白居易《与元九书》

□千虚不博一实，吾平生学问，只是一实。〔千个虚的东西抵不过一次实的，我平生做学问，只求一个实在。〕

——宋·陆九渊《象山全集》

□道之不行，我知之矣：知者过之，愚者不及也。道之不明也，我知之矣：贤者过之，不肖者不及也。人莫不饮食也，鲜能知味也。〔中庸的道理不能实行，我知道原因了：就是聪明人做得过头，愚笨的人达不到要求。中庸的道理不能昭示于世，我知道原因了：就是贤能的人做得过头，不贤能的人又达不到要求。就像人们没有不吃不喝的，但很少有人知道其中滋味。〕

——战国·子思《礼记·中庸》

□动人以言者，其感不深；动人以行者，其应必速。〔用言语去打动人的，其感染力不深；用行动去打动人的，其效应一定很快。〕

——明·李贽《奉天论奏当今所切务状》

□知行本体，学做合一。〔求知和行动本是一个整体，学习和实践要合为一体。〕

——明·王守仁《传习录》

□凡事要做则做，若一味因循，大误终身。〔凡事要立足当前，要做就马上去做，若一味犹豫徘徊，就会耽误终身。〕

——清·钱泳《履园丛话》

□履，德之基也；谦，德之柄也。〔践行，是道德的基础；谦恭，是道德权柄。〕

——周·姬昌《易经·系辞》

□勤劳者立身为善之本，不勤不劳，万事不举。〔以勤劳立身是善的根本，不勤快不劳作，什么事都干不成。〕

——宋·吕本中《童蒙训》

□视强则目不明，听甚则耳不聪，思虑过度则智识乱。目不明，则不能决黑白之分；耳不聪，则不能别清浊之声；智识乱，则不能审得失之地。……书之所谓治人者，适动静之节，省思虑之费也。〔视力用得过度，眼睛就不明；听力用得过度，耳朵就不灵；思虑过度，智力的认识功能就混乱。眼睛不明，就不能判断黑白界限；耳朵不灵，就不能区别清浊声音；智力的认识功能混乱，就不能弄清得失根据。……《老子》所说的"治人"，是说适应动静的节律，节省脑力的消耗。〕

——秦·韩非《韩非子·解老》

□修身践言，谓之善行。行修言道，礼之质也。〔修养身心，实践诺言，这叫做礼的善行。行为正直善良，言语合乎道义，是礼的本质。〕

——战国·曾参《礼记》

□学之之博，未若知之之要；知之之要，未若行之之实。〔学习知识的广博，不如认识它的重要；认识它的重要，不如实践的真实。〕

——宋·朱熹《朱子语类》

□能读无字之书，方可得惊人妙句；能会难通之解，方可参最上禅机。〔能读懂社会、人生这本书，才能得到惊人的妙句；能领会难以通晓的问题，才能参透最高的禅机。〕

——清·张潮《幽梦影》

□闻见之知，不如心之所喻；心之所喻，不如身之所亲行焉。〔见闻所理解的，不如心中所明白的；心中所明白的，不如亲自实践的。〕

——明·王夫之《周易内传》

□或生而知之，或学而知之，或困而知之，及其知之一也。或安而行之，或利而行之，或勉强而行之，及其成功一也。〔有的人是天生聪明智慧，就懂得道理；有的人通过用心学习，才懂得道理；有的人天生愚鲁，尽心思索才懂得道理。这三种人获得知识的途径、难易、先后虽有不同，但最终达到知识的境界却没有两样。有的人从容顺畅，不用勉强就能做到；有的人只有不断进取，才会水到渠成；有的人力量不够，只有发奋勤学，才能勉强做到。这三种人做的，难易虽有不同，但最终达到成功的境界是一样的。〕

——战国·子思《礼记·中庸》

□百言百当，不如择趋而审行也。〔说百句话百句恰当，也不如选定方向而谨慎地行动。〕

——汉·刘安《淮南子·人间训》

□天下难事，必作于易；天下大事，必作于细。〔天下的难事，必定是从容易处开始；天下的大事，必定是从细微处开始。〕

——春秋·老子《道德经》

□君子能为善，而不能必得其福；不忍为非，而未能必免其祸。〔君子虽然能够做善事，但却未必能因此而得到福运；虽然不忍心做坏事，但却未必一定能因此而避免灾祸。〕

——汉·刘安《淮南子·缪称训》

□观众器者为良匠，观众病者为良医。〔观察过多种器物的人才能成为优秀的工匠，查看过多种疾病的人才能成为出色的医生。〕

——宋·叶适《法度·总论》

□有行之士，未必能进取；进取之士，未必能有行也。〔有德行的人，不一定有所作为；有所作为的人，不一定有完美的德行。〕

——晋·陈寿《三国志·武帝纪》

□闻之而不见，虽博必谬；见之而不知，虽识必妄；知之而不行，虽敦必困。〔只是听说而没有亲眼见到，即使听到的再多也必然有谬误；亲眼见到了但并不了解，虽然认识了也会发生错误；了解了而不

去实行，虽然了解得不少也还是行不通。〕

——战国·荀子《荀子·儒效》

□不劳心苦思，不能原事；不悉见情伪，不能成名。〔不精心苦思就不能探究事物的根本；不全部调查事情的真伪就不能成就事业和功名。〕

——唐·李筌《太白阴经》

□权其轻重，知其缓急，决然以必行。〔衡量事情的轻与重，了解事情的缓与急，之后就毅然决然，一定实行。〕

——明·丘浚《正百官·公铨选之法》

□吾尝终日而思矣，不如须臾之所学也；吾尝跂而望矣，不如登高之博见也。〔我曾经整天地思考，但不及片刻学习所获得的教益；我曾经踮起脚跟瞭望，但比不上登上高处所见广阔。〕

——战国·荀子《荀子·劝学》

□道虽迩，不行不至；事虽小，不为不成。〔路虽近，不走就不能到达；事虽小，不办就不能完成。〕

——战国·荀子《荀子·修身》

□为善与众行之，为巧与众能之，此善之善者、巧之巧者也。〔行善事并且能带领众人一起去实行，有技巧并且能指导众人一起掌握，这才是善事中的善事、高明中的高明呀！〕

——战国·尹文《尹文子·大道》

□古人学问无遗力，少壮工夫老始成。纸上得来终觉浅，绝知此事要躬行。〔古人做学问是不遗余力的，往往是年轻时开始努力，到了老年才取得成功。从书本上得到的知识终归是浅薄的，未能理解知

识的真谛，要真正理解书中的深刻道理，必须去躬行实践。〕

——宋·陆游《冬夜读书示子聿》

□格物致知，学也，知也。诚意、正心、修身、齐家、治国、平天下，行也。〔穷究物理，追求真知，是学习，是求知。内心真诚、端正心志、修养自身、整治家庭、治理国家、平定天下，这都是对知识的实际践行。〕

——清·李塨《大学辨业》

□言之非难，行之为难。〔事情说起来并不难，做起来就难了。〕

——汉·桓宽《盐铁论·非鞅》

□盖行己莫如恭，自责莫如厚，接众莫如宏，用心莫如直，进道莫如勇，受益莫如择友，好学莫如改过，此闻之于师者也。〔为人处世没有比恭敬更好的，要求自己没有比诚实更好的，接物待人没有比宽宏更好的，追求道义没有比勇为更好的，身心受益没有比选择朋友更好的，喜好学习没有比改正过错更好的，这都是从老师那里听到的。〕

——唐·李翱《答朱载言书》

□君子博学而孱守之，微言而笃行之。行不先人，言必后人，君子终身守此惴惴。〔君子广泛地学习而谨慎地积累着，谦虚地表达而坚实地实践着。做事不贸然于人前，说话必定在人后。君子终身坚守这个道理愁闷不安。〕

——汉·戴德《礼记·曾子立事》

□天下事有难易乎？为之，则难者亦易矣；不为，则易者亦难矣。人之为学有难易乎？学之，则难者亦易矣；不学，则易者亦难矣。〔天下的事情有困难和容易的区别吗？只要做，那么困难的事情也容易了；如果不做，那么容易的事情也困难了。人们做学问有困难和容易的区

别吗？学习，那么困难的也容易了；不学，那么容易的也困难了。〕

——清·彭端淑《为学一首示子侄》

□人之为学，心中思想，口中谈论，尽有百千义理，不如身上行一理之为实也。〔人们学习，心里想的，口中谈的，尽管有很多道理，但不如自身实践一个道理实在；人们一起学习，研究讨论诗词文章，规劝进步改正过错，尽管有无数道理，但不如大家共同践行一个道理实在。〕

——清·颜元《习斋言行录》

□论事易，作事难；作事易，成事难。〔评论事情容易，做起事情来难；做起事情来容易，做成事情难。〕

——宋·苏轼《荐诚禅院五百罗汉记》

□德艺周厚，则名必善焉；容色姝丽，则景必美矣。今不修身，而求令名于世者，犹貌甚恶而责妍影于镜也。〔德厚才高，一定有好的名声。容貌美丽，一定有漂亮的形象。人如果不努力自我修养，却希望在世上有好名声，犹如容貌丑陋却希望镜中有漂亮的形象一样。〕

——北朝·颜之推《颜氏家训》

□圣人全道而立训，故简而一；诸儒拟言而议道，故烦而二。〔圣人在保全天道的前提下创立言论，所以这些言论简明而统一；一般学者根据自己的理解来议论道理，所以杂乱而没有核心。〕

——明·薛应旂《薛方山纪述》

□口能言之，身能行之，国宝也；口不能言，身能行之，国器也；口能言之，身不能行，国用也；口言善，身行恶，国妖也。治国者，敬其宝，爱其器，任其用，除其妖。〔嘴能说得出，本身能做得到，是国家的珍宝；嘴说不出，本身能做到，是国家的器材；嘴能说得出，本身做不到，是国家的物用；嘴说得好，本身做得坏，是国家的妖孽。治理国家的人，要尊敬珍宝，爱护器材，信任物用，铲除妖孽。〕

——战国·荀子《荀子·大略》

□吾不知所谓善，但使人感者即善也；吾不知所谓恶，但使人恨者即是恶。〔我不懂什么叫做善，只知道做了令人感动的事就是善；我不懂什么叫做恶，只知道做了令人憎恨的事就是恶。〕

——明·陈继儒《安得长者言》

□言贵切而不贵讦，议贵尽而不贵争，迹贵明而不贵暴，名贵与而不贵取。〔言语贵在切中要点，而不必刻意攻讦别人；议论贵在周详细致，而不必刻意争个胜负高下；行迹贵在光明正大，而不必刻意炫耀招摇；名声贵在别人公认，而不必刻意博取。〕

——明·薛应旂《薛方山纪述》

□学者不患立志之不高，患不足以继之耳；不患立言之不善，患不足以践之耳。〔学者不怕其树立的志向不宏大高远，就怕他不能持之以恒地为实现志向而努力奋斗；不怕创立的学说不完善，就怕他不能把这些学说付诸行动。〕

——明·薛应旂《薛方山纪述》

□古之学者，知即为行，事即是学；今之学者，离行言知，外事言学。〔古时候的学者，将学到的知识很快就用于指导自己的行动，并通过解决实际问题来学到更多的道理；当今的学者，脱离行动来追求空洞的知识，抛开具体的问题来谈论抽象的学术。〕

——明·薛应旂《薛方山纪述》

□言语之恶，莫大于造诬；行事之恶，莫大于苛刻；心术之恶，莫大于深险。〔最恶毒的言语，就是那些无中生有、造谣中伤的言语；

405

最恶劣的行为，就是待人刻薄寡恩；最恶毒的心术，就是居心叵测，设计害人。〕

——明·吕坤《呻吟语》

□君子之于事也，行乎其所不得不行，止乎其所不得不止；于言也，语乎其所不得不语，默乎其所不得不默。尤悔庶几寡矣。〔君子对待事情的态度是，在确实需要行动的时候才去做，在确实需要停止的时候就停止；君子对待言语的态度是，在必须开口的时候一定会侃侃而谈，在必须静默的时候一定会缄口无言。这样，过失和悔恨大概就不会太多了。〕

——明·吕坤《呻吟语》

□读书不见圣贤，为铅椠佣；居官不爱子民，为衣冠盗；讲学不尚躬行，为口头禅；立业不思种德，为眼前花。〔读书学习如果不能领会圣贤的思想，就会成为书本的奴隶；做官如果不替百姓做主，那就无异于衣冠楚楚的大盗；研究学问如果不注重身体力行、学以致用，那就只会是口头上的夸夸其谈；建功立业如果不想着布施德惠、造福后代，那就仅仅是昙花一现，绝对不会长久。〕

——清·陈遇夫《迂言百则》

经验体会

□ **若将容易得，便作等闲看。**〔如果是轻易获得的东西，就会看做平常之物而不珍惜。〕

——明·张居正《答三边总督郑范溪》

□ **动以静为母，疑乃悟之父。**〔行动是静思的根源，疑问是领悟的基础。〕

——清·魏源《明末楚石诸禅师和三圣师》

□ **街谈巷说，必有可采。**〔街巷间老百姓的议论，一定有可以采纳的东西。〕

——三国·曹植《与杨德祖书》

□ **积是为治，积非为虐。**〔正确的东西积累多了，就能把国家治理好；错误的东西积累多了，就会给国家造成灾难。〕

——唐·刘禹锡《山阳城赋》

□ **溪云初起日沉阁，山雨欲来风满楼。**〔溪水上空的云刚刚浮起，太阳就落到了阁后；山雨到来之前，大风已经吹满了高楼。〕

——唐·许浑《咸阳城西楼晚眺》

□ **求备之心，可用之以修身，不可用之以接物；知足之心，可用之以处境，不可用之以读书。**〔追求完美的心态，可以用在修身养性

407

上，不可用在追求物质上；知足常乐的心态，可用在环境的适应上，不可用在读书上。〕

——清·汪永彬《围炉夜话》

□真情常在，虚脾终败。〔真诚的感情是永远存在的，虚伪的人最后必然失败。〕

——元·张养浩《述怀》

□月晕而风，础润而雨。〔月亮出现晕圈，就要刮风；础石表面湿润，就要下雨。〕

——宋·苏洵《辨奸论》

□来说是非者，便是是非人。〔在你面前喜欢说别人是非的人，便是搬弄是非的人。〕

——明·吴承恩《西游记》

□兼听则明，偏信则暗。〔遇事广泛听取意见，就会清醒明白，作出正确判断；只相信一方面的话，就会糊涂昏庸，作出错误的判断。〕

——宋·司马光《资治通鉴·唐纪》

□物不极则不返，恶不及则不亡。〔事物不发展到顶点，是不会向相反的方向转化的；罪恶不发展到极点，是不会自行败亡的。〕

——宋·司马光《资治通鉴·唐纪》

□贵远而贱近者，常人之用情也；信耳而疑目者，古今之所患也。是以秦王叹息于韩非之书，而想其为人；汉武慷慨于相如之文，而恨不同世。及既得之，终不能拔，或纳谗而诛之，或放之乎冗散。此盖叶公之好伪形，见真龙而失色也。〔重视远处的而轻视身边的，是常人的心理；相信耳闻的而忽略亲眼看见的，是古今人们的通病。因此，

408

秦始皇赞叹韩非子著作的奇妙，就想到他这个人；汉武帝感慨司马相如的文章，就恨不得与他生活在同一时代。等得到他们，终究不能提拔重用，有的听信谗言而将之杀害，有的将之放逐于闲散人之中。这如叶公好龙的虚假做派，看到真龙就失色了。〕

——晋·葛洪《抱朴子·广譬》

□弟子不必不如师，师不必贤于弟子。闻道有先后，术业有专攻，如是而已。〔学生不一定不如老师，老师也不一定比学生高明。只是懂得道理有先有后，技能业务各有钻研与擅长，不过这样罢了。〕

——唐·韩愈《师说》

□诗书，义之府也；礼乐，德之则也；德义，利之本也。〔《诗》、《书》是道义的府库，礼、乐是道德的表率；德、义是成功的根本。〕

——春秋·左丘明《左传·僖公二十七年》

□交朋友增体面，不如交朋友益身心；教子弟求显荣，不如教子弟立品行。〔交朋友为了增加自己的面子，不如交朋友为了有益身心。教自己的孩子求得荣华富贵，不如教导他们树立好的品行。〕

——清·王永彬《围炉夜话》

□稳当话却是平常语，所以听稳当话者不多；本分人即是快活人，无奈做本分人者甚少。〔实在话就是平常话，所以听实在话的人不多；本分人就是快乐的人，可是做本分人的人太少。〕

——清·汪永彬《围炉夜话》

□一念错，便觉百行皆非，防之当如渡海浮囊，勿容一针之罅漏；万善全，始得一生无愧，修之当如凌云宝树，须假众木以撑持。〔一念之差办错了事，就会使人感到好像所有的行为都有过失，所以要谨慎提防，就像渡海人携带的气囊一样，容不得针尖大的一点儿裂缝；

409

什么样的好事都做，才能使一生无愧无悔，所以，修身就像西方佛地的凌云宝树要靠众多的林木扶持一样，必须有众多的善事累积。〕

——明·吕坤《呻吟语》

□以仁义存心，以勤俭持家，以忍让接物。〔用仁爱道义完善心灵，用勤劳俭朴操持家业，用宽容谦让对待事物。〕

——清·金缨《格言联璧》

□少而好学，如日出之阳；壮而好学，如日中之光；老而好学，如炳烛之明。〔少年喜好学习如同初升太阳那么鲜亮；壮年喜好学习如同中午的阳光光芒四射；老年喜好学习如同燃烛照明一样。〕

——汉·刘向《说苑·建本》

□朝闻道，夕死可矣。〔早晨得知真理，即使当天晚上死去，都可以。〕

——春秋·孔子《论语·里仁》

□心者，一身之主，百神之师，静则生慧，动则成昏。〔心灵，是一身的主宰，各种思虑的师长，安静就能产生智慧，躁动就会昏庸。〕

——唐·司马祯《坐忘论·收心》

□德者，事业之基，未有基不固而栋宇坚久者；心者，修行之根，未有根不植而枝叶茂者。〔品德是事业基础，没有基础不牢固而大厦坚固长久的；心灵是修行根本，没有根本不培养而枝叶茂盛的。〕

——明·洪应明《菜根谭》

□人只一念贪私，便销刚为柔、塞智为昏、变恩为惨、染洁为污，坏了一生人品。故古人以不贪为宝。〔人的心中只要出现一丝贪欲，就会使自己的刚直不阿变得懦弱，使自己的聪明才智变得昏庸，

使自己的善良心地变得残酷，使自己的纯洁心灵染上污点，结果是毁坏了自己一生的人品。所以，古代圣贤以不贪作为座右铭。〕

——明·洪应明《菜根谭》

□少欲则心静，心静则事简。〔欲望少了心里就平静，心里平静了事情就简略。〕

——明·薛瑄《薛文清公读书录》

□家贫不是贫，路贫贫杀人。〔居家贫穷算不上真正的贫穷，出门在外没有盘费才是真正的贫穷，可以置人于死地。〕

——清·吴敬梓《儒林外史》

□前事之不忘，后事之师也。〔以前的经验教训牢记不忘，可以作为今后做事的借鉴。〕

——汉·贾谊《过秦论》

□日中则移，月满则亏。〔太阳正中以后就偏斜，月亮圆满以后就亏缺。〕

——汉·司马迁《史记·范雎蔡泽列传》

□成功之下，不可久处。〔成功的地方，不能久留。〕

——汉·司马迁《史记·范雎蔡泽列传》

□良医不能救无命，强梁不能与天争。〔即使是良医也不能救活该死的病人，虽然是强梁也不能与上天抗争。〕

——汉·苏竟·摘自《后汉书·苏竟传》

□贪得者身富而心贫，知足者身贫而心富。居高者形逸而神劳，处下者形劳而神逸。〔贪图钱财的人，尽管富有，但是精神贫乏；知足常乐的人，尽管贫穷，但是精神充实。身居高位的人，外表潇洒安逸，实则精神疲劳；地位低下的人，身体劳苦不堪，但精神安逸舒畅。〕

　　　　　　　　　　　　　　　　——明·洪应明《菜根谭》

　　□田怕秋旱，人怕老贫。〔田怕秋季干旱，人怕老年贫困。〕

　　　　　　　　　　　　　　　　　　——清·翟灏《通俗编》

　　□富贵者易为善，贫贱者难为功。〔富贵的人容易做善事，贫贱的人难以立功名。〕

　　　　　　　　——唐·魏元忠·摘自《旧唐书·魏元忠传》

　　□木之折也，必道蠹；墙之坏也，必道隙。〔木头断了，一定是因为里面有蛀虫；墙倒塌了，一定是因为里面有缝隙。〕

　　　　　　　　　　　　　　——秦·韩非《韩非子·亡征》

　　□志骄于业泰，体逸于时安。〔志气放荡是由于事业平顺，身体放纵是由于时局平安。〕

　　　　　　　　——唐·太宗徐妃·摘自《旧唐书·后妃传》

　　□负薪救火，扬汤止沸，以乱易乱，与乱同道。〔背着柴草扑救烈火，端着热水抑制锅沸，以混乱改变混乱，跟混乱是同样的作为。〕

　　　　　　　　　——唐·魏徵·摘自《旧唐书·魏徵传》

　　□云厚者，雨必猛；弓劲者，箭必远。〔乌云厚实，雨必然下得大；弓弩强劲，箭一定射得远。〕

　　　　　　　　　　　　　　——晋·葛洪《抱朴子·喻蔽》

　　□与朋友交游，须将他好处留心学来，方能受益；对圣贤言语，必要我平时照样行去，才算读书。〔和朋友交往共游，必须仔细观察他的优点和长处，用心地学习，才能领受到朋友的益处。对于古圣先贤所留下的言论，一定要在平常生活中依循做到，才算是真正体味到了书中的教诲。〕

——清·王永彬《围炉夜话》

□势疑则隙生，力侔则乱起。〔臣下的势力太大，就会招来君主的猜忌，这样君臣之间就会产生分歧。臣下的威望过高，就会威及君主，这样国家内部必然会出现祸乱。〕

——南朝·范晔《后汉书》

□善谈天者，必征象于人；工言古者，先考绩于今。〔善于谈天的人，一定在人的身上寻迹象；工于谈古的人，必先在当今考察他的业绩。〕

——南朝·鲍照·摘自《宋书·列传》

□末大必折，尾大不掉。〔树梢过大，树枝一定会折断；动物尾巴过大，就摇动不起来。〕

——春秋·左丘明《左传·昭公十一年》

□近朱者赤，近墨者黑。〔接近红色的东西就会被染红，靠近黑色的东西就会被染黑。〕

——晋·傅玄《太子少傅箴》

□飘风不终朝，骤雨不终日。〔狂风不会刮一个早晨，暴雨也不会下一整天。〕

——春秋·老子《道德经》

□忙处事为，常向闲中先检点，过举自稀；动时念想，预从静里密操持，非心自息。〔繁忙于世事时，不时停下来自省一番，自然就

413

不会犯太多错误。欲念浮动不止时，应该沉静下来细细审察，非分之心自然消失。〕

——明·洪应明《菜根谭》

□路将殚而弥峭，情薄暮而逾广。〔山路将到尽头会更加陡峭，感情越到年老越显深广。〕

——南朝·沈约·摘自《梁书·沈约传》

□福生于隐约，祸生于得意。〔幸福总是在人穷困潦倒的时候到来，灾祸常是在人志得意满的时候到来。〕

——汉·刘向《说苑·敬慎》

□运去黄金失色，时来铁也生光。〔时运不济了，即便是黄金也会黯然失色；时来运转了，即便是铁块也闪耀着光辉。〕

——明·冯梦龙《警世通言》

□以理听言则中有主，以道窒欲则心自清。〔以理智的态度来听取各方面的意见，心中就会有正确的主张；用品德修养来约束心中的欲望，心境就自然清明。〕

——明·陈继儒《小窗幽记》

□西汉诸将，多以权贵不全；南阳故人，并以悠闲自保。〔西汉的诸位将领，大多因为争夺权力富贵而不能保全；南阳的一些旧友，都以悠闲自得而自我保全。〕

——五代·刘昫《旧唐书·姜皎传》

□贪得者分金恨不得玉，封公怨不授侯，权豪自甘乞丐；知足者藜羹旨于膏粱，布袍暖于狐貉，编民不让王公。〔贪婪的人分到金银还怨恨没有获得白玉，受封公爵还怨恨没有授给王侯，虽是权贵自己

甘心去做乞丐；知足的人粗茶淡饭也觉得甘美于美食佳肴，粗布长袍亦暖于狐皮大衣，甘愿做普通百姓也不愿去做王侯。〕

——明·洪应明《菜根谭》

□**饥者易为食，渴者易为饮。**〔饥饿的人不会苛择食物，口渴的人不会苛择饮料。〕

——战国·孟子《孟子·公孙丑上》

□**网必挈其纲，绳先理其乱；求治毋太速，防微毋滋漫。**〔渔网一定要提网绳，顺绳子一定要理出乱头；求得安定不要操之过急，必须杜绝一切坏的苗头，不要使之滋长蔓延开来。〕

——明·吴本泰《帝京篇》

□**茂林之下无丰草，大块之间无美苗。**〔茂密的树林里，不会长出丰茂的草；有大土块的地里，长不出好的秧苗。〕

——汉·桓宽《盐铁论·轻重》

□**爵高者忧深，禄厚者责重。**〔爵位高的人忧虑深重，俸禄丰厚的人责任重大。〕

——三国·许靖·摘自《三国志·许麋孙简伊秦传》

□**求之其本，经旬必得；求之其末，劳而无功。**〔做事情从根本做起，经过短时间必有收获；从枝节做起，就会劳而无功。〕

——秦·吕不韦《吕氏春秋·本味》

□**凡智愚无他，在读书与不读书；祸福无他，在为善与不为善；贫富无他，在勤俭与不勤俭；毁誉无他，在仁恕与不仁恕。**〔凡是智慧与愚蠢的区别没有什么，只是读书与不读书的缘故；得到灾祸与幸福的也没有什么区别，只是做善事与不做善事的缘故；家庭贫穷与富

贵的区别也没有什么，就是在于勤俭与不勤俭的缘故；被人诋毁与赞誉的区别也没有什么，只是在于仁爱宽恕与否的缘故。〕

——明·吕坤《呻吟语》

□图难于其易，为大于其细。〔计划克服困难，要在它还容易的时候着手；干大的事业，要在它还微小的时候开始。〕

——春秋·老子《道德经》

□书为晓者传，事为识者贵。〔书为明理者所传诵，经验为有卓识者所珍惜。〕

——晋·葛洪《抱朴子·内篇》

□既往不咎，来事之师。〔事情既已过去，就不要再追究责任了。〕

——汉·班固《汉书·李寻传》

□由纲及目，由浅入深。〔从主体部分到分述部分，从浅显部分到深刻部分。〕

——清·佚名《杜诗言志》

□叶落知秋，举一明三。〔树叶落知道秋天到来，从一个方面可推知许多方面〕

——宋·普济《五灯会元》

□事莫明于有效，论莫定于有证。〔没有比有效果更能说明事情真相的，没有比有证据更能肯定论点的。〕

——汉·王充《论衡·薄葬篇》

□纵容子孙偷安，其后必至耽酒色而败门庭；专教子孙谋利，其后必至争财而伤骨肉。〔纵容子女贪图安逸，他们以后必定沉溺于酒

416

色而败坏门庭；只教子孙谋取名利，他们以后必定争财夺利而伤害骨肉亲情。〕

——清·王永彬《围炉夜话》

□它山之石，可以攻玉。〔别的山上的粗石，可以被打磨成美玉。〕
——春秋·孔子《诗经》

□施薪若一，火就燥也；平地若一，水就湿也。〔放置的柴薪是一样的，但火总是从干燥的地方烧起来；平整的土地是一样的，但水总是往潮湿的地方流过去。〕

——战国·荀子《荀子·劝学》

□操千曲而后晓声，观千剑而后识器。〔操练许多曲目之后自然会明白声律，观察许多刀剑之后自然会识别兵器。〕

——南朝·刘勰《文心雕龙》

□劳其形者长年，安其乐者短命。〔亲身参加劳动的人长寿，安心享受快乐的人短命。〕

——宋·欧阳修《删正黄庭经序》

□独视不若与众视之明，独听不若与众听之聪，独虑不若与众虑之工。〔一个人看不如众人看得明白，一个人听不如众人听得清楚，一个人思虑不如众人思虑周到。〕

——汉·韩婴《韩诗外传》

□过载者沉其舟，欲胜者杀其身。〔超载的轮船容易沉水，欲望过多容易自取灭亡。〕

——晋·葛洪《抱朴子·微旨》

□行谨则能坚其志，言谨则能崇其德。〔行为谨慎则能坚定自己的志向，言谈谨慎则能培养自己的品德。〕

——宋·胡宏《胡子知言·文王》

□桃李不言，下自成蹊。〔桃树和李树从不说话张扬，可是它们的花果吸引着人们，以至在它们的树下踏出小路来。〕

——汉·司马迁《史记·李将军列传》

□近水楼台先得月，向阳花木易为春。〔靠近水边的楼台先得到月光，面朝着阳光的花木容易长得繁茂。〕

——宋·苏麟·摘自《清夜录》

□爱赤子者不慢于保，绝险历远者不慢于御。〔疼爱婴孩的人不慢待他的保姆，越险阻走远路的人不慢待他的车夫。〕

——战国·慎到《慎子·威德》

□不虑前事之失，复循覆车之轨。〔不记取以前的失误，又走上翻车的老路。〕

——南朝·范晔《后汉书·窦武传》

□除害在于果断，得众在于下人。〔除掉敝害在于立即决断而不犹豫，得到大众的拥护在于对人谦虚。〕

——战国·尉缭《尉缭子·十二陵》

□处明者不见暗中一物，而处暗者能见明中区事。〔在明处，看不见暗处里的任何东西；在暗处，却能看见明处里的微小事物。〕

——春秋·关尹《关尹子·一字》

□敬胜怠者吉，怠胜敬者灭；义胜欲者从，欲胜义者凶。〔敬重

事业心理胜过懒惰心理就会顺利,懒惰心理胜过敬重事业心理就失败;道义胜过欲望的就顺利,欲望胜过道义的就凶险。〕

——汉·戴德《礼记·武王践祚》

□寒者利短褐,饥者甘糟糠。〔受冻的人以粗布短袄为好衣,挨饿的人以酒糟米糠为美食。〕

——汉·贾谊《新书·过秦中》

□寒之于衣,不待轻;饥之于食,不待甘旨。〔严寒中的人对于衣服的要求,不期待它多么轻软华贵;饥饿中的人对于食物的要求,不期待它多么甘甜味美。〕

——汉·班固《汉书·食货志》

□见雨则裘不用,升堂则蓑不御。〔下雨时,皮衣就派不上用场;进屋后,蓑衣就派不上用场。〕

——汉·刘安《淮南子·齐俗训》

□利之中取大,害之中取小。〔在利益里选取最大的,在灾害里选取最小的。〕

——战国·墨子《墨子·大取》

□射人先射马,擒贼先擒王。〔射杀敌人首先要射杀他的战马,擒获贼寇首先要把他们的大王捉拿。〕

——唐·杜甫《前出塞九首》

□思必深,而深必怨;望必远,而远必伤。〔想必向深处想,而向深处想必定产生怨恨;望必向远处望,而向远处望必定引起悲伤。〕

——唐·李峤《楚王赋》

□心能辨是非，处事方能决断；人不忘廉耻，立身自不卑污。〔心中能明辨是非，处理事务才果断；做人不忘廉耻，立身自然不卑贱。〕

——清·王永彬《围炉夜话》

□扬汤止沸，不如灭火去薪。〔与其把沸水舀起再倒下，以此阻止沸腾，不如把火灭掉抽出柴草。〕

——晋·陈寿《三国志·董卓传》

□疑道不可由，疑事不可行。〔道路可疑，不可以经过；事情可疑，不可以行动。〕

——南朝·范晔《后汉书·范升传》

□以烦手烹鱼则鱼必溃，使学者制锦则锦必伤。〔用弹琴的手法来烹鱼，那鱼必定溃烂；让学徒的新手制锦缎，那锦缎必然破残。〕

——宋·苏辙《王苟龙知澶州李孝纯知棣州》

□枝大者披心，尾大者不掉。〔枝干粗大，树心容易开裂；尾巴粗大，不容易摇动。〕

——晋·陈寿《三国志·吴主传》

□智者顺时而谋，愚者逆理而动。〔聪明的人顺应时势而进行谋划，愚蠢的人违背事理而盲目行动。〕

——南朝·范晔《后汉书·朱浮传》

□多富贵则易骄淫，多贫贱则易局促，多患难则易恐惧，多酬应则易机械，多交游则易浮泛，多言语则易差失，多读书则易感慨。〔经常处在富贵的环境中，容易使人变得骄横奢侈，荒淫放肆；经常处在贫贱的环境中，容易使人变得拘谨委琐；经常遭受磨难挫折，容易使人产生恐惧心理，从而患得患失；经常忙于应酬交际，容易使人变得

麻木不仁；结交朋友过多，容易使人变得圆滑轻浮；言语轻率不节，容易使人出现差失；读的古书太多，容易使人感慨万端。〕

——明·彭汝让《木几冗谈》

□忠至者辞笃，爱重者言深。〔忠心耿耿的人必然言辞诚实，爱意浓重的人必然话语深切。〕

——晋·陈寿《三国志·王朗传》

□所不可忍者，分羹一杯之言；所不可诲者，为官为私之问；所不可信者，分香卖履之为；所不可释者，烛影斧声之事；所不可解者，狄梁之德武明；所不可及者，诸葛之事刘禅。〔世间最不能令人忍受的，就是刘邦所说的分羹一杯之言；最不可教诲的，是晋惠帝关于蛤蟆鸣叫是为公还是为私的问话；最令人不可置信的，是曹操在弥留之际嘱咐分香卖履之事；最无法解释的，是关于宋太宗杀兄篡位的揣测；最令人不可理解的，是狄仁杰对武则天忠心耿耿；最令人无法做到的，是诸葛亮辅佐刘禅时那种鞠躬尽瘁的精神。〕

——明·彭汝让《木几冗谈》

□神人之言微，圣人之言简，贤人之言明，众人之言多，小人之言妄。〔神人的话幽玄微妙，圣人的话言简意赅，贤人的话明达晓畅，常人的话浮泛啰唆，小人的话虚妄不实。〕

——明·陈继儒《安得长者言》

□待富贵之人不难有礼，而难有体；待贫贱之人不难有恩，而难有礼。〔对待富贵之人恭敬有礼容易，却难做到大方得体；对待贫贱之人施加恩惠容易，却难做到尊重有礼。〕

——明·陈继儒《安得长者言》

□多躁者必无沉毅之识，多畏者必无卓越之见，多欲者必无慷慨之节，多言者必无质实之心，多勇者必无文学之雅。〔脾性暴躁的人必定不会有深沉坚定的见识，顾虑太多、瞻前顾后的人必定不会有远大的理想，欲念太重、贪得无厌的人必定不会有慷慨激昂、果敢洒脱的气概，言语轻率、夸夸其谈的人必定不会有诚恳忠厚的品质，勇武强悍的人必定不会有舞文弄墨的雅兴。〕

——明·彭汝让《木几冗谈》

□静坐然后知平日之气浮，守默然后知平日之言躁，省事然后知平日之费闲，闭户然后知平日之交滥，寡欲然后知平日之病多，近情然后知平日之念刻。〔潜心静坐以后才知道平日里心浮气躁，缄口不言以后才知道平日里言多语躁，简省俗事以后才知道平日里枉费闲心，闭门谢客之后才知道平日里交游太滥，清心寡欲之后才知道平日里多欲伤身，通达人情之后才知道平日里观念执拗。〕

——明·陈继儒《安得长者言》

□圆融者无诡随之态，精细者无苛察之心，沉默者无阴险之术，光明者无浅露之病，劲直者无径情之偏，执持者无拘泥之迹，此是全才，有所长而矫其长之失，此是善学。〔机智灵活的人没有诡诈奸猾的毛病，精明细心的人没有吹毛求疵的毛病，沉默寡言的人没有用心险恶的毛病，光明磊落的人没有浅薄浮躁的毛病，刚正不阿的人没有刚愎自用的毛病，坚持原则的人没有墨守成规的毛病，那么就可以算是尽善尽美的全才了。具有某一特长，又能矫正这种特长所带来的弊端，这才是真正善于学习的人。〕

——明·吕坤《呻吟语》

见识才智

□智足以谋国事，行足以为民率。〔智谋多的人可以去谋划国家大事，行为端正的人可以作为人民的表率。〕

——汉·贾谊《新书》

□人无远虑，必有近忧。〔一个人如果没有长远的考虑，就一定会面临眼前的忧虑。〕

——春秋·孔子《论语·卫灵公》

□胸中有一个见识，则不惑于纷杂之说；有一段道理，则不挠于鄙俗之见。〔胸中有一个见识，就不被纷杂的说法所迷惑；有一段道理，就不被低俗的见识所阻挠。〕

——明·吕坤《呻吟语》

□大巧在所不为，大智在所不虑。〔一个能干的人，在于懂得什么能做什么不应做；一个聪明的人，在于他不去考虑那些不能考虑和不应考虑的事。〕

——战国·荀子《荀子·天论》

□德行广大而守以恭者，荣；土地博裕而守以俭者，安；禄位尊盛而守以卑者，贵；人众兵强而守以畏者，胜；聪明睿智而守以愚者，益；博文多记而守以浅者，广。〔德行广大并且恭敬有礼，才能维持尊荣；地大物博仍然提倡节俭，可保长治久安；官高位尊又能谦逊待人，就更显得高贵；兵力强盛同时保持警觉，则无往而不胜；聪明睿智而善守拙处世，将会获益良多；博闻强识却不骄傲自满，定可增长见识。〕

       ——汉·刘向《说苑·敬慎》

 □智者千虑，必有一失；愚者千虑，必有一得。〔聪明的人考虑千次，必然有一次失误；愚笨的人考虑千次，必然有一次收获。〕

     ——汉·司马迁《史记·淮阴侯列传》

 □曲思于细者必忘其大，锐精于近者必略于远。〔片面地思考一些细小的必定忘掉重大的，专注于眼前的必定忽略于长远的。〕

      ——北朝·刘昼《刘子·观量》

 □善疑者，不疑人之所疑，而疑人之所不疑。〔善于提出问题的人，不问其他人问的问题，而问其他人不问的问题。〕

      ——清·方以智《东西均·疑何疑》

 □其见不远者，不可与语大；其智不闲者，不可与论至。〔见识不远大的，不可跟他谈论重大事情；智慧不宏大的，不可跟他讨论高深的道理。〕

      ——汉·刘安《淮南子·齐俗训》

 □狡兔死，良狗烹；高鸟尽，良弓藏；敌国破，谋臣亡。〔狡猾的兔子死了，好的猎狗就会被煮了；高飞的鸟没了；好的弓就藏起来了；敌方国家破灭了，谋划的人就死了。〕

     ——汉·司马迁《史记·淮阴侯列传》

 □疑今者，察之古；不知来者，视之往。万事之生也，异趣而同归，古今一也。〔对当今有怀疑则可以考察古代，对未来不了解则可

以查阅历史。万事的本性，内容虽有不同，但总是同归一理，从古到今都是一样的。〕

——春秋·管仲《管子·形势》

□多闻而体要，博见而善择。〔多听而体会精要的，多看而选择美好的。〕

——晋·葛洪《抱朴子·微旨》

□立天之道，曰阴与阳；立地之道，曰柔与刚；立人之道，曰仁与义。〔上天存在的规律，说是阴气与阳气；大地运行的规律，说是柔和与刚强；做人的方法，说是仁爱与道义。〕

——周·姬昌《周易·说卦传》

□强弩之极，矢不能穿鲁缟；冲风之末，力不能漂鸿毛。〔强弩发射的箭飞到末程，连鲁国的白绢也射不穿；猛烈的风吹到最后，连飘起鸿毛的力量都没有了。〕

——汉·韩长孺·摘自《史记·韩长孺传》

□昔三代之兴也，谋必度其义，事必因于民。〔此前夏、商、周三代兴盛，谋事必定考虑符合道义，做事必须为了人民。〕

——秦·晏婴《晏子春秋·问上》

□鉴于水者见面之容，鉴于人者知吉与凶。〔对着水来看可以看到自己的面容，对照别人看可以知道自己的凶吉。〕

——战国·蔡泽·摘自《史记·范雎蔡泽列传》

□见其可欲也，则必前后虑其可恶也者；见其可利也，则必前后虑其可害也者。而兼权之，熟计之，然后定其欲恶取舍，如是则常不失陷矣。〔看见可以追求的东西，就必须前前后后考虑一下它可厌的一面；看到可以得利的东西，就必须前前后后考虑一下它可能造成的危害。两方面权衡一下，仔细考虑一下，然后决定是追求还是厌恶、是摄取还是舍弃，像这样就往往不会失误了。〕

——战国·荀子《荀子·不苟》

□仁者见之谓之仁，知者见之谓之知。〔仁者见它说是仁,智者见它说是智〕

——周·姬昌《周易·系辞》

□何谓享福之人？能读书者便是。何谓创家之人？能教子者便是。〔何谓能享福分的人，能够读书修身的就是；何谓开创家业的人，善于教育子女的就是。〕

——清·王永彬《炉围夜话》

□功少而最完，势疏而最忠。〔功少的人最易于保全自己，权势小的人最能够忠诚君主。〕

——汉·贾谊·摘自《汉书·贾谊传》

□履虽鲜不加于枕，冠虽敝不以苴履。〔鞋子再新，也不能把它放在枕头上；帽子虽旧，也不把它垫在鞋子里。〕

——汉·贾谊·摘自《汉书·贾谊传》

□智者睹危思变，贤者泥而不滓。〔智慧之人看到形势危急就想改变这种处境；贤明的人身在污浊之中可是不被污浊沾染。〕

——汉·王尊·摘自《后汉书·隗嚣传》

□君子之道有四易：简而易用也，要而易守也，炳而易见也，法而易言也。震风陵雨，然后知夏屋之为帡幪也；虐政虐世，然后知圣人之为郭郭也。〔君子的学说有四易：简明而易于运用，扼要而易于

426

把握，明显而易于看见，有法而易于言说。经历了怒风暴雨才知道大屋广厦的遮挡功能；经历了暴政乱世，才知道圣人学说可以抵御奸宄、保护百姓。〕

——汉·扬雄《法言·吾子》

□舍近谋远者，劳而无功；舍远谋近者，逸而有终。〔舍近求远的，辛劳而没有功效；舍远求近的，安逸且易有成果。〕

——汉·刘秀·摘自《后汉书·臧宫传》

□禄利者受之易，易则人之所荣；蚕稼者就之艰，艰则物之所鄙。〔荣华富贵，人们很容易接受，因为容易接受，所以就引以为荣；农桑生产，从事生产比较艰难，因为艰难，所以人们鄙弃。〕

——南朝·颜延之·摘自《宋书·颜延之传》

□知和曰常，知常曰明。〔懂得和就是懂得常规，懂得常规就是明智。〕

——春秋·老子《道德经》

□勇略震主者身危，功盖天下者不赏。〔勇敢和谋略超过君主的人就有危险，功劳超过天下人的人无法封赏。〕

——汉·蒯通·摘自《史记·淮阴侯列传》

□单者易折，众则难摧。〔势孤力单，容易损折，人多气壮，势力难以摧垮。〕

——北魏·崔鸿《三十国春秋·西秦录》

□圆行方止，器之异也；金刚水柔，性之别也。善御性者，不违金水之质；善为器者，不易方圆之用。〔圆的器物容易滚动，而方的器物则易于停止，这是器物的差异；金属刚硬而水则柔弱，这是它们

的物性不同。因此,那些善于御物的人,能够不违背金水的质地而用;而善于制造器皿的人,能不改变方与圆的用途。〕

——南朝·张充·摘自《梁书·张充传》

□鸟之将死,其鸣也哀;人之将死,其言也善。〔鸟快死时,它的叫声是悲哀的;人要死时,他说的话是善良的。〕

——汉·司马迁《史记·滑稽列传》

□智者顺时而谋,愚者逆理而动。〔聪慧的人能够顺应时代潮流而谋划;愚昧的人却违反历史潮流而行动。〕

——汉·朱浮·摘自《后汉书·朱浮传》

□交浅而言深者,愚也;在贱而望贵者,惑也;未信而纳忠者,谤也。〔交往很浅却倾吐知心的话,是愚蠢的行为;身位下贱却媚颜事贵,是糊涂的做法;不信任却当做忠言听取,这是诽谤的态度。〕

——汉·崔骃·摘自《后汉书·崔骃传》

□渭以泾浊,玉以砾贞。〔渭河由于泾水的污浊,才显得它清澈;美玉因为砾石的混杂,才显得它纯贞。〕

——南朝·范晔《后汉书·党锢列传》

□贵高有危殆之惧,卑贱有沟壑之忧。〔因其高贵,所以常有身败名裂的忧惧;因其低贱,常有老死沟壑的忧虑。〕

——南朝·沈约《宋书·王景文传》

□德者人之所严,而才者人之所爱;爱者易亲,严者易疏,是以察者多蔽于才而遗于德。自古昔以来,国之乱臣,家之败子,才有余而德不足,以至于颠覆者多矣。〔好的品德是人们所敬仰的,而才干是人们所喜爱的;对所喜爱的东西容易亲近,对所敬仰的东西容易疏远，所以考察人的人多半为才干所蒙蔽而忽视人的品德。自从古代以来，国家的乱臣，家庭里的败家子，才干有余而品德不够，以致使国家和家庭败亡覆灭的，真是太多了。〕

——宋·司马光《资治通鉴·周纪》

□天生地养，各有所亲，兽必依地，鸟亦凭云。〔天地生育繁衍，各自有所亲附；走兽离不开大地，鸟儿离不开蓝天。〕

——北朝·魏收《魏书·景穆十二王列传》

□德高者则位尊，任广者则禄重。〔德行高大的人，他的地位就尊贵；能力高强的人，他的报酬也就多。〕

——北朝·高闾·摘自《魏书·高闾传》

□善恶不能偕，而未曾离善恶；生死不能至，亦终然在生死。故得永离而任放焉。〔善与恶虽然不能同时到达，但事情从未离开过善恶；生死不能同时出现，但任何人都离不开生死。〕

——南朝·陈嵩《无诤论》

□忠臣不必亲，亲臣不必忠。〔忠信你的部下不一定亲近你，亲近你的部下不一定忠信你。〕

——三国·杜恕·摘自《三国志·任苏杜郑仓列传》

□神之在人，犹光之在烛，烛尽则光穷，人死则神灭。〔精神对于人的关系，如同烛光与蜡烛的关系，蜡烛燃尽了光也就没了，人死了精神也就灭了。〕

——北朝·邢邵·摘自《北齐书·帝纪》

□握权，则赴者鳞集；失宠，则散者瓦解；求利，则托刎颈之欢；争路，则构刻骨之隙。〔握权时人们向你聚拢，像鱼鳞一样排列紧密，

失宠时人们离你而去，像瓦片被摔碎了；有求于你则和你结刎颈之交；有利益冲突则对你怀有刻骨仇恨。〕

——晋·潘尼·摘自《晋书·潘岳传》

□瓜田李下，古人所慎，多言可畏，譬之防川。〔瓜田李下易生嫌，古人路过时很谨慎，人言多了很可怕，就像堵塞大河，很是危险。〕

——北朝·袁聿修·摘自《北齐书·列传》

□是古非今，俗间之常情；爱远恶近，世中之恒事。〔肯定古人非议当今，是民间的一般情况；喜爱远的厌恶近的，是世上常有之事。〕

——北朝·李谧《明堂制度论》

□势重者易以立功，权轻者难以尽节。〔权势重的大臣容易立大功，而权势轻的大臣连尽臣节都很难。〕

——唐·令狐德棻《周书》

□行一棋不足以见智，弹一弦不足以见悲。〔走一步棋，还不足以看出他的智慧；弹一声弦，还不足以表达他的悲伤。〕

——汉·刘安《淮南子·说林训》

□狼子野心，会当反噬。〔狼子有野心，会反咬一口。〕

——北朝·蔡佑·摘自《周书·列传》

□高山不摧自崩，槲树不扶自竖。〔高山没有人摧毁自己就崩塌了，槲树没有人扶持自己就长直了。〕.

——北朝·韦孝宽·摘自《周书·列传》

□穷则变，变则通，通则久，是以自天佑之，吉无不利。〔事物发展到了极致就要发生变化，唯有变化的事物才能通达，通达的事物

才能够长盛不衰。因此，事物符合自然规律就能得到保护，吉祥而且顺利。〕

——汉·冯衍·摘自《后汉书·冯衍传》

□**成败相因，理不常泰。**〔成功与失败互为因果关系，世事不能永远平安不变。〕

——南朝·刘裕·摘自《南史·宋本纪》

□**迷而知反，得道未远。**〔走错了路而知道改正，那么离走上正确的道路就不远了。〕

——北朝·宋翻·摘自《魏书·宋翻传》

□**见灾修德，灾变成善。**〔遇见灾害而修身养德做善事，那么灾害就变成善事了。〕

——北朝·张普惠·摘自《魏书·张绍张普惠列传》

□**坐谈则理高，行之则事阙。**〔空谈理论高妙，实践就出过错。〕

——北朝·邢峦·摘自《魏书·甄琛高聪列传》

□**山以仁静，水以智流。**〔山因为仁德而宁静，水因为智慧而常流。〕

——北朝·郭祚·摘自《北史·列传》

□**人所贵者忠义也，所惧者危亡也。**〔人最珍贵的品质是忠义，最惧怕的事情是危亡。〕

——唐·李延寿《北史》

□**任贤使能，则不时日而事利；明法审令，则不卜筮而事吉；养劳赏功，则不祷祠而得福。**〔选拔任用贤才，则没有多久事情就会用

431

顺利；法令公正严肃，则不占卜问卦事情也会成功顺利；养育奖赏勤劳有功的，不用祈祷祠庙也能福分。〕

——唐·卢藏用·摘自《旧唐书·卢藏用传》

□明者未形而知惧，暗者患及而犹安。〔贤明的人祸患没有形成就知道畏惧，愚昧的人祸患降临还安然不觉。〕

——宋·欧阳修《新五代史·宦者传》

□偏怜之子不保业，难得之妇不主家。〔偏袒溺爱的子女不能保全家业，艰难得到的女人不能操持家庭。〕

——元·脱脱《辽史·本纪·宗室》

□以狼牧羊，何能长久？〔用狼来牧羊，怎么能够长久呢？〕

——元·脱脱《辽史》

□取天下者尚勇敢，守天下者尚退让。〔攻取天下的时候崇尚勇敢，而在守天下时应崇尚退让。〕

——元·许衡·摘自《元史·许衡传》

□患难所以存儆戒，祸乱将以开圣明。〔遭受了苦难以后就会心存警戒，发生了祸乱是将要开启圣明。〕

——元·李昶·摘自《元史·李昶传》

□克城以武，戡乱以仁。〔攻城略地凭借的是武力，戡乱治平依靠的则是施行仁政。〕

——明·朱元璋·摘自《明史·太祖本纪》

□故有无相生，难易相成。长短相形，高下相倾。音声相和，前后相随。〔所以有和无由互相对立而诞生，难和易由互相对立而形成，

长和短由互相对立而体现，高和下由互相对立而存在，音和声由互相
对立而和谐，前和后由互相对立而出现。〕

——春秋·老子《道德经》

□朋友之言，有从有违；夫妇之言，婉顺易人。〔朋友的话，或
听或不听；妻子的话，委婉和顺容易接受。〕

——明·徐皇后·摘自《明史·后妃传》

□重为轻根，静为躁君。〔重是轻的根本，静是躁的主宰。〕

——春秋·老子《道德经》

□成远算者不恤近怨，任大事者不顾细谨。〔有眼光的人不应为
眼前一点点怨言而忧虑不安，做大事的人对一些细微琐事不必顾及。〕

——明·汤和·摘自《明史·汤和传》

□居高位者易骄，处佚乐者易侈。〔身居高位的人极易生骄傲之
心，身处安逸生活中的人则容易养成挥霍无度的恶习。〕

——明·陶安·摘自《明史·陶安传》

□月满则亏，物盛则衰。〔月亮到了最圆的时候，就会开始亏损；
事物到了极鼎盛的时候，就会走向衰落。〕

——汉·司马迁《史记·范雎蔡泽列传》

□美必有恶，芬必有臭。〔有美好的事物就一定会有丑恶的事物，
有芳香的东西就一定会有腐臭的东西。〕

——宋·苏轼《颜乐亭》

□峣峣者易缺，皎皎者易污。《阳春》之曲，和者必寡，盛名之
下，其实难副。〔性情刚直卓尔不群的人，往往容易横遭物议；品行

433

高洁如玉石之白者，最容易受到污损。高雅的《阳春》乐曲，随和的人必定少；盛大的名声下面，实际情况并不相符。〕

——南朝·范晔《后汉书·黄琼传》

□人事修而后天道顺，大臣法而后小臣廉。〔处理好人间的事情，那么天道自然会通顺。大臣都能够循法而动，小臣自然会随之廉洁自律。〕

——明·王廷相·摘自《明史·王廷相传》

□长者不为有余，短者不为不足。〔物品，当长则长，长，不为多余；当短则短，短，不为不足。〕

——战国·庄子《庄子·骈母》

□天道深远，或未易谈；吉凶由人，抑可扬榷。〔天道深远广大，有的地方可能不容易谈论到；吉凶却可由人事来决定，高低上下是可以商量的。〕

——北朝·高欢·摘自《北齐书·帝纪》

□贵以贱为本，高以下为基。〔显贵的根本是低贱，高大的基础是低下。〕

——春秋·老子《道德经》

□名胜于利，则小人之道消；利胜于名，则贪暴之风扇。〔名声大于利禄，那么小人的手段就会消失；利禄大于声名，那么贪婪的风气就会兴起。〕

——唐·薛登·摘自《旧唐书·薛登传》

□世间贫家兄弟多相爱，由相假藉；达官兄弟多相憎，争名利故也。〔人世间穷人家的兄弟多互相敬爱，因为他们互相凭借依靠；而达

官贵人家的兄弟多互相憎恨，因为他们互相争夺名利。〕

——隋·杨坚·摘自《北史·列传》

□辨奸在明，去奸在断。〔辨别奸人依靠的是英明，去除奸人则依靠的是果断。〕

——明·傅朝佑·摘自《明史·傅朝佑传》

□天地之所覆载至大，日月之所照临至广。〔天地覆盖承载的东西最大，日月照临的东西最广。〕

——唐·李延寿《北史》

□贵不与骄期而骄自来，富不与奢期而奢自至。〔尊贵不与骄傲相约，可是骄傲自然就来；富足不与奢侈相约，可是奢侈自然前来。〕

——唐·魏徵·摘自《旧唐书·魏徵传》

□万事俱备，只欠东风。〔一切都准备就绪，只差最后一项重要条件了。〕

——明·罗贯中《三国演义》

□有风方起浪，无潮水自平。〔有了大风海上才能涌起波浪，没有海潮水面自然平静。〕

——明·吴承恩《西游记》

□种瓜得瓜，种豆得豆。〔种了什么样的庄稼，就会收获什么样的果实。〕

——清·朱舜水《答奥村庸礼问》

□物至而反，冬夏是也；致至而危，累棋是也。〔事物发展到一定程度就会向相反的方向转化，就像冬夏的循环一样；事物发展到它

435

的极致，就会有危险，就像堆积起来的棋子一样。〕

——汉·刘向《战国策·秦策》

□种豆，其苗必豆；种瓜，其苗必瓜。〔种了豆子，它的秧苗自然是豆苗；种了瓜类，它的秧苗自然是瓜苗。〕

——清·尹会一《吕语集粹·存养》

□白日无定影，清江无定波。〔太阳不会是静止不动的，江水也不会是静止不流的。〕

——唐·聂夷中《劝酒二首》

□千门万户曈曈日，总把新桃换旧符。〔初升的太阳照耀着千家万户，人们也将旧的桃符换上了新的。〕

——宋·王安石《元日》

□芳林新叶催陈叶，流水前波让后波。〔春天欣欣向荣的树林里，新叶催换了旧叶；江河奔腾的流水里，前面的波浪让给后面的波浪。〕

——唐·刘禹锡《刘禹锡诗选》

□山锐则不高，水径则不深。〔大山太陡了，就不会太高；水流太急了，就不会太深。〕

——汉·韩婴《韩诗外传》

□儿孙胜于我，要钱做什么？儿子不如我，要钱做什么？〔若儿孙胜过自己，我还要钱财做什么？　若儿孙不如自己，我赚钱做什么？〕

——清·周希陶《增广贤文》

□人情蔽于所言，阻于所疑；忽于所轻，溺于所欲。〔人之常情，大都因为被所偏信的话所蒙蔽，被所怀疑的事所阻隔。忽略大事在于

轻慢，溺爱小人在于贪欲。〕

——唐·陆贽·摘自《新唐书·陆贽传》

□凡物各自有根本，种禾终不生豆苗。〔任何事物都有自己的特性，播种的是粟，绝不会长出豆苗。〕

——唐·顾况《行路难》

□大厦既焚，不可洒之以泪；长河一决，不可障之以手。〔大厦已经烧起来了，不是用眼泪就可以浇灭的；黄河决堤了，也不是用手就能堵住的。〕

——北·庾信《庾子山集·拟连珠》

□凫胫虽短，续之则忧；鹤胫虽长，断之则悲。〔野鸭的腿虽然短，但要给它续上一段，也会使其痛苦；鹤的腿虽然长，但若截掉一段，也会使它悲痛。〕

——战国·庄子《庄子·骈拇》

□忠臣不计得失，故言无不直；烈女不虑死生，故行无不果。〔忠臣义士从不计较得失，所以能直言不讳；贞妇烈女置生死于不顾，所以能行动果决。〕

——明·周是修·摘自《明史·周是修传》

□苟得其养，无物不长；苟失其养，无物不消。〔如果得到了必要的滋养，什么东西都可以生长；如果失去了必要的滋养，什么东西都可能消亡。〕

——战国·孟子《孟子·告子》

□行坦途者肆而忽，故疾走则蹶；行险途者畏而惧，故徐步则不跌。〔走平坦道路的人，容易放纵自己的脚步，因为疏忽而走得快，所

437

以容易跌倒；而走艰险道路的人，则因为畏惧而走得很慢，因此不容易跌倒。〕

——宋·林逋《省心录》

□万物必有盛衰，万事必有弛张。〔万物都会有茂盛和衰败，万事都会有松弛和紧张。〕

——秦·韩非《韩非子·解老》

□见一落叶而知岁之将暮。〔看到一片落叶，就知道快到年底了。〕
——汉·刘安《淮南子·说山训》

□见出以知入，观往以知来。〔看见出去的，就能知道将要进来的；观察过去的，就能知道未来的。〕
——战国·列御寇《列子·说符》

□欲观千岁，则数今日。〔要想知道年代久远的事，就要先看一看现在。〕
——战国·荀子《荀子·非相》

□良匠不能斫金，巧冶不能铄木。〔再优秀的木匠也不能将金属劈开，再灵巧的铁匠也无法将木头熔化。〕
——汉·刘安《淮南子·泰族训》

□前人栽树，后人乘凉。〔以前的人栽了树木，后来的人用它来乘凉。〕
——清·颐琐《黄绣球》

□暑极不生暑而生寒，寒极不生寒而生暑。〔夏天到了最热的时候，就不会再生出热，而只能生出寒冷；冬天到了最冷的时候，也不

438

会再生出寒冷，而只能生出酷热。〕

——清·魏源《默觚·学篇》

□走不以手，缚手走，不能疾；飞不以尾，屈尾飞，不能远。〔跑虽然不用手，但如果把手绑起来，就跑不快了；飞虽然不用尾巴，但如果将尾巴缩起来，就飞不远了。〕

——汉·刘安《淮南子·说山训》

□众盲摸象，各说异端。〔许多个盲人一起摸象，各自说大象像自己所摸到的那一部分。〕

——宋·释道元《景德传灯录》

□知不知，上；不知知，病。〔知道自己有所不知，可谓是高明；不知却自以为知，可谓是弊病。〕

——春秋·老子《道德经》

□众人之蔽在利欲，贤者之蔽在意见。〔普通人不明事理，是由于利欲的蒙蔽；贤明人不明事理，是由于个人成见太深。〕

——清·黄宗羲《明儒学案》

□天下之物，莫不有理。〔天下的事物，都是有它的规律的。〕

——宋·朱熹《四书章句集注》

□天有不测风云，人有旦夕祸福。〔天有意想不到的风云变幻，人有意想不到的福祸交替。〕

——元·无名氏《合同文字》

□世治则小人守政，而利不能诱也。世乱则君子为奸，而法弗能禁也。〔世道清明安定，连那些小人都遵守政纪国法，名利都不能引

诱他们。世道浑浊纷乱，君子也学坏成了奸人，连法律都不能禁止。〕

——汉·刘安《淮南子·齐俗训》

□燕雀不知天地之高也，坎井之蛙不知江海之大也。〔燕雀不知道天有多高，废井里的青蛙不知道江海有多大。〕

——汉·桓宽《盐铁论·复古》

□欲致鱼者先通水，欲致鸟者先树木。〔要想引来鱼儿，就要先开通水道；要想引来鸟儿，就要先种上树木。〕

——汉·刘安《淮南子·说山训》

□渊深而鱼聚之，山深而兽往之。〔水渊深了，鱼就会纷纷聚集；树林茂密，鸟兽就会争相前来。〕

——汉·司马迁《史记·货殖列传序》

□明君知臣，明父知子。〔贤明的君主最了解他的属臣，聪明的父亲最清楚他的儿子。〕

——汉·司马迁《史记·李斯传》

□圣人体天，贤者法地，智者师古。〔圣人能够体察到上天的规律，贤者能够效法人间的准则，智者能够借鉴历史。〕

——秦·黄石公《黄石公三略·中略》

□明镜所以照形，古事所以知今。〔明亮的镜子，是用来照人容貌的；过去的事件，是用来正确了解今天的。〕

——晋·陈寿《三国志·吴主五子传》

□知者之举事也，满则虑嗛，平则虑险，安则虑危，曲重其豫，犹恐及其祸，是以百举而不陷也。〔有头脑的人在处理事情时，宽裕

440

时要考虑到不足，平顺时要考虑到险阻，安全时要考虑到危险，周全慎重地做好预防，还担心遭到祸害，这样办多少事情也不会有失误被动。〕

——战国·荀子《荀子·仲尼》

□思难而难不至，忘患而患发生。〔想到危难，危难就不会到来；忘却灾祸，灾祸就一定发生。〕

——北朝·刘昼《刘子·利害》

□才乎才，有德以为功，无德以为乱。〔才干啊才干，有德行的人用它来建功立业，无德行的人用它来行恶作乱。〕

——宋·李觏《直讲李先生文集》

□动以静之母，疑乃悟之父。〔静孕育动，疑问孕育着醒悟。〕

——清·魏源《明末楚石诸禅师和三圣诗》

□不蔽之谓明，不期之谓察。〔不受人蒙蔽，才叫做明辨是非；不被人欺骗，才叫做了解下情。〕

——战国·商鞅《商君书·修权》

□秉纲而目自张，执本而末自从。〔抓住总纲，渔网的网眼就自然张开；抓住根本，其末节就会自然顺从。〕

——晋·杨泉《物理论》

□善除害者，察其本；善理疾者，绝其源。〔善于消除祸害的，总是先察寻其缘由；善于治疗疾病的，总是要断绝疾病发生的根源。〕

——唐·白居易《兴五福销六极策》

□天之道，损有余而补不足。人之道，则不然，损不足以奉有余。孰能有余以奉天下？唯有道者。〔自然的法则，是损减有余来补充不

足。人类世俗的做法却不然，而是损减贫穷不足来供奉富贵有余。谁能让有余来供奉天下呢？只有有道之人。〕

——春秋·老子《道德经》

□举网以纲，千目皆张；振裘持领，万毛自整。〔提起渔网的网绳，成千上万的网眼就都张开了；握着衣领抖动皮袄，所有的毛自然就整整齐齐了。〕

——汉·桓谭《新论·离事》

□欲正其末者，必先端其本；清其流者，必先治其源。〔要想使树梢端正，必须首先端正树根；要想使水流清澈，必须首先清洁源头。〕

——唐·陈子昂《上军国利害事·出使》

□观往事，以自戒，治乱是非亦可识。〔观察研究过去的经验教训，用来作自己的鉴戒，国家何以治，何以乱，哪是对，哪是错，是有规律可掌握的。〕

——战国·荀子《荀子·成相》

□末流之竭，当穷其源，枝叶之枯，必在根本。〔下游之水枯竭，应当从河流的发源地找原因；树木的枝叶干枯，问题一定出在树根上。〕

——明·叶子奇《草本子·杂俎篇》

□恃自直之箭，百世无矢；恃自圆之木，千世无轮。〔依靠自来就直的竹子造箭，百代也造不成箭；依靠自来便圆的树木造车轮，千代也造不成车轮。〕

——秦·韩非《韩非子·显学》

□锐锋产于钝石，明火积于暗木，贵珠出于贱蚌，美玉出于丑璞。〔锐利的刀刃产生于粗糙的石头，明亮的火焰燃烧于无光的木柴，贵

重的珍珠来自于普通的河蚌，精美的玉石出自于普通的石块。〕

——晋·葛洪《抱朴子·博喻》

□**治难于其易，去恶于其微。**〔解决困难问题，从还较易于处理的时候开始；去掉坏事，应在它细微的时候进行。〕

——晋·葛洪《抱朴子·用刑》

□**以正治国，以奇用兵。**〔以正常的方法治国，以出奇的方法用兵。〕

——春秋·老子《道德经》

□**品卑由于无志，无志由于识低。**〔品格低在于无大志，无大志在于知识浅。〕

——清·申居郧《西岩赘语》

□**大志非才不就，大才非学不成。**〔没有才，大志就不能实现；不学习，就不能成大才。〕

——明·郑心材《郑敬中摘语》

□**祸兮，福之所倚。福兮，祸之所伏。**〔灾祸，是幸福的依存之所。幸福，是灾祸的栖身之地。〕

——春秋·老子《道德经》

□**流水不腐，户枢不蠹。**〔流动的河水不会腐臭，转动的门轴不会被蛀蚀，这是运动的原因〕

——秦·吕不韦《吕氏春秋》

□**山积卑而为高，江河合小而为大，大人合并而为公。**〔丘山积累许多碎小的土石才成其高山，江河汇合许多小溪才称其江河，名望

443

高的人是采纳众人的意见才得以公允。〕

——战国·庄子《则阳》

□自满者败，自矜者愚。〔自我满足的人容易失败，自我夸耀的人比较愚昧。〕

——宋·林逋《省心录》

□国不可从外治，军不可从中御。〔国事不可受外部的干预，作战不能由君主在朝廷遥控指挥。〕

——周·吕尚《六韬·文韬·立将》

□常人安于故俗，学者溺于所闻。〔普通人安于形成的老习惯，学究们沉迷于自己所听到的那些事情。〕

——汉·司马迁《史记·商君列传》

□察己则可以知人，察今则可以知古。〔考察自己就可以了解别人，考察今天就可以了解古代。〕

——秦·吕不韦《吕氏春秋·察今》

□从农论田田夫胜，从商讲贾贾人贤。〔跟随农民辩论种田之事，农民往往取胜；跟随商人辩论经商之举，商人往往贤明。〕

——汉·王充《论衡·程材篇》

□蠹众而木折，隙大而墙坏。〔蠹虫多，树木就要折断；裂缝大，墙壁就要倒塌。〕

——战国·商鞅《商君书·修权》

□鹰善击也，然日击之，则疲而无全翼矣；骥善驰也，然日驰之，则蹶而无全蹄矣。〔鹰是善于搏击的，但整天搏击，就要疲惫而双翅

残破；骥是善于奔跑的，但整天奔跑，就要跌倒而四蹄损伤。〕

——战国·慎到《慎子·逸文》

□**附骥尾则涉千里，攀鸿翮则翔四海。**〔附在骏马的尾巴上能达到千里之外，攀着大雁的翅膀可飞翔天下。〕

——汉·王褒《四子讲德论》

□**贵易交，富易妻。**〔显贵了就可能抛弃旧友另交新友，富裕了就可能抛弃旧妻另换新人。〕

——南朝·范晔《后汉书·宋弘传》

□**患生于所忽，祸发于细微。**〔灾难发生于人们忽略的地方，祸患开始于细微的地方。〕

——南朝·范晔《后汉书·冯衍传》

□**祸恒发于太忽，而事多败于不断。**〔祸患经常发生于疏忽大意，而事情往往失败于不作决断。〕

——明·方孝孺《窦武》

□**祸之所生，必由积怨；过之所始，多因忽小。**〔灾祸的发生，一定是因为积怨造成的；过错的开始，多半是因为忽略小事而造成的。〕

——北朝·刘昼《刘子·慎言》

□**基广则难倾，根深则难拔。**〔房屋的基础广，就难以倾塌；树木的根子深，就难以拔除。〕

——晋·干宝《晋纪总论》

□**利不在身，以之谋事则智；虑不私已，以之断义必厉。**〔本身没有利害关系的人，让他谋事十分明智；不考虑个人得失的人，让他

判断是非则必然迅捷。〕

——南朝·范晔《后汉书·马援传》

□舌之存，岂非以其柔？齿之亡，岂非以其刚？〔舌头保存的原因，难道不是因为它的柔软吗？牙齿脱落的原因，难道不是因为它的坚硬吗？〕

——汉·刘向《说苑·敬慎》

□剪纸为墙，不可止暴；搏沙为饼，不可疗饥。〔剪裁纸张做成的墙，不能防止猛烈击打；拍打泥沙做成的饼，不能治疗饥饿。〕

——明·刘基《拟连珠》

□荆岫之玉必含纤瑕，骊龙之珠亦有微。〔荆山之玉虽然完美，也有细小的瑕疵；骊龙之珠虽然珍贵，也有微小的毛病。〕

——北朝·刘昼《刘子·妄瑕》

□匠，成舆者忧人不贵，作箭者恐人不伤。〔有技艺的人，制作车的担忧的是别人不显贵，制作弓箭的害怕的是别人不受伤。〕

——唐·赵蕤《长短经叙》

□祸与福相贯，生与死为邻。〔祸与福相通，生和死靠近。〕

——汉·刘向《战国策·楚策》

□明鉴所以照形，往古所以知今。〔明镜可以照出自己的形体，回顾往昔可以知道今天。〕

——汉·贾谊《新书·胎教》

□物盛而衰，乐极则悲，日中而移，月盈而亏。〔事物极盛就会走向衰落，欢乐到了极点就会转化为悲伤，太阳到了中午就会移向西

天，月亮盈满后就会亏缺。〕

——汉·刘安《淮南子·道应训》

□明体以及用，通经以知权。〔明白事物的义理是为了达到实际应用，通晓事物的原则是为了知道灵活变通。〕

——唐·刘禹锡《答饶州元使君书》

□难得易失者，时也；易过难见者，机也。〔难以得到而容易失去的是时间，容易过去而难以见到的是机会。〕

——唐·陈子昂《为乔补阙论突厥表》

□能近见而后能远察，能利狭而后能泽广。〔能看见近的而后能望见远的，能有利于狭小的范围而后能施惠于广大地区。〕

——宋·王安石《荀卿》

□贫不学俭，卑不学恭。〔贫穷的人不用学习节俭，卑下的人不用学习恭谨。〕

——晋·陈寿《三国志·任城陈萧王传》

□强者折，锐者挫，坚者破。〔强硬的会折断，锐利的会损伤，坚固的会毁坏。〕

——春秋·管仲《管子·法法》

□泉竭则流涸，根朽则叶枯。〔源头水尽，水流就必定干涸；树根腐朽，树叶就必定枯萎。〕

——晋·陈寿《三国志·武文世王公传》

□知经者不以异物害吾道，知权者不以常人怫吾虑。〔懂得常理的人，不因为特殊事物而妨碍自己的正道；懂得权变的人，不因一般

人的看法而干扰自己的思考。〕

——唐·柳宗元《断刑论》

　　□人众者胜天，天定亦能破人。〔人多势众、万民一心就能够战胜老天设置的各种困难，而老天规定好的命运也能使人毁于一旦。〕

——汉·司马迁《史记·伍子胥传》

　　□荣辱由中出，敬侮由外生。〔荣耀、耻辱出于自身，尊敬、侮慢来自别人。〕

——秦·尸佼《尸子》

　　□学以治性，虑以变情。〔学习可陶冶性格，思考可改变感情。〕

——汉·班固《白虎通义·避雍》

　　□穷高则危，大满则溢，月盈则缺，日中则移。〔墙太高了就很危险，水太满了就会溢出，月亮圆满了就会亏缺，太阳行至中天就会西移。〕

——南朝·范晔《后汉书·李固传》

　　□审近所以知远也，成己所以成人也。〔弄清近处是用来了解远方的手段，完善自己是用来完善他人的方法。〕

——秦·吕不韦《吕氏春秋·本味》

　　□天不言而四时行，地不语而百物生。〔天不言语，而四季运行；地不言语，而万物生长。〕

——唐·李白《上安州裴长史书》

　　□大羹必有淡味，至宝必有瑕秽，大简必有不好，良工必有不巧。〔大祭用的肉汤必定偏淡，最珍贵的宝物也会有瑕点，极力劝谏的言

448

辞必定不好听，顶好的工匠也有笨拙的方面。〕

——汉·王充《论衡·自纪篇》

□同归而殊涂，一致而百虑。〔相同的归宿却来自不同的途径，一致的趋向却经过多种思考。〕

——周·姬昌《周易·系辞》

□物极必反，数穷则变。〔事物发展到顶点，就会向相反的方面转化；时运到达了尽头，也就会发生转变。〕

——宋·欧阳修《本论》

□物以远至为珍，士以稀见为贵。〔物品因为从远方运来而珍奇，人才因为罕见而宝贵。〕

——南朝·范晔《后汉书·循吏传》

□物有甘苦尝之者识，道有夷险履之者知。〔食物有甜有苦，尝过的人才会识别；道路有平有险，走过的人才会知道。〕

——明·刘基《拟连珠》

□物有所不足，智有所不明。〔事物有不完美的地方，智慧有不明晰的时候。〕

——战国·佚名《卜居》

□新进之士喜勇锐，老成之人多持重。〔新提升的干部喜欢奋勇进取，年纪大阅历丰富的老臣多谨慎稳重。〕

——宋·欧阳修《为君难论下》

□祸福之胚胎也，其动甚微；倚伏之矛盾也，其理甚明。困而后微，斯弗及已。〔祸与福处在萌芽状态，变化是很微小的；他们之间

449

互相依存而又互相转化的矛盾，道理是很明显的。陷于困境后，才引起警惕，这就来不及了。〕

——唐·刘禹锡《儆舟》

□形存则神存，形谢则神灭。〔形体存在，精神就存在；形体不存在，精神也就不复存在了。〕

——南朝·范缜《神灭论》

□形骸既适则神不烦，观听无邪则道以明。〔身体既然舒适，那么精神就不会烦躁；视听没有邪恶，那么思想就更加明澈。〕

——宋·苏舜钦《沧浪亭记》

□羊羹虽美，众口难调。〔羊羹虽味美，但众人口味不一，很难调和得大家满意。〕

——元·邓玉宾《中吕粉蝶儿·普天乐》

□玉磨愈洁，兰动弥馨。〔玉石越磨越光洁，兰花越摇越芳香。〕

——晋·傅玄《秋胡行》

□欲知来者察往，欲知古者察今。〔想要知道未来就考察以往，想要知道古代就考察今天。〕

——春秋·鹖冠子《鹖冠子·近迭》

□养鸡者不畜狸，牧兽者不育豺。〔养鸡的人不养狸猫，放牧的人不养豺狼。〕

——汉·王褒《四子讲德论》

□兰植中途，必无经时之翠；桂生幽壑，终保弥年之丹。〔兰花种植在道路中间，肯定不能长久保持翠洁；桂树生于幽谷之中，才能

终年保持丹红。〕

——唐·令狐德棻《晋书·陆云传》

□一叶蔽目，不见泰山；两豆塞耳，不闻雷霆。〔一片叶子遮上眼睛，就看不见泰山；两粒豆子塞住耳朵，就听不到暴雷。〕

——春秋·鹖冠子《鹖冠子·天则》

□以镜自照者见形容，以人自照者见吉凶。〔用镜子映照自己可以看到形体、容貌，以他人对照自己可以知道吉利、凶险。〕

——周·姬发《镜明》

□景不为曲物直，响不为恶声美。〔影子不能把弯曲的东西映成挺直，回响不能把难听的声音变得优美。〕

——春秋·管仲《管子·宙合》

□忧喜聚门，吉凶同域。〔忧患和喜庆共集在一家之中，吉祥和凶险同处于一块土地之上。〕

——春秋·鹖冠子《鹖冠子·世兵》

□知是行之始，行是知之成。〔认识是行动的开始，行动是认识的成果。〕

——明·王守仁《传习录》

□褚小者不可以怀大，绠短者不可以汲深。〔口袋小就不能用来装大东西，井绳短就不能用来取深井的水。〕

——战国·庄子《庄子·至乐》

□一兔走衢，万人逐之；一人获之，贪者悉止。〔一只兔子跑在大街上，上万人都追逐它；当一人捕获它以后，其余想得到兔子的人

451

也就全都停下来。〕

——晋·陈寿《三国志·袁绍传》

口作甲者欲其坚，恐人之伤；作箭者欲其锐，恐人不伤。〔造甲的要甲坚固，怕人伤着；造箭的要箭锐利，怕人不伤。〕

——唐·吴兢《贞观政要·刑法》

口人皆知有用之用，而莫知无用之用。〔人们都知道有用之物的用途，却没人知道无用之物的用途。〕

——战国·庄子《庄子·人间世》

口金玉其外，败絮其中。〔外表如金玉一般华美，而内部却是一团破烂棉絮。〕

——明·刘基《卖柑者言》

口工欲善其事，必先利其器。〔工匠要做好他的工作，必定先磨快他的工具。〕

——春秋·孔子《论语·卫灵公》

口伐深根者难为功，摧枯朽者易为力。〔砍伐叶茂根深的大树，难以成功；折断枝枯干朽的老木，容易奏效。〕

——三国·曹冏《六代论》

口大惑者，终身不解；大愚者，终身不灵。〔最糊涂的人，终生不了解自己糊涂；最愚蠢的人，终生不知道自己愚蠢。〕

——战国·庄子《庄子·天地》

口众人用家检，贤人用国检，圣人用天下检。〔普通百姓从一家一户的角度考察问题，贤良人士从国家的角度考察问题，杰出人物则

从全世界的角度考察问题。〕

——汉·扬雄《法言·修身》

□万物之所以为无穷者，交相胜而已矣，还相用而已矣。〔宇宙万物变化无穷的原因，是它们之间互相交替胜过对方罢了，且又互相利用而已。〕

——唐·刘禹锡《天论》

□常胜者无忧，恒成者好怠。〔常常取得胜利的人少有忧虑，总是获得成功的人容易怠惰。〕

——南朝·刘善明《上表陈事》

□不实在于轻发，固陋在于离贤。〔不获实效是由于轻举妄动，孤陋寡闻是由于疏远贤者。〕

——战国·尉缭《尉缭子·十二陵》

□百里之海，不能饮一夫；三尺之泉，足止三军之渴。〔海水纵然百里，不能供一个人饮用；泉水即使三尺，却可以解全军口渴。〕

——战国·尉缭《尉缭子·治本》

□祸与福同门，利与害为邻。〔有福就有祸，两者同出一门；利与害相邻，互为依存。〕

——汉·刘安《淮南子·人间训》

□不入虎穴，焉得虎子？〔不进入老虎洞，怎么能捉到小老虎？〕
——南朝·范晔《后汉书·班超传》

□积羽沉舟，群轻折轴。故君子禁于微。〔羽毛装多了，也会把船压沉，重量轻的东西装多了，也会压断车轴。所以君子总是在事情

453

微小时就注意防止。〕

——汉·刘安《淮南子·缪称训》

□射人先射马，擒贼先擒王。〔射击骑兵要先射他的战马，擒贼要先擒贼王。〕

——唐·杜甫《前出塞》

□不塞不流，不止不行。〔邪道不阻塞，正道就不通畅；错误的东西不阻止，正确的东西就不能推行。〕

——唐·韩愈《原道》

□变则新，不变则腐；变则活，不变则板。〔变通就能创新，不变则会腐朽；变通就能活用，不变则会死板。〕

——清·李渔《闲情偶寄》

□豺狼当路，安问狐狸。〔豺狼挡在道上，哪里还用得着去查问狐狸。〕

——汉·张纲·摘自《后汉书·张纲传》

□战胜易，守胜难。〔取得战争的胜利是容易的，保卫胜利的成果是困难的。〕

——战国·吴起《吴子·图国》

□衰世之士，志弥洁者身弥贱，佞弥巧者官弥尊。〔腐败社会里的人，志向愈高尚纯洁，地位愈低下，阿谀逢迎愈巧妙，官位愈大。〕

——汉·王符《潜夫论·本政》

□贫穷则父母不子，富贵则亲戚畏惧。〔如果贫穷，那么父母都不会把你这个儿子当儿子；如果富贵，那么亲戚都会对你怀着敬畏惧

怕之情。〕

　　□清福上帝所吝,而习忙可以销福;清名上帝所忌,而得谤可以销名。〔世间的清福是上天所吝于赐人的,人们忙忙碌碌就可以减少这份清福以顺从上天;世间的清名是上天所嫉妒的,人们只要受到诽谤就可以削去这种清名。〕

　　　　　　　　　　　　　　　——明·陈继儒《安得长者言》

　　□留七分正经以度生,留三分痴呆以防死。〔人的一生要保持七分精明正派的态度来生活,还要保留三分愚拙木讷来防死。〕

　　　　　　　　　　　　　　　——明·陈继儒《安得长者言》

　　□爵禄可以荣其身,而不可以荣其心;文章可文其身,而不可以文其行。〔官爵和俸禄可以使人的躯壳享受到荣华富贵,却不可以使人的心灵变得高尚纯真;华丽的文章可以修饰人的外表,却难以掩饰人的品行。〕

　　　　　　　　　　　　　　　——明·彭汝让《木几冗谈》

　　□任事者,当置身利害之外;建言者,当设身利害之中。此二语其宰相台谏之药石乎?〔担当责任的人,应当置身于所处理的事情之外;提出意见的人,应当替当事人予以设身处地的考虑。这两句话大概可以作为宰相御史的警言吧。〕

　　　　　　　　　　　　　　　——明·陈继儒《安得长者言》

　　□天地之道,盈者消,虚者息,然忘其为消息也;汇河之道,高者与,卑者取,然忘其为与取也。彼沾沾之惠、察察之智、角角之能,隘矣!〔天地的规律,就是满盈者消减,空虚者增益,而彼此又都忘记自己的消减和增益;江河的规律,就是高处的水流出,低处的水接纳，而彼此又都忘记自己的给出和接收。那些老是把自己施给别人的恩惠挂在嘴边，或者遇事斤斤计较，或者凡事都要与他人一争高低的做法，实在是太狭隘了！〕

——明·彭汝让《木几冗谈》

□看中人看其大处不走作；看豪杰看其小处不渗漏。〔看待普通人要看他大的方面能否遵守规范；看待英雄豪杰要看他小的方面是否疏忽遗漏。〕

——明·陈继儒《安得长者言》

□明养于静而丧于耀，勇昌于平而沮于愎。〔聪明睿智、明察事理来自于宁静的心态，而丧失于浮浅的炫耀；在心态平和时的勇敢值得称道，而刚愎自用时的悍勇只能算是冥顽不化。〕

——明·薛应旂《薛方山纪述》

□明义理易，识时势难。明义理腐儒可能，识时势非通儒不能也。识时易，识势难；识时见者可能，识势非蚤见者不能也。识势而蚤图之，自不至于极重，何时之足忧！〔明白经典文献中的道理很容易，了解天下大势就很困难。那些死啃书本的腐儒只能明白书中的道理，而只有博通古今、知识渊博的通儒才能认清天下大势。了解当时社会现状并不难，要预知未来的发展变化趋势就比较困难。具有一定见识的人都能看清当时的现状，而只有目光远大的人才能够看清未来的大势。如果能够提前预见到社会走势并早作准备，自然不会陷于极其被动的境地，对眼下的局势也就不会忧心忡忡了！〕

——明·吕坤《呻吟语》

□将事而能弭，当事而能救，既事而能挽，此之谓达权，此之谓才；未事而知其来，始事而知其终，定事而知其变，此之谓长虑，此之谓识。〔在事情将要发生时，能够及时平息、消除隐患；在处理事

456

情时能够妥善解决各种面临的难题；在事情发生后能够及时加以引导，挽回影响，这就叫做善于应变，这就是过人的才能。在事情尚未发生时就能准确地加以预测；在事情刚刚发生时就能预见到最终结果；对于表面上已成定局的事情，能够准确判断其发展变化的趋势，这就叫做深谋远虑，这就是远见卓识。〕

——明·吕坤《呻吟语》

□水到渠成，瓜熟蒂落，此八字受用一生。〔水流到的地方自然成渠，瓜果成熟的时候自然坠落，时机一成熟结果自会出现，工夫下到家事情自会成功，这些道理可以受用一生。〕

——明·陈继儒《安得长者言》

□医以生人，而庸工以之杀人；兵以杀人，而圣贤以之生人。〔医术是用来救人的，但是庸医却用它杀人；兵器是用来杀人的，但是圣贤却用它来救人。〕

——明·陈继儒《安得长者言》

□不可无道心，不可泥道貌；不可有世情，不可忽世相。〔内心不能无高尚的思想，外表不能拘泥于道貌岸然；处世不可沾染上庸俗习气，生活不可以忽视世间万象。〕

——明·陈继儒《安得长者言》

□心逐物曰迷，法从心曰悟。〔心跟从物走就会被物欲蒙蔽，这叫做迷误；道理跟从心走就会使内心明白，这叫做觉悟。〕

——明·陈继儒《安得长者言》

□后生辈胸中落"意气"两字，则交游不得力；落"骚雅"二字，则读书定不深心。〔年轻人如果养成意气用事的毛病，就无法很好地结交师友；如果养成吟诗作赋的爱好，就不能深入地钻研学问。〕

——明·陈继儒《安得长者言》

□人有好为清态而反浊者，有好为富态而反贫者，有好为文态而反俗者，有好为高态而反卑者，有好为淡态而反浓者，有好为古态而反今者，有好为奇态而反平者。吾以为不如混沌为佳。〔有人喜欢装出一副清高的姿态反而显得俗气，有人喜欢装出一副富贵的派头反而显得贫寒，有人喜欢装出一副有学问的样子反而显得无知，有人喜欢装出一副高贵的神态反而显得卑贱，有人喜欢装出一副淡泊的神情反而显得热衷功利，有人喜欢装出一副高贵的气质反而显得很俗气，有人喜欢装出一副奇特的模样反而显得平庸。我认为，做人还是质朴自然为好。〕

——明·陈继儒《安得长者言》

□嗜异味者必得异病，挟怪性者必得怪证，习阴谋者必得阴祸，作奇态者必得奇穷。庄子一生放旷，却曰寓诸庸，原跳不出"中庸"二字也。〔嗜好怪异饮食的人必定会得怪异的病症，性格古怪的人必定会得古怪的病症，惯于阴谋诡计的人必定得遭阴祸报应，故作奇态的人必定会遭受离奇的困顿。庄子一生旷达不拘，却说要寄身于凡俗中，看来还是逃不出中庸之道。〕

——明·陈继儒《安得长者言》

修养篇

仁爱厚道
勇敢坚毅
惜时进取
高远雅静
旷达乐观
勤俭朴素

刘养篇

仁爱厚道

□饱而知人之饥，温而知人之寒，逸而知人之劳。〔肚子吃饱了应当想到别人饥饿，身上穿暖了应当想到别人的寒冷，自己安逸了应想到百姓的劳累。〕

——秦·晏婴《晏子春秋·谏上》

□君天下者，仁天下也。〔统治天下的人，对天下应施仁义。〕

——清·王夫之《礼记章句》

□不乘人于利，不迫人于险。〔不为利而乘人之危，不逼人于危险之地。〕

——汉·刘向《新序·杂事》

□天下事无不可做，惟戒夫利己损人。〔天下事都可以做，只有损人利己的事万不可做。〕

——明·郑瑄《昨非庵日纂·坦游》

□仁者，爱人。〔仁的意思，就是关爱人。〕

——春秋·孔子《论语·颜渊》

□古之君子，过则改之；今之君子，过则顺之。古之君子，其过也，如日月之食，民皆见之；及其更也，民皆仰之。今之君子，岂徒顺之，又从为之辞。〔古代的君子，有了过错，随即改正；今天的君子，有了过错，竟将错就错。古代的君子，他的过错，好像日食月食一般，百姓个个都看得到；当他改正的时候，个个都抬头望着。今天的君子，不仅仅将错就错，并且还编造一番假道理来为错误辩护。〕

——战国·孟子《孟子·公孙丑下》

□兼爱无私，则民亲上。〔仁爱没有厚薄亲疏，那么人们就亲近国君，归附国君。〕

——五帝·黄帝《黄帝经·经法》

□未有爱人而不自爱者，此人心也；未有害人而不自害者，此天理也。〔没有爱人而不爱自己的，这是常人的心理；没有害人而不害自己的，这是自然的道理。〕

——清·申涵煜《省心短语》

□以爱己之心爱人，则尽仁。〔以爱自己的心去爱别人，就是最大的仁。〕

——宋·张载《正蒙·中正》

□视人之国若视其国，视人之家若视其家，视人之身若视其身。〔把别人的国家看做自己的国家，把别人的家庭看做自己的家庭，把别人看做自己一样。〕

——战国·墨子《墨子·兼爱》

□仁者，在天为生生之理，在人为博爱之德。〔所谓仁，在自然界是万物生生不绝的运动历程；在社会上是普爱众生的品德属性。〕

——清·康有为《中庸注》

□我有功于人不可念，而过则不可不念，人有恩于我不可忘，而怨则不可不忘。〔自己对别人有功劳，不要挂在嘴上、记在心头，自

己对不起别人，却不可忘记，要经常反省；别人对自己有恩惠，却不可轻易忘怀，别人对自己有过失，不可念念不忘。〕

——明·应洪明《菜根谭》

□**好事须相让，坏事莫相推。**〔碰到好事要互相谦让，遇到不好的事情不要互相推托。〕

——唐·王梵志《好事须相让》

□**博爱之谓仁，行而宜之谓义。**〔热爱众人就叫仁，行为正当、符合公益就叫义。〕

——唐·韩愈《原道》

□**尧舜与民同乐，以仁德化天下。**〔古代贤明的君主能与百姓同乐，以仁德教化天下。〕

——明·许仲琳《封神演义》

□**仁也，以博爱为本。**〔仁的内容，是以博大的爱心为基本内涵。〕

——清·康有为《论语注》

□**知者不危众以举事，仁者不违义以要功。**〔有知识的人不会危害众人以成就自己的事，有仁心的人不会违背道义以求取功名。〕

——南朝·范晔《后汉书·窦融传》

□**以天地之心为心，天下无不爱之民物。**〔以天地博大无边的爱心为心，这样，天下就没有不可爱之民与物。〕

——清·史襄哉《中华谚海》

□**海不辞水，故能成其大；山不辞土石，故能成其高；明主不厌人，故能成其众。**〔大海不嫌弃任何水流，因此能成就它的大；高山

463

不拒绝任何泥土石块,因此能成就它的高;英明的君主不厌弃人,因此能团结众人。〕

——春秋·管仲《管子·形势解》

□德莫大于博爱人,政莫大于博利人。〔品德没有比爱群众更大的,政治没有比利于人民更好的。〕

——清·史襄哉《中华谚海》

□长者能博爱,天下寄其身。〔执政者能博爱,天下的百姓就会把自己的一切寄托于他。〕

——三国·曹植《当欲游南山行》

□君子责己,小人责人。〔君子常责备自己,小人常责备别人。〕

——宋·林逋《省心录》

□应世要宽,治家要严,居心要宽,持身要严。〔应对世事要宽容,治理家庭要严格,心里要宽大,行为要严谨。〕

——清·申居郧《西岩赘语》

□不言之言,闻于擂鼓;金心之形,明于日月。〔不用言语的话,听到时像擂鼓一样振奋人;高贵的心灵,看到时像日月一样光明。〕

——春秋·管仲《管子·心术》

□处世忌太洁,至人贵藏辉。〔处世忌讳太清高,做人可贵在不露锋芒。〕

——唐·李白《沐浴子》

□君子以仁存心,以礼存心,仁者爱人,有礼者敬人。爱人者人恒爱之,敬人者人恒敬之。〔君子将仁爱存在心中,将礼仪存放在心

中。心中有仁爱的人爱护人，有礼仪的人尊敬人，爱护人的人受人爱护，尊敬人的人受人尊敬。〕

——战国·孟子《孟子·离娄下》

□**善疑人者，人亦疑之；善防人者，人亦防之。**〔善于怀疑别人的人，别人也怀疑他；善于设防别人的人，别人也设防他。〕

——明·刘基《郁离子·任己者术穷》

□**刚、毅、木、讷，近仁。**〔刚毅、果断、朴实、言语谨慎，有这四种品德的人就接近仁了。〕

——春秋·孔子《论语·子路》

□**忠，德之正也；信，德之固也；卑让，德之基也。**〔忠，说明德行纯正；信，说明德行稳固；谦让，说明德行有根基。〕

——春秋·左丘明《左传·文公元年》

□**以直报怨，以德报德。**〔以正直报答怨恨，以恩惠报答恩惠。〕

——春秋·孔子《论语·宪问》

□**君子之道，暗然而日章。小人之道，的然而日亡。**〔君子之道，外表晦暗却会日益显著。小人之道，刻意显露却会日益消亡。〕

——战国·子思《礼记·中庸》

□**人有喜庆，不可生妒忌心；人有祸患，不可生喜幸心。**〔他人有了喜庆的事情，不可有妒忌之心；他人有了祸患，不可有喜欢之心。〕

——清·朱柏庐《治家格言》

□**费千金为一瞬之乐，孰若散而活冻馁几千百人；处眇躯以广厦，何如庇寒士于一廛之地。**〔花费很多钱以得到片刻的快乐，哪比得上

465

把这些钱散发出去，拯救忍饥受寒的成百上千人；用宽敞高大的房子安顿自己短小的躯体，哪比得上广造家舍，把苦寒之人庇荫起来。〕

——宋·林逋《省心录》

□主者，人之所仰而生也。能宽裕纯厚而不苛忮，则民人附。〔君主，是人们所仰望而赖以生活的，能宽大纯厚而不苛刻刚愎，人民就会归附。〕

——春秋·管仲《管子·形势解》

□能下人，是有志；能容人，是大器。〔能够谦虚待人，这是有大志气的表现；能够宽容他人，这是大器的做法。〕

——明·王守仁《示宪儿》

□无道人之短，无说己之长。施人慎勿念，受施慎勿忘。〔不说别人的毛病，不说自己的优点。帮助别人不要总惦记，受助于人不要忘记了。〕

——汉·崔瑗《座右铭》

□眼孔浅时无大量，心田偏处有奸谋。〔见识浅薄没有大的气量，心思偏处必有奸诈的阴谋。〕

——明·冯梦龙《醒世恒言》

□华而不实，怨之所聚也；犯而聚怨，不可以定身。〔华而不实的人，会招来人们的怨恨，有这种缺点而积怨于人，不会有好结果。〕

——春秋·左丘明《左传·文公五年》

□君子之自行也，敬人而不必见敬，爱人而不必见爱。敬爱人者，己也；见敬爱者，人也。君子必在己者，不必在人者也。必在己，无不遇矣。〔君子按照自己的准则去做，敬人而不必要求人家敬己，爱

466

人而不必要求人家爱己。敬爱别人，那是自己的事；被人家敬爱，那是人家的事。君子只决定自己的行为，不可能决定别人的反映。自己该做的都做到了，就不会没有机遇。〕

——秦·吕不韦《吕氏春秋·孝行》

□海纳百川，有容乃大；壁立千仞，无欲则刚。〔大海接纳百条江河，是有容量才显得广大；山壁高立千尺，是无欲望才显得刚强。〕

——清·林则徐自题厅联

□圣王以天下为忧，天下以圣王为乐；凡主以天下为乐，天下以凡主为忧。〔圣王因天下事而操心，则天下人便会因有圣王而得欢乐；庸主因享天下之乐，则天下人便会因有庸主而担忧。〕

——汉·荀悦《申鉴·政体》

□忍让非懦弱，自大终糊涂。〔甘愿受人欺侮的人，一定不是懦弱之辈；自以为聪明者，终究是个糊涂人。〕

——清·王永彬《围炉夜话》

□见善思迁，有过则改。〔看到良善的东西就想接近它，发现自己有过错就要改正它。〕

——周·姬昌《周易·益》

□君子不以其所能者病人，不以人之所不能者愧人。〔君子不能因自己有所能就挑别人的毛病，不能因别人有所不能就令人羞愧。〕

——汉·戴圣《礼记·表记》

□遍知万物而不知人道，不可谓智；遍爱群生而不爱人类，不可谓仁。仁者，爱其类也；智者，不可惑也。〔全面了解万物而不知道社会人情世故，就不能叫做"智"；普遍地爱护各种生物而不爱护人类

467

本身，就不能叫做"仁"。所谓"仁"，就是要爱护人的同类；所谓"智"，就是不可糊涂。〕

——汉·刘安《淮南子·主术训》

口古之官人也，以天下为己累，故己忧之；今之官人也，以己为天下累，故人忧之。〔古时当官的，把天下作为自己的负担，所以自己忧天下；现在当官的，把自己作为天下的负担，故天下人担忧他。〕

——唐·皮日休《鹿门隐书》

口一身偃卧蓬蒿稳，四海苍生恐未安。〔自己仰卧在蓬蒿之中心里还踏实，可是普天下众百姓的生活还未安定。〕

——清·陈璧《和西顽行脚》

口安得普天免冻馁？白头塞拙甘送穷。〔怎样才能使普天下的老百姓免受饥饿和寒冷呢？如果有办法，我这个满头白发、行动不便的老头子甘愿穷困生活。〕

——清·陈维崧《二日雪不止》

口长太息以掩涕兮，哀民生之多艰。〔长长地叹气，不断地抹泪，为百姓生活太艰辛而哀伤。〕

——战国·屈原《楚辞·离骚》

口身多疾病思田里，邑有流亡愧俸钱。〔自己体弱多病常想辞官回乡，但在自己管辖的地方还有人外流逃亡，拿着俸禄心里有愧啊。〕

——唐·韦应物《寄李儋元锡》

口修身以为弓，矫思以为矢，立义以为的，奠而后发，发必中矣。人之性也，善恶混，修其善则为善人，修其恶则为恶人。〔以修养自身为弓，以矫正思想为箭，以树立正义为靶。定神凝思然后射击，射

击就一定能射中。人的性情，善恶混杂，修养善的一面就是善人，修养恶的一面就是恶人。〕

——汉·扬雄《法言·修身》

□攻人之恶毋太严，要思其堪受；教人以善毋过高，当使从。〔责备别人的过错不要太严厉，要考虑他能接受；教育他人向善时，标准不要过高，应当能使之遵从。〕

——明·洪应明《菜根谭》

□己之温，思人之寒；己之安，思人之艰。〔自己温暖了，应想到别人在受冻；自己安宁了，应想到别人的艰难。〕

——明·方孝孺《杂铭·衾》

□衣暖而忘百姓之寒，食美而忘百姓之饥，非人也。〔自己穿着暖和就忘记了老百姓的寒冷，吃着美味的食品就不管广大人民的饥饿，这种人是没有人性的。〕

——唐·马总《意林》

□愿为飞絮衣天下，不道边风塑雪寒。〔我愿化作漫天飞舞的木棉花，给天下的人们做衣裳，使他们不再抱怨边关风霜雪雨的寒冷。〕

——清·陈恭尹《木棉花歌诗》

□以德报怨，则宽仁之身；以怨报德，则刑戮之民。〔用恩德报答怨恨，就是处世宽厚具有仁德的人；用怨恨报答恩德，就是犯奸作科遭受刑戮的人。〕

——汉·戴圣《礼记·表记》

□有一言而可常行者，恕也；有一行而可常履者，正也。恕者，仁之术也。正者，义之要也。〔有一句话是可以经常实行的，就是宽

恕；有一种行为是可以经常实践的，就是端正。宽恕，是仁爱的方法。端正，是道义的要义。〕

——汉·荀悦《申鉴·政体》

□君子之言，信而有征，故怨远于其身；小人之言，僭而无征，故怨咎及之。〔君子的话可靠而有根据，所以埋怨仇恨就远离他；小人的话虚妄而没有根据，所以怨恨灾祸就缠绕他。〕

——春秋·左丘明《左传·昭公八年》

□但操大柄常在手，覆尽东西南北行。〔只要手中掌握雨伞柄，就要关心遮盖普天下百姓免受日晒雨淋。〕

——元·萨都剌《雨伞》

□君子崇人之德，扬人之美，非谄谀也；正义直指，举人之过，非毁疵也。〔君子崇尚他人的品德，赞扬他人的美德，并不是阿谀；坦率、正当地指出别人的过错，也不是为了破坏别人的名誉。〕

——战国·荀子《荀子·不苟》

□记善忘过，容忍臣子，勿责以备。〔记住他们的优点忘掉他们的过失，容忍臣子的短处，不要以完备的标准要求他们。〕

——宋·司马光《资治通鉴·汉纪》

□神静而心和，心和而神全；神躁则心荡，心荡则形伤。〔精神宁静心气就平和，心气平和精神就完备；精神浮躁心气就浮荡，心气浮荡则形体损伤。〕

——汉·桓谭《新论·清神》

□恭、宽、信、敏、惠。恭则不侮，宽则得众，信则人任焉，敏则有功，惠则足以使人。〔要庄重，宽厚，守信，勤敏，慈惠。恭敬庄重，就不会受到侮辱；宽厚，就会获得众人拥护；守信，就能得到别人的任用；勤敏，就能取得成功；慈惠，就能更好地使用别人。〕

——春秋·孔子《论语·阳货》

☐刑罚当宽处即宽，草本亦上天生命。财用可省时便省，丝毫皆下民脂膏。〔刑罚应宽恕的就宽恕，草木都是上天给的生命。花费可节省的便应节省，因一点一滴都是百姓的血汗。〕

——清·金缨《格言联璧·从政》

☐降不可弑，亡不可追，二三其德者别议。〔投降的将士不能杀死，逃亡的将士不能穷追，当然那些反复无常的小人应该另当别议。〕

——辽·马得臣·摘自《辽史·列传》

☐兰薰而摧，玉贞则折。物忌坚芳，人讳明洁。〔兰花因为芳香而被折断，玉石由于坚贞而被摧毁。事物忌讳过分坚贞芳香，做人忌讳过分精明清高。〕

——南朝·沈约《宋书·颜延之传》

☐宁人负我，无我负人。〔宁可让别人对不起我，也不愿自己对不起别人。〕

——元·张养浩《牧民忠告》

☐川泽纳污，所以成其深；山岳藏疾，所以就其大。〔川泽接受肮脏，所以才形成了深远；山岳包容缺点，所以造就了高大。〕

——隋·长孙平·摘自《隋书·列传》

☐国之所以存者，仁义是也；人之所以生者，行善是也。国无义，虽大必亡；人无善志，虽勇必伤。〔国家能够存在和发展的原因，是实行仁义治国的结果；人能够存在的原因，是行善积德的结果。国家

471

如果不坚持仁义，即使再强大也难免灭亡；人如果不善良，即使再勇敢也难免受损〕

——汉·刘安《淮南子·主术训》

□苟虑害人，人亦必虑害之；苟虑危人，人亦必虑危之。〔如果想着伤害别人，别人也一定在考虑伤害自己；如果想着危及别人，别人也一定在考虑危及自己。〕

——秦·吕不韦《吕氏春秋·顺说》

□君子尊贤而容众，嘉善而矜不能。〔君子尊敬贤人而且能够容纳众人，赞美善人而且同情没有才能的人。〕

——春秋·孔子《论语·子张》

□知而不言，是不忠之臣；不知而言，乃不智之臣。〔了解事情的真相而保持沉默，不是忠心耿耿的臣属；不了解情况而随便乱说，是愚蠢无知的臣属。〕

——南朝·萧子显《南齐书·崔慧景传附崔偃》

□不掩贤以隐长，不刻下以谀上。〔不掩盖贤人而隐匿他的长处，不苛待下属而阿谀奉承上级。〕

——战国·晏婴《晏子春秋·内篇问上》

□以善意相待，无不致快也；以不善意相待，无不致嫌隙也。〔用善意相互对待，就没有导致不愉快的事；用恶意相互对待，就没有不嫌隙的事。〕

——晋·陈寿《三国志·杜畿传》

□金以刚折，水以柔全，山以高移，谷以卑安。〔金属之所以被折断，是因为其太过刚硬了；流水之所以能保全，是因为其柔和；高

472

山之所以被挖掘，是因为其高大；而山谷之所以能安全无事，是因为其低下。〕

——晋·葛洪《抱朴子·广譬》

□**怒伤肝，思伤脾，忧伤肺，恐伤肾。**〔愤怒容易伤害肝脏，思虑容易伤害脾脏，忧劳容易伤害心肺，恐惧容易伤害肾脏。〕

——清·张志聪《黄帝内经》

□**弃纤介之嫌，含山岳之过。**〔捐弃哪怕纤毫草芥那么小的嫌隙，涵容哪怕山岳那么大的过失。〕

——唐·令狐德棻《晋书·苻生传》

□**人而不仁，古今共疾。**〔一个人如果不仁爱，古人今人都痛恨。〕

——南朝·顾宪之·摘自《南史·列传》

□**父母爱之，喜而弗忘；父母恶之，惧而无怨。**〔父母喜爱自己，高兴可是不能忘记；父母憎恶自己，忧惧可是没有怨恨。〕

——汉·戴圣《礼记·祭文》

□**务小巧者多大拙，好小利者多大害。**〔投机取巧的人必会犯大错误，贪图蝇头小利的人必有大的害处。〕

——清·申涵光《荆园小语》

□**厚性宽中近于仁，犯而不校邻于恕。**〔性格厚道、心胸宽大的人近于仁慈；受到冒犯而不去计较的人近于恕道。〕

——南朝·范晔《后汉书·卓茂传》

□**出门如见大宾，使民如承大祭。己所不欲，勿施于人。在邦无怨，在家无怨。**〔出门办事好像去接待贵宾，役使百姓好像去承当大

典。自己所不喜欢的事物，不会强加于别人身上。在国家效力没有怨恨，在家里赋闲也没怨恨。〕

——春秋·孔子《论语·颜渊》

□厚者不毁人以自益也，仁者不危人以要名。〔敦厚的人不毁坏别人而使自己受益，仁慈的人不危害别人而取得名声。〕

——汉·刘向《战国策·燕策》

□病人之病，忧人之忧。〔将别人的病痛作为自己的病痛，将百姓的忧愁作为自己的忧愁。〕

——唐·白居易《策林》

□君子见人之厄则矜之，小人见人之厄则幸之。〔君子看到别人有灾难就同情，小人看到别人有灾难就庆幸。〕

——战国·公羊高《公羊传·宣公十五年》

□困兽犹斗，穷寇勿遏。〔被围困的野兽还要挣扎抵抗，走投无路的贼寇切不要严加拦挡。〕

——唐·张九龄《敕幽州节度张守书》

□为富不仁矣，为仁不富矣。〔追求发财致富就不能行仁爱之道了，施行仁爱之道就不能发财致富了。〕

——战国·孟子《孟子·滕文公上》

□明者不以其短，疾人之长；不以其拙，病人之工。〔明智的人不因自己有短处而憎恶别人有长处，不因自己笨拙而憎恶别人工巧。〕

——春秋·邓析《邓析子·转辞》

□爱我者之言恕，恕故匿非；憎我者之言刻，刻必当罪。〔喜爱

474

我的人的话宽容，宽容所以就掩盖了我的过错；憎恨我的人的话尖刻，尖刻必定切中我的罪过。〕

□**理平者先仁义，理乱者先权谋。**〔天下太平，治理以施仁政为先；世道混乱，治理以用权谋为先。〕

——南朝·范晔《后汉书·刘表传》

□**毁人者，自毁之；誉人者，自誉之。**〔毁谤别人的人，实际是自己毁谤自己；赞誉别人的人，实际是自己赞誉自己。〕

——唐·皮日休《鹿门隐书六十篇》

□**狗不以善吠为良，人不以善言为贤。**〔狗不因能嚎会叫成为好狗，人不因能说会道成为贤人。〕

——战国·庄子《庄子·徐无鬼》

□**察见渊鱼者不祥，智料隐匿者有殃。**〔明察甚至能看清深渊之鱼的人不会吉利，机智甚至能猜到一切隐秘之事的人会有灾祸。〕

——春秋·列御寇《列子·说符》

□**仁莫大于爱人，知莫大于知人。**〔最大的仁慈是爱惜人，最高的智慧是了解人。〕

——汉·刘向《淮南子·泰族训》

□**两人相非，不破家亡身不止，只回头认自家一句错，便是无边受用；两人自是，不反面稽唇不止，只温语称人一句是，便是无限宽舒。**〔两个人相互指责，越搞越僵，不到家破人亡的地步不会停止。其实只要及时回头，说一句认错的话，就可以化解矛盾，彼此都受益无穷。两个人都争着炫耀自己的长处，不达到彼此翻脸、相互争吵的地

步不会停止。其实双方只要换个角度，诚恳地赞扬对方一句，马上就会缓和气氛，彼此都感到无比开心。〕

——明·吕坤《呻吟语》

□力薄不能推一饭，义深长愿散千金。〔家道贫困不能给饥饿的人们送上一餐饭，对他们的深情厚谊使我总盼望有朝一日能使百姓丰衣足食。〕

——宋·陆游《陆游诗集》

□大约评论古今人物，不可便责人以死。〔大凡评价议论古今人物，不能轻率片面地把人说得一无是处。〕

——明·陈继儒《安得长者言》

□谤人者、受谤者并倾危之士；谀人者、受谀者俱侧媚之人。〔一般来说，无论是诽谤人的人还是受人诽谤的人，都是心术不正的人；无论是喜好谄媚别人的人还是喜好被人逢迎的人，都是热衷于用不正当手段讨好别人的人。〕

——明·彭汝让《木几冗谈》

□宁耐是处境第一法，安详是应事第一法，退让是保身第一法，涵容是待人第一法。若将富贵贫贱死生置之度外，是养心第一法。〔忍耐是适应环境最好的办法，安详从容是应付世事变化的办法，谦让是保全自身最好的办法，宽容是对待人与人的最好办法。如果能将俗世的贫富、贵贱、生死都置之度外，就是保养心志的最好办法。〕

——清·陈遇夫《迂言百则》

□世之人，闻称人之善，辄有妒心，闻称人之恶，辄有喜心，此天理忘而人欲肆者也。孔子所恶，恶称人之恶，孔子所乐，乐道人之善。〔世上的人，听到称赞别人的优点，马上就产生忌妒之心，听到谈

476

论别人的缺点，马上就产生欣喜之心，这些人都是忘掉了天理而使得私欲膨胀。孔子最厌恶的事，就是指责别人的短处；孔子最乐意做的事，就是称赞别人的长处。〕

——明·吕坤《呻吟语》

□文艺自多，浮薄之心也；富贵自雄，卑陋之见也，此二人者皆可怜也，而雄富贵者尤鄙。以富贵自雄，是心目中止知有富贵，损人利己，患得患失，何所不至？故尤可鄙。〔因文才出众而自夸其能，是浮浅轻薄的心思在作怪；因富贵而自高自大，是鄙陋庸俗的本性的表现，这两类人都令人可怜，而以富贵而妄自尊大的人尤其令人鄙夷。凭着富贵而目空一切，说明他心目中只知道富贵能主宰一切，这样，为了追求富贵，他必然会损人利己，患得患失，为达到目的不择手段，所以说尤为卑鄙。〕

——明·吕坤《呻吟语》

□责人到闭口卷舌、面赤背汗时，犹刺刺不已，岂不快心？然浅隘刻薄甚矣。故君子攻人不得过七分，须含蓄以养人之愧，令其自新，则可。〔不留情面地责备别人，直到对方哑口无言、面红耳赤、无地自容，还喋喋不休地说个没完，这样做看似一时痛快，其实却暴露出其人心地狭小、为人刻薄的一面。所以君子攻讦别人特别注意把握分寸，决不超过七分火候，以便留些余地使对方心中感惭愧，从而改过自新，才是正确的做法。〕

——明·吕坤《呻吟语》

□正直人植纲常，扶世道；忠厚人养和平，培根本。然而激天下之祸者，正直之过；养天下之祸者，忠厚之过也。此四家兼而有之，惟时中之圣人。〔正直的人树立社会伦理道德规范，改善社会风气；忠厚的人培养平静祥和的社会氛围，从根本上陶冶人们的心性。不过这两种人都有其局限性，激发天下之变、导致社会动荡的，必定是正

477

直人的过错；姑息养奸、使祸患得以逐渐酝酿，则是由于忠厚人的纵容所致。只有兼具忠厚和正直两方面品性，才称得上是善于把握分寸、足以匡世济时的圣人。〕

——明·吕坤《呻吟语》

□能者忌之积也，直者怨之招也。君子能而不有，直而不居，斯得其道矣。〔贤能的人最容易受到别人的忌恨，率直的人最容易招来别人的怨恨。君子如果做到贤能而不显露，正直而不以正直自居，那么就算是掌握了处世之道。〕

——明·薛应旂《薛方山纪述》

□闻人善则疑之，闻人恶则信之，此满腔杀机也。〔听到他人行善就怀疑，听到别人作恶就坚信，这种人内心充满恶念。〕

——明·陈继儒《安得长者言》

□薄福者必刻薄，刻薄则福益薄矣；厚福者必宽厚，宽厚则福益厚矣。〔福薄之人必定为人刻薄，为人刻薄会导致福泽益发减少；厚福之人必定为人宽厚，为人宽厚会招来福泽益发增多。〕

——明·陈继儒《安得长者言》

勇敢坚毅

□**见利不动，临死不恐。**〔见到利益能不为所动，面临死亡就能毫不恐惧。〕

——汉·刘向《新序·义勇》

□**义不反顾，计不旋踵。**〔坚持正义，决不回头；下定决心，决不后退。〕

——汉·司马相如《谕巴蜀檄》

□**临难必勇，见义忘生。**〔面对危难一定要勇往直前，见到正义的事情要舍身去做。〕·

——南朝·萧衍《凡百》

□**匹夫见辱，拔剑而起，挺身而斗，此不足为勇也。**〔一般的人受到侮辱，拔剑而起，挺身去搏斗，这不值得称为勇敢。〕

——宋·苏轼《留侯论》

□**犯其至难，以图其至远。**〔要敢于冲破最大的难题，而谋划最远大的目标。〕

——宋·苏轼《思治论》

□**天下有大勇者，卒然临之而不惊，无故加之而不怒，此其所挟持者甚大，而其志甚远也。**〔天下有一种真正勇敢的人，遇到突发的

情形毫不惊慌，无缘无故地对他施加侮辱也不动怒。为什么能够这样呢？因为他胸怀大志、目标高远啊。〕

——宋·苏轼《留侯论》

□**处逆境心须用开拓法，处顺境心要用收敛法。**〔身处逆境，心里要用开拓的方法，要想得开；处顺境时，心里要用收敛的方法，格外谨慎。〕

——清·金缨《格言联璧·存养》

□**大勇若怯，大智若愚。**〔有大勇气的人看起来好像胆怯，有大智慧的人看起来好像愚笨。〕

——宋·苏轼《贺欧阳少师致仕启》

□**天下之事，因循则无一事可为；奋然为之也未必难。**〔世界上的事情，一切按部就班就没有一件事可做了，而如果奋发有为，努力去做，也不见得就很难。〕

——明·归有光《奉熊公司水种集并论今年水灾事宜书》

□**大胆天下去得，小心寸步难行。**〔胆子大的人天下都可以去，过于小心的人寸步也难行走。〕

——明·冯梦龙《警世通言》

□**不十分勇，不足以倡众人之气；不十分廉，不足以服众人之心。**〔没有十分的勇敢，不能调动众人的士气；没有十分的廉洁，就不能使众人心服口服。〕

——近代·蔡锷《曾胡治兵语录》

□**猛虎之犹豫，不若蜂虿之致螫；骐骥之踟蹰，不如驽马之安步；孟贲之狐疑，不如庸夫之必至也；虽有舜禹之智，吟而不言，不如瘖**

480

聋之指麾也。〔猛虎如果犹豫不定，不如蜂蝎放刺更能伤人；骐骥如果踏步不前，不如驽马慢行更能走得远；孟贲那样的勇士如果狐疑不决，不如庸人更能达到目的；虽有舜、禹一般的智慧，如果闭口不言，还不如聋哑人打手势更能表达意思。〕

——汉·司马迁《史记·淮阴侯列传》

□铁可折，玉可碎，海可枯，不论穷达生死，直节贯殊途。〔铁器可以折断，玉器可以打碎，海水可以枯竭，不论贫困、显贵、生或死，正直的情操一贯到底。〕

——宋·汪莘《水调歌头》

□酒不醉人人自醉，花不迷人人自迷。〔酒是不能醉人的，只是人不能控制自己，所以才醉了；花是不会迷人的，只是人不能把握自己，所以才着了迷。〕

——明·施耐庵《水浒传》

□有四不畏：大言不畏，细言不畏，浮言不畏，挟言不畏。〔有四种话不用害怕：所谓大人物的话不用怕，背后议论的话不用怕，造谣诬蔑的话不用怕，要挟恐吓的话不用怕。〕

——清·龚自珍《平均篇》

□得失不能疑其志，谗拘不能离其交，然后得成功也。〔无论是得是失都不能动摇志向，面对别人的造谣中伤也不疏远朋友，然后才可以得到成功。〕

——三国·李康《命运论》

□盖文王拘而演《周易》，仲尼厄而作《春秋》；屈原放逐，乃赋《离骚》；左丘失明，厥有《国语》；孙子膑脚，《兵法》修列；不韦迁蜀，世传《吕览》；韩非囚秦，《说难》、《孤愤》。《诗》三百篇，大

481

氐贤圣发愤之所为作也。〔周文王被拘禁而推演八卦为六十四卦，写成了《周易》；仲尼一生困顿不得志而作《春秋》；屈原放逐，就写成了《离骚》；左丘眼睛失明，就有《国语》传世；孙子受了膑刑，就编著了兵法书；吕不韦被流放到蜀地，《吕览》才流传于世；韩非被囚于秦，有《说难》、《孤愤》传世；《诗》三百篇，大都是圣人贤者抒发悲愤之情的作品。〕

———汉·司马迁《报任安书》

□愿竭力以守义兮，虽贫穷而不改。〔甘愿竭尽全力以坚守道义，即使贫穷潦倒也不会改变。〕

———南朝·范晔《后汉书·张衡传》

□明知山有虎，故作采樵人。〔明明知道山里有老虎，却有意去山上打柴。〕

———清·钱彩《说岳全传》

□先自治而后治人之，谓大器。〔首先能管住自己然后去管理别人的人，才能说是干大事业的人才。〕

———汉·扬雄《法言·先知》

□一人拼命，万夫莫当。〔一个人如果要拼命的话，就是一万个人也难以抵挡。〕

———清·曹雪芹《红楼梦》

□自知者英，自胜者雄。〔有自知之明的人是英才，能够战胜自己的人是英雄。〕

———隋·王通《文中子·周公篇》

□莫道谗言如浪深，莫言迁客似沙沉。千淘万漉虽辛苦，吹尽狂

482

沙始到金。〔不要说谗言像水一样深，也不要说迁客的遭遇像沉到泥沙中一样；千万次淘洗和过滤虽然很辛苦，但只有把泥沙吹干净了才能看到真金。〕

——唐·刘禹锡《浪淘沙九首》

□臣心一片磁针石，不指南方不肯休。〔我的一片忠心如同磁性的针石，不指向南方是不肯罢休的。〕

——宋·文天祥《扬子江》

□敢云阅历多艰苦，最好峰峦最不平。〔不敢说平生经历有多么坎坷艰难，只知道最好的山峰也是最不平坦的。〕

——清·袁枚《随园诗话》

□舍得一身剐，敢把皇帝拉下马。〔舍得自己身受凌迟刑罚，就敢把黄帝拉下马去。〕

——清·曹雪芹《红楼梦》

□天下无难事，只怕有心人。〔天下没有困难的事情，只要有坚定的决心和信心。〕

——明·王骥德《题红记》

□宁为兰摧玉折，不作萧敷艾荣。〔宁做兰花兰草被摧折像白玉一样消损，不做臭萧野艾一样开花结果。〕

——南朝·刘义庆《世说新语·言语》

□故天将降大任于斯人也，必先苦其心志，劳其筋骨，饿其体肤，空乏其身，行拂乱其所为，所以动心忍性，增益其所不能。人恒过，然后能改；困于心，衡于虑，而后作；征于色，发于声，而后喻。入则无法家拂士，出则无敌国外患者，国恒亡。然后知生于忧患而死于安乐也。〔天将要把重大的任务落到某人身上，一定先要使他的心意受苦，使他的筋骨劳累，使他的肠胃挨饿，使他的身子受穷，使他的每一行为总是不如意。这样便可以震动他的心意，坚韧他的性情，增加他的能力。一个人，常常犯错，然后才能改正；心意困苦，思虑阻塞，才能有所奋发；表现在面色上，吐发在言语中，才能被人了解。一个国家，国内没有有法度的大臣和足为辅弼的士子，国外没有相与抗衡的邻国和外患的忧惧，经常容易被灭亡。这样就能知道忧愁祸害足以使人生存，安逸快乐足以使人死亡的道理了。〕

——战国·孟子《孟子·告子下》

□岁不寒无以知松柏，事不难无以知君子。〔没有岁月的霜寒，检验不出松柏的风格；没有艰难困苦的磨难，检验不出君子的节操。〕

——战国·荀子《荀子·大略》

□不可以一时之得意而自夸其能，亦不可以一时之失意而自坠其志。〔不能因为一时的得意就自己炫耀自己的才能，不能因为一时的失意就自己毁坏自己的志向。〕

——明·冯梦龙《警世通言》

□论至德者不和于俗，成大功者不谋与众。〔讲究最高德行的人，不附和世俗之见；成就大功业的人，不谋求与人相通。〕

——战国·商鞅《商君书》

□君子和而不流，强哉矫！中立而不依，强哉矫！国有道，不变塞焉，强哉矫！国无道，至死不变，强哉矫！〔君子与人和谐相处而不随波逐流，刚强啊！坚持中庸之道不偏不倚，刚强啊！国家实行仁道，不改变自己操守而趋时，刚强啊！国家不行仁道，至死不变其操守，刚强啊！〕

——战国·子思《礼记·中庸》

□知死必勇。非死者难也，处死者难。〔能正确对待死亡的人必定勇敢。不是说死很难，而是说要死得其所，死得有价值很难。〕

——汉·司马迁《史记·廉颇蔺相如列传》

□智者不倍时而弃利，勇士不却死而灭名。〔明智的人不会因违背时势而放弃利益；勇敢的人不会因贪生怕死而损坏名声。〕

——战国·鲁仲连·摘自《史记·鲁仲连邹阳列传》

□仁者之勇，雷霆不移。〔仁者的勇气，雷打也是不变的。〕

——宋·苏轼《祭堂兄子正文》

□勇猛图敌，敌必仇；奋迅立功，众必忌。〔与敌作战太过勇猛，敌人一定会倍加仇恨你；建立功勋太过迅捷，众人一定会倍加妒忌你。〕

——明·袁崇焕·摘自《明史·袁崇焕传》

□非弘不能胜其重，非毅无以致其远。〔没有宽广的胸怀就不能胜任重要职责，没有坚忍的意志就不能达到远大目的。〕

——宋·朱熹《四书章句集注》

□不是一番寒彻骨，怎得梅花扑鼻香？〔如果不是经历了一番彻骨的寒冷，怎么会有梅花那扑鼻的香味呢？〕

——明·冯梦龙《醒世恒言》

□学如春起之苗，不见其增，日有所长；辍学如磨刀之石，不见其损，日有所亏。〔学习就像春天生长的麦苗，看上去不见增长，每天却都在增长；中途停止学习就像磨刀的石头，看上去不见它减少，每天却都在减少。〕

——晋·陶渊明《陶渊明全集》

□凿不休则沟深，斧不止则薪多。〔只要不停地开凿，沟渠就会很深；只要不停地砍斫，就会得到很多的柴薪。〕

——汉·王充《论衡·命禄篇》

□寒不累时则霜不降，温不兼日则冰不释。〔寒冷不连续地累积一段时间，就不会下霜；温热不连续保持一段时间，冰就不会融化。〕

——汉·王充《论衡·感虚篇》

□宁可玉碎，不能瓦全。〔宁做玉器被打碎，不做陶器得保全。〕

——北齐·元景安·引自《北齐书·元景安传》

□改过贵勇，而防患贵怯。〔改正过错，可贵的在于勇敢；防止祸患，可贵的在于谨慎。〕

——宋·朱熹《答蔡季通》

□知过之谓智，改过之谓勇。〔能够认识到自己的过错，这就叫有头脑；能够改正自己的错误，这就叫有勇气。〕

——清·陈确《瞽言·近言集》

□胸中小不平，可以酒消之；世间大不平，非剑不能消也。〔心中个人的不平顺，可以借酒消除它；人间百姓的不公平，非用战斗不能消除。〕

——清·张潮《幽梦影》

□行至德者不议于俗，成大功者不谋于众，非常之人乃能建非常之事。〔实行大德之人不与俗人商讨事情，建立大功的人不与众人相谋。凡胸怀大略的贤德之人都有自己独特主张，并建立不平常的事业。〕

——北朝·李冲·摘自《魏书·李冲传》

□患难困苦，是磨炼人格之最高学府。〔患难困苦，是磨炼人品格的最大的地方。〕

——清·梁启超《饮冰室文集》

□宝剑锋从磨砺出，梅花香从苦寒来。〔宝剑的锋刃是经过磨砺才有的，梅花的清香是经过严寒才来的。〕

——清·佚名《古今对联集锦》

□不为小利移目，不为意似改步。〔不因小利在前就转移自己的视线，不因意念推想就改变已定的前进步伐。〕

——晋·陈寿《三国志·谯周传》

□胜败兵家事不期，包羞忍辱是男儿。江东子弟多才俊，卷土重来未可知。〔兵家的胜败事先是难以预料的，能够暂时忍受羞辱才是大丈夫。江东子弟人才众多，卷土重来也说不定的。〕

——唐·杜牧《题乌江亭》

□强毅之气，决不可无，然强毅与刚愎有别……不可不察。〔坚韧不拔的气质，绝不可以没有，然而坚韧不拔与刚愎自用有区别……不可不细察。〕

——清·曾国藩《治兵语录·勇毅》

□世之奇伟、瑰怪、非常之观，常在于险远，而人之所罕至焉，故非有志者不能至也。有志矣，不随以止也，然力不足者，亦不能至也。有志与力，而又不随以怠，至于幽暗昏惑，而无物以相之，亦不能至也。〔世上奇妙雄伟、珍异奇特、非同寻常的景观，常常在那险阻、僻远、少有人至的地方，所以，不是有意志的人是不能到达的。有志气的人不会终止自己的目标，而没有能力的人也不会实现自己的目标！有了志气与体力，而且又不随从别人有所懈怠，到了那幽深昏

487

暗、令人迷乱的地方却没有必要的物件来辅助他，也不能到达。〕

　　　　　　　　　　　　　　——宋·王安石《游褒禅山记》

　　□入之愈深，其进愈难，而其见愈奇。〔进入山洞越深，前进就越困难，但看到的也越奇妙。〕

　　　　　　　　　　　　　　——宋·王安石《游褒禅山记》

　　□野火烧不尽，春风吹又生。〔燎原大火也烧不死它，春风一吹它便又会蓬勃生发。〕

　　　　　　　　　　　　——唐·白居易《赋得古原草送别》

　　□遗生行义，视死如归。〔丢掉生命去做符合道义的事，把死看做跟回家一样。〕

　　　　　　　　　　　　——秦·吕不韦《吕氏春秋·士节》

　　□欲传春信息，不怕雪埋藏。〔一心要把春天的信息传送四方，决不怕一时的寒雪把自己埋藏。〕

　　　　　　　　　　　　　　　——宋·陈亮《梅花》

　　□刚健之气，钟于人也为志；得之者，运行而可大，悠久而不息。〔强健的精气，汇集到人体就成为人的志气；得到它的人，做事宏大，经久不息。〕

　　　　　　　　　　　　　　——唐·柳宗元《天爵论》

　　□涓流积至沧溟水，拳石崇成泰华岑。〔涓涓细流汇聚在一起，就会形成大海；拳头大小的石头垒起来，就能够成为像泰山和华山那样高的大山。〕

　　　　　　　　　　　——宋·陆九渊《鹅湖和教授兄韵》

□富贵本无根，尽从勤里得。〔富贵本身并不是固定属于谁的，而是通过辛勤的劳动得来的。〕

——明·冯梦龙《醒世恒言》

□安危不二其志，险易不革其心。〔无论处境是安全还是危急，不管前途是艰险还是顺利，都不会改变自己的决心和志气。〕

——汉·仲长统《昌言》

□变祸为福，易曲成直，宁关天命，在我人力。〔祸变为福，曲换成直，这与其说与天命有关，不如说在于人的力量。〕

——唐·柳宗元《愈膏肓疾赋》

□不痴不狂，其名不彰；不狂不痴，不能成事。〔不痴呆、不癫狂，就不会名声显扬；不癫狂、不痴呆，就不会成就大业。〕

——唐·李荃《阴符经》

□士不可不弘毅，任重而道远。〔士人不可不胸怀博大、坚强果断，因为他们负担沉重而且路途遥远。〕

——春秋·孔子《论语·泰伯》

□事，当论其是非，不当问其难易。〔做事，应当讨论它正确还是错误，不应该询问它是困难还是容易。〕

——宋·苏轼《范景仁墓志铭》

□慎重者，始若怯，终必勇；轻发者，始若勇，终必怯。〔慎重从事的人，开始时好像挺胆怯，到后来必定表现出很勇敢；轻举妄动的人，开始时好像挺勇敢，到后来必定表现出很怯懦。〕

——宋·苏轼《拟进士对御试策》

□舍生岂不易，处死诚独难。〔舍弃生命一死了之难道还不容易吗，面对死亡仍能从容镇静实在是特别难呀！〕

——晋·卢谌《览古》

□丹可灭而不能使无赤，石可毁而不以使无坚。〔丹砂虽可磨灭，却不能使它赤红的颜色消失；石头虽然可以毁坏，但不能使它丧失坚硬的本性。〕

——南朝·颜延之《庭诰》

□一日一钱，千日千钱。绳锯木断，水滴石穿。〔一天一枚钱，一千天就是一千枚钱；只要天长日久，用绳子也能把木头锯断，用水滴也能把石头滴穿。〕

——宋·罗大经《鹤林玉露》

□君子不可以不忍也。忍欲则不屈于物，忍剧则不扰于事，忍挠则不折于势，忍穷则不苟于进。故曰必有忍，其乃有济。〔君子不能不忍受各种内在和外在的折磨。能够忍受欲望的诱惑，就不会被物欲所屈服；能够忍受纷乱的事务，就不会被各种琐事干扰得心烦意乱；能够忍受他人的压制，就不会受到权贵的迫害；能够忍受穷困潦倒的生活，就不会不择手段去投机钻营。所以说必须具备过人的忍耐力，才能取得较大的成就。〕

——明·薛应旂《薛方山纪述》

□君子之于道，非任不成，非气不至。自是似任而非任也，客气似气而害气也。〔君子对合乎道义的事，如果缺乏自信就做不成，如果缺乏勇气就难以完善。那种自以为是的态度与自信很相似，但却不是自信；出于一时激动的意气用事与勇气很相似，但实际上它会损害人的勇气。〕

——明·薛应旂《薛方山纪述》

□居逆境中，周身皆针砭药石，砥节砺行而不觉；处顺境内，满前尽兵刃戈矛，销膏靡骨而不知。〔处在不顺利的环境中，就好比全身都扎着针、敷着药，在不知不觉之中磨炼着意志，培养着高尚的品行；处在优裕适意的环境中，则好比被各种刀剑利刃所包围，不知不觉就会使人消磨掉锐气，变得衰弱不堪。〕

——清·陈遇夫《迂言百则》

惜时进取

□明日复明日，明日何其多。我生待明日，万事成蹉跎。世人若被明日累，春来秋去老将至。朝看东流水，暮看日西坠。百年明日能几何？请君听我《明日歌》。〔总是明日又明日，明日是何等多啊！如果天天等待明天，那么只会空度时光，一事无成。世上的人都受"待明日"的祸害，明日是无穷无尽的，但人却越来越老。从早到晚，时间就像这滚滚流水一样，飞逝而去；从古至今，漫长岁月就随着落日西下，慢慢过去。一百年中明日能有多少呢？请诸位听听我的《明日歌》吧。〕

——清·钱鹤滩《明日歌》

□今日复今日，今日何其少！今日又不为，此事何时了。人生百年几今日，今日不为真可惜！若言姑待明朝至，明朝又有明朝事。为君聊赋《今日》诗，努力请从今日始。〔总是今天又今天，今天是何等少啊！如果今天不做事，那么什么时候事情才能做完。人生百年有几个今日，今日不做真可惜！若说姑且等到明天去做，明天又有明天的事，我今天做这首《今日》诗，就希望从今天开始努力做。〕

——明·文嘉《今日歌》

□昨日兮昨日，昨日何其少！昨日过去了，今日徒懊恼。世人但知悔昨日，不觉今日又过了。水去日日流，花落日日少，成事立业在今日，莫待明朝悔今朝。〔总是昨天怎么样昨天怎么样，昨天又是多么的少啊！昨天已经过去，今天徒自懊恼。世上的人只知道悔恨没有把握好昨天，不觉得今天又要悄悄地过去。流水天天东去不再返回，

492

鲜花日日落去不会重开。建功立业就应在今天努力，不要等待明天再后悔今天没有努力。〕

——明·佚名《今日歌》

□志士惜年，贤人惜日，圣人惜时。〔志士爱惜每一年的光阴，贤人爱惜每一天的光阴，圣人爱惜每一个时辰的光阴。〕

——清·魏源《默觚·学篇》

□锲而舍之，朽木不折；锲而不舍，金石可镂。〔雕刻东西，如果半途而废，即使是腐朽了的木头也不能被刻断；如果坚持不停地刻下去，就连坚硬的金属石头都能把它镂成所需之物。〕

——战国·荀子《荀子·劝学》

□愿君学长松，慎勿作桃李。〔希望你学习长松凌雪傲霜，不要像桃李那样没有阳刚气。〕

——唐·李白《赠韦侍御黄裳诗》

□忧劳可以兴国，逸豫可以亡身。〔忧患勤劳可以使国家兴盛，贪图安逸享乐就会葬送自身。〕

——宋·欧阳修《伶官传序》

□临义而思利，则义必不果；临战而思生，则战必不力。〔面临道义而想到私利，为道义奋斗就不果断；面临打仗而想到活命，打仗就不会尽力。〕

——宋·苏轼《思堂记》

□子曰："好学近乎知，力行近乎仁，知耻近乎勇。"知斯三者，则知所以修身；知所以修身，则知所以治人；知所以治人，则知所以治天下国家矣。〔孔子说："喜欢学习就接近智慧了，努力行善就接近仁爱了，知道廉耻就接近勇敢了。"知道这三点，就知道该如何修养自身品德；知道如何修养自身品德，就知道如何治理人民；知道如何治理人民，就知道如何治理天下国家。〕

——战国·子思《礼记·中庸》

□把自己太高看了，便不能长进；把自己太看低了，便不能振兴。〔把自己看得太高了，就难以求得进步；把自己看得太低了，就难以振奋有为。〕

——清·王永彬《围炉夜话》

□欲为君子，终身乃成；欲为小人，一朝可就。〔想成为高尚的人，须终生努力修行才能成功；想成为小人，只需一个早上就能做到。〕

——宋·刘炎《迩言》

□盛年不重来，一日难再晨。及时当勉励，岁月不待人。〔风华正茂的大好年华不会重来，犹如一天里不会有第二个早晨。应当及时勉励自己，岁月是不等待人的。〕

——晋·陶渊明《杂诗》

□德胜才，谓之君子；才胜德，谓之小人。〔品德超过才能称为君子，才能超过品德称为小人。〕

——宋·司马光《资治通鉴·唐纪》

□以积货财之心积学问，以求功名之心求道德。〔以积累财富的心情去积累学问，以追求功名的心情去追求道德。〕

——清·金缨《格言联璧·惠言》

□官怠于宦成，病加于少愈，祸生于懈惰，孝衰于妻子。〔为官懒于进取是从功名有了成就时开始的，病情的加重是从病情稍见好转

494

时恶化的，灾祸的发生是放松了警惕，对老人不孝是从有了妻子和儿女开始的。〕

——汉·刘向《说苑·敬慎》

□一世皆尚同，愿君汨其泥。〔天下都已污染混浊了，希望你能治理混水扬起清波。〕

——晋·陶渊明《饮酒二十首》

□诸侯并立，能终善者为长；列士并学，能终善者为师。〔各位侯王同时存在，始终能够修善的可以做长者；各位学子共同求学，始终能够做好的可以做老师。〕

——秦·晏婴《晏子春秋·谏上》

□学败于官茂，孝衰于妻子，患生于忧解，病甚于且愈。〔学识荒废于做官的欲望太大，对老人不孝始于有了妻子和儿女，危险是因为警惕放松，病情加重是初愈时放松治疗。〕

——春秋·文子《文子·符言》

□君子之所贵者，迁善惧其不及，改恶恐其有余。〔君子最可贵的，接受善的东西最怕不及，改正错的东西唯恐有余。〕

——汉·徐干《中论·虚道》

□见不尽者，天下之事；读不尽者，天下之书；参不尽者，天下之理。〔看不完的，是天下的事；读不完的，是天下的书；悟不完的，是天下的理。〕

——明·冯梦龙《警世通言》

□三更灯火五更鸡，正是男儿读书时。黑发不知勤学早，白首方悔读书迟。〔在灯光下学习到三更，五更鸡叫时又起来学习，这一早

一晚正是男儿发愤读书的好时候。年少时不知道应当及早刻苦学习，等到年老才后悔这时读书已经太迟了。〕

——唐·颜真卿《劝学》

口君子有三惜。此生不学，一可惜；此日闲过，二可惜；此身一败，三可惜。〔君子有三件可惜的事情：此生不学习，是一可惜；此日闲过，是二可惜；此身败落，是三可惜。〕

——明·夏寅·摘自《明史·夏寅传》

口谓学不暇者，虽暇亦不能学。〔说没有时间学习的人，虽然有空闲也不会去学习的。〕

——汉·刘安《淮南子·说山训》

口居下而无忧者，则思不远；处身而常逸者，则志不广。〔处在低下的地位而无所忧虑的人，他一定想得不远；经常处身安逸生活中的人，他的志向不会远大。〕

——三国·王肃《孔子家语·在厄》

口一卒毕力，百人不当；万夫致死，可以横行。〔一个士卒竭力而为，一百个人也不能抵挡；一万个人拼命向前，可以横行天下。〕

——南朝·范晔《后汉书》

口人之生也，无德以表俗，无功以及物，于禽兽草木之不若也。〔人生在世，如果没有德行作为一般人的表率，没有功绩有助于众人，那就连禽兽草木都不如了。〕

——宋·林逋《省心录》

口君子敬其在已者，而不慕其在天者，是以日进也；小人错其在已者，而慕其在天者，所以日退也。〔君子重视自身的修养努力，而

496

不指望得到上天的赐予，因此日益进步；小人放弃自身的修养努力，而指望上天的赐予，因此日益后退。〕

———战国·荀子《荀子·天论》

□凡人之情，穷则思变。〔大凡世人的常情是困顿到了极点就要设法改变现状。〕

———宋·司马光《资治通鉴·唐纪》

□天下无现成之人才，亦无生知之卓识，大抵皆由勉强磨炼而出耳。〔天下没有现成的人才，也没有生来就知道的超群知识，大概都从勤奋磨炼中成长出来的。〕

———清·曾国藩《曾文正公全集》

□抗节孤危之中，建功万里之外。〔保持节操，即使身陷危难之中；建立功勋，哪怕远赴万里之外。〕

———晋·韩恒·摘自《晋书·慕容隽传》

□少年易学老难成，一寸光阴不可轻。〔年轻的时候学习的效果最好，最容易学有所成，但到年老的时候再学东西就难以学成了，所以不可轻视每一寸光阴。〕

———宋·朱熹《偶成》

□宁为鸡口，无为牛后。〔宁可在小的地方自己做主，也不愿在大的地方受人指使。〕

———汉·司马迁《史记·苏秦列传》

□以岁之有凶穰而荒其稼穑者，非良农也；以利之有盈缩而弃其资货者，非良贾也；以行之有祸福而改其善道者，非良士也。〔因为年成有丰歉就让粮食自然生长的农民，不是优秀的农民；因为收入有

盈亏就放弃投资贷款的商人，不是优秀的商人；因为做事有祸福就不坚持自己好的做法的书生，不是好的书生。〕

——汉·徐干《中论·修本》

口结怨于人，谓之种祸；舍善不为，谓之自贼。〔与别人结下怨恨，就是给自己种下了祸根；对别人有好处的事情故意不做，就是自己伤害自己。〕

——宋·林逋《省心录》

口规小节者不能成荣名，恶小耻者不能立大功。〔拘守小节就不能成就美好的名声；憎恶小耻辱就不能建立大的功业。〕

——汉·司马迁《史记·鲁仲连邹阳列传》

口岁月，已往者不可复，未来者不可期，见在者不可失。〔已经过去的岁月不可能再回来了，尚未到来的日子不能一味等待，而现在的时光一定不能失去。〕

——宋·林逋《省心录》

口诟莫大于卑贱，而悲莫甚于穷困。〔人最大的耻辱莫过于地位卑贱，最大的悲哀莫过于生活贫困。〕

——战国·李斯·摘自《史记·李斯传》

口时不可留，众不可逆。〔时光飞逝不会停滞，人民意愿不可拂逆。〕

——汉·耿纯·摘自《后汉书·光武帝纪》

口为人要学大，莫学小，志气一卑污了，品格难乎其高。持家要学小，莫学大，门面一弄阔了，后来难乎其继。〔做人要学得大气，千万不要学得小气，志气一旦被侮辱了，品格就难达到应有的高度。持

家要学得小气，千万不要学得大气，门面一旦搞阔气了，今后就不一定能支撑下去。〕

——清·周希陶《增广贤文》

□习心太约者，不可以致远；习身太谨者，不可以犯难。〔心思习惯于拘谨的人，不可能实现远大目标；习惯于行动谨小慎微的人，不可能冒风险。〕

——清·唐甄《潜书·敬修》

□吾枕戈待旦，志枭逆虏，常恐祖生先吾著鞭。〔我头枕兵器等待天明，立志为削平叛逆之敌而努力，常怕祖逖比我更早起来习武。〕

——晋·刘琨·摘自《晋书·刘琨传》

□人之所难者二：乐攻其恶者，难；以恶告人者，难。〔一般人难以做到的有两件事情：能以改正自己的错误为快乐，是难以做到的；能向别人揭示自己的丑行恶迹，也是难以做到的。〕

——三国·徐干《中论·虚道》

□立非常之事，必俟非常之人。〔办不同寻常的事，就要等待不同寻常的人。〕

——北朝·贺拔岳·摘自《周书·列传》

□勉之，勉之！勿以恶小而为之，勿以善小而不为。惟贤惟德，能服于人。〔努力去做吧，努力去做吧！不要因为坏事小就去做，不要因为好事小就不去做。唯有贤能、唯有仁德，才能让人信服。〕

——三国·刘备《遗诏敕刘禅》

□路不险，则无以知马之良；任不重，则无以知人之德。君子自强其所重以取福，小人日安其所轻以取祸。〔道路没险阻，就不知道

499

马的好坏，委任不重要，就不知道人的德行。君子发愤图强完成所担当的重任所以获得幸福，小人每天安处于自己的轻松所以招致灾祸。〕

——汉·徐干《中论·修本》

□人胸中久不用古今浇灌之，则俗尘生其间，照镜面目可憎，对人亦语言无味也。〔人长时间不用古今书籍去滋养，那么俗尘就会产生于胸中，照镜时面目可恶，说话时语言无味。〕

——宋·黄庭坚《与子飞子均子予书》

□据宏图而轻天下，吝寸阴而贱尺璧。〔怀有宏图大业而以天下为轻，吝啬寸把光阴而以尺璧为贱。〕

——唐·李延寿《南史》

□进德修业在少年，道明德立在中年，义精仁熟在晚年。〔培养道德、进修学业在少年之时，明白道理、树立德行在中年之时，义理精通、仁德成熟在晚年之时。〕

——明·吕坤《呻吟语》

□志士惜日短，愁人知夜长。〔有志气的人惋惜日子太短，有忧愁的人知道夜晚太长。〕

——晋·傅玄《杂诗》

□百川东到海，何时复西归；少壮不努力，老大徒悲伤。〔许多河流向东流入大海，什么时候再向西流去；青少年时不努力，等老了只有悲伤。〕

——宋·郭茂倩《乐府诗集·长歌行》

□积善多者，虽有一恶，是为过失，未足以亡；积恶多者，虽有一善，是为误中，未足以存。〔做善事多的人，虽然偶有恶行，这是

过失，不能因此远离他；做恶事多的人，虽然偶做善事，这是误中，不能因此结交他。〕

——汉·王符《潜夫论·慎微》

□书山有路勤为径，**学海无涯苦作舟。**〔知识的宝山虽然很高，但它是有路可攀的，这个路就是勤奋；学问的海洋虽然极宽，但它是有船可渡的，这个船就是刻苦。〕

——清·佚名《古今对联集锦》

□夫道成于学而藏于书，**学进于振而废于穷。**〔学问道理藏在书中，通过学习可以掌握；学业长进靠勤奋，荒废则因为懈怠。〕

——汉·王符《潜夫论》

□书痴者文必工，**艺痴者技必良。**〔一个沉迷于书本的人，他的文字一定很精致；而一个沉迷于某项技术或艺术的人，他的技术、艺术水平一定是非常精良。〕

——清·蒲松林《聊斋志异·阿宝》

□德不优者，不能怀远；**才不大者，不能博见。**〔品德不高尚的人，不会有远大的理想；才学不博大的人，不会有广博的见识。〕

——汉·王充《论衡·别通篇》

□正其谊以谋其利，**明其道而计其功。**〔匡扶正义而要谋取其利益，明白道理而要衡量其功效。〕

——清·颜元《四书正误》

□财贿不多，衣食不赡，声色不妙，威势不行，非君子之忧也；行善不多，申道不明，节志不立，德义不彰，君子耻焉。〔财物不丰富，衣食不富足，歌舞不美妙，威势不通行，不是君子所忧虑的；做

501

善事多，讲道理不明，节操志向不确立，德行道义不明显，才是君子的耻辱。〕

——汉·王符《潜夫论·遏利》

□学业才识，不日进，则日退。须随时随事，留心著力为要。〔学业才识，若每天不进步，那么就会退步。必须随时随事，留心用力是首要的。〕

——清·左宗棠《与陶少云书》

□谦谦君子，卑以自牧也。〔道德高尚的人，总是以谦逊的态度，自首其德，修养自身。〕

——周·姬昌《周易·谦》

□有过知悔者，不失为君子；知过遂非者，其小人欤。〔有过失而知道悔改，这样的人仍不失为君子；知道了自己的过失而依旧不改，这就是小人了。〕

——宋·林逋《省心录》

□德日新，万邦惟怀；志自满，九族乃离。〔德行日日更新，万国归附；心志自满骄傲，亲戚也会疏离。〕

——汉·孔安国《伪古文尚书》

□迷涂知反，往哲是与；不远而复，先典攸高。〔迷途而知及时返回，以往的圣贤对此是赞同的；错路走得不远而知往回走，古代典籍也是嘉许的。〕

——南朝·丘迟《与陈伯之书》

□劝君莫惜金缕衣，劝君惜取少年时。有花堪折直须折，莫待无花空折枝。〔我奉劝你不要爱惜金线织就的衣裳，奉劝你要珍惜年少

的大好时光。有花可折的时候就应该折取，不要等到花谢了再去折取无花的树枝。〕

——唐·无名氏《金缕衣》

□从善如登，从恶如崩。〔从善就像登山一样困难，从恶像山崩一样容易。〕

——春秋·左丘明《国语·周语》

□善不可谓小而无益，不善不可谓小而无伤。〔善行不能因为微小而认为没有什么益处，恶行不能因为微小而认为没有什么危害。〕

——汉·贾谊《新书·审微》

□靡不有初，鲜克有终。〔没人不肯善其始，却很少有人能善其终。〕

——汉·毛亨《毛诗·大雅·荡》

□丈夫非无泪，不洒别离间。〔男人并非没眼泪，不在离别时流。〕

——唐·陆龟蒙《别离》

□君子上达，小人下达。〔君子（日日长进）向上，通达于仁义；小人（日日沉沦）向下，通达于财利。〕

——春秋·孔子《论语·宪问》

□一年好景君须记，最是橙黄橘绿时。〔你可要记住一年中最好的景色，那正是橙子金黄、橘子正绿的时候。〕

——宋·苏轼《赠刘景文》

□小善不足以蔽身，勿以小善而自怠；小恶不足以灭身，勿以小恶而自暇。〔小的善行虽然不足以庇护自身，但不要因为是小善就懒

503

得去做；小的恶行虽然不足以毁掉自身，但也不要因为是小恶就轻易而为之。〕

——宋·黄晞《聱隅子·道德篇》

□人行犹可复，岁行那可追？〔人走了还可以再回来，可是时光流走了，怎么能够追得回呢？〕

——宋·苏轼《别岁》

□少年辛苦终身事，莫向光阴惰寸功。〔年轻的时候受些辛苦是关系到自己一辈子的事，切不可偷懒耍滑、虚掷光阴。〕

——唐·杜荀鹤《题弟侄书堂》

□见人之过，得己之过。〔看到别人的过失，就知道了自己的过失。〕

——宋·杨万里《庸言》

□少壮轻年月，迟暮惜光辉。〔年轻时候常常不知道时光的宝贵，等到老的时候才懂得珍惜光阴。〕

——南朝·何逊《赠诸游旧》

□白日去如箭，达者惜分阴。〔太阳就像离弦的箭一样，忽地一下飞过去了，明达之人会爱惜每一寸光阴〕

——宋·朱敦儒《水调歌头·白日去如箭》

□白日莫空过，青春不再来。〔大好的时光可不要白白浪费掉，青春一旦逝去就不会再回来了。〕

——唐·林宽《少年行》

□人而好善，福虽未至，祸其远矣；人而不好善，祸虽未至，福其远矣。〔人如果乐于为善，福虽然还没有到来，但与祸的距离却已

经很远了；人如果不乐于为善，灾祸虽然还没有到来，但与福的距离却非常远了。〕

——汉·徐干《中论·修本》

□百川赴海返潮易，一叶报秋归树难。〔江河流入海洋，因潮回溯是很容易的；但秋天黄叶落地，却再也无法回到树上了。〕

——唐·鲍溶《始见二毛》

□吾令羲和弭节兮，望崦嵫而勿迫。〔我要让羲和停下他的鞭子啊，希望太阳不要落入崦嵫山。〕

——战国·屈原《离骚》

□天不再与，时不久留。〔天不二次给时机，时机不会长久停留。〕

——秦·吕不韦《吕氏春秋·首时》

□花有重开日，人无再少年。〔花儿凋零了，还有重新开放的时候；而人一旦老去了，就再没有青春年少的时候了。〕

——元·关汉卿《窦娥冤》

□花到三春颜色消，月过十五光明少。〔花到了晚春时节，就不再那么鲜艳了；月亮过了十五以后，就不再那么明亮了。〕

——元·王和卿《自叹》

□青春背我堂堂去，白发欺人故故生。〔青春就这样从我的背后大摇大摆地走了，白发像欺负人似的一根根长了出来。〕

——唐·薛能《春日使府寓怀》

□闻善不慕，与聋聩同；见善不敬，与昏瞽同；知善不言，与喑哑同。〔听善美的东西不产生羡慕之情，跟聋子一样；看到善美的东

505

西不产生崇敬的心情，跟瞎子一样；知道了善美的东西不去宣扬，跟哑子一样。〕

——唐·柳宗元《送从兄偶罢选归江淮诗序》

□万物之于人也，无私近也，无私远也；巧者有馀而拙者不足。〔万物对人来说，不因偏私而亲近，不因偏私而疏远；巧于利用万物的人就显得有余，拙于利用万物的人就显得不足。〕

——春秋·管仲《管子·形势》

□青春须早为，岂能长少年？〔人应当趁着青春年少的时候奋发有为，谁能够青春永驻呢？〕

——唐·孟郊《劝学》

□闻其过者过日消而福臻，闻其誉者誉日损而祸至。〔经常听到自己过失的人，过失就会日益消失而幸福就会到来；经常听到赞誉自己的人，声誉就会日益损害而灾祸就会来临。〕

——晋·陈寿《三国志·贺邵传》

□金乌长飞玉兔走，青鬓长青古无有。〔太阳一直在飞旋，月亮一直在奔走，但自古以来，能够让鬓发常青的人却一个也没有。〕

——唐·韩琮《春愁》

□昨日之日不可追，今日之日须臾期；如此如此复如此，壮心死尽生鬓丝。〔昨天的时光不能返回，今天的时光一会儿就没；这样这样还是这样，壮心磨尽两鬓成灰。〕

——唐·卢仝《叹昨日三首》

□君子耻不修，不耻见污；耻不信，不耻不见信；耻不能，不耻不见用。〔君子以自己品德还不够高尚为耻，而不以被别人污蔑为耻；

以自己不讲信用为耻，而不以不被别人信任为耻；以自己没有才能为耻，而不以不被任用为耻。〕

——战国·荀子《荀子·非十二事》

□枯木逢春犹再发，人无两度在少年。〔干枯的树木到了春天还会再发出新芽，但人却不可能有两次青春年少。〕

——清·周希陶《增广贤文》

□身不善而怨他人，不亦远乎？患至而后呼天，不亦晚乎？〔自己不好而出现错误，去埋怨别人，这样找原因不是太远了吗？祸患发生了，才无奈地呼天喊地，这种悔恨不是太迟了吗？〕

——汉·韩婴《韩诗外传》

□流光容易把人抛，红了樱桃，绿了芭蕉。〔如流水般逝去的年华将人抛却，转眼间，樱桃红了，芭蕉也绿了。〕

——宋·蒋捷《一剪梅·舟过吴江》

□君子有三忧：弗知，可无忧与？知而不学，可无忧与？学而不行，可无忧与？〔君子有三方面的忧虑：不懂道理，能不忧虑吗？懂得道理可是不去学习，能不忧虑吗？只学习而不实行，能不忧虑吗？〕

——春秋·孔子·引自《韩诗外传》

□流年莫虚掷，华发不相容。〔时光如水般匆匆流逝，切不可虚度年华，要知道，白发可是不饶人的。〕

——唐·方干《送从兄郜》

□积土成山，风雨兴焉；积水成渊，蛟龙生焉；积善成德，而神明自得，圣心备焉。〔土堆积到一定程度就成了山岭，风雨就会在那里兴起；水深到一定程度就成了渊壑，蛟龙就会在那里生活；道德日

507

积月累，就能培养很好的品德，那时心可以通神明，圣明之心也就具备了。〕

□难将百镒金，挽留一寸晷。〔即使用一百金也无法挽留住一寸光阴。〕

——明·周履靖《野人清啸》

□黄河清有日，白发黑无缘。〔黄河的水总会有变清的一天，但人的头发变白了，就再也不能变黑了。〕

——唐·刘采春《罗唝曲》

□题诗寄汝非无意，莫负青春取自惭。〔我给你寄这首诗不是没有用意的，希望你不要辜负了大好时光，免得将来自己感到惭愧。〕

——明·于谦《示冕》

□安乐有致死之道，忧患为养生之本。〔安逸享乐有招致丧生的道理，忧患则是调养身心的根本。〕

——宋·林逋《省心录》

□人生如朝露，白发日夜催。〔人生就像早晨的露珠，一眨眼就消失了，而白发却被日夜接连不断地催逼而来。〕

——宋·苏轼《登常山绝顶广丽亭》

□学不可以已。青，取之于蓝，而青于蓝；冰，水为之，而寒于水。木之中绳，輮以为轮，其取中规，虽有槁暴，不复挺者，輮使之然也。故木受绳则直，金就砺则利，君子博学而日参省乎己，则知明而行无过矣。〔学习不能够停止。靛青是从蓼蓝中提炼出来的，但比蓼蓝更青；冰是由水凝固而成的，但比水寒冷。木材挺直，符合木工

508

的墨线，经火烘烤弯曲做成车轮，它的曲度与圆规画的组合，即使再烘烤暴晒，它也不能再伸直了，这是因为熏烤弯曲使它这样的啊。所以木材经过墨斗画线加工后变直了，金属制成的刀剑在磨刀石上磨过之后变锋利了，君子广泛地学习，而又能每天检查反省自己，那就会见识高明而行动上不会犯错误了。〕

——战国·荀子《荀子·劝学》

□尽美固可扬，片善不可遏。〔尽善尽美固然是值得称颂的，但对于微笑的长处也不应该阻止或拒绝。〕

——唐·孟郊《投所知》

□君不见高堂明镜悲白发，朝如青丝暮成雪。〔你没有看到吗？镜子里的头发，早上还如青丝一般，到了晚上就好像雪一样白了。〕

——唐·李白《将进酒》

□年在桑榆间，影响不能追。〔人正渐渐地走向衰老，过去的影子和声音都无法再追回了。〕

——三国·曹植《赠白马王彪》

□仁不异远，义不辞难。〔仁者爱人，不避山高路远；义者施义，不畏困难重重。〕

——汉·刘彻·摘自《汉书·武帝纪》

□宽厚之人，吾师以养量。缜密之人，吾师以炼识。慈惠之人，吾师以御下。俭约之人，吾师以居家。明通之人，吾师以生慧。质朴之人，吾师以藏拙。才智之人，吾师以应变。缄默之人，吾师以存神。谦恭善下之人，吾师以亲师友。博学强识之人，吾师以广见闻。〔宽厚的人，我学习他用来培养自己的度量。缜密的人，我学习他用来锻炼自己的才识。慈惠的人，我学习他用来管理下级。俭约的人，我学

509

习他用来操持家庭。明通的人，我学习他用来增长智慧。质朴的人，我学习他用来弥补自己的笨拙。有才智的人，我学习他用来应对突发的事情。缄默的人，我学习他来培养自己的内涵。谦恭慈善的人，我学习他来亲近师长朋友。博学强识的人，我学习他来扩大自己的见闻。〕

——清·金缨《格言联璧》

□胜人者有力，自胜者强。〔战胜别人的人叫做有力量，克服自己弱点的人才算强大。〕

——春秋·老子《道德经》

□树德莫如滋，去疾莫如尽。〔树立品德越多越好，去掉疾病越彻底越好。〕

——春秋·左丘明《左传·哀公元年》

□强者不自勉，或死而泯灭于无闻；弱者能自立，则必有称于后世。〔强大的人，如不自己激励自己，就可能会在默默无闻中死亡、消失；弱小的人，如果能够自己立业，就必定会受到后世的称颂。〕

——宋·欧阳修《尚书屯田员外郎张君墓表》

□君子有过则谢以质，小人有过则谢以文。〔君子有了过错就用实质性的行动来认错，小人有了过错则用掩饰来应付。〕

——汉·司马迁《史记·孔丘世家》

□人谁无过，过而能改，善莫大焉。〔哪个人没有一点过错？有了过错能够改正，就是莫大的好事。〕

——春秋·左丘明《左传·宣公二年》

□宽而栗，柔而立，愿而共，治而敬，扰而毅，直而温，简而廉，刚而实，强而义。〔宽大而严肃，柔和而又有主见，诚实而又恭敬，

有治理的才能而又谨慎，驯服而又果敢，正直而又温和，简约而又廉洁，刚健而又笃实，敢作敢为而又合乎义理。〕

——汉·司马迁《史记·夏本纪》

□智者因危而建安，明者矫失而成德。〔有智的人往往能在危难的情况下实现安定，明达之人往往能纠正过失而成就美德。〕

——唐·陆贽《奉天请罢琼林大盈二库状》

□明主思短而益善，暗主护短而永愚。〔贤明的君主常想自己短处而更加贤明，昏庸的君主掩饰自己短处而永远昏庸。〕

——唐·吴兢《贞观政要·求谏》

□志不求易，事不避难。〔立志不求容易达到，做事不逃避困难。〕

——南朝·范晔《后汉书·虞诩传》

□削轻过以添重德，择今是以替前非。〔克服小毛病以光大道德，用今天的优点来取代以前的过错。〕

——唐·吴兢《贞观政要·征伐》

□为人君者，固不以无过为贤，而以改过为美也。〔作为国君，当然不能以没有过失为贤能，而应当以勇于改过为美德。〕

——宋·司马光《资治通鉴·汉纪》

□往者不可及，来者犹可追。〔过去的事情不可挽回，未来的事情还可以补救。〕

——宋·司马光《资治通鉴·汉纪》

□聪明用于正路，愈聪明愈好，而文学功名益成其美。聪明用于邪路，愈聪明愈谬，而文学功名适济其奸。〔一个人的聪明如果用于

511

正途，越聪明越好，而他的知识和功名更能成就他的美名。聪明如果用于邪路，则越聪明越糟，而他的知识和功名更能助长他的奸邪。〕

——清·金缨《格言联璧》

□苟日新，日日新，又日新。〔如果能在一天内洗净自己身上的污垢，那么就应当天天清洗，每日不间断。〕

——战国·曾参《礼记·大学》

□一念之非即遏之，一动之妄即改之。〔一个念头错了，就要马上遏止；一个举动错了，就要立即改正。〕

——明·薛瑄《薛子道论·上篇》

□过而改之，是犹不过。〔有过错便改正它，这就如同没犯过错。〕

——汉·刘向《说苑·君道》

□取法于上，仅得其中；取法于中，故为其下。〔以上等为准则，只能学到中等水平；以中等为准则，就只能做到下等水平。〕

——唐·李世民《帝范》

□齐民与俗流，贤者与变俱。〔平民百姓与习俗同流，贤明之士随着时代的变化而变革。〕

——汉·司马迁《史记·赵世家》

□功生于败，名生于诟。〔成功是建立在失败的基础上的，美名是建立在受人责骂的基础上的。〕

——明·庄元臣《叔苴子内篇》

□善者吾善之，不善者吾亦善之，德善；信者吾信之，不信者吾亦信之，德信。〔善良的人我以善良来对待他，不善良的人我也以善

良对待他，就得到了善；守信用的人我信任他，不守信用的人我也信任他，就得到了信任。〕

——春秋·老子《道德经》

□知犹识路，行犹进步。〔探求知识犹如认识道路，身体力行就像迈步前进。〕

——宋·吕祖谦《与学者及诸弟》

□学习如逆水行舟，不进则退。〔学习就像在逆水中划船，不前进就会后退。〕

——清·左宗棠《冰鉴》

□人之知识，若登梯然，进一级，则所见愈广。〔人获取知识，像登梯子，每进一级，那么所见识的程度就广阔一分。〕

——宋·陆九渊《陆九渊集·语录》

□器不饰则无以为美观，人不学则无以有懿德。〔器具不修饰就不美观，人不学习就不会有美德。〕

——汉·徐干《中论·治学》

□新松恨不高千尺，恶竹应需斩万竿。〔新栽的青松我恨不得马上让它成才，无用的竹子我应将它全部砍光。〕

——唐·杜甫《杜甫诗选》

□见可欲，则思知足以自戒；将有作，则思知止以安人；念高危，则思谦冲以自牧；惧满盈，则思江海下百川；乐盘游，则思三驱以为度；忧懈怠，则思慎始而敬终；虑壅蔽，则思虚心以纳下；惧谗邪，则思正身以黜恶；恩所加，则思无因喜以谬赏；罚所及，则思无因怒而滥刑。〔见到合意的东西，就想到要知道满足，以此警戒自己；将要兴建什么，就想到要适可而止，使人民安定；顾念地位崇高、危险，就想到谦虚，加强自己的修养；害怕自满，就想到要像江海一样，处在河流的下游；喜好游乐，就想到"三驱"的规定，以法为度；担心松懈，就想到开始谨慎，结束时更要严肃对待；怕受蒙蔽，就想到虚心采纳臣下的意见；担心听信谗言接触坏人，就想到要端正自己，斥退小人；施恩给人，就想到不要因一时高兴，错误地赏赐；要惩罚人，就想到不要因为发怒，滥施刑罚。〕

——唐·魏徵《谏太宗十思疏》

□善则赏之，过则匡之，患则救之，失则革之。〔做好就赞扬，过头就纠正，患难就援救，错误就改正。〕

——春秋·左丘明《左传·襄公十四年》

□海到无边天作岸，山登绝顶我为峰。〔海大到无边的时候天可以做海岸，山登到最高处时人就是峰顶。〕

——清·林则徐·引自《林则徐传记》

□知不足者好问，耻下问者自满。〔知道自己学问不多的人喜好学习，羞于请教别人的人自我满足。〕

——宋·林逋《省心录》

□昨日之日背我走，明日之日肯来否？走者删除来者难，惟有今日之日为我有。〔昨日的时光离我而去，明天的时光是否肯来呢？过去的时光已经没有了，未来的时光难以确定，只有今天的时光是属于我的。〕

——清·袁枚《对日歌》

□有颜回者好学，不迁怒，不贰过。不幸短命死矣，今也则亡，未闻好学者也。〔有一个叫颜回的人好学，不拿别人出气，也不会犯

514

同样的过失。不幸短命死了，现在再没有这样的人了，再也没听过好学的人了。〕

——春秋·孔子《论语·雍也》

□不饱食以终日，不弃功于寸阴。〔不能整日吃饱无所事事，不能放弃事业空耗一点儿时间。〕

——晋·葛洪《抱朴子·勖学》

□人生富贵驹过隙，唯有荣名寿金石。〔人生荣华富贵就像白驹过隙一样消失，只有荣誉和名声如金石一样长寿。〕

——明·顾炎武《秋风行》

□往者不可谏，来者犹可追。〔已经过去的事是无法挽回的不必再说了，但是未来的事还可以迎头赶上。〕

——春秋·接舆·引自《论语·微子》

□为学正如撑上水船，一篙不可放缓。〔做学问就像在水上划船，每一篙都不可以放缓。〕

——宋·朱熹《朱子语录》

□士人三日不读书，则面目可憎，语言无味。〔读书人三天不读书，就面貌卑陋，令人厌恶，言谈也无趣味。〕

——明·东鲁古狂生《醉醒石》

□习闲成懒，习懒成病。〔长期闲散就会养成懒惰的习惯，长期懒惰就会产生病痛。〕

——北齐·颜之推《颜氏家训》

□大禹圣人，犹惜寸阴；至于凡俗，当惜分阴。〔大禹是圣人，

尚且珍惜每寸光阴；至于凡夫俗子，更应当珍惜分分秒秒的时间。〕

——南朝·刘义庆《世说新语·政事》

□**青春虚度无所成，白首衔悲亦何及？**〔青春虚度没有什么成就，头发白了心怀悲戚又怎能追上？〕

——唐·权德舆《放歌行》

□**一日不学则心坠，一时不敬则心放。**〔一天不学习意志就坠落，一时不谨慎心意就放纵了。〕

——清·申居郧《西岩赘语》

□**闻义贵能徙，见贤思与齐。**〔听到仁义的可贵能够跟它接近，看到贤良的人思考着向他看齐。〕

——宋·陆游《示儿》

□**见贤思齐焉，见不贤而内自省也。**〔看见贤人，便应该想向他看齐；看见不贤的人，便应该自我反省有没有同他类似的毛病。〕

——春秋·孔子《论语·里仁》

□**见利争让，闻义争为，有不善争改。**〔有好处就应该彼此相让，听到正确的道理就争着去做，有了错误就争着改正。〕

——隋·王通《中说·魏相》

□**积上不止，必致嵩山之高；积下不已，必极黄泉之深。**〔向上堆积不止，必致嵩山之高；向下挖掘不停，必致黄泉之深。〕

——汉·王符《潜夫论·慎微》

□**胜我者，我师之，仍不失为其予之高足；类我者，我友之，亦不愧为攻玉之他山。**〔超过我的人，我拜他为老师，仍然不会失去他

516

做我弟子的名分；类同于我的人，我友好地对待他，做攻玉的它山之石也不惭愧。〕

——清·李渔《闲情偶寄》

□敬时爱日，非老不休，非疾不息，非死不舍。〔珍重时光，尚未衰老就不休止，没有疾病就不停息，不到死亡就不放弃。〕

——秦·吕不韦《吕氏春秋·上农》

□穷者欲达其言，劳者须歌其事。〔穷途末路的人想要表达自己的思想，劳累辛苦的人必得歌咏自己的困境。〕

——北朝·庾信《哀江南赋》

□为善则预，为恶则去。〔如果做的是好事就要积极参与，如果做的是坏事就要赶紧离开。〕

——北朝·颜之推《颜氏家训·有事篇》

□闻善速于雷动，从谏急于风移。〔听到正确的意见迅速行动快于雷电，采纳正确的批评迅速改正急于疾风。〕

——晋·陈寿《三国志·诸葛恪传》

□悟已往之不谏，知来者之可追。〔领悟到过去的事已不可修复，深知未来的事尚可弥补。〕

——晋·陶渊明《归去来兮辞》

□以不息为体，以日新为道。〔以奋斗不息为根本，以日益更新为办法。〕

——唐·刘禹锡《问大钧赋》

□知其愚者，非大愚也；知其惑者，非大惑也。〔知道自己愚笨

的人，还不算太愚笨；知道自己糊涂的人，还不算太糊涂。〕

——战国·庄子《庄子·天地》

□知过非难，改过为难；言善非难，行善为难。〔知过错并不难，改过错才是难；谈善事并不难，做善事才是难。〕

——唐·陆贽《奉天论赦书事条状》

□君子不恤年之将衰，而忧志之有倦。〔君子不忧虑年岁日益衰老，而忧虑志气渐渐倦怠。〕

——三国·魏·徐干《中论·修本》

□举世而誉之而不加劝，举世而非之而不加沮。〔全社会都赞誉他，他并不因此而更加勤奋；全社会都责难他，他也并不因此而更加沮丧。〕

——战国·庄子《庄子·逍遥游》

□一念不敢自恕，斯可谓之修；一语不敢苟徇，斯可谓之直；一介不敢自污，斯可谓之廉。〔内心不敢萌发一点儿自我放纵、自我原谅的念头，这样才算得上严于修身；言语上不敢说一句屈从他人、违背良知的话，这样才算得上正直不阿；行动上不敢做一点儿贪赃枉法、有辱人格的事，这样才算得上清正廉洁。〕

——明·薛应旂《薛方山纪述》

□怀永图者缓急效，负远略者遏浮言。〔怀着长远打算的人，决不追求眼前的利益；富有深谋远虑的人，决不会听信别人的闲言碎语。〕

——明·薛应旂《薛方山纪述》

□君子积行而处穷，守道而招毁，命也，亦性也，命则顺受于天，性则责成于己。〔君子积累善行却处境艰难，坚持正道却招来非

议，这既是命运的安排，也是自身的天性使然。既是命运安排，不妨顺其自然；既是天性使然，那就使其更加完善。〕

——明·薛应旂《薛方山纪述》

□奋始怠终，修业之贼也；缓前急后，应事之贼也；躁心浮气，蓄德之贼也；疾言厉色，处众之贼也。〔开始时雄心勃勃，情绪高涨，过后便心灰意懒，不思进取，这种态度最不利于修习学业；开始做事时拖沓缓慢，到后来又急于求成，这种做法最不利于将事情办好；心浮气躁，做事草率，最不利于培养高尚的品德；言语尖刻，表情冷漠，最不利于与他人和睦相处。〕

——明·吕坤《呻吟语》

□熟思审处，此四字德业之首务；锐意极力，此四字德业之要务；有渐无已，此四字德业之成务；深忧过计，此四字德业之终务。〔认真思考，仔细钻研，这是修德立业的基本条件；锐意进取，不遗余力，这是修德立业的必要条件；循序渐进，永不停止，这是修德立业取得彻底成功的关键；深谋远虑，从长计议，这是修德立业最终应该采取的步骤。〕

——明·吕坤《呻吟语》

□苏东坡为《迈砚铭》："以此进道常若渴，以此求进常若惊，以此治财常思予，以此书狱常思生。"〔苏轼在写给长子苏迈的题砚铭中说："用此砚读书学习应当如饥似渴，用此砚追求品行进步应当时时自警自励，用此砚料理财政应当时时想到乐施好善，用此砚判决讼案应当时时记着珍惜生命。"〕

——清·陈遇夫《迂言百则》

□扬子曰："天下有三门，繇于情欲，入自禽门；繇于礼义，入自人门；繇于独智，入自圣门。"〔汉代人扬雄说："天下有三种归宿，

519

如果凭着自己情欲行事，横行无忌，就会沦为禽兽；如果能够严于律己，行为合乎礼仪伦常，就算是纯粹的人；如果自我不断修行，那么就可以达到圣人的境界。"〕

——清·陈遇夫《迁言百则》

□人情警于抑而放于顺，肆于誉而敕于毁。君子宁抑而济，毋顺而溺；宁毁而周，毋誉而缺。〔人之常情，都是在遭受挫折时警觉，在顺利时就麻痹大意，放纵自己；在听到赞扬时忘乎所以，在听到诋毁时就小心谨慎。君子宁可战胜挫折而取得进步，也不要在顺境中意志消沉；宁可在诽谤中不断完善自己，也不要因听到太多的赞扬而看不到自己的缺点。〕

——明·薛应旂《薛方山纪述》

□人之所不能违者，时也；所不可离者，道也。时有升降，阴阳尽之矣；道无定在，鸢鱼见之矣。通乎昼夜，穷通得丧，皆非在我者也；察乎渊鱼，体用显微，皆非在物者也。〔人们所不能违背的，是天时的运行；人们所不能远离的，是天道的变化。天时有升有降，集中体现在阴阳的交替变化上；道没有固定的处所，老鹰和游鱼都有机会看到。天时就像昼夜循环往复，人生的困穷和通达、获得和丧失，都不能由人自己来决定；天道能够被深渊中的游鱼所察知，万物的本体和应用、显著和隐微，都不能取决于事物本身。〕

——明·薛应旂《薛方山纪述》

□人定胜天，志一动气，则命与数为无权。〔人力完全能够战胜自然。人的意志一旦发挥出超常的力量，那么就能摆脱天命的左右。〕

——明·陈继儒《安得长者言》

□常看得自家未必是，他人未必非，便有长进；再看得他人皆有可取，吾身只是过多，更有长进。〔人如果常能认识到自己未必一贯

520

正确，别人未必一无是处，那就说明其修养有了很大长进；如果再能认识到别人都有值得学习的优点，而自己身上缺点还很多，那就说明其修养已到炉火纯青的境界了。〕

——明·吕坤《呻吟语》

□把意念沉潜得下，何理不可得？把志气奋发得起，何事不可做？今之学者，将个浮躁心观理，将个委靡心临事，只模糊过了一生。〔人如果静下心来，不懈钻研，什么道理不能领会？如果树立坚定的志向，振作精神，什么事情干不成？如今的许多学者，以浮躁的心态观察世间的道理，以委靡不振的精神状态做事，只能是如行尸走肉，浑浑噩噩地过了一生。〕

——明·吕坤《呻吟语》

□寇莱公《六悔铭》："官行私曲，失时悔；富不俭用，贫时悔；艺不少习，过时悔；见事不学，用时悔；醉发狂言，醒时悔；安不将息，病时悔。"〔宋代寇准的《六悔铭》说："身为官吏却徇私舞弊，等到被罢官免职就后悔了；家境富裕时不省吃俭用，等到贫穷潦倒时就后悔了；年轻力壮时不勤学技艺，等到年纪老大就后悔了；别人有好经验却不学习借鉴，等到自己要用时就后悔了；喝醉酒时口出狂言，等酒醒时就后悔了；身体健康时不注意调理保养，等到疾病缠身时就后悔了。"〕

——清·陈遇夫《迂言百则》

□扫杀机以迎生气，修庸德以徕异人。〔消除胸中的杀伐之气以迎来勃勃生气，修养日常的德行以迎请圣贤高人。〕

——明·陈继儒《安得长者言》

高远雅静

□人亡典型在，百世留清尘。〔人虽然死了但榜样依然存在，千百年之后还留下清白高尚的风采。〕

——金·元好问《萧斋》

□垂名千古易，无愧寸心难。〔做名垂千古的事相对容易，一辈子不做无愧人心的事难。〕

——宋·陆游《剑南诗稿·遣兴》

□廉士不辱名，信士不惰行。〔廉洁的人绝不玷污自己的名节，诚实的人绝不懈惰自己的行为。〕

——汉·刘向《说苑·立节》

□后己先人，临财思惠。〔先别人后自己，而对钱财先想到曾给予自己恩惠的人。〕

——晋·陶渊明《祭从弟敬远文》

□质本洁来还洁去，不教污淖陷渠沟。〔从出生到离开人世的时候，都要保持纯洁，不让洁净之身掉入污浊的沟渠之中。〕

——清·曹雪芹《红楼梦》

□财能使人贪，色能使人嗜，名能使人矜，势能使人倚。四患既都去，岂在尘埃里？〔钱财能使人贪婪，女色能使人沉迷，名誉能使

522

人骄傲，权势能使人伏恃。男儿大丈夫既然去除了财、色、名、势这四种祸患，难道还是尘埃里的凡人吗？〕

——宋·邵雍《男子吟》

□源清流洁，本盛末荣。〔源头清了水流也清洁，根子深了枝叶就茂盛。〕

——汉·班固《高祖泗水亭碑铭》

□不艳于利，不怵于害。〔面对利益不羡慕，面对灾害不恐惧。〕

——清·方苞《文昌孝经序》

□内省不疚，何忧何惧！〔经自我检查也没有发现自己有什么过失，那就没有什么值得忧虑和害怕的了。〕

——汉·桓宽《盐铁论·和亲》

□富贵之畏人，不如贫贱之肆志。〔虽然富有高贵，但要整天看人脸色行事，还不如处于贫穷低贱，按照自己的意志行事。〕

——晋·皇甫谧《高士传·四皓》

□宁渴莫赊邻近酒，尽寒不着借来衣。〔宁可干渴，也不在附近赊酒饮；尽管遭受寒冷，也不借衣穿。〕

——宋·刘克庄《贫居自警三首》

□不为势牵，不为利夺。〔不做被权势牵着走的事，不图谋财利免被夺走魂魄。〕

——宋·欧阳修《刘君墓志铭》

□学而时习之，不亦说乎？有朋自远方来，不亦乐乎？人不知而不愠，不亦君子乎？〔学习了然后经常去实习它，不也是高兴的事

523

吗？有志同道合的人从远方来，不也是快乐的事吗？人不了解我，我却不怨恨，不也是君子的行为吗？〕

——春秋·孔子《论语·学而》

□与其无义而有名兮，宁穷处而守高。〔与其有名无德，不如宁愿清贫坚守名节。〕

——战国·宋玉《九辩》

□宁做书中之蠹，莫做人中之蛆。〔为人宁可像蠹虫一样在书本中讨生活，也不要像蛆虫一样专做损人的事。〕

——清·李西沤《老学究语》

□穷不忘操，贵不忘道。〔贫穷时不忘情操，富贵时要讲德行。〕

——唐·皮日休《六箴序》

□圣人恶要誉，君子耻姑息。〔圣人对于求取名利是厌恶的，君子对姑息溺爱是反感的。〕

——宋·李邦献《省心杂言》

□松柏本孤直，难为桃李颜。〔孤傲挺拔是松柏的风格，它没有桃李那样妖艳媚人的颜色。〕

——唐·李白《古风》

□愿作贞松千山岁古，谁论芳槿一朝新。〔愿像那岁寒不凋的长松一样万古长青，谁会羡慕只能盛开一时的木槿花。〕

——唐·刘希夷《公子行》

□知之曰知之，不知曰不知，内不自以诬，外不自以欺，以是尊贤畏法而不敢怠傲，是雅儒者也。〔知道就说知道，不知道就说不知

524

道，对内不欺骗自己，对外不欺骗别人，按照这样去尊重贤明，敬畏法度而不敢懈怠傲慢，这种人即为雅儒之人。〕

——战国·荀子《荀子·儒效》

□不随夭艳争春色，独守孤贞待岁寒。〔不去追随夭桃艳李争占春色，独自傲然挺立在严寒面前坚定不移。〕

——宋·王禹偁《官舍竹》

□贵富乌足论，令名当自保。〔大贵大富有什么值得炫耀的？好的名声应当自己保持。〕

——宋·苏舜钦《答章傅》

□百尺无寸枝，一生自孤直。〔高达百尺的树干没有长一寸枝丫，一生都孤傲挺直。〕

——唐·宋之问《题张老松树》

□芳槿无终日，贞松耐岁寒。〔木槿花的香味管不了一天，坚贞的松树却能经受住严冬的考验。〕

——元·关汉卿《望江亭中秋切》

□人皆可以为尧舜。〔人人都可以成为尧舜那样的圣人。〕

——战国·孟子《孟子·告子下》

□欲识凌冬性，惟有岁寒知。〔想要认识严寒的本性，只有在万木凋零的严寒时节。〕

——唐·虞世南《赋得临池竹应制》

□儒有席上之珍以待聘，夙夜强学以待问，怀忠信以待举，力行以待取。〔儒者有如筵席上的美味佳肴，怀抱美好的品德，等待他人

聘用，早晚勤勉学习以等待咨询，心怀忠实诚信以等待推荐，努力修行以等待取用。〕

——汉·戴圣《礼记·儒行》

□仁人轻货不可诱以利，勇士轻难不可惧以患。〔品行高尚的人看不起财货，因此不能用利益来引诱他；勇敢的人对危险毫不介意，因此不可以用灾祸去威胁他。〕

——春秋·王诩《鬼谷子·谋篇》

□蒲柳之姿，望秋先落；松柏之质，经霜弥茂。〔蒲柳一到秋季先自落叶，松柏经受霜冻枝叶更茂。〕

——南朝·刘义庆《世说新语·言语》

□平民肯种德施惠，便是无位底卿相。士夫徒贪权希宠，竟成有爵底乞儿。〔百姓若肯积德布施，便是没有官位的大官。而做官的人仅仅贪图权位希冀宠赏，便是有官位的乞丐。〕

——清·金缨《格言联璧·从政》

□朝华之草，夕而零落；松柏之茂，隆冬不衰。〔早上还很茂盛的草，到夕阳时分就零落了；而松柏的茂盛即使到了隆冬也不衰败。〕

——晋·陈寿《三国志·王昶传》

□为草当作兰，为木当作松；兰幽香风远，松寒不改容。〔做草应当做兰草，做木应当做松木；兰草再幽静香气仍然传播很远，松树再寒冷仍然不改变常绿的本色。〕

——唐·李白《于五松山赠南陵常赞府》

□山不在高，有仙则名；水不在深，有龙则灵。斯是陋室，惟吾德馨。〔山不一定要高峻，只要有神仙居住就会有名气；水不一定要

幽深，只要有蛟龙潜在就会有灵气。这是一间简陋的居室，只因有我的美好德行才使它散发香气。〕

——唐·刘禹锡《陋室铭》

□门如市，心如水。〔趋附门庭者尽管像市场一样热闹，但自己的内心却像水一样平静。〕

——明·何良俊《何氏语林·言语》

□傲骨不可无，傲心不可有。无傲骨则迫于鄙夫，有傲心不得为君子。〔不能没有傲骨，但不可以有傲气。没有傲骨则受制于卑鄙小人，有了傲气当不了谦谦君子。〕

——清·张潮《幽梦影》

□丈夫无苟求，君子有素守。〔大丈夫绝不苟且求名取利，君子历来坚守节操。〕

——宋·陆游《剑南诗稿》

□兰荃同畦，不混于植；兰鲍同室，不移于染。〔兰花和香草同在一块地里，但彼此并不混杂在一起生长；兰花和盐鱼同在一间屋里，但互相都不沾染气味。〕

——元·欧阳玄《芳林记》

□天下有曲谨之小人，必无放肆之君子。〔世上或许有行为曲谨的小人，但绝对不会有行为放肆的君子。〕

——明·陈继儒《安得长者言》

□君子贫穷而志广，隆仁也；富贵而体恭，杀势也；按燕而血气不惰，柬理也；劳倦而容貌不枯，好文也；怒不过夺，喜不过予，是法且私也。〔君子虽处境贫困，但志向远大，是因为他尊崇仁德；虽

527

身处富贵，但体态容貌恭敬，是因为他不依势作威；虽安逸，但精神并不松懈懒惰，是因为他选择了有条理的生活准则；虽劳累疲乏，但并不憔悴，是因为他爱好礼仪，注重礼节。〕

——战国·荀子《荀子·修身》

□不以利移，不以患改。〔不能见到利益就转移自己的志向，不因祸患而改变自己做人的原则。〕

——汉·刘向《说苑·说丛》

□丹青不知老将至，富贵于我如浮云。〔调丹弄青作画，不知道自己已经老了，富贵对我来说就像浮云一样。〕

——唐·杜甫《丹青引赠曹将军霸》

□非吾义，锱铢勿视；义之得，千驷无愧。〔不合自己遵循的正义，即使微小的金钱也不应看一眼；如果所得合正义，就是千辆车子也受之无愧。〕

——明·方孝孺《幼仪杂箴》

□莫以曾见疑，直道遂不敦。〔不要因为曾经被怀疑受到委屈，自己一直奉行的正道就不再推崇。〕

——唐·王建《寄崔列中丞》

□欲得仗节死义之臣，当于犯颜敢谏中求之。〔要想得到能仗节死义的人，应在敢于犯上直谏的人中选拔。〕

——宋·罗大经《鹤林玉露》

□笃信好学，守死善道。危邦不入，乱邦不居。天下有道则见，无道则隐。邦有道，贫且贱焉，耻也；邦无道，富且贵焉，耻也。〔执著诚信，喜好学习，坚守不变正确的道德。危险的国家不进入，动乱

的国家不居住。天下有仁道就展现抱负才能，没仁道就隐退闲居。政治清明，自己贫贱，是耻辱；政治黑暗，自己富贵，也是耻辱。〕

——春秋·孔子《论语·泰伯》

□履富贵而不淫，处贫贱而不戚。〔享受富贵而不堕落，处于贫穷而不忧愁。〕

——明·庄元臣《叔苴子·内篇》

□富贵讵能淫，贫贱讵能徙。〔富贵了岂能堕落，贫穷了岂能丧失志气。〕

——清·赵嘉程《有所思行》

□与其浊富，宁比清贫。〔与其不义而富裕，宁可清廉受贫困。〕

——唐·姚元崇《五诫·冰壶诫》

□富贵不傲物，贫穷不易行。〔富裕时不傲慢待人，贫穷潦倒时不改变自己的操行。〕

——秦·晏婴《晏子春秋·内篇》

□淡泊可明志，宁静可致远。〔淡泊欲望可以明确志向，心境单纯戒浮躁可以成就事业。〕

——清·李渔《警世选言》

□澹然无极，而众美归之。〔淡泊功名的人，各种美德都会集于一身。〕

——战国·庄子《庄子·刻意》

□贤人得上不虚，得下不危，言听于君必利于人，教行于下必利于上。〔贤能的人得到执政者的重用，不虚有其名位；在下深得民心，

529

但不危及于上。听从君主的话但必须有利于人民;教导实行于百姓,也必须对执政者有利。〕

——战国·墨子《墨子·非儒》

□残月色不改,高贤德常新。〔月亮亏缺但颜色不改变,品德高尚的人天天都在进步。〕

——唐·孟郊《章仇将军良弃功守贫》

□不取于人谓之富,不辱于人谓之贵。〔不去掠夺别人的财富才算是富有,不在别人面前卑躬屈辱地生活才是高贵。〕

——战国·孔鲋《孔丛子·公仪》

□宁与燕雀翔,不随黄鹄飞。〔宁肯和低飞的燕子雀鸟一起飞翔,也不愿跟随那些高高在上的天鹅。〕

——三国·阮籍《咏怀》

□宁为独立鹤,毋为两端鼠。〔宁肯像那些虽然孤立但不与鸡鹜为伍的白鹤,也不愿学那种畏首畏尾、动摇不定的老鼠。〕

——明·陈继儒《读书镜》

□富贵比于浮云,光阴逾于尺璧。〔财富和地位好比飘浮在天空中的云,光阴比直径一尺大的玉器还珍贵。〕

——唐·杨炯《王子安集·原序》

□夫志当存高远,慕先贤,绝情欲,弃凝滞,使庶几之志,揭然有所存,恻然有所感;忍屈伸,去细碎,文咨问,除嫌吝,虽有淹留,何损于美趣,何患于不济?〔志向应当高尚远大,敬仰前代圣贤,断绝私情杂欲,撇开影响自己前进的障碍,使所期望的那种高远志向在自己身上明显地体现出来,内心震动,心领神会。要能屈能伸,摆脱

530

琐碎事和感情的纠缠，广泛地向人请教，根除怨天尤人的情绪。做到这些，虽然也有可能暂时得不到施展的机会，但这哪会损害自己的高尚情趣，何患于事业不会成功呢？〕

——三国·诸葛亮《诫外甥书》

□宁可清贫，不可浊富。〔宁可清贫廉洁地过着贫苦生活，也不苟行不义富贵一生。〕

——明·罗贯中《三遂平妖传》

□宁可清贫自乐，不作浊富多忧。〔宁可自得其乐清贫地生活，也不发不义之财而经常担惊受怕。〕

——宋·普济《五灯会元》

□老骥伏枥，志在千里。烈士暮年，壮心不已。〔年老的骏马伏在马槽上，还想到千里之外驰骋；有为之士虽然到了晚年，雄心壮志并没有消磨掉。〕

——三国·曹操《步出夏门行·龟虽寿》

□大丈夫心事，当如青天白日，使人得而见之。〔大丈夫的心事像青天白日光明正大，能见得人。〕

——明·薛瑄《读书录》

□君子之心事，天青日白，不可使人不知。〔君子的想法，要像青天白日一样明明白白，不应有一点儿隐藏,应让大家看得清清楚楚。〕

——清·陈遇夫《迂言百则》

□君子在位可畏，施舍可爱，进退可度，周旋可则，容止可观，作事可法，德行可象，声气可乐，动作有文，言语有章，以临其下，谓之有威仪也。〔君子在位时能够敬畏，施舍时能够仁爱，进退时能

531

够把握时机，周旋时能够坚持原则，仪表值得观赏，做事值得效法，德行值得模仿，声音让人愉悦，动作有条理，言语有修饰，因此面临下属，可说是有威仪了。〕

——春秋·左丘明《左传·襄公三十一年》

□心事如青天白日，立品如光风霁月。〔心地要像青天白日一样光明正大，品质要像光风霁月一样晴朗高洁。〕

——清·张伯行《困学录集萃》

□太阿之剑，犀角不足齿其锋；高山之松，霜霰不能渝其操。〔太阿宝剑，犀牛的角也不能损坏它的锋刃；高山青松，霜雪不能改变它的本色。〕

——唐·张九龄《与李让侍御书》

□辛苦一生清白吏，只留松菊应苍颜。〔为国辛苦一辈子的清白官吏，现在只剩下和青松秋菊一样刚直苍老的面容。〕

——元·欧阳玄《赠彭云溪真》

□富贵不染其心，利害不移其守。〔富贵不能利诱他们高洁的心，利害不能改变他们的看法。〕

——宋·欧阳修《荐王安石吕公着札子》

□丈夫须兼济，岂能乐一身。〔大丈夫应该帮助天下，哪能只为自己快乐。〕

——唐·薛据《古兴》

□志不可不高，志不高，则同流合污，无足有为矣，心不可太大，心太大，则舍近图远，难期有成矣。〔一个人的志气不能不高，如果志气不高，就容易为不良的环境所影响，不可能有什么大作为。一个

532

人的野心不可太大，如果野心太大，那么便会舍弃切近可行的事，而去追逐遥远不可达的目标，很难有什么成就。〕

——清·王永彬《围炉夜话》

□清浊必异源，凫凤不并翔。〔清水和浊水必然为不同源头，野鸭和凤凰不会一起飞翔。〕

——晋·傅玄《和秋胡行》

□志士不饮盗泉之水，廉者不受嗟来之食。〔有志气的人连名叫"盗泉"的水都不肯喝，廉洁的人绝不接受别人施舍的食物。〕

——南朝·范晔《后汉书·乐羊子妻传》

□息阴无恶木，饮水必清源。〔为官要洁身自好，即是纳凉也不要选择在丑树下面，喝水只喝清澈见底的水。〕

——唐·王维《济上四贤咏·郑霍二山人》

□朗如日月，清如水镜。〔明朗如同日月，清廉如同明镜。〕

——唐·杨炯《县令扶风窦竑字思谨赞》

□不饮浊泉水，不息曲木阴。〔不喝不干净的水，不在弯树木下纳凉。〕

——唐·白居易《丘中有一士》

□我不能为五斗米折腰向乡里小人。〔我不能为了五斗米低头向这些乡里的小人折腰。〕

——晋·陶渊明·摘自《晋书·陶潜传》

□立德践言，行全操清，斯则富矣；高尚其志，不降不辱，斯则贵矣。〔培养高尚品质，做到言行一致、品行健全、节操清白，这是

533

最大的财富；有崇高的志向，不卑躬屈膝、不屈辱苟活，这是最可贵的。〕

——晋·葛洪《抱朴子·广譬》

□身当浊世，自处清流。〔自身虽然生活在一个浑浊的社会，但应洁身自好，使之不沾染一点儿污秽。〕

——明·吕坤《呻吟语》

□居必择地，行必择贤。〔住家必择好地，交流必选贤者。〕

——唐·皮日休《足箴》

□内不愧心，外不负俗，交不为利，仕不谋禄。〔对己无愧良心，处世不负众望，交友不为谋利，做官不光为俸禄。〕

——三国·刘劭《卜疑集》

□冰壶玉尺，纤尘不染。〔像洁净的冰壶，无瑕的玉尺，极其细微的尘埃都不沾染。〕

——明·宋濂《元史·黄溍传》

□义士不欺心，廉士不妄取。〔有义之士不会欺骗自己，廉洁之人不会随便贪利。〕

——汉·刘向《说苑·谈丛》

□富贵一时，名节千古。〔人间荣华富贵是短暂的，名声节操却是千古长存的。〕

——清·万斯同《明史·赵光忭传》

□君子之心不胜其小而气量涵盖一世，小人之心不胜其大而志意拘守一隅。〔高尚的人心很小，但心胸气量能容得下整个世界；卑鄙

534

的人心很大，但意志却局限于死守一个角落。〕

——清·金缨《格言联璧·存养》

□君子被褐，穷而不可轻；小人轩冕，达而不足重。〔德行高尚的人，尽管穿着粗布衫，贫穷潦倒，也不可轻视他；品格低下的人，虽然乘坐高车，头顶官冕，飞黄腾达，也不值得尊重他。〕

——晋·葛洪《抱朴子·博喻》

□三军可夺帅也，匹夫不可夺志也。〔军队可以失去统帅，普通人不可失去志向。〕

——春秋·孔子《论语·子罕》

□粗缯大布裹生涯，腹有诗书气自华。〔粗线束发，粗布著身，生活和平民一样；满腹诗书，才华横溢，气质自然与众人大不相同。〕

——宋·苏轼《和董传留别》

□直穷绝顶高，始觉天地阔。〔只有站得高，才能看得远。〕

——清·黄遵宪《人境庐诗草》

□器大者声必闳，志高者意必远。〔大的乐器必定会发出洪大的声音，道德高尚有志气的人必然有远大的理想。〕

——宋·范开《稼轩词序》

□高怀无近趣，清抱多远闻。〔志向远大的人不会对小目标感兴趣，襟怀高洁的人就会名声远扬。〕

——唐·孟郊《送温初下第》

□虎豹之驹未成文，而有食牛之气；鸿鹄之鷇羽翼未会，而有四海之心。〔虎豹的幼仔还没有长出花纹，就已经有了捕食牛的气概；

鸿鹄的雏鸟还没有长满羽毛，就已经有了飞跃四海的雄心。〕

———战国·尸佼《尸子》

□自种自收还自足，不知尧舜是吾君。〔自己耕种自我供给，不知道尧舜是我君主。〕

———宋·王禹偁《佘田词五首》

□质胜文则野，文胜质则史。文质彬彬，然后君子。〔朴实多于文饰，就未免粗野；文饰多于朴实，又未免虚浮。文饰和朴实，配合适当，这才是君子。〕

———春秋·孔子《论语·雍也》

□功不独居，过不推诿。〔功劳不独自占据，错误不推托别人。〕

———清·曾国藩《与鲍春庭》

□弃燕雀之小志，慕鸿鹄以高翔。〔抛弃燕雀的小志向，敬慕鸿鹄高高飞翔。〕

———南朝·丘迟《与陈伯之书》

□莫道桑榆晚，微霞尚满天。〔不要说太阳已经快落山了，美丽的晚霞仍然红遍了天。〕

———唐·刘禹锡《酬乐天咏老见示》

□先天下之忧而忧，后天下之乐而乐。〔在天下人忧愁之前先忧愁，在天下人快乐之后再快乐。〕

———宋·范仲淹《岳阳楼记》

□忠信而不谀，谏争而不谄，挢然刚折端志而无倾侧之心，是案曰是，非案曰非。〔（臣子对君主应做到）忠直诚信而不阿谀，对君主

过错努力谏诤而不谄媚，坚强刚毅果断，思想正直而没有私心杂念，对就说对、不对就说不对。〕

□治天下者，必先立其志。正志先立，则邪说不能移，异端不能惑。〔治理天下的，必须首先确立自己的志向。正确的志向首先确立起来，异端邪说就不能改变他的方向，搅乱他的思想。〕

——宋·程颢《论王霸札子》

□丈夫之志，能屈能伸。〔大丈夫的志向是能忍受委屈，也能施展抱负。〕

——清·程允许《幼学琼林·武职》

□不畏浮云遮望眼，自缘身在最高层。〔不怕浮云遮住远望的视线，因为身子站在山峰的最高处。〕

——宋·王安石《登飞来峰》

□塞得物欲之路，才堪辟道义之门；驰得尘俗之肩，方可挑圣贤之担。〔堵塞得了物质欲望的道路，方才能够开辟道德义理的大门；背驰得了凡尘世俗的肩荷，方才可以挑起圣人贤达的担子。〕

——明·洪应明《菜根谭》

□任凭弱水三千，我只取一瓢饮。〔尽管弱水绵延千里，我只喝一瓢就足够了。〕

——清·曹雪芹《红楼梦》

□君子之自行也，动必缘义，行必诚义，俗虽谓之穷，通也；行不诚义，动不缘义，俗虽谓之通，穷也；然则君子之穷通，有异乎俗者也。〔君子在品行上自我要求，有举动一定遵循道义，做事情一定忠实于道义，世俗即使认为这行不通，君子也认为行得通；做事情不忠实于道义，有举动不遵循道义，世俗即使认为这行得通，君子也认为行不通。〕

——秦·吕不韦《吕氏春秋·高义》

□君子有三变：望之俨然，即之夜温，听其言也历。〔君子有三变：远望他，庄严可畏；靠拢他，温和可亲；他讲话，严厉不苟。〕

——春秋·子夏《论语·子张》

□君子以独立不惧，遁世无闷。〔君子要独立不移，无所畏惧，隐身遁世也不苦闷。〕

——周·姬昌《周易·大过》

□惜食惜衣，岂为惜财原惜福；求名求利，但须求己莫求人。〔爱惜衣食，哪是爱惜财务，而原本是爱惜幸福；追求名利，只须强求自己，不要强求别人。〕

——清·姚永朴《旧闻随笔》

□富贵不淫贫贱乐，男儿到此是豪雄。〔身处富贵能节欲知礼，身处贫贱能乐道安贫，真能如此，那就是英雄豪杰的本色。〕

——宋·程颢《秋日偶成》

□正其谊不谋其利，明其道不计其功。〔做任何事情都是为了匡扶正义而不是为了个人的利益，是为了明白道义而不是计取功名。〕

——汉·董仲舒《天人三策》

□富贵者，观其礼施也；贫穷者，观其有德守也；嬖宠者，观其不骄奢也；隐约者，其观其不慑惧也。〔对于富贵的人，要看他富贵时是否守礼善施；对于贫贱的人，要看他在贫贱时的道德操守；对于

受宠信的得志者，要看他能否谦恭节俭，恪尽职守；对于隐居的失意者，要看他能否无畏无私，坦然高洁。〕

——汉·戴德《礼记·文王官人》

□处屯而必行其道，居陋而不改其度。〔虽然处于困顿的境地，却一定要践行其仁道；住在简陋的住所，却不改变其气度。〕

——唐·张九龄《宋使君写真图赞序》

□律己宜带秋风，处事宜带春风。〔要求自己应该像秋风一样严酷，为人处世应该像春风一样温暖。〕

——清·张潮《幽梦影》

□执一不失，能君万物；君子使物，不为物使。〔君子执著地坚持事物本质的道理，就能使万物为我所用；君子利用器物来达到自己的目的，而不能被器物所役使。〕

——春秋·管仲《管子·内业》

□大器晚成，宝货难售。〔贵重的器物制成所用的时间较长，贵重的商品出售比较困难。〕

——汉·王充《论衡·状留篇》

□饭疏食饮水，曲肱而枕之，乐亦在其中矣。不义而富且贵，于我如浮云。〔吃粗粮，喝冷水，弯着胳膊做枕头，乐趣也在其中。干不正当的事得来的富贵，在我看来像是浮云。〕

——春秋·孔子《论语·述而》

□君之宽而不僈，廉而不刿，辩而不争，察而不激，直立而不胜，坚强而不暴，柔从而不流，恭敬谨慎而容，夫是之谓至文。〔君子宽宏而不怠慢，讲原则而不刺伤人，辩论而不争讼，明察而不偏激，品

539

行正直而不盛气凌人，坚强而不粗暴，柔从而不邪移，恭敬谨慎而能宽容人，这就是人们所说的德行完备。〕

——战国·荀子《荀子·不苟》

□君子可招而不可诱，可弃而不可慢。〔君子可以召见他可是不能利诱他，可以离弃他可是不能辱慢他。〕

——隋·王通《中说·礼乐》

□礼，身之干也；敬，身之基也。〔礼仪，是立身的主干；恭敬，是立身的基础。〕

——春秋·左丘明《左传·成公十三年》

□知其荣，守其辱，为天下谷。为天下谷，常德乃足，复归于朴。〔深知其荣耀却安守其卑辱，甘心处在天下人之下。甘心处在天下人之下，永恒之德才可以充足，才能回归到质朴的境地。〕

——春秋·老子《道德经》

□知其雄，守其雌，为天下蹊。为天下蹊，常德不离，复归于婴儿。〔深知其刚强却安守其柔弱，甘愿做天下的蹊谷。甘心做天下的蹊谷，永恒之德就不会离去，并能回复到像婴儿那样纯真的状态。〕

——春秋·老子《道德经》

□知其白，守其黑，为天下式。为天下式，常德不忒，复归无极。〔深知其洁白却安守其黑暗，甘愿做天下的范式。甘愿做天下的范式，永恒之德就不会丧失，就可回归到至大的真理。〕

——春秋·老子《道德经》

□宁守浑噩而黜聪明，留些正气还天地；宁谢纷华而甘澹泊，遗个清白在乾坤。〔人宁可保持淳朴真实而摈弃机巧聪明，以便给人间

540

留一点儿浩然正气；人宁可抛弃荣华富贵而过着淡泊宁静的生活，以便给世界留一个纯洁高尚的美名。〕

——明·洪应明《菜根谭》

　　□行洁者，入市而阖户；行浊者，阖户而入市。〔行为高洁的人，进入闹市也等于关门在家；行为污浊的人，关门在家，心也早已跑到闹市去了。〕

——明·彭汝让《木几冗谈》

　　□富贵不足以益，贫贱不足以损。〔富贵不能给他增加什么，贫贱也不能使他减少什么。〕

——三国·王肃《孔子家语·五仪解》

　　□名高毁所集，言巧智难防。〔人的名望高了，就会成为人们诽谤指责的目标；那些花言巧语的中伤，就算是智者也难以提防。〕

——唐·刘禹锡《萋兮吟》

　　□君子敬以直内，义以方外，敬义立而德不孤。〔君子要持敬才能端正内心，要坚持道义才能要求别人，对己能持敬，对人能存义，那么品德和言行得到他人的共鸣，不会感到孤单。〕

——周·姬昌《周易·坤》

　　□醉翁之意不在酒，在乎山水之间也。〔醉翁之意趣并不在于饮酒，其真正的意趣是欣赏令人陶醉的山水景色。〕

——宋·欧阳修《醉翁亭记》

　　□君子易知而难狎，易惧而难胁，畏患而不避义死，欲利而不为所非，交亲而不比，言辩而不辞，荡荡乎其有以殊于世也。〔君子容易相处但绝不可亵狎，容易警惧但难以胁迫，畏避灾祸但不回避为正义而赴汤蹈火，虽然希求利益但不为非作歹，交游虽有亲疏但不结党营私，言论缜密但不搬弄辞藻，心胸坦荡，就是和世俗之人有着明显的不同。〕

——战国·荀子《荀子·不苟》

□海棠不惜胭脂色，独立蒙蒙烟雨中。〔海棠花一点儿也不顾惜自己骄人的红姿，独自傲立于细雨中。〕

——宋·陈与义《春寒》

□宁可忍饥而死，不可苟利而生。〔宁可忍受饥饿死亡，不可获取不应得的利益活着。〕

——明·焦宏《玉堂丛语》

□骐骥不能与罢驴为驷，而凤凰不与燕雀为群，而贤者亦不与不肖者同列。〔骏马不能与疲驴驾车，凤凰不能和燕雀同群，而贤人也不能和坏人为伍。〕

——汉·司马迁《史记·日者列传》

□身处朱门，而情游江海；形入紫闼，而意在青云。〔朱门紫闼束缚的只是他的形体，他的精神已游于江海青云之间。〕

——南朝·张融·摘自《南史·列传》

□卑者溺于功利，高者骛于空虚。〔庸俗之人往往沉溺于世俗功利而不能自拔，清高之人又往往追求一些虚幻之事不务实际。〕

——明·胡居仁·摘自《明史·儒林列传》

□古之所谓隐逸者，非伏其身而不见也，非闭其言而不出也，非藏其智而不发也，盖以恬淡为心，不激不昧，安时处顺，与物无私者也。〔古代所说的隐逸之人，不是把自己隐藏起来不出现，不是闭而不

显他的智慧，而是以恬淡的心态对待人生，不明亮不昏暗，顺应潮流，平静地处世，对人、对物没有私心。〕

——唐·李延寿《北史》

□澹泊之安者，远华靡之习；雅素之尚者，绝淫侈之奸。〔安于淡泊的人，必然远离繁华靡烂的习俗；崇尚雅俗的人，必然杜绝荒淫奢侈的奸徒。〕

——元·陈高《听雪斋铭》

□上不循于乱世之君，下不俗于乱世之民。〔对上不听命于乱世的君主，对下不随从于乱世的民众。〕

——战国·荀子《荀子·性恶》

□为人臣下者，有谏而无讪。〔作为臣下来说，对君主应该有规劝批评而不应该有诽谤诋毁。〕

——战国·荀子《荀子·大略》

□人君之大患也，莫大于详于小事而略于大道，察于近物而暗于远图。〔君王最大的忧虑，没有比小事情详明、大道理简略更大的，没有比眼前的事情清楚、长远的事情糊涂更大的。〕

——汉·徐干《中论·务本》

□言不取苟合，行不取苟容。〔对上级说话不采取曲意附和的态度，做事也不采取苟且求容的态度。〕

——汉·司马迁《史记·范睢蔡泽列传》

□君子曰："大德不官。大道不器。大信不约。大时不齐。"察于此四者，可以有志于本矣。〔君子说："有大德的圣人，不会局限于一官一职；有大道的圣人，不会像器物一样只有一个用场；有大信义的

圣人，不会受到盟约的限制。天之四时不会是整齐划一的。"人若明察了这四种情况，就有志于学之本了。〕

——汉·戴圣《礼记·学记》

□君子怀德，小人怀土；君子怀刑，小人怀惠。〔君子关心仁德，小人关心乡土；君子关心法制，小人关心实惠。〕

——春秋·孔子《论语·里仁》

□以鲁连之智，辞禄而不反，接舆之贤，行歌而忘归。〔鲁仲连的聪明之处在于辞掉俸禄，不肯为官；接舆的贤能之处在于隐居而不肯入仕途。〕

——南朝·江淹·摘自《南史·列传》

□尽忠不豫交，不用不怀禄。〔为国尽忠的人，不事先交好于国君；不为朝廷所用时，也不怀恋官爵俸禄。〕

——战国·晏婴《晏子春秋·内篇问上》

□有高人之行者，固见负于世；有独知之虑者，必见骜于民。〔具有超出普通人的高明人，本来就会被世俗社会所非议，独一无二见识思考的人也一定会遭到平常人的嘲笑。〕

——战国·商鞅《商君书·更法》

□居庙堂之高，则忧其民；处江湖之远，则忧其君。〔处在高高的朝廷上，就为百姓而担忧；处在偏远的江湖上，就为自己君主担忧。〕

——宋·范仲淹《岳阳楼记》

□君子有三乐，而王天下不与存焉。父母俱存，兄弟无故，一乐也；仰不愧于天，俯不怍于人，二乐也；得天下英才而教育之，三乐也。〔君子有三种乐趣，但是以德服天下并不在其中。父母都健康，兄

弟没灾患，是第一种乐趣；抬头无愧于天，低头无愧于人，是第二种乐趣；得到天下优秀人才而对他们进行教育，是第三种乐趣。〕

——战国·孟子《孟子·尽心上》

□赏不当，虽与之必辞；罚诚当，虽赦之不外。〔奖赏与功绩不相称，虽然给予奖赏，但一定拒绝；惩罚果真与罪过相称，虽然免予惩罚，但不会不接受。〕

——秦·吕不韦《吕氏春秋·离俗》

□不曲道以媚时，不诡行以缴名。〔不通过不正当的途径来讨好世俗，不用欺骗手段来求取名誉。〕

——唐·魏徵《群书治要·政论》

□君子言忧不言乐，然而乐在其中也；小人知乐不知忧，故忧常及之。〔君子提倡忧患不提倡享乐，可是乐在其中了；小人知道享乐不知道忧患，所以忧患常在身边。〕

——宋·叶适《习学记言序目》

□君子可逝也，不可陷也；可欺也，不可罔也。〔君子可以叫他远远走开不再回来，却不可以陷害他；可以欺骗他，却不可以愚弄他。〕

——春秋·孔子《论语·雍也》

□宁教枝头抱香死，何曾吹落北风中。〔坚贞不屈的菊花宁可枯死在枝头，何曾见她被寒风吹落在地上。〕

——宋·郑思肖《所南集·寒菊》

□井鱼不可与语大海，拘于隘也；夏虫不可与语寒雪，笃于时也；曲士不可与语至道，拘于俗束于教也。〔不能与井里的鱼谈论大海，因为它们被狭小的环境所局限；不能与夏天的虫子谈论冬雪，因

为它们受季节的限制；不能同思想片面的人谈论最深刻的道理，因为他们被世俗偏见所限制，被陈腐的礼教所束缚。〕

——汉·刘安《淮南子·原道训》

□小人之誉，人反为损。〔得到卑劣小人的称赞，使人反而受到损害。〕

——汉·刘向《淮南子·说山训》

□四时之运，功成则退，高爵厚宠，鲜不致灾。〔春夏秋冬是不断地变化运行的，因此，人应该功成就身退；那些贪图高官厚禄的，很少有人不招致灾祸的。〕

——汉·庾亮·摘自《后汉书·梁冀传》

□寻芳者追深径之兰，识韵者探穷山之竹。〔寻求芳香的人追踪幽径的兰花，通晓音律的人探取穷山的美竹。〕

——北朝·燕射歌辞《角调曲二首》

□或与世同尘，随波澜以俱逝，或违时骄俗，望江湖而独往。〔有的人混迹于世俗间里，随尘世的波澜上下起浮，同消俱逝；有的人与时世相乖，与世俗异趣，独向山林江湖，与石泉松柏为伍。〕

——唐·李延寿《北史》

□仰不愧天，俯不愧人，内不愧心。〔仰视不愧对青天，俯视不愧对百姓，自问不愧对内心。〕

——唐·韩愈《与孟尚书书》

□得一官不荣，失一官不辱，勿说一官无用，地方全靠一官；吃百姓之饭，穿百姓之衣，莫道百姓可欺，自己也是百姓。〔当上了官不感到荣耀，失掉了官职不感到耻辱，不要随便说某个官员没有用处，

地方上全靠官员治理；吃的是百姓饭，穿的是百姓衣，不要乱说百姓好欺负，要记住你自己也是百姓。〕

——清·河南内乡县古衙门楹联

□贞操与日月俱悬，孤芳随山壑共远。〔节操坚贞，可与日月同悬天边；人品高洁，可与山壑并存久远。〕

——南朝·沈约《谢齐竟陵王教撰高士传启》

□振衣千仞冈，濯足万里流。〔在千仞高的山冈上抖抖衣袍，在万里长的河流中洗洗双脚。〕

——晋·左思《咏史八首》

□其曲弥高，其和弥寡。〔唱的歌曲格调越高，能够应和的人就越少。〕

——战国·宋玉《对楚王问》

□无耻者富，多信者显；夫名利之大者几在无耻而信。〔没有廉耻的人发财，夸夸其谈的人名声显扬；至于那些取得大名、获得大利的，则几乎都兼备没有廉耻和夸夸其谈的特点。〕

——战国·庄子《庄子·盗跖》

□官非其任不处也，禄非其功不受也。〔官职不是自己所能胜任的，就不去做；俸禄不是自己功劳所应得到的，就不接受。〕

——汉·司马迁《史记·日者列传》

□士大夫当为此生惜名，不当为此生市名。敦读书、尚气节、慎取与、谨威仪，此惜名也。竞标榜、邀权贵、务矫激、习模棱，此市名也。惜名者，静而休；市名者，躁而拙。〔做官、读书的人应当为此生爱惜名誉，不要沽名钓誉。看重读书，崇尚气节，取之有道，乐

547

于施与，谨小慎微，树立形象，这是爱惜名誉。自我标榜、攀权富贵、热衷出头、是非不分，这是沽名钓誉。爱惜名誉的人内秀却美名远扬；沽名钓誉的人张扬却名声扫地。〕

——清·金缨《格言联璧》

□**志要豪华，趣要淡泊。**〔一个人立志要高迈深远，生活情趣要淡泊朴素。〕

——明·吴从先《小窗自纪·豪华与淡泊》

□**人能自信，则宝贵、贫贱、穷通有不能累也。**〔人能够自信，那么财宝地位、贫困卑贱、穷困显达又不能负累自身。〕

——明·薛瑄《薛瑄全集·读书录》

□**良农不以水旱不耕，良贾不为折阅不市，士君子不为贫穷怠乎道。**〔好的农民不因为遭到水害灾害就不再耕种，好的商人不因为亏本就不再做买卖，有志气节操的官员、文人不因为贫穷而怠慢道义。〕

——战国·荀子《荀子·修身》

□**楚国无以玉为宝，惟善以为宝。**〔楚国不以白珩璧玉为宝，而是以观射父、左史倚相两个善人为宝。〕

——战国·曾参《礼记·大学》

□**狂夫之乐，知者哀焉；愚者之笑，贤者戚焉。**〔疯子欢乐，聪明人为之悲哀；傻子嬉笑，贤能之士为之忧愁。〕

——汉·刘向《战国策·赵策》

□**忠臣之事君也，计功而受赏，不为苟得；量力而受官，不贪爵禄；其所能者受之勿辞也，其所不能者与之勿喜也。**〔忠臣侍奉君主，衡量自己的功劳而接受奖赏，不做苟且取得之事；掂量自己的能力而

548

受官职，不贪图俸禄；自己应当接受的就要接受而不推辞，自己不应
该接受的即使给了也不要高兴。〕

——汉·刘安《淮南子·人间训》

□天之道，利而不害。圣人之道，为而不争。〔上天之道，行事
有利于万物，而不伤害万物。圣人之道，处世有所作为，而不争斗。〕

——春秋·老子《道德经》

□邦有道则知，帮无道则愚。〔国政清明就发挥才智，国政昏暗
就假装糊涂。〕

——春秋·孔子《论语·公冶长》

□出新意于法度之中，寄妙理于豪放之外。〔在遵循一定的法则
之中，创造出崭新的意境；在豪放的情怀之外，寄托了深妙的理趣。〕

——宋·苏轼《书吴道子画后》

□激浊扬清，嫉恶好善。〔涤荡污水，涌起清流；痛恨丑恶，喜
好善良。〕

——唐·吴兢《贞观政要·任贤》

□进不求于闻达兮，退不营于荣利。〔进取不追求显达名声啊，
退隐不谋取利益虚荣。〕

——北朝·阳固《演赋》

□精骛八极，心游万仞。〔精神驰骋于八极之远，心绪周游于万
仞之巅。〕

——晋·陆机《文赋》

□志不立，天下无可成之事。虽百工技艺，未有不本于志者。〔志

向不确立，世界上没有可以做成的事业。即使各种手工业匠人的技艺，也无不由于立志而有所成就。〕

        ——明·王阳明《王阳明全集·教条示范龙场诸生》

□鹪鹩不可与论云翼，井蛙难与量海鳌。〔不能和生活在灌木丛中的鹪鹩议论高飞的大鹏，也难以与井底的青蛙估量海中的大龟。〕

        ——晋·郭璞《客傲》

□贫而无谄，富而无骄。〔贫穷却不巴结奉承，富有却不骄傲自满。〕

        ——春秋·孔子《论语·学而》

□亲权者不能与人柄；操之则栗，舍之则悲。〔崇尚权势的人不能把权柄交给别人；他们掌握权柄时恐惧万分，失掉权时悲伤之至。〕

        ——战国·庄子《庄子·天运》

□守正之人其气高，含章之人其词大。〔恪守正义的人，其气节高尚；有美好品质的人，其文章宏伟。〕

        ——唐·王维《京兆尹张公德政碑》

□君子惠而不费，劳而不怨，欲而不贪，泰而不骄，威而不猛。〔君子给百姓好处，而自己却无所消耗；劳使百姓，百姓却不怨恨；自己欲仁欲义，却不贪图财利；安泰矜持却不骄傲；威严却不凶猛。〕

        ——春秋·孔子《论语·尧曰》

□士气不可无，傲气不可有。士气者，明于人己之分，守正而不诡随。傲气者，昧于上下之等，好高而不素位。自处者每以傲人为士气，观人者每以士气为傲人，悲夫！故惟有士气者能谦己下人，彼傲人者昏夜乞哀或不可知矣。〔为人处世，不能没有凛然不可犯的清高气度，但决不能有目空一切的骄横之气。所谓凛然士气，就是清楚地知道自己和别人的不同，坚持原则而不随波逐流；所谓骄傲之气，就是混淆上下尊卑的差别，好高骛远而不安分守己。人们在自处时往往误把傲气当做士气，而评价他人时又往往把士气当做傲气，实在可悲啊！看来只有那些具备凛然士气的人才有可能做到礼贤下士，不卑不亢；而那些傲气十足的人，说不定在黑夜无人之处摇尾乞求，完全是另一副嘴脸。〕

——明·吕坤《呻吟语》

□司马光生平无不可对人言者，只一语，了却一生。〔宋代司马光说自己一生中没有什么不可对别人说的事，只这一句话，高度概括了其一生的品格。〕

——明·彭汝让《木几冗谈》

□半窗一几，远兴闲思，天地何其寥阔也；清晨端起，亭午高眠，胸襟何其洗涤也。〔窗户半开，倚着木几，心中充满高远的兴致，任凭思绪悠闲地飞扬，看天地多么寥廓；清晨早早起身，吟诵好诗美文。中午高枕而卧，哪管世事纷纭，这样的心怀是多么清净空灵！〕

——明·彭汝让《木几冗谈》

□势利纷华，不近者都为洁，近之而不染之为尤洁；智械机巧，不知者为高，知之而不用者为尤高。〔显赫的权势、优厚的财利、诱人的虚名，不要去接近，就可以保持自身贞洁；如果接近却又不被其污染，那么就更高洁了。各种智谋巧计，最好是不知晓；如果知晓却又不去滥用，那么就更高尚了。〕

——清·陈遇夫《迂言百则》

□张阳和曰："以祸福得丧付之天，以赞毁予夺付之人，以修身立德责之己，此是至简至易之学。"〔明代张元汴说："为人处世，应

551

当把祸福得失交给上天安排,顺其自然;把赞扬和诋毁、升迁和贬谪之事交给他人,任由别人去说长道短,不必过于在意;在修身立德方面则要严格要求自己,不敢疏忽大意。这才是最为简便易行的处世之道。"〕

——清·陈遇夫《迂言百则》

□天地间真滋味,惟静者能尝得出;天地间真机括,惟静者能看得透;天地间真情景,惟静者能题得破。作热闹人,说孟浪语,岂无一得?皆偶合也。〔大自然中真正的乐趣,只有淡泊宁静的人才能享受得到;大自然中真正玄妙的机理,只有内心宁静的人才能参透;大自然中真正美妙的景致,只有悠闲恬静的人才能领略得到。如果热衷于趋炎附势,夸夸其谈,尽管也能有一些收获,但都是偶然所得。〕

——明·吕坤《呻吟语》

□君子慎求人,讲道问德,虽屈己折节,自是好学者事。若富贵利达向人开口,最伤士气,宁困顿没齿可也。〔君子求助于别人时一定要慎重,如果是请教学术、提高道德修养,尽管低声下气,起码体现了好学上进、不耻下问的精神。如果为了谋求地位尊贵、家境富裕而去向他人求助,实在有失士大夫的身份,宁可一辈子困顿潦倒,也不要去做这样的事。〕

——明·吕坤《呻吟语》

□闭门却是深山,读书随处净土。〔闭门谢客就像隐居深山,专心读书随处可入清净世界。〕

——明·陈继儒《安得长者言》

□平生所为,使怨我者得以指责,爱我者不能掩护,亦省身之一大耻也,士君子慎之。故我无过而谤语滔天,不足惊也,可谈笑而受之;我有过而幸不及闻,常寝不贴席、食不下咽矣。是以君子贵无恶于志。〔平生的所作所为，使怨恨我的人能够抓住把柄加以指责，使爱护我的人爱莫能助不能替我辩护，这也是为人处世方面的奇耻大辱，士君子应当慎之又慎。因此当我没有过错时，外界各种诽谤诋毁的话铺天盖地，并不值得吃惊，尽可以谈笑风生地泰然面对；当犯下过失时，却听不到别人的批评，反而令人睡不好觉、吃不下饭，心里很不是滋味。看来正人君子最看重的是问心无愧，心中没有负罪感。〕

——明·吕坤《呻吟语》

口处利则要人做君子，我做小人；处名则要人做小人，我做君子。斯惑之甚也！圣贤处利让利，处名让名，故澹然恬然，不与世忤。〔面对利益则要别人做谦让君子，自己做贪得小人；可是在名义上，却要别人背小人的恶名，自己背君子的美名。这种做法真是太糊涂了！圣贤面对财利一味让人，面对美名一味让人，所以才能恬淡自处，与人和谐共存。〕

——明·吕坤《呻吟语》

口《吕览》曰："当贵盛之时，人之奉我者，非奉我也，奉贵者也；当贫贱之时，人之陵我者，非陵我也，陵贱者也。彼自奉贵耳，吾何为而喜？彼自陵贱耳，吾何为而怒？"〔《吕氏春秋》中说："当我尊贵显赫之时，别人都来奉承我，其实并不是奉承我本人，而是在奉承权势；当我贫贱潦倒之时，别人都来欺侮我，其实并不是欺侮我本人，而是在欺侮贫贱。既然他是奉承权势，我又何必高兴呢？既然他是欺侮贫贱，我又何必生气呢？"〕

——清·陈遇夫《迂言百则》

口做秀才如处子，要怕人；既入仕如媳妇，要养人；归林下如阿婆，要教人。〔做秀才时要像小女子一样，要畏服师长；做官之后要像做媳妇一样，要奉养他人；退隐之后要像做婆婆一样，要指教后辈。〕

——明·陈继儒《安得长者言》

553

旷达乐观

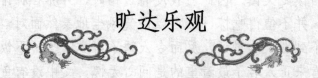

□惟不求利者为无害，惟不求福者为无祸。〔只有不过分追求利益的人可以避害，只有不追求十全十美的人可以避祸。〕

——汉·刘安《淮南子·诠言训》

□偷得利而后有害，偷得乐而后有忧者。〔贪占便利会有后患，暗中寻欢作乐会有后忧。〕

——春秋·管仲《管子·形势解》

□在山泉水清，出山泉水浊。〔泉水在山里原是清澈的，泉水出山就变得浑浊了。〕

——唐·杜甫《佳人》

□食用有余，断然不可积钱；学识不足，断然不可做官。〔家境富裕有余，不能光为了积蓄钱财；自己的知识不足，不能冒昧去做官。〕

——清·李西沤《老学究语》

□功利不牵，身名自泰。〔只要不受功名利禄的牵制，一生自然是泰然安适无忧无虑。〕

——清·梁章钜《浪迹三谈》

□富以苟，不如贫以誉。生以辱，不如死以荣。辱可避，避之而已矣。及其不可避也，君子视死若归。〔富有但苟且，不如贫而安乐；

554

生而受辱，不如死而光荣。羞辱是可以避免的，避开它罢了。到不能避免时，君子则视死如归。〕

——汉·戴德《礼记·曾子制言》

　　□骄富贵者戚戚，安贫贱者休休。〔以富贵为骄傲的人总是心事重重，安于清贫的人反而悠闲自得。〕

——宋·林逋《省心录》

　　□知足则乐，务贪必忧。〔知道满足就会快乐，一味贪求势必心情忧悒。〕

——宋·林逋《省心录》

　　□失之不忧，得之不喜。〔失去了不忧虑悲伤，得到了不喜形于色。〕

——汉·刘安《淮南子·氾论训》

　　□困辱非忧，取因辱为扰；荣利非乐，忘荣利为乐。〔困厄羞辱并不值得担忧，值得担忧的是为争名夺利受到的困辱；荣誉财利并不值得快乐，值得欢乐的是对世俗名利的淡泊。〕

——清·金缨《格言联璧·持躬》

　　□君子贵知足，知足万虑轻。〔君子贵在知足，知足后所有的忧虑都会减轻。〕

——元·赵孟頫《九月》

　　□官不必尊显，期于无负君亲。道不必博施，要在有裨民物。禄岂须多，防满则退。年不待暮，有疾便辞。天非私富一人，托以众贫者之命。天非私贵一人，托以众贱者之身。〔做官不必求位高权重，只要无愧于朝廷和父母。对百姓不需广泛救济，只要做对百姓有利的

555

事即可。做官的俸禄不需太多，够养老即应退休；不需等到年老，有病就应辞官。上天并非只让做官的人富贵，实在是将贫穷百姓的命运托付于你。〕

——清·金缨《格言联璧·从政》

□心无愧怍，则无人而不自得；心无贪恋，则无往而不自安。〔心里没有抱愧之事，那么无论到什么地方也都会感到得意；心里没有贪恋之物，那么无论去什么地方也都会感到踏实。〕

——宋·罗大经《鹤林玉露·小官对移》

□有得须有失，无福亦无祸。〔有得到必然会有失去，没有福分的人也没有祸害。〕

——元·朱庭玉《道情》

□勿慕贵与富，勿忧贱与贫，自问道何如，贵贱安足云？〔不要羡慕地位高与钱财多，不要忧虑地位低与贫穷，应该问问自己道德修养怎样，地位高低何必值得去说？〕

——唐·白居易《续座右铭》

□不戚戚于贫贱，不汲汲于富贵。〔不会因贫贱而整天忧愁，不会为追求富贵而投机钻营。〕

——晋·陶渊明《五柳先生传》

□人生芳秽有千载，世上荣枯无百年。〔一个人善恶名声会流传千古，人世间荣华富贵不会超过百年。〕

——宋·谢枋得《和曹东谷韵》

□居上不骄，居下不倍。国有道，其言足以兴。国无道，其默足以容。〔君子在上位不会骄傲自满，在下位不会背道逆行。国家政治

清明，他的言论足以振兴国家；国家政治黑暗，他保持沉默就足以安处其身。〕

——战国·子思《礼记·中庸》

□守道而忘势，行义而忘利，修德而忘名。〔恪守道德而忘掉权威，做事仁义而忘掉利益，修养道德而忘掉虚名。〕

——宋·苏轼《文与可字说》

□得官不欣，失位不恨。〔得到官位不欣喜，失去官位不怨恨。〕

——汉·王充《论衡·自纪篇》

□不为轩冕肆志，不为穷约趋俗。〔不因为享有高官厚禄而忘乎所以，也不因为穷困拮据就随波逐流俗不可耐。〕

——战国·庄子《庄子·缮性》

□振衣千仞岗，濯足万里流。〔在高山上整理衣衫，在长河中洗涤双足。〕

——晋·左思《咏史》

□少欲觉心静，心静则事简。〔人的欲望少心情就平静，心情平静事情就简单。〕

——明·薛瑄《读书录》

□患生于忿怒，祸起于纤微。〔灾难往往产生于生气，祸害常常从细微处发生。〕

——汉·韩婴《韩诗外传》

□盖将自其变者而观之，则天地曾不能以一瞬；自其不变者而观之，则物与我皆无尽也。〔要是从它们变化的一面来观察，那么天地

557

简直是连一眨眼的工夫也没有就完了；从它们不变化的一面来观察，那么万物和我都永远存在。〕

——宋·苏轼《前赤壁赋》

□木秀于林，风必摧之；堆出于岸，流必湍之；行高于众，众必非之。〔树在林中太突出了，风必定要摧毁它；土堆突出在岸边，水流必定要冲击它；品行比一般人高，大家必定要非难他。〕

——三国·李康《运命论》

□大丈夫能屈能伸。〔大丈夫处在困境时能忍受委屈，得志时能施展抱负。〕

——清·李宝嘉《文明小史》

□智者之虑，虑于未形；达者所观，观于未兆。〔聪明的人思考问题，在问题发生之前；通达的人谋划事情，在事情未出现征兆之时。〕

——三国·阮瑀《为曹公作书与孙权》

□德不孤，必有邻。〔有德行的人是不会孤立的，一定有志同道合的人与他亲近。〕

——春秋·孔子《论语·里仁》

□德人无累兮，知命不忧；细故蒂芥兮，何足以疑？〔修养好的人心里没有牵累，知道天命而不忧愁；一些琐细无聊的事情，哪里值得疑虑？〕

——汉·贾谊《鵩鸟赋》

□结庐在人境，而无车马喧。问君何能尔？心远地自偏。〔房子建在众人聚居的地方，但没有烦劳应酬、车马喧闹。问你怎能如此超凡洒脱？心灵避离尘俗自然幽静远邈。〕

——晋·陶渊明《饮酒十二首》

□塞翁失马，安知非福？〔边塞上的老人失掉了一匹马，怎么知道这不是他的福气呢？〕

——汉·刘安《淮南子·人间训》

□百虑何为，至要在我。寄愁天上，埋忧地下。〔一切忧虑有什么用呢，关键在自己。要把愁苦寄往天上，把忧虑埋在地下。〕

——南朝·范晔《后汉书·仲长统传》

□交不为利，仕不谋禄。〔朋友不是为了利益，做官不是为了谋求俸禄。〕

——三国·嵇康《卜疑》

□人生如寄，多忧何为！〔人生如同寄居，为什么还要过多地去忧虑！〕

——三国·曹丕《善哉行》

□达则兼善而不渝，穷则自得而无闷。〔身居显贵时同时为善，而不改变原来的抱负，处境窘迫时也要怡然自得而不苦闷〕

——三国·嵇康《与山巨源绝交书》

□眼前一杯酒，谁论身后名。〔面对眼前的一杯酒，正可逍遥自在，谁去管它身后的名声如何！〕

——北周·庾信《拟咏怀·摇落秋为气》

□自处超然，处人蔼然；有事斩然，无事澄然；得意淡然，失意泰然。〔对待个人利害要超脱，与人相处要和蔼；有事情时果断处置，没事情时要平静；顺利时不要趾高气扬，遇到挫折不要灰心丧

气。〕

——明·崔铣《听松堂语镜》

□君子安贫,达人知命。〔品德高尚的人安于贫困生活,性格达观的人知道自己的命运。〕

——唐·王勃《秋日登洪府滕王阁饯别序》

□达士志寥廓,所在能忘机。〔达观的人志存高远,所在之处不为那些无谓纷争动脑筋。〕

——唐·储光羲《古意》

□天生我材必有用,千金散尽还复来。〔上天赋予我的才能,一定有英雄用武之地,千金用完了还会再来。〕

——唐·李白《将进酒》

□自古英达未必尽用于当年。〔自古以来的英俊贤达之士未必在当世都受到重用。〕

——唐·李白《金陵与诸贤送权十一序》

□细推物理须行乐,何用浮名绊此身?〔仔细推究事物变化的道理,还是应当及时行乐,何必用那些虚名来束缚自己的行动呢?〕

——唐·杜甫《曲江二首》

□死生哀乐两相弃,是非得失付闲人。〔生与死、哀与乐,我都弃之不顾;是与非、得与失,任由闲人评说。〕

——唐·韩愈《忽忽》

□大丈夫行事,论是非,不论利害;论顺逆,不论成败;论万世,不论一生。〔大丈夫做事只讲对与不对,不讲有利还是有害;只讲是

否顺应情势，不讲成功还是失败；只讲流芳万世，不讲一生得失。〕

——清·黄宗羲《宋元学案》

□达人识元气，变愁为高歌。〔达观的人知道保护自己的元气，能够把愁绪变为引吭高歌。〕

——唐·孟郊《达士》

□野老清谈，恬然自得；田家浊酒，乐以忘忧。〔与乡间父老聊天，心情悠然自得；共饮农家的浊酒，快乐得忘掉一切忧愁。〕

——唐·骆宾王《与博昌父老书》

□竹杖芒鞋胜马，谁怕？一蓑烟雨任平生。〔拄着竹枝，穿着草鞋走路，胜过骑马。风雨中谁曾害怕？披着蓑衣，任其自然度过一生。〕

——宋·苏轼《定风波》

□莫作天涯万里意，溪边自有舞雩风。〔不要产生远在万里天涯的悲凉情绪，其实这里自有"风乎舞雩"的乐趣。〕

——宋·苏轼《苏轼诗全集》

□无意苦争春，一任群芳妒。〔不想苦苦地争奇斗艳，任凭各种花朵嫉妒。〕

——宋·陆游《卜算子·咏梅》

□天下自有公论，非爱憎异同所能夺也。〔天下本来就有评判是非的公认标准，不是任何个人的恩怨爱憎所能改变的。〕

——宋·陆游《跋东坡谏疏草》

□有其道而无其名，则穷不失为君子；有其名而无其道，则达不失为小人。〔有道德而没有名声，即使穷厄也不失为君子；有声而没

有道德，即使显贵也仍然是小人。〕

——宋·穆伯长《答乔适书》

□人生万事须自为，跬步江山即寥廓。〔人生在世，任何事情都要自己努力去做，这样，即使是很窄小的地方，也会觉得高远空阔。〕

——元·范梈《王氏能远楼》

□是非来入耳，不听自然无。〔是非的话送入耳朵才会知道，不听自然也就不存在。〕

——明·兰陵笑笑生《金瓶梅》

□萧然物外，自得天机。〔淡泊超脱于世俗之外，自然领悟真理。〕

——清·全祖望《阳曲傅先生事略》

□万里飞腾仍有路，莫愁四海正风尘。〔施展远大的抱负仍有希望，不要因为天下混乱而愁苦。〕

——清·夏完淳《舟中忆邵景说寄张子退》

□达人观之，生死一耳；何必生之为乐，死之为悲。〔在达观的人看来，生和死是一回事，何必因为生而快乐，因为死而悲哀呢？〕

——清·蒲松龄《聊斋志异·陆判》

□山僧不解数甲子，一叶落知天下秋。〔山里的和尚不知道计算日期，看见一片树叶飘落就知道秋天来了。〕

——宋·唐庚《唐子民西语录》

□君子无入而不自得焉。在上位，不陵下；在下位，不援上，正己而不求于人，则无怨。上不怨天，下不尤人。是故君子居易以俟命，小人行险以徼幸。〔君子没有什么地方不能泰然处之。处在上位的人不欺压处在下位的人，处在下位的人也不巴结处在上位的人，只是端正自身不乞求于他人，这样就不会有怨恨之心。上不抱怨天，下不责怪人，所以君子安守以待命，小子作恶期侥幸。〕

——战国·子思《礼记·中庸》

□天道有盈虚，智者乘时作；取果半青黄，不如待自落。〔自然规律有盈有虚，聪明的人善于利用时机而行动；与其摘取半青半黄的果子，不如等待它自己熟透而落。〕

——清·顾炎武《子房》

□至正者静，至静者圣。〔达到正直的人，心境才不受干扰。达到心静的人，通达事理才智非凡。〕

——五帝·黄帝《黄帝四经·经法》

□君子坦荡荡，小人常戚戚。〔君子心地平坦宽广，小人却经常局促忧愁。〕

——春秋·孔子《论语·述而》

□君子泰而不骄，小人骄而不泰。〔君子安详舒泰，却不骄傲凌人；小人骄傲凌人，却不安详舒泰。〕

——春秋·孔子《论语·子路》

□见善则迁，有过则改。〔看见别人的善言善行就倾心向往和追求，自己有了过错则马上改正。〕

——周·姬昌《周易·益》

□古之得道者，穷亦乐，通亦乐，所乐非穷通也，道得于此，则穷通为风雨四时之序矣。故许由娱于颍阳，而共伯得志乎丘首。〔古时候得道的人，困厄的环境里也能快乐，通达的情况下也能快乐。心境快乐的原因不在于困厄与通达，道德存留于心中，那么困厄与通达都像是寒与暑、风与雨那样有规律地变化。所以，许由能够在颍水的北岸求得欢娱，而共伯则在共首之山优游自得地生活。〕

——战国·庄子《庄子·让王》

□怀既往而不咎，指将来而骏奔。〔不忘过去失误而不沉溺于责备，盼望将来的前程而像骏马飞奔。〕

——唐·王勃《上百里昌方疏》

□日省其身，有则改之，无则加勉。〔每天反省自己，有过失就改正，没有过失就更加努力。〕

——宋·朱熹《四书集法·论语》

□自安于弱而终于弱矣，自安于愚而终于愚矣。〔自己满足于弱小的人最终还是弱小，自己满足于无知的人最终还是无知。〕

——宋·吕祖谦《东莱博议·葵丘之会》

□晚食以当肉，安步以当车，无罪以当贵。〔若吃剩饭，就当是吃肉；慢慢行走，就当是坐车；没有罪过，就当是富贵。〕

——汉·刘向《战国策·齐策》

□自知者不怨人，知命者不怨天；怨人者穷，怨天者无志。〔自知的人不怨人，知天命的人不怨天。怨人的人困顿，怨天的人志短。〕

——战国·荀子《荀子·荣辱》

□尊德乐义，则可以嚣嚣矣。故士穷不失义，达不离道。穷不失义，故士得己焉；达不离道，故民不失望焉。古之人，得志，泽加于民；不得志，修身见于世。穷则独善其身，达则兼济天下。〔崇尚德，喜爱义，就可以自得其乐了。所以士人穷困时，不失掉义，得意时，不离开道。穷困时不失掉义，所以自得其乐；得意时不离开道，所以百姓不致失望。古代的人，得意时惠泽普施于百姓，不得意时修养个人品德，以此表现于世人。穷困时把自身德行修养好，通达时要使天下百姓都得到好处。〕

——战国·孟子《孟子·尽心上》

□人品之不高，总为一"利"字看不破；学业之不进，总为一"懒"字丢不开。〔一个人品格之所以不高，总是因为无法将一个"利"字看破；而学问之所以不长进，就是因为偷懒不勤奋的缘故。〕

——清·王永彬《围炉夜话》

□汝惟不矜，天下莫与汝争能；汝惟不伐，天下莫与汝争功。〔如果你不自夸，天下就没有人与你争高下；如果你不自大，天下就没有人与你争功劳。〕

——汉·孔安国《伪古文尚书》

□不尤人，何人不可处；不累事，何事不可为。〔不随意怨诟别人，那么什么人都可与之相处；不为外事所羁绊，那么没有什么事不可以做。〕

——明·魏良政·摘自《明史·儒林列传》

□丈夫拥书万卷，何假南面百城。〔大丈夫胸怀磊落，心思澄静，坐拥书城，何必借助君王面对百座城池。〕

——北朝·李谧·摘自《魏书·校勘记》

□思索精者明益衰，德行修者王道狭。卧名利者写生危，知周于六合之内者，吾知生之有为阻也。持而满之，乃其殆也；名满天下，不若其已也；名进而身退，天之道也。满盛之国，不可以仕任；满盛之家，不可以嫁子；骄据傲暴之人，不可与交。〔思索愈精细的人明智愈加不足，德行越有修养的人王道越加狭窄。太有名利的反而有生命危险的忧虑，智慧遍及天地四方的其生机就要受阻。骄傲放纵而自满起来，那是非常危险的表现。名誉满天下，不如早罢手。因为名进而身退，才合于天道。极盛的国度，不可给它当官；极盛的家族，不可同他结亲；骄倨傲暴之人，不可同他交友。〕

——春秋·管仲《管子·白心》

□人生贵得适志，何能羁宦数千里以要名爵乎？〔人生处世贵在称心适意，哪能束缚在官场而离家数千里以图谋虚名爵位呢？〕

——晋·张季鹰·摘自《晋书·文苑》

□安能苟荣禄，扰扰复营营？〔怎能为了取得一官半职，而去上蹿下跳，奔忙不已呢？〕

——宋·梅尧臣《依韵和达观禅师赠别》

□不忘故乡，仁也；不恋本土，达也。〔不忘记故乡的人是仁义之士，不留恋本土的人是旷达之人。〕

——晋·王祥·摘自《晋书·王祥传》

□劝君莫作守财奴，死去何曾带一文？〔劝君莫做看守钱财的奴隶，死后谁能带走一分？〕

——清·周希陶《增广贤文》

□贫穷而不约，富贵而不骄。〔贫穷时不卑躬屈膝，富贵时不骄横跋扈。〕

——战国·荀子《荀子·君道》

□不幸福，斯无祸；不患得，斯无失；不求荣，斯无辱；不干誉，斯无毁。〔不追求福运，就不会有灾祸；不计较所得，就不会有失去；

不追求荣耀，就不会遭到辱没；不企冀美名，就不会遭到诋毁。〕

——清·魏源《默觚·治篇》

□至乐无如读书，至安无如教子。〔最大的乐趣就是读书，最大的幸福就是教育自己的子女。〕

——清·史典《愿体集》

□贫，气不改；达，志不改。〔境况穷困，正直的气节坚守不移；地位显达，高尚的志向不改变。〕

——元·宋方壶《山坡羊·道情》

□不汲汲于荣名，不戚戚于卑位。〔不为了荣誉名声而钻营，不因为地位卑下而忧伤。〕

——唐·骆宾王《上吏部裴侍郎书》

□知足不辱，知止不殆，可以长久。〔知道满足可以远离耻辱，知道适可而止可以远离危险，然后生命才可以长久。〕

——春秋·老子《道德经》

□不在其位，不谋其政。〔不在某个职位上，就不计议某个职位上的政事。〕

——春秋·孔子《论语·泰伯》

□苟全性命于乱世，不求闻达于诸侯。〔在乱世中姑且保全自己的性命，不追求在诸侯间闻名显达。〕

——三国·诸葛亮《出师表》

□君子己善，亦乐人之善也。己能，亦乐人之能也。己虽不能，亦不以援人。〔君子自己好也喜欢别人好；自己有才能也喜欢别人有才

能;自己没本事,也不嫉妒别人有才能而妨碍别人。〕

——汉·戴德《礼记·曾子立事》

□境遇休怨我不如人,不如我者尚众;学问休言我胜于人,胜于我者还多。〔别埋怨我的境遇不如人,不如我的人还很多;别说我的学问超过了人,超过我的人还很多。〕

——清·李西沤《西沤外集》

□穷达有命,吉凶由人。〔穷困显达取决于天命,但吉凶祸福却取决于自身。〕

——汉·荀悦《汉纪·平帝纪》

□乐易者常寿长,忧险者常夭折,是安危利害之常体也。〔快乐平易的人往往长寿,忧愁邪恶的人常常短命,这就是安危利害的正常状况。〕

——战国·荀子《荀子·荣辱》

□傲岸荣悴之际,颉颃龙鱼之间,进不为谐隐,退不为放言。〔在显达和穷困之际,都刚正不阿;在成龙和成鱼之间,都坦然处之;出来做官则不戏谑、不隐藏,回归江湖则不嘲讽、不讥评。〕

——晋·郭璞·摘自《晋书·郭璞传》

□非无安居也,我无安心也;非无足财也,我无足心也。〔不是没有安定的住所,是我没有安闲的心境;不是没有丰足的财物,是我没有满足的心理。〕

——战国·墨子《墨子·亲士》

□鸢飞戾天者,望峰息止;经纶世务者,窥谷忘反。〔想像鸢鹰那样平步青云追求高官显爵的人,望见这些山峰会平息名利之心;那

些忙忙碌碌热衷于世上各种事务的人，看见这些山谷也会流连忘返。〕
　　　　　　　　　　　　——南朝·吴均《与宋元思书》

　　□逢人不说人间事，便是人间无事人。〔遇到人而不谈人间之事，真是人间超凡脱俗的大师。〕
　　　　　　　　　　　　——唐·杜荀鹤《赠质上人》

　　□人生直作百岁翁，亦是万古一瞬中。〔人就算是活到了一百岁，但在悠悠万古的历史中也不过还是一瞬间而已。〕
　　　　　　　　　　　　——唐·杜牧《池州别孟迟先辈》

　　□无舆马者不耻徒步，无鱼肉者不厌菜羹。〔没有车马的，不耻于步行；没有鱼肉的，不厌弃菜羹。〕
　　　　　　　　　　　　——明·刘基《拟连珠》

　　□沧浪之水清兮，可以濯吾缨；沧浪之水浊兮，可以濯吾足。〔沧浪的水清啊，可以洗洗我的冠带；沧浪的水浊啊，可以洗洗我的双脚。〕
　　　　　　　　　　　　——战国·屈原《楚辞·渔父》

　　□学不必博，要之有用；仕不必达，要之无愧。〔学问不一定要很广博，但是要有用；职位不一定很显赫，但是要问心无愧。〕
　　　　　　　　　　　　——宋·罗大经《鹤林玉露》

　　□听玄猿之悲吟，察鹤鸣于九皋，安身为乐，无忧为福。〔倾听黑猿的悲声，分析深泽的鹤鸣，能安身就是快乐，没有忧患就是万幸。〕
　　　　　　　　　　　　——晋·陈寿《三国志·秦宓传》

　　□以力得富，以事致贵，以过受罪，以功致赏。〔凭自己的能力得到财富，凭自己的事业而达到显贵，因为自己有过失而受惩罚，凭

569

自己的功劳而得到奖赏。〕

——秦·韩非《韩非子·六反》

□因病得闲殊不恶，安心是药更无方。〔因为生病而得到了空闲，那么生病也实在不是什么坏事。静心安养是最好的药方，除此，再没有什么比这更好的药方了。〕

——宋·苏轼《病中游祖塔院》

□不以物喜，不以己悲。〔不因为外界环境称心如意而兴高采烈，也不因为个人失意遭受挫折而伤心颓废。〕

——宋·范仲淹《岳阳楼记》

□读书即未成名，究竟人品高雅。修德不期获报，自然梦稳心安。〔读书即使成不了名，终究使人的品德高雅。修身养性不期望回报，自然会问心无愧、心安理得。〕

——清·金缨《格言联璧》

□趋炎附势之祸，甚惨亦甚速；栖恬守逸之味，最淡亦最长〔趋奉权贵阿附势利的祸患，十分凄惨也极为迅速；栖身恬静保守安逸的趣味，最为平淡也最为长久。〕

——明·洪应明《菜根谭》

□邵子曰："事无巨细，皆有天人之理，修身，人也；遇不遇，天也。得失不动心，所以顺天也；行险侥幸，是逆天也。求之者，人也；得之与否，天也。得失不动心，所以顺天也；强取必得，是逆天也。逆天理者，祸患必至。"〔宋代学者邵雍说："世上的事情无论大小，都包含着天意和人事的辩证关系，如士人修身养性，这是个人的主观努力，至于能否被重用，则取决于天意，不是人力所能强求的。有的人无论得志或失意都泰然自若，这就是顺从天意，随缘而行，顺

570

其自然；有的人则铤而走险，抱着侥幸的心理投机钻营，这就是逆天而行。想尽办法去追求某样东西，这是人的主观意愿；至于能否如愿以偿，则要靠天时机运。无论得到与否能毫不在意，便是顺应自然天理；硬要巧取豪夺，志在必得，便是违背自然天理。凡是违背自然天理的人，必定会招来祸患。"〕

——清·陈遇夫《迂言百则》

□心体便是天体，一念之喜，景星庆云；一念之怒，震雷暴雨；一念之慈，和风甘露；一念之严，烈日秋霜，何者少得？只要随起随灭，廓然无碍，便与太虚同体。〔人的内心世界就好比是多姿多彩的自然，心中欢喜时，就像星光灿烂、彩云缭绕的情景；怒气冲冲时，就像狂风暴雨、惊雷阵阵的景象；心中闪过慈爱的念头时，就像春风雨露，滋养万物，使人温馨；心中萌生冷酷的念头时，就像夏日骄阳、秋冬冰霜，令人生畏。无论哪种情绪，只要有生有灭，不要郁积于胸中，那么人的心志便会豁然开朗，与广阔无垠的天穹融为一体。〕

——清·陈遇夫《迂言百则》

□乘舟而遇逆风，凡扬帆者不无妒念。彼自处顺，于我何关；我自处逆，于彼何与；究意思之，都是自生烦恼，天下事大率类此。〔当我乘船遇到了逆风时，看到别的船只却顺风扬帆，心中不免顿生嫉妒。其实想想，别人一帆风顺，与我有什么关系？我身处逆境，又与别人何妨？追根到底，不过是自寻烦恼。天下事大概都像这样吧。〕

——明·陈继儒《安得长者言》

□造物有涯而人情无涯，以有涯足无涯，势必争，故人人知足则天下有余。造物有定而人心无定，以无定撼有定，势必败，故人人安分则天下无事。〔世间的物产是有限的，而人的欲望却是无止的，要想用有限的物产来满足永无止境的欲求，势必会引起争斗，所以假如每个人都能知足常乐，那么天下的物产才会有所盈余。自然界的发展有恒定的规律，而人的心念却摇荡不定，用躁动不安的人心去对抗恒定不变的客观规律，必定会导致失败，所以每个人都能做到安分守己，那么天下就会太平无事。〕

——明·吕坤《呻吟语》

　　□宦情太浓，归时过不得；生趣太浓，死时过不得。甚矣，有味于淡矣。〔过分痴迷做官，退下来就受不了；过分贪恋生命，面临死亡就受不了。看来功名生死的诱惑要远远超过淡泊宁静啊！〕

——明·陈继儒《安得长者言》

　　□君子置得丧穷通于度外，而无时不自得也；小人置得丧穷通于度内，而无时不患失也。〔君子将得到与失去、困穷与通达置之度外，心中时刻会感到怡然自得；小人将得失穷通看得比什么都重要，因而无时无刻不在担心自己的利益会受到损失。〕

——明·薛应旂《薛方山纪述》

勤俭朴素

□俭，德之共也；侈，恶之大也。〔节俭，是世上人共有的美德；奢侈，是邪恶中最大的恶行。〕

——春秋·左丘明《左传·庄公二十四年》

□历览有国有家之兴，皆由克勤克俭所致。〔纵观无论是国家还是家庭的兴旺，都是勤劳与节俭的结果。〕

——清·曾国藩《家书·谕纪泽纪鸿》

□以俭得之，以奢失之。〔崇尚节俭就能得到财富，追求奢侈就会失掉财富。〕

——秦·韩非《韩非子·十过》

□俭开福源，奢起贫兆。〔节俭是幸福的源泉，奢侈是贫穷的征兆。〕

——北齐·魏收《魏书·李彪传》

□静则人不扰，俭则人不烦。〔身处安静之中的人，省去许多纷扰；能勤俭度日的人，减少许多烦恼。〕

——唐·李延寿《南史·陆慧晓传》

□德弥厚者葬弥薄，知愈深者葬愈微。无德寡知，其死愈厚，丘陇弥高，宫庙甚丽，发掘必速。〔德行越高尚的人，他的陪葬越俭朴；

智慧越高深的人，他的陪葬越少。越是德行低下愚昧无知的人，他们死后陪葬越丰厚，坟墓越高大，祠庙越富丽，其被挖被盗也必定迅速。〕

——汉·刘向·摘自《汉书·楚元王传》

□在富莫骄奢，骄奢多自亡。〔富贵的时候不要骄傲奢侈，骄傲奢侈容易自取灭亡。〕

——唐·邵谒《金谷园怀古》

□衣不求华，食不厌蔬。〔穿衣不奢求华丽，吃饭不讨厌清淡。〕

——宋·王安石《长安县太君王氏墓志》

□由俭入奢易，由奢入俭难。〔由艰苦朴素堕落到奢侈腐化很容易，从奢侈腐化改变到艰苦朴素很困难。〕

——宋·司马光《训俭示康》

□奢侈之费，甚于天灾。〔挥霍浪费的费用，比天灾还严重。〕

——晋·傅咸《禁奢上书》

□贤而多财，则损其志；愚而多财，则益其过。〔贤良的人拥有过多的财物，容易腐蚀他的意志；愚庸的人拥有过多的财物，容易给他增加过失。〕

——汉·班固《汉书·疏广传》

□贤者多财损其志，愚者多财生其过。〔有德才的人过多地敛财会损坏志向，愚者过多地积财会发生过失。〕

——唐·吴兢《贞观政要·贪鄙》

□俭则常足，常足则乐而得美名，祸咎远矣；侈则常不足，常不足则忧而得訾恶，福亦远矣。〔节俭就可以经常感到满足，常感到满

574

足就欢乐无穷并得美好的名声，灾祸和过失也就离得远了。奢侈就会经常感到不满足，经常不满足就忧愁不乐并受到人们的非议憎恨，幸福也就离得远了。〕

——宋·田况《儒林公议》

□**不求无益之物，不蓄难得之货；节华丽之饰，退利进之路，则民俗清矣。**〔不去追求没有实用价值的物品，不收藏难得的珍奇。去除华而不实的装饰，断绝谋私利之路，民风自然就淳朴了。〕

——汉·荀悦《申鉴·时事》

□**静以养身，俭以养性。**〔用宁静来保养身体，用勤俭来修炼性情。〕

——唐·李延寿《南史·陆慧晓传》

□**量腹而食，度身而衣。**〔根据自己的饭量吃饭，按照自己的身材做衣服。〕

——战国·墨子《墨子·修身》

□**自立莫若廉，养廉莫若俭。**〔要能自立只有廉洁，要想廉洁只有俭朴。俭朴是廉洁的基础。〕

——清·张伯行《困学录集粹》

□**克俭节用，实弘道之源；崇侈恣情，乃败德之本。**〔厉行勤俭节用，确实是弘扬正道的起源；崇尚奢侈放纵性情，那就是败坏道德的根本。〕

——唐·吴兢《贞观政要·规谏太子》

□**饱肥甘，衣轻暖，不知节者损福；广积聚，骄富贵，不知止者杀身。**〔饱餐最美的食物，穿着最舒服与暖和的衣服，不知道节制一

定会损伤福气；挖空心思地积攒财物，以富贵为骄傲，不知道收敛一定会招致杀身之祸。〕

——宋·林逋《省心录》

□俭者节欲，奢者放情；放情者危，节欲者安。〔俭朴的人能够节制自己的欲望，奢侈的人则放纵自己的感情；放纵感情的人危险，节制欲望的人安全。〕

——三国·桓范《世要论·节欲》

□非俭无以养廉，非廉无以养德。〔离开俭朴就难以养成廉洁作风，离开廉洁就难以培养高尚德行。〕

——明·宋濂《元史·乌古孙泽传》

□酒之为患，俾谨者荒，俾庄者狂，俾贵者贱而存者亡。〔酒所造成的危害，能使谨慎的人变得荒唐，使庄重的人变得轻狂，使富贵的人变得贫贱，使活着的人丧失性命。〕

——明·方孝孺《幼仪杂箴》

□不厚费者不多营，不妄用者不过取。〔不铺张用钱的人不会拼命捞钱，不随意花钱的人不会贪求金钱。〕

——清·魏裔介《琼琚佩语·勤俭》

□惟敬可以胜怠，惟勤可以补拙，惟俭可以养廉。〔只有敬业才可以克服懈怠；只有勤奋才可以弥补自己天资的不聪敏；只有俭朴才可以保持自己的廉洁。〕

——清·张伯行《困学录集粹》

□"懒散"二字，立身之贼也。千德万业，日怠废而无成；千罪万恶，日横恣而无制，皆此二字为之。〔"懒散"二字，是为人处世的

祸害。无数好的德行事业，一天天荒废而没成就；无数罪行恶念，一天天横恣无忌，都是这两个字造成的。〕

——明·吕坤《呻吟语》

□节奢侈，正风俗。〔节制奢侈，端正风俗。〕

——汉·陆贾《新语·道基》

□节俭朴素，人之美德；奢侈华丽，人之大恶。〔节约俭朴是人的美德，奢侈浮华是人的不良行为。〕

——明·薛瑄《读书录》

□贪利者害己，纵欲者残生。〔贪图利益的人一定会坑害自己，放纵情欲的人一定会残害健康。〕

——清·金缨《格言联璧·悖凶》

□家有一心，有钱买金；家有二心，无钱买针。〔一家人齐心合力，能做到有钱购买黄金；一家人两条心，就连买根针的钱也没有了。〕

——明·徐畛《杀狗记》

□不节，则虽盈必竭；能节，则虽虚必盈。〔不节俭，财物虽多也必定枯竭；能够节俭，财物虽少也必定充足。〕

——唐·陆贽《均赋税恤百姓第二条》

□不能俭于己者，必妄取于人。〔在生活中自身不能俭朴，势必会过分地向别人索取。〕

——清·魏禧《日录里言》

□君人之道，处静以修身，俭约以率下。静则下不扰矣，俭则民不怨矣。〔君主的正确原则，应该是处于宁静以修养自身，生活节俭

以为臣下表率。宁静就不会侵扰下面,做到节俭百姓就不会有怨恨了。〕

——汉·刘安《淮南子·主术训》

□以俭立名,以侈自败。〔靠俭朴足以立身成名,因奢侈往往身败名裂。〕

——宋·司马光《训俭示康》

□俭以成廉,侈以成贪。〔节俭可以促成美德,奢侈可以助长贪财的劣行。〕

——清·仁宗皇帝《庭训格言》

□首创奢淫,危亡之渐。〔奢侈淫逸的开始,也就是危困覆亡的起步。〕

——唐·吴兢《贞观政要·求谏》

□奢俭由人,安危在己。〔奢侈节俭是由人决定,国家安危全在自己。〕

——唐·李世民《帝范·崇俭》

□奢靡之始,危亡之渐也。〔奢侈浪费之风一起,那就是走向危亡的开始。〕

——宋·宋祁《新唐书·褚遂良传》

□骄奢之淫,危之梯也。〔无度的骄傲奢侈行为,是通往危险的梯子。〕

——宋·宋祁《新唐书·柳泽传》

□梁肉不与骄奢期,而骄奢至;骄奢不与死亡期,而死亡至。〔美食佳肴并没有与骄奢相约,然而骄奢之风却不知不觉地形成了;骄奢

578

并没有与死亡相约，然而死亡却不知不觉地来到了。〕

——汉·刘向《战国策·赵策》

□骄奢生于富贵，祸乱生于疏忽。〔骄奢产生于富贵，祸乱产生于疏忽。〕

——宋·司马光《资治通鉴》

□救奢必于俭约，拯薄无若敦厚。〔纠正奢侈的习惯必定在于俭约，挽救品行浅薄没有比培养敦厚更好的。〕

——南朝·范晔《后汉书·郎𫖮传》

□俭者，先自俭之；让者，先自让也。〔提倡俭朴，首先自己带头俭朴起来；提倡礼让，首先自己带头礼让。〕

——清·王夫之《读通鉴论》

□慎能远祸，勤能济贫。〔谨慎可以使人远离祸害，勤俭能够让人度过贫困。〕

——清·申居郧《西岩赘语》

□侈不可极，奢不可穷，极则有祸，穷则有凶。〔奢侈浪费不能太过分，太过分就会招来祸患和灾难。〕

——宋·邵雍《奢侈吟》

□众人皆以奢靡为荣，吾心独以俭素为美。〔众人都以奢侈浪费为光荣，我心里唯独以勤俭朴素为美德。〕

——宋·司马光《训俭示康》

□奢者富不足，俭者贫有余；奢者心常贫，俭者心常富。〔奢侈的人本来富裕却感到不足，节俭的人本来贫穷却总有节余；奢侈的人

579

心中总是感到贫穷，节俭的人心中总是感到富裕。〕

——战国·慎到《慎子》

□惟俭可以助廉，惟恕可以成德。〔只有俭朴能够助长廉洁，只有宽恕可以促成德行。〕

——宋·赵善《自警篇·俭约》

□惟俭可以惜福，惟俭可以养廉。〔只有节俭能够使人知足惜福，只有节俭能够培养廉洁。〕

——清·钱泳《履园丛话·耆旧》

□身贵而愈恭，家富而愈俭。〔地位越是高贵，对人应更加谦逊恭敬；家里越是有钱，生活上更应该节俭。〕

——战国·荀子《荀子·儒效》

□人惰而侈则贫，力而俭则富。〔人啊，懒惰而且奢侈就会贫穷，勤劳而且节俭就会富裕。〕

——春秋·管仲《管子·形势》

□惜衣有衣，惜食有食。〔爱惜衣服就会有衣服穿，爱惜粮食就会有粮食吃。〕

——明·冯梦龙《警世通言》

□常将有日思无日，莫待无时思有时。〔常要在富有的日子考虑贫穷的日子，不要在贫穷的时候思念富有的时候。〕

——明·冯梦龙《警世通言》

□半丝半缕，恒念物力维艰；一粥一饭，当思来处不易。〔即便是半根丝半根线这样不值钱的东西，也要想到物质财富的来之不易；

即使是一碗粥一碗饭，也应当想到粮食的来之不易。〕

——清·朱柏庐《治家格言》

□力学勿忘家世俭，堆金能使子孙愚。〔刻苦学习，不要忘记祖祖辈辈都贫贱；钱财聚敛太多，能使子孙后代变得愚蠢。〕

——宋·刘克庄《贫居自警三首》

□自古圣贤尽贫贱，何况我辈孤且直。〔自古以来那些德才出众的人都出身贫穷，何况像我们这种孤高而又正直的人呢！〕

——南朝·鲍照《拟行路难·对案不能食》

□畏检则福生，骄奢则祸起。〔检点自己幸福自然会产生，骄奢纵欲灾祸必定会临头。〕

——春秋·邓析《邓子·转辞篇》

□受用须从勤苦得，淫奢必定祸灾生。〔平安享受必须从勤苦中获得，荒淫奢侈必定有灾祸发生。〕

——明·冯梦龙《醒世恒言》

□必廉乃能勤，必俭乃能廉。〔必须清廉才能勤谨，必须节俭才能清廉。〕

——清·阎敬铭·引自《旧闻随笔》

□勤与俭，治生之道也。不勤则寡入，不俭则妄费。〔勤劳与节俭，过日子的方法。不勤劳就没有收入，不节俭就多浪费。〕

——清·陈宏谋《训俗遗规》

□君子多欲则贪慕富贵，枉道速祸；小人多欲则多求妄用，败家丧身。〔君子嗜欲过多就会贪慕富贵，不行正道而招致灾祸；小人嗜

581

欲过多就会有过分的要求和过度的花费，导致家败人亡。〕

——宋·司马光《训俭示康》

□家之兴衰，人之穷通，皆于勤惰卜之。〔家庭的兴旺衰败，个人的穷困显达，皆由勤劳懒惰所决定的。〕

——清·曾国藩《曾国藩文集》

□"勤"之一字，是千古作圣的单方。〔"勤"这个字，是自古以来做圣人的唯一的药方。〕

——清·黄宗羲·摘自《明儒学案》

□少不勤苦，老必艰辛；少能服劳，老必安逸。〔年轻时不辛苦，年老时必定艰辛；年轻时能吃苦，年老时必定安逸。〕

——宋·林逋《省心录》

□一人知俭则一家富，王者知俭则天下富。〔一人知道节俭，那么一家子都会富裕；君王知道节俭，全天下都会富裕。〕

——五代·谭峭《化书》

□审度量，节衣服，俭财用，禁侈泰。〔审查计量，节约衣着服饰，节俭财用，禁止奢侈。〕

——春秋·管仲《管子·八观》

□国奢则示之以俭，国俭则示之以礼。〔君子在国家有奢侈之风时，就要作出俭朴的榜样；国家节俭时，就要以礼作为示范的榜样。〕

——汉·戴圣《礼记·檀弓》

□国富而贫治，曰重富，重富者强；国贫而富治，曰重贫，重贫者弱。〔国家富足，而当穷国来治，这叫做富上加富，富上加富，国

582

家必强；国家贫穷而当富国来治，就会穷上加穷，穷上加穷，国家必弱。〕

——战国·商鞅《商君书·去强》

□戒逸乐之荡心，慕淳朴之为德。〔警惕安乐无度的思想，仰慕淳厚朴实的美德。〕

——宋·李觏《寄上范参政书》

□居身务其俭朴，教子要有义方。〔自身生活行为的操守一定要节俭朴实，教育子女一定要有标准道义和正确方法。〕

——清·朱柏庐《治家格言》

□一粒红稻饭，几滴牛颔血。〔一粒红色稻米饭，该是好几滴牛下巴上的鲜血把它染。〕

——唐·郑遨《唐诗选·伤农》

□礼，与其奢也宁俭；丧，与其易也宁戚。〔就礼仪而言，与其奢侈宁可俭约；就丧事而言，与其搞形式宁可表忧伤。〕

——春秋·孔子《论语·八佾》

□居丰须俭，在富能贫。〔处于丰收之年要注意节俭，在富裕时能像在贫穷时一样生活。〕

——唐·令狐德棻《晋书·陆云传》

□富家一席酒，穷汉半年粮。〔富贵人家置办一桌酒席的花费，抵得上穷苦人家半年的口粮。〕

——明·冯梦龙《醒世恒言》

□国弊则省其事而息其费，事省则养民，费息则财聚。〔国家破

583

败的时候，应该减省事情，减少花费。事情减省了就会滋养人民，花费减少了就会积聚财物。〕

——南朝·贺琛·摘自《梁书·贺琛传》

□取之有制，用之有节则裕；取之无制，用之不制则乏。〔征取有限度，使用有节制，财富就会充裕；征取无限度，使用无节制，财富就会匮乏。〕

——明·张居正《论时政疏》

□爱人之体，先必博施；富国之源，必均节用。〔既然要帮助一个人，首先一定要慷慨地给予；要使一个国家富裕，就必须提倡节俭。〕

——唐·李豫·摘自《旧唐书·代宗纪》

□历观古今，以约失之者实寡，以奢失之者盖众。〔对古今加以观察，以节俭而丧失天下的君主实在太少了，以奢侈而丧失天下的君主大概是很多的。〕

——晋·陆云《国起西园第表启》

□内妾无羡食，外臣无羡禄。〔妻妾没有剩余的膳食，臣子没有多余的俸禄。〕

——战国·晏婴《晏子春秋·内篇问上》

□毋矜清而傲浊，毋慎大而忽小，毋勤始而怠终。勤能补拙，俭以养廉。〔不必孤芳自赏，不可只顾全大事而忽略小事，做事不要虎头蛇尾。勤奋可以弥补笨拙，节俭可以培养清廉。〕

——清·金缨《格言联璧·从政》

□贪饕以招辱，不若俭而守廉。干请以犯义，不若俭而全节。侵牟以聚怨，不若俭而养心。放肆以遂欲，不若俭而安性。〔贪心不足招致侮辱，不如勤俭保持廉洁。为了奢侈的念头而违犯节义，不如勤俭而保全自己的名誉。贪图牟利而招致怨恨，不如节俭而养性。放纵自己的欲望，不如少欲而安心。〕

——清·金缨《格言联璧·持躬》

□千仓万箱，非一耕所得；于天之本，非旬日所长。〔粮食装满千仓万箱，不是一年耕种所得到的；树木长得高耸云天，不是短期内长成的。〕

——晋·葛洪《抱朴子·极言》

□币厚则伤德，财侈则殄礼。〔钱多则有损于道德，财物奢侈则会破坏礼义。〕

——战国·荀子《荀子·大略》

□俭则约，约则百善俱兴。侈则肆，肆则百恶俱纵。〔勤俭则有约束，有约束则各种善行兴起。奢侈就会放纵，放纵了各种坏事都会产生。〕

——清·金缨《格言联璧·持躬》

□淫侈之俗，日日以长，是天下之大贼也。〔淫荡奢侈的风气，一天天地在增长，这是国家的大祸害。〕

——宋·司马光《资治通鉴·汉纪》

□一节省而国有余用，民有益藏，不知其几也。〔一旦节省开支，国家就有剩余钱财，老百姓就有储藏，好处不知有多少。〕

——明·海瑞《治安疏》

□俭，美德也，过则为悭吝，为鄙啬，反伤雅道。让，懿行也，过则为足恭，为曲谨，多出机心。〔节俭朴素本来是一种美德，然而

585

假如太过分节俭，就会成为为富不仁、行为卑下的守财奴，如此反而会伤害朋友之间的往来。谦让本来是一种美德，可是太过分谦让，就会变成卑躬屈膝、处处谨慎小心的人，这样最能给人一种好用心机的感觉。〕

——明·洪应明《菜根谭》

□每一食，便念稼穑之艰难；每一衣，则思纺绩之辛苦。〔每一次吃饭，都要想想种田人的艰辛；每一次穿衣，都要想想纺织人的辛劳。〕

——唐·吴兢《贞观政要》

□自奉必须俭约，居身务期质朴。〔自己的日常生活必须节俭，立身处世一定要质朴。〕

——清·朱柏庐《治家格言》

□克勤于邦，克俭于家。〔在国家事业上要勤劳，在家庭生活上要节俭。〕

——春秋·孔子《尚书·大禹谟》

□历览前朝国与家，成由勤俭败由奢。〔遍看历史上的国家与家族，成功都是由于勤俭，败亡都是由于奢侈。〕

——唐·李商隐《咏史》

□施而不费，取而不贪。〔施与却不浪费，求取却不贪婪。〕

——春秋·左丘明《左传·襄公二十九年》

□君子之处世也，甘恶衣粗食，甘艰苦劳动，斯可以无失矣。〔君子处世，乐于粗衣淡饭，乐于艰苦劳动，这样就可以没有过错了。〕

——清·颜元·引自《颜习斋先生年谱》

□救奢必须于俭约，拯薄无若敦厚，安上理人，莫善于礼。修礼遵约，盖唯上兴，革文变薄，事不在下。〔欲去奢靡之风，必须崇尚俭省节约；欲救浅薄之风，不如倡导敦厚博大。定国安民，没有比推行礼教更好的。遵礼守法，只有从上做起；移风易俗，变奢为俭，关键不在百姓。〕

——汉·郎𫖮·摘自《后汉书·郎𫖮传》

□莫怕寒忖二字，莫怕悭吝二字，莫贪大方二字，莫贪豪爽二字。〔不要怕说自己出身卑微，不要怕人说自己吝啬小气，不要喜人说自己阔绰大方，不要沽名豪爽贪图虚名。〕

——清·曾国藩《家书·致澄弟》

□尚俭者开福之源，好奢者起贫之兆。〔崇尚节俭的，是开启福禄的源头；喜好奢侈的，是开始贫穷的征兆。〕

——北朝·李彪·摘自《魏书·李彪传》

□门户之衰，总由于子孙之骄惰；风俗之坏，多起于富贵之奢淫。〔一个家族的衰败，总是由于子孙的骄傲懒惰；而社会风俗的败坏，多是由于大家过度的奢侈浮华。〕

——清·王永彬《围炉夜话》

□厚积不如薄取，滥求不如减用。〔多方积累不如少量取用，广泛索求不如减少用度。〕

——清·周希陶《增广贤文》

□大抵勤则难朽，逸则易坏，凡物皆然。勤之道有五。一曰身勤：险远之路，身往验之；艰苦之境，身亲尝之。二曰眼勤：遇一人，必详细察看；接一文，必反复审阅。三曰手勤：易弃之物，随手收拾；易忘之事，随笔记载。四曰口勤：待同僚，则互相规劝；待下属，则再三训导。五曰心勤：精诚所至，金石亦开；苦思所积，鬼神亦通。五者皆到，无不尽之职矣。〔大都是运动之物很难腐朽，安逸之物则容易毁坏，一般事物都是这样。勤的方法有五方面。一说是身勤：危险遥远的路，亲身去验证；艰难困苦的境地，亲身去体验。二说是眼勤：碰到一个生人，必须详细察看；接到一封公文，必须反复审阅。三说是手勤：容易丢弃的物品，随手收拾妥当；容易忘记的事情，随时用笔记载清楚。四说口勤：对待同事，则相互劝导向善；对待下属，则再三训导进步。五说是心勤：至诚所达到的地方，像金石那样也能化开；认真思考积聚的问题，就是鬼神也会通达。〕

——清·曾国藩《劝诫浅语六十条》

□实无华则野，华无实则贾，华实副则礼。〔有内容而没有华美的形式就粗野不文雅，没有内容只注重形式就虚伪不实在。形式与内容相符才是礼。〕

——汉·扬雄《法言·修身》

□处贵则戒之以奢，持满则守之以约。〔地位尊贵应警惕骄奢，保持富足应该节约。〕

——隋·梁毗·摘自《隋书·列传》

□侈而惰者贫，力而俭者富。〔奢侈而懒惰的人贫穷，勤劳而节俭的人富裕。〕

——战国·韩非《韩非子·显学》

□恭俭福之舆，傲侈祸之机。〔谦恭俭朴是福禄的车子，傲慢奢侈是祸患的机关。〕

——唐·李延寿《北史·崔冏传》

□自古圣贤，皆崇俭薄，惟无道之世，大起山陵，劳费天下，为

有识者笑。〔自古圣贤之人，都崇尚俭朴，厚养薄葬。唯有不行仁道的朝代，大造陵墓，劳民伤财，被天下有见识的人耻笑。〕

——唐·长孙皇后·摘自《旧唐书·列传》

□夫民，劳则思，思则善心生。逸则淫，淫则忘善，忘善则恶心生。〔老百姓，辛劳了则有所感受，有所感受，则善良的心思就会产生。安逸了则会生荒淫，荒淫则会忘记善良。〕

——春秋·左丘明《国语·鲁语》

□大凡贪淫之过，未有不生于奢侈者；俭则不贪不淫，是可以养德也。〔贪污和荒淫，是由于奢侈生活造成的。节俭就会不贪污不淫乱，可以培养高尚德行。〕

——宋·罗大经《鹤林玉露》

□珠玉非宝，节俭是宝。宫室但取完固而已，何必极雕巧以殚天下之力也。〔珍珠金玉并不是宝，真正的宝是节约俭朴。宫内的房屋修得坚固就行，何必穷尽天下的财力搞得很花哨。〕

——清·吴乘权《纲鉴易知录》

□勤则寿，逸则夭；勤有才而见用，逸则无能而见弃。〔勤劳则长寿，淫逸则夭亡；勤劳则有才能而被任用，淫逸则无能力而被遗弃。〕

——清·曾国藩《日课四条》

□风俗不淳俭，则用无丰足。〔社会风气如果不淳朴节俭，那么财物就没有丰足的时候。〕

——宋·林逋《省心录》

□桀用天下而不足，汤用七十里而有余，是乃用之盈虚在节与不节耳！〔夏桀耗费整个国家的财物还不够用，商汤七十里地的财物却

589

有剩余，需用东西的充足与贫乏全在于节俭与不节俭啊！〕

——唐·陆贽《均节赋税恤百姓第二条》

□欲服军心，必先尚廉介；欲求廉介，必先崇俭朴。〔想要收服军心，必先崇尚廉洁、节操；想要谋求廉洁、节操，必先崇尚节俭、朴素。〕

——清·曾国藩《劝诫浅语十六条》

□家有敝帚，享之千金。〔自己家里的破扫帚，也自以为是无价之宝。〕

——三国·曹丕《典论·论文》

□成家犹如针挑土，败家好似水推沙。〔持家就像针尖挑土需要滴点积累，败家就像流水冲沙一发不可收拾。〕

——清·周希陶《增广贤文》

□量入俭用，亦可自给。〔根据收入而节俭开支，就可以依靠自己的力量满足自己的需要。〕

——唐·白居易《与微之书》

□人之高堂华服，自以为有益于我。然堂愈高则去头愈远，服愈华则去身愈外。然则为人乎？为己乎？〔人们住着高楼大厦，穿着华衣丽服，自以为对自己有益处。然则房屋越高，离人越远；衣越华丽，越是穿在最外面。这到底是给别人看呢？还是为自己享用？〕

——明·陈继儒《安得长者言》